読んで深める
日本史実力強化書

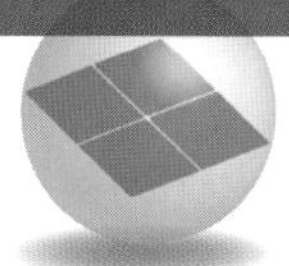

第2版

塚原哲也　著

駿台文庫

本書のねらい

歴史は物語である

歴史は，過去のことがらや出来事を羅列したものではない。過去のさまざまな事実が織りなす物語を，残された資料を通じ，その痕跡をたどりながら読み解くことによって構成したものである。過去はわれわれが語ることによって歴史となり，リアリティをもち，記憶に残り，未来を規定する一つの力となる。

したがって，歴史を理解するには，さまざまな事実がどのような内容をもち，どのような意味をもったのか，相互にどのようなつながりを持っているのか，どのような変化があるのか，それらについてわれわれがイメージを膨らませてやることが必要である。

個々の用語はつながりのなかで意味をもつ

用語を単独で覚え込んだところで意味がない。断片的な知識は使いものにならない。

本書でも赤字やゴチックの用語が並んでいる。しかし，それらを個別に覚えるのではなく，同時代の，あるいは前後の時代の，さまざまな用語・ことがらとともに，つながりのなかで理解し，覚えていくことが大切である。個々の用語やことがらが他とどのように異なるのか，似ているのか，そして，どのように関連づいているのか。さまざまに対照させながら想像力を働かせることを忘れないでほしい。そのためにも，文章のなかで，文章とともに覚えたい。

物語の筋は一つとは限らない

本書では「日本」をめぐる歴史を，時系列に即しながら，同時代性とテーマ史の双方に目配りして構成した。歴史という物語の筋は一つとは限らない。さまざまな観点に立ち，複数の，互いにからみあう筋を探ってみたい。

本書の構成と使い方

どこから読み始めてくれてもかまわないのだが，さまざまな使い方ができるように工夫した。

〔章とセクション〕

原始から現代にいたるまでを18章に分け，さらに章のなかを時期ごとにいくつかに分け，合計46のセクションを配置した。セクションは時期ごとに区切ってあるので，セクションごとにまとめて読み通すことにより同時代の状況を俯瞰し，多面的・多角的な理解を作りあげていきたい。

〔大まかな時代の推移〕

各章ごとに<大まかな時代の推移>というタイトルで簡単な表を付けた。その表を自分なりに説明できるようにすることを一つの目標にしてほしい。

〔分野の表示〕

本文には **政　治** **国際関係** **社会経済** **文　化** や **北海道** **沖　縄**，近代はこれらに加えて **植民地** **占領地** という見出しを付けた。一つの時代を分野に分けて多面的・多角的に理解しやすくするとともに，分野ごとの推移・変化をつかみやすいようにするための工夫である。分野ごとに時期をまたぎ通して読む作業もやってみたい。

〔参照ページの表示〕

さまざまなつながりを意識できるよう，本文には適宜，参照ページを記した。文章を前から読み進めるだけでなく，参照ページに従って関連事項についての説明を追いかけてみよう。

〔忘れてはならないこと〕

文章は音読しよう。黙読は概して文章を読んでいないものだし，見落としもある。それゆえ，文章は声に出して読むことを心がけてほしい。

なお，『**日本史の論点　―論述力を鍛えるトピック60―**』（駿台文庫）を併用すれば，問いに基づいて知識を再構成することを通じて理解をより深めることができる。特に論述対策が必要な受験生は活用してほしい。

目次

読んで深める
日本史実力強化書

第1章 原始社会

日本列島は，ユーラシア大陸の東縁部にあり，北海道，本州，四国，九州とそれに付属する島々によって構成され，そのまわりに伊豆諸島や小笠原諸島，南西諸島などがある。大陸から続くユーラシア・プレートや北米プレートに対し，太平洋プレート，フィリピン海プレートがぶつかって沈み込む場所にあり，地質年代でいえば，中新世（ちゅうしんせい）末期から鮮新世（せんしんせい）初めにかけての頃，つまり約500万年前にはじまった地殻変動により骨格ができあがった。

このように日本列島の周辺は複数のプレートがぶつかるため，火山の噴火や地震など自然災害が生じやすい。こうした環境のなか，約3万年前頃には人類が生活するようになった。ここからが日本列島における人類の歴史のはじまりである。そして，更新世（こうしんせい）末期の最後の氷期（ひょうき）（ヴュルム氷期）が終わって完新世（かんしんせい）がはじまる約1万2000年前，海面が上昇して日本列島ができあがった。

＜大まかな時代の推移＞

旧石器時代

- 今の日本列島にあたる地域で人類が生活しはじめた。
- 富士山などの火山灰により関東ローム層が形成された。

縄文時代

- 温暖化にともなって海面が上昇し，日本列島が形成された。
- 東日本や西日本，北海道，南西諸島では森林のあり方や気候が異なった。
- 竪穴住居で構成される集落を作って定住生活を行った。
- 土偶や石棒を使った祭祀がさかんに行われた。
- 東北を中心として亀ケ岡式土器が広まった。

弥生時代

- 九州北部で本格的な水稲耕作が行われはじめた。
- 北海道や南西諸島では，従来と同じ文化が展開し続けた。
- 鉄製の農具や工具が使われはじめた。
- 100余国に分立した倭人が楽浪郡へ使いを送った。
- 奴国が後漢の初代皇帝から印綬を授かった。
- 倭国大乱が発生し，高地性集落が形成された。
- 卑弥呼が帯方郡を経由して魏に使いを送った。

1　文化のはじまり

年　代
約3万年前〜約3000年前

文　化　地球上に人類が登場したのは中新世の後期，約700万年前のことであり，この人類は猿人と呼ばれている。約260万年前からはじまる**更新世**には原人が出現し，旧人へ進化するものがいる一方，約20万年前，アフリカ大陸で新人(現生人類，ホモ・サピエンス)が現れ，数万年前には地球上の各地に広がった。そして，道具を使って食料を採集し，火を使って調理する生活をはじめた。

人類が発生して以降，更新世末期にいたるまでを**旧石器時代**，この時代の文化を**旧石器文化**と呼ぶ。

人類の移動

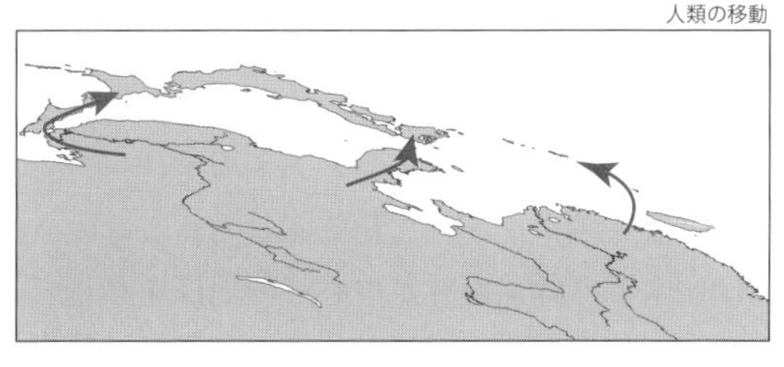

①日本列島の旧石器文化

日本列島に相当する地域に最初に現われた人類は新人である。現在までに発見された更新世の主な化石人骨は**港川人**(沖縄県)，**浜北人**(静岡県)で，いずれも約1万8000年前頃の新人の人骨である。更新世は寒冷な**氷期**と温暖な**間氷期**をくり返した時代であり，約1万8000年前頃は最終氷期のさなかであった。人類は南方から，あるいは北方から陸続きで日本列島に渡ってきたと考えられている。

昭和戦前期までは日本列島には旧石器時代の遺跡は存在しないと考えられていた。しかし第2次世界大戦の終戦直後，**岩宿遺跡(群馬県)**で更新世の地層**関東ローム層**から**打製石器**が発見・確認され，旧石器文化の存在が明らかになった。

旧石器文化の遺跡と道具

岩宿遺跡(群馬県)　…1946年に相沢忠洋が発見→1949年の調査で確認
野尻湖遺跡(長野県)…大型動物の化石とともに打製石器が出土
道具＝打製石器…尖頭器やナイフ形石器など〔素材〕黒曜石やサヌカイトなど

旧石器文化の主な遺跡

黒曜石は**和田峠**(長野県)や**姫島**(大分県)など，**サヌカイト**は**二上山**(大阪・奈良の県境)などと産地が限定されたものの，これらの石器素材は広い範囲で流通し，各地に広がっていた。集団どうしの交流をうかがうことができる。

この時期の気候は寒冷なうえ，めまぐるしく変動した。こうした厳しい環境のなか，人々はナウマンゾウ，オオツノジカなどの大型動物を狩猟しながら，移動中心の生活を送っていた。

旧石器時代の末期には，小さな石器(細石刃)を木や動物の骨などの側溝に埋め込んで使う，組合せ式の**細石器**が出現する。中国東北部からシベリアにかけての地域で発達したもので，北方経由で北海道などに伝わったと考えられている。

②縄文文化

更新世末期の約１万5000年前頃から地球の気候が温暖化しはじめ，約１万2000年前に**完新世**へ移行する前後の時期，**縄文時代**がはじまった。温暖化にともなって海面が上昇(海進)して日本列島が形を整え，列島各地で入江が発達した。日本海流や対馬海流の発達とともに海水も温暖となり，湿潤・温暖なモンスーン気候が列島の多くをおおい，東日本は**落葉広葉樹林**，西日本は**照葉樹林**の森林が広がった。

縄文文化は，こうした新しい自然環境に適応し，**土器**や**弓矢**，**磨製石器**を使用し，トチやクリ，ドングリ類などの木の実(堅果類)を主な食料とした，定住性の高い狩猟・採取生活を送った文化であった。とはいえ，各地域の独自性が強かった。北海道は亜寒帯で針葉樹林が中心，沖縄は亜熱帯に属しており，また，東日本と西日本とでも森林のあり方が異なり，地域ごとに独自の生活・文化が展開した。

地域性だけでなく時期による違いも大きかった。たとえば，土器の出現が縄文文化の特徴の一つであるが，日本列島で土器が出現したのは約１万6000年前，更新世末期の最終氷期の最中であるのに対し，定住生活が本格化するのは約１万2000年前，完新世の初めとされる。数千年の年月をかけてじわじわと旧石器時代から縄文時代へと移っていったのである。また，縄文時代は土器の移り変わりを軸として草創期，早期，前期，中期，後期，晩期の６つの時期に区分されるが，前期から中期が温暖化と海進のピークで，現在より温暖で，海面も現在と比べて２～３m高く，海岸線もずいぶんと内陸部にあった。ところが中期末以降，一転して寒冷化が進み，海面も後期には現在に近い水準となる。土器の形状も，中期に中部地方で広がった火炎(火焔)土器，晩期に東北を中心として広まり，用途に応じた多様な器種をもつ精巧な**亀ヶ岡式土器**など，時期により多様である。

縄文文化の主な遺跡

こうした地域や時期によって違いのある諸文化をまとめて縄文文化と呼んでいる。ただし，沖縄の先島諸島は台湾やフィリピンに近い文化，小笠原諸島はマリアナ諸島などミクロネシア系の文化が広がっており，ふつう縄文文化に含めない。

③縄文文化の人々の生活

⑴**多様な生業**　縄文時代の人々は多様な自然環境のもと，さまざまな食料資源を網

羅的に調達して生活していた。

縄文文化の生業と道具	
木の実を採取	→石皿とすり石ですりつぶす
中小動物を狩猟	→弓矢や落とし穴を使って狩猟，石匙（せきひ）で皮はぎ
魚介類を漁労	→丸木舟を使い，骨角器（こっかくき）や網（おもり＝石錘（せきすい））で漁労

弓矢の先端に取りつける**石鏃**（せきぞく）や皮はぎに用いる**石匙**などは，旧石器時代と同じく打製石器が一般的で，黒曜石やサヌカイトなどが素材として使われた。**骨角器**は動物の骨や角を利用したもので，釣針や銛，やすなどが製作された。

これ以外にリョクトウ・ダイズなどのマメ類が栽培されていたとされるものの，食料の中心とはなっておらず，木の実や動物，魚介類などを網羅的に調達する食料採取社会であった。

⑵**定住生活の本格化**　食料を網羅的に確保できたため，人々は集落を作り，定住生活を本格化させた。とはいえ，木の実や動物などは季節によってかたよりがあるため，ある程度の範囲のなかで季節ごとに移動しながら定住生活を送ったとされる。

集落は台地のうえに営まれ，ふつう数軒の**竪穴住居**（たてあなじゅうきょ）が集まって一つの集落を構成した。集落のまわりには貝殻や食料の残りなどがくり返し捨てられて，**貝塚**（かいづか）が形成された。関東・中部地方などでは，より大きな規模の集落は竪穴住居が中央の広場を囲んで円形に並ぶ**環状集落**（かんじょうしゅうらく）の形態をとり，この環状集落を中心として複数の集落が一つの集団を形成した。集落の規模がさらに大きくなると，太い木柱を立て並べた巨木遺構（きょぼくいこう）や大型の掘立柱（ほったてばしら）建物などが作られることもあった。

縄文文化の主な遺跡	
大森（おおもり）貝塚（東京都）	…アメリカ人モースが 1877 年に発掘調査
鳥浜（とりはま）貝塚（福井県）	…ヒョウタン，リョクトウなど栽培植物や丸木舟が出土
三内丸山（さんないまるやま）遺跡（青森県）	…大規模な集落遺跡，巨大な木柱遺構などが出土

木材を伐採・加工して竪穴住居など木造の建物を作ることが広まったのは，磨製石斧（ませいせきふ）が登場したからであった。磨製石斧などの**磨製石器**が登場した時代を世界史では**新石器時代**という。中国や西アジアなどではすでに農耕や牧畜が行われていたが，日本の新石器時代はまだ食料採取段階であった。

⑶**生活を彩るさまざまな道具**　土器は，アク抜きや煮炊きなど調理のための道具であり，縄文時代の人々にとってなくてはならない存在であった。縄文時代という呼称は，この時代の土器の多くに縄目（なわめ）の文様（もんよう）がほどこされていることに由来している。しかし，草創期の土器は縄文をもたず，早期以降，縄文をもつ土器が多くなった。

腕輪や耳飾りなどの装飾品も多数発見されている。素材にはひすい（**硬玉**（こうぎょく））や琥珀（こはく）

などの石材，貝殻，動物の牙などが使用され，木製品のなかには漆を塗り重ねたものも見られる。ひすい(硬玉)は新潟県**姫川**(→p.3)(糸魚川)でしか採取できないにもかかわらず東海から北海道にかけての各地で発見されており，広域にわたって交易が行われていたことがわかる。また，接着剤に使う天然のアスファルトも，産地の槻木遺跡(秋田県)を中心として北海道から東日本全体に広がっていた。

⑷祭祀と葬制　人々の生活は自然に多くを依存するものであった。自然から恵みを得るとともに，自然が起こす災害により生命・生活が危機にさらされていた。そのため，自然に対して感謝と畏怖の感情を同時にいだき(**アニミズム**)，一定の体系をもった祭祀(呪術)を行って豊かな収穫や繁殖を祈り，また，災厄を避けようとした。なかでも中期末以降，寒冷化が進み，それまでの生業を維持することが困難な環境に陥ると，祭祀がより活発となった。**土偶**や**石棒**など祭祀に用いる道具が数多く作製された。また，後期の東日本では，集落が小型化し分散して営まれるようになるなか，集落どうしをまとめる祭祀装置として大型の**環状列石**(ストーンサークル)が作られた。

縄文文化における祭祀の道具

土偶…女性をかたどったものが多い
石棒…男性の生殖器を表現
→ 豊穣や繁殖，除災を祈る

死者は丁重に葬られ，墓地が一定の場所に作られた。環状集落では中央の広場を墓域にあてる例が多かった。こうした**共同墓地**に埋葬された人々は，ふつう長方形の穴に土葬され，手足を折り曲げて**屈葬**されるのが一般的であった。装身具などが**副葬品**としてそえられている事例もあり，祭祀などで指導的な役割を果たした人物の墓だと考えられる。しかし，多量の副葬品が特定の墓に集中して発見される事例はなく，また，これら指導者の墓も含め，墓の大きさや構造に格差が乏しい。そのため，縄文時代の社会は，集団の指導者はいたものの身分として固定されておらず，人々が共同して働き，収穫物を分け合う互恵性社会であったと考えられている。

縄文時代の中期後半以降に広まった**抜歯**の風習は，こうした集団において正式な構成員であることを認められるための通過儀礼の一つとして行われ，集団の秩序を保つ役割を果たしていたと考えられる。

2　農耕社会のはじまり

年　代
紀元前10世紀〜紀元3世紀半ば

文　化　紀元前60世紀前後，中国大陸では黄河中下流域（華北）でアワ・キビを中心とする農耕，長江中下流域（江南）で稲作がはじまり，農耕社会が成立した。紀元前6世紀ころには鉄器の使用もはじまった。やがて，こうした動きが日本列島へも波及し，列島の一部に**農耕社会**が成立する。縄文時代にもマメ類などの栽培が行われていたものの生業の中心にはなく，本格的に農耕が行われるようになるのは**水稲耕作**が伝わって以降のことであった。

①弥生文化のはじまり

約3000年前頃(紀元前10〜8世紀頃，約2500年前＝紀元前5世紀頃という学説もある)，九州北部で水稲耕作(稲作)がはじまった。そのことを示すのが**菜畑遺跡**(佐賀県)と**板付遺跡**(福岡県)であり，灌漑・排水用の水路をもち，畦で小規模に区画された本格的な水田跡が発見されている。この時期は，**縄文時代晩期**に位置づけられる土器が使われているものの，弥生時代を水稲耕作が本格的に行われるようになった時代と定義する立場からは**弥生時代早期**と位置づけられる。これ以降，弥生時代は土器の変遷に基づいて前期・中期・後期の３つに区分されている。

⑴年代の測定法　縄文時代や弥生時代など，考古学上の年代は，発見された青銅器や土器などを大陸のものと比較することで推定されており，さらに，**炭素14年代法(放射性炭素年代測定法)**や年輪年代法など自然科学的な手段で年代を測定する方法が開発されてきた。この結果，弥生時代のはじまりは約2500年前頃(紀元前5世紀頃)とされていた。ところが，最近ではＡＭＳ法が採用されて炭素14年代法の精度が向上し，年輪年代法により補正を加えて年代を確定する研究が進んだ。そのなかで弥生時代のはじまりを約3000年前(紀元前10〜8世紀頃)とする研究が登場した。賛否両論あるが，今では約3000年前という説が有力である。

⑵水稲耕作の様子　はじまったばかりの水稲耕作は，灌漑・排水用の水路をもち，畦で区画された本格的な水田で行われていた。

弥生時代初めの水稲耕作
畦で小規模に区画された田地を木製の鍬・鋤で耕作 田植えを行う → 石包丁を使って穂首刈り 稲穂は高床倉庫に貯蔵 → 木臼と竪杵を使って脱穀

田地は，低湿地を利用して開かれた湿田や，地下水位がやや低く灌漑の必要な半乾田が利用された。田地を開いたり耕作したりする際には刃先まで木製の**鍬**や**鋤**が用いられ，木材を伐採・加工するのには大陸系磨製石斧が用いられた。種まきについては，水田跡で発見された稲株の痕跡の並び方から，**田植え**がはじまっていたこ

とがわかっている。栽培する品種がさまざまあり，稲の生育時期がそろわなかったため，収穫は石包丁を使い，みのった穂首を個別に刈り取る**穂首刈り**が行われた。刈り取った稲穂は高床倉庫に収められ，穂首から籾をとり，もみがらを穀粒から取りさる脱穀には**木臼**と**竪杵**が用いられた。中期以降には**鉄器**が農具や工具として使われはじめる。木製の鍬や鋤に鉄製の刃先が取り付けられるようになって土木技術が向上したこともあって，地下水位の低い**乾田**(かんでん)の開発が進んだ。

このように水稲耕作が浸透したとはいえ，ヒエ・アワなどのさまざまな雑穀が栽培され，狩猟や漁労もさかんに行われた。さらに，ブタの飼育がはじまっていた。これらにも注意が必要である。

⑶生活の変容　住居は縄文時代と同じく**竪穴住居**が一般的であった。集落は水田に近い平野部に営まれることが多くなり，構成する住居の数が増え，**掘立柱式**(ほったてばしら)の高床倉庫や平地式(へいちしき)建物も多くなった。より大きな規模の集落は周囲に深い濠をめぐらした**環濠集落**(かんごうしゅうらく)の形態をとり，この環濠集落を中心として中小河川の水系にそって複数の集落がまとまって一つの集団を形成した。これらの地域集団ごとで豊かな収穫を祈願し，収穫を感謝する祭祀が行われた。祭祀のための道具としては，**銅鐸**(どうたく)や**平形銅剣**(ひらがたどうけん)，**銅矛**(どうほこ)・**銅戈**(どうか)といった青銅器が用いられた。

縄文時代に引き続き，調理や貯蔵のための道具として**土器**が用いられた。**弥生土器**と呼ばれ，煮炊き用の**甕**(かめ)，貯蔵用の**壺**(つぼ)，食べ物を盛り付ける**高坏**(たかつき)が基本的な形であった。また，**紡錘車**(ぼうすいしゃ)が発見されており，織物技術がすでにあったことがわかる。

⑷水稲耕作の広まり　九州北部に水稲耕作を伝えたのは朝鮮半島南部からの**渡来人**であった。縄文時代晩期は寒冷化が進んだ時期であり，それにともない，朝鮮半島南部から水稲耕作を行う人々が九州北部へ渡来し，さらにその影響をうけ，それまで日本列島に住んでいた人々も水稲耕作とそれにともなう文化を次々と受け入れていった。その結果，東北から九州南部にいたる地域に**農耕社会**が成立した。

とはいえ，地域差が少なくなかった。西日本では前期のうちに水稲耕作が広まり，九州北部で成立した弥生文化をほぼそのまま受容したのに対し，東日本では縄文文化の伝統が継承され，中期ころまで畑作が優越していた。東北北部では，前期末までに水稲耕作が伝播したが（青森県砂沢(すなざわ)遺跡），中期後半以降，より寒冷化が進むと行われなくなり，縄文時代の生業に戻った(→ p.12)。さらに，沖縄などの南西諸島や北海道では，この時期には水稲耕作は伝わらず，以前と同じ文化が継承された。

弥生文化の主な遺跡

②金属器の普及

金属器の使用がはじまったことも弥生時代の特徴である。**鉄器**が農具や工具として普及し，それにともなって石器は次第に消滅に向かった。新石器時代から鉄器時代へと徐々に移行しはじめたのである。しかし，水稲耕作の伝来と同時に使用されるようになったわけではない。鉄器が普及したのは，より寒冷化が進んだ中期以降である。寒冷化のなか，人々は食料生産を確保するために新しい技術の導入とそれを通じた生産性の向上をめざしたのである。

この時代に使われた金属器は鉄器だけでない。銅と錫(すず)の合金である**青銅器**も使われた。中国などでは石器時代に続いて青銅器が主に使われる青銅器時代が存在するものの，日本の場合，鉄器と青銅器がほぼ同時に伝えられたため，鉄器＝実用具，青銅器＝祭祀具と使い分けられ，純粋な青銅器時代が存在しなかった。

青銅祭器の主な分布圏

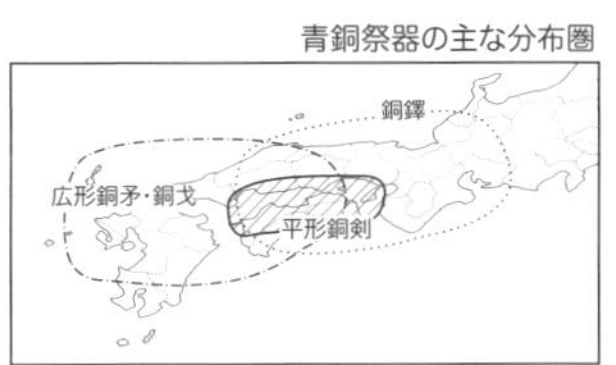

金属器の普及

鉄器　…農具(鍬や鋤の刃先，鉄鎌など)，工具(鉄斧(てつおの)，刀子(とうす)など)
青銅器…祭祀具(銅鐸，平形銅剣，銅矛・銅戈)
- 銅鐸＝近畿・東海など
- 平形銅剣＝瀬戸内地方
- 銅矛・銅戈＝九州北部
- ※荒神谷(こうじんだに)遺跡(島根県)＝銅矛と銅鐸が一緒に出土 → 出雲(いずも)の特殊性

当時，鉄はまだ日本列島内で生産することができず，鉄資源を朝鮮半島などから入手し，それを原材料として鉄器に加工していた。そのため，石器時代から鉄器時代への移行にともなって交易・分配のシステムが変容した。朝鮮半島との関係を軸にしながら，列島内での人々の結びつきに変化が生じていったのである。

③墓制の変化

死者は集落近くの共同墓地に葬られ，手足を伸ばして葬る**伸展葬**(しんてんそう)が主流となった。木棺(もっかん)や石棺(せっかん)，甕棺(かめかん)などの棺(ひつぎ)に遺体を納める墓が広がり，九州北部では朝鮮半島南部と同じような**支石墓**(しせきぼ)が作られ，近畿から関東南部では低い墳丘(ふんきゅう)のまわりに溝をめぐらせる**方形周溝墓**(ほうけいしゅうこうぼ)が営まれた。

こうしたなか，中期以降には特別な墓が各地で作られた。九州北部では中国製の銅鏡など青銅器を多く副葬する**甕棺墓**(かめかんぼ)が現れた。また，共同墓地から離れて大型の墳丘をもつ墓**墳丘墓**(ふんきゅうぼ)が各地に出現した。特に後期には，葬送の際に祭祀が行われた場所である突出部(とっしゅつぶ)をもつ大型の墳丘墓が造成される。山陰地方から北陸地方では方形墳丘の四隅に突出部がつく**四隅突出型墳丘墓**(よすみとっしゅつがた)が作られ，瀬戸内海中部地方では円形墳丘の両側か片側に突出部をもつ墳丘墓が登場し，近畿地方にも広まって前方後円型墳丘墓を生み出した。東海地方などでは前方後方型墳丘墓が成立した。

こうした多量の副葬品をもつ甕棺墓や大型の墳丘墓の登場は，集落を超え，地域を支配する**首長**が各地に現れていたことを示している。しかし，これらの墓には地域差が大きく，広い地域に共通する定型性はみられない。つまり，九州北部や山陰，瀬戸内海中部，近畿，東海など，墓制に共通性をもつ地域ごとに首長どうしの地域的な政治連合が形成され，並立する状況であった。

(→ p.15)

水稲耕作は社会に富の蓄積とその拡大をもたらし，農耕社会の成立は**階層社会**の形成につながった。そこに，石器時代から鉄器時代への移行にともなう交易・分配システムの変容が加わり，各地で地域的な政治連合が生み出されたのである。

国際関係 中期以降，鉄器が普及して水稲耕作の生産性が徐々に高まりをみせたものの，鉄はこの時代，まだ日本列島では生産できておらず，その供給を朝鮮半島南部などに依存していた。そのため，九州北部の首長のなかには朝鮮半島南部などとの交渉に携わって鉄資源や鉄器の交易・分配ルートを掌握し，他の地域の首長に対して優位な立場をとる者がいた。

④中国史書にみる日本列島

中国の歴史書には，紀元前１世紀以降の日本列島の様子をうかがうことのできる記述がある。倭についての記述であり，倭は日本列島を指すと考えられている。

中国史書にみる倭

(1)『漢書』地理志（班固が編纂）

紀元前１世紀…100 余国が分立 → 楽浪郡へ定期的に遣使

(2)『後漢書』東夷伝（成立が『三国志』よりも遅い）

57 年　…奴国が後漢の初代皇帝光武帝から印綬を賜る

107 年　…倭国王帥升らが生口（奴隷）を献上

２世紀後半　…倭国大乱が発生

(3)『魏志』倭人伝（『三国志』魏書烏丸鮮卑東夷伝倭人条，陳寿が編纂）

２世紀後半　…倭国大乱

→ 卑弥呼が女王に擁立されて収まる＝邪馬台国連合の成立

239 年　…卑弥呼が帯方郡経由で魏へ遣使

→ 魏の皇帝から親魏倭王の称号や金印，銅鏡などを賜る

３世紀半ば　…卑弥呼の没後，再び混乱

→ 壱与（台与）が擁立されて収まる

中国の王朝と日本列島の首長たちとの交渉は，漢の武帝が紀元前 108 年，楽浪郡など４郡を置いたことがきっかけとされる。漢が朝鮮半島に勢力を及ぼしたことに

より，朝鮮半島南部とつながりのある日本列島の人々**倭人**との交渉がはじまったのである。その際の交渉は，倭人が中国皇帝に**朝貢**するという形式をとった。倭人が中国皇帝に対し，**生口**(奴隷)などを貢物として献上して臣下の礼をとり，それへの返礼として中国皇帝が中国製の銅鏡など豪華な品々を賜うというものであった。

『漢書』から**『後漢書』**にかけての時期，つまり弥生時代中期から後期初めにかけては，九州北部の首長が交渉の中心であった。この時期の九州北部の甕棺墓のなかに中国製の銅鏡などを副葬するものがみられること，**奴国**が福岡市周辺（後に那津と呼ばれる）と考えられること，**「漢委奴国王」**と刻まれた**金印**が江戸時代，福岡県志賀島から発見されていることなどが根拠である。

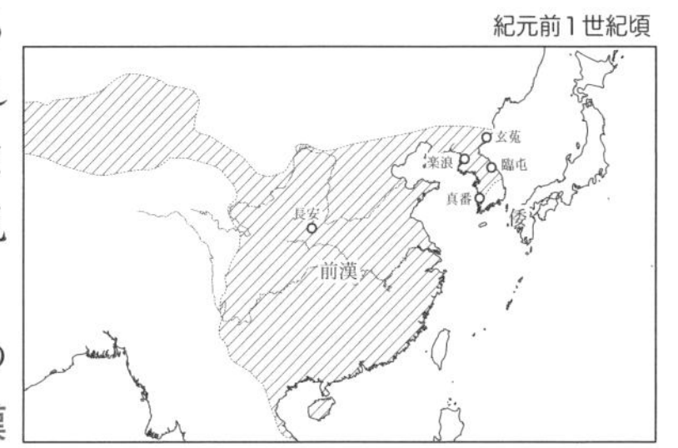

ところが，鉄器の普及にともなう生産性の高まりは他地域の成長を促し，さらに，後漢が混乱したこともあり，２世紀後半，**倭国大乱**が生じた。紫雲出山遺跡(香川県)など，瀬戸内海各地から大阪湾沿岸にかけての丘陵や山頂に作られた集落**高地性集落**がその証拠であり，鉄資源の入手・流通をめぐる九州北部の首長たちと近畿中部・吉備を中心とする瀬戸内地方の首長たちとの間で争いがくり広げられたと考えられる。そして，倭国大乱は**卑弥呼**が女王に擁立されて収まった。

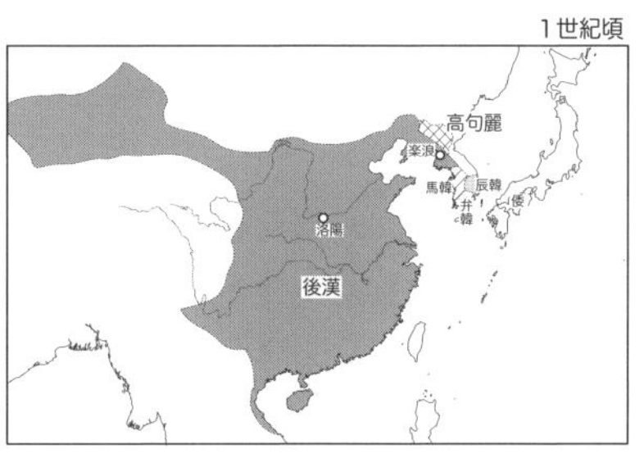

⑤邪馬台国連合

『魏志』倭人伝によれば，３世紀前半の倭には卑弥呼を女王とする30弱の国々の政治連合が成立しており，卑弥呼は**邪馬台国**に都をかまえていた。そこで，卑弥呼を女王とする政治連合を邪馬台国連合という。

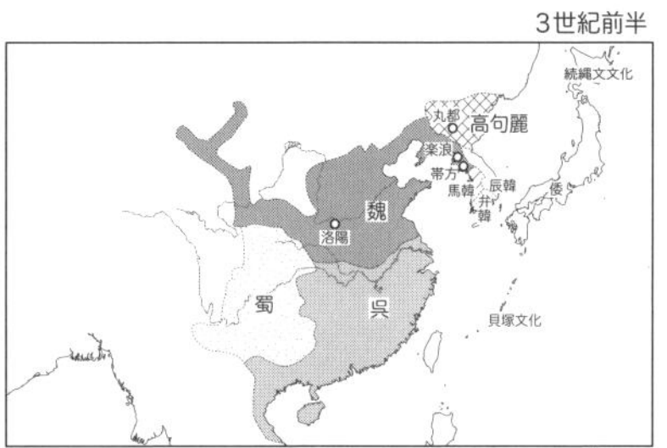

卑弥呼は呪術(**「鬼道」**)にたけた女性で，宗教的な権威に基づいて国々に君臨し，**男弟**の補佐のもとで政治を行った。当時は女性の首長も少なくなく，政治集会には男女ともに参加していたとされる。さらに，**大人**と**下戸**などの身分差があり，統治組織や租税などの制度も整っていた。

卑弥呼統治下の倭

身分…大人(支配層)と下戸(被支配層)，奴婢・生口(奴隷)
一大率…伊都国に常駐・諸国を検察

当時の倭には女王卑弥呼の支配に服さない国があった。**狗奴国**である。こうした未だ不安定な情勢のもと，卑弥呼は**魏**と交渉をもった。当時の中国は**魏**・**呉**・**蜀**の３国が覇権を争い，中国北部の魏が遼東地方から朝鮮半島北部に勢力を伸ばし，**帯方郡**にまで支配を及ぼした頃のことであった。卑弥呼は239年から247年にかけて幾度となく魏に使節を派遣し，**親魏倭王**の称号とともに金印，銅鏡（**三角縁神獣鏡**が含まれるともされる）などを賜った。魏の皇帝の権威をよりどころに，邪馬台国連合の結束と狗奴国への優位性を確保しようとしたのである。

邪馬台国連合と狗奴国との対立がどのような結果となったのかは定かではないが，卑弥呼の死後，男王がたったものの倭は混乱が生じ，最終的に卑弥呼の一族の女性**壱与**（**台与**）が王に擁立されて安定した。魏にかわった晋の歴史書『晋書』には266年，倭の女王が遣使したことが記されており，これが壱与による遣使とされる。

なお，三輪山(→ p.18)の麓に広がる纒向遺跡（奈良県）では３世紀前半の大型建物跡や前方後円型墳丘墓などが発見されており，邪馬台国の所在地とも考えられている。

北海道　水稲耕作は当初，青森県域まで伝わったものの，寒冷な気候の北海道へは，まだ広がらなかった。

⑥続縄文文化

北海道では，縄文時代から引き続き，サケ・マスなどの漁猟，海獣を含む狩猟を生業の基盤とした文化が営まれ，**続縄文文化**と呼ばれている。東北(→ p.8)北部や千島列島南部へも広がり，７世紀頃まで続いた。

沖　縄　沖縄などの南西諸島でも，まだ水稲耕作は行われていなかった。

⑦貝塚文化

南西諸島は，縄文時代から地域性が強く，縄文を施した土器や土偶・石棒がないうえ，貝類の道具が発達していた。九州で薩南諸島まで水稲耕作が行われるようになって以降も，奄美諸島から沖縄諸島にかけての地域では漁労や畑作を中心とする文化が展開し，貝製品が目立つので**貝塚文化**と呼ばれている。

とはいえ，九州以北との交流はさかんで，南西諸島の貝や貝製品は九州から日本海側に沿って北海道まで広がり，一方，九州から土器などが南西諸島に持ち込まれている。

コラム　神　話

日本史の教科書や受験参考書は，原始社会から記述をはじめるのが普通である。ところが，昭和戦前期までの小学校の国定教科書は，神話から書きはじめるのが普通であった。奈良時代に編纂された『**日本書紀**』や『**古事記**』と同じ構成である。日本の歴史を神話，つまり神々の物語から説き起こしていたのである。

では，神々から歴史を説き起こすとは，どういうことなのか？

まず，『日本書紀』や『古事記』に記された神話の内容を簡単に確認しておこう。『日本書紀』と『古事記』とでは内容が異なり，また『日本書紀』には複数の伝承が記されており，記紀神話などとひと括りできるものではないが，共通する大まかな筋書きは次のようなものである。

最初にでてくるのが天地の創成である。それとともに，いくつかの神々が出現し，続いて**イザナギ**（伊弉諾）とイザナミ（伊弉冉）の男女２つの神が現れる。この２神が本州・四国・九州などの島々を作り上げ（北海道や沖縄などは含まない），さらに自然・農耕などに関わる神々を生む。最後に生まれるのがアマテラス（天照大神）やスサノオ（素戔嗚）などである。こうした神々の住むのが高天原とされ，そこでの神話の一つにスサノオの乱行のためにアマテラスが天の**岩戸**にこもったという話がある。一方，地上に関しては出雲などに関わる神話が記され，アマテラスの孫神であるニニギが地上の統治をゆだねられて高天原から降りてくる。そしてニニギから３代経てイワレヒコが登場し，この人物がヤマトを攻略して天皇となる。初代天皇との伝承をもつ**神武**天皇である。

なお，このなかに「神武」「岩戸」「いざなぎ」という第２次世界大戦後の**高度経済成長**期における好景気の呼称が出てくる。前代未聞の好景気だというので，神話からこれらの名前が取ってこられたのである。

こうした神話は天皇による統治をめぐるもので，神々から授けられ継承したものだと，その来歴や正統性を語っている。そこに貴族や地方豪族が関わることはあっても，一般の人々が関わることはない。つまり，先に確認したような神話から歴史をはじめるということは，天皇を軸とする支配者の物語として日本史を語ることを意味する。それに対して第２次世界大戦後には，列島における人類（人間）の歴史として語ろうとする教科書が登場したのである。

ところで，神々が登場しないものの「神話」と形容することのできる物語はさまざまある。新しい政権が登場すると，そのつど，政権を正統化するために「神話」が形作られてきた。いま私たちが読んだり聞いたりしている歴史のなかにも，意識されない状態で「神話」が隠されていることだろう。たとえば，**旧石器時代**や**縄文時代**には日本列島の多くの部分で共通した文化が広がっていたという説明も，第２次世界大戦後の国家領域を前提とした「神話」の一種かもしれない。

第2章 古代のはじまり

<大まかな時代の推移>

3世紀～5世紀初め

↓ 近畿から瀬戸内にかけての地域で古墳が出現した。
倭が朝鮮半島に出兵して高句麗と交戦した。

5世紀

↓ 倭王讃が中国南朝の宋へ使いを送った。
稲荷山古墳出土鉄剣銘にワカタケル大王の名が刻まれた。
倭王武が中国南朝の宋皇帝から安東大将軍などの官爵を授かった。

6世紀

↓ 筑紫の豪族磐井が新羅と結んで挙兵した。
百済から欽明天皇のもとへ仏教が伝えられた。
前方後円墳に代わって方墳や円墳が造られるようになった。
蘇我馬子が飛鳥寺(法興寺)の造営に着手した。
隋が中国南北朝を統一した。
推古天皇が隋に初めて使節を派遣した。

7世紀

↓ 冠位十二階の制が定められた。
小野妹子が隋皇帝煬帝のもとに派遣された。
高向玄理や僧旻らが隋へ留学した。
中国で隋が滅び，唐が成立した。
蘇我本宗家が中大兄皇子らによって滅ぼされた。
新しい地方組織として評が設置された。
阿倍比羅夫が秋田・津軽方面に遠征した。
白村江の戦いで唐・新羅連合軍に敗れた。
初めて全国的な戸籍が作成された。
大海人皇子が吉野で挙兵し，大友皇子を破った。
八色の姓を定め，豪族の序列を天皇中心に格付けし直した。
初めて都城制を採用した都藤原京に遷都した。

8世紀初め

↓ 大宝律令が制定された。

3　ヤマト政権と古墳文化

年代
3世紀半ば〜6世紀末

政治　卑弥呼や壱与(台与)を女王に擁した邪馬台国連合が，その後どうなったのかは中国史書には記載がない。三輪山の麓に広がる纒向遺跡(奈良県)が邪馬台国の所在地ともされ，邪馬台国連合はヤマト政権(大和政権)につながったと考えられている。しかし確証はなく，邪馬台国が九州にあったとする学説もあり，その場合，邪馬台国連合に代わってヤマト政権が登場した，あるいは邪馬台国が近畿地方に侵攻してヤマト政権を樹立したと考えることができる。まだ謎である。

①ヤマト政権の成立

3世紀半ば，近畿中部から瀬戸内海沿岸にかけての地域で古墳が出現し，やがて九州南部から東北南部にまで広がった。

出現期の有力な古墳は次の2つの特徴をもっていた。第一に，弥生時代の墳丘墓より大きな規模をもっていた。**首長**の権力，地域の人々に対する動員力が弥生時代よりも大きくなったことを示している。第二に，前方後円墳または**前方後方墳**という形状，竪穴式石室を設けて木棺を納めるという埋葬施設のあり方，埴輪（**円筒埴輪**など)を並べるという墳丘の装飾，銅鏡をはじめとする**副葬品**に強い共通性をもっていた。そのうえ，墳丘の形によって被葬者の系譜や地位，その規模によって被葬者の実力を示すしくみが整えられていた。この第二の特徴は，古墳という墓制が，墳墓の形や埋葬施設のあり方から葬送祭祀にいたるまでの共通の定式として共同で造り出されたことを意味しており，古墳の形成に先立って広域な政治連合が成立していたことを示している。

このような特徴をもつ古墳を生み出した広域な政治連合をヤマト政権(大和政権)と呼ぶ。出現した当初の古墳のなかで最も規模の大きいもの(たとえば**箸墓古墳**)が奈良盆地のヤマト(大和)地方にみられるため，このように呼ばれている。

なお，古墳の被葬者は男性・女性ともに確認されており，古墳時代にあっても男性だけでなく女性が首長に推戴されるケースがあったことが分かっている。

②古墳文化の展開

古墳文化の主要な遺跡

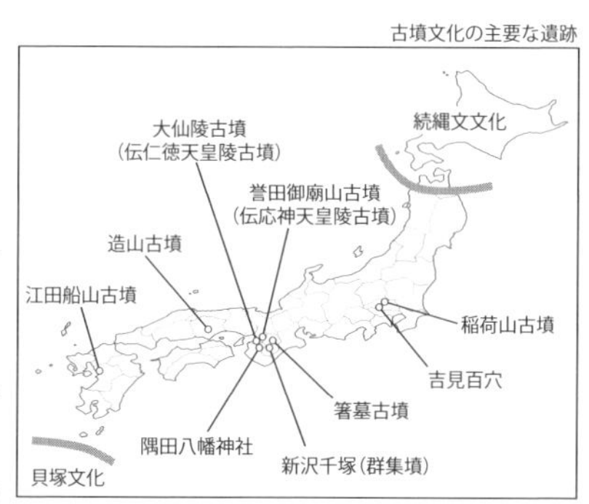

各地で古墳が造られた時代を古墳時代，この時代の文化を古墳文化と呼び，前期，中期，後期，終末期の4つに区分される。

古墳文化の展開は，ヤマト政権のあり方の推移・変化を示している。

まず，副葬品である。古墳での葬送儀礼に使われ，埋葬された首長の威信を示す品々が副葬された。前期は弥生時代からの連続性が強く，銅鏡など呪術的な副葬品が多くみられ，被葬者が司祭者的な性格をもっていたことがわかる。ところが，中期には甲冑や**馬具**など軍事的な性格をもつ副葬品が増加し，被葬者が武人的性格を強めたことを示すと考えられている。ヤマト政権のもと，中国皇帝の権威をよりどころに軍事色の強い政治組織が整えられていたことや高句麗への対抗から乗馬の風習が取り入れられたことに対応している。

次に，古墳の規模と分布である。

前期と中期は，大型の前方後円墳が大和・河内だけでなく吉備，毛野など各地で営まれた点で共通する。なかでも中期には，各地でより巨大な前方後円墳が造成された。これらのことは，各地に地域的な連合があり，それぞれが強い独立性をもちつつ，大和・河内の勢力を盟主として広域な連合体を形成したことを示している。

これが変化するのが後期以降である。近畿中央部以外の地域では前方後円墳が小型化する。このことは，各地の有力な首長が勢力を後退させ，大和・河内の勢力のもとに各地の勢力が服属するという形へヤマト政権のあり方が変化したことを示している。他方，小型の**円墳**(→ p.20)が多数密集して造成されるようになる。**群集墳**である。これは，有力な首長のもとにあった豪族・有力農民たちがヤマト政権の直接支配下に組み込まれ，古墳の造成を認められるようになったことを示すものである。

古墳文化の展開

前期（3世紀半ば～4世紀）

各地に大型の前方後円墳　例）箸墓古墳（奈良県）
円筒埴輪，竪穴式石室，銅鏡・装身具など呪術的な副葬品

中期（4世紀末～5世紀）

各地の前方後円墳がより巨大化　例）大仙陵古墳（大阪府），造山古墳（岡山県）
竪穴式石室，甲冑・馬具など軍事的な副葬品
形象埴輪（家や人物，動物などをかたどる）が増加

後期（5世紀末～6世紀）

大型の前方後円墳が近畿中央部に限定，群集墳が各地で増加
形象埴輪，横穴式石室，多量の土器を副葬

終末期（6世紀末～7世紀）

前方後円墳が消滅 → 大型の方墳や円墳へ（近畿中央部では八角墳）

国際関係　中国では**晋**が3世紀後半，魏・呉・蜀の三国分立を克服したものの，4世紀初めに滅んだ。寒冷化にともなって中国北方の遊牧諸民族が侵入して華北に国々が乱立し，その中から**北魏**が出て5世紀前半，華北を統一した。一方，江南では晋が再興された（東晋）のち，宋など4王朝があいついで興亡した。このように，5世紀から6世紀にかけて中国本土が南北に分裂した状態を**南北朝時代**(→ p.22)という。

こうして中国王朝の周辺地域に対する支配力が弱まるなか，**高句麗**が中国遼東地方から朝鮮半島北部に勢力を広げ，313年には**楽浪郡**を滅ぼした。朝鮮半島南部は**馬韓・弁韓・辰韓**と呼ばれる3つの小国連合が分立していたが，4世紀には馬韓では**百済**，辰韓では**新羅**が台頭し，弁韓では小国連合の状態が続いて**加耶諸国**と総称され，任那(金官加耶)や加羅(大加耶)などが時期により盟主の地位を交替した。(→ p.21)

③朝鮮諸国との交渉

ヤマト政権(倭)は鉄資源を入手するため，古くから(→ p.10)朝鮮半島南部，とりわけ加耶諸国と密接な関係をもった。ところが4世紀後半，高句麗が朝鮮半島を南へ勢力を拡大すると情勢は激動し，倭もまき込まれた。百済や新羅，加耶諸国，そして倭が対立と提携をくり返し，4世紀末から5世紀初めには高句麗と倭が交戦した。

朝鮮諸国との交渉

百済と倭が提携　…4世紀後半
石上神宮七支刀：百済王が倭王のために製作し贈る

高句麗と倭が交戦…4世紀末〜5世紀初め
好太王碑文：391年以降，倭が朝鮮半島に出兵

④倭の五王

『宋書』倭国伝によれば，421年から478年にかけて5人の倭王が中国南朝の宋に使節を派遣している。**讃・珍・済・興・武**の5人で，**倭の五王**と総称される。

倭の五王は，宋皇帝に朝貢し，**安東大将軍・倭王**などの官爵を授かった。官爵を授かることを**冊封**を受けるという。高句麗との対立関係のなか，宋皇帝から冊封を受けることによって朝鮮半島南部での軍事指揮権を確保することが，倭の五王が宋に朝貢した目的の一つであった。もう一つの目的は，日本列島(倭人社会)各地の有力な首長(豪族)を統合するうえでの権威のよりどころを確保することにあった。倭の五王は，宋皇帝から授かった官爵を利用して軍事色の強い政治組織を整え，そのもとに各地の首長を編成したのである。とはいえ，朝鮮諸国との交渉が倭王のもとに一元化されていたわけではなかった。各地の有力な首長も交渉に携わっていた。そのため，朝鮮情勢の変転とともにヤマト政権内で抗争がくり広げられた。5世紀後半に葛城氏や吉備氏の反乱が伝承として残っているのはその一例である。

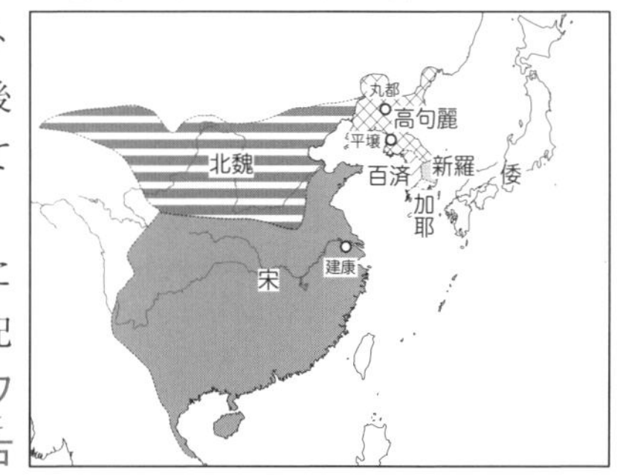

こうしたなか5世紀後半，倭王武の頃には倭王の権威・権力が強まり，独自の支配組織が徐々に整った。倭王武は**雄略天皇**（ワカタケル）にあたるとされ，**埼玉県稲荷山古**

墳出土鉄剣銘や熊本県江田船山古墳出土鉄刀銘によれば，彼の頃には**大王**（治天下大王）の称号がすでに成立し，大王が天下を治める（治天下）という意識も形成されていた。宋皇帝の冊封下にありながらも，その秩序を模倣し，日本列島だけでなく朝鮮半島南部の諸地域をも含めて天下とみなし，それらの地域を独自に支配する君主であるとの認識ができていた。高句麗の太王号に対抗したものとされる。さらに，各地の豪族を大王のもとに勤務・奉仕させるしくみもでき上がりはじめていた。（→ p.20）

社会経済　朝鮮半島から新しい技術が伝わり，人々の生活が変化した。

⑤古墳時代の生活・技術

地域の支配者である首長は，人民の生活する集落から離れた場所に**居館**を営んでいた。三ツ寺Ｉ遺跡（群馬県）のように，周囲を濠や柵列がめぐり，内部には住居とともに倉庫が建ち並び，祭祀も行われた。一方，人民が住む集落には環濠がなくなり，複数の竪穴住居や平地住居などが集まって構成された。住居のなかには，それまでの炉に代わり，朝鮮半島の影響によって**かまど**が設けられるようになった。

５世紀には，かまどだけでなく，新しい技術が朝鮮半島からさまざま伝えられた。

朝鮮半島から伝わった新しい技術

土器…須恵器（硬質で灰色の土器）　↔　土師器＝在来の技術・弥生土器の系譜
鉄器…鍬・鋤のＵ字型の刃先
　　→台地での水田（乾田）の開発が進む
乗馬…馬の飼育と馬に乗る風習，馬具の製作技術が伝わる

こうした新しい技術は朝鮮半島から渡来した技術者が伝えた。ヤマト政権では，彼ら渡来人を**陶部**（須恵器を製作），**韓鍛冶部**（鉄器など金属工芸品を製作），**鞍作部**（馬具を製作）などの部民（部）に組織し，大和・河内に生産拠点を構えさせた。一方，九州北部や瀬戸内海沿岸などの各地にも生産拠点があった。ヤマト政権が渡来系の技術者を派遣したり，あるいは，地域の有力な首長が独自に朝鮮半島から技術者を招いたりしたものと考えられている。

文　化　古来からの習俗が定式化される一方，朝鮮半島から新しい文化，東アジアでスタンダードになりつつあった文明が伝わってきた。

⑥古墳時代の習俗

５世紀頃，自然物崇拝（**アニミズム**）にともなう祭祀の作法が整った。自然は豊かな恵みをもたらす半面，地震や火山噴火，風水害など多くの災厄をもたらした。そのため，巨石や山川など自然物に霊魂（アニマ）がやどると考え，それらを神々として祀ることで生活と生業の安定を願う動きが広がったのである。このことを示す祭祀遺跡としては，**三輪山**や布留川（ともに奈良県），**沖ノ島**（福岡県）が有名である。三輪山の祭祀はのち**大神神社**，布留川での祭祀はのち**石上神宮**，沖ノ島の祭祀はの

ち**宗像大社**につながった。祭祀の内容では農耕に関するものが重要で，春に豊作を祈る**祈年祭**，秋に収穫を感謝する**新嘗祭**などが行われた。

また，シカなどの骨を焼いて吉凶を占う**太占**や，熱湯に手を入れて真偽を判断する神判である**盟神探湯**なども行われた。

⑦新しい文化の伝播

渡来人によって文字の知識がもたらされた。『日本書紀』や『古事記』には，**王仁**が漢字学習の入門書『千字文』などをもたらして**西文氏**の祖となり，**阿知使主**は**東漢氏**の祖となったとの伝承が伝えられており，ヤマト政権は彼ら文筆技術をもつ渡来人を**史部**に組織し，政治・外交上に必要な記録・文書の作成や財政の管理などを担当させた。『宋書』倭国伝に記載された478年の**倭王武の上表文**はレトリックを駆使した漢文で記されており，渡来人の史部によって作成されたものと考えられる。また，漢字が伝わったことにより，漢字の音を借りて人名や地名を表記することができるようになった。こうした用法で用いられた漢字を**仮名**といい，実例としては，埼玉県稲荷山古墳出土鉄剣銘や熊本県江田船山古墳出土鉄刀銘（→ p.52），**和歌山県隅田八幡神社人物画像鏡銘**などがある。

6世紀には，百済から**儒教**（**儒学**）や**仏教**が伝えられた。儒教は6世紀初め，**継体天皇**の頃，百済から**五経博士**が派遣されたことで伝えられ，同時に**医・易・暦博士**も派遣されてきた。仏教は6世紀初め，すでに**司馬達等**ら渡来人により私的に信仰されていたが，6世紀半ば，百済の**聖明王**から**欽明天皇**のもとへ仏像・経典が贈られ，僧侶が派遣されて仏教が公的に伝えられた（**仏教公伝**）。この公伝の時期については，**『日本書紀』**は**壬申**年（552年），**『上宮聖徳法王帝説』**や**「元興寺縁起」**は**戊午**年（538年）と記載が異なる。戊午年が有力なものの，他の年を主張する学説もあり確定していない。また，仏教公伝の際，中央有力豪族のなかでは**蘇我氏**が仏教を受け入れたのに対し，物部氏や中臣氏など受け入れに抵抗感をもつ豪族もいたとされる。

⑧埋葬施設と死生観の変化

竪穴式石室

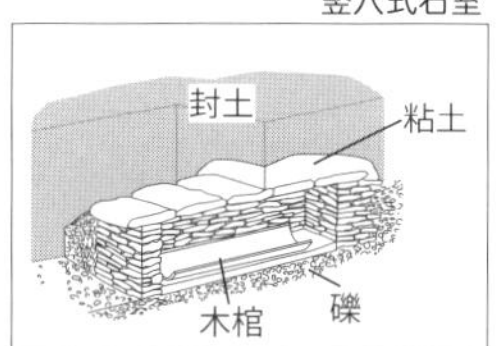

6世紀には，従来の竪穴式石室に代わり，朝鮮半島の影響により**横穴式石室**が普及した。入り口を開けば新しく死者を後から埋葬すること（**追葬**）が可能であり，家族を一緒に葬るのに適した埋葬施設である。また，山の斜面を掘り込んで横穴を作り墓室とするケースも見られる。

横穴式石室

副葬品では，土師器や須恵器などの日常の飲食に使われる土器が多量に副葬された。このことは，従来とは異なる死生観が広がり，墓室が死後の生活の場と考えられはじめたことを示している。こうしたなか，九州各地や茨城・福島県などでは，竹原古墳(福岡県)などのように，石室や横穴の墓室の壁面を彩色や線刻によって飾り立てる**装飾古墳**が造られた。

政　治　５世紀末以降，古墳時代後期になると近畿中央部以外では大規模な前方後円墳が造られなくなり，大和・河内の勢力に各地の首長(豪族)が服属するという形へヤマト政権のあり方が変化した。(→ p.16)

⑨氏姓制度(氏族制)の整備

倭王武＝ワカタケル大王の時代，各地の豪族の子弟が大王のもとに勤務・奉仕するシステムがすでに整っていた。それを基礎としながら，６世紀には百済の制度を模倣し，氏姓制度と呼ばれる支配組織が整備された。きっかけの一つとなったのが527年の**磐井の乱**である。この乱は，筑紫の**磐井**が新羅と結んで継体天皇に対抗した事件であり，翌年，物部麁鹿火の率いる軍勢によって鎮圧された。

⑴**地方支配**　大王と各地の豪族との関係が支配・被支配の関係へと変化するなか，各地に大王の政治的・経済的な拠点として**屯倉**が設置され，地方豪族は**国造**に任じられた。国造の地位をえた豪族は，大王のもとに一族の男女を舎人や采女として出仕させ，必要に応じて軍事動員などの要請に応じることを義務づけられるとともに，屯倉の管理を任された。屯倉に必要な物資や労働力，軍事力を集めたり，屯倉に田地や中央から派遣された技術者が付属する場合であれば，それらを経営する権限を認められた。こうした形で地域人民への支配をヤマト政権から保障されたのである。さらに，地方豪族の支配地域のなかには，舎人や采女の必要経費をまかなうための物資や労働力(**伴**)を提供する**部民**(**部**)が設定され，国造に任じられた豪族の一族が新しく**伴造**に任じられ，その管理・統率をまかされた。伴造と彼らが率いる部民は，中央の中小豪族のもとに統括された。部民を在地で管理・統率する地方豪族も，中央で統括する中小豪族も，ともに伴造と呼ぶ。

こうした地方支配組織が整うのにともない，各地の有力な首長を中心とする地域的な連合は解体され，各地の豪族や有力農民が個々にヤマト政権の直接支配下に編成された。このことを示すのが，各地における群集墳の増加である。(→ p.16)

⑵**中央の支配集団**　有力な王族や中央有力豪族は，大王のもとで政務の合議に関与するとともにヤマト政権のさまざまな職務を分掌し，支配集団を構成した。最も有力な豪族が**大臣・大連**の地位につき，それ以外の有力豪族のなかから**大夫**が選ばれ，大王の王宮に出向いて政務を合議した。また，有力な王族や大臣・大連・大夫をつとめる中央有力豪族は，大和・河内などに田地（**田荘**）や隷属民（**奴婢**）が付属する邸宅（宮や宅などと称する）をもち，その邸宅には伴造を務める中央の中小豪族や出仕してきた地方豪族，彼らに率いら

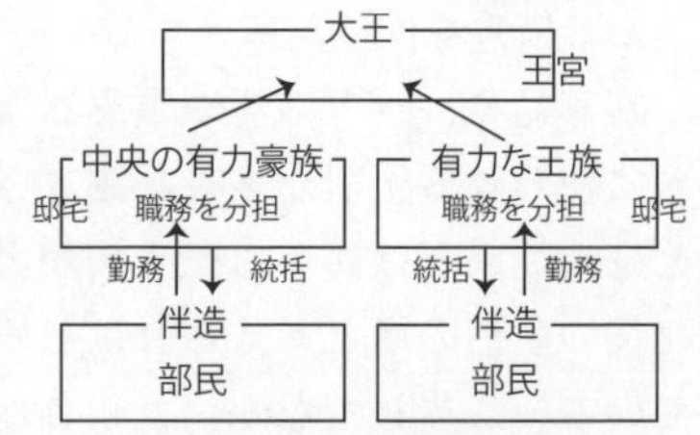

れた伴などが勤務した。つまり，有力な王族や中央有力豪族の私的な邸宅が同時にヤマト政権の公的な支配機構，いわば官庁を兼ねたのである。

(→ p.30)
(3)氏と姓　ヤマト政権を構成した各地の豪族は，血縁などをもとに**氏**(うじ)と呼ばれる集団を組織した。特定の職務をもって代々大王に奉仕し，その経済的な経費にあてる物資や労働力(伴)を提供する部民の領有が認められた。豪族が領有する部民は**部曲**(かきべ)といい，有力な王族に属した部民は**子代**(こしろ)・**名代**(なしろ)**の部**(べ)という。

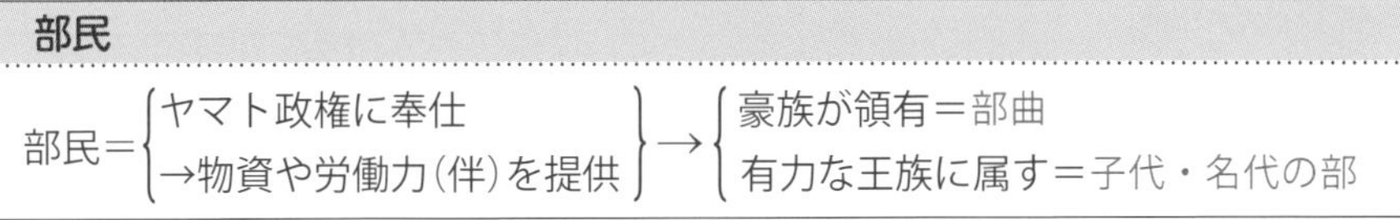
部民

部民＝{ヤマト政権に奉仕 →物資や労働力(伴)を提供} → {豪族が領有＝部曲 / 有力な王族に属す＝子代・名代の部}

そして，氏の長(**氏上**(うじのかみ))はヤマト政権での地位を示す**姓**(かばね)を大王から与えられ，序列づけられた。葛城・蘇我(そが)・吉備などの有力豪族は**臣**(おみ)，大伴(おおとも)・物部・中臣(なかとみ)などの有力豪族は**連**(むらじ)，筑紫・毛野(けぬ)など地方の有力豪族は**君**(きみ)，一般の地方豪族には直(あたえ)などが与えられた。なお，岡田山(おかだやま)一号墳(島根県)出土大刀銘の「各(額)(ぬか)田部臣(たべのおみ)」から，6世紀後半には氏や姓がすでに成立していたことが分かっている。

国際関係　南朝の宋が滅び，また，朝鮮情勢が変動して高句麗との直接的な対立関係が解消されると，5世紀末以降，中国王朝との交渉は途絶えた。一方，ヤマト政権(倭)は朝鮮半島から勢力を後退させた。

⑩朝鮮半島からの後退

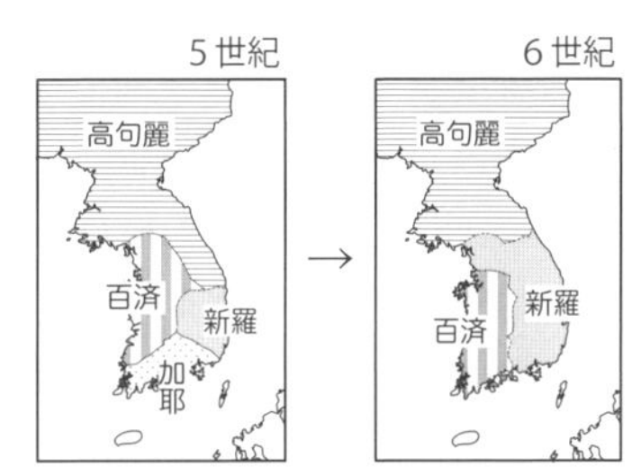

朝鮮半島では百済・新羅が加耶諸国へ勢力を伸ばした。まず6世紀初め，百済が加耶の西部へ侵攻し，ヤマト政権に五経博士を送るなどしてその領有を承認させた（これを認めた大連**大伴金村**(おおとものかなむら)はのち失脚した）。それに対して加耶諸国の一部には新羅と結ぶ動きが生じ，新羅がこれに乗じて勢力を拡大した。527年，筑紫の磐井が新羅と結んで継体天皇に軍事的に対抗したのも(**磐井の乱**)，こうした情勢のなかでの出来事であった。他方，新羅と対立した百済は，仏教を公式に伝えるなどしてヤマト政権に軍事援助をさらに期待し，加耶諸国のなかにもヤマト政権と結ぼうとする動きがあり，ヤマト政権も軍勢を派遣した。朝鮮半島南西部，百済の支配地域の南部に前方後円墳がみられるのは，この時期に百済を支援するために派遣された倭人によるものと考えられている。ところが成果は十分ではなく，562年，残る加耶諸国は新羅によって併合され，滅亡した。

こうしてヤマト政権は朝鮮半島から勢力を後退させた。ところが半面，磐井の乱以降，朝鮮諸国との交渉を一元化し，諸豪族の関与を排除していった。ヤマト政権は，国際関係を一つの軸としながら大王のもとへの権力集中を進めたのである。

4 飛鳥の朝廷

年代 587～663年

政治 6世紀，大王の地位は**継体天皇**の血統に固定された。当時の王位継承のルールは同世代のなかで継承するというもので，その際，候補者には豪族を統率し政務を決定するうえでの資質が求められた。そのため，中央有力豪族をまきこみながら，王族間で大王の継承をめぐる抗争が生じた。

①蘇我氏の台頭

大王家と蘇我氏

※1～8は大王継承順

欽明天皇のもとで**大臣**に就任し，勢力をのばしたのが**蘇我稲目**であった。財政を管轄し，渡来系豪族と結ぶ一方，欽明天皇に娘を嫁がせて権勢を確保した。子の**蘇我馬子**は，**用明天皇**没後の大王継承争いのなかで587年，**物部守屋**を滅ぼし，さらに592年，素行に問題のあった**崇峻天皇**を殺害して権勢をふるった。

こうした状況のもと，欽明の娘**推古天皇**が即位した。彼女の政治的資質が評価されたうえ，**厩戸皇子**(**厩戸王**)ら次世代はまだ年齢が若く，資質に欠けると認識されたから，とされる。推古天皇は『日本書紀』や『古事記』によれば最初の女性の天皇である。

国際関係 推古天皇が即位した頃，ユーラシア大陸東方は新たな情勢を迎えていた。中国北朝から出た**隋**は，モンゴル高原から中央アジアにかけて勢力をもった放牧国家**突厥**を分裂させて北方の脅威を弱め，ユーラシア東方における国際関係の中心的な地位を確保したうえ，589年，南朝の**陳**を滅ぼして中国**南北朝を統一**(→ p.16)した。さらに，再三にわたって**高句麗**への遠征を実施した。

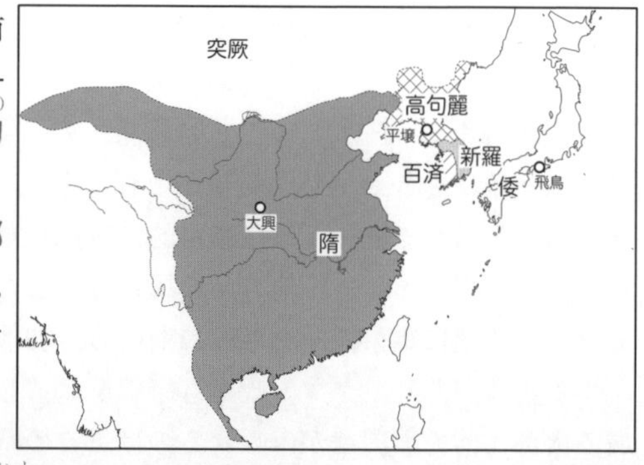

一方，朝鮮半島では，**新羅**が**加耶**諸国を滅ぼすなど勢力を伸ばした。そのため，百済に加えて高句麗もヤマト政権(倭)と友好関係をもった。

②隋との交渉

推古天皇は600年，隋に使節(**遣隋使**)を派遣した。100年余り途絶えていた中国との交渉を再開し，新羅との関係を有利にしようとしたのである。『**隋書**』**倭国伝**によれば，その際，隋の初代皇帝**文帝**から倭の政務・風俗のあり方を未開と指摘されたという。これを恥じたのか，『**日本書紀**』にはこの遣隋使派遣は記載されていない。そして，この遣隋使の帰還にともない，一連の政治改革が実施された。

607年，推古天皇は再び遣隋使を派遣した。その際，使節**小野妹子**が持参した国書では，仏教に基づく表現を使って隋を称揚する一方，隋皇帝と倭王をともに**「天子」**と記すなど，隋皇帝に対して臣下の礼をとらず，官爵の授与も求めない姿勢をとった。これに対して2代皇帝**煬帝**は激怒したが，高句麗が**東突厥**(→ p.17)と結んで隋に対抗する動きを見せており，翌608年，遠交近攻策として使節**裴世清**を倭へ派遣した。同年，裴世清が隋に戻る際，小野妹子が再び派遣され，さらに**僧旻**や**高向玄理**らの留学僧・留学生が随行し，仏教など先進文物・制度の摂取がめざされた。『日本書紀』によれば，このとき小野妹子が持参した国書では，倭王のことを「**天皇**」と記している。これを根拠に，隋との外交交渉のなかで天皇の称号が成立したとする学説もあるが，編纂者による書き換えの可能性もあり，定説をみていない。

遣隋使は614年に**犬上御田鍬**が派遣されたものの，当時，隋は高句麗遠征の失敗などから混乱を極めており，やがて618年に滅亡した。代わって**唐**が成立したものの，推古天皇は中国との交渉を継続しなかった。

遣隋使

600年	最初の遣隋使(『隋書』倭国伝にのみ記載)
607年	小野妹子を派遣＝隋皇帝に臣属の姿勢を取らない
608年	隋から答礼使裴世清が派遣される
	小野妹子を再び派遣＝僧旻や高向玄理ら留学僧・留学生が随行
614年	犬上御田鍬を派遣

政治　600年の遣隋使派遣は政治改革を実施するきっかけとなった。推古天皇は603年，蘇我馬子の本拠地**飛鳥**の近くに**小墾田宮**を造営した。大王の邸宅の南に官人を集めて儀式を行う広場(**朝庭**)を設ける，新しい形式の宮であった。

③推古天皇の政治改革

推古天皇は603年，小墾田宮を造営したあと，**冠位十二階**を定めた。百済を模倣し，豪族一人ひとりに冠位を授与し序列づけた制度である。個人の能力や功績に応じて与えられ，昇進が可能で，本人一代限りのものであった。つまり，氏姓制度(氏族制）における氏族単位の政治組織のあり方に改変を加えようとするものであり，のちの**位階制**(→ p.32)につながった。とはいえ，蘇我氏など中央有力豪族や地方豪族には冠位が授与されていなかった。翌604年には**憲法十七条**を定めたとされる。豪族たちに官人としての心得を説いたもので，大王継承をめぐる抗争がくり広げられたことへの反省から，儒教(儒学)の書籍を典拠として「和」を強調し，さらに仏教の尊重・興隆などを掲げた。

こうした改革の行われた推古天皇の時代以降，7世紀末にいたるまで，大王の王宮は飛鳥に連続して営まれ，その周囲に倉庫や工房などの施設が集中的に造営された。一時，難波や大津に王宮が移ったことがあるが，飛鳥の地に宮都が本格的に営まれるようになったのである。そこで，推古天皇の時代以降を**飛鳥時代**と呼ぶ。

文化 早くから仏教を受け入れていた蘇我氏が権勢をふるったこと，推古天皇の時代になり朝廷が仏教を興隆する姿勢を示したことを背景とし，飛鳥を中心として最初の仏教文化**飛鳥文化**が展開した。百済や高句麗の影響を受けた文化で，そこには中国・南北朝時代の文化の影響をかいま見ることもできる。

④飛鳥文化

⑴寺院の建立 蘇我氏など中央の王族や豪族により仏教が受容され，本格的な伽藍をもつ寺院が建立された。

飛鳥文化の諸寺院
蘇我馬子…飛鳥寺（法興寺）→ 塔を３つの金堂が囲む
厩戸皇子…法隆寺（若草伽藍跡）・四天王寺 → 塔・金堂・講堂が一直線に並ぶ
舒明天皇…百済大寺

これらの寺院は，百済などから伝わった新しい技術を使って建立された。旧来からの**掘立柱式**ではなく，**礎石**の上に柱を立てて**瓦葺**の屋根を乗せる新しい技法が用いられ，内部には金銅製の仏像，絢爛な色彩で彩られた壁画などが配された。寺院は，先進的な技術・文化を集めた，文明を象徴するエキゾチックな空間であった。

一方，仏教は在来の祭祀・信仰と習合する形で受け入れられた。古墳での葬送儀礼を受け継いで祖先の供養（祖霊追善）を担い，それを通じて一族の繁栄を願う「異国の神」として受容された。つまり，寺院は氏族の政治的な結集の場**氏寺**であり，旧来の**前方後円墳**に代わる政治的・宗教的なモニュメントとして建立された。

このように仏教は呪術的なものとして受容されたものの，仏教思想の研究も一部では行われた。高句麗から派遣された僧恵慈の教えを受けた厩戸皇子は，法華経・維摩経・勝鬘経という３つの経典の注釈書**三経義疏**を著したとされる。なお，厩戸皇子はのちに神格化されて信仰の対象となり，**聖徳太子**の名で呼ばれるようになる。

⑵仏教美術 鞍作鳥（止利仏師）が製作した**飛鳥寺釈迦如来像（飛鳥大仏）**や**法隆寺金堂釈迦三尊像**，さらに法隆寺の**玉虫厨子**，その扉や須弥座に描かれた絵画，法隆寺に隣接する尼寺**中宮寺**に伝わる**半跏思惟像**，**天寿国繡帳**などが有名である。また，**秦氏**の氏寺**広隆寺**にある**半跏思惟像**は新羅から贈られ，厩戸皇子から秦河勝に与えられたとの伝承をもつ。

⑶新しい文化の伝来 百済僧**観勒**により暦が伝えられ，高句麗僧**曇徴**により紙や墨・絵の具の製法が伝えられた。

国際関係 618年に成立した**唐**は，東突厥を滅ぼしてモンゴル高原を制圧するとともに，チベットの吐蕃を抑えて中央ユーラシアへ勢力を伸ばした。朝鮮半島にも侵攻し，7世紀後半にはユーラシア東方を支配下におく大帝国を築き上げた。

⑤唐との交渉のはじまり

推古天皇の没後に大王となった**舒明天皇**は630年，唐に犬上御田鍬を外交使節（**遣唐使**）として派遣し，国交を結んだ。これをきっかけとして，かつて遣隋使に従って留学していた高向玄理や僧旻らが帰国し，唐の制度・文物を朝廷にもたらした。

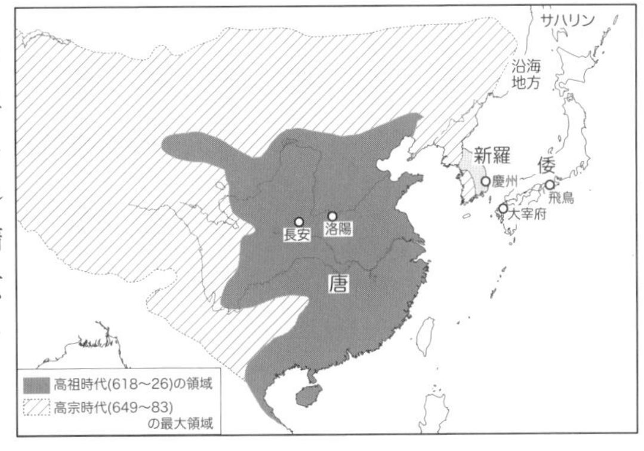

政治　唐が640年代以降，高句麗遠征を皮切りとして朝鮮半島へ侵攻すると，朝鮮3国どうしの抗争が激化した。これに対して倭では，緊迫する国際情勢に対応できる集権的な政治体制の確立をめざす動きが，激しい権力抗争をともないながら進んだ。

⑥権力抗争の激化

641年に舒明天皇が死去した後，その后**皇極天皇**が大王に即位すると，大臣の地位を継承した**蘇我蝦夷**・**蘇我入鹿**父子，厩戸皇子の子**山背大兄王**，舒明・皇極天皇系の王族という3つの勢力の間で権力抗争が激化した。さらに，蘇我氏内部でも蝦夷・入鹿の本宗家と分家の間で対立が生じており，蘇我本宗家の権勢は必ずしも盤石ではなかった。こうしたなかで643年，蘇我入鹿らにより山背大兄王が滅ぼされ，さらに645年には**中大兄皇子**・**中臣鎌足**らにより蘇我入鹿が殺害され，蘇我本宗家が滅亡する**乙巳の変**が生じた。

大王家と蘇我氏

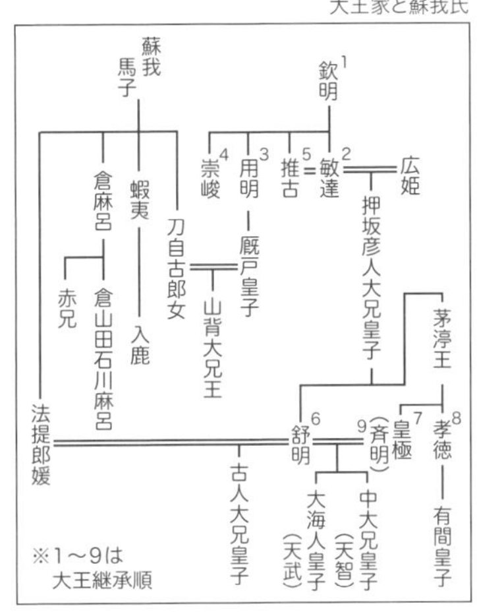

⑦大化改新

⑴新政権の発足　蘇我本宗家の滅亡にともない，朝廷の構成が一新された。皇極天皇が大王を退き，その弟**孝徳天皇**が大王となり，王宮を飛鳥から**難波**へ遷した（まもなく壮麗な**難波長柄豊碕宮**を造営）。緊迫する朝鮮情勢に積極的に対応する姿勢を示したのである。遣隋使に随行して中国に留学した高向玄理・僧旻を政治顧問**国博士**に登用し，中臣鎌足を**内臣**に任じたほか，阿倍内麻呂と蘇我倉山田石川麻呂をそれぞれ左大臣，右大臣に任じ，中央有力豪族による国政協議という形態を継続しつつ，大王中心の新しい集権的な支配体制の形成に着手した。

⑵元号(年号)の制定　孝徳天皇のもとでの新政権発足に際し，**大化**という独自の**元号**が定められたとされる。

元号は，中国・漢代にはじまった紀年法(年数の数え方)の一つで，天下の支配者である皇帝による時間の支配を象徴するものとされた。したがって，孝徳天皇が独自の元号を定めたことは，自らを天下の支配者と位置づけ，唐とは独自の帝国を形成しようとする意識を示したものと考えられる。

しかし，元号が連続的に使われるようになるのは**大宝律令**が制定された701（大宝元)年以降のことである。

⑶改新の詔　孝徳天皇は646年，難波宮で**改新の詔**を発したとされる。公地公民制への移行をめざすなど政策方針を示したもので，国造らの支配領域を再編して新しく地方組織として**評**を設置し，国造ら在地の豪族をその役人に任じた。さらに，評の下部組織として**五十戸**を設けた。地方における土地・人民支配の集権化に着手したのである。

⑷斉明天皇による宮都飛鳥の整備　孝徳天皇の没後，皇極が再び即位(**重祚**)し**斉明天皇**となった。斉明は王宮を飛鳥に戻し，**蝦夷**・**粛慎**などの使節を迎えるための施設を設けるなど，飛鳥を宮都として整備した。

国際関係　孝徳天皇と斉明天皇の時代は，朝廷の支配領域を拡張しようとする動きが進んだ時期でもあった。これも唐の朝鮮半島への侵攻にともなう情勢の緊迫に対応した動きであった。

⑧蝦夷支配の進展

新潟と宮城を結ぶラインよりも北の地域に居住し，朝廷の支配にまだ服していなかった人々は，朝廷から**蝦夷**と称された。

朝廷はこの時期，日本海側を中心として蝦夷への支配を広げた。唐が高句麗遠征を行って北東アジア方面へ侵攻するのにともない，沿海地方からサハリンにかけての情勢が流動化しており，それに対応する意図があったとされる。

まず孝徳天皇は，新潟県域に**渟足柵**と**磐舟柵**を設けた。**柵**は政治的・軍事的拠点であり，周辺に北陸や関東などから人民を移民させ，彼ら**柵戸**の負担により柵の機能を維持させた。続いて斉明天皇は，**阿倍比羅夫**を秋田・津軽方面へと派遣した。服属するものは優遇し，抵抗するものは武力で制圧するという二面的な姿勢により蝦夷との関係を設定しようとしたのである。

さらに阿倍比羅夫は，粛慎とも戦った。粛慎とは，当時，奥尻島など北海道・道南地方まで進出していたオホーツク文化の人々を指すと考えられている。

⑨百済救援戦争とその失敗

640年代に行われた唐の高句麗遠征は失敗に終わった。そこで唐は，高句麗・百済から圧迫を受けていた新羅と提携し，まず百済を攻めた。その結果，660年，百済が唐・新羅の連合軍によって滅亡した。しかし，再興をめざす旧百済勢力の活動が続き，倭へも支援要請がもたらされた。

斉明天皇は，旧百済勢力からの要請に応え，百済復興を支援するため派兵することとした。朝鮮半島への影響力を確保するとともに，対外戦争を遂行することを通じて権力の集中をはかろうという意図があった。軍隊とともに九州まで赴いた斉明は翌661年，九州で死去し，その後は中大兄皇子の指導のもと，朝鮮半島への派兵が実行された。しかし663年，**白村江の戦い**(はくそんこう／はくすきのえ)で唐・新羅に敗北した。この結果，百済は完全に滅亡し，旧百済の王族・貴族が多く倭に亡命してくることとなった。それだけではない。倭は唐との直接的な軍事緊張のもとに置かれることとなった。

北海道　7世紀の北海道では**続縄文文化**が終わって**擦文文化**(さつもんぶんか)が成立する一方，サハリンから**オホーツク文化**が広がっていた。

⑩擦文文化とオホーツク文化

オホーツク文化は，現在サハリン北部などで暮らすニヴフに連なる人々の，サケ・マスの漁労やアザラシなど海獣(かいじゅう)の狩猟を主とする文化であった。4世紀頃，サハリンから北海道へ広がり，7世紀には道東のオホーツク海沿岸から千島列島にまで領域を拡大するとともに道南の奥尻島まで進出し，本州とも交流した。阿倍比羅夫が戦った粛慎とはオホーツク文化の人々だと考えられている。住居の一角にクマなど動物の骨を祭壇のように積み上げる風習があり，この動物信仰はのちのアイヌ文化(ニブタニ文化)に影響を与えたとされる。

一方，7世紀後半には続縄文文化に代わって擦文文化が成立した。土師器の手法を取り入れた土器が製作されるなど本州の影響を受けて成立した，狩猟・採集を主とするアイヌの文化である。海獣皮や鷲羽(わしのは)などの交易も盛んに行われ，本州との交易により鉄器の使用も広がった。次第にオホーツク文化を追いやり，9世紀末に道東や道北へ，10世紀にはサハリン南部へと広がった。

5　律令国家の形成

年代　663～710年

政治　**百済**復興を支援するために朝鮮半島に軍事介入したものの，663年に**白村江の戦い**で**唐**・**新羅**連合軍に敗北を喫した。唐との軍事的緊張が高まるなか，それに対応することのできる国家体制を創出することが**中大兄皇子**の政治的課題となった。

①防衛体制と人民支配の整備

⑴防衛体制の整備　中大兄皇子は，**遣唐使**を派遣して唐との関係改善につとめる一方，防衛体制の整備を進めた。外交･防衛上の拠点として筑紫に**大宰府**を整える(正式には大宝律令で整備）とともに，大宰府の西北に**水城**を築造し，周囲の山陵には百済からの亡命貴族の指導のもとで**大野城**・**基肄城**という**朝鮮式山城**を築き，大宰府の防衛をはかった。九州北部の沿岸警備のために**防人**を配置したのも，このときであった。さらに，対馬や肥後，長門，大和などにも朝鮮式山城を築くとともに，美濃など東国からの軍事動員の便宜などを考慮し，667年には飛鳥から**近江大津宮**へ遷り，翌年，正式に大王に即位した。**天智天皇**である。

⑵人民支配の進展　白村江の戦いの翌年，中大兄皇子は豪族ごとに**氏上**を定め，領有民(**部曲**)を確定するなど，豪族層の再編成を進めたうえで，670年，王族や豪族が個別に領有する人民を**戸籍**に登録し，人民の本籍地を確定した。670年の干支が庚午なので，この戸籍は**庚午年籍**と呼ばれる。最初の全国的な戸籍であり，これにより人民を戸に所属する形で台帳に登録し，政府の管轄下におく制度が全国的に導入された。豪族層に依拠した軍事体制を改め，政府が人民を直接徴兵して常備軍を創出するための基礎が整えられたのである。

国際関係　同じ頃，唐の勢力拡張は終わりを迎えつつあった。

②唐・新羅の対立

唐と新羅は668年，協力して**高句麗**を攻め滅ぼした。しかし，670年以降，新羅が朝鮮半島の統一をめざしたため，両国は対立関係へと転じた。新羅は676年までの唐との戦争に勝利し，一方，唐はチベットの吐蕃とも戦闘をくり広げて敗北したこともあり，以後の新羅遠征計画を中止した。

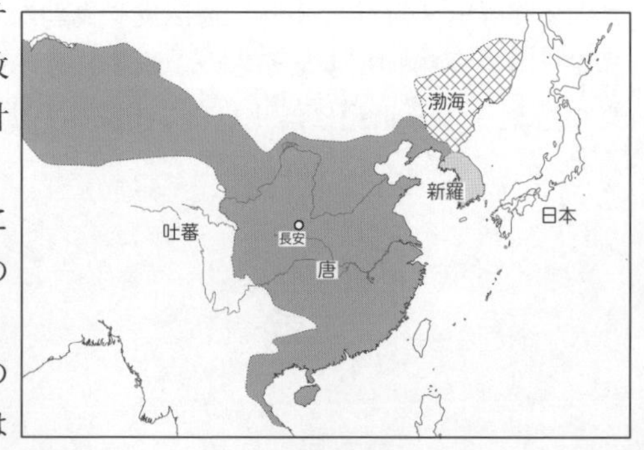

中国東北地方からロシア沿海地方にかけての地域には698年，旧高句麗の遺民らによって**渤海**が建国された。

このように唐の優位性が動揺するのにともない，倭と唐との軍事的緊張は緩和し，倭は遣唐使の派遣を中断させて国内体制の整備に専念した。一方，新羅は朝鮮支配をめぐる唐との対立への配慮から，倭とは友好関係を保とうとした。その際，倭が新羅を服属国として扱おうとしたのに対し，新羅はその扱いを受け入れた。つまり，唐と新羅の対立という新しい国際情勢が，新羅を服属国と位置づける帝国だという倭の自己認識(帝国意識)を作りあげることを可能にしたのである。

政治　朝鮮支配をめぐって唐と新羅が対立しはじめた頃，671年に天智天皇が死去した。近江大津宮の朝廷は子の**大友皇子**によって継承された。大友皇子は大王に即位した(弘文天皇)ともされるが……

③壬申の乱

天皇家

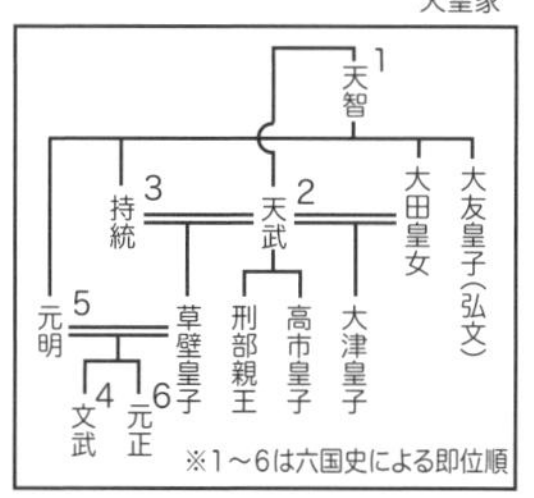

672年，天智天皇の弟**大海人皇子**が**吉野**で挙兵し，朝廷に反乱を起こした（**壬申の乱**)。大海人皇子は東国の美濃に移って**不破**を抑え，大友皇子（弘文天皇）を中心とする朝廷（近江朝廷）を打倒し，翌年，**飛鳥浄御原宮**で即位した。**天武天皇**である。

乱の結果，天武天皇が強大な権力を握り，近江朝廷を構成した中央有力豪族の勢力が後退したため，天皇を中心とする中央集権体制の整備がいっきに進んだ。

④中央集権体制の整備

⑴天武天皇の施策　壬申の乱により中央有力豪族の勢力が後退したことを背景として，豪族の官僚への編成替えを進めた。まず675年，豪族の領有民(部曲)を廃止し，**食封(封戸)**や布帛(**禄**)を支給する制度への切り換えを進めた。豪族が人民を個別に支配するのではなく，人民が納める貢納物を中央官庁を経由して豪族に支給する体制に変えたのである。次に684年，**八色の姓**を定め，天皇を頂点とする新しい身分秩序のもとに豪族を格付けし直した。王族（皇族）出身の豪族に与えられた**真人**をトップに，**朝臣**・**宿禰**・**忌寸**・道師など計8種類の姓を定めた。(→ p.21)実際には真人から忌寸まで上位の4姓しか授与されておらず，これら4姓の授与を通じて政権の中枢を担う上級官人(**貴族**)の出身母体を確定したのである。翌年には冠位の制度を拡充し，豪族一人ひとりを国家の官僚として組織するシステムを整えていった。

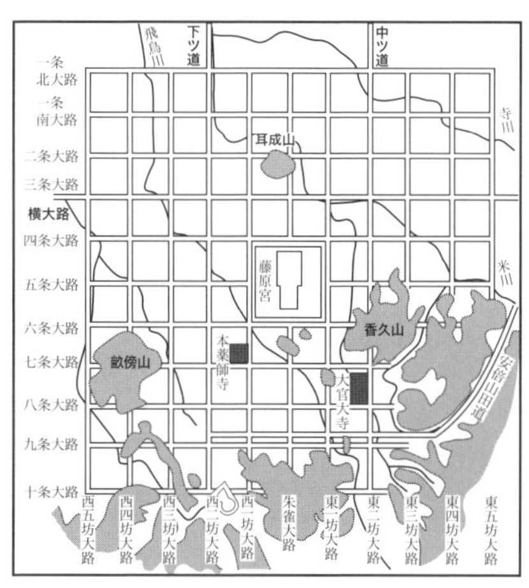

これらと並行して**飛鳥浄御原令**の編纂に着手し，新たな官庁の組織やそこに勤務する官人の執務基準を定めていった。中国の**都城制**を初めて採用した広大な**藤原京**の建

設にも着手した。都城制とは，天皇の住居**内裏**を中心として政務・儀式を行う場**朝堂院**やさまざまな官庁からなる**宮**(**宮城**)を設け，周囲に東西南北の道路によって区画された**京**を配置する都市設計のしくみで，皇族や豪族に対して京に宅地を与えて集住させ，宮(宮城)へ官人として勤務させる体制をとった。地方支配の面では，**評**をいくつかまとめる行政区画として**国**を設けて中央から官人を派遣し，中央集権的な地方支配の枠組みを整えた。また，銭貨**富本銭**の鋳造も行った。

こうした政策は，旧百済の亡命貴族や，当時密接な関係をもっていた新羅によって伝えられた制度が参考にされた。朝鮮諸国の影響を受け，その制度を継受しながら中央集権体制の整備が進められたのである。

一方，天武天皇は，天皇家の祖先神とされる**天照大神**を祀る神社として**伊勢神宮**を整備するとともに，6世紀前半に整えられたとされる**帝紀**（大王の系譜・事績を記す）・**旧辞**（さまざまな神話や伝承を記す）の内容を再検討し，国史を編纂する作業に着手した。諸豪族が語り継いで来たさまざまな**神話**を，天照大神を中心とする天皇家の神話のもとに統合しようとする動きを進めたのである。

なお，この頃までに，大王に代わる君主号として**天皇**の称号が成立していた。

⑵持統天皇の施策　天武天皇の没後，大津皇子が反乱の嫌疑により抹殺され，ほどなく皇位継承の有力な候補者**草壁皇子**が病没し，皇位は安定して継承されなかった。こうしたなか，天武の后**持統天皇**が即位し，天武が着手した事業を継承した。

持統天皇はまず689年，飛鳥浄御原令を施行した。そして，これに基づいて翌690年，**庚寅年籍**を作成し，評の下に50戸ずつで**里**（五十戸を改称）を編成する体制を全国的規模で整えるとともに，6年ごとに戸籍を作成し，**口分田**を班給するしくみをスタートさせた。続いて694年，藤原京に遷都した。

こうした政策を実施した持統天皇は697年，天皇を退き，孫の皇太子**文武天皇**に位を譲った。文武天皇は当時，15歳と若年であったうえ，皇位を直系へと継承させることがルールとしてまだ確立しておらず，刑部親王や舎人親王など年長の叔父が健在であった。そのため，持統天皇は生前に譲位し，**太上天皇**(**上皇**)として若い文武天皇を後見することによって皇位継承を安定させようとしたのである。

⑤大宝律令の制定

文武天皇のもと，701年，**律**と**令**をともに備えた初めての法典である**大宝律令**が定められた。**刑部親王**を総裁とし，**藤原不比等**や**粟田真人**らが参加して編纂が進められた。これまでの**近江令**(天智天皇により制定されたとされるが不明)や飛鳥浄御原令と異なり，初めて律が成文化されたこと，朝鮮諸国にならったものから唐を直接模倣した内容へと転換したことが特徴である。もちろん，唐の律令(永徽律令)をそのまま取り入れたのではなく，日本社会の実情に合わせてカスタマイズされた。さらに，のち718年には藤原不比等らにより新しく**養老律令**が編纂された。

律と令

律…刑罰を定める
令…行政組織や土地・人民支配のあり方などを定める

⑥律令政治のしくみ

律令は，天皇が天下を統治するために定められた法典である。天皇が最高権力者として祭祀や政務を担い，そのもとで，官人たちが律令の規定に基づいてさまざまな実務を分担した。

⑴**二官・八省・一台・五衛府**　中央には神々の祭祀をつかさどる**神祇官**(じんぎかん)と，政務を統括する**太政官**(だいじょうかん)とが置かれた。祭祀では，神祇官で宮中祭祀を行うとともに，神祇官に各地の神職を集めて神々へのお供えである幣帛(へいはく)を分配するという儀礼を行い，各地で行われる古来からの豊作祈念や収穫感謝のための農耕祭祀を国家の祭祀として統合していった。政務は，**太政大臣**(だいじょうだいじん)**・左大臣・右大臣・大納言**(だいなごん)（のちに**中納言**(ちゅうなごん)と**参議**(さんぎ)が追加）という太政官の首脳（**公卿**(くぎょう)と総称）による合議を経，天皇の裁可(さいか)によって決定された。その決定は，太政官の事務局（弁官(べんかん)）を通じ，**太政官符**(だいじょうかんぷ)などの文書によって**八省**(はっしょう)や諸国へ命令･伝達され，また，弁官は八省や諸国からの申請を受理し，太政官へ取次いだ。八省とは，**中務省**(なかつかさしょう)**・治部省**(じぶしょう)など朝廷のさまざまな執務を分担した８つの官庁の総称である。これらのほか，官人の監察(かんさつ)にあたる**弾正台**(だんじょうだい)や，**五衛府**(ごえふ)と総称され，京内や宮中の警備を担当する中央の常備軍も設けられた。

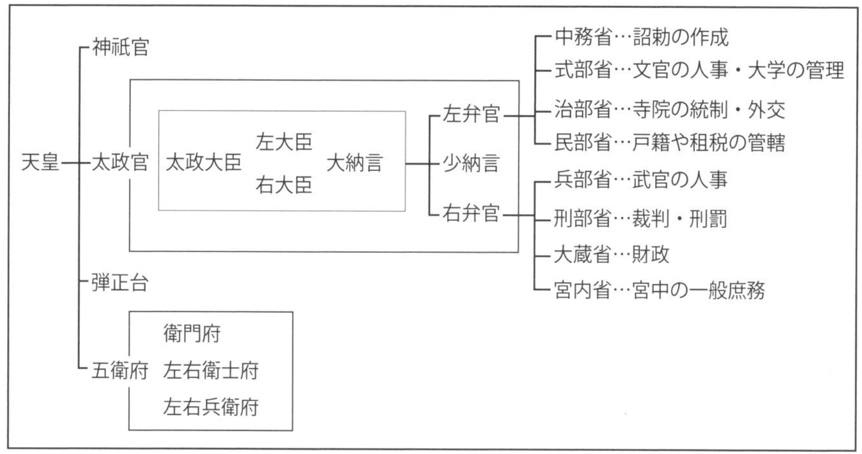

二官・八省・一台・五衛府などの官制は，中国にならって男性だけで担われ，女性は排除された。しかし，天皇の住む内裏において天皇の側近で勤務するのは女性官人が中心であった。天皇の家政，天皇と太政官などとの情報伝達は，内裏に勤務する女性官人によって主に担われたのである。

⑵官僚制のしくみ　これらの官庁にはさまざまな**官職**が設けられ，それぞれの官職にはそれにふさわしい**位階**(いかい)があらかじめ定められていた。この制度を**官位相当制**(かんいそうとうせい)という。そのため，豪族一人ひとりには能力や功績に応じて位階が与えられて朝廷内での地位・序列が明示され，位階にみあった官職に就き，勤務評定に基づいて位階が昇進するのにともない官職も昇進する，というしくみが整えられた。

官位相当表（一部）

	位階			太政官	中務省	省	大宰府	大国	上国	中国	下国
貴族・上級貴族	正	一位		太政大臣							
貴族・上級貴族	従	一位									
貴族・上級貴族	正	二位		左右大臣							
貴族・上級貴族	従	二位									
貴族・上級貴族	正	三位		大納言							
貴族・上級貴族	従	三位		中納言※			帥				
貴族	正	四位	上		卿						
貴族	正	四位	下	参議※		卿					
貴族	従	四位	上	左右大弁							
貴族	従	四位	下								
貴族	正	五位	上	左右中弁	大輔		大弐				
貴族	正	五位	下	左右少弁		大輔					
貴族	従	五位	上		少輔			守			
貴族	従	五位	下	少納言	侍従	少輔	少弐		守		
	正	六位	上	左右弁大史							
	正	六位	下		大丞	大丞	大監	介		守	
	従	六位	上		少丞	少丞	少監		介		
	従	六位	下								守
	正	七位	上	大外記	大録	大録	大典				
	正	七位	下					大掾			
	従	七位	上	少外記				少掾	掾		
	従	七位	下								
	正	八位	上		少録	少録	少典			掾	
	正	八位	下								
	従	八位	上					大目			
	従	八位	下					少目	目		
	大	初位	上								
	大	初位	下							目	
	少	初位	上								目
	少	初位	下								

※令外官

官人には経済的な報酬(ほうしゅう)として，位階や官職に応じて封戸や禄，資人(しじん)などが給付された。封戸は，一定数の戸を指定し，その戸が負担する租税の大半を収入とさせるもので，位階では三位以上，官職では公卿などに与えられた。四・五位のものには封戸(位封(いふう))に代えて禄(位禄(いろく))として布などが支給され，全ての官人を対象として年に2回，季禄(きろく)が支給された。資人とは五位以上の官人に対して朝廷から与えられた公的な従者で，警固や雑務などにあたった。

官人養成のための教育機関として中央に**大学**(だいがく)，地方に**国学**(こくがく)が設けられ，大学には官人の子弟，国学には郡司の子弟が学び，官吏登用試験を経て位階が与えられることとなっていた。ところが，五位以上の位階をもつ官人は貴族と呼ばれ，その子弟は特別な扱いを受けた。五位以上（貴族）の子，三位以上（上級貴族）の孫には，21歳以上になれば，父祖の位階，嫡子(ちゃくし)・庶子(しょし)の区別に応じて一定の位階を自動的に授与される**蔭位の制**があった。そのため，当初，貴族の子弟には大学に関心を示すものが少なかった。そのうえ，貴族の嫡子は親とほぼ同じ位階にまで昇進できたため，蔭位の制は，特定の家柄が上級の位階とそれにみあった高官，それらにともなう経済的な特権を事実上世襲する傾向を作り出した。

⑶**司法制度**　刑罰は律で規定され，笞・杖（ともにムチ打ちの刑），徒（強制労働），流（現住地から遠い地域に強制移住させて強制労働），死（処刑）という５ランクの刑罰があった。犯罪では，天皇や国家，尊属に対する８種類の罪が重罪とされて**八虐**と総称され，皇族や貴族でも減刑されることはなかった。

⑦律令に基づく地方支配のしくみ

地方には国・郡・里制が導入された。

⑴**国**　国には国府が置かれて政務・儀礼を行う国庁や倉庫，工房などが設けられ，中央から貴族・官人が国司に任命されて赴任し，一定の任期のあいだ勤務した。

国司は**守・介・掾・目**の**四等官**で構成され，太政官の指揮・監督のもと，四等官の連帯責任により地方行政を担った。国司の職務は，天皇の代理として**郡司**など在地の豪族を服属させるとともに，天皇や太政官の命令を郡司らに伝え，彼らを指揮・監督しながら地方行政全般を統括することにあった。つまり，地域社会に律令制度を浸透させる要という役割を負っていたのである。

国司は全国で500人弱おり，赴任・帰京のほか，任期中にも四度使などとして上京する機会が多かった。そこで，中央と地方を結ぶ公的な情報伝達手段として，都から諸国の国府へのびる東海道・山陽道など計７つの**駅路**とも呼ばれる幹線道路（**七道**）が整備された。一定距離ごとに**駅家**が設けられて馬（**駅馬**）が常備され，官人が公用で利用し，利用には天皇から給される**駅鈴**の所持が不可欠とされた（**駅制**）。そして諸国は，都をかこむ**畿内**と，幹線道路で結ばれる７つの大きな行政区画**七道**に分けられた。

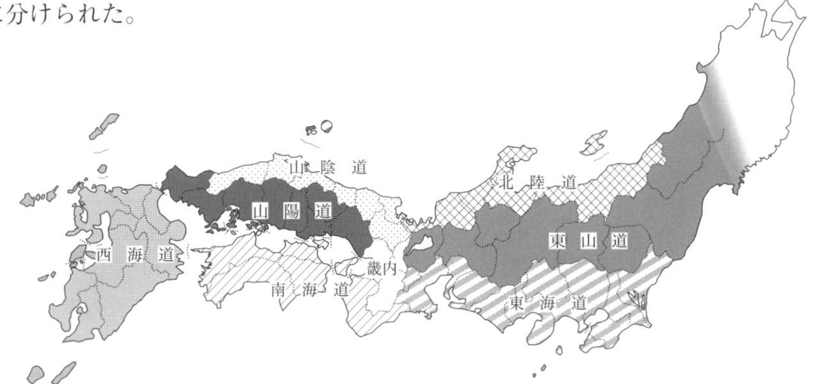

⑵**郡**　大化改新以降，各地に設けられた評は，大宝律令の施行にともなって**郡**へ改組された。もともと評は行政・軍事両方の機能をもっていたのに対し，軍事の機能

は軍団として独立し，行政組織として郡が設けられた。郡には郡家が置かれて国府と同じように郡庁や倉庫，工房などが設けられ，もと国造など在地の豪族が郡司に任命されて勤務した。郡司は一般の律令官職と異なって任期に定めがなく，終身制で任じられ，事実上の世襲制であった。このことは，在地の豪族がもつ伝統的な支配力，地域社会での相互扶助活動を主導できる経済的・社会的な実力に依拠することによって初めて，律令に基づく地方支配が成立したことを意味している。

郡司は大領・少領など四等官で構成され，国司の身分的な従属下におかれ，その指揮・監督のもとで戸籍・計帳など文書の作成や班田収授，租税の徴収といった地方行政の実務を担当した。

諸国では，国府と郡家を結ぶ伝路と呼ばれる道路が整備された。郡家には伝馬が常備され，国司が任国内を視察して郡司を監督する際などに利用された。

⑶里　郡の下には50戸ごとに里が編成され，里長が管轄していた。

⑷特別地域　都や難波，筑前国には特別な地方機関が設けられた。都には**京職**が置かれて左京・右京の行政や司法などを担い，難波には**摂津職**が置かれて副都の**難波宮**(のち京域も整備)や難波津(港)を管理するとともに摂津国の行政にあたった。九州の筑前国には**大宰府**が置かれ，唐・新羅との対外交渉や沿岸防備などにあたるとともに**西海道**の諸国を統括した。なかでも大宰府は重視され，「遠の朝廷」とも称されて長官(帥)には上級貴族が任じられた。また，大宰府と難波には，外国使節を迎接するため**鴻臚館**が設けられた。

⑸三関　京で反乱をおこした者が東国に移ることを防ぐため，**鈴鹿**(伊勢国)，**不破**(美濃国)，**愛発**(越前国)に関所が設けられた。

⑧身分制度

旧来の豪族や一般の人民は，律令制度のもとでは等しく**良民**と総称された。このうち，かつて王族・豪族が個別に領有した一般の人民が公民である。一方，大化前代の部民制のなごりで，官庁などの工房に所属し，手工業生産などに従事した**品部・雑戸**と呼ばれる技術者集団は，公民よりは賤視されたものの良民の範疇に含まれた。官庁や貴族，在地の豪族らに隷属し，奴隷と扱われた**賤民**もおり，**五色の賤**と総称された。

五色の賤

陵戸　　　　…陵墓の守衛を担う・官有の賤民
官戸・公奴婢…官有の賤民(戸を構成するのが官戸，できないのが公奴婢)
家人・私奴婢…私有の賤民(戸を構成するのが家人，できないのが私奴婢)

社会経済　律令制度のもとでは，土地・人民は国家が支配するものとされた。このシステムを**公地公民制**と称することがある。

⑨公地公民制のしくみ

⑴人民の登録　人民は**戸**ごとに**戸籍**・**計帳**に登録された。戸は実際の生活単位とは関係なく，戸主のもと，平均して25人程度，21～60歳の良民男子が3～4人程度含まれるように人為的に編成されたもので，徴税や徴兵のための基本単位であった。戸籍は6年ごとに作成され，一方，計帳は毎年戸主が提出する自己申告書（手実）に基づいて作成され，戸籍を作成する際の基礎とされた。

人民の登録台帳

戸籍…6年ごとに作成　→班田収授法に利用
計帳…毎年作成　→調庸など人頭税の徴収に利用

⑵班田収授法　戸は徴税・徴兵の基本単位であり，その維持は政府にとって重要であった。そのため，最低限の生活を保障して徴税・徴兵の対象を確保することを目的として**班田収授法**が定められた。唐の均田制にならい**口分田**を班給するもので，戸籍に基づき，**6歳**以上の男女を対象として戸ごとに班給し，6年ごとに調整した。

口分田の支給額

良民男子…2段（反）　→女子…男子の3分の2
賤民…官有の賤民は良民と同額
　　　私有の賤民は良民の3分の1

なお，口分田などを支給した残りの田地を**乗田**という。実際には一定の乗田があらかじめ確保されていたらしく，一般の公民に一年契約で耕作を請負わせ（**賃租**），収穫の20%を**地子**として収めさせて太政官の財源の一部とした。

⑶公民の負担　戸籍・計帳に登録された成年男子を中心として租税・兵役を課すのが原則であった。

租税・兵役などの負担

調　…その地域の特産物→中央政府の財源（人頭税）
庸　…歳役（京での労役）の代わりに布などを納める→中央政府の財源（人頭税）
運脚…調庸を京へ運ぶ労役（人頭税）
雑徭…国司の命令により国府の雑用や土木工事などに従事（年60日以内）（人頭税）
兵役…兵士を徴発→諸国の軍団に配属
租　…田地ごとに稲を納める（1段につき稲2束2把）→郡家の正倉に備蓄
出挙…稲の貸付制度→公出挙（政府が行う出挙）の利息の稲＝諸国の財源
義倉…粟を納める→凶作に備えて諸国で備蓄
仕丁…50戸に2人の割合で徴発→中央政府の雑用に従事

租税の中心は，**調庸**など，性別と年齢を基準に課せられる**人頭税**であり，**正丁**(せいてい)(**21～60歳**の良民男子)を中心とする成年男子が負担し，女子や賤民は非課税であった。位階をもつ貴族･官人も免除され，さらに京･畿内では調は半減，庸は非課税であった。

兵役は，正丁3～4人について1人，つまり1戸から1人を**兵士**として徴発するもので，兵士は諸国の軍団に配属されて訓練をうけ，反乱や対外的な緊張に対処できる常備軍として組織された。軍団兵士の一部は，宮城の警備にあたる**衛士**(えじ)(→ p.54)（1年勤務)，九州北部の防備にあたる**防人**(さきもり)（3年勤務）にあてられたが，防人は主に東国の兵士が担った。

国際関係 文武天皇は702年，粟田真人らを遣唐使として唐へ派遣した。天武・持統天皇の時代には派遣が中断(→ p.29)しており，約30年ぶりの遣唐使であった。

⑩日本の誕生

702年に派遣された遣唐使は，倭に代え，新しく**日本**という国号を伝えた。

日本という国号は，中国から見て東にあるという意味で，大宝律令あるいは飛鳥浄御原令において定められたと考えられている。大宝律令が編纂された701年に**大宝**という**元号(年号)**が定められ，以後，元号が継続して使用されるようになったのと同じく，唐皇帝を頂点とする国際秩序から自立し，独自な帝国を作りあげようという意識の現れであった。したがって，日本は唐から官爵を授かることを求めなかった。しかし，律令の制定，天皇号や元号の採用については伝えず（唐への国書には天皇は「主明楽美御徳(すめらみこと)」と表記された)，唐皇帝に対して朝貢し，臣下の礼をとった。ユーラシア東方における唐を中心とする国際秩序を尊重したのである。

この時以降，遣唐使は朝鮮半島沿いの**北路**ではなく，東シナ海を横断する**南路**をとった。新羅の協力を得られなければ中国王朝と交渉できないというのであれば，新羅を服属国(蕃国(ばんこく))と位置づけようとする日本にとって好ましくない。新羅を服属国と位置づけるためにも，新羅を経由せずに唐から直接制度・文物を摂取し，新羅に対する優越性を確保することをねらい，南路が採用されたと考えられる。それに加え，季節風を利用して航海する技術を活用できるようになり，外洋の航行が容易となったことも(それでも頻繁に遭難したが)，背景にあった。

文 化 7世紀後半から8世紀初めにかけての文化を**白鳳文化**(はくほうぶんか)という。滅びた百済からの王族・貴族の亡命，新羅との交流を通じて大陸文化の影響を受けた文化で，そこには中国・唐初期の文化の影響をみることができる。

⑪白鳳文化

(1)仏教と神々への信仰 朝廷は仏教の国家的な興隆をはかった。天武天皇は，仏教に国家の安泰，天皇による統治の安定を担う役割を期待し，**大官大寺**(だいかんだいじ)や**薬師寺**(やくしじ)など官立の大寺院**官寺**を建立するとともに，金光明経(こんこうみょうきょう)などの護国経典を尊重した。地方では，在地の豪族が寺院を建立し，郡家に近接して郡司を務める豪族の氏寺が営まれるようになった。この結果，各地で前方後円墳が消滅し，代わって大型の方墳が造成されるようになり，近畿中央部では天皇，皇族の墓を中心に**八角墳**が営まれた。しかし，それらも８世紀には造られなくなった。

一方，神祇制度も整えられた。朝廷が各地の神職を神祇官に召集し，幣帛を分配するシステムを整えるなかで，幣帛を納めるための社殿の整備を命じたため，社殿をもつ神社が各地に成立した。

⑵文字（漢字）使用の広まり　律令制度では文書で行政を行うことが基本とされた（文書行政という）。そのため，貴族・官人だけでなく，郡司を務める在地の豪族らにも漢字・漢文を読み書きできる能力が不可欠であった。その前提には，７世紀を通じて中央の貴族や在地の豪族らがさかんに寺院を建立し，中央・地方を問わず寺院や僧尼を通じて漢字文化が展開・浸透しはじめていたことがあった。

⑶詩歌　亡命してきた百済の王族・貴族らの影響もあって**漢詩文**（かんしぶん）を作成する動きが広まった。それとともに，古来の歌謡のなかから五音・七音を基本とする**和歌**（わか）の形式も整った。歌人としては，**柿本人麻呂**（かきのもとのひとまろ）や**額田王**（ぬかたのおおきみ）が有名である。

⑷彫刻・絵画　彫刻では**興福寺仏頭**（こうふくじぶっとう）が有名である。大化改新時の右大臣蘇我倉山田石川麻呂が建立した寺院**山田寺**（やまだでら）に，天武天皇とその皇后（のちの持統天皇＝蘇我倉山田石川麻呂の孫娘）がその供養のために作った仏像の頭部で，鎌倉時代初め，興福寺再建のなかで山田寺から強奪されたものである。

絵画では**法隆寺金堂壁画**（ほうりゅうじこんどうへきが）や**高松塚古墳壁画**（たかまつづかこふんへきが）（→ p.96）が有名である。**法隆寺**はもともと７世紀初めに**厩戸皇子**により建立されたが，７世紀後半に焼失し，まもなく再建された。金堂壁画はその時に制作されたもので，朝鮮半島を通じてインドや西域（中央アジア）の影響がみられる。

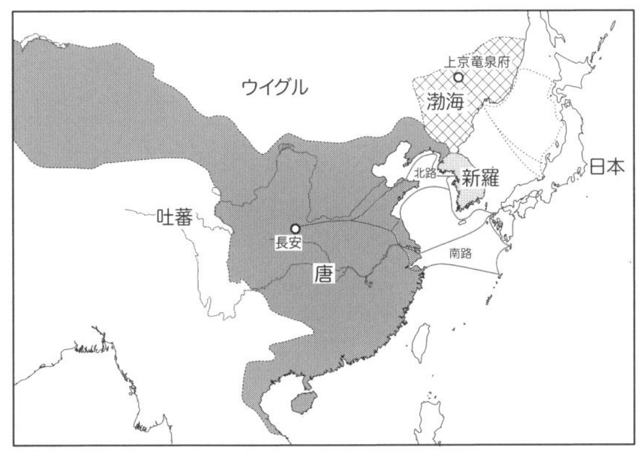

律令制度下の国制

それぞれの国名をきちんと答えられるよう，覚えておこう。

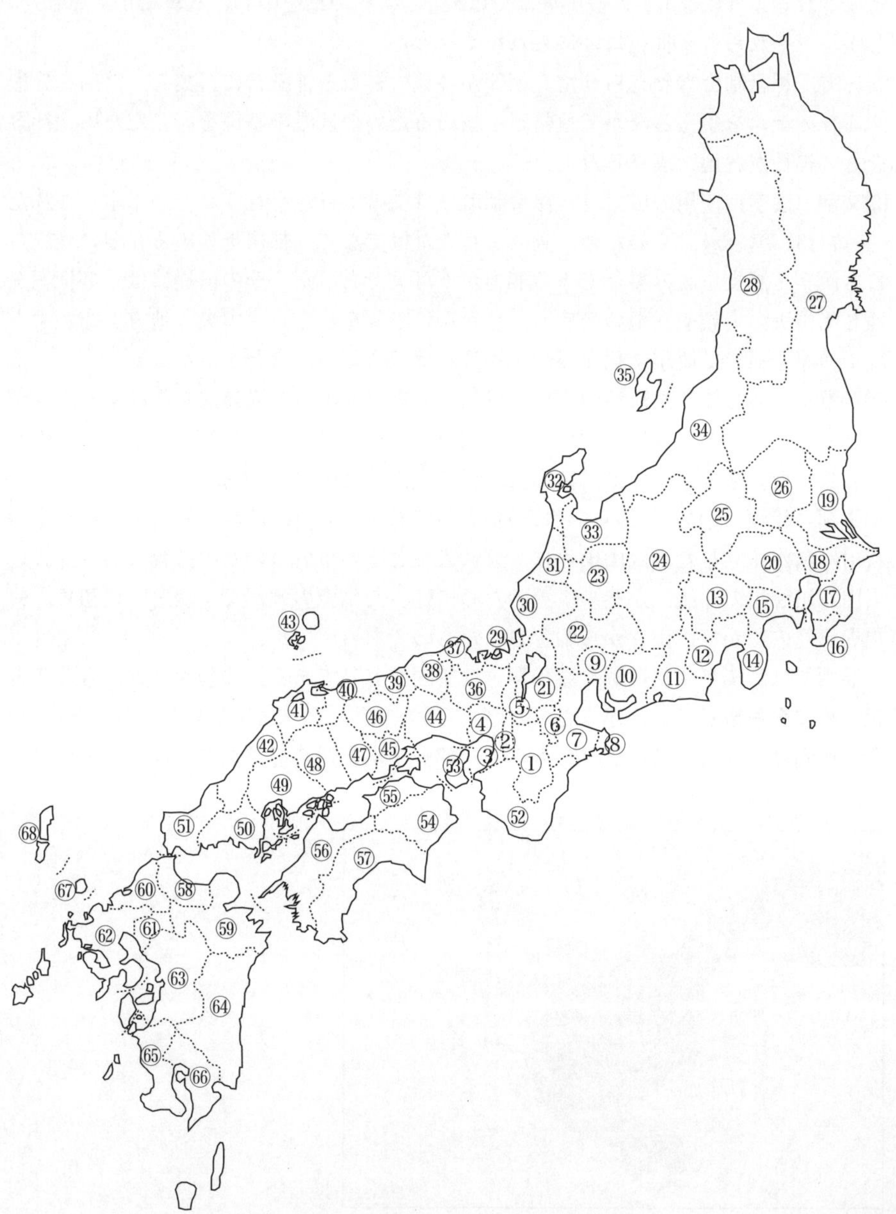

畿内（五畿）

①大和《やまと》（はじめ大倭）
②河内《かわち》
③和泉《いずみ》
④摂津《せっつ》
⑤山背《やましろ》（のち山城）

東海道

⑥伊賀《いが》
⑦伊勢《いせ》
⑧志摩《しま》
⑨尾張《おわり》
⑩三河《みかわ》
⑪遠江《とおとうみ》
⑫駿河《するが》
⑬甲斐《かい》
⑭伊豆《いず》
⑮相模《さがみ》
⑯安房《あわ》
⑰上総《かずさ》
⑱下総《しもうさ》
⑲常陸《ひたち》
⑳武蔵《むさし》
（はじめ東山道に所属）

東山道

㉑近江《おうみ》
㉒美濃《みの》
㉓飛騨《ひだ》
㉔信濃《しなの》
㉕上野《こうずけ》
㉖下野《しもつけ》
㉗陸奥《むつ》
㉘出羽《でわ》

北陸道

㉙若狭《わかさ》
㉚越前《えちぜん》
㉛加賀《かが》
㉜能登《のと》
㉝越中《えっちゅう》
㉞越後《えちご》
㉟佐渡《さど》

山陰道

㊱丹波《たんば》
㊲丹後《たんご》
㊳但馬《たじま》
㊴因幡《いなば》
㊵伯耆《ほうき》
㊶出雲《いずも》
㊷石見《いわみ》
㊸隠岐《おき》

山陽道

㊹播磨《はりま》
㊺備前《びぜん》
㊻美作《みまさか》
㊼備中《びっちゅう》
㊽備後《びんご》
㊾安芸《あき》
㊿周防《すおう》
(51)長門《ながと》

南海道

(52)紀伊《きい》
(53)淡路《あわじ》
(54)阿波《あわ》
(55)讃岐《さぬき》
(56)伊予《いよ》
(57)土佐《とさ》

西海道

(58)豊前《ぶぜん》
(59)豊後《ぶんご》
(60)筑前《ちくぜん》
(61)筑後《ちくご》
(62)肥前《ひぜん》
(63)肥後《ひご》
(64)日向《ひゅうが》
(65)薩摩《さつま》
(66)大隅《おおすみ》
(67)壱岐《いき》
(68)対馬《つしま》

第3章 律令国家の展開

＜大まかな時代の推移＞

8世紀

藤原京から平城京へ遷都した。
舎人親王らによって『日本書紀』が編纂された。
陸奥国に多賀城が築かれ，鎮守府が置かれた。
藤原四子によって長屋王が自害に追い込まれた。
藤原広嗣が吉備真備・玄昉の排斥を掲げて挙兵した。
諸国に国分寺と国分尼寺を建立することを命じた。
墾田永年私財法を定め，開墾を奨励した。
紫香楽宮で盧舎那大仏造立の詔を出した。
唐僧鑑真が聖武上皇・光明皇太后らに戒を授けた。
養老律令が施行された。
藤原仲麻呂が橘奈良麻呂ら反対派を一掃した。
孝謙上皇と対立した恵美押勝が挙兵し，敗死した。
称徳天皇の死去にともない，光仁天皇が即位した。
伊治呰麻呂が挙兵し，多賀城を陥落させた。
一部の諸国を除いて軍団兵士制を廃止し，健児制を採用した。
長岡京から平安京へ遷都した。

9世紀

坂上田村麻呂が胆沢城を築き，鎮守府を移した。
平城上皇が重祚と旧平城京への遷都を試みて失敗した。
初めての勅撰漢詩文集である『凌雲集』が編纂された。
弘仁格式が編纂された。
空海が東寺を賜り，真言宗の根本道場とした。
大宰府管内の諸国に公営田を設けた。
最後の派遣となる遣唐使が出発し，円仁が随行した。
伴健岑・橘逸勢らが反乱を計画したとして配流された。
藤原良房の外孫清和天皇が即位した。
応天門の炎上をきっかけに伴善男らが配流された。
関白任命をめぐって宇多天皇と藤原基経が対立した。

6　奈良時代

年　代
710～781年

政　治　710年，奈良盆地の北部に新しく造営された**平城京**に遷都され，奈良時代がはじまる。律令に基づく政治はうまく展開したのか？

①平城京

都城制を最初に採用した**藤原京**は，中国の古い書籍に記された理念的な都城をモデルとしたもので，**大宝**の遣唐使（702年派遣）が**唐**でみてきた**長安城**とは異なるものであった。そこで，平城京は長安城を意識して造営された。**文武天皇**のもとで造営が検討され，その没後まもなく，**元明天皇**が708年から造営に着手した。同年，**武蔵国**から**自然銅**が献上されたことを機に元号を**和銅**と改めた際，**和同開珎**を鋳造・発行したのは，平城京造営の経費を調達することが目的の一つであった。

平城京の北部中央には**平城宮**が設けられ，天皇の住む**内裏**，政務や儀礼の場である**大極殿**・**朝堂院**，官庁などが立ち並んだ。京は東西南北の道路で整然と区画され（**条坊制**），皇族や貴族・官人が宅地を支給されて居住し，また，寺院や**東市**・**西市**が設けられた。

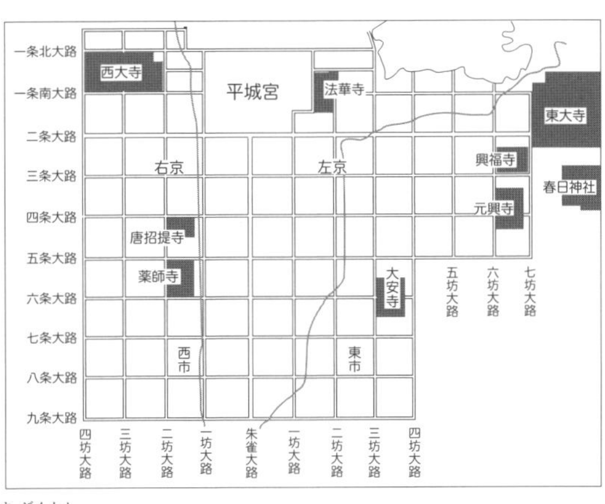

京のメインストリートは**朱雀大路**で，外国使節や蝦夷・隼人などは，都城の南面正門**羅城門**から入り，朱雀大路，平城宮の南面正門**朱雀門**を経て，天皇が出てくる大極殿の前まで赴く。天皇の威厳を誇示することを意図し，この南北ラインが重視されていた。

平城京遷都にともない，藤原京の内外にあった寺院も移転してきた。**大官大寺**は**大安寺**，**薬師寺**（本薬師寺）は薬師寺，**飛鳥寺**は**元興寺**となり，それらに加え，**藤原**氏の氏寺**興福寺**が造営された。**東大寺**や西大寺，法華寺，唐僧**鑑真**が建てた**唐招提寺**は平城京遷都のときにはまだ存在しなかったことに注意しよう。

さて，平城京の人口は10万人程度，少なく見積もると4～5万人程度とされる。そのうち五位以上の貴族はたったの100人ほど，六位以下の下級官人が600人だったと推定されている。つまり，さまざまな人々が諸国から集まってきていたのである。郡司の子弟・子女のなかには兵衛や采女として勤務するために上京するものがおり，郡司の候補者も政府の審査にのぞむために上京した。神職が神祇官で幣帛をもらうために上京したし，公民のなかにも，**調庸**などを運ぶ労役である**運脚**に従事したり，**衛士**として諸国の**軍団**から派遣されたりしたものがいた。

②藤原氏の台頭と政権抗争の展開

律令に基づく政治は，**太政官**の**公卿**が協議し，それを天皇が決裁する形式で行われた。公卿は，初め有力氏族から代表者が一人ずつ出て構成していたが，次第に儒教(儒学)の学識を備え，官僚としての経験を積んだ官僚政治家が台頭した。

新しく台頭した官僚政治家の代表が藤原氏出身の貴族たちであり，藤原氏が台頭する際のかぎになった人物が**県犬養三千代**であった。彼女は天武から元正までの5代の天皇に女官(→ p.31)として仕え，太政官から天皇へ，天皇から太政官への情報伝達を仲介する職務に従事した。なかでも持統・元明両天皇からの信任があつく，元明天皇から橘姓を与えられた。天皇と太政官との連絡ルートに関わる彼女を妻としたのが**藤原不比等**であり，藤原氏が台頭したバックに彼女の存在があった。

⑴藤原不比等の動き　不比等は**中臣鎌足**（死去に際して**天智天皇**から**藤原姓**を与えられた）の子で，**草壁皇子**直系へ皇位を継承させようとする持統天皇に接近した。**文武天皇**に娘宮子を嫁がせ，文武と宮子の間には皇子（のちの**聖武天皇**）が生まれた。さらに，**大宝律令**の編纂に**刑部親王**を補佐しながら中心的に関わった。のち，**元正天皇**のもとでは**養老律令**の編纂にも携わった。

天皇家と藤原氏

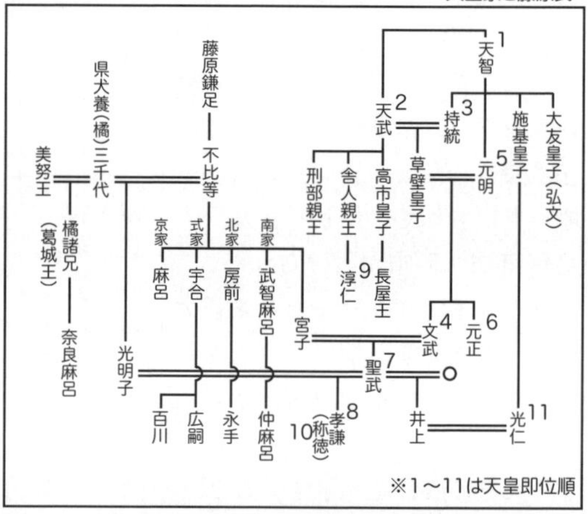

※1〜11は天皇即位順

⑵上皇（太上天皇）の継続　707年に文武が死去した際，皇子の聖武はまだ7歳でしかなかったため祖母元明天皇が即位し，そのもとで714年，皇太子となった。

この直後，元明は娘元正天皇に譲位した。これ以降，**上皇（太上天皇）**と天皇が並び立つのが常態となり，上皇の死去をまって皇太子が即位することが恒例となった。上皇は天皇を後見し，その統治の安定に寄与する役割をになったものの，天皇と同等の政治的権限をもったため，天皇との間に緊張が生じれば朝廷の分裂(→ p.54)につながりかねなかった。

上皇（太上天皇）と天皇

上皇：	元明(721死去)→	元正(748死去)→	聖武(756死去)→	孝謙
天皇：	元正	聖武(724即位)	孝謙(749即位)	淳仁(758即位)

⑶聖武天皇の即位と藤原四子の台頭　724年に聖武天皇が即位した。藤原氏を**外戚**とする天皇の登場である。不比等はすでに死去していたが，その子**武智麻呂**・**房**

前・**宇合**・**麻呂**の4兄弟（**藤原四子**と総称）が権勢をふるう出発点となった。

藤原四子

武智麻呂…南家，房前…北家，宇合…式家，麻呂…京家

藤原四子は729年，左大臣**長屋王**（天武の孫・高市皇子の子）に反乱の罪をきせて自害させ（**長屋王の変**），そのうえで妹**光明子**を聖武天皇の**皇后**に立てた（**光明子立后**）。皇后は天皇の妻のなかでも特別な地位で，皇位継承への強い発言力を期待でき，皇后が生んだ子は天皇に即位しやすい環境にあった。藤原四子は光明子を立后させることによって天皇の外戚としての地位を維持しようとねらったのである。なお，皇后にはその生活を支えるための官庁（皇后宮職）が設けられて大きな権力を保障され，また，光明皇后の皇后宮職は宮城の外に設けられて独立した経済基盤をもった。

しかし，藤原四子の権勢はあっけなく幕を閉じる。735年に天然痘が九州から広がり，737年にかけて大流行するなか，藤原四子は相次いで病死したのである。新しく太政官のトップには**橘諸兄**（光明皇后の同母兄）が就き，唐に留学して帰国した学者**吉備真備**と僧**玄昉**が聖武天皇の信任を得，政治顧問として活躍した。

聖武朝における政権の推移

長屋王　→729年，長屋王の変で自害

藤原四子…729年，光明子を立后　→737年，天然痘により相次いで病死

橘諸兄　…政治顧問に吉備真備・玄昉　↔　740年，藤原広嗣の乱

③社会の荒廃からの復興

この時の天然痘の大流行により全人口の3分の1近くが病死したともされる。人口が激減すると，耕作者の激減から耕地の荒廃を招く。社会が大きく荒廃したのである。

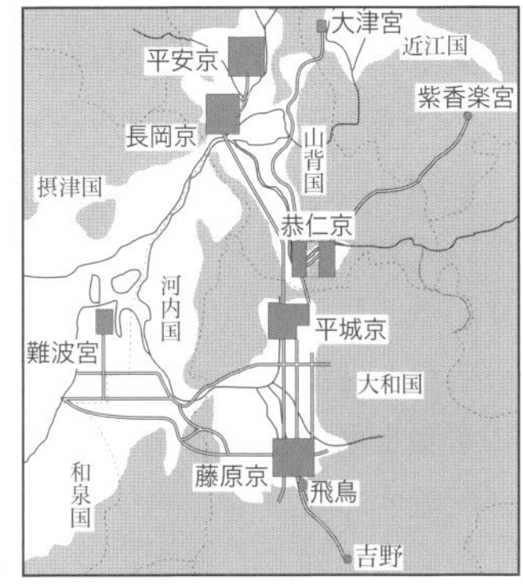

こうした社会の荒廃から復興を果たすことが政策目標とされた頃，740年，**藤原広嗣の乱**が発生した。大宰府に左遷されていた**藤原広嗣**（**式家**）が，天変地異は政治の失敗が原因であるとし，吉備真備・玄昉の排斥を掲げて挙兵したのである。反乱は程なく鎮圧されたものの，聖武天皇にとって衝撃が大きかった。動揺した聖武天皇は，乱の発生とともに平城京を離れて伊勢に向かい，美濃・近江を経た後，翌741年，**恭仁京**（山背国）に遷都した。ところが紫香楽（近江国）に離宮を造営しはじめる一方で**難波京**（摂津国）に遷都したかと思えば**紫香楽宮**を都とし，しかしここも定着せず，結局，745年に再び平城京に戻った。

天然痘大流行による社会の荒廃からの復興策は，聖武天皇がこのように都を点々とするという政治的混乱のなかで実施に移された。

天然痘大流行からの復興策
荒廃した土地の再開発をめざす 墾田永年私財法(743 年）…開墾地の永久私有を認可 **仏教によって国家の安泰をはかる** 国分寺建立の詔(741 年）…国ごとに国分寺と国分尼寺の建立を命令 盧舎那大仏造立の詔(743 年）…紫香楽宮で盧舎那大仏の造立を開始 →平城京に戻った後，東大寺の地で造営再開→ 752 年に開眼供養(孝謙天皇)

749 年，**陸奥国**から金の産出が報告されたことで大仏が完成する見通しがたつと，聖武天皇は東大寺におもむき，大仏を前にみずからを「三宝の奴」（仏教に仕える者）と宣言した。この直後，聖武天皇は退位し，娘**孝謙天皇**に譲位した。

④政権抗争と皇位継承をめぐる混乱

⑴藤原仲麻呂の台頭　孝謙天皇の即位にともない，その母**光明皇太后**（夫聖武が天皇を退いたので皇后から皇太后へ立場が変わった）は皇后宮職を**紫微中台**に改組し，太政官に並ぶ政治組織とした。そして，**藤原仲麻呂**(**南家**)が光明皇太后の信任のもと，紫微中台をよりどころとして権力の掌握を進めると，**橘奈良麻呂**らが対抗した。孝謙天皇が独身女性で，子をもたなかったため，皇位継承をめぐる混乱も招き，両者の対立は，聖武上皇の死去(756 年)とともにエスカレートした。

藤原仲麻呂は 757 年，大宝律令に代えて**養老律令**を施行するとともに，官職・官庁の名称を唐風に改めた。中国にならい，自らの権力掌握を儒教的な装いを凝らすことによって正当化しようとしたのである。これに対し，橘奈良麻呂らが孝謙天皇や仲麻呂の排斥をはかったものの，同年，計画がばれて失敗した。**橘奈良麻呂の変**である。この結果，藤原仲麻呂は反対派の一掃に成功して独裁的な権力を握り，翌年には**淳仁天皇**を擁立し，やがて**大師**(太政大臣)に就任するまでになった。

しかし，藤原仲麻呂（新しく**恵美押勝**と名乗る）の権力は光明皇太后の後ろ盾があって初めて機能した。したがって，760 年に光明皇太后が死去すると権勢にかげりが見えはじめ，**孝謙上皇**との間で抗争が生じた。最終的には，孝謙上皇に追いつめられた藤原仲麻呂(恵美押勝)が 764 年，挙兵し敗死した。**恵美押勝の乱**である。

⑵孝謙上皇の重祚　孝謙上皇は恵美押勝の乱を収めると，淳仁天皇を廃して淡路国に配流するとともに再び即位(**重祚**)した。**称徳天皇**である。

称徳は信任した僧**道鏡**を太政大臣禅師，そして**法王**に就けた。さらに 769 年，**宇佐八幡神**の神託を利用して道鏡を皇位に就けようと企てた（**宇佐八幡〔宮〕神託事件**)。計画は**和気清麻呂**らによって阻止され，実現しなかったが，血統による皇位継承が揺らぎかけていた。

聖武没後の政権抗争

藤原仲麻呂…757 年，橘奈良麻呂の変で反対派を一掃
孝謙上皇　…764 年，恵美押勝の乱で藤原仲麻呂を破り，淳仁天皇を廃す
称徳天皇・道鏡…769 年，宇佐八幡(宮)神託事件 → 道鏡の皇位継承が失敗

⑶**皇統の交替**　称徳天皇が皇位継承者を定めないまま 770 年に死去すると，**藤原永手**(北家)や**藤原百川**(**式家**)らは**天智天皇**の孫**光仁天皇**を擁立した。皇統が天武系から天智系へと交替するきっかけとなった。

社会経済　地方統治や土地・人民支配はどうか？　律令の規定通りに運用できていたのだろうか。

⑤国司による地方統治の進展

地方統治は元来，旧国造層の在地の豪族がもつ伝統的な支配力に依拠することによって実現していた。律令政府は在地の豪族を**郡司**に任用し，**戸籍**・**計帳**など文書の作成，**班田収授**，租税徴収など行政の実務を担わせていたし，**郡家**に**正倉**を設けて**租**として徴収した稲を納めさせ，その管理・運用を郡司にゆだねていた。

それに対して和銅年間（元明天皇の代）のころから，諸国で**国府**の整備が進んだ。国府の中心となる国庁は都の大極殿・朝堂院などの施設を参考に作られ，律令国家の威厳を地方に誇示する，中央集権的な地方支配の拠点であった。

これ以降，政府は徐々に地域社会へ支配を浸透させていった。もともと郡司の大領・少領は特定の家柄の豪族だけを任じたわけではなく，別々の豪族から任用し，このことにより郡司をコントロールしやすい体制を整えていた。そのうえで，郡司の権力を奪い，国司のもとに権限を集中させていった。天平年間（聖武天皇の代），郡司が独自に管理・運用していた郡稲など，さまざまな用途にあてられていた稲をすべて国司の管理下におき，正税に一本化したのも，その一例であった。こうして中央から諸国に派遣された国司を中心とする地方統治が本格化しはじめた。

⑥土地・人民支配の深化

律令制度では，政府は国司や郡司を通じ，人民を戸籍・計帳に登録したうえで，**口分田**を班給することにより最低限の生活を保障して徴税・徴兵の対象を確保し，戸ごとに調庸など人頭税を中心とする租税と兵役を賦課することを原則としていた。租税制度・軍事制度をこの原則通りに運用するには，戸籍・計帳の作成を通じてどこにどれだけの人民が居住しているかを的確に把握することが不可欠であり，また，人口にみあった田地を確保することが必要であった。

⑴**運用の実態**　戸籍の作成がはじまってまもなくから，**浮浪**・**逃亡**があいついでいた。公民のなかには人頭税や兵役の負担を逃れるために本籍地から離れるものもい

たし，運脚に動員されたものの，そのまま本籍地に戻らない者もいた。また，有力農民のなかには，土地開発などを求めて他地域に移住する人々もいた。このような戸籍に登録された本籍地を離れる行為を浮浪・逃亡と呼ぶ。戸籍・計帳によって人民を把握することは，実際には困難だったのである。

浮浪・逃亡とその影響

浮浪・逃亡…戸籍に登録された本籍地を離れること
〔影響〕戸籍・計帳が社会の実態を反映しなくなる
　　　調庸の未収・減収や軍団兵士の弱体化が進む

一方，班田収授は作業が煩雑だったため規定通りに進まず，次第に遅れがちになった。そのうえ，奈良時代初めは人口の増加により口分田が不足し，天平年間（聖武天皇の代）には疫病や飢饉にともなって口分田などの田地が荒廃した。班田収授法を律令の規定通りに運用できる状況ではなかったのである。

⑵人民支配の深化　浮浪・逃亡に対しては当初，見つけ次第本籍地に戻すことを原則としていたものの，次第に現実的な対応へと転じた。天平年間以降，紆余曲折はあるが，現住所で戸籍とは別の台帳（浮浪人帳）に登録して調庸を賦課するようになった。本籍地から離れて居住する人々を**浮浪人（浪人）**として，戸籍に登録された公民とは独自に把握することになったのである。

⑶土地支配の深化　田地の不足については，養老年間（元正天皇の代），口分田不足を解消することを目的として開墾の奨励がはかられた。政府はまず722年，**百万町歩開墾計画**を立てた。国司・郡司が公民を使役して田地を開発しようとするものであった。723年には**三世一身法**を定めた。灌漑施設を新規に設けて開墾したら**三世**，旧来の灌漑施設を利用したら**一身**と，墾田の私有を期限付きで認めることにより，皇族・貴族や在地の豪族，有力農民による土地開発を促し，期限後に政府が回収することによって口分田不足の解消につなげようとする政策であった。

ところが，天平年間には墾田の永久私有を認める政策へ転じた。743年，**墾田永年私財法**を発布したのである。

土地政策の変転

百万町歩開墾計画（722年）…政府による開墾
三世一身法（723年・養老七年の格）…墾田の私有を期限付きで認可
墾田永年私財法（743年・天平十五年の格）…墾田の永久私有を認可

天平年間は全国的に**条里制**が施行されはじめ，田地を台帳（田図）に登録して管理する体制が整うなど，班田収授法の運用が本格化した時期であった。こうしたなか，墾田永年私財法が定められ，国司に申請して開墾の許可を得，一定の期限内に開墾すれば，墾田は永久に私有することを認める政策がとられた。位階に応じて開墾面積が制限され，また，墾田は田図に登録されることで私有地としての権利が保障された。政府による土地支配がより深まったのである。

⑦大土地所有の展開

墾田の私有を承認する政策は，政府の土地支配を深化させる一方，皇族・貴族や寺社などによる土地開発を促し，大土地所有の展開を招いた。

皇族・貴族の私有地は，律令制度が整って以降も消滅してはいなかった。たとえば，長屋王の邸宅が発掘調査されたことで，長屋王家が田地や菜園(さいえん)などを各地にもち，そこで収穫された米や野菜が邸宅に送られてきていたことがわかった。そもそも律令制度のもとでは，皇族・貴族には位階や官職に応じて**位田(いでん)**・**職田(しきでん)**などが支給され，彼らの建てた寺院や神社には**寺田(じでん)**・**神田(じんでん)**の所有が認められていた。皇族・貴族の古くからの私有地はこうした形で継承され，さらに，山林原野を私的に占有(せんゆう)し開発する動きもみられた。墾田永年私財法は，こうした皇族・貴族や寺社，さらに在地の豪族などによる土地開発を刺激し，ついには一般の公民の生活を圧迫した。そのため，765年には称徳天皇のもとで**加墾禁止令(かこんきんしれい)**が出され，寺院と一般の公民を除いて新規の開墾が禁止された。しかし光仁天皇が即位すると，772年に加墾禁止令が解除され，墾田永年私財法が復活した。その際，位階による開墾面積の制限がなくなったため，皇族・貴族などによる私有地拡大の動きを助長した。

こうして形成された私有地のうち，皇族・貴族や大寺社の私有地を特に**荘園(しょうえん)**と呼び，平安時代後期以降の本格的な荘園と区別して**初期荘園(しょきしょうえん)**とも呼ぶ。

初期荘園の経営形態

墾田の集積 → 輸租(ゆそ)(免税特権をもたない)
国司や郡司の協力によって開発・経営
専属の荘民(しょうみん)をもたない → 周辺の公民や浮浪人に賃租してもらう

⑧鋳造貨幣の発行とその流通

708年，元明天皇のもとで**和同開珎**が鋳造・発行されて以降，律令政府は唐にならった国家事業の一環として，10世紀半ばまで銭貨の発行を続けた（**本朝十二銭(ほんちょうじゅうにせん)**と総称）。平城京造営など朝廷の経費を調達することが目的の一つであったが，銭貨を発行する行為は，律令政府の威信を示す国家事業でもあった。

政府は，銭貨とさまざまな物資との交換比率を公定(→ p.63)し，調・庸の銭貨での納入を認めるとともに，711年，**蓄銭叙位令(ちくせんじょいれい)**を出し，蓄蔵した銭貨を政府に提出すれば一定の位階を与えるなどの政策をとり，銭貨の流通を促した。しかし，銭貨が流通した範囲は京・畿内とその周辺に限られ，それ以外の地域では従来通り米や布などの物品(ぶっぴん)が貨幣として機能した。

交易は各地でさかんに行われていた。平城京では東市・西市が設けられ，**市司**の管轄のもと公定価格で交易が行われ，官人が政府から禄として支給された布などを売買した。皇族・貴族や有力寺社は各地に私有地をもち，米などの物資を調達しただけでなく，これらの市などでの交易により，不足する必要物資を入手していた。

国際関係　8世紀半ばまでは唐が西域を含むユーラシア東方に大帝国を築き，周辺諸地域に影響を与えた。周辺の諸国も唐と通交し，その結果，唐を中心とするひとまとまりの政治・文化圏が形成された。

⑨唐との通交

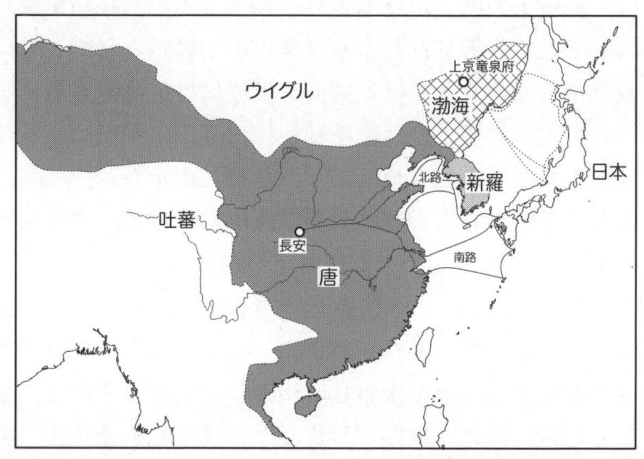

日本は奈良時代を通じてほぼ20年ごとに唐へ朝貢のための使節(**遣唐使**)を派遣し，唐と国交を結んでいた。さらに，唐の先進的な制度・文物を摂取するため，**阿倍仲麻呂**（帰国できず唐で客死）や吉備真備，玄昉ら留学生・学問僧を渡航させた。つまり，大宝律令の制定により律令制度の導入が完成したとは考えていなかった。遣唐使の派遣を通じて唐の制度・文物を学び，日本社会の現状に合わせてカスタマイズしながら取り入れることによって律令制度をより整備・充実させようとしていたのである。

⑩独自の帝国構造

⑴新羅・渤海との関係　**新羅**や**渤海**とは頻繁に使節を往来させた。新羅は当初，唐との緊張関係のなか，渤海は唐や新羅との対立関係のなかで日本に使節を派遣してきたのに対し，日本は，唐にならった帝国構造を独自に作ることをねらい，これら使節の来日を天皇への服属・朝貢と位置づけようとした。

ところが，天平年間以降，新羅は唐との関係改善を背景とし，日本との対等な関係を求めた。そのため，朝貢を求め続ける日本との間で緊張が生じた。755年から763年まで続く**安史の乱**によって唐が混乱したのに乗じ，藤原仲麻呂が新羅征討を計画するまでにいたり(実施されず)，一方，新羅からの使節は8世紀末に途絶した。しかし，代わって民間商船が新羅から九州へ頻繁に来航するようになり，経済的・文化的な交流はより活発化した。遣唐使の派遣がほぼ20年ごとでしかなく，唐との交流は僅少な機会だったのに対し，新羅との公私にわたる，より頻繁な交流は，貴族・官人にとって大陸文化を摂取する貴重な機会であった。

一方，渤海は天平年間以降，日本に提携を求めて使節を派遣し，その使節は日本海を北回りに航行し，または日本海を横断して北陸地方に来航した。そのため日本は，**能登客院**(能登国)や**松原客院**(越前国)を設けて迎接した。渤海は唐・新羅との対立ゆえに日本の服属国扱いをとりあえず受け入れ，やがて唐との関係が安定すると，国内事情から交易を目的として使節の派遣を続けた。

⑵**隼人や蝦夷との関係**　律令政府は日本列島全域を支配下におさめたわけではなかった。**貝塚文化**の展開した沖縄など南西諸島，**オホーツク文化**と**擦文文化**が並存した北海道だけでなく，それらの地域との間に境界領域があった。政府は，鹿児島県域に居住する人々を**隼人**，東北中・北部に居住する人々を**蝦夷**と称し，彼らを公民とは異なる形で，いわば異民族として服属下に組み込もうとした。

鹿児島県域には**薩摩国**に加えて**大隅国**，多禰島という行政区画を設け，隼人を服属下に組み込んだものの戸籍には編成せず，京で服属儀礼を行わせた。

一方，東北には**陸奥国**に加えて**出羽国**を設けるとともに，**多賀城**や**秋田城**などの城柵を各地に築き，その周辺に北陸・関東から公民を移住・入植させて支配領域を広げた。そして，抵抗する蝦夷は武力で討伐し，恭順する蝦夷は優遇するなどして各地の蝦夷を服属下に組み込んだ。724年に築城された多賀城には陸奥国の国府とともに**鎮守府**をおいて関東諸国から徴発した軍団兵士を駐留させ，蝦夷支配の軍事拠点とした。

749年に陸奥国から金の産出が報告されて以降，律令政府が北上川流域に城柵を築き，支配領域の拡大をはかると，蝦夷との間で緊張が高まった。光仁天皇の代，774年から蝦夷との戦闘がはじまり，780年には**伊治呰麻呂**が挙兵し，多賀城を陥落させるまでにいたった。**東北三十八年戦争**のはじまりである。

文化　ユーラシア東方に大帝国を築いた唐は，ペルシアやインドなどユーラシア各地との交流がさかんで，唐の都長安では国際的な文化が展開していた。その文化が遣唐使の派遣や新羅との交流などを通じて日本にも伝わり，そのため，平城京を中心として国際色豊かな貴族文化が花開いた。この文化を，**聖武天皇**の時代の元号をとって**天平文化**という。

⑪仏教の興隆

律令政府は，唐にならって仏教を国家的に興隆させようとした。仏教の**鎮護国家**思想に基づき，国家の安泰をはかろうとしたのである。

では，仏教を興隆させるには何が必要なのか。それは寺院の建立であり，経典の整備，僧尼の養成，そして**法会**の開催である。

⑴**寺院の建立**　律令政府は，都だけでなく諸国にも**官寺**の建立を進めた。聖武天皇が741年に発した国分寺建立の詔である。国ごとに**国分寺**と**国分尼寺**を建立し，在地の豪族たちが建立していた寺院への統制を進めた。

⑵**経典の整備**　経典は仏教の教えを書き記した文書で，玄昉により当時最新の経典がもたらされた。なかでも奈良時代では**金光明最勝王経**や**妙法蓮華経**（**法華経**と略称）などが護国経典として尊重された。各地で寺院の建立が進めば，それだけ経典への需要も増し，さらに，経典の文字を書き写すことそのものに功徳があると説かれたことから，写経事業が政府主導のもとで大々的に行われた。

⑶**僧尼の養成**　律令政府は，律令のなかで僧尼集団の規範として**僧尼令**を定め，さらに僧尼の養成も主導した。ⓐ政府は，**得度**を行ったものだけに僧尼を限り，その手続きは**治部省**で行うことと定めた。これに対して，正規の手続きを済ませなかったものを私度僧という。ⓑ正式な僧尼となるには**戒律**を受け，戒律を守り続けることが不可欠であった。そこで政府は，戒律を受ける場(**戒壇**)を整えるため，唐から高僧を招くことを計画した。その求めに応じて来日したのが唐僧鑑真である。鑑真は渡航に何度も失敗して失明したものの，752年派遣の遣唐使が帰国する際，ようやく来日が実現した。鑑真により東大寺に**戒壇院**が設けられ，のち，九州の**筑紫観世音寺**，東国の**下野薬師寺**にも戒壇が設けられた。ⓒ政府は，僧尼の活動を寺院内に限ろうとした。民間での布教を制限し，僧尼が寺院内で経典の研究，教理研究に努めることを求めたのである。その結果，**三論宗**・**法相宗**・**華厳宗**・**律宗**・**成実宗**・**倶舎宗**という南都六宗が形成された。これらは学派の性格が強く，一つの寺院のなかで複数の学派が共存して研究されるのが一般的であった。さらに奈良時代末には，政府はこれら教理研究に加え，山林での修行を奨励した。僧尼に学問的な能力だけでなく呪術的なパワーを次第に求めるようになったのである。

⑷**法会の開催**　僧尼が教理研究以外に従事したのが法会である。金光明最勝王経や妙法蓮華経など経典の内容に基づいて国家の安泰・五穀豊穣などを願って仏に祈りを捧げる儀式であった。法会は聖武天皇の天平年間以降，都の官寺だけでなく諸国の国分寺・国分尼寺など各地の寺院で行われることが恒例化した。そのため，多くの僧尼が都と諸国を頻繁に往来した。

(→ p.60)

⑸**仏教の教えに基づく社会事業**　仏教では，その教えを実践する人々や苦しんでいる人々への布施(金品の提供)を善行として勧め，他者への布施がやがて本人の功徳（仏からの恵み）になると説かれた。そのため，僧尼のなかには社会事業に従事し，民間で布教活動を行ったものが少なくなかった。たとえば，僧行基は畿内各地で在地の豪族や人民から寄付・協力を得ながら灌漑施設や橋・道路などを整備した。また，信仰を深めた光明皇后は，**悲田院**や**施薬院**を設けて貧民の救済にあたった。

仏教思想に基づく社会事業

行基とその集団…畿内各地で灌漑施設や橋・道路などを整備
　→初め：僧尼令違反として取締りをうける
　　のち：大仏造立事業に登用される（行基＝大僧正に就任）
光明皇后…悲田院（孤児や貧窮者を収容），施薬院（病人に治療を施す）を設置

⑹**神仏習合の進展**　仏教が国家的に興隆されるのにともない，**神仏習合**が進んだ。すでに中国で仏教と中国在来の信仰を融合させる神仏習合思想が起こっており，その影響によるものであった。神々は仏教を守る護法善神であるとする考えや，神々がもたらす災厄と考えられていた疫病や自然災害を，救済を願う神々の苦しみが引き起こしたものと考え，神々は仏教による救済を求めていると説く考えなどが日本でも広まった。各地で神々を寺院の鎮守として祀り，また，神社の敷地内に寺院（**神宮寺**）を建立し，神の前で仏教の経典を読むこと（神前読経）などが行われた。

⑫唐にならった国家事業の実施

⑴**地誌・国史の編纂**　唐にならった国家事業として地誌や国史の編纂が行われた。

地誌・国史の編纂

風土記　…713年，国々の地理や伝承された神話などを記録することを命令
　→出雲・播磨・肥前・常陸・豊後の風土記が残存（出雲国風土記は完本）
『日本書紀』…720年，舎人親王を中心に編纂，神話の時代〜持統天皇まで
　　漢文・編年体で書かれる　→六国史の最初
『古事記』　…712年，稗田阿礼が誦習した内容を太安万侶が筆録
　　神話の時代〜推古天皇まで→六国史には含まれない

諸国から地誌風土記を提出させたのは天皇による諸国の統治権を確認する行為であった。また，『日本書紀』や『古事記』は，**天照大神**とその系譜をひくとされる天皇を軸に神話と歴史をまとめあげ，天皇が日本を統治し，周辺諸地域を服属させていることを正当化しようと編纂された。

⑵**教育機関の整備**　律令で規定された官吏養成機関である都の大学と諸国の国学では，唐にならって**儒教**（明経道）を中心とした学問が教授された。蔭位の制があったことなどから，当時の貴族の多くは大学への関心が薄かった。しかし，貴族・官人には儒教的学識が求められたため，学問を学ぶ人々は次第に増加した。そうしたなか，**石上宅嗣**は儒教などの書籍を集め，私設の公開図書館芸亭を設けた。

⑬国際色豊かな文化

奈良時代には，唐だけでなくペルシアやインドなどユーラシア各地の影響をうかがうことのできる美術工芸品がみられる。唐から持ち込まれたものもあれば，唐か

ら伝えられた技術により日本で製作されたものもある。

⑴**正倉院宝物**　東大寺の倉庫であった**正倉院**には，聖武上皇の死去後に光明皇太后がその遺品を東大寺に寄進したものや，東大寺の法会で使われた資財などが収められている。そのなかには，**螺鈿紫檀五絃琵琶**や漆胡瓶など，国際的な性格をもつ工芸品が多数含まれる。

⑵**仏教美術**　寺院では絢爛豪華な色彩を施した仏像や絵画などが製作された。仏像彫刻では，原型の上に麻布を何重にも巻き付けて漆で塗り固めた**乾漆像**，木を芯として粘土で造形した**塑像**の技法が用いられた。

仏教美術品

仏像彫刻
- 興福寺阿修羅像（八部衆像の１つ）…乾漆像
- 唐招提寺鑑真像…乾漆像
- 東大寺法華堂不空羂索観音像…乾漆像
- 東大寺法華堂執金剛神像…塑像

絵画
- 薬師寺吉祥天像・正倉院鳥毛立女屏風…ともに唐風の豊満な美女を描く

印刷物
- 百万塔陀羅尼…現存最古の印刷物・称徳天皇が恵美押勝の乱後に作らせる

⑶**詩歌**　貴族・官人の間では**漢詩文**の教養が徐々に広まった。律令制度では，律令などの法典・法令はすべて漢文で書かれ，朝廷の命令もすべて漢文で書かれた文書によって伝達された。そのため，漢文の読み書きは貴族・官人にとって必須の能力であった。また，新羅から使節が来日した際，使節を交えて漢詩を読み交わすパーティーが開かれることもあり，漢詩文の教養は国際的な交流にとって欠かせないツールであった。こうしたなか，８世紀半ばに漢詩文集『**懐風藻**』が編まれた。

一方，**和歌**もさかんに詠まれた。当時は短歌や長歌など，さまざまな形式のものが詠まれ，８世紀末ころ，**大伴家持**がそれらを集めて『**万葉集**』を編纂したとされる。

漢詩文集と和歌集

『懐風藻』…現存最古の漢詩文集

『万葉集』…和歌集・防人や東国の人々が詠んだ和歌も収録。大伴家持編か

なお，和歌を書き記す際には漢字の音・訓を借りる仮名(→ p.19)が用いられ，当時の仮名は『万葉集』で多用されていることから**万葉仮名**と呼ばれる。『古事記』でも万葉仮名が用いられ，時には語順も貴族らの母語に即した文体で書き記された(→ p.73)。

7　平安時代前期

年代　781 ～ 891 年

政治　**光仁天皇**の即位後まもなく，**藤原百川**の策略によって皇太子に**桓武**が立った。**桓武天皇**は母の高野新笠が百済系氏族の出身であり，彼の即位により，皇統は完全に天武系から天智系へと交替した。

①桓武天皇による遷都

平安京

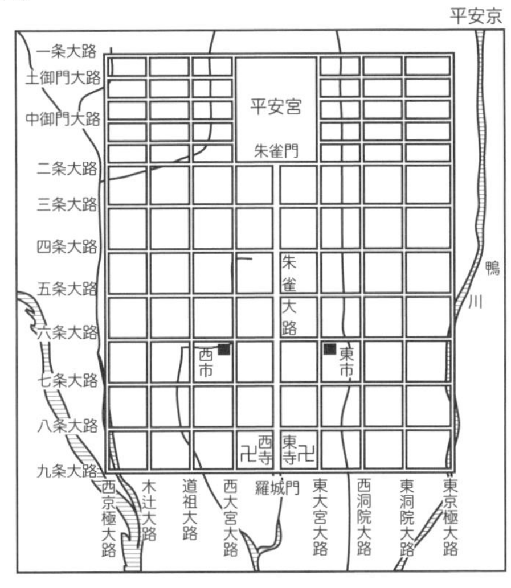

桓武天皇は，天智系の新王朝にふさわしい都城を建設しようと，784 年，**長岡京**(山背国)へ遷都した。そして，中国皇帝にまねて天の祭祀を行うなど，これまでの伝統にとらわれない政治の実現をめざした。しかし，反発する大伴氏らが造営責任者である**藤原種継**を暗殺する事件が発生した。事件に関わったとして皇太子を廃された**早良親王**が無実を訴えて自害すると，まもなく早良親王が**怨霊**となって祟りをなしたと考える風潮が広まる(→ p.60 & p.63)など，政治不安が募った。そのため，794 年，**和気清麻呂**の提案により**平安京**(山背国→山城国へ改称)へと遷都した。

平安京では，旧平城京から諸寺院を移建しない代わりに新しく**東寺**・**西寺**を建立し，仏教界を取りまとめる機能を両寺院に集中した。

国際関係　ユーラシア東方に大帝国を築いていた唐は8世紀半ば，**安史の乱**によって弱体化し，その支配領域が中国本土を中心とした地域に縮小した。そのため，大陸との緊張は緩んだ。しかし，光仁天皇の時代以来，蝦夷との戦闘が長期にわたって続いた。

②東北三十八年戦争の展開

伊治呰麻呂の挙兵によって**多賀城**が陥落し，蝦夷に対する支配体制が動揺する状況下に即位した桓武天皇は，蝦夷の武力征圧をめざして大規模な軍事行動を展開した。しかし，当初は大した成果をあげることができなかった。そこで桓武は，対蝦夷戦争の兵站基地とされた関東諸国を対象として弓馬に巧みな富裕者（郡司の子弟や有力農民）を選抜して軍事動員する体制を整えたうえで，797 年，**坂上田村麻呂**を**征夷大将軍**に任じて大軍を派遣した。坂上田村麻呂は，蝦夷の有力首長**阿弖流為**を降伏させて北上川中流域を制圧し，802年に**胆沢城**を築いて多賀城から鎮守府を移転させるとともに，翌年にはその北方に**志波城**を築いて律令政府の支配領域を広げた。

この後，蝦夷との**東北三十八年戦争**はいったん中断するものの**嵯峨天皇**の代まで続き，811年，**文室綿麻呂**がさらに北方の蝦夷を攻撃したのを最後に終了した。(→p.82)

社会経済　奈良時代には，国司への権限集中をともないつつ社会の実情にあった地方統治が進展した。しかし，国司は常に清く正しく職務を全うしたのか。

③地方統治の立て直し

8世紀末には，6年ごとの班田を12年ごとに改めて励行をはからなければならないほど，戸籍作成や班田収授の遅れが深刻化した。また，戸籍の記載をいつわる**偽籍**が増えはじめ，調庸の未収・滞納や軍団兵士の質の低下が進んでいた。

桓武天皇はこうした事態に対し，地方統治の刷新をはかろうとした。

偽籍は，公民たちが調庸など**人頭税**を逃れるため性別や年齢をいつわって申告して生じることもあったが，他方，戸籍作成の責任者である国司の職務怠慢や不正によるケースもあった。国司が調庸の未収や横領を隠蔽し，取りつくろうため，偽籍に関与することもあったのである。そこで桓武天皇は，国司への監査を強化するために**勘解由使**を新設した。新任者が交替事務を完了したことを前任者に記して渡す解由状の受け渡しを厳しく審査させ，天皇に直接報告させた。

一方，調庸を確保するため，それ以外の負担を軽減した。雑徭を半減するとともに，一部地域を除いて軍団兵士制を廃止するなどした。軍団兵士制は，対外関係に配慮して九州(西海道諸国)と東北(陸奥・出羽)，佐渡に残ったものの，それ以外の諸国では廃止し，代わって郡司の子弟など富裕者から弓馬に巧みな者を選抜して健児とし，少数精鋭で国府の警備など諸国の治安維持にあたらせた(**健児制**)。

しかし事態はなかなか改善しなかった。対蝦夷戦争の遂行（**軍事**）と平安京造営(**造作**）の負担が大きく公民にのしかかった。そのため，桓武天皇の晩年である805年，**藤原緒嗣**の提案により軍事と造作は停止されるにいたった(**徳政相論**)。

政　治　平安時代前期は，朝廷における天皇の権力が強化され，律令政治が整備・充実されていく時期であった。きっかけの一つが**平城上皇**(**太上天皇**)と**嵯峨天皇**の対立による朝廷の分裂であった。

④平城上皇(平城太上天皇)の変

天皇家と藤原氏

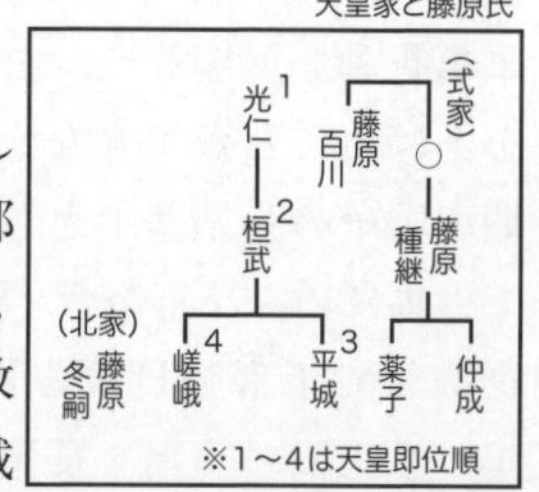

桓武天皇の死去にともなって806年に平城天皇が即位したものの，病気によりまもなく弟嵯峨天皇に譲位し，旧都平城宮に移って療養生活を送った。ところが平城上皇は，病気から回復すると側近**藤原薬子**（**式家**）らとともに再び政治に関与しようとしたため，貴族・官人が平安京と旧平城

宮に分かれ，二所朝廷とも称される政治的混乱に発展した。810年，平城上皇が旧平城京への遷都を宣言したのに対し，嵯峨天皇はその動きを制圧して阻止した。これが平城上皇(平城太上天皇)の変，あるいは**薬子の変**である。

この結果，上皇の政治的権限が後退し(→ p.42)，国政の最高決定権が天皇に集中した。

⑤天皇権力の強化

嵯峨天皇は，平城上皇の変を契機として，天皇が貴族を抑えて強いリーダーシップをふるうしくみを作りあげた。その手足となったのが**蔵人頭**と**検非違使**である。

嵯峨天皇が新設した令外官	
蔵人頭と蔵人	…天皇の意思伝達を担う → 蔵人所を構成 蔵人頭に藤原冬嗣(北家)・巨勢野足が就任(810年)
検非違使	…京内の治安維持を担う → 検非違使庁を構成

蔵人頭は，平城上皇の変に際して機密保持のために新設された。藤原薬子が天皇と太政官の間の情報伝達を仲介する地位にいたため，それに代わる，天皇の男性秘書として蔵人頭と蔵人が設けられた。検非違使は，弘仁年間に設置され，犯罪者の捜査・逮捕・裁判・刑の執行をまとめて行い，京内の治安維持を担った。

この２つの令外官は，すでに官職に就いている者のなかから天皇の特命により選任され，天皇直属で働いた官職であるところに共通点がある。蔵人には太政官の事務局(弁官)(→ p.31)などの官人，検非違使には衛門府や弾正台などの官人がそれぞれ元の官職を兼任しながら勤務した。そのため，**蔵人所**や**検非違使庁**は，他の官庁の職務を吸収し，天皇の政治権力を支える重要な官職へと成長した。このことを天皇側からみれば，天皇がこの２つの令外官を通じて律令官制の重要機能を直接掌握できるしくみが整っていった，と表現することができる。

⑥律令政治の充実

⑴法典の整備　平安時代前期には，唐にならった法典の整備が進められた。

法典の編纂	
嵯峨天皇(９世紀前半)	…弘仁格式
淳和天皇(９世紀前半)	…令義解(養老令の官撰注釈書)
清和天皇(９世紀後半)	…貞観格式
醍醐天皇(10世紀前半)	…延喜格式

格は律令を補足・修正する法令，式は律令や格の施行細則である。大宝律令の施行以後，三世一身法(**養老七年の格**)や墾田永年私財法(**天平十五年の格**)など，律令を実際に運用するなかで個別に格や式が定められていた。それらの格・式を取捨選択して官庁ごとに整理したのが，弘仁格式以下の三代格式である。このうち，**貞観**

格式と延喜格はそれぞれ続編として編纂され，延喜式は弘仁式・貞観式すべてを集大成する形で編纂された。なお，11 世紀には弘仁格・貞観格・延喜格を集成し，内容別に配列し直した**類聚三代格**が編纂された。

令義解は，**清原夏野**らによって編纂された養老令の官撰注釈書で，令の条文をめぐる解釈を公式に統一したものである。これに対して9世紀半ば，惟宗直本がさまざまな解釈を私的に集めた**令集解**を編纂した。

こうした法典は，貴族・官人が職務にあたる際に参照すべき典拠であり，社会の変化・実情にあわせた律令政治を行う体制が整備されたことを意味している。

⑵唐風化の進展　このように貴族社会に官僚制原理が浸透するとともに，儀礼の唐風化が進んだ。たとえば，天皇即位式も唐にならった中国的な儀式に変化した。平安宮のさまざまな門や建物の名称が唐風に改められた。新嘗祭や大祓など古来から行われてきた風習に加え，中国に由来する行事が取り入れられて**年中行事**が成立した。このように，天皇のあり方，天皇と貴族・官人の，あるいは貴族・官人どうしの関係や秩序を再確認する象徴行為である儀礼が次第に唐風化された。このことは，古くからの氏族という枠組みを取り払った，神話的な(→ p.30)権威によらない新しい貴族社会が形成されたことを意味していた。伝統的な社会が変容したのである。

儒教（儒学）も浸透し，その男尊女卑の考えの影響をうけて女帝が否定され，皇后の地位も低下した。皇后は，奈良時代には独自な官庁と経済基盤をもっていたが(→ p.43)，平安時代には他の妃らとともに**内裏**に居住するようになった。

⑦藤原氏北家の台頭

朝廷における天皇の権力が強化されるとともに，国政協議の場が**朝堂院**から内裏へ移った。もともと内裏では女性官人が天皇の側近，いわば秘書として勤務してい(→ p.31)たのに対し，蔵人頭の設置などによって男性貴族が日常的に出入りするようになり，太政官の公卿もしばしば内裏に詰めるようになった。

こうして宮中を舞台として宮廷貴族社会ができあがった。天皇との個別的・人格的な関係を基礎として少数の皇族・貴族が権勢をふるったのである。源などの姓を賜って貴族となった皇子，天皇と姻戚関係をもつ貴族に加え，漢詩文の教養などにより天皇から個人的な信任を得た文人貴族らが公卿を構成した。

このような宮廷貴族社会のなかで台頭したのが**藤原氏北家**であった。

藤原冬嗣は嵯峨天皇から信任をうけ，810 年，平城上皇の変に際して蔵人頭に任じられ，のちには**外戚**政策を進め，娘順子を嵯峨天皇の子仁明に嫁がせた。

子の**藤原良房**も同様に嵯峨天皇（のち上皇）から信任をうけ，その娘婿となった。良房が政界を主導する出発点となったのが 842 年の**承和の変**であった。同年，嵯峨上皇が死去した際，皇位継承をめぐる対立が表面化し，当時の皇太子**恒貞親王**派の**伴健岑**・**橘逸勢**らが反乱を計画したとして配流された事件である。これにともなって恒貞親王が皇太子を廃され，良房の甥**道康親王**（のち**文徳天皇**）が皇太子に立った。良房は皇太子（次の天皇）との外戚関係を確保し，政界の主導権を握るきっかけを得た。

良房は，まもなく即位した文徳天皇のもとで，857年に**太政大臣**に就任した。太政大臣は元来，天皇の師範となるべき人物があるときにのみ任命される**則闕の官**であり，藤原良房の政治権力のあり様を正当化した措置であった。翌858年に文徳天皇が死去し，良房の孫**清和天皇**がわずか9歳で即位すると，良房は太政大臣として天皇の権限を代行し，実質的に**摂政**の役割を果たした。正式に摂政に任じられるのは，866年，朝堂院の正門**応天門**が炎上した際，その犯人をめぐって左大臣**源信**（嵯峨天皇の子）と**大納言伴善男**らが対立するという状況下であった。清和天皇は良房を摂政に任じ，天皇を補佐する任務を与えたのである。

天皇家と藤原氏北家

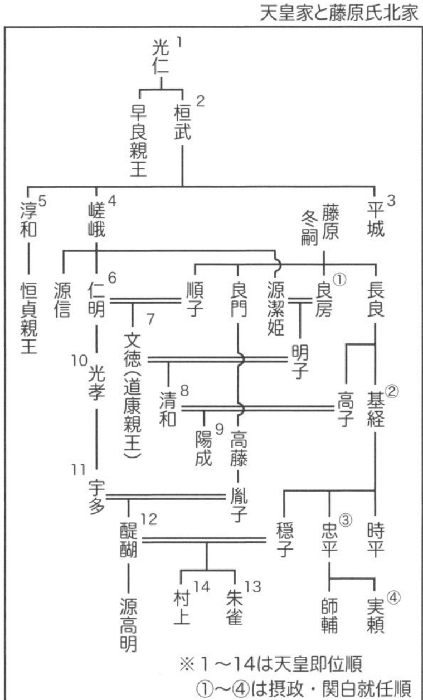

藤原良房・基経による権力掌握

承和の変（842年）…嵯峨上皇の死去 → 恒貞親王派の伴健岑・橘逸勢を処罰
皇太子：恒貞親王から道康親王（のち文徳天皇）へ交替
清和天皇の即位（858年）→ 外祖父の太政大臣藤原良房が実質的に摂政
応天門の変（866年）…応天門の炎上 → 左大臣源信と大納言伴善男らが対立
良房が正式に摂政 → 伴善男・紀豊城らを処罰
光孝天皇の即位（884年）→ 太政大臣藤原基経が実質的に関白
阿衡事件（887～888年）…関白任命をめぐって基経と宇多天皇が対立

良房には男子がいなかったため兄の子**藤原基経**がその跡を継ぎ，清和・陽成両天皇のもとで政界を主導した。ところが，陽成天皇には奇行が目立ったため，基経は884年，貴族の多くの支持のもとで天皇を廃し，**光孝天皇**を擁立した。その際，光孝天皇は，天皇に奏上され，あるいは天皇から下される全ての文書をあらかじめ太政大臣基経に諮問することとした。実質的な**関白**であった。基経が正式に関白に任じられたのは，887年に光孝が死去し，一度は皇籍を離脱していた子**宇多天皇**が即位した時である。その際，基経は，外戚関係のない宇多天皇のもとでも権力を維持するため，関白に任じる詔書に含まれていた「**阿衡**」の語を取り上げて宇多天皇を圧迫した。これが**阿衡事件**であり，この結果，関白の職務内容が明確になった。

このように藤原良房・基経は，政敵となる他の貴族を次々と排斥し，天皇との外戚関係を確保して太政大臣に就任し，そのことを通じて権力を掌握してきた。摂政や関白はこうしたなかで出現した新しい官職であった。嵯峨天皇の時代以降に進んだ天皇権力の強化との関係に注目すれば，次のように表現できる。摂政・関白は，天皇の師範となるべき太政大臣の職務を明確化･拡張する形で出現した官職であり，天皇個人の年齢や能力，資質に関わりなく，その政治的権限が安定して行使されるよう，天皇の権限の一部を最上級の貴族が分担するための官職であった。

文化　平安時代前期は，律令政治の整備・充実が進むなか，平安京を中心として漢詩文などの唐風文化が展開するとともに，密教が本格的に導入されて朝廷・貴族の尊崇を集め，密教美術がさかんに製作された。こうした文化を，嵯峨天皇と清和天皇の時代の元号を使って**弘仁・貞観文化**と呼ぶ。

⑧文章経国思想の高まり

中国では漢詩文の文化的教養がもつ政治的な有効性を強調する考え（**文章経国思想**(もんじょうけいこくしそう)）が広まっており，日本でも平安時代前期，唐風化が進むのにともなってその風潮が強まった。嵯峨・淳和両天皇の命により**勅撰漢詩文集**が編纂され，皇族・貴族に漢詩文の教養が求められた。貴族の子弟が漢詩文などを学ぶため**大学**に通うことも広まり，一族のための寄宿舎**大学別曹**(だいがくべっそう)が設けられた。

唐風文化の広まり

漢詩文集
- 勅撰漢詩文集…『凌雲集』(りょううんしゅう)・『文華秀麗集』(ぶんかしゅうれいしゅう)・『経国集』(けいこくしゅう)
- 空海(くうかい)の漢詩文集…『性霊集』

大学別曹…大学に学ぶ一族の子弟のための寄宿舎
- 藤原氏＝勧学院(かんがくいん)　◦和気氏＝弘文院(こうぶんいん)
- 橘氏　＝学館院(がっかんいん)　◦在原氏など皇族系＝奨学院(しょうがくいん)

書道
- 三筆(さんぴつ)…空海(『風信帖』(ふうしんじょう)が有名)・橘逸勢・嵯峨天皇

奈良時代に続き，国史の編纂事業も行われた。桓武天皇のもとで**『続日本紀』**(しょくにほんぎ)が編纂されたのに続き，『日本後紀』(にほんこうき)『続日本後紀』(しょくにほんこうき)『日本文徳天皇実録』(にほんもんとくてんのうじつろく)が編纂された。

なお，大学や国学が貴族や郡司の子弟など限られた身分の人々にしか開かれていなかったのに対し，**空海**は庶民を対象とした教育機関として**綜芸種智院**(しゅげいしゅちいん)を東寺に隣接して開き，仏教・儒教などを教授した。

⑨仏教の新しい動き

山林での修行が重視されるなか，新しく登場したのが**最澄**(さいちょう)と**空海**である。ふたりは804年の遣唐使に随行して唐に渡り，最澄は**天台宗**，空海は**真言宗**を伝えた。

⑴**天台宗**　最澄が伝えた天台宗は，**法華経**（**妙法蓮華経**）という経典の研究を中心とする点で南都六宗と同じく**顕教**であった。とはいえ，山林修行を重視して**比叡山**の山中に寺院**延暦寺**を建立し，**密教**も取り入れる姿勢を示していた。さらに，『山家学生式』を定め，『顕戒論』を著すなどして独自の戒壇（大乗戒壇）の設立を進め，南都から自立した教団を形成しようとした点に独自性があった。

⑵**真言宗**　空海が伝えた真言宗は本格的な**密教**であった。密教は顕教と異なり，真理は経典のなかの言葉だけによって会得できるものではなく，秘密の呪法を通じて体得できるとする立場に立ち，**加持祈禱**という**修法**を重視した。空海は**高野山**に**金剛峰寺**を建立して修行の場とする一方，嵯峨天皇から平安京の東寺を賜ると，**教王護国寺**と名づけて国家の安泰を担う場とした。

⑶**密教の隆盛**　加持祈禱の荘厳な儀式は皇族・貴族を魅了し，密教が隆盛した。そのため，天台宗でも**円仁**や**円珍**が唐に渡って密教を学び，本格的な導入を進めた。真言宗の密教を東寺にちなんで**東密**と呼んだのに対し，天台宗の密教は**台密**と呼ばれた。

天台宗の密教化

円仁（唐滞在時の日記＝『入唐求法巡礼行記』）　→弟子＝延暦寺を拠点に山門派
円珍　→弟子＝園城寺を拠点に寺門派

南都六宗でも密教が取り入れられ，その結果，全ての宗派が密教を共通基盤として共存する体制となった（**顕密仏教**）。これに対し，朝廷・貴族は法華経などに基づく法会や密教の加持祈禱により鎮護国家や病気平癒などの現世利益を期待した。

⑷**仏像彫刻と絵画**　山林修行の場として寺院が建立されることが増えるなか，木を神の依り代と考える信仰とも結びついて**一木造**の仏像彫刻が製作された。また，密教が隆盛するなか，密教美術がさかんで，仏の世界を表現した（**両界**）**曼荼羅**が描かれ，密教の中心仏大日如来やその化身不動明王の像が彫刻・絵画で製作された。

弘仁・貞観文化の仏像彫刻と絵画

観心寺如意輪観音像，神護寺薬師如来像…一木造
神護寺両界曼荼羅
園城寺不動明王像（黄不動）

⑸**神仏習合の広まり**　密教では全ての自然物を仏の現れと考えたこともあり，**神仏習合**がよりさかんになった。神宮寺の建立や神前読経などにとどまらず，神像の製作がはじまった。仏教の影響により，神々を造形することが行われはじめたのである。代表的な作品に**薬師寺僧形八幡神像**がある。

また，山林修行がさかんになるなか，仏教と山岳信仰とが結びついて**修験道**が形成された。修験道の始祖とされるのが，奈良時代，大和国で山林修行を行い，超絶なパワーを身につけたという伝承をもつ役小角（役行者）である。

一方，**御霊信仰**が広まった。9世紀には平安京で疫病が頻繁に流行し，貞観の大地震をはじめ天変地異が頻発した。そのため，中央の権力闘争に敗れて失意のうちに死没した人々の怨念（怨霊）(→ p.53)や異国渡来の疫神によって疫病や天変地異が生じていると信じられ，怨霊・疫神を祀り，疫病や天変地異を抑えようとする信仰が広まったのである。京郊外の**祇園社**などで疫病のはやる夏から秋ごろにかけて**御霊会**が催され，仏教経典の読経とともに神輿などの行列，はなやかな歌や舞などが行われた。

(6)地域での僧尼の活動　民間での僧尼の活動も活発となっていく。僧尼は律令（僧尼令）で寺院内に活動を規制されたものの，実際には，都と諸国の官寺を行き来して法会に従事するなかで，各地の豪族や人民を相手に経典の内容を説いたり読経したりして布教活動を行っていた。そのことを示すのが，僧**景戒**が編纂した現存最古の仏教説話集**『日本霊異記』**である。これは，布教の際に人々に説き聞かせるネタを集めたものである。

社会経済　桓武天皇の時代に地方統治の立て直しがはかられたものの，浮浪・逃亡や偽籍が横行する状況は変わらず，9世紀を通じて戸籍・計帳に基づく人民支配は形骸化した。律令制の原則に基づいて中央政府の財政を維持することが次第に困難となったのである。

⑩地域社会の変容

墾田永年私財法が制定されて以降，大規模な農業経営を展開し，富を蓄積する富豪の輩（有力農民・新興の豪族）が台頭した。彼らは，困窮する下層民に対して**私出挙**を行い，調庸の納入を肩代わりするなどして自らの支配下に編成し，経済的な実力を増大させた。なかには中央の皇族・貴族と私的に結び，その権勢を借りて国司・郡司による徴税を忌避しようとする者がいた。

一方，中央の皇族・貴族は，国司や郡司の協力を得て荘園を開発・経営しながら，同時に，富豪の輩と結び，私的な経済基盤を集積していった。天皇についても，その私的な財源にあてるため**勅旨田**が各地で設けられた。

こうしたなか，郡司を務めていた伝統的な豪族の地域支配力は低下した。

⑪財政再建への試み

中央政府の財政維持が次第に困難となっていくなか，政府は**直営田**を設けた。富豪の輩に**賃租**させて収穫の20％を**地子**として納めさせ，調庸の不足を補う方式を部分的に採用したのである。最初が823年，**小野岑守**の建議に基づいて大宰府管内の西海道諸国に設けた**公営田**で，879年には畿内に**官田**（元慶官田）を設けて中央の諸官庁の財源にあてた。また，諸国に蓄えられた租稲を都へ送らせ，貴族・官人の禄や中央官庁の財源の一部にあてることも行われた。

直営田

公営田…大宰府管内(西海道諸国)に設置
官田　…畿内に設置

国際関係 唐をまねた，日本を頂点とする小型の帝国構造は9世紀には崩れ，日本から周辺諸国への外交使節の派遣も9世紀前半で途絶えた。しかし……。

⑫民間商船を通じた貿易・文化交流の活発化

8世紀末から**新羅**商船が交易のため九州に来航しており，9世紀には**唐**商船も頻繁に来航するようになった。このように新羅や唐の民間商船を通じた交流が活発となり，以前に比べ，高級絹織物や陶磁器，書籍などの大陸の文物(**唐物**(からもの)と総称)を入手することが比較的に容易となった。これに対して朝廷は，9世紀後半，大宰府を通じた貿易統制のしくみを整え，民間商人が来航するとまず朝廷が文物を優先的に買い上げることとした。しかし，皇族・貴族や九州の地方豪族らは，その統制をかいくぐり競って唐物を購入しようとした。このように民間商船を通じた貿易・文化交流がさかんになったのである。

一方，**安史の乱**で弱体化した唐は，9世紀半ば以降，大規模な反乱により国内が混乱状態に陥った。新羅も民衆反乱が続いて支配秩序が混乱し，次第に日本近海には新羅海賊が出没するようになった。

こうしたなか，朝廷は諸国への外交使節を派遣することに消極的になった。新羅や渤海への使節派遣は9世紀前半で途絶し，唐への朝貢使節である遣唐使も承和年間の838年に派遣されたのを最後に途絶した。894年，宇多天皇のもとで遣唐使の派遣が計画された際も，菅原道真が派遣の再考を建議し，結論は出されなかったようだが，結局，この時には派遣されず，なし崩しで派遣計画は立ち消えとなった。そして，最終的には907年に唐が滅亡したため遣唐使の派遣は自然終了となった。

第4章 古代から中世へ

<大まかな時代の推移>

9世紀末

↓ 宇多天皇が菅原道真を登用した。

10世紀

藤原時平の策謀により菅原道真が大宰権帥に左遷された。
班田が廃絶した。
紀貫之らにより『古今和歌集』の編纂がはじまる。
中国で唐が滅びた。
三善清行が醍醐天皇に意見封事十二箇条を提出した。
東国で平将門，西国で藤原純友が挙兵した。
宋が中国本土を統一した。
源高明が左遷された。
源信が『往生要集』を著した。
尾張国郡司百姓等解によって尾張守藤原元命が訴えられた。
↓ 藤原道長の長女彰子が一条天皇の中宮に立つ。

11世紀

紫式部が『源氏物語』を執筆した。
藤原道長の三女威子が後一条天皇の中宮に立つ。
刀伊（女真族）が九州北部に来襲した。
源頼信が平忠常の乱を鎮圧した。
定朝が平等院鳳凰堂阿弥陀如来像を完成させた。
源頼義が安倍氏の反乱を鎮圧した。
延久の荘園整理令が出され，記録荘園券契所が設けられた。
清原氏の内紛に源義家が介入した。
白河天皇が法勝寺を建立した。
↓ 白河天皇が子の堀河天皇に譲位し，上皇（院）として後見した。

12世紀

藤原清衡が中尊寺金色堂を建立した。
鳥羽院の死去にともない，京都で戦乱が生じた。
↓ 平清盛が藤原信頼・源義朝を破った。

8　律令国家の変質

年　代　891～1068年

政　治　天皇の権力が強化されたことは，結果からみると，**摂関政治**の基礎が整うことでもあった。

①宮廷貴族社会の成熟

⑴宇多天皇の政治（寛平の治）　宇多天皇は，関白**藤原基経**が死去した後，**菅原道真**らを登用して政治の刷新をはかった。天皇主導のもと，**蔵人所・検非違使庁**などの職制を整えるなど，**嵯峨天皇**以来強められた天皇権力をより体系化した。

⑵菅原道真左遷事件　宇多天皇はまもなく子**醍醐天皇**に譲位し，**藤原時平**を左大臣，菅原道真を右大臣に昇進させ，若い天皇を補佐させた。しかし，宇多上皇が出家して真言密教の修行にはげみはじめた直後，901年，菅原道真は藤原時平の策謀により**大宰権帥**に左遷された。

なお，903年に道真が死去してまもなく時平が若死にすると，さまざまな不幸や長雨などの災厄が道真の**怨霊**（→ p.60）によるものとして恐れられた。地方統治や社会の変化に対する人々の不満が道真の怨霊に託されたものと考えられる。やがて道真の怨霊は天神・雷神と習合し，平安京の郊外**北野社**に祀られた。

⑶延喜・天暦の治　醍醐天皇の治世は摂政・関白が設けられず，子の**村上天皇**の治世は，**藤原忠平**が死去した後は摂政・関白が置かれなかった。そのため，それぞれの代表的な元号をとって**延喜・天暦の治**と並び称される。この時代は，唐にならった国家事業が終焉し，律令国家が終焉あるいは変質した時代であった。

天皇家と藤原氏北家

光仁1／早良親王／桓武2／淳和5／嵯峨4／藤原冬嗣／平城3／恒貞親王／源信／仁明6／順子／良門／源潔姫／良房①／長良／文徳7（道康親王）／明子／光孝10／清和8／高子／基経②／陽成9／高藤／宇多11／胤子／醍醐12／穏子／忠平③／時平／源高明／村上14／朱雀13／師輔／実頼④

※1～14は天皇即位順
①～④は摂政・関白就任順

国家事業の終焉

醍醐天皇による延喜の治

- 班田を実施…実施命令は902年が最後→田地の調査・管理は継続
- 『日本三代実録』…六国史の最後→以後，国史の編纂が途絶
- 延喜格式…三代格式の最後→以後，体系的な法典の編纂が途絶

村上天皇による天暦の治

- 乾元大宝…本朝十二銭（→ p.47）の最後→以後，朝廷による銭貨鋳造が途絶

なぜ延喜・天暦の治と称され，特別視されたのか？　それは，宮廷貴族社会での

さまざまな儀式が**年中行事**として固定され，そこでの具体的な作法が整い，**先例**の積み重ねがはじまったのがこの頃だったことが理由の一つであった。

この時期以降，男性貴族は漢文で**日記**をつけることが日常化し，儀式の細部にわたる具体的な作法を書き記して子孫に伝えようとした。源高明『西宮記』など，先例を分類・整理した**儀式書**も編纂された。のちの貴族からすれば，参照すべき**規範**が形成された時代だと意識されたのが延喜・天暦の治であった。

⑷摂政・関白制の定着　延喜の治と天暦の治の間には藤原忠平が摂政・関白をつとめた。忠平は，醍醐天皇が死去の直前，幼少の**朱雀天皇**に譲位した際，その譲位の詔により摂政に任じられ，朱雀天皇が成人すると関白となった。こうして天皇が幼少のときは摂政に就き，成人すると関白として天皇を補佐・後見する，という摂政・関白の制が定着した。天皇個人の年齢や能力，資質に関わりなく，その政治的権限が公正に行使されるよう，最上級の貴族が補佐する体制が整ったのである。

社会経済　9世紀末には律令の規定に基づいて地方を統治することはもはや難しく，社会の実態に即した部分的な修正では対応できなくなった。中央の皇族・貴族と在地の富豪の輩（有力農民）との私的な結びつき，郡司の地域支配力の後退は，戸籍に基づく人民支配の崩壊を加速させた。一方，豪族や富豪の輩などが集団で武装し，都へ運ばれる調庸物を略奪したり，国司を襲撃したりする事件が各地で生じた。地方統治に根本的な転換が求められたのである。

②受領の出現

⑴受領による租税納入の請負い　律令制度の原則に基づく朝廷財政の維持が困難になるなか，9世紀には国司のなかで国ごとの実態に即した政策を取る者が増えていた。こうしたなか，朝廷も9世紀末から10世紀初めにかけて，国司制度の転換をはかった。朝廷の指示・監督のもと，四等官の共同責任で行政にあたらせる方式を(→ p.33)改め，任国に赴任する国司の最上席者**受領**に権限と責任を集中させたうえで，受領に国内統治をゆだねて諸国の現実に即した施策をとらせ，租税の納入を請負わせる方式に転じた。

律令制度下の国司と受領との違い

律令制度下の国司
- 四等官（守・介・掾・目）で構成＝共同責任
- 朝廷（太政官）の指示・監督 → 行政にあたる

受領
- 任国に赴任する国司の最上席者（たいていは守）＝権限と責任が集中
- 朝廷から国内統治をゆだねられる（統治に自由裁量） → 租税納入を請負う

醍醐天皇が902年に**延喜の荘園整理令**を出し，皇族・貴族による新規開墾や**勅旨**

田の新規開発を禁止するとともに，皇族・貴族と富豪の輩との私的な結びつきを排除するなどの政策を打ち出したのも，受領による国内統治をサポートしようとするものであった。朝廷はさらに，受領の勤務内容を審査する受領功過定を導入し，勤務評定と人事権をテコとして受領を統制するシステムを整えた。こうした政策転換の結果，朝廷の年中行事の経費が確保されただけでなく，皇族・上級貴族や有力寺社も**封戸**からの収納物を一定程度，受領を通じて確保できる状況となった。

ところで，朝廷の出費は恒例行事の経費だけにとどまらない。官庁の運営費や人件費のほか，**大嘗祭**・**内裏**造営など臨時に行われる行事の経費もあった。官庁の経費は，官田を分割してそれぞれに割りあて(諸司田)，独立採算をめざしたうえ，六位以下の官人への給与の支給は打ち切った。臨時に行われる行事の経費は，その都度，必要な品々を受領に割りあてて調達するようになった。

⑵受領の任国支配　受領の国内統治を支えたのは**国衙**(国府)であり，田所・調所・税所など行政を分担する部署(所)が整備された。受領が京から連れてきた子弟や，下級の実務官人らからなる郎等(郎党)が国衙の行政機構を統括し，旧来の郡司を含め在地の有力者を国衙の役人(**在庁官人**)に登用して実務を担わせた。そのため，受領以外の国司(任用国司)が実務から疎外され，次第に任国に赴任しなくなる(**遥任**)とともに，郡司がそれまで業務を行っていた**郡家**(→ p.34)は役割を低下させ，衰退した。

このように国内統治のしくみを整えた受領は，任国や京の郊外などに私的な倉庫を設け，そこに在地で徴収した租税を蓄えた。こうして受領のもとに一定の税(富)が蓄えられていることを前提として，朝廷や皇族・上級貴族・有力寺社を財政的に支えるしくみが出来上がったのである。

⑶受領の地位の利権化　中央政府への租税の納入と在地での徴税とは別であり，在地でどのように徴税するかは受領にゆだねられていた。そのため，受領はやり方次第で私財を蓄積することが可能であり，次第にその地位は利権とみなされた。私腹をこやした受領としては，「受領は倒るるところに土をもつかめとこそ云へ」(『今昔物語』）と言い放ったとされる信濃守**藤原陳忠**，988年に**尾張国郡司百姓等解**によって不正を訴えられた尾張守**藤原元命**が有名である。

こうしたなか，10世紀後半以降，内裏の火災が頻発して大規模な造営事業がさかんになると**成功**が次第に広がり，受領も成功で任じられることが多くなった。

売官行為の横行

成功…朝廷の儀式や寺社の造営などを私財で請負い，その見返りとして官職に任じてもらう

重任…成功により同一の官職に再任してもらう

ところが，誰でも受領になれるわけではない。それにふさしい五位程度の位階を

もち，任官を望む中下級貴族は100人以上はいたとされるのに対し，1回の人事で任じられる受領のポストは，せいぜい10くらいだったとされる。そのため，中下級貴族は，受領功過定や任官人事で大きな役割を果たす摂関・公卿ら上級貴族に対して私的に奉仕するようになった。それぞれの家の事務を取り扱う職員となったり，**侍**として側近に仕えて宿直など身辺警固にあたったりし，その見返りとして受領への推挙を受けることが広まった。また，受領への任官を待つ人々や受領経験者のなかには，受領の郎等となって諸国にくだる者もいた。

③負名体制の形成

三善清行の意見封事十二箇条(914年)が指摘するように戸籍・計帳が社会の実態を反映しなくなると，税制は，戸籍・計帳に登録された成年男子を中心に課税する方式から土地を基礎として課税する方式へと転換し，**負名体制**が整えられた。

負名体制

- 課税対象となる土地(田畑)を調査＝検田
- 課税対象の土地を名に編成　→　名＝徴税単位
- 富豪の輩(田堵とも呼ばれる)などを負名に採用し，納税を請負わせる
  負名＝名の面積に応じて官物・臨時雑役を納める責任者

官物・臨時雑役は租・調・庸・雑徭などを統合して再編した租税で，官物は米や絹，布など国々の生産物を貢納させるさまざまな税の総称，臨時雑役は朝廷や国衙などの用途に応じて生産物を徴収したり労働力を徴発したりした税の総称である。これら官物・臨時雑役は名ごとに課税され，取りまとめて納入することを請負った者を負名といい，富豪の輩(田堵ともいう)などが務めた。

④天慶の乱と武士身分の形成

9世紀末から10世紀初めにかけて，馬や船を使って輸送業に従事する各地の豪族や富豪の輩らが集団で武装し，徴税などをめぐる国司(受領)との対立のなか，都へ運ばれる貢納物を略奪したり国司を襲撃したりする事件が頻発した。朝廷は，彼らを群盗や海賊などと称して討伐の対象とし，武芸にすぐれた中下級貴族を**押領使**や**追捕使**などに任じて派遣し，取締らせようとした。

派遣された中下級貴族のなかには，諸国に留まり，武芸など個人的な能力をよりどころとして群盗・海賊など在地の武装集団を私的に従え，地域社会で勢力を広げる者が現れ，兵と呼ばれた。高望王にはじまる**桓武平氏**，**藤原秀郷**，**藤原純友**らがその代表的な人物である。

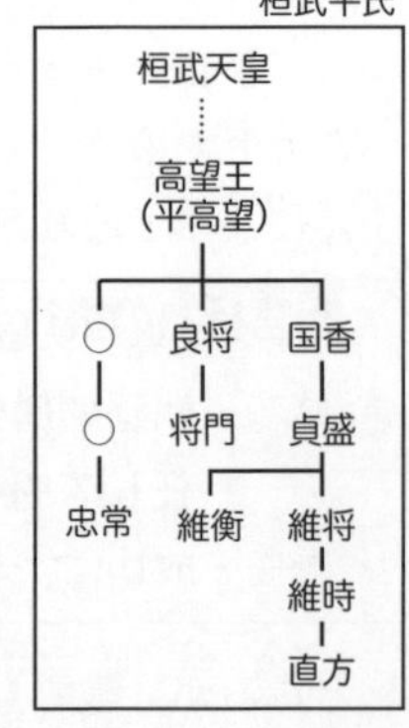

彼らは，受領の国内統治を補完する役割を果たす一方，従者

として私的に組織した在地の豪族らの利害に引きずられ，受領・国衙と対立することもあった。939年，東国で**平将門**（高望王の孫），西国で藤原純友がほぼ同時に挙兵した**天慶の乱**（承平・天慶の乱と呼ぶこともある）は，その代表例である。

天慶の乱

平将門（下総国猿島を拠点）
- 常陸国の国衙を襲撃 → 常陸・下野・上野などの諸国を制圧＝新皇を自称
- 平貞盛・藤原秀郷らが朝廷の命令に応じ，自らの私兵を率いて鎮圧

藤原純友（もと伊予掾）
- 瀬戸内海の海賊とともに挙兵 → 大宰府などを攻撃
- 朝廷から派遣された小野好古・源経基らが鎮圧にあたる

この戦乱をきっかけとして，朝廷は私兵を組織する中下級貴族や在地の有力者に軍事・警察の職務を請負わせるようになった。こうして**武士身分**が形成された。

武士身分

- 私兵（武士団）を組織…一族に加え，在地の豪族らを郎等に編成
- 朝廷のもとで軍事・警察の職務を請負う → 家業として世襲

武士身分には大きく分けて2つの階層があった。

1つが**武家（軍事貴族・京武者）**である。武家は中下級貴族で，諸国の受領を歴任して各地に私領を形成しつつ，京にも拠点をもち，天皇を警固する**滝口の武者**（**滝口の武士**）や上級貴族の侍などを務めた。天慶の乱の鎮圧に関わった**平貞盛**や藤原秀郷，**源経基**らやその子孫が有名である。彼らは，地方で反乱が発生すると，朝廷の命令をうけて出動し，自らの私兵とともに諸国の武士を動員して鎮圧にあたった。

もう1つが地方武士である。地方武士は，諸国に留まり続け，受領のもとで館侍，国衙のもとで国侍に編成された武士たちで，そのなかの有力者は押領使や追捕使として治安維持にあたった。たとえば，1019年の**刀伊の来襲**（刀伊の入寇ともいう）に際し，大宰権帥**藤原隆家**に率いられて**刀伊**（**女真族**）を撃退したのは，大宰府や西海道諸国で組織された地方武士であった。

こうした地方武士が受領・国衙に対して敵対的な行動をとるケースもあった。地方での反乱とは，国衙への敵対行動が中央での政治動向の変動にともなって朝廷への反乱と認定された結果であることが多かった。たとえば，1028年に房総半島ではじまった**平忠常の乱**は，藤原道長が死去した直後，平忠常の国衙への反抗が反乱と認定されて生じた事件であった。この事件は当初，忠常と長く敵対関係にあった同族の平直方（北条氏の祖）が追討にあたったものの失敗し，替わった**源頼信**によって1031年，鎮圧された。

政　治　村上天皇の没後，若くて病弱な冷泉天皇が即位し，天皇と外戚関係をもたない**藤原実頼**が関白に就任した。こうした情勢のもと，皇位継承をめぐる緊張が生じて969年，左大臣 **源 高明**（醍醐天皇の子）が左遷された。**安和の変**である。これ以降，摂政・関白がほぼ常置され，**摂関政治**がはじまる。

⑤摂関政治

摂関政治とは，摂政・関白が主導する政治のあり方である。

摂政は天皇が幼少の時に天皇の権限を代行したのに対し，関白は成年の天皇を補佐して天皇と太政官との間での文書のやり取りに関与し，その内容の是非を判断した，というように，摂政と関白は職務内容が異なっていた。しかし，ともに天皇の権限に深く関与し，天皇の年齢や能力，資質に関わりなくその権限が正当に行使されるよう補佐・規制する役割を果たした点で共通していた。

天皇の代行
摂政 ≒ 天皇
統括　関白
太政官
公卿の合議

こうして摂政・関白が政治を主導したとはいえ，重要な政策は，内裏で行われる**陣定**など太政官の公卿による協議を経て天皇の裁可によって決定されるというしくみに基本的な変更がなかった。したがって，摂政・関白(特に関白)に任じられたからといって政治の実権を握ることができたわけではなかった。天皇との一体性を確保することができて初めて政治を主導することができたのである。

では，天皇との一体性を確保するにはなにが必要なのか？　それは，天皇との**外戚**関係である。外戚とは天皇の母方の祖父・伯叔父をさし，キー・パーソンは天皇の母后（天皇の母であり皇太后・太皇太后の地位をもつ女性）であった。母后の天皇に対する発言力をバックに，天皇と外戚関係をもつ上級貴族が政策の決定において大きな発言力をふるうことができたのである。**一条天皇**とその母后藤原詮子(東三条院)，彼・彼女らの信任を得て内覧(関白に準じる地位)を務めた藤原道長の時代が摂関政治のもっとも安定的に機能した時期であった。道長は長女

天皇家と摂関家(藤原氏北家)

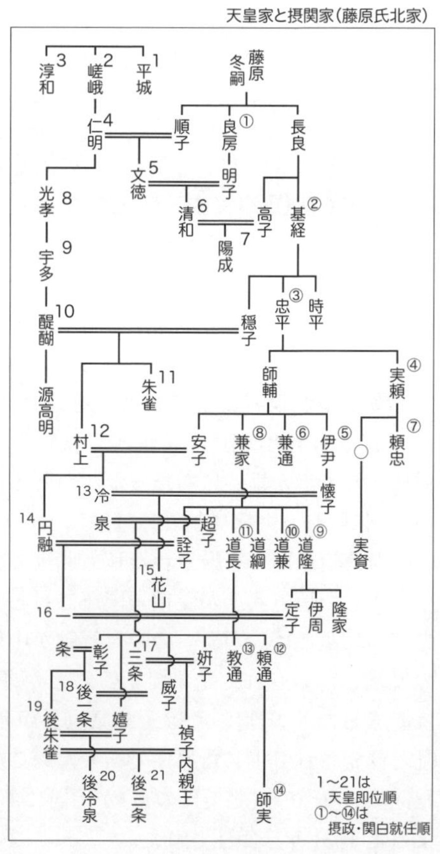

藤原彰子を一条天皇に嫁がせて中宮（皇后）に立てた後，次女姸子を三条天皇中宮，1018年には三女**威子**を**後一条天皇**中宮に立て，娘で3代の皇后（皇后〔中宮〕・皇太后・太皇太后）を独占した。威子が立后した際，「**この世をば　わが世とぞ思ふ望月の　欠けたることも無しと思へば**」との和歌を詠み，得意の絶頂にあったことは，**藤原実資**の日記『**小右記**』に記されている。

摂関政治

摂政＝天皇が幼少 → 天皇の権限を代行
関白＝天皇が成人 → 天皇を後見
} 天皇の権限に深く関与
（※内覧＝関白に準じる地位・関白と異なり文書をチェックするだけ）
就任する人物＝藤原氏の氏長者（官位のもっとも高い人物）
→ 天皇の外戚という地位を確保して初めて実権を掌握できた

このように母方の縁がものをいった背景には，当時の貴族社会における結婚や子供の養育のあり方があった。結婚した男女は当初，妻側の家で生活し，妻の両親と同居するのが基本で，子供の養育は母方によって行われることが多かった。

なお，一条天皇の時代以降，天皇の母や三后，皇女のなかに院号を与えられ，上皇（院）に準じる待遇を与えられる女性が出てくる。詮子（東三条院）や彰子（上東門院）が有名で，彼女らは**女院**と総称された。（→ p.77）

⑥貴族社会の格差社会化

摂関政治が行われた頃には，昇進できる官職の上限とそこまでの昇進ルートが家柄（家格）により固定される傾向が出てきていた。武士身分の形成もその傾向を示す一つであり，文官でも，太政官の実務や法律解釈など特定の職務を家業として請負う者が出てきた。

こうしたなか，中下級貴族は受領への任官を期待して，任官人事や勤務評定に関与する皇族や摂関など上級貴族のもとに私的に奉仕した。とりわけ摂関政治の全盛期といえる藤原道長の時期は，公的な事業よりも，**法成寺**の造営など道長による私的な大規模造営事業への従事・奉仕が優先された。

⑦武家（軍事貴族）の成長

摂関政治期に武家（軍事貴族）として台頭したのが，**清和源氏**であった。源経基の子**源満仲**は，摂津国**多田**に経済基盤をかまえつつ摂関家に侍として仕え，安和の変の密告者としても有名である。満仲の子源頼光・源頼信兄弟は，ともに藤原道長に仕え，頼信は河内国に経済基盤をもちつつ，1028年にはじまった**平忠常の乱**の鎮圧に関わり，これをきっかけとして**鎌倉**（相模国）を獲得して東国へ進出した。その子**源頼義**は，1051年からはじまった陸奥の豪族**安倍氏**との戦闘**前九年合戦**に際し，陸奥守として対応にあたり，出羽の豪族**清原氏**の協力をえて鎮圧した。

清和源氏の台頭

源経基…天慶の乱に際し，藤原純友の乱の鎮圧に関わる
源満仲…摂関家に接近 → 安和の変に関与（源高明を密告）
源頼信…房総地方で発生した平忠常の乱（1028 ～ 31 年）を鎮圧
源頼義…陸奥の豪族安倍氏との戦闘前九年合戦（1051 ～ 62 年）を制圧

社会経済　10 世紀から 11 世紀にかけては夏季の高温・少雨による干ばつが続き，耕地が荒廃して人口が流動化したとされる。そうしたなか，受領が国内で徴税を確保するには，耕地の開発・再開発を進めることが不可欠であった。

⑧開発・再開発の進展

受領は，耕地の開発・再開発を進めるため，開発者に対して税制上の優遇措置と経営権を認める方策をとった。中下級貴族らが事業主として開発を請負い，在庁官人や有力な田堵（大名田堵）など在地の有力者が実際の開発に従事した。受領とともに諸国に下ってきた子弟や郎等のなかにも，在地の有力者と婚姻関係を結ぶなどして諸国に留まり，開発を進めて私領を形成する者がいた。このように土地開発に関わった人々は，のち**開発領主**と称された。

開発・再開発の進められた地域は**郷**や**保**などとして，それまでの郡から独立した行政区画とされた。律令制度のもとでの国・郡・里（のち郷）というタテ系列の行政組織にかわって，国の下に郡・郷・保などが独立した行政区画として並ぶ，ヨコ並びの行政組織が形成されたのである。

こうしたなか，10 世紀から 11 世紀前半には志多羅（志多良）神と称する正体不明の流行り神が人々の熱狂的な信仰をうけることがあった。群衆が「月は笠着る，八幡は種蒔く，いざ我等は，荒田開かん」などと歌いはやしながら，神輿を囲んで熱狂的に踊りくるったのである。飢饉や疫病などの社会不安から逃れ，豊穣を期待する人々の願いがわきあがった出来事であった。**御霊信仰**が京・諸国を問わず広まり，**御霊会**という夏祭りがはなやかな歌舞をともないながら各地で催されたのも，同様であった。こうした風潮の延長上に 11 世紀末，京の近郊からはじまり庶民だけでなく貴族・官人をもまきこんで**田楽**（→ p.85）が大流行した。

⑨国免荘の増加

10世紀から11世紀には荘園のあり方が変化した。皇族・貴族・寺社の私有地であった荘園は本来，輸租で免税特権をもたないのが基本であった。ところが，免税特権**不輸の権**をもつ荘園が増加した。

免税特権をもつ田地は律令制度のもとでも存在した。たとえば，官職に応じて給付された職田が不輸租であった（→ p.47）。それに対して寺院・神社に給付された寺田や神田も実質的に不輸租であったが，正式に不輸の特権を公認する手続きとして**太政官符**

と**民部省符**が発給された。これが**官省符荘**のはじまりである。

ところが9世紀末以降，受領に国内統治がゆだねられ，受領が在地での徴税に裁量権をもつようになると，受領の認可（国司免判）によって不輸の権を認められる田地が登場した。これが**国免荘**である。先ほど確認した，貴族らが開発を請負った見返りとして税の軽減措置を受けた開発地もその一例といえる。さらに，受領の任期が終わる頃，任期後の生活にそなえて，受領自らの開発地や，コネをもつ皇族・上級貴族の荘園に対して不輸の権がしばしば認可された。これら国免荘は，認可した受領の在任中のみ有効であった。したがって，受領の交替に際し，新任の受領から改めて特権を認可してもらう必要があり，国免荘は紛争のタネであった。

こうしたなか，炎上した内裏の再建や寺院の造営など大規模な造営事業が続くと，11世紀半ばから朝廷は経費をまかなうために**荘園整理令**をくり返し発した。荘園のもつ免税特権を抑え，課税対象となる田地を確保しようとしたのである。

国際関係　9世紀後半以降，ユーラシア東方は動乱が続く。中国では，内乱などで衰退した唐が907年に滅び，五代十国と呼ばれる諸国乱立の時代となった。朝鮮半島では935年に**新羅**が滅び，翌年に**高麗**が統一を果たし，中国東北部から沿海地方にあった渤海は926年，**契丹（遼）**に滅ぼされた。中国本土は960年に成立した**宋**が統一したものの，契丹（遼）が中国北方からモンゴル高原にかけて勢力をもって対峙し，ユーラシア東方は第二次南北朝時代ともいえる状態となった。

⑩民間商船を通じた貿易・文化交流

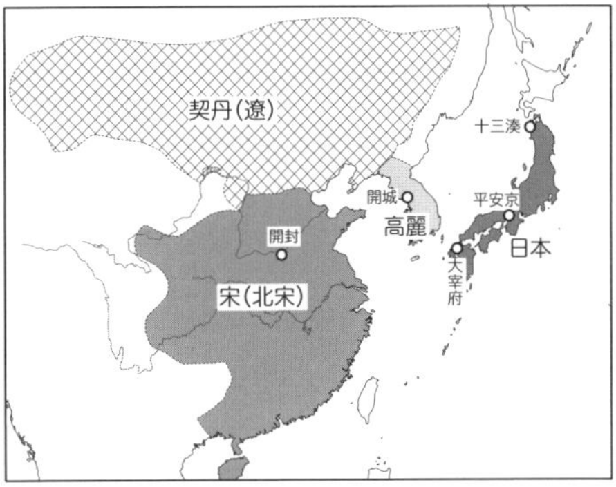

五代十国の時代，江南に拠点をおく呉越から書状が朝廷にもたらされ，また，宋や高麗などからも交渉を求める使節が派遣されてきていた。それに対して朝廷は，動乱にまき込まれる可能性を避けるなどの理由から，それらの国々と正式に国交を結ぼうとはしなかった。

しかし，呉越や宋，高麗から九州の博多などに民間商船がさかんに来航し，民間商船の往来を通じた貿易・文化交流は活発であった。博多には宋や高麗などの民間商人が多く居留し，朝廷は京から使者を派遣したり大宰府に命じたりして必要な物資を優先的に買い上げようとした。皇族・貴族のなかでも中国からもたらされる舶来のブランド品**唐物**へのあこがれが強く，さかんに交易を行った。

さらに，東大寺僧の**奝然**などのように，皇族・上級貴族らの私的な支援のもと，宋船を利用して宋に渡る僧侶もいた。この背景には，仏教の国際性を利用し，臣従・朝貢という形式によらない形で宋と交渉しようとする朝廷・貴族の姿勢があった。

日宋貿易

輸出：硫黄・金・刀剣・材木
輸入：高級織物・陶磁器・書籍など → 唐物と総称

輸出品のうち，**金（砂金）**は**陸奥国**で産出され，**硫黄**は鬼界島（薩摩国・硫黄島）や九重山（豊後国）などの火山で採掘された。こうした物資を輸出するため，陸奥や近畿と九州とを結ぶ海運が活発になり，一方，博多など九州の商人が鬼界島や奄美諸島などへとさかんに往来するようになった。

文 化　ユーラシア東方における政治・文化の中心であった唐が衰退・滅亡したうえ，ユーラシア東方で動乱が続いたことは，これまで中国王朝がもっていた文化的な規範力を後退させた。この結果，中国で北方や西方とは異なる漢族独自の文化が展開する一方，中国周辺の地域では中国からの文化的な自立が進み，日本でも唐風文化の習熟のうえに独自色が強まった。こうした10世紀から11世紀にかけての文化を**摂関期文化**と呼び，日本独自の文化が生まれたという観点から**国風文化**と呼ぶこともある。

⑪唐風と和風の共存

貴族社会でまず尊重されたものは，唐風文化，たとえば漢詩文や**唐絵**などであった。そのうえで，中国由来のものを貴族社会にあわせて創意工夫を重ねた和風の文化，仮名文学や**大和絵**などが新しく生み出された。具体的には，漢詩に対置できる和歌をつくりあげようと，醍醐天皇の勅撰によって『**古今和歌集**』が編纂された頃から，仮名文字による文芸作品がさまざま作られはじめた。このように唐風文化と和風の文化とが並置されたのが摂関期文化である。

摂関期における唐風の文化

漢詩文集…菅原道真『菅家文草』
朗詠集　…藤原公任『和漢朗詠集』（朗詠にふさわしい漢詩と和歌を分類・収録）
唐絵　　…中国伝来の絵画や中国の故事・風物などを題材として描いた絵画

もちろん，唐風の文化といっても漢詩文は和様に変容していたし，また，和風の文化といっても唐風文化をふまえたものであったことに注意が必要である。たとえば，仮名文学を主に担った女性は，男性貴族と同様の漢籍を学び中国風の教養をそなえたものが多かった。唐の文人官僚白居易（白楽天）の漢詩文集『白氏文集』は9世紀半ばに伝来して以降，男女を問わず貴族の教養として浸透し，大きな影響を残している。また，**藤原行成**ら**三跡（三蹟）**に代表される和様の書も，弘仁・貞観期とは異なる書風が中国から伝わり，それに創意工夫を加えたものであった。

ところで，仮名文学が発達した背景には，9世紀後半以降に仮名の文字体系（**仮**

名文字）が整ったことがあった。仮名文字は，唐から新しく伝わった草書の書体をもとに漢字を極端にくずした**平仮名**，漢字の楷書体の一部分だけを取り出した**片仮名**の２つがある。これらの文字体系が整ったことにより，貴族らの母語を表記することが容易になり，多くの人々が文章表現活動に参加できるようになった。

摂関期における和風の文化

和歌集…『古今和歌集』（最初の勅撰和歌集）→『後撰和歌集』などが続く
仮名物語…『竹取物語』，『伊勢物語』（在原業平とされる人物をめぐる歌物語）
紫式部『源氏物語』，赤染衛門『栄花物語』（藤原道長の時代を追憶）
仮名日記…紀貫之『土佐日記』，藤原道綱母『蜻蛉日記』，菅原孝標女『更級日記』
仮名の随筆…清少納言『枕草子』
大和絵…唐絵の画材・手法を使って日本の風物を題材として描いた絵画
和様の書…小野道風・藤原佐理・藤原行成（世尊寺流の祖）→三跡と総称

⑫貴族社会への仏教の浸透

前代に引き続き，朝廷・貴族は**法華経**などに基づく**法会**や密教の**加持祈禱**によって国家の安泰や祖先の供養，病気平癒など現世利益を祈った。一方，**顕密仏教**の有力寺院は，朝廷の財政難にともなって朝廷からの公的な保護が縮小するなか，**末法思想**（仏教の終末思想）を流布させつつ，造寺造仏や荘園の寄進などの保護を求め，皇族・上級貴族との個別的な結びつきを強めた。

さらに，地獄や輪廻という仏教の教えが広まるなか，呉越や宋からの影響のもと，**浄土教**がさかんになった。**阿弥陀仏（阿弥陀如来）**を信じ，来世での幸福，阿弥陀仏のいる極楽浄土に生まれ変わること（**往生**）を願う信仰である。阿弥陀仏の名号（名前）を唱えたり，阿弥陀仏の姿を想像（観想）したりする念仏がさかんに行われ，死去に際しての，あるいは死者を葬送するための儀礼として普及した。

浄土教の発展

空也　　…京の市中などで人々に念仏を勧める
源信　　…『往生要集』を著し（985年），極楽往生の傾向と対策を記す
慶滋保胤…『日本往生極楽記』を著す（往生した人物の伝記〔往生伝〕の一つ）

貴族社会では浄土教に基づいて**阿弥陀堂**を建立し，**阿弥陀如来像**を作ることが広く行われた。藤原道長は平安京の郊外に**御堂**とも呼ばれた阿弥陀堂を建立し，それを含む寺院として**法成寺**を建てた。また，**藤原頼通**は**宇治**の別邸を阿弥陀堂として**平等院鳳凰堂**を建立した。それらに安置された阿弥陀如来像は，より大きく造形するため**寄木造**の手法で製作された。寄木造は，**平等院鳳凰堂阿弥陀如来像**を作った**定朝**により完成され，この手法が完成したことで仏像の大量生産も可能となった。

浄土教美術

阿弥陀堂…法成寺御堂（藤原道長），平等院鳳凰堂（藤原頼通），法界寺阿弥陀堂
阿弥陀如来像…平等院鳳凰堂阿弥陀如来像（定朝作・寄木造）
来迎図…臨終に際して阿弥陀仏らが往生の迎えに来る様子を描く

さらに，奝然らの入宋にともなって宋から新しい仏教がもたらされた。その影響を示す具体的な事例として有名なのが，藤原道長が1007年，金峯山に設けた経塚である。法華経などの経典を納めた経筒とともに仏舎利，宝塔などを地中に埋納したもので，天台宗由来の法華経への信仰とともに，呉越や，それを引き継いだ宋での仏舎利への信仰の影響を受けている。

⑬貴族の生活

貴族の住宅建築様式として**寝殿造**ができあがった。正殿である**寝殿**を中心として左右に**対（対屋）**を配し，**渡殿**で結ぶのを基本形とし，白木造で，屋根は**檜皮葺**であった。建物内部は板敷で，人が座る際に随時，畳などを敷いた。寝室に用いられる部屋こそ壁で囲まれていたが，それ以外には間仕切りがほぼなく，屏風や障子，几帳などを移動させて空間を仕切った。建物の外周も壁ではなく蔀戸を用いた。建物は開放的で，融通の利く空間設計がとられていたのである。さらに，寝殿や対（対屋）・渡殿などは庭をかこう形で立地し，庭に向かって開放されていた。建物群と庭が空間的に一体感をもって構成されていたのである。寝殿造の邸宅がこのように開放的で，かつ庭と一体化した構造をもっていたのは，儀式やパーティー（饗宴）に使うことが想定されていたからであった。たとえば，貴族は他の貴族らを招いてパーティーをさまざま催したり，また，祖先の供養のため法華八講などと呼ばれる法華経に基づく法会を行ったりしていた。

屏風や障子には中国の故事や風物を描いた唐絵，日本の風物を描いた大和絵が描かれ，色紙型に漢詩文や和歌が書き記されることもあった。調度品では，唐から学んだ漆工芸の技法をもとに独自に発達した**蒔絵**（金銀などの粉を蒔いて文様を描く漆工芸）や**螺鈿**（ヤコウ貝などの貝殻を裁断・研磨して模様を整える工芸）の手法が多く用いられた。

貴族は10～15歳くらいで男性は**元服**，女性は**裳着**の儀式を経て成人と扱われ，結婚すると男女は当初，妻側の家で生活するのが基本であった。彼らは現世での利益を求めて密教僧に加持祈禱を求めたり，法華経を信仰したり，観音をまつる**石山寺**（近江国）や長谷寺（大和国）などの寺社に参詣したりしたほか，災厄から逃れるため，**陰陽道**に基づき日々の行動の吉凶を判断して**方違**や**物忌**などを行い，また，死後の極楽浄土への往生を願った。食生活では，仏教の影響から獣肉を避ける風潮が広まった。

9　中世社会の形成

年　代
1068～1167年

政　治　外戚関係をもつ皇子を確保できなかった**藤原頼通**(ふじわらのよりみち)は政治力を後退させ，1068年，**後三条天皇**(ごさんじょう)の即位をまえに関白を辞して宇治へ退いた。

①摂関政治の終焉

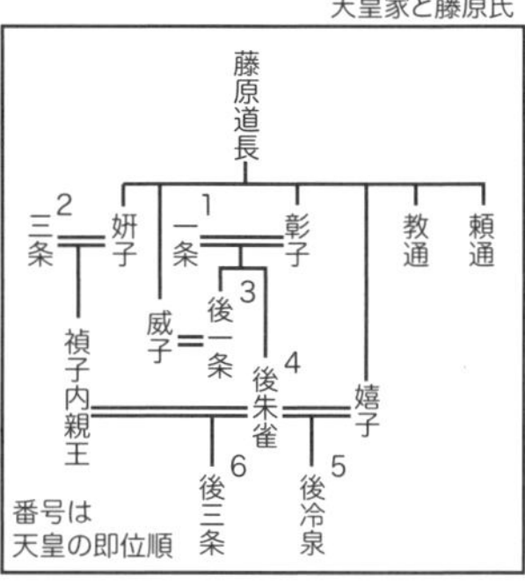

後三条天皇のもとでは，頼通の弟藤原教通(ふじわらののりみち)が関白を務めたものの，天皇と外戚関係がなかったため政治を主導することはできなかった。それに対して，後三条は**大江匡房**(おおえのまさふさ)ら中下級貴族を登用し，摂関家を抑えつつ自ら政治を主導した。天皇の権威を誇示するために**内裏**の再建を計画し，経費を調達するために1069年，**延久の荘園整理令**(えんきゅうのしょうえんせいりれい)を発するとともに，それに関連して枡を公定した(**宣旨枡**(せんじます))。

社会経済　延久の荘園整理令にはじまる徹底した荘園整理策は，新しく荘園制社会を生み出す原動力となった。

②荘園整理策の強化

この時期の荘園整理策は，**官省符荘**(かんしょうふしょう)や**国免荘**(こくめんのしょう)といった**不輸の権**(ふゆ)をもつ荘園(**免田**(めんでん))が増加するなか，免田と租税負担地の区別を明確にしようとする政策であった。すでに1040年以降，内裏造営の経費を調達するために荘園整理令がくり返し出され，免田をもつ荘園の抑制がはかられていた。この動きを徹底したのが，1069年，後三条天皇により出された延久の荘園整理令である。

> **延久の荘園整理令**
>
> 整理の対象
> ◦寛徳(かんとく)2(1045)年以降に新しく認可されたもの
> ◦認可書類(券契(けんけい))を得る手続き(立券(りっけん))が明らかでないもの
> 実施機関＝記録荘園券契所(きろくしょうえんけんけいしょ)(略称記録所(きろくしょ))→太政官に設置

従来の荘園整理令が受領を実施主体としていたのに対し，延久の荘園整理令では太政官に**記録荘園券契所**を設け，天皇主導のもとで実施された点が特徴であった。後三条天皇は，貴族・寺社から記録荘園券契所へ認可書類(**券契**)を提出させ，受領による調査結果と照らし合わせて上記の条件にあてはまる荘園(免田)を徹底的に整理したのである。

この政策は以後もくり返され，その結果，荘園(免田)の認否が天皇の権限であることが明確となり，安定した荘園の持ち主は次第に天皇家・摂関家と有力寺社に限られるようになった。それにともない，中下級貴族や在地の有力者のなかでは私領を天皇家・摂関家や有力寺社に寄進して権益の維持・確保をめざす動きが進んだ。

政　治　後三条天皇の登場により再び天皇が政治を主導する体制に戻るかと思いきや，次の**白河天皇**の時代には**院政**という新しい政治形態が登場する。

③院政のはじまり

院政関係系図

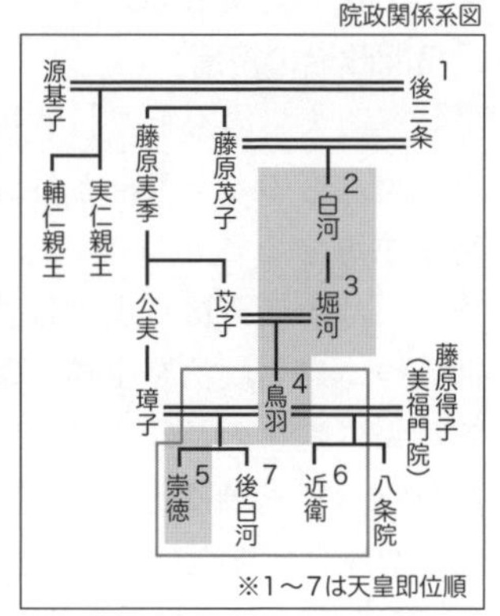

白河天皇は1086年，8歳の子善仁親王（**堀河天皇**）に天皇の地位を譲り，自らは**上皇（院）**として後見した。異母弟に対抗し，自らの直系の子孫へ皇位を継承させるための措置であった。こうして院政の端緒が開かれた。もっとも，**白河上皇（白河院）**が実際に直接政治にたずさわり，本格的に院政を開始したのは1107年，堀河天皇が死去した際，5歳の孫**鳥羽天皇**を即位させて以降のことであった。白河院の死去後は，12世紀前半に**鳥羽上皇（鳥羽院）**，12世紀後半に**後白河上皇（後白河院）**が院政を行った。

院政

上皇（院）＝もと天皇 → 出家すると法皇
院政を行った上皇＝治天の君とも称す
→ 天皇の直系尊属（天皇家の家長）という立場にあって初めて発言力をもつ

上皇（院）は公的な政治的権限をもたず，私的な立場にあった。そのため，蔵人・弁官などの実務官人を側近（**院の近臣**）に組織して**院庁**の職員を兼ねさせ，**院宣**により天皇・摂関に自らの意思を伝達したり，**公卿**らを院御所に招集して重要な政務を協議させたりなどして，天皇・摂関による国政運営に裏側から非公式に介入した。（→ p.102）したがって院政は，上皇が大きな発言力をもったとはいえ，上皇と天皇，摂関による共同統治という性格をもっていた。

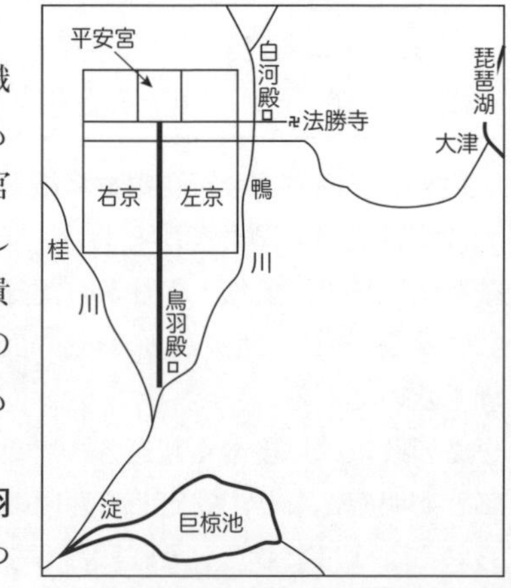

なお，院御所での政務協議には，公卿の現職を退いた上級貴族，蔵人頭など公卿でない者も招集された。このことは，天皇を頂点とする官職の体系と政治運営のしくみとが次第に分離しはじめたことを意味していた。また，中下級貴族出身で院の近臣となって権勢をふるった者のなかには，公卿へと家格を上昇させるケースもあった。

社会経済　白河院が平安京郊外の**白河**や**鳥羽**に離宮を造営し，白河の地に壮大な伽藍をもつ大寺院法勝寺を建立したことに象徴されるように，院政を行った上皇(院)たちは大規模な造営事業をくり返し行った。この事業を支えたのが受領による成功であり，それにともない，受領の多くは任国に常駐せず京都に在住し，院ら権力者に私的に奉仕することが一般的になった。そのため，上皇(院)や皇族・上級貴族にとって国々は統治の対象ではなく，利権の対象とみなされるようになった。

④知行国制の広まり

諸国が利権とみなされるなか，**知行国制**が広まった。知行国制は，上皇(院)が上級貴族らに対して国を支配(**知行**)し，その国からの収益を得る権限を分配したもので，**知行国**を与えられた者を**知行国主**という。知行国主は国守(受領)の任命権が実質的にゆだねられ，子弟や側近の中下級貴族を国守に任じて国からの収益を確保させた。知行国制はいわば受領の収益を上級貴族らがかすめ取るしくみであった。

知行国制は，上皇(院)や女院(→ p.69)に国守を推挙する権限を認めた**院分国**(→ p.117)の制度に起源をもつとされるが，院分国では院・女院が国からの収益をすべて得ることができたのに対し，一般の知行国は朝廷への税納入の義務を負い，かつての受領(国守)の収益を継承したにすぎなかった。しかし，知行国制が広まることによって一人で何カ国をも支配 (知行) することが可能となり，諸国は天皇家や摂関家などの上級貴族，有力な寺社の私的な財政基盤(家産)に組み込まれ，その私的な支配地域へと変質した。それにともない，知行国主が側近に対して郷や保などからの収益を与えることも行われ，給付を受けた者は代官を現地に派遣して収納にあたった。

一方，常駐しない受領(国守)に代わって**目代**が**国衙**に派遣された。受領が不在の国衙を**留守所**という。留守所の実務を担った**在庁官人**のなかには序列があり，有力な在庁官人は郡・郷・保ごとに設置された郡司・郷司・保司を指揮・統制しながら収益を確保するとともに，一宮での神事祭礼などの儀礼を担い，介など下級国司の呼称をステータスとして名乗るようになった。

⑤中世荘園制の形成

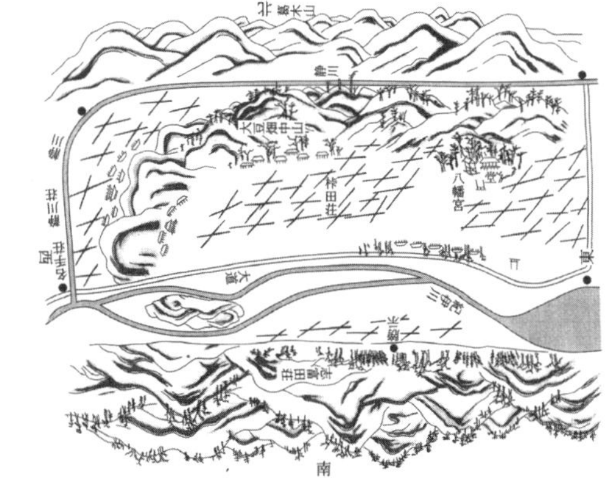

上皇(院)や女院，摂関らが大規模な寺院を造営する際，寺院の経営基盤を確保する目的で各地に荘園が設けられた。とりわけ12世紀前半の鳥羽院政期には，気候の温暖化が進んで開発が活発となり，荘園の設立が激増して国々の半ば近くを占める状況となった。

⑴中世荘園のあり方　11世紀後半から12世紀にかけて成立した

荘園(中世荘園)は，天皇家・摂関家や有力寺社の私有地である点では初期荘園と同じである。しかし，次の２点で異なっていた。

第一に，耕地や集落，山野河海を含み，ひとまとまりの領域をもっていた。

このことを象徴的に示すのが**紀伊国桛田荘絵図**(前頁)である。絵図では四隅(四至という)ともう１か所，合わせて５か所に荘園の境目を示す牓示が描かれている。

第二に，**不入の権**をもち，国衙による支配から半ば独立していた。不入の権とは，もともと国衙が派遣する検田使の立入りを拒否する権限であったが，12 世紀には警察権の立入りを拒否する権限へと拡大し，荘園の独立性を強める結果となった。

初期荘園	中世荘園
墾田の集積	耕地や集落，山野河海を含む
輸租	不輸の権をもつ
国司・郡司の協力により経営	不入の権をもち，国衙支配から半ば独立

中世荘園は，領域全てにわたって完全な免税特権**不輸の権**をもっていたわけではないが，荘園の所有者つまり荘園領主は，不入の権を獲得することにより，徴税のために田地調査(検田)を行ったり警察・裁判を行ったりする地域支配の権限を国衙から譲り受けた。このため，荘園領主は単なる土地所有者ではなく地域住民の統治者としての性格をもつようになり，荘園は国衙の支配下にある郡・郷・保と並列する行政区画という性格をもった。

⑵**成立の経緯**　中世荘園は，私領の**寄進**と**立荘**(立券荘号)というプロセスを通じて成立した。

荘園の成立には一定の領域が不可欠であり，その基礎となったのが中下級貴族や在地の有力者らから寄進された私領であった。中下級貴族や在地の有力者らが開発した私領は，延久期以降，徹底した荘園整理策がくり返されたため，その維持が不安定になっていた。ところが，12 世紀は気候の温暖化が進み，土地の開発は活発となった。こうしたなか，上皇(院)や女院，摂関らが寺院の造営にあたって荘園の設立を企画し寄進を募ると，それに応じて中下級貴族らは私領を寄進し，強いコネ・由緒を確保して権利を維持するとともに，開発のための資本を確保し，耕地のさらなる開発をもくろんだのである。

しかし，私領の寄進だけで荘園が成立するわけではない。立荘(立券荘号)という手続きが不可欠であった。院庁や摂関家政所から文書(**院庁下文**や**政所下文**)が出されて受領(国守)に立券が命じられ，国衙の在庁官人らの立ち合いのもと，境界が画定されて荘園が設立された。この手続きが立荘である。

境界の画定に際しては，寄進に関わった中下級貴族や在地の有力者だけでなく，百姓など現地住民の動向も反映されていた。耕地や山野河海など，住民たちが生活や生業を送るうえで必要とする場をまとめて含み込む形で荘園の領域が画定されたのである。そのため荘園は，寄進された私領をはるかに超える領域をもって成立するのが一般的であった。

⑶荘園経営のしくみ　中世荘園は，このように天皇家・摂関家や有力寺社から中下級貴族，在地の有力者や百姓にまでいたる，さまざまな階層の人々の利害を集約する形で成立し，中央と地方とを結ぶネットワークのもとで経営が行われた。

まず，各地に散在する荘園の所有者**本家**である天皇家や摂関家は，荘園をそれぞれ奉仕する貴族に預け，その貴族が**領家**として荘園の経営を請け負った。これら本家・領家が荘園領主と総称され，そのうち，実質的な支配権をもつ方を**本所**という。

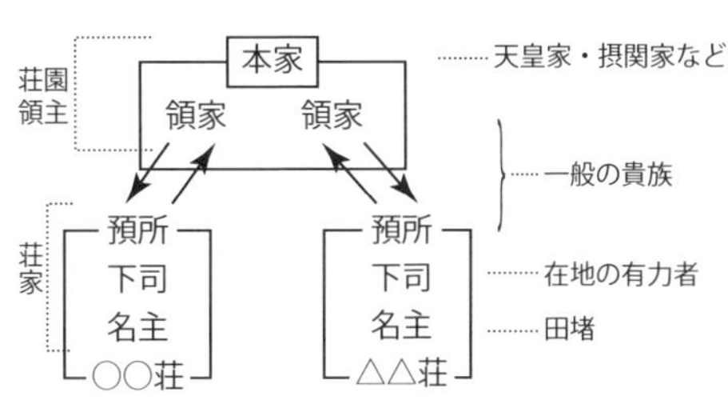

これに対し，現地の荘園組織は荘家と呼ばれ，領家から派遣されてきた**預所**が荘家の運営を請負い，在地の有力者らが**下司**や**公文**などの下級荘官に任じられた。彼らは，荘園領主側から提供された資本をもとに土地開発や灌漑施設の整備など勧農をにない，田堵などを**名**の管理・責任者である**名主**に採用したうえで，名を単位として**年貢**・**公事**・**夫役**の納入を請け負わせた。

こうしたシステム(中世荘園制)のもと，貴族や在地の有力者らはそれぞれの職務を遂行することによって収益を確保した。職務とそれにともなう収益はまとめて**職**と呼ばれ，職の対象となる地域が所領であった。彼らはこうして経済基盤を確保しつつ，本家の権威やコネを利用して地域社会に勢力を伸ばし，交通の要地・流通の拠点をおさえながら広域にわたって活動した。

各地の荘園で徴収された年貢や公事は，水上・陸上交通を使って京都や奈良などに集住する荘園領主のもとへ運ばれた。交通の要地では倉庫をもつ**問丸**(**問**)が年貢・公事の保管や中継にあたり，**廻船**や陸運業者である**馬借**・**車借**が輸送に従事した。交通・流通の発達が各地に散在する荘園の経営を支えていたのである。

天皇家が所有する代表的な荘園群

八条院領…鳥羽院とその皇后美福門院が娘の八条院に譲った荘園群
長講堂領…後白河院が持仏堂である長講堂の名義で集めた荘園群

⑥院政期の社会

上皇(院)や女院，摂関のもとには，受領など中下級貴族だけでなく公卿クラスの上級貴族までもが私的に奉仕し，一つの集団(家)を形成した。(→ p.82)知行国や荘園を私的な経済基盤(家産)としてもち，院庁や政所などの家政機関のもと，一つの企業のような形で運営された。こうした上皇(院)や女院，摂関は，延暦寺や興福寺，伊勢神宮などの有力寺社とともに**権門**と称され，天皇を中心とする政治秩序のもとで緩やかにまとまっていた。この政治体制を**権門体制**とも呼ぶ。

⑴荘園公領制（荘園制社会）の形成　天皇家などの権門が知行国や荘園をもつ一方，在地では国衙の支配下にある郡・郷・保(国衙領)と荘園領主の支配下にある荘園とが行政区画として並列する状態となった。郡・郷・保や荘園は，国衙の作成する土地台帳**大田文**に登録されることによって把握された。そして，それぞれの内部は名という徴税単位に区分され，田堵などが名主に編成されて納税を請負った。

このように同質化した国衙領(公領)と荘園を基礎とする土地・人民の支配構造を**荘園公領制**と呼ぶが，荘園をもっぱら重視して**荘園制社会**と呼ぶこともある。

荘園と国衙領（公領）のしくみ

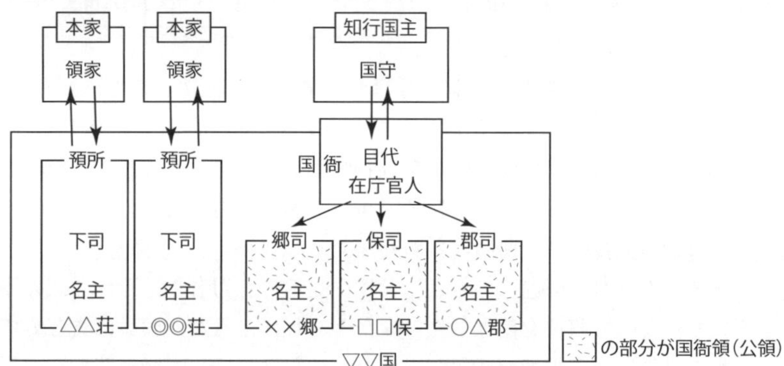

荘園・国衙領での税負担

年貢…荘園領主や知行国主に納める貢納物
　　→米や絹，麻，塩，材木など地域的な特色がある
公事…荘園領主や知行国主が行う年中行事(仏事・神事など)に必要な物品
夫役…土木工事などの必要に応じて労働力を提供する労役

平安時代中期，名に課せられたのが官物・臨時雑役であったのに対し，平安時代後期には荘園・国衙領ともに税負担は**年貢**・**公事**・**夫役**と呼ばれるようになった。一方，内裏造営など国家的な行事の経費については，大田文に登録された田地数を基準として荘園・国衙領を問わず一律に賦課・徴収された(一国平均役)。

納税を請負った名主のもとでは，百姓が田畑を預かって耕作に従事しており，こうした耕作に従事する百姓を**作人**と呼ぶ。

⑵紛争の頻発と自力救済　立荘にともなって国衙領と荘園，荘園どうしの境界が画定されたものの，やがて土地の開発が進み，山野などでの住民の経済活動が広がると，近隣どうしで境界をめぐる対立が生じた。こうした地域社会での紛争は現地で

実力による解決(**自力救済**)がめざされたものの，実力行使の正当性(**由緒**)の確保を求めて中央へと紛争が波及することがあった。それを象徴するのが有力寺社の**強訴**である。延暦寺や興福寺などの下級僧侶(**僧兵**と称される)，伊勢神宮などの下級神職らが集団で朝廷に押しかけ，神仏の威光をかさに要求を強要しようとした。

有力寺社の強訴

延暦寺(北嶺) …日吉社の神輿を奉じて強訴
興福寺(南都) …春日社の神木(榊)を押し立てて強訴

　一方，京での政治的な対立が地域社会に反映されることもあった。皇族や上級貴族らが政争に敗れれば，そこにつながる人々は地域社会でも勢力を後退させることになる。京と地域社会とが連動しながら，緊張と混乱が増幅していったのである。

(3)武士の果たす役割の上昇　こうしたなかで中央・地方の双方で**武家(軍事貴族)**の果たす役割が大きくなった。

　中央では，頻発する有力寺社の強訴に対抗する暴力装置として期待された。たとえば，白河院は院警護のために北面の武士を設け，武家を登用した。

　地方では，紛争の渦中にあった在地の有力者から，紛争を調停する機能が期待された。また，地方武士ら在地の有力者の国衙への敵対的な行動が国家への反乱，海賊行為などと認定された際には朝廷から鎮圧を命じられた。こうしたなか，**河内源氏**の源頼義・義家や**伊勢平氏**の平正盛・忠盛らが地方での戦乱の鎮圧や海賊の追討に従事しながら，京での政治的な地位を徐々に高めた。

清和源氏

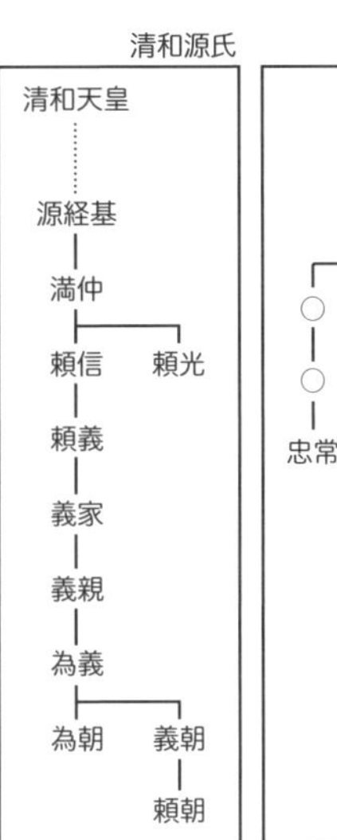

桓武平氏

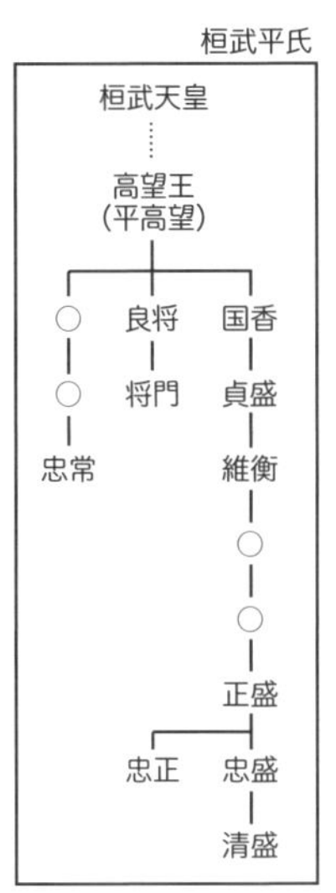

河内源氏と伊勢平氏の台頭

河内源氏(清和源氏 → 源頼信の系統)
- 源頼義…陸奥の豪族安倍氏との戦闘前九年合戦(1051 ～ 62 年)を鎮圧
- 源義家…陸奥・出羽の豪族清原氏の内紛後三年合戦(1083 ～ 87 年)に関与
  → やがて一族の内紛や源義親の反乱により後退

伊勢平氏(桓武平氏 → 平維衡の系統)
- 平正盛…白河院に接近 → 源義親の反乱を鎮圧(1108 年)
- 平忠盛…瀬戸内海など西国での海賊追討に従事。日宋貿易にも関与

⑦東北北部の動向

少し時代をさかのぼって9世紀末頃から12世紀にかけての東北北部の動向をみていこう。

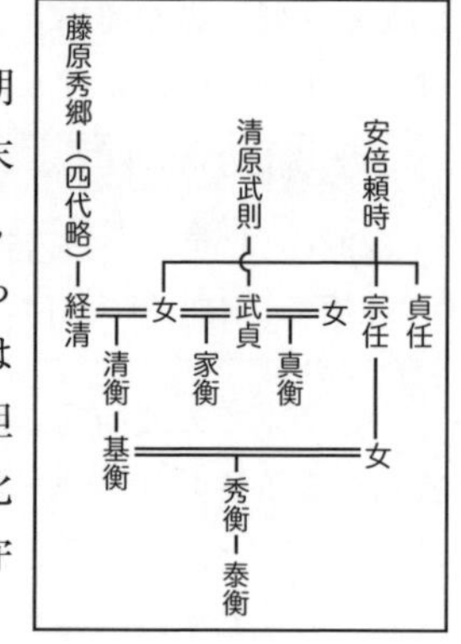

⑴安倍氏と清原氏の台頭　蝦夷の多くが9世紀初めには朝廷の支配下に組み込まれた(→ p.54)。しかし東北北部では9世紀末以降，蝦夷の蜂起がしばしば生じて軍事的緊張が高まり，10世紀から11世紀にかけて周囲に濠や土塁などをめぐらせた集落が各地に出現した。こうしたなか，陸奥北部では**安倍氏**，出羽北部では**清原氏**が台頭した。朝廷は鎮守府(胆沢城）や秋田城を中心として東北北部を支配し，さらに北海道との交易を掌握する体制を整えており，安倍氏は鎮守府，清原氏は秋田城の在庁官人として勢力を伸ばした。

⑵前九年合戦　安倍氏が大きな勢力をもち，受領に対して敵対的な行動をとることもあったため，陸奥守**源頼義**が安倍氏を反乱者にしたてあげ，抑え込んだのが1051年にはじまる**前九年合戦**であった。頼義は**安倍頼時**・**貞任**らとの戦闘を朝廷への反乱として処理し，出羽の清原氏の協力を得て1062年に鎮圧した。

⑶後三年合戦　前九年合戦の後，清原氏が鎮守府将軍の地位を得，陸奥・出羽両国で大きな勢力をもった。ところが1083年，清原氏に内紛がおこると，陸奥守**源義家**が介入した。これが**後三年合戦**である。内紛は1087年，源義家が支援した清原氏の一族**藤原清衡**の勝利に終わった。

⑷奥州藤原氏の繁栄　藤原清衡は**平泉**(陸奥国)を拠点として東北北部を広く支配下におさめ，子の**藤原基衡**，孫の**藤原秀衡**へとつながる奥州藤原氏繁栄の基礎を整えた。さらに，北海道との交易を管轄下においた。この結果，奥州藤原氏は金や馬など陸奥の産物，鷲羽やアザラシの毛皮など北海道との交易物(→ p.86)によって富を蓄えた。そして，それらを朝廷へ貢納することによって良好な関係を保ち，日本のなかにありながらも国境をまたぐ勢力をもつ，独立性の強い地域政権を作りあげた。

政　治　院政が展開するなかで貴族社会は変容した。上皇(院)や女院，摂関のもと，さまざまな階層の貴族たちが主従関係のなかに組み込まれて私的に奉仕し，一つの集団(家)を構成した。この結果，律令制に起源をもつ官職の体系が次第に形骸化する一方，私的な利害に基づいて実力で争う状況が貴族社会にも広まった。

⑧家格と官職の一体化した身分秩序

院政のもとでも，律令制に起源をもつ官職の体系が存続し続けたものの，公卿に就任する人物の年齢が次第に若くなり，また，院御所での政務の協議には公卿の現職を退いた上級貴族が招集されることがあった。つまり，現職の公卿であることが政務の協議に参加する要件ではなくなり，官職上の地位と政治運営のしくみとが分離していった。一方，家格により昇進できる官職の上限と昇進ルートが定まり，特定の官職がいくつかの家によって世襲的に継承されるようになった。官職は貴族の家格を示す標識という性格をもつようになったのである。このことを象徴的に示すのは，摂政・関白の地位が，天皇との外戚関係の有無に関わらず藤原道長の嫡流の子孫(摂関家)により世襲されるようになったことである。

⑨貴族社会の内紛

官職が貴族の家格を示す標識となり，家格と官職の一体化した身分秩序ができたといっても，家で世襲される官職や財産などを実際に誰が相続するのかについて明確なルールがあったわけではない。このため，天皇家では治天の君の地位をめぐり，摂関家では摂政・関白と氏長者の地位をめぐり内紛が生じてしまった。

⑴保元の乱　1156年，鳥羽院の死去をきっかけとし，天皇家と摂関家の内紛を背景とする合戦が京で生じた。保元の乱である。

後白河天皇方が平清盛や源義朝らを動員し，崇徳院方が平忠正や源為義らを動員したため，武家がその軍事力によって内紛に決着をつけることとなった。乱は後白河天皇方の勝利で終わった。崇徳院は讃岐国へ流罪となり，藤原頼長は合戦で受けた重傷のため死去，平忠正と源為義は死刑に処せられた。

保元の乱での対立構図

天皇家…後白河天皇(弟)　↔ 崇徳院(兄)
摂関家…関白藤原忠通(兄) ↔ 左大臣藤原頼長(弟)

乱の直後には信西(藤原通憲)が政治を主導し，保元の荘園整理令を発して天皇による日本全土の支配を強調するとともに，内裏の再建，朝廷儀礼の再興をはかった。また，内裏を武士が警護する京都大番役がこの頃に整えられたとされる。

天皇家と摂関家

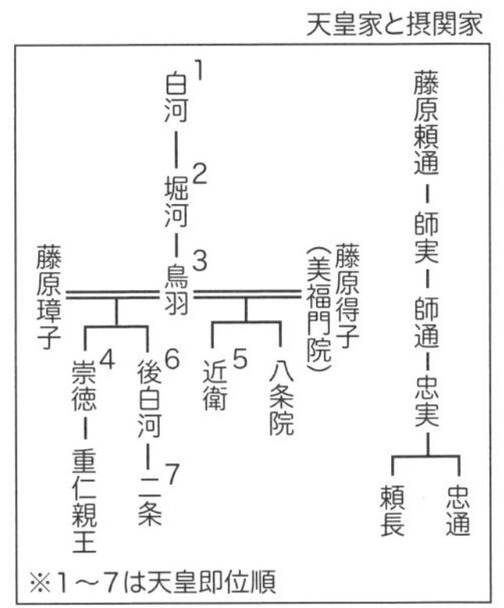

⑵平治の乱　後白河天皇が保元の乱後まもなく院政をはじめると，側近どうしの権力抗争が生じた。信西(藤原通憲)と藤原信頼の対立である。そこに，後白河院政に対する二条天皇やその側近の反発がからんで1159年，平治の乱が生じた。藤原信頼が源義朝と結んでクーデタをおこし，信西を自害に追い込んだものの，二条天皇派と結んだ平清盛によって鎮圧された。藤原信頼は処刑され，源義朝は東国へ逃れる途中に殺害され，子の源頼朝は伊豆国へ流罪となった。

乱後は後白河院と二条天皇との対立が激しくなったものの，二条天皇の死去もあり，後白河院が平清盛と結んで政治を主導した。

文 化　院政期には仏教がますます社会に浸透するとともに，神々に対して五穀豊穣や災厄の除去などを祈るシステムも整った。また，荘園公領制が成立して都の皇族・貴族と在地との私的な結びつきが強まるなか，貴族らが台頭した武士・庶民やその文化にも関心を示す一方，都の貴族文化が地域社会へ広まった。

⑩院政期文化

⑴仏教と神々への信仰　延暦寺や興福寺など**顕密仏教**の有力寺院が，引き続き，**法会**や密教の加持祈禱により鎮護国家や五穀豊穣，病気平癒(→ p.59)などの現世利益を祈るとともに，天皇の即位にも即位灌頂と呼ばれる仏教儀礼が取り入れられ，仏教は天皇の権威を補強する役割を担った。一方，**神仏習合**がいっそう進み，日本の神々と仏を同体と考え，神々は仏が仮に姿を変えて現われたもの(権現)と考える**本地垂迹説**が広まった。**天照大神**を密教の中心仏大日如来の現われ，八幡神や熊野本宮大社の神(熊野権現)を**阿弥陀如来**の化身と考えるなど，神々にそれぞれ特定の仏が本地として定められた。また，仏像を神体として安置する神社(→ p.114)も現れた。

こうしたなかで有力寺院は各地で寺院や地方社を末寺(→ p.237)として編成し，勢力を広げた。これを庶民に密着する形で補ったのが**聖**や上人と呼ばれた民間布教者の活動であった。聖や上人は，有力寺院を離れて官僧（朝廷の法会に従事する国家公務員的な存在）の地位を捨て，隠遁したり諸国を遍歴したりしながら修行や信仰に専念した僧侶である。有力寺院が世俗社会と同質化し，出身階層が寺院内での地位と結びつく風潮への批判から，院政期に広く活躍した。彼らは法華経信仰や浄土教などを各地へ普及させるとともに，寺院の建立・修築などに際して経費調達のための寄付を募り(**勧進**)，顕密仏教の影響力を庶民のなかに浸透させた。

仏教の浸透

地方寺院の建立…藤原清衡の中尊寺金色堂・藤原基衡の毛越寺(陸奥国)
白水阿弥陀堂(陸奥国)，富貴寺大堂(豊後国)
本地垂迹説　…神々を仏の仮の姿と考える
熊野詣や高野詣…熊野三山や高野山への参詣がさかん

こうした仏教の浸透のなか，白河天皇(白河院)が八角九重塔など壮大な伽藍をもつ法勝寺を建立したのをはじめ，上皇(院)らは白河の地に六勝寺と総称される大寺院を建て，国家的な法会をさまざま催すなどした。治天の君としての権威・権力を誇示するとともに，各地に荘園や末寺をもって自立性を強める顕密仏教の有力寺院に対する統制を確保しようとしたのである。

一方，五穀豊穣を祈るとともに天変地異や戦乱など災厄から逃れるため，天皇が特定の神社に加護を求めるシステムが整う。特定の神社とは伊勢神宮や石清水八幡宮，賀茂神社など畿内やその周辺にある22の神社（二十二社）で，毎年の祈年祭に際し，また，戦乱や天変地異などに際して臨時に，朝廷から使者を派遣して奉幣(幣帛の奉納)した。諸国でも，国ごとの鎮守社として一宮が定められるなど神社の序列化が進み，国衙のもとで豊作や災厄の除去などを祈る神事が行われた。

(2)絵画と装飾経　天皇家・摂関家ら権力者は富をふんだんに使って豪奢な美術品を制作させた。たとえば『源氏物語絵巻』は金銀の箔を散らした紙に高価な顔料を使って描かれ，また，平清盛一門が**厳島神社**(安芸国)に奉納した『**平家納経**』は絢爛豪華な装飾がこらされていた。一方で，モノクロームで描かれた『**鳥獣戯画**(**鳥獣人物戯画**)』のように，派手さに抑制をかけた美術品も作られた。

平安時代後期の絵巻物(絵と詞書を交互に配置してストーリーを描く巻物)

『源氏物語絵巻』	…『源氏物語』を描く
『伴大納言絵巻』	…応天門の変を描く，常盤光長の作とされる
『信貴山縁起絵巻』	…信貴山で修行した僧命蓮の活動を描く
『鳥獣戯画(鳥獣人物戯画)』	…貴族社会や仏教界を動物などを使って風刺

平安時代後期の装飾経(豪華な装飾をほどこした経典)

『平家納経』	…平清盛一門が厳島神社へ法華経などを奉納
『扇面古写経』	…扇型の紙に下絵を描いて法華経を写経，四天王寺(大阪)所蔵

(3)貴族による庶民文化の受容　院政期には，説話集などの文芸作品のなかに武士・庶民やその生活が素材として取り入れられた。

貴族による庶民文化の受容

事件や歴史を素材としてアレンジを加えた文芸

- 説話集　…『今昔物語(集)』(口頭や書物により語り継がれてきた説話を集成)
- 軍記物　…『将門記』(平将門の乱を描く)，『陸奥話記』(前九年合戦を描く)
- 歴史物語…『大鏡』(摂関期を政権抗争の裏面まで含め，対話の形式で描く)
  『今鏡』(平安時代後期を中心に描く)

文体では，平仮名による和文と漢文の書き下し文体とが融合した和漢混淆文が成立した。語り，読み聞かせを意識したリズム感のある文体であり，寺院の法会で行われる説法などを経由して作りあげられた。

一方，楽器などを演奏しながら行うアクロバティックな舞踏である**田楽**や，物まね芸である**猿楽**が貴族・庶民を問わず流行し，**今様**という流行歌謡が謡われた。庶民に広まっていた声や身体で表現するパフォーマンスの文化(→ p.70)が貴族社会に受け入れられたのである。それを象徴するのが，後白河院が今様などの歌謡を集成した『**梁塵秘抄**』である。

北海道　中世の北海道は，本州の人々からは蝦夷ケ島と呼ばれていた。東北北部など本州との間で交易がさかんに行われ，次第に東北北部における和人（本州系日本人）の文化の影響を強く受けるようになった。

⑪アイヌ文化(ニブタニ文化)の形成

奥州藤原氏が東北北部を支配下においた11世紀末以降，北海道の渡島半島南部などへ和人が進出した。この結果，アイヌが和人の文化の影響を強く受けることとなった。住居は竪穴式から平地式へ変化し，土器の製作が終わり，生活に必要な鉄製品をすべて本州系住民との交易によってまかなうようになった。こうしてアイヌの文化は，11世紀末から13世紀かけて**擦文文化**から**アイヌ文化**（ニブタニ文化）へと移行した。

アイヌは北海道を中心として北は樺太(サハリン)や千島列島，南は東北北部にいたる地域に居住していた。コタンという集団を作って生活し，やがて地域ごとにまとめる首長が現われた。そして，クマやラッコ，オットセイなどの狩猟，サケやマスなどの漁労を中心とした生業を営み，アムール川流域やカムチャツカ半島に居住する人々とも交易をさかんに行っていた。

沖　縄　平安時代中期以降，**宋**や**高麗**との貿易に従事する博多などの商人，九州南部の武士らが鬼界島や奄美諸島などへさかんに往来した。日宋貿易での主な輸出品である**硫黄**，あるいは，螺鈿の材料となるヤコウ貝などを買い求め，高麗由来の陶器の製造技術などをもたらしたのである。こうした九州からの人々の移動にともない，沖縄など南西諸島でも社会が大きく変動した。

⑫グスク時代のはじまり

12世紀頃，沖縄島では従来の**貝塚文化**に変わって農耕社会が成立し，**グスク(城)**を拠点とする豪族**按司**が各地に割拠した。グスクとは聖域としての役割も兼ね備えた城砦であり，按司の成長とともに堅固な石垣を備えるようになった。

国際関係　11世紀後半以降，博多には宋商人が多く居住し，列島各地から訪れる日本商人らとさかんに貿易活動を行った。

⑬日宋貿易の展開

日宋貿易では，日本から硫黄や**金(砂金)**，刀剣，材木などが輸出され，宋から銭貨(**宋銭**)や高級絹織物，書籍などの**唐物**が輸入された。

日宋貿易
輸出：硫黄・金・刀剣・材木
輸入：宋銭や高級織物・陶磁器などの唐物

日本から輸出された硫黄は，宋では火薬の原料とされた。宋は10世紀後半に中国本土を統一したものの，中国北方からモンゴル高原にかけて**契丹**（**遼**）が勢力を

もっていた。12 世紀前半には，新しく**女真族**が金を建国し，契丹を滅ぼしたうえ，宋をいったん滅ぼして江南に追いやり（南宋），中国本土の北半までも支配した。こうした情勢のもと，硫黄は火薬の原料として使用されていた。日本は動乱には直接関わらなかったものの，軍事物資を宋へ輸出するという形で動乱に関与していたわけである。

なお，10 世紀半ば以降，朝廷が銭貨を鋳造しなかったため，米や布・絹などが商品の価値を表示し，商品どうしの交換を媒介する手段，つまり貨幣としての役割を果たしていた。しかし，日宋貿易を通じて宋銭が輸入された結果，12 世紀半ばには京や畿内で宋銭が貨幣として広く通用されはじめた。

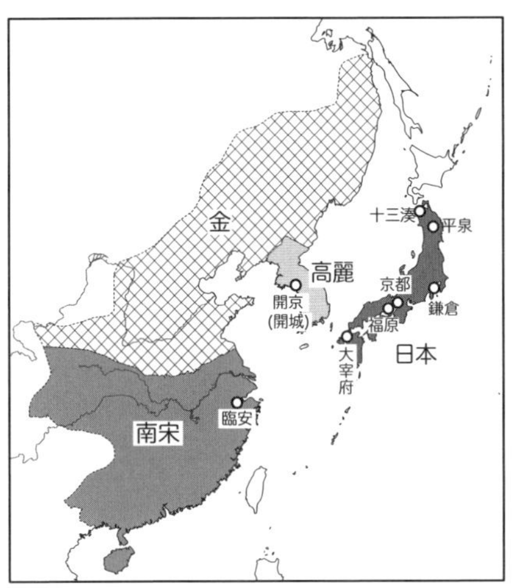

第5章 朝廷と武家政権

<大まかな時代の推移>

12世紀末

平清盛が武家として初めて太政大臣に就任した。
平清盛が，対立を深めた後白河院を幽閉して院政を停止した。
以仁王が平氏追討の令旨を発したのに応え，南都の僧兵が挙兵した。
摂津国福原へ遷都されたが，貴族らの反対でまもなく京都に戻った。
後白河院は平氏から没収した荘園を源頼朝に与えた。
安徳天皇を擁した平氏政権が長門国壇の浦で滅んだ。
源頼朝が挙兵後はじめて京都に行き，右近衛大将に任じられた。
法相宗の僧貞慶が興福寺を去り，笠置山に隠棲した。
藤原(九条)兼実の求めにより，法然が『選択本願念仏集』を著した。
栄西が『興禅護国論』を著し，朝廷に提出した。

13世紀

後鳥羽院が『新古今和歌集』の編纂を命じた。
北条時政が将軍源頼家の妻の父比企能員を滅ぼした。
政所別当北条義時が和田義盛を滅ぼし，侍所別当を兼任した。
将軍源実朝が鎌倉の鶴岡八幡宮で甥公暁により暗殺された。
順徳天皇が天皇として必要な故実を『禁秘抄』にまとめた。
後鳥羽院が北条義時追討を掲げて挙兵したが，幕府軍に敗れた。
執権北条泰時により連署・評定衆が設置され，御家人の合議制が整った。
道理と先例に基づいて，初めての武家法として御成敗式目が制定された。
この頃までに『平家物語』が成立し，琵琶法師が各地で語った。
鎌倉幕府が後嵯峨院に対して評定衆(院評定衆)の設置を求めた。
宝治合戦により，有力御家人三浦泰村一族が滅びた。
後嵯峨院の皇子宗尊親王が鎌倉幕府6代将軍に就いた。
北条時頼が禅僧蘭溪道隆を招き，建長寺を建てた。
伯耆国東郷荘をめぐり，荘園領主と地頭の間で下地中分が行われた。
日蓮が『立正安国論』を前執権北条時頼に提出した。
北条時頼・実時の招きによって叡尊が鎌倉に赴いた。

10　武家政権の登場

年代　1167～1205年

政治　平治の乱は武家が政治の実権を握る出発点となった。後白河院はこの乱によって信西，藤原信頼という側近を失い，子の二条天皇との対立という不安定要素をかかえた。一方，武家では，鳥羽院の娘**八条院**との結びつきが強い**源頼政**がいたものの，平治の乱を鎮圧した平清盛の存在感が著しく増した。

①平氏政権の成立

後白河院と提携した平清盛は，朝廷での官位を上昇させ，義理の甥**高倉天皇**が即位する前年の1167年には**太政大臣**に就任した。すぐに辞したが，これにより平氏は摂関家に準じる家格を得た。

天皇家と平氏・摂関家

平時信―滋子・時忠・時子
平忠盛―清盛
藤原忠通―近衛基実・基房・九条兼実
1後白河＝滋子―4高倉
後白河―以仁王・2二条―3六条
時子＝清盛―徳子・盛子
4高倉＝徳子―5安徳
高倉―6後鳥羽
盛子＝基実

※1～6は天皇即位順

ところが，平清盛は次第に後白河院政と対立した。高倉天皇に清盛の娘**平徳子**が嫁ぎ，さらに平氏一門が高位高官を占めると，後白河院やその側近のなかに平氏への反発が強まった。そのため清盛は1179年，クーデタを挙行した。後白河院を鳥羽殿に幽閉して関白以下多数の貴族を処罰し，朝廷から反平氏派を一掃した。このクーデタにより平清盛は独裁的な権力を握り，翌1180年には外孫**安徳天皇**を即位させた。こうして**平氏政権**ができ上がった。

平氏政権

武家(軍事貴族)的性格
- ◦畿内・西国などの武士を家人に組織(摂津国福原にも拠点をもつ)
  - →一部の家人を地頭に補任・推挙
- ◦朝廷のもとで軍事・警察を担う

権門貴族的性格
- ◦摂関家に準じる家格を確保
  - →多くの知行国や荘園をもつ

朝廷を主導(←京都の六波羅を拠点)
- ◦一門で高位高官を占める，天皇の外戚となる

伊勢平氏は平正盛・忠盛の代から海賊討伐などを通じて畿内・西国の武士を広く私的に組織しており，平治の乱以降，東国の武士のなかにも平氏の家人となるものが多かった。そして清盛は，平氏支配下の知行国や荘園を対象として家人の一部を地頭に任じ，平氏の支配地域以外でも，家人を推挙して知行国主や荘園領主の好意によって地頭に任じてもらうことがあった。

こうしたなか，朝廷での平氏の権勢をバックとして各地で平氏方武士が勢力を伸

ばすと，地域社会での地方武士どうしの競合が激しくなった。

②治承・寿永の乱

平清盛による後白河院の幽閉，安徳天皇の擁立に対し，1180年，後白河院の子**以仁王**は安徳天皇即位の正当性を認めず，**平氏追討の令旨**を発して源頼政とともに挙兵した。この挙兵はすぐに鎮圧されたものの，以仁王が八条院の後見をうけていたこともあり，八条院領のネットワークなどを使いながら以仁王の令旨は各地に伝えられた。奈良では興福寺などの僧兵が挙兵し，木曽で**源義仲**，伊豆で**源頼朝**が挙兵するなど，戦乱は各地に広まった。**治承・寿永の乱**のはじまりである。

平氏政権は，奈良での僧兵の挙兵は平重衡の攻撃（俗に**南都焼打ち**(→ p.96)）などにより鎮圧したが，源義仲や源頼朝の挙兵は鎮圧に失敗し，また，福原（摂津国）へ遷都したものの貴族らの反対により半年ほどで京都に戻るなど，政権の動揺を抑えることはできなかった。翌81年には平清盛が死去し，さらに同年から1183年にかけて畿内・西国で**養和の飢饉**が発生したことにより，政権の基盤は弱体化した。そして1183年，北陸で源義仲に敗れると，平氏政権は安徳天皇を擁して西国へ遷った。

この結果，西国に平氏政権があり，京都周辺から北陸道を源義仲，関東諸国から東海地方を源頼朝がおさえ，東北を支配する**奥州藤原氏**とあわせ，一時，大きく4つの勢力が軍事的に分立する情勢となった。

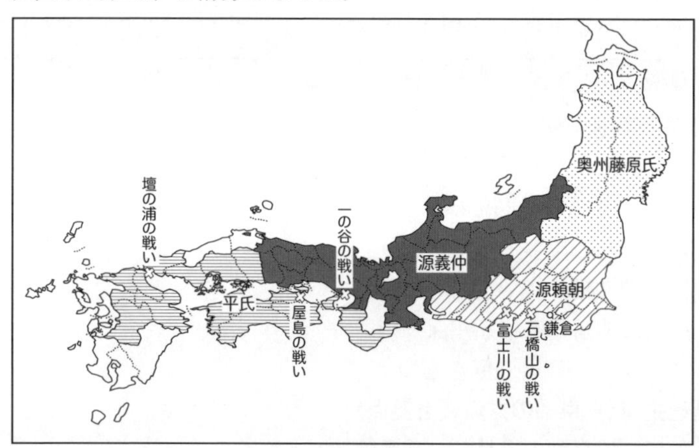

一方，後白河院は京都に留まり，新しく**後鳥羽天皇**を立てて平氏政権に対抗した。と同時に，**寿永二年十月宣旨**で源頼朝に**東海道・東山道諸国の支配権**を認め，京都への年貢収納を確保したうえで，頼朝に命じて源義仲，そして平氏政権を討たせた。その結果，1185年，安徳天皇を擁する平氏政権は**壇の浦の戦い**で滅びた。

③鎌倉幕府の成立過程

治承・寿永の乱のなかで源頼朝が**鎌倉**（相模国）を拠点として新たな武家政権をつくり上げた。いわゆる**鎌倉幕府**である。

⑴朝廷への反乱　源頼朝は1180年，以仁王の令旨を奉じて配流地の伊豆で挙兵し，やがて鎌倉に拠点を構えた。平氏方の武士と競合関係にあった東国などの武士を私的に家人(御家人)として組織し，彼らの武力によって関東諸国を実力で制圧するとともに，知行国主・国司や荘園領主をさしおいて勝手に敵方所領を御家人に給与したり父祖伝来の所領を保障したりして**主従関係**を整えた。

この間，京都の朝廷では元号が養和，寿永へと改められたものの，安徳天皇の正当性を認めない頼朝はこれらの元号を使用せず，朝廷からの独立性を保持した。

⑵朝廷の支配下への編入　平氏政権が安徳天皇とともに西国へ遷った1183年，源頼朝は後白河院と交渉して東海道・東山道諸国の支配権を認められた（寿永二年十月宣旨)。これ以降，頼朝政権は京都の朝廷の支配下に組み込まれ(京都で使われる元号に従う姿勢へ転換)，以後，後白河院の命に応じて軍勢を派遣し，畿内・西国の武士をも動員しながら源義仲，そして平氏政権を滅ぼした。

⑶戦時から平時への移行　1185年に治承・寿永の乱は終わったものの，軍事的な緊張状態は続いた。同年，後白河院が頼朝の勢力強大化を警戒し，弟の源義経に頼朝追討を命じたのである。これに対して頼朝は，軍勢を京都に派遣して圧力をかけ，藤原(九条)兼実らを**議奏公卿**に推挙して後白河院の権力を抑えるとともに，源義経追討を目的として畿内・西国の諸国での兵粮米の徴収権，諸国国衙の在庁官人への命令権を認めさせた。いわゆる**守護・地頭設置**の勅許(**文治の勅許**)である。実際は守護・地頭ではなく国ごとに**国地頭**（あるいは**惣追捕使**）が設置され，さらに，その権限もまもなく縮小され，国ごとの守護につながったとされる。

一方，源義経は，頼朝の追及を逃れて奥州藤原氏の保護をうけた。しかし，藤原秀衡が死去して子の**藤原泰衡**が継ぐと，頼朝の圧力をかわしきれなくなった泰衡により1189年，自殺に追い込まれた。ところが同年，頼朝は義経をかくまったことを理由に藤原泰衡を攻めた。朝廷の許可を得ずに各地の武士を軍事動員して奥州藤原氏を滅ぼし(**奥州合戦**)，没収した奥州藤原氏方の所領を御家人に給与した。

⑷朝廷との関係調整　こうして軍事的な覇権を確立した源頼朝は1190年，挙兵後はじめて京都に赴いた。この時，後白河院から右近衛大将と権大納言に任じられた。朝廷から改めて**武家**として位置づけられるとともに，摂関家に準じる権門貴族の家格を認められたのである。頼朝はすぐに辞して鎌倉に戻ったものの，翌91年，朝廷の定めた法令(建久の新制)により，検非違使庁(→ p.55)や諸国の国衙とともに全国の治安維持機能をゆだねられた。

こののち源頼朝が大将軍の地位を望むと，朝廷は1192年，後白河院の死去後，頼朝と提携する藤原兼実らの協議に基づいて征夷大将軍の宣下で対応した。

④鎌倉幕府の性格

源頼朝によって樹立された鎌倉幕府は次のような性格をもっていた。

鎌倉幕府

武家(軍事貴族)的性格

◦東国などの武士を家人(御家人)に組織
　→多くを地頭に補任
◦朝廷のもとで軍事・警察を担う
　→御家人に京都大番役を課す，諸国に軍事指揮官として守護を置く

権門貴族的性格

◦摂関家に準じる家格を確保
　→多くの知行国(関東知行国)や荘園(関東御領)をもつ

朝廷から半ば独立した東国政権(←鎌倉を拠点)

◦東国を実質的な支配地域とする

⑴**東国政権としての側面**　河内源氏は源頼信の頃から東国へ進出し，とりわけ南関東の武士を私的に組織していたものの，平治の乱で源義朝が敗れて以降，その関係のほとんどが途絶え，かつて義朝に仕えた武士のなかにも平氏政権との関係を重視する者がいた。したがって，伊豆に流罪となっていた源頼朝の立場は強固なものではなく，集まった東国武士に対する優越性は自明ではなかった。頼朝は東国武士との主従関係をいちから作り上げることが不可欠であり，それゆえ，頼朝の行動は，集まった東国武士たちの意向に左右されることがあった。

実際，1180年，朝廷からの追討軍を富士川の戦いで武田氏と連合して破った際，頼朝は東国武士たちの意向に基づいて京都への侵攻をやめ，鎌倉を拠点として**関東諸国の制圧**に力をそそいだ。つまり鎌倉幕府は，平氏方武士に対抗し，所領の確保をめざす東国武士の意向にそって成立した，という側面をもっていたのである。

⑵**幕府の朝廷からの独立性**　鎌倉に拠点をかまえた源頼朝は，軍事行動に参加した東国などの武士に対し，敵方所領(**謀叛人跡**)を没収して給与し，その支配を認める(**新恩給与**)とともに，父祖伝来の所領(**本領**)については敵方所領としての没収から除外することを保障した(**本領安堵**)。こうした頼朝による所領の給与・保障＝**御恩**と，武士の軍事行動への参加＝**奉公**とにより成り立つ関係を主従関係といい，頼朝は東国などの武士と広く主従関係を結び，彼らを家人(御家人)に編成した。

ところで，こうした所領支配の保障は，当初，知行国主・国司や荘園領主をさしおいて直接行っていた。つまり，反乱を起こした頼朝は，軍事行動のなかで既成事実を積み重ね，半ば独立した地域政権を東国中心に作り上げたのである。それが**寿永二年十月宣旨**によって東海道・東山道諸国を対象として朝廷から追認され，以後，北陸道や畿内，西国の各地でも平氏などの敵方所領を御家人に給与することが認められた。そして文治の勅許の頃には，これらは地頭という呼称で統一された。

⑶幕府の朝廷への従属性　鎌倉幕府は朝廷の支配や荘園・国衙領の維持を助ける存在でもあった。内裏(天皇の御所)を警固する**京都大番役**は，軍事行動に参加する**軍役**とともに，御家人の主要な勤め(奉公)であったし，朝廷が強く支配権をもつ畿内・西国を中心として国ごとに軍事指揮官として守護を設け，治安維持を担わせていた。頼朝が直接任じていた地頭にしても，荘園・国衙領の治安を維持し，勧農を担い，名主から年貢・公事を徴収して荘園領主や知行国主へ納めるのが職務であった。

守護
国ごとの軍事指揮官 　畿内・西国を中心に設置(※東国での設置は確証がないとされる) 権限＝大番催促，謀叛人・殺害人の取締りという大犯三カ条に限定 　大番催促…国内の御家人が京都大番役に従事することを催促 　謀叛人の取締り…鎌倉幕府に敵対行動を取る人々を取締る

さらに，平氏政権に似た権門貴族的な性格をもち，知行国(**関東知行国**〔関東御分国ともいう〕)，平氏没官領などの荘園(**関東御領**)を財政基盤とし，政所や問注所などの家政機関を整え，京都出身の実務官人らを職員に起用して運営させていた。

このように鎌倉幕府は，朝廷のもとでの天皇中心の支配秩序を前提とし，そのもとに組み込まれた存在でもあった。参集した東国武士たちも荘園・国衙領の支配秩序を否定せず，それゆえに頼朝は朝廷の権威をも積極的に活用しながら，御家人に対する優越性を確実なものとしていった。

なお，源頼朝は鎌倉に居住したため**鎌倉殿**と称され，以後，将軍という呼称とともに鎌倉幕府の長を指す言葉として使われた。

社会経済　鎌倉殿(将軍)が知行国や荘園をもち，御家人の任じられた地頭が一種の荘官職だったように，鎌倉幕府も荘園制社会を基礎として成り立っていた。

⑤御家人の生活

御家人とは鎌倉殿と主従関係を結んだ武士のことであり，鎌倉殿から新恩給与・本領安堵の形で御恩(恩賞)を給与され，見返りとして軍役や京都大番役などの奉公を勤めていた。

⑴物領制　武士はそれぞれ一族と郎等により武士団を構成した。そして，血縁などを軸として，本家（宗家）の長を**惣領**と仰いで**一門**として結束し，まとまって行動していた。これを**惣領制**という。鎌倉幕府のもとでは，惣領が一門を代表して鎌倉殿と主従関係を結んで御家人となっており，幕府の軍事動員体制はこの惣領制に基づいていた。鎌倉殿から給付・保障された所領は惣領や庶子，女子

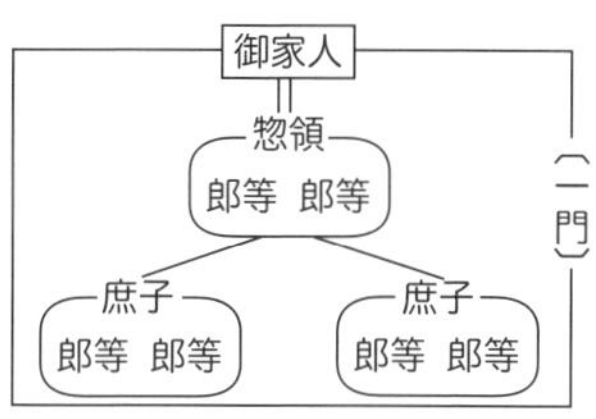

たちによって分割相続され，鎌倉殿への奉公は惣領が責任者となって庶子に割り当てられ，一門でまとまって勤めていた。

⑵所領の経営　御家人の所領とは**地頭**(→ p.118)などに任じられた地域(荘園や郷・保など)を指し，そこから経済的な収益を得ていた。

御家人は，所領内の要地に**館**をかまえ，土地の開発・再開発や灌漑施設の整備など勧農につとめ，**名主**から年貢･公事を徴収して知行国主や荘園領主へ納めていた。このような地頭としての職務を遂行することにより，年貢・公事のかからない直営地(佃・門田などと称された)を確保し，所領全域から一定の**加徴米**を収入とすることができた。これら職務にともなう収益を**得分**という。

御家人のこうした所領は各地に散在しており，一門の男女によって**分割相続**された。しかし，幕府への奉公を一門でまとまって勤める以上，個々の所領一つひとつで経営を完結させるわけにはいかない。散在する所領を一門全体でまとめて経営することが必要であった。つまり御家人は，現在の企業のように，広域な流通・金融のネットワークを活用し，各地に散在する所領を経営していた。そのため，御家人のなかには事務能力に優れた人材をリクルートしたり，**借上**と呼ばれる金融業者などを代官に起用し，経営を請負わせたりするものもいた。

⑶武芸の訓練　御家人は武士である以上，日常的に武芸を訓練することが求められた。特に馬に乗った状態で弓矢を射る騎射の武芸が重視され，**笠懸**・**犬追物**・**流鏑馬**は**騎射三物**と総称された。また，集団で大規模な狩猟を行う**巻狩**も，軍事演習としてしばしば催された。

⑥朝廷や公家・有力寺社の動向

鎌倉幕府が成立したとはいえ，武家政権が全国を支配する時代が訪れたわけではなかった。

京都で朝廷を構成する貴族は**公家**と称され，朝廷は**公家政権**とも呼ばれる。朝廷は依然，畿内・西国を中心に支配力をもっていた。天皇家・摂関家は知行国や荘園をもち，それ以外の公家たちは知行国をもったり荘園の領家・預所などに任じられたりして経済基盤を確保し，それぞれの家が受け継ぐ職務(家業)に従事していた。

また，有力な寺院・神社は各地に末寺・末社や荘園をもち，独自の勢力をもっていた。**顕密仏教**の有力寺院では，天皇家・摂関家出身の僧侶が**門跡**となってそれぞれの長(たとえば延暦寺では座主という)に就き，その下に中下級貴族や在地の有力者を出身階層にもつ僧侶がいるなど，内部には世俗の貴族社会を反映した階層秩序があった。伊勢神宮や賀茂神社では皇女が斎王(伊勢は斎宮，賀茂は斎院ともいう)となり，有力な神社でも同様な階層秩序があった。

⑦商工業者と神人・供御人

商工業に従事する人々は，蔵人所などの官衙や有力寺社に所属し（所属する官衙や有力寺社を**本所**という），それぞれの職能に応じて奉仕して**供御人**や**神人**などの身分を得，本所から特権をもらって活動していた。

当時，荘園制社会のもとで流通が活発化するなか，有力寺社から地方寺社，地方武士などさまざまな勢力が各地に**関所**を自由に設け，通行料として**関銭**を徴収するケースが多かった。供御人や神人は本所の権威により関銭免除などの特権を獲得し，自由な商業活動を確保しようとしたのである。

こうした供御人・神人のなかには，扱う品物ごとに**座**を組織する人々もいた。

> **神人・供御人**
>
> **供御人…官衙に所属し，特定品目を天皇へ貢納**
>
> ◦灯炉供御人　＜本所＞蔵人所
>
> 　→鍋や釜など鉄製品を製造する鋳物師・天皇へ灯炉を貢納
>
> **神人…有力な神社に所属し，祭祀などに奉仕**
>
> ◦大山崎の油神人　＜本所＞石清水八幡宮
>
> 　→荏胡麻を原料とする灯油を製造・販売
>
> ◦西京神人（酒麹座神人）　＜本所＞北野社
>
> 　→酒造に使用する酒麹を製造・販売

なお，京都などで高利貸業に従事する借上の多くは，日吉社の神人として延暦寺の保護下で活動した。

国際関係　宋（北宋）が12世紀前半に滅び，**女真族**による**金**と**南宋**とが中国の南北に並立して以降も，南宋から商船がさかんに博多などに来航し，民間商船を通じた貿易・文化交流が活発に行われた（**日宋貿易**）。

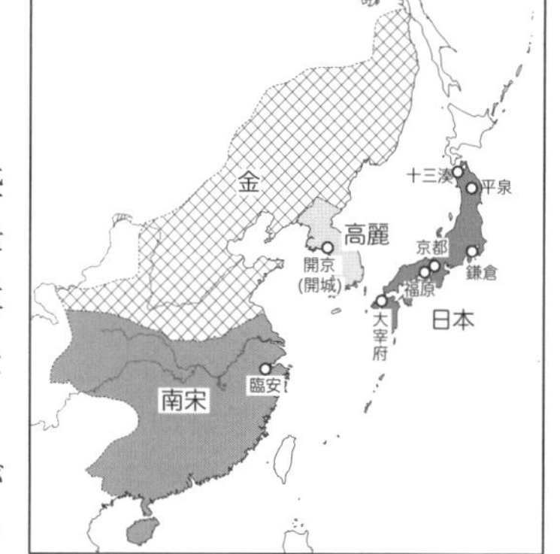

⑧日宋貿易

平氏政権や鎌倉幕府は，朝廷や貴族らと同様，日宋貿易に積極的に関与した。なかでも平清盛は，自らの拠点の一つ福原に近い**大輪田泊**（摂津国）を修築して瀬戸内海水運を整備・掌握し，博多に居留する宋商人を畿内まで積極的に招いた（宋商船は直接入港しなかったとされる）。

こうしたなか，商船に乗って宋へ渡る僧侶が次第に増加した。禅宗を日本に伝えた栄西は２度，宋へ渡った。東大寺の再建にあたって新たな建築技術を導入した重源にいたっては３度も入宋したという。また，俊芿は十数年，宋に滞在して修行をつみ，新たな戒律の教えを伝えた。

文化　日宋間を商人や僧侶がさかんに往来して文化交流が活発となり，また，治承・寿永の乱という全国的な戦乱にみまわれたことは，文化に新しい息吹を吹き込むきっかけとなった。

⑨南都の復興

治承・寿永の乱のなか，1180 年，**興福寺**などの僧兵が以仁王の呼びかけに応じて平氏政権に対抗して挙兵したため，平重衡（清盛の子）が南都を攻め，その戦乱のなかで興福寺と**東大寺**はその伽藍のほとんどを焼失した（俗に**南都焼打ち**という）。両寺院ともその後まもなく再建され，伽藍の復興が進んだ。

⑴興福寺と東大寺の復興　藤原氏の氏寺である興福寺が摂関家の私財と朝廷の協力とによって再建されたのに対し，国家護持の官寺である東大寺は広範な人々の支援・協力のもとで再建された。

東大寺の再建にあたっては，**重源**が 1181 年，朝廷から寄付集めの責任者（大勧進職）に登用された。重源は後白河院や源頼朝から各地の武士，庶民にいたるまで，階層をこえて多くの人々から寄付を募り（**勧進**），朝廷からは周防国を東大寺の知行国として給付をうけて復興(→ p.145)にあたった。そして，宋人**陳和卿**の協力を得て大仏を鋳造し直し，豪放さに特徴をもつ南宋の新しい建築技術（**大仏様**）を取り入れた。この時に再建された建物としては**東大寺南大門**が残っている。

⑵仏像彫刻　興福寺と東大寺の再建にあたり，数多くの仏像彫刻の製作にあたったのが**運慶**の一派（**慶派**）であった。天平期の古典的な作風や南宋から持ち帰られた図案に学び，写実的な仏像彫刻を作成した。

鎌倉時代の彫刻	
運慶・快慶の共同製作…東大寺南大門金剛力士像	
運慶…興福寺無著・世親像	快慶…東大寺僧形八幡神像
康勝…六波羅蜜寺空也上人像	康弁…興福寺天灯鬼像・竜灯鬼像

なお，興福寺では，僧侶らが飛鳥にあった山田寺の仏像を強奪し，東金堂の本尊として安置した。のち室町時代に東金堂が焼失した際に仏像も焼失し，頭部だけが現存している。これが**白鳳文化**の作品として有名な**興福寺仏頭**(→ p.37)である。

⑩仏教の革新

有力寺院を離れて活動する聖のなかから，仏教界の革新をはかる僧侶が現われた。

⑴専修念仏の教え　延暦寺出身の**法然**（源空）は**専修念仏**の教えを説いた。彼は，末法の時代にふさわしい救済のあり方を模索し，浄土信仰を突きつめた。それが，ひたすら何度も「**南無阿弥陀仏**」と唱えることにより救われるとする専修念仏の教えであった。救いは，戒律を守ることやさまざまな修行を行うこと，造寺造仏への寄付など善行を積むことによって決まるのではない，人々の平等な救済を誓願した**阿弥陀仏**に対する個々の信仰心（信心）に基づき，平等に救われると説いたのである。

法然(源空)の活動

阿弥陀仏への信心を深める＝専修念仏(ひたすら南無阿弥陀仏と唱えること)
→ 戒律やさまざまな修行，善行の意義を超越
藤原(九条)兼実の要請により『選択本願念仏集』を著す
興福寺などの批判をうけ，朝廷により弾圧される

法然は阿弥陀仏への信心を重視しながらも戒律を自ら守り続けた人物であったが，専修念仏の教えは，戒律の順守を含め，念仏以外の一切の行為を否定する風潮を招いた。そのため，興福寺などから批判を受け，朝廷によって法然は土佐国（実際は讃岐国)へ配流された。しかし，**藤原(九条)兼実**(→ p.91)の求めに応じて**『選択本願念仏集』**を著したように，朝廷のなかでも法然への支持は少なくなかった。

⑵**戒律の復興**　治承・寿永の乱とそのなかでの南都焼打ち，養和の飢饉は，**顕密仏教**の有力寺院による国家安泰の**法会**や加持祈禱の効果に疑念を生じさせた。そうしたなか，僧侶の資質・能力の向上をめざそうとする僧侶が現われた。仏教の原点に戻り，悟りを得たいという心を重視し，戒律を復興しようとする試みを進めたのである。興福寺出身で笠置山などにこもった**貞慶(解脱)**，京都栂尾に**高山寺**を再興した**明恵(高弁)**が有名であり，**俊芿**は南宋から新たな戒律の教えを伝え，京都の**泉涌寺**を開いて戒律興隆の根本道場とした。

戒律復興をめざす動き

貞慶(解脱)…法相宗，興福寺出身 → 笠置山などにこもる
　　　　　　法然を批判する「興福寺奏状」を執筆
明恵(高弁)…華厳宗，京都栂尾に高山寺を再興，『摧邪輪』で法然を批判
俊芿　　　…南宋から新たな戒律の教えを伝来，京都の泉涌寺

また，**栄西**は南宋に渡り，戒律を守り**坐禅**を行って自分の力で悟りを開こうとする**禅宗**を伝えた。彼は密教の加持祈禱にも優れており，密教と戒律，禅宗などをともに興隆しようとしたが，新しい宗派を開こうとする動きを見せたため延暦寺から圧迫を受けた。しかし**『興禅護国論』**を著して朝廷に禅宗の承認を求めるとともに，鎌倉幕府の保護を受けた。なお，栄西は抹茶を飲む風習と茶種を南宋からもち込んだことでも有名で，茶の効用を説いた**『喫茶養生記』**を３代将軍源実朝に献上した。

栄西の活動

南宋から禅宗(臨済宗)を伝える → 戒律や密教などとともに興隆
『興禅護国論』で禅による護国を説く
京都に建仁寺(２代将軍源頼家の寄進)，鎌倉に寿福寺(北条政子の建立)

政治　鎌倉幕府と朝廷は，相互に独立しながらも協調関係をもった。

⑪鎌倉時代初めの政治動向

(1)鎌倉幕府の運営　鎌倉幕府では，主従関係の頂点に立つ鎌倉殿（将軍）が政務・裁判を自ら処理（**親裁**）するのが基本であり，それを補佐するため，**侍所**，政所，問注所という家政機関が設けられていた。

鎌倉幕府の政治機構＝鎌倉殿の家政機関		
侍所	…御家人の統制を担当	→ 初代別当＝和田義盛
政所	…政務や関東御領・関東知行国の経営を担当	→ 初代別当＝大江広元
問注所	…裁判事務を担当	→ 初代執事＝三善康信

こうした体制のもと，初代源頼朝は**大江広元**や**三善康信**など京都出身の実務官人らの補佐をうけながら政務・裁判を親裁していた。

ところが1199年に頼朝が死去し，子の**源頼家**が鎌倉殿の地位を継承すると，幕府運営をめぐり対立が生じるようになった。頼家が将軍親裁を維持しようとしたのに対し，御家人中心の運営を求める動きが強まったのである。この拮抗から生じたのが，1199年の侍所所司**梶原景時**の失脚（翌年討伐される）であり，1203年，頼家の妻の父**比企能員**が滅びた**比企氏の乱**とそれにともなう将軍頼家の**修禅寺**（伊豆国）への幽閉である。

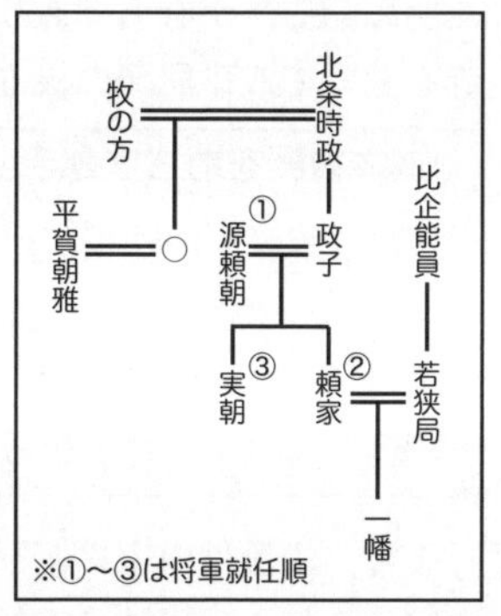

※①～③は将軍就任順

比企氏の乱後，頼家の弟**源実朝**が3代将軍に就いた。そのもとで**北条時政**が**政所別当**に就任し，将軍実朝との親族関係を背景として文書の発給など将軍の執務を代行した。これが**執権**の初めである。しかし，執権北条時政が幕政の実権を握ったわけではない。時政は1205年，後妻牧の方の娘婿平賀朝雅を将軍に就けようと企て，頼朝の妻で将軍実朝の母である前妻の娘**北条政子**，子**北条義時**と対立し，失脚した。

(2)朝廷と幕府の関係　源頼朝が没した頃，朝廷では**後鳥羽上皇（後鳥羽院）**が院政を行い，3代将軍源実朝の代には，後鳥羽院主導のもとで公武協調が進んだ。たとえば，後鳥羽院は，上皇（院）に直属する軍事力を強化するため**北面の武士**に加えて**西面の武士**を新設した際，3代将軍源実朝の了承のもとで京都在住の御家人らを組織した。また，実朝は京都の文化へのあこがれが強く，後鳥羽院の側近の娘を妻に迎えている。

要するに，後鳥羽院は将軍実朝を通して鎌倉幕府の制御を試み，実朝もそれに積極的に応えていたのである。しかし，関東の御家人の間では不満がくすぶっていた。そのあつれきがやがて**源実朝暗殺事件**，そして**承久の乱**へとつながっていく。

11　鎌倉幕府の成長

年代
1205～1263年

政治　もともと鎌倉幕府と朝廷が相互に独立しつつ交錯しあう公武二元支配の体制であったが，**承久の乱**をきっかけとして幕府優位の公武二元支配へと変化した。一方，幕府内部では将軍が最終決定を行う体制(将軍親裁)に代わり，有力御家人の集団指導体制である**執権政治**が整い，**執権**が政務の最終決定権を握った。

①北条氏の台頭

鎌倉幕府では，源頼朝の妻**北条政子**の存在をよりどころとして北条氏が勢力を伸ばした。**北条時政**は**政所別当**として3代将軍**源実朝**を補佐・後見した。子の**北条義時**は1205年に父時政を失脚させた後，政所別当の地位を継ぎ，1213年には対立した有力御家人の**侍所別当和田義盛**を滅ぼし(和田合戦)，侍所別当をも兼任するにいたった。執権は北条時政が政所別当に就任した際に自らを執権と称したことにはじまるが，このとき以降，政所と侍所の両別当を兼任する地位が執権とされ，継承されていく。

しかし，北条義時が幕府運営の実権を握ったわけではない。将軍実朝は成人後，**後鳥羽院**と協調関係を強めながら将軍親裁を進めた。北条義時ら有力御家人の意向をくみつつも独自に判断を下したため，御家人の間に不満がくすぶった。

こうしたなか，1219年に**源実朝暗殺事件**が発生した。実朝が右大臣拝賀の儀式を**鶴岡八幡宮**で行った直後，甥**公暁**により暗殺されたのである。

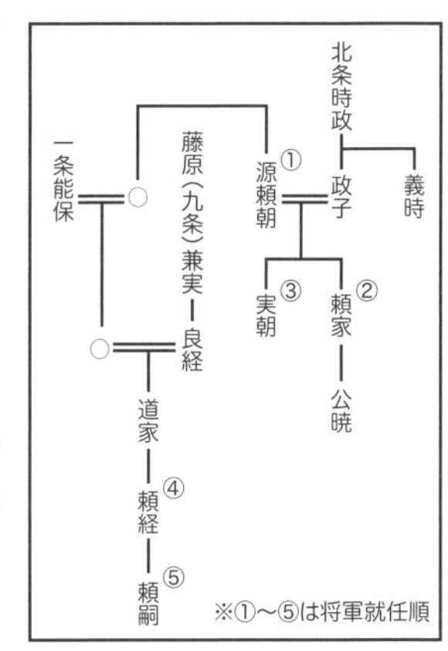

実朝暗殺をうけて，北条政子ら幕府首脳は京都から将軍を招こうとした。はじめ後鳥羽院の皇子を将軍とすることを交渉したものの拒否されて実現せず，結局，摂関家から**藤原道家**の子**藤原頼経**を鎌倉に迎えた。とはいえ，藤原頼経は当時2歳の幼児でしかなく，北条政子が将軍としての機能を実質的に担って**尼将軍**と称され，弟の執権北条義時が補佐する体制となった。

②承久の乱

後鳥羽院と将軍源実朝とが連携をはかっていたため，源実朝暗殺事件は幕府と朝廷との関係を変化させた。後鳥羽院が幕府打倒に向かったのである。

後鳥羽院は1221年，**北条義時**追討の宣旨を出させて挙兵した。承久の乱である。京都在住の御家人や畿内･西国の守護のなかに後鳥羽院方に加わる者がいたものの，鎌倉では尼将軍北条政子のもとで東国の御家人たちが結束をかため，**北条泰時**・**北条時房**を中心とする軍勢を京都へ派遣した。その結果，幕府方が勝利し，北条泰時･時房ら幕府軍が京都に駐留して戦後処理を進めた。

承久の乱の戦後処理

乱の責任者を処罰…後鳥羽院・順徳上皇（順徳院）らを流罪
◦後鳥羽院を隠岐国，順徳院を佐渡国，土御門院を土佐国へ配流
◦仲恭天皇（順徳院の子）を廃位 → 後堀河天皇を擁立
院方所領を没収して新しく地頭を補任（新補地頭）…得分の比率＝新補率法
　｛11町につき1町の免田
　　反別5升の加徴米など
京都守護にかえて六波羅探題を新設
◦〔初代〕北条泰時・時房
◦〔職務〕朝廷の監視や京都周辺の治安維持，西国の裁判を担当
諸国に命じて大田文を作成…田数に加えて領主や地頭の氏名を調査

こうして幕府の朝廷に対する優位が確立した。幕府は皇位継承や朝廷の政治に介入し，畿内・西国で勢力範囲を広げた。一方，上皇（院）・朝廷は独自の軍事力を失い，武力の必要があれば幕府に頼る体制となった。

③執権政治の整備

承久の乱に勝利したことで，幕府内での北条氏の地位は確固としたものとなった。

⑴**北条泰時の施策**　1224年，執権北条義時が死去すると，六波羅探題を務めていた**北条泰時**が京都から鎌倉に戻り，執権を継いだ。

この執権北条泰時の時代に，鎌倉幕府では有力御家人による集団指導体制である執権政治が整った。1225年に尼将軍北条政子が死去したことをきっかけとして**連署**と**評定衆**が新設され，執権・連署・評定衆の協議に基づき，執権が政務や裁判を最終決定する体制が整った。これが執権政治である。

執権政治＝有力御家人の集団指導体制

執権・連署・評定衆による協議（評定）
│ ◦連署…執権を補佐（初代北条時房）
│ 　　　→ 幕府の発する命令文書に執権とともに署名する
↓ ◦評定衆…執権・連署とともに評定を担う，10名ほどが就任
執権が政務・裁判を決裁 ⇄ 鎌倉殿（将軍）＝主従関係の基軸だが名目的な存在

翌26年，藤原頼経が正式に征夷大将軍の宣下を受けた。**摂家将軍**の初めである。とはいえ，鎌倉殿は政務・裁判の決定権をもたず，名目だけの存在であった。

このように集団指導体制が整うなか，幕府政治の規範を明確化することが求められた。また，承久の乱により東国の御家人が畿内・西国で新しく地頭に任じられ，幕府の権勢を背景として土地支配を強化すると，慣習には地域的な差異があったり相互矛盾していることもあったりしたため，各地で混乱と紛争が頻発した。それだけでない。おりしも**寛喜の飢饉**（1230年代初め）が起こって農業生産が大打撃をう

け，地頭と荘園・公領の領主，御家人どうしの対立がより一層激しくなった。

こうした事態に対処するため，北条泰時は1232年，**御成敗式目**（**貞永式目**）を制定し，幕府や御家人の果たすべき役割と限界を示して御家人社会を規律づけようとした。御成敗式目は，武家社会の慣習・道徳である**道理**を取捨選択し，源頼朝以来の**先例**を加味して定められた，初めての武家独自の成文法(**武家法**)であった。効力は幕府の勢力範囲に限られ，朝廷の**公家法**(→ p.56)や荘園領主の**本所法**も依然として効力をもった。しかし，幕府の勢力増大とともに御成敗式目の効力をもつ範囲が広がり，御家人以外の人々のなかにも訴訟に際して自らの主張の根拠として御成敗式目を利用する者が増えた。

御成敗式目(貞永式目)

1232年制定…執権・連署・評定衆の連名により発布　　条文数＝51カ条
最初の武家法＝幕府政治の規範 → 公正な裁判のための基準
基礎：道理(武家社会の慣習・道徳)と源頼朝以来の先例
効力をもつ範囲：幕府の勢力範囲 → 次第に広がる
追加法令：式目追加と総称

規定された内容では，**親の悔返し**や**女人養子**を認めたこと，**知行年紀法**を定めたことなどに注意が必要である。

親の悔返しの承認とは，いったん子供に譲った所領を親(父母)が取戻すことを認めたもので，相続問題については，幕府が御家人の家の内部に介入せず，親の意思を優先するという原則を定めたものである。女人養子とは，子供のいない女性が養子を迎えて所領を譲ることである。(→ p.135)武家社会ではもともと，女子が親から所領の相続をうけたし，子供が幼い場合，成人するまでの間，母が一時的に所領を相続することもあったため，こうした慣習のもと，女人養子が式目で認められた。知行年紀法とは，いわば時効を定めたもので，現実に知行（支配）しないまま20年経てば，権利を示す文書をもっていても無効となり，また，文書をもたずとも20年間現実に知行していれば権利を保障するという規定である。

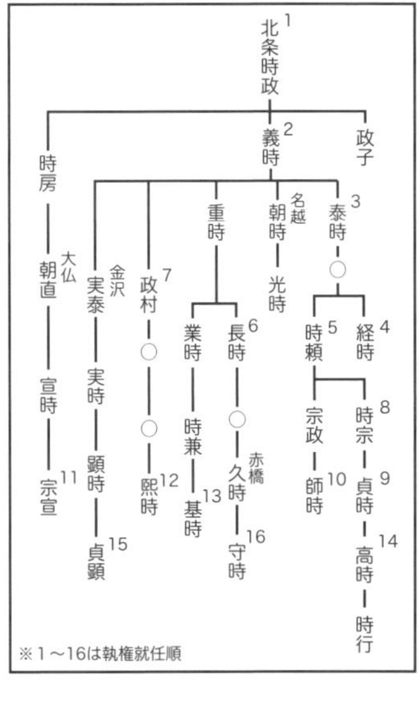

(2)**北条時頼の施策**　執権政治を整えた北条泰時の政策を継承したのが，孫の執権**北条時頼**である。

ただし，1246年に彼が執権に就任したのは兄北条経時が20代前半の若さで病死する直前，その譲りをうけてのことであった。そのため当初，時頼の政治的立場は弱く，将軍を退いていた藤原頼経ら反対派との対立が激しかった。こうしたなかで時頼は同年，対立する頼経を京都へ送還する(**宮騒動**・**寛元の政変**)とともに，頼経の策謀に一族が関わっていたことを理由として翌47年，有力御家人**三浦泰村**を滅ぼした（**宝治合戦**）。時頼は，こうして幕府内での地位を固めたのである。

と同時に，前将軍頼経を京都へ送還した際，頼経の父藤原道家を失脚に追い込んだ。そのうえで，院政をはじめていた**後嵯峨上皇**（後嵯峨院）に対して政治の刷新を求め，**評定衆**（**院評定衆**）を設置することを要請した。こうして朝廷の内部に深く影響力をもった時頼は1252年，5代将軍**藤原頼嗣**を廃し，後嵯峨院の皇子**宗尊親王**を将軍として迎えた(**皇族将軍〔親王将軍〕**の初め)。

天皇家と鎌倉将軍

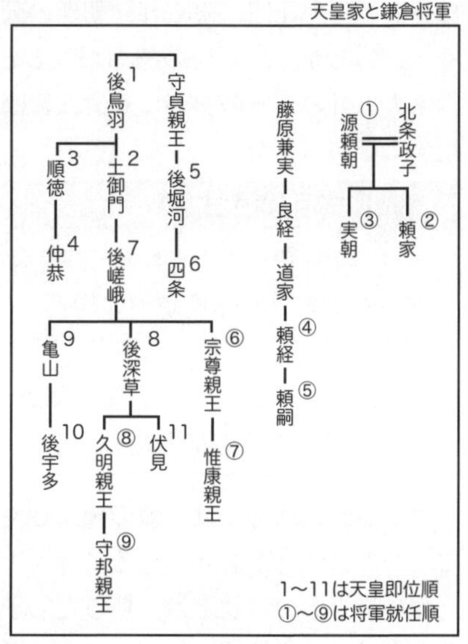

一方，時頼は執権政治の整備を継承した。組織的な分業を進め，それぞれの機関の責任のもとで職務を処理・運営させた点に特徴があり，1249年，評定衆の下に新しく**引付**を設置し，裁判のスピードアップをはかったのが最も有名である。

執権北条時頼の施策

権力の確立・強化…前将軍藤原頼経を京都へ送還(1246年)
　　宝治合戦で有力御家人三浦泰村を滅亡(1247年)
執権政治の整備　…引付を設置(1249年)〔目的〕裁判の迅速化
朝廷への介入　　…後嵯峨院に評定衆(院評定衆)設置を要請(1246年)
　→皇族将軍の擁立を実現＝6代将軍に宗尊親王を迎える(1252年)

なお，鎌倉殿が摂家出身(摂家将軍)から天皇家出身(皇族将軍)へと変化したことは，天皇中心の支配秩序のもとにおける幕府の地位・将軍家の家格がワンランク上昇したことを意味し，(→p.82)幕府の権威づけに役立った。

④朝廷の動向

朝廷でも公正な政務・裁判を行うための制度の整備がはかられた。その代表的な事例が，1246年，執権北条時頼の求めにより，後嵯峨院政のもとに院評定衆が設けられ，その合議をふまえて上皇(院)が政務・裁判を処理する体制が整えられたことである。院政のしくみが制度的に整えられたのである。これにともない，宣旨や太政官符に代わって**院宣**が公的な文書として用いられた(天皇親政のときは**綸旨**)。

社会経済　鎌倉時代には，公家・寺社の集まる京都・奈良に加え，幕府の所在地鎌倉が新しい経済流通の拠点の一つとして成長し，また，地頭が支配権の拡大をはかるなど，荘園制社会をめぐる新たな動きが現われた。

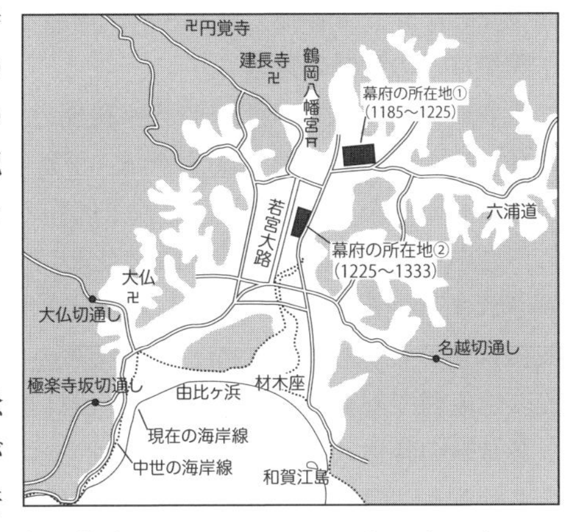

⑤鎌倉の都市建設

源頼朝が鎌倉に拠点を構えたのは，鎌倉が相模国から三浦半島を経て房総半島を結ぶ交通上の要地だったことが理由の一つであった。そのため，幕府成立の頃は，鶴岡八幡宮から外港六浦を結ぶ道路がメインストリートであった。

それに対し，鎌倉を都市として計画的に整備したのが執権北条泰時であった。泰時は，鶴岡八幡宮から**由比ヶ浜**にいたる**若宮大路**を軸として都市整備を進めた。将軍御所を若宮大路の東側に移し，東国の御家人が将軍御所を警固する**鎌倉番役**を整える一方，往阿弥陀仏という聖の活動を援助して由比ヶ浜の東方に和賀江島を築かせ，港湾機能の整備につとめた。このため，有力な御家人は所領だけでなく鎌倉にも屋敷をもって生活し，また和賀江島には，外国船こそ直接入港することはなかったものの，各地から廻船が往来するなど，鎌倉は都市として大きく発展した。

⑥経済流通の発達

荘園制社会(荘園公領制)は遠隔地を結ぶ交通・流通の発達を前提として成り立っており，水上交通の要地に**湊**や**津**，陸上交通の要地に**宿**が形成された。そのうえ，幕府が鎌倉と京都を結ぶ幹線道路として東海道を重視して整備した結果，鎌倉と京都を結ぶ交通・流通がさかんになった。また，六浦や品川など江戸湾から桑名や大湊など伊勢湾を結ぶ海上の交易ルートも活発となった。

京都や奈良，鎌倉では常設の店舗**見世棚**を構える者が増え，各地の荘園・公領でも河原などで**市**が定期的に開催されるようになり，月3回開かれる定期市**三斎市**が出現した。各地の湊・津や宿には，**問丸**が倉庫を構え，年貢の保管と積替え，委託販売にあたり，(→ p.134)**為替**(手形を使った金決済)を扱う業者や**借上**と呼ばれる金融業者などが活動した。彼ら商工業者のなかで財を蓄えて富裕となった者は**有徳人**とも称された。一方，生活の困窮や病気などを理由に社会から疎外・排除された人々は，各地を流浪し，また，京都・奈良や各地の湊・津，宿に流れ込んだ。彼らは**非人**と総称され，物乞い(乞食)や掃除(清目)，雑芸などによって生計をたてていた。

流通の活発化とともに，宋から輸入された銭貨(**宋銭**)が交換手段として広く通用した。年貢を銭貨で納める**代銭納**も登場し，その結果，荘園・公領からの貢納物が問丸などを介して各地で換金され，商品として流通するようになった。

⑦農業などの産業の発達

鎌倉時代の気候は，平安時代中後期と比べて全般的に温暖だったものの，1230年代初め（寛喜年間），1250年代末（正嘉年間）などには急激な寒冷化が生じ，寒暖差が激しかった。そのため，豊作と凶作の落差が大きく，しばしば激しい**飢饉**が起こった（寛喜の飢饉・正嘉の飢饉など）。飢饉は，生活の困窮から流浪したり人身売買されて**下人**という隷属身分に身を落としたりする人々を多く生み出した。一方，飢饉による荒廃に対応しながら農業生産を発展させようとする人々の努力を促した。**牛馬耕**や肥料の使用が広まり，西日本では**二毛作**や**大唐米**の栽培が普及した。

各地域の特性に応じて**荏胡麻**（灯油の原料）や**楮**（→ p.134）（和紙の原料）など工業の原材料となる作物（工芸作物）の栽培と加工品の生産もさかんであった。荏胡麻を原料とする灯油の生産は**大山崎**（山城国）が有名で，和紙では**美濃紙**（美濃国）や**杉原紙**（播磨国），**鳥の子紙**（越前国）などが特産品として知られるようになった。荘園・公領の年貢は米とは限らず，さまざまな物品が納められた。

農業の進展

牛馬耕の広まり…牛や馬に犂をひかせることによって深耕が可能となった（→ p.182）
肥料…刈敷や草木灰といった自給肥料が普及 → 土地に栄養分を補給
◦刈敷　＝山や野原から草を刈ってきて耕地のなかに敷き込む
◦草木灰＝山や野原から調達した草や木の枝などを燃やした灰
二毛作…同じ耕地で夏期には稲（米），冬期には麦を栽培。西日本で普及
　→ 飢饉による米の減産に対応
大唐米の普及…干害（日照り続き）でも収穫が多い。東南アジア原産，赤米とも
荏胡麻や楮などの工芸作物 → 工業の原材料となる

また，瀬戸内海地方などでは**揚浜法**（海水を浜にくみあげる手法）を使った塩の生産が活発に行われ，年貢などとして京都・奈良へ運ばれた。（→ p.183）

⑧地頭と公家・寺社の対立・共存

地頭は一種の荘官職であり，農業など生業が成り立つ条件を整えた（勧農）うえで年貢を徴収し，荘園・公領の領主に納入することを職務としていた。ところが，任免権を将軍がもっていたため荘園・公領の領主からの自立性が強く，幕府の勢力増大とともに地頭のなかに非法行為を行う者が現われた。年貢を未納・横領したり，所領内の百姓を私的な用途のために勝手に使役したりと，荘園・公領の領主のもつ支配権を侵害したのである。これに対して荘園・公領の領主は幕府に訴えたり，経営能力に優れた者を**預所**や**雑掌**に任じて現地に派遣したりして対抗した。

こうしたなか，地頭と荘園・公領の領主との間で関係調整のためにとられた施策が，**地頭請**(**地頭請所**の契約)や**下地中分**であった。

地頭と荘園・公領の領主との共存策
地頭請　…領主が地頭に一定の年貢納入を請負わせる
下地中分…領主と地頭とで荘園・郷保の支配権と年貢収納権を折半する

これらの施策がとられるなか，地頭の現地支配権が強まった。この結果，地頭=御家人が支配権を握る地域(武家領)と，荘園・公領の領主である公家・寺社が支配権を握る地域(本所一円地・寺社本所領)とが並立する状態ができあがった。荘園制社会が，荘園と国衙領（公領）が並立する荘園公領制から，武家領と本所一円地（寺社本所領)とが並立する体制へと移りはじめたのである。

一方，百姓たちの成長も著しかった。紀伊国の**阿氐河荘百姓申状**（**阿氐河荘百姓等訴状**）にみられるように，集団で結束して地頭らの非法を告発し，自分たちの権利を主張し，生活と生業を自ら守ろうとする動きが生じてきた。

文化　摂関期以来の文化を公家が継承する一方，日宋間での貿易・文化交流によって新しい中国文化が流入し，また，武士や庶民の生活に即した新しい文化が生み出された。

⑨仏教の刷新

禅宗や律宗(真言律宗)の僧侶が**禅律僧**と総称され，**顕密仏教**とともに体制仏教の一角を占めるようになる一方，**専修念仏**や**法華経**信仰など，戒律を順守したり善行を積み重ねたりすることの難しい庶民に即した新しい教えが広まりをみせた。

⑴禅律僧の活動　栄西の伝えた禅宗（臨済宗）は，13 世紀には鎌倉幕府や摂関家などの公家のなかに浸透した。南宋から来日する禅僧も増え，**蘭溪道隆**は北条時頼によって鎌倉に招かれて**建長寺**を開き，のちには**無学祖元**が**北条時宗**に招かれて**円覚寺**を開いた。京都でも摂関家の藤原道家によって**東福寺**が建立された。一方，南宋に渡った**道元**は，新しく**曹洞宗**を伝えてただひたすら坐禅に専念すること（**只管打坐**)を主張し，越前国に**永平寺**を開き，修行に専念した。

禅宗の展開
蘭溪道隆…南宋から渡来 → 鎌倉に建長寺を開く＝北条時頼が帰依
無学祖元…南宋から招かれる → 鎌倉に円覚寺を開く＝北条時宗が帰依
道元　　…南宋から曹洞宗を伝える → 只管打坐を説く・越前国に永平寺

こうした禅宗寺院では宋風の生活文化が導入され，漢詩文や書画が教養として重視された。この文化的な新しさが禅宗の受容された背景の一つであった。

一方，**俊芿**が再興した京都の泉涌寺では宋風の新しい**戒律**に従った生活が営まれ，南都にも影響を及ぼした。**西大寺**の**叡尊**(**思円**)とその弟子**忍性**(**良観**)は，律宗の再興をはかるとともに，広く庶民への戒律の普及に務めた。なかでも非人や病者に対する救済事業に積極的に取り組み，人々にその事業への協力・賛同を広く求めた。こうした社会事業への関わりが，仏法と縁を結び，将来における救いをもたらす作善(善行を積むこと)だと説いたのである。なお，彼らの宗派は真言密教の教えに基づいて戒律を順守する立場をとったため真言律宗とも称された。

律宗(真言律宗)の動向

叡尊…西大寺を再興，忍性の師匠
忍性…病者(ハンセン病患者)の救済のため奈良に北山十八間戸を設立

禅僧や律僧はともに私利私欲を排して活動したため，寺社の修築，港湾や橋の修造などの公共的な社会事業を幕府や朝廷からまかされ，請負うことが多かった。

⑵信心を重視する信仰の広まり　法然の説いた専修念仏の教えが徐々に広まりをみせ，法然の弟子**親鸞**は東国で布教活動を進めるなか，阿弥陀仏の救いを信じる心(信心）を重視し，すべての人間はみな平等に悪人であり，その自覚こそが救済につながると説いた。一方，**日蓮**が現われ，天台宗の中心経典である**法華経**(**妙法蓮華経**)への信仰を徹底させようとした。「**南無妙法蓮華経**」という**題目**を唱えることによって救いが得られると説いた。

親鸞と日蓮の活動

親鸞…阿弥陀仏への信心を重視　→ 浄土真宗
　　　主著『教行信証』。没後に弟子唯円が親鸞の言葉を『歎異抄』に記した
日蓮…題目(南無妙法蓮華経)を唱えることを重視　→ 日蓮宗(法華宗)
　　　主著『立正安国論』(北条時頼に提出)，他宗批判で有名

飢饉のなかで生活に困窮した人々，飢餓に追い込まれ，あるいは，**人身売買**されて**下人**という隷属身分に身を落とす人々が多く存在することをふまえ，日常生活のまま救いにいたる方法を示した点に共通点があった。

⑩公家社会での文芸復興と絵画の新たな展開

東国に武家政権が成立するという政治状況に対応し，それに触発され，京都の公家社会では文芸復興が進んだ。文芸を通じ，公家主導で公家・武家の融合をはかろうとする動向である。この動きを代表するのが後鳥羽院と順徳天皇(順徳院)の父子である。**後鳥羽院**は治世の手段としての和歌の役割・力に注目し，『古今和歌集』に範をとって『**新古今和歌集**』の編纂を命じ，摂関期以来の伝統を引き継ぎつつ独自な美的世界をつくりあげようとした。また，**順徳天皇**は『**禁秘抄**』を著して天皇が知っておくべき作法や先例をまとめ，中国唐代の帝王学の書籍『**貞観政要**』などに基づい
(→ p.64)

て天皇は学問に心がけるべきことなどと記した。

一方，摂関家出身の天台僧**慈円**(→ p.161)は，歴史書**『愚管抄』**を著して歴史のなかに**「道理」**の展開を見出し，朝廷と幕府との調和を説いて後鳥羽院の倒幕計画をいさめた。

鎌倉時代前期の公家社会での文芸
『新古今和歌集』…後鳥羽院の命により藤原定家らが編纂
『禁秘抄』…順徳天皇が著した有職故実書
『愚管抄』…慈円の歴史書，「道理」の展開として歴史を描く
『山家集』…西行の和歌集（西行はもと北面の武士で，のち隠遁し諸国を遍歴）

絵画では，絵巻物など大和絵の手法に基づいた絵画が製作され続けた。そのなかで12世紀末以降，新しく**似絵**と呼ばれる肖像画が描かれた。画家では**藤原隆信**・**藤原信実**父子が有名で，信実は「後鳥羽上皇像」（水無瀬神宮所蔵）を描いている。

⑪武家文化の成長

京都の公家文化は鎌倉でも受け入れられた。有名なのが3代将軍源実朝である。彼は京都へのあこがれが強く，**藤原定家**から和歌の手ほどきをうけ，和歌集**『金槐和歌集』**を遺している。また，執権政治が展開するなか，政治の必要から学問への関心も高まり，鎌倉にも京都の公家文化が次第に根づいた。たとえば，北条時頼は『貞観政要』を書写させ，**北条実時**は和漢の書籍を集めて**金沢文庫**の基礎を築いた。鎌倉幕府の事績を記した歴史書**『吾妻鏡』**も編纂された。

一方，武家独自といってよい文化も花開いた。幕府は，建長寺や円覚寺を建立するなど，禅宗を積極的に受け入れて保護し，それを通じて新しい中国文化（宋元文化）を摂取した。たとえば，**運慶**やその一派（慶派）の仏像彫刻師は幕府の保護のもと，天平期の古典的な作風と南宋の様式をミックスした彫刻を東国各地で製作した。

また，刀剣やかぶと，鎧など武具の製作がさかんになった。なかでも刀剣では，鎌倉の岡崎正宗や備前の**長船長光**，京都の粟田口吉光らの刀鍛冶が名作をつくった。

⑫語りの文芸

語りの文芸
説話集…橘成季『古今著聞集』（多彩な説話を収録・百科全書的な構成をもつ） 無住『沙石集』（仏教説話集）
軍記物…『平家物語』（平清盛一門の興亡を描く）→琵琶法師の語り＝平曲

説話集と軍記物はともに書き記された文芸作品であるが，これらは各地で文字を読み書きできない庶民に向けて語られた。なかでも**『平家物語』**は，全国的な戦乱となった**治承・寿永の乱**をうけ，戦乱や飢饉による死者の鎮魂を目的として，**琵琶法師**によって各地で**琵琶**の伴奏とともに語られ，その芸能は**平曲**と呼ばれた。

第6章 中世社会の変質

<大まかな時代の推移>

13 世紀後半

後嵯峨院の死去にともない，後深草院と亀山天皇とが対立した。
執権北条時宗は，モンゴルの襲来に備えて博多湾岸に石塁を築かせた。
この頃，一遍が信濃国で踊念仏をはじめた。
モンゴルは，南宋を滅ぼした後，再び九州北部に襲来した。
霜月騒動で有力御家人安達泰盛が内管領平頼綱によって滅ぼされた。
この頃，竹崎季長の活躍を描いた『蒙古襲来絵巻』が製作された。
執権北条貞時は，モンゴルの襲来に備えて博多に鎮西探題を新設した。
幕府は，御家人の売却所領の取戻しを条件付きで認めた。
この頃，日元貿易により宋銭が多く流入し，年貢の代銭納が広まった。

14 世紀

高階隆兼によって『春日権現験記』が製作され，春日社に奉納された。
摂津国兵庫津に設けられた関所を悪党が襲撃する事件が起きた。
伊勢神宮外宮の神官度会家行が『類聚神祇本源』を著した。
鎌倉幕府は，建長寺修造の費用を調達するため，商船に保護を与えた。
この頃，兼好法師が随筆『徒然草』を執筆した。
後醍醐天皇が倒幕を掲げて挙兵したが，捕えられて退位させられた。
鎌倉幕府を離反した足利尊氏が京都の六波羅探題を攻略した。
後醍醐天皇は皇子成良親王を相模へ派遣し，鎌倉将軍府を開かせた。
足利尊氏は，北条時行が占領した鎌倉を奪還した後，まもなく挙兵した。
足利尊氏が建武式目を定め，幕府再興の方針を明らかにした。
北畠親房が常陸国で『神皇正統記』を著し，南朝の正統性を説いた。
後醍醐天皇の冥福を祈るため，室町幕府は天龍寺の建立を計画した。
足利尊氏・直義兄弟が対立し，観応の擾乱がはじまった。
幕府は近江・美濃・尾張に限り，守護に対して半済の権限を認めた。
二条良基が連歌集『菟玖波集』を編纂した。
南朝方の征西大将軍懐良親王が大宰府をおさえた。

12 モンゴル襲来と社会の変容

年代 1264～1311年

国際関係 13世紀にはモンゴルが台頭した。**チンギス＝ハン**が基礎を築き，ユーラシア大陸をまたぐ大帝国を作りあげた。子のオゴタイの時代に**金**を滅ぼして華北を領有し，孫のフビライの時代には，ユーラシア各地に複数の国家が分立して独自な支配を進めつつも，フビライが支配する**元**を中心に**モンゴル帝国**として緩やかなまとまりが形成された。

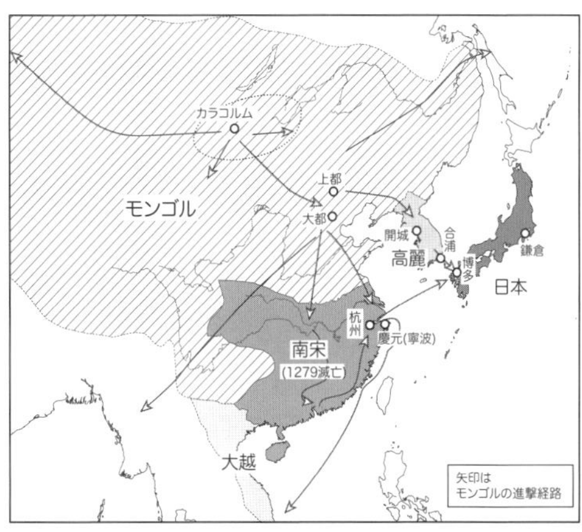

①モンゴル襲来(蒙古襲来)

フビライは大都(今の北京)を都と定め，モンゴル高原から中国本土の農耕地帯にまたがる支配を形成する一方，1268年，日本に朝貢を促す使節を派遣してきた。しかし，朝廷と幕府は拒否した。幕府では**北条時宗**が執権に就任し，九州に所領をもつ御家人に対して博多湾沿岸の警固にあたるよう命令するなど，襲来を迎え撃つ体制を整え，朝廷は各地の寺社に異国降伏(異国を退散させること)の祈禱を命じた。

フビライは，**三別抄の乱**を鎮圧して**高麗**での抵抗を完全に制圧すると，日本への襲来計画を具体化させた。まず1274年，モンゴル・高麗連合軍が九州北部に襲来した。**文永の役**である。続いて，1279年に**南宋**を滅ぼすと，1281年に再び九州北部に襲来した。**弘安の役**である。

モンゴル襲来(蒙古襲来)

第1次＝文永の役(1274年)　＜契機＞高麗での三別抄の乱の制圧(1273年)
- モンゴル・高麗連合軍が壱岐・対馬占領，筑前に上陸
  → 大宰府の目前まで迫ったが自主的に撤退
- 戦後における幕府の対応(執権北条時宗)
  博多湾岸などに上陸阻止のため石塁(防塁・石築地)を築く
  異国警固番役を強化＝非御家人(本所一円地の武士)も動員

第2次＝弘安の役(1281年)　＜契機＞南宋の滅亡(1279年)
- モンゴル・高麗連合軍(東路軍)と旧南宋軍(江南軍)が襲来
  → 石塁により筑前に上陸できず，暴風雨による打撃もあり撤退

第3次襲来への警戒が続く
- 幕府…異国警固番役を継続 → 鎮西探題を設置(1293年・執権北条貞時)

モンゴル襲来は弘安の役で終わったが，それは結果論である。幕府が1293年，**鎮西探題**を新設して九州の軍事・警察や裁判を管轄させたのは，前年に高麗からモンゴルの国書がもたらされたことがきっかけであったし，1294年にフビライが死去した後も，1299年に禅僧**一山一寧**(いっさんいちねい)が服属を求める使節として来日した。したがって，幕府は第3次襲来への警戒を解くことはできず，異国警固番役を継続した。

モンゴル襲来の影響

鎌倉幕府の変質
◦御家人だけでなく本所一円地の武士(非御家人)も動員
◦御家人…軍役・異国警固番役の負担がかさむ＆恩賞が不足 →経済的に困窮
得宗政治(とくそうせいじ)(得宗専制政治)の展開
◦軍事的緊張 → 少数のもので幕府政治を協議・決定する傾向を助長
◦非御家人の動員 → 守護の役割が高まる＝九州を中心に北条氏一門が独占
神国思想(しんこくしそう)の高まり…日本は神仏の加護(かご)を受けているとの考えが広まる

幕府はモンゴル襲来に際し，本所一円地の武士(非御家人)を動員する権限を朝廷から得，御家人だけでなく全国の荘園・公領の武士を動員する体制を整えた。そのため，国ごとの軍事指揮官である**守護**の果たす役割が大きくなり，九州を中心として守護の多くを北条氏一門が占める傾向が強まった。

また，弘安の役で暴風雨(台風)によってモンゴル・高麗連合軍が打撃を受けたことは，寺社による祈禱が効果を発揮し，神々が襲来を撃退したという妄想を広めることとなった。**神国思想**が高まり，寺社の宗教的な権威が強調されたのである。

北海道 本州系日本人から蝦夷ケ島と称された北海道では，12世紀前後から**アイヌ文化**(ニブタニ文化)が展開した。一方，東北北部では12世紀末に奥州藤原氏が滅亡して以降，**津軽**(つがる)の**十三湊**(とさみなと)を拠点とする**安藤氏**(あんどう)**(安東氏)**がアイヌとの交渉を管轄した。安藤氏は鎌倉幕府のもと，重罪を犯した人々を蝦夷ケ島に流刑にする職務にもあたり，流刑された人々の管理も職務としたため，蝦夷管領(えぞかんれい)と称された。

②アイヌとモンゴル(元)との戦闘

アイヌは千島列島やサハリン(樺太)にかけて居住し，アムール川流域の人々とも交易を行っていた。一方，モンゴル(元)はアムール川流域からサハリンにかけて居住するニブフ(オホーツク文化を担ったとされる人々)を服属させた。こうしたなかで1264年，モンゴルとサハリンに居住するアイヌとの間で交戦が生じ，1284年から86年にもモンゴルによる攻撃がくり返された。

政　治 鎌倉幕府では執権**北条時頼**(ほうじょうときより)の時代以降，**引付**が設置されるなど組織的な分業と権限の分散が進んだのにともない，若くして評定衆に就任する者が次第に増えた。評定衆が栄誉職(えいよしょく)のようになったのである。さらに，モンゴル襲来にともなう軍事的緊張の高まりは，政治運営の専制化，少数のもので政務を協議・決定する傾向を助長した。

③得宗政治（得宗専制政治）の展開

執権北条時宗の時代には執権・連署・評定衆の合議制が形骸化し，執権政治から得宗政治（得宗専制政治）への移行が進んだ。

得宗とは北条氏嫡流の当主のことで，もともとは徳崇（徳宗）と表記したとされ，北条時頼が自らの地位を強化するなかで**北条義時**に対して徳崇という禅宗に基づく追号を贈り，権威づけに利用しようとしたことに由来している。

北条得宗家

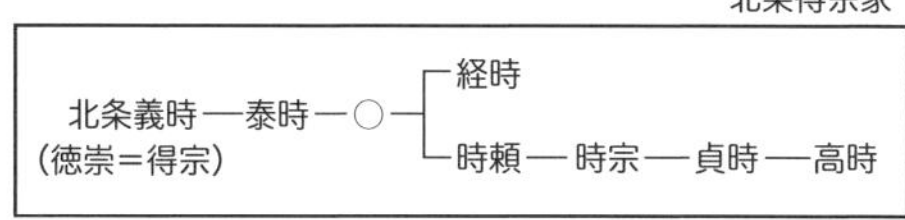

得宗政治（得宗専制政治）では，得宗家の私邸で得宗や北条氏一門，得宗と婚姻関係のある御家人，**内管領**らが**寄合**を開き，そこでの合議に基づいて得宗が政務・裁判を最終決定するしくみとなっていた。

得宗政治（得宗専制政治）

得宗や北条氏一門・得宗と婚姻関係のある御家人・内管領らが協議（寄合）
→得宗が政務・裁判を決裁〔執権在任かどうかに関係なく〕
◦得宗…北条氏嫡流の当主
◦内管領…得宗家の被官（家来）である御内人のリーダー

得宗政治はしばしば得宗専制政治と呼ばれるが，得宗が独裁的な権力を握り続けたわけではなかった。得宗は，承久の乱に勝利した北条義時（徳崇＝得宗）の権威をよりどころとして他の北条氏一門への優位性を確保しつつ，一門との協調関係を保ち，鎌倉では連署や評定衆など，地方では六波羅探題や鎮西探題，諸国の守護などを一門に配分しながら幕府政治を主導したのである。

さらに，得宗家の私邸での寄合のなかで調整がうまくいけば，得宗が未成年であっても得宗政治はシステムとして機能する。実際，北条時宗が1284年に死去すると，子の**北条貞時**が14歳の若さで執権に就き，外戚関係をもつ御家人**安達泰盛**や内管領**平頼綱**らの主導のもとで幕府政治が運営された。

こうしたなか，寄合のメンバーであった安達泰盛と平頼綱との対立から生じたのが，1285年の**霜月騒動**（**弘安合戦**）である。安達泰盛は第3次モンゴル襲来への警戒態勢を整えるため，本所一円地の武士をも御家人へと編成しようとするなど，幕府を全国政権へと高める改革（弘安徳政ともいう）に着手しようとしたが，将軍権威の復活につながる側面をもち，反発する平頼綱によって滅ぼされた。平頼綱はのち1293年，成人した北条貞時によって滅ぼされたが（**平禅門の乱**），それ以降も，内管領ら御内人が幕府政治において大きな発言力をもった。

④天皇家の内紛

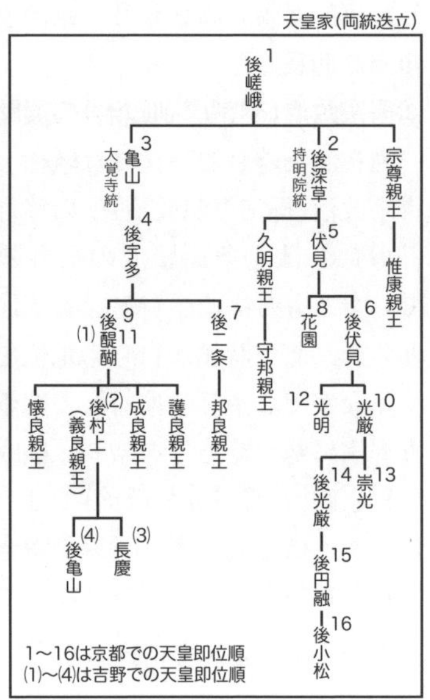

京都では天皇家の内紛がはじまった。1272年，後嵯峨院が死去したことがきっかけである。

後嵯峨院の子には**後深草上皇**（後深草院）と**亀山天皇**がいたが，後嵯峨院は皇位継承の決定権を実質的に幕府が握っていると認識していたため，死去に際してどちらが**治天の君**の地位を継承するのか，決めなかった。そのため，後深草院と亀山天皇はともに幕府（執権北条時宗）に意向を確認しようと働きかけた。当初は，幕府と後嵯峨院の后との交渉により亀山天皇が後継者とされ，やがて**後宇多天皇**が即位して亀山上皇（亀山院）が院政を行った。ところが，不満をもった後深草院が幕府に再び働きかけると，今度は，幕府の取りなしによって後深草院の子伏見天皇が皇太子に立った。こうして幕府の調停によって2つの皇統がともに正統な流れとして維持され，両統で皇位を継承する**両統迭立**が展開しはじめた。

両統迭立

後深草院の系統 ⇄ 亀山天皇の系統
→持明院統・長講堂領を相続　　→大覚寺統・八条院領を相続

このように天皇家が二派に分かれただけでなく，摂関家も複数の家が分立していた。**近衛**・**鷹司**・**九条**・**二条**・**一条**の**五摂家**である。

社会経済 鎌倉時代中・後期には，荘園制社会は秩序の動揺が著しくなった。

⑤荘園制社会の動揺

対立したのは荘園領主と地頭だけではない。天皇家・摂関家の分立により，本家や領家の間でもそれぞれの地位・権益を支える**由緒**が揺らぎ，対立が生じた。在地でも荘官・名主の地位やその相続などをめぐって抗争がくり広げられた。

藤原定家の子為家の側室となった**阿仏尼**が，所領相続をめぐって為家の嫡子と対立し，訴訟のために京都から鎌倉に赴いたこと（その際の日記が『**十六夜日記**』）は，公家社会内部での紛争の有名な一例である。東寺が肥後国**鹿子木荘**での権益（預所職）を正統に受け継ぐことを裁判のなかで主張するため「鹿子木荘事書」（**寄進地系荘園**(→ p.78)の成立過程を示すとされる有名史料）を作成したのも，この頃であった。

⑥商品流通の発達

日宋・日元貿易を通じて宋銭が大量に流入し，年貢の代銭納が広まるのにともない，商品流通がより活発となった。年貢の保管や委託販売などを担った**問丸**は，さまざまな商品の卸売に従事する**問屋**へ成長し，**廻船**の往来もより活発となった。

こうした流通ネットワークを担い，富を蓄積した**有徳人**らは，**供御人**や**神人**の身分をもって官衙や有力寺社の保護を受けており，公家・寺社のなかには彼ら有徳人を代官に起用し，荘園現地の支配を任せる者もいた。一方，北条得宗家は神人らの掌握を進め，水上交通の要地に得宗領を設定するなど，流通への支配を強めた。

⑦悪党の横行

荘園制社会が動揺し，流通が活発化するのにともない，**悪党**が横行した。

荘園内部では，荘官・代官や名主どうしの対立のなか，荘園の倉庫を襲うなど，**本所**に敵対行動をとる者が現われた。各地の**湊**・**津**や**宿**では，**関所**の設置や**関銭**の徴収などの権益をめぐって抗争がくり広げられた。こうした抗争に関わった人々は**自力**を補うため，互いに近隣の地頭・荘官らと地縁的に結び，流通ネットワークに沿って広域に提携勢力を調達した。御内人や各地の守護と結ぶケースもあった。こうしたなか，相手側を非難するために用いられた呼称が悪党であった。

こうした悪党の横行に対し，公家・寺社が朝廷を通じて幕府へ討伐を要請したため，幕府は，動揺する荘園制秩序を回復し安定させる役割を期待されるようになった。しかし，幕府による討伐は効果をあげなかった。

⑧御家人制の動揺

寛喜の飢饉以降，武家社会では御家人の経済的な困窮が進んでいた。再開発に資金がかさんだこと，そして**分割相続**のくり返しにより所領が細分化したことが要因であった。モンゴル襲来に際して軍役などの負担が積み重なったことも経済的な困窮を助長した。そのため，御家人のなかには有力御家人，あるいは，金融業に従事する**借上**などへの負債を累積させ，所領を質入・売却してしまう者が増加した。

こうした所領を失う御家人の増加は，軍役を負担できない御家人が増加し，幕府の軍事動員体制が動揺することを意味した。このため，幕府はしばしば御家人所領の回復策を講じた。有名なのが1297年，執権**北条貞時**による**永仁の徳政令**である。

永仁の徳政令(1297年)

対象：御家人

内容：所領の質入・売却を禁止

売却所領の無償での取り戻しを以下の条件付きで許可

- 買主：御家人 …20年以内のものに限る (→p.101)
- 買主：非御家人や凡下(借上など) …年紀(年限)を問わない

越訴(再審請求)を禁止

翌年に所領の質入・売却や越訴の禁止が撤回されたように，効果は一時的なものに留まった。ところが，幕府の意図をこえて拡大解釈され，御家人以外の者までもがこの法令を根拠に所領・権益の取り戻しをはかろうとするなど，混乱を招いた。

一方，経済的な困窮への対処から，御家人の所領相続方法が転換しはじめた。一門を構成するそれぞれの家内部では本人一代限り(**一期分**)の相続が女子からはじまり，庶子へと広がりをみせ，次第に嫡子だけの**単独相続**へ移行した。家とその所領を単独で継承する者は**家督**と称され，その地位が強まる一方，庶子の地位は低下した。このため，家内部では家督の地位をめぐる対立が生じるようになった。

(→ p.119)

文化　禅宗や律宗，浄土宗が幕府・朝廷の保護を受けて隆盛するとともに，新しい中国文化が浸透した。一方，庶民の間では語りの文芸が広がった。

⑨禅律僧の活躍と一遍・日蓮

禅律僧と並び称された禅宗と律宗の僧侶は，北条得宗家などから保護を受けた。

日常生活のままで救済にいたる方法を専修念仏として説く**念仏僧**も，幕府や朝廷の支持を受けた。和賀江島を築いた往阿弥陀仏，**鎌倉大仏**(**高徳院阿弥陀如来像**)の造立を進めた**浄光**など，鎌倉でも念仏僧の活動がさかんであった。また，**一遍**が登場し，各地を遍歴(**遊行**)して信心の有無，浄・不浄を問わず極楽往生が定まっていると説いた。そして**踊念仏**を勧め，踊りの興奮のうちに仏との一体化をめざした。

こうした禅律僧や念仏僧らの活動を批判したのが**日蓮**であった。日蓮は**法華経**(**妙法蓮華経**）への信心を深めることを通じた救いを説きながら，「真言亡国，禅天魔，念仏無間，律国賊」と他宗攻撃をくり広げた。

鎌倉仏教のまとめ

顕密仏教の有力寺院…法会により鎮護国家や五穀豊穣を祈る
　→ 戒律復興をめざす動き…貞慶・高弁

禅律仏教…新しい体制仏教
- 禅宗＝栄西や道元が宋から伝える　→ 坐禅と戒律を重視
- 律宗＝俊芿や叡尊・忍性(真言律宗) → 戒律を重視

信心を重視する教え
- 阿弥陀仏信仰＝法然・親鸞 → 念仏(南無阿弥陀仏)を重視
- 法華経信仰　＝日蓮　→ 題目(南無妙法蓮華経)を重視

信心を超越する教え＝一遍　→ 踊念仏により仏と一体化をめざす

⑩神道思想の広まり

神仏習合が進み，**本地垂迹説**が浸透するなか，仏教の教義を借りて神々への信仰を体系化する動きが進んだ。『日本書紀』の神話をリメイクし，それぞれの神社が祀る神の至高性を個々に強調する**神道思想**が形成された。たとえば，**伊勢神宮**の**外宮**では，従来は内宮(天照大神を祀る)より下位に置かれた外宮の神豊受大神を宇宙の根源をなす神だと考える**伊勢神道**が作りあげられ，**度会家行**が『**類聚神祇本源**』を著して大成した。こうした動きと並行し，モンゴル襲来にともなって**神国思想**が高まるなか，神と仏を同体と考えつつも神仏の位置を逆転させる**神本仏迹説**が唱えられた。伊勢神道もその一例であった。(→ p.120)

⑪新しい中国文化の流入

禅宗寺院には宋風の生活文化が導入され，なかでも宋からの渡来僧が開いた**建長寺**や**円覚寺**は日中バイリンガルな空間であった。また，元から使節として来日した禅僧一山一寧は日本に留め置かれ，やがて北条貞時らの帰依を受けた。そのため，禅宗寺院は漢詩文や書，水墨画，喫茶などの新たな中国文化(**宋元文化**)が浸透する媒介となった。建築様式では細かな部材を組み合わせる**禅宗様**が伝えられた（代表例の**円覚寺舎利殿**は室町時代の建立），また，禅僧が師匠の僧侶からその肖像画(**頂相**）をもらい，教えを継承する作法も取り入れられた。書道では，世尊寺流に宋の書風を加えた新しい書風**青蓮院流**が**尊円入道親王(法親王)**により作り上げられた。

一方，宋や元との貿易が活発に行われるなか，**青磁**・**白磁**などの中国製の陶磁器が多く輸入されて**唐物**として珍重され，日本列島内でも，その影響をうけて**瀬戸焼**(尾張国)などの陶器生産がさかんとなった。

⑫絵巻物の広まり

鎌倉時代の絵巻物

寺院・神社の縁起(由来)
- 『北野天神縁起絵巻』…菅原道真の生涯や死後の怨霊による災厄などを描く
- 『春日権現験記』…春日社の由来とその霊験を描く・高階隆兼の作
- 『石山寺縁起絵巻』…観音霊場として有名な石山寺の縁起を描く
- 『男衾三郎絵巻』…地方武士の生活を題材として観音の霊験を描く

高僧の伝記
- 『法然上人絵伝』…法然の生涯を描く
- 『一遍上人絵伝(一遍聖絵)』…一遍の全国遊行の様子を描く・円伊の作
備前国福岡市で市が開かれている様子を描く

合戦
- 『平治物語絵巻』…平治の乱を題材とする
- 『蒙古襲来絵巻』…肥後国の御家人竹崎季長が描かせる

絵巻物は，もともと天皇家・摂関家ら権力者の財力や権威を誇示するものの一つとして制作・収集される傾向があった。しかし，題材は寺院・神社の縁起(由緒)や高僧の伝記，自らの軍功の誇示などへと広がり，広範な人々を聴衆として絵の内容を語る絵解きの素材として使われ，寺院・神社の信者集めの手段ともなった。

13　鎌倉幕府の滅亡と南北朝の動乱

年代　1311～1368年

政治　14世紀初め，近畿周辺では**悪党**が横行し，また，北方ではアイヌ(蝦夷)の蜂起と蝦夷管領**安藤氏**(→ p.110)一族の内紛がからんで争乱が生じた。同じ頃，鎌倉幕府や朝廷も内部に対立をかかえていた。こうした不安定な情勢のもと，**後醍醐天皇**によって鎌倉幕府が打倒され，いったん公武一統(公家一統ともいう)が実現したものの安定は確保できず，**南北朝の動乱**(**南北朝の内乱**)へ突入した。

①得宗政治(得宗専制政治)の展開

鎌倉幕府では**得宗政治**(**得宗専制政治**)が展開していた。しかし得宗**北条高時**に実権はなく，**内管領長崎高綱**・**高資**父子が実権を握った。一方，北条氏一門などの特権的な支配層は既得権に執着し，保身と出世をめぐり権力争いをくり広げていた。

②後醍醐天皇と鎌倉幕府の滅亡

天皇家(両統迭立)

- 1 後嵯峨
  - 3 亀山(大覚寺統)
    - 4 後宇多
      - 9・11・(1) 後醍醐
        - 懐良親王
        - (2) 後村上(義良親王)
          - (4) 後亀山
          - (3) 長慶
        - 成良親王
        - 護良親王
      - 7 後二条
        - 邦良親王
  - 2 後深草(持明院統)
    - 久明親王
      - 守邦親王
    - 5 伏見
      - 8 花園
      - 6 後伏見
        - 12 光明
        - 10 光厳
          - 14 後光厳
            - 15 後円融
              - 16 後小松
          - 13 崇光
  - 宗尊親王
    - 惟康親王

1～16は京都での天皇即位順
(1)～(4)は吉野での天皇即位順

朝廷では**持明院統**と**大覚寺統**の両派が対立を深めていた。幕府は2つの皇統ともに正統な流れと考え，天皇家内部での自主的な解決を望んでいた。しかし，皇位継承の最終的な決定権を握っていたため，両統がくり返し幕府に働きかけ，その結果，幕府は天皇家の内紛に深く組み込まれてしまっていた。

こうしたなかで**後宇多院**の強い働きかけのもと，1318年，大覚寺統から後醍醐天皇が即位した。後醍醐は，天皇家が分裂し，それを鎌倉幕府が支えるという政治構造を解消し，天皇による全国支配を復活させることをめざした。1324年，後宇多院が死去した直後，後醍醐の倒幕計画（冤罪ともされる）が露見したものの(**正中の変**)，幕府は事なかれ主義をとって後醍醐を譲位させず，1331年の**元弘の乱**(**元弘の変**)を迎えた。

1331年，倒幕をめざす後醍醐天皇は京都を脱出して笠置山に移り，子の**護良親王**，もと北条得宗家の被官で悪党の**楠木正成**らとともに挙兵した。しかし幕府によってまもなく鎮圧され，その結果，後醍醐は捕えられて退位させられた（これを元弘の変と呼ぶ)。持明院統の**光厳天皇**が代わって即位し，後醍醐は翌32年，**隠岐国**に配流された。しかし，兵乱は収まらなかった。護良親王や楠木正成，さらに播磨国の悪党**赤松則村**らが挙兵し，後醍醐も隠岐国を脱出した。これに対して鎌倉幕府は鎮圧のための軍勢を派遣したものの，大将の一人**足利尊氏**(はじめ高氏)が途中で反旗をひるがえし，**六波羅探題**を攻略した。関東では**新田義貞**が鎌倉を攻め，高時ら北条氏一族を滅ぼした。鎌倉幕府の滅亡である。この，後醍醐が笠置山で挙兵して以降，鎌倉幕府の滅亡にいたる兵乱を元弘の乱と呼ぶ。

③建武の新政

1333年，後醍醐天皇は鎌倉幕府の滅亡をうけ，光厳天皇が即位したことそのものを否定し，摂政・関白も廃した。**建武の新政**のはじまりである。

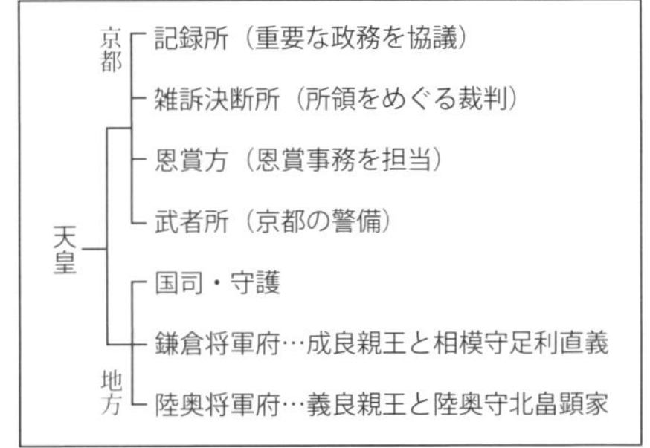

建武政権は，宋にまねた君主独裁（天皇独裁）の体制を整えようとしたところに特徴があった。政務や裁判は天皇がみずから裁可を下し，京都にはそれを補佐する機関として，政務を協議する**記録所**，所領をめぐる裁判を扱う**雑訴決断所**などを設けた。地方では，国ごとに**国司**と**守護**を併置した（この国司は従来の知行国主の地位を継承する新しい性格をもった）。また，自らの皇子を地方へ派遣し，広域な支配を担う地方機関を設けた。成良親王を派遣し，**相模守足利直義**に補佐させた**鎌倉将軍府**，義良親王を派遣し，**陸奥守北畠顕家**に補佐させた**陸奥将軍府**である。こうした京都･地方の統治機関には，鎌倉幕府で実務を担った官僚も多数登用された。

建武政権が直面した困難な課題が恩賞の処理，つまり所領の安堵・給付をいかに適正に行うか，であった。後醍醐や護良親王は元弘の乱のなか，特に1332年に再挙兵して以降，各地の武士たちに対してそれぞれ独自に協力を呼びかけ，見返りとして所領給付を保障していた。それに対し，天皇独裁をめざす建武政権では，所領支配の保障には天皇の**綸旨**が必要であるとの立場をとった。護良親王の努力が否定されたのであり，護良親王の呼びかけに応えて挙兵した武士たちの間に混乱が生じることは必定であった。もちろん，建武政権は武士の利益に最大限配慮した。**北畠親房**・顕家父子などの公家から身分秩序を乱すとして批判を受けるほどであった。しかし，武士の不満は強かった。所領の安堵・給付の手続きが遅れたことが主な要因であった。北条氏など敵方の所領を調査・確定し，後醍醐に協力した武士の軍功を認定するのは相当に手間のかかる作業である。「**二条河原落書**」のなかで「此比都ニハヤル物，夜討強盗**謀綸旨**……」と風刺されたように，所領の給付・安堵を求める各地の武士が京都に殺到し，ニセ綸旨が出回るような混乱が生じたのである。

こうしたなか，1335年に**中先代の乱**が生じた。北条高時の遺児**北条時行**が信濃国で挙兵して鎌倉を占拠した事件である。その際，足利尊氏は後醍醐の許可なく関東に向い，乱を鎮圧した。尊氏はまもなく挙兵し，翌36年に京都を制圧して後醍醐天皇を降伏させた。建武政権の崩壊である。

④室町幕府の成立と南北朝の動乱

⑴室町幕府の成立　足利尊氏は，1336 年に京都を制圧した際，**持明院統**の**光明天皇**を擁立した。そして，幕府再興の方針を明らかにした**建武式目**を定め，実質的に**室町幕府**を開いた。

⑵南北朝の分立　同年，後醍醐天皇が京都の幽閉先を脱出して**吉野**(大和国)に移り，正統な皇位にあることを主張して京都の光明天皇に対抗した。天皇が京都(**北朝**)と吉野(**南朝**)とに分立する事態となったのである。

南北朝の分立

京都

◦室町幕府…建武式目(1336 年)で事実上の成立

◦北朝…光明天皇 → 持明院統が継承

吉野

◦南朝…後醍醐天皇 → 大覚寺統が継承

京都では 1338 年，足利尊氏が**征夷大将軍**に任じられ，弟足利直義と政務を分担しながら幕府を運営した。そして，足利氏一門などの有力武士を守護に任じて各国に派遣し，南朝方に対抗した。一方，後醍醐天皇は皇子らを東北や関東，九州などに派遣して拠点を築こうとした。しかし後醍醐が 1339 年に死去し，東国に赴いていた北畠親房も 1343 年には吉野に戻るなど，南朝は弱体となった。

⑤動乱の長期化

南朝が弱体化したにも関わらず，動乱は以後も全国にわたって長期化した。その主な要因は２つあった。室町幕府の内紛と地方武士団内部の分裂・対立である。

⑴室町幕府の内紛　幕府は当初，足利尊氏・直義兄弟が共同して運営したが，尊氏の執事**高師直**と足利直義との対立をきっかけとして 1350 年，尊氏・直義兄弟がたもとを分かち，各地で内紛をくり広げた。**観応の擾乱**(1350 ～ 52 年)である。恩賞の給付がうまく機能していなかったことが背景にあった。初めは足利直義派が優勢だったものの，やがて直義は劣勢となり，鎌倉に移って対抗しようとしたのに対し，1352 年，尊氏が鎌倉を攻め，直義を降伏させた(まもなく直義は死去)。

しかし，直義の没後も幕府の内紛は終わらず，旧直義派の有力武士が幕府に対抗し続けた。直義の養子**足利直冬**や**山名氏**，**大内氏**，**上杉氏**などが各地で勢力をもち，時には南朝は提携し，幕府との間で一進一退の持久戦をくり広げた。このため，南朝は弱体ながらも勢力を延命させた。一方，九州では，幕府の内紛に乗じ，南朝方の征西大将軍**懐良親王**が菊池氏に擁されて勢力を伸ばした。

⑵地方武士団内部の対立・抗争　動乱が全国化し長期化した，もう一つの要因が，鎌倉時代後期からはじまっていた**惣領制**(→ p.93)の解体にともなう地方武士団内部の分裂・

対立であった。まず，血縁に基づいて結びついていた一門のなかで，本家と分家が次第に独立性を強めていた。さらに，それぞれの家内部で嫡子による**単独相続**が次第に一般化し，そのため，**家督**の地位をめぐって分裂・対立が生じていた(→ p.114)。幕府や旧直義派，南朝がそれぞれ地方武士の軍事動員をはかったことも，家内部の対立に拍車をかけた。その結果，在地の武士たちは利害関係や情勢に応じ，所領の保障を求めて，その時その時の有利な勢力と結んで抗争し，動乱を拡大させた。

社会経済　南北朝の動乱が長期化するなか，地域社会のあり方が変化した。

⑥地域社会の動向

在地の武士どうしの抗争が激しくなるなか，公家・寺社が支配権をもつ寺社本所領(本所一円地)では，荘官などを務める武士により兵粮の調達を口実とする年貢横領がくり広げられた。この結果，公家・寺社の荘園・公領に対する支配は後退し，年貢収納が次第に困難となった。

一方，動乱の広がりは武士の所領経営をも脅かした。そのため，旧来の地頭・御家人層のなかには，散在する所領を整理し，一か所に集中しようとする傾向が出てきた。また，在地の武士たちが近隣どうしで地域的な**一揆**を結ぶことが増えた。守護が軍事動員する際に彼らに一揆を結ぶことを求めることがあったが，一方，在地の武士たちが守護に対抗し，一揆を結んで抵抗することもあった。また，幕府の内紛に連動して敵・味方に分かれて互いに争う事態を防ぐため，在地の武士たちが自発的に共同行動を盟約することも増えた。相互の紛争を自主的に抑制・解決し(→ p.144)，たがいの所領支配を共同で確保しようとする動きが強まったのである。

⑦守護の成長

室町幕府は，全国規模の動乱に対処するため，国ごとの軍事指揮官である**守護**を重視した。足利氏一門などの有力武士を守護に任じて各国に派遣し，守護の権限を強化しながら各地の武士の軍事動員をはかった。

守護の権限強化

鎌倉時代初期

- 大番催促，謀叛人・殺害人の取締＝大犯三カ条と総称(→ p.93)

南北朝期

- 刈田狼藉の取締…所領紛争に際して相手方の稲を刈り取る行為を取締る
- 使節遵行…幕府の裁決を強制的に執行
- 半済…寺社本所領の半分を兵粮料所として収納 → 配下の武士に給付

  〔最初＝ 1352 年〕近江・美濃・尾張，１年限り，年貢半分の収納

  〔のち〕全国化，永続化，下地半分の収納へ変化
- 闕所地預置…敵方所領を没収し，配下の武士に預ける

なかでも，半済と闕所地預置が重要な役割を果たした。幕府はこの２つの権限を認めることにより，守護を通じて軍事動員体制を構築するとともに，在地の武士への恩賞の給付を一挙に実現・解決しようとしたのである。他方，守護はこれらの権限をよりどころとして国内の武士を統制下にくり入れ，地域的に編成した。

ところが，幕府から自立し，実力で各地の武士を地域的に編成するものもいた。旧直義派の山名氏や大内氏などである。彼らは1360年代半ばには，その勢力を温存したまま幕府方に移り，守護職を与えられて体制的な安定を確保した。

文 化　南北朝の分立を反映し，それぞれの政治的な立場に即した作品が作られる一方，身分を超えた文化交流が活発であった。

⑧南北朝期の文化

⑴政治的な立場の反映　儀式・先例を研究する**有職故実**では，後醍醐天皇が建武の新政のなかで『**建武年中行事**』を著わし，南北朝の分立後には北畠親房が『**職原抄**』を著わした。また，北畠親房は南朝の正統性を論じるため，**儒学**(**宋学**)や**伊勢神道**をベースに，神代から当時にいたるまでの歴史を『**神皇正統記**』としてまとめた。『職原抄』『神皇正統記』ともに，親房が東国に在陣中に著わしたもので，東国の武士に読ませ，彼らを南朝方につなぎとめるという意図があったとされる。一方，室町幕府の立場に立つ歴史書として，その成立の正当性を論じた『**梅松論**』がある。

⑵歴史や事件，社会を語る文芸　鎌倉時代に引き続き，歴史物語や軍記物も著わされた。歴史物語では，『大鏡』にはじまる鏡物の４つめの作品『**増鏡**』が書かれた。後鳥羽天皇の即位にはじまり，隠岐国に配流された後醍醐天皇が京都に帰還するまでが昔語りの形式で記されている。軍記物では，鎌倉幕府の滅亡から南北朝の内乱にかけての戦乱を題材とする『**太平記**』が書かれ，**物語僧**によって各地で語られた。源義経(→ p.91)の生涯を描く『**義経記**』もこの頃に成立したとされる。義経の幼少期や兄頼朝と対立して滅びるまでの逸話など悲劇的なエピソードを中心としており，『平家物語』の流布を前提とし，それを補うスピンオフ作品である。『平家物語』とともに，のち猿楽能などの脚本に題材を多く提供している。

一方，鎌倉時代末から南北朝期にかけて活躍した文人に**兼好法師**がいる。兼好法師は出自が不明なものの(卜部氏・吉田氏出身とされるのは後世のねつ造)，朝廷や鎌倉・室町幕府の要人に仕えたとされる人物で，説話や有職故実，同時代の見聞など多岐にわたる内容をつづった随筆『**徒然草**』を鎌倉時代末に著わしている。

⑶身分を超えた文化交流　複数の人々が集まって共同して行う文化が流行し，**連歌**や喫茶の寄合がさかんに催された。連歌はもともと和歌から派生した遊びで，和歌の上の句(五・七・五)と下の句(七・七)を別々の人が詠み連ねていく，という文芸であった。公家・武家・僧侶などの身分を問わず流行し，「**二条河原落書**」で「京鎌倉ヲコキマセテ，一座ソロハヌエセ連歌，在々所々ノ歌連歌，点者ニナラヌ人ソナ

キ」と指摘されるほどであった。こうしたなか，摂関家の**二条良基**により連歌集『**菟玖波集**』が編纂され，連歌の規則『**応安新式**』が定められ，連歌の社会的地位は次第に上昇した。一方，喫茶は抹茶を点てて飲むもので，鎌倉時代に禅宗(**臨済宗**)とともに中国から伝わり，中国舶来の**唐物**を飾り立てた室内で，中国舶来の茶器を使って茶寄合が開かれていた。茶の産地を当てあう賭事である**闘茶**も流行した。

また，武士のなかには身分の上下を無視した派手な風俗・振舞いが広まり，**ばさら(婆娑羅・婆佐羅)**と称された。戦乱とともに既存の権威や身分秩序が動揺し，新たな秩序ができあがりつつある状況を象徴した。

京都など各地の都市では**田楽**や**猿楽**がさかんに行われた。寺社の保護のもとで田楽や猿楽を演じる専門的な芸能集団(**座**)がいくつも登場し，寺社の建造・修築費用を調達することを目的として興行を行い，人々の人気を集めた。

国際関係　モンゴル襲来にともなって日本と**モンゴル(元)・高麗**との間には軍事的な緊張が生じたものの，民間商船の往来は活発であった。

⑨日元貿易と倭寇

日宋貿易に引き続き，日中間では民間商船の往来は続いた(**日元貿易**)。日本やモンゴル(元)，高麗といった国境を超え，それらの境界領域で生活・生業を営む，さまざまな出自をもつ多民族性をもった人々が，その担い手であった。

14世紀には鎌倉・室町幕府がこうした商船をチャーターし，その利益によって寺社の造営経費を調達しようとする動きが出てくる。鎌倉幕府は1325年，商船を雇って建長寺修造の経費を調達しており(**建長寺船**)，その他，韓国の新安の沖合いで1976年に発見された沈没船(**新安沈船**)は東福寺などを顧客とした商船で，1323年，慶元(後の寧波)を出港して日本に向かう途中，遭難して沈没したと考えられている。こうした先例にならい，室町幕府も後醍醐天皇の冥福を祈るために**天龍寺**の建立を計画した際，1342年，その造営経費を調達するため博多商人至本と契約し，商船の警固を請負う代わりに貿易利益の一部を上納させた(**天龍寺船**)。幕府が貿易の利益に注目し，その一部をみずからの財政基盤へ組み込もうとするものであり，のちの**日明勘合貿易**につながっていく。

一方，**倭寇**と呼ばれる武装した商人集団が増加した。モンゴル襲来後，モンゴル(元)が貿易を振興しつつも慶元など港湾の管理・警備体制を強化したため，武力衝突が生じ，武装した商人集団が港湾を焼打ちし，略奪行為をくり広げるなどの事態につながったのである。また，14世紀に入ってモンゴルが衰退すると，中国や朝鮮半島の沿海部における警備体制が緩み，略奪をくり広げる人々の活動範囲が広がった。このような海賊行為に従事した武装商人集団を中国や高麗では倭寇と称した。もっとも倭寇と呼ばれながらも，構成員は対馬・壱岐・松浦半島の人々だけでなく，朝鮮の済州島なども含まれる多民族性をもった集団であったとされる。

第7章 中世社会の成長

<大まかな時代の推移>

14世紀後半

- 明を建国した朱元璋が，日本へ朝貢と倭寇禁圧を求めた。
- 九州探題今川了俊(貞世)が懐良親王のいた大宰府を攻略した。
- 観阿弥が京都で猿楽能を催し，将軍足利義満が見学した。
- 将軍足利義満が京都室町に花の御所を造営した。
- 明徳の乱で山名氏清が滅びた。
- 後亀山天皇が吉野から京都に移り，南北朝の合体が実現した。
- 朝鮮を建国した李成桂が，日本へ通交と倭寇禁圧を求めた。
- 足利義満が京都北山に北山第を造営した。
- 大内義弘が和泉国堺で挙兵し，敗死した。

15世紀

- 足利義満(源道義)が明から日本国王の地位を認められた。
- 将軍足利義持は朝貢形式をきらい，明との勘合貿易を中断した。
- 朝鮮軍が倭寇の本拠地とみなした対馬を襲撃した。
- 正長の土一揆が発生し，土倉・酒屋・寺院などを襲撃した。
- 中山王尚巴志が琉球を統一した。
- 関東管領上杉憲実と対立した鎌倉公方足利持氏が滅ぼされた。
- 日蓮宗僧侶日親が『立正治国論』を著した。
- 赤松満祐が将軍足利義教を京都の屋敷で謀殺した。
- 室町幕府が初めて徳政令を発布した。
- 鎌倉公方足利成氏が下総国古河に移って幕府に対抗した。
- アイヌの首長コシャマインが蜂起したが，蠣崎氏に鎮圧された。
- 応仁・文明の乱がはじまった。
- 浄土真宗僧侶蓮如が越前国吉崎に道場を建立した。
- 足利義政が京都東山に東山第を造営した。
- 山城の国一揆がおこり，畠山政長・義就両軍を撤退させた。
- 宗祇・肖柏・宗長が『水無瀬三吟百韻』を詠んだ。
- 本願寺門徒らが一揆を結び，加賀国守護富樫政親を滅ぼした。
- 伊勢宗瑞が伊豆国堀越を攻略し，堀越公方を滅ぼした。

14 室町幕府の安定

年代　1368〜1428年

政治　南北朝の動乱は，1363年，旧直義派の山名氏や大内氏が幕府に服したことで終局に向かい，その結果，守護を務める有力武士（**大名**）の多くが帰還し，京都に在住することが一般化しはじめた。しかし，九州では南朝方の懐良親王が大宰府を掌握し，勢力をふるっていた。こうしたなかで1368年，室町幕府3代将軍に就いたのが足利義満である。

足利氏

- 尊氏①（弟）直義＝直冬
- 尊氏①の子：基氏，義詮②
- 基氏—氏満—満兼—持氏—成氏—政氏
- 義詮②—義満③
- 義満③の子：義教⑥，義嗣，義持④
- 義持④—義量⑤
- 義教⑥の子：政知，義視，義政⑧，義勝⑦
- 義政⑧＝日野富子—義尚⑨
- 政知の子：茶々丸，義澄⑪
- 義視—義稙⑩
- 義澄⑪の子：義晴⑫，義維
- 義晴⑫の子：義昭⑮，義輝⑬
- 義維—義栄⑭

※①〜⑮は将軍就任順

①足利義満の治世

足利義満は，将軍就任の当初は幼少であったため管領細川頼之の補佐を受けた。細川頼之は，1368年に応安の半済令を出して寺社本所領を部分的に保護する一方，今川了俊（貞世）を九州探題に起用して懐良親王を抑えさせた。

やがて義満は自ら政務をとり，1378年には京都の北小路室町に邸宅花の御所を造営した。足利氏が作り上げた武家政権は，花の御所の所在地にちなんで室町幕府と呼ばれ，将軍（あるいは将軍家の当主）は室町殿と呼ばれている。

(1)京都支配の形成　京都には朝廷が存在し，検非違使庁（→p.55）が市中の警察・裁判を担っていた。また，官衙や有力寺社は商工業者を供御人・神人として編成し，それぞれ個別に保護・支配していた。特に延暦寺は金融業に従事する土倉・酒屋の多くを支配下においていた。

これに対して室町幕府は，朝廷の権限を吸収し，官衙や有力寺社と商工業者の間にあった個別的な保護・支配の関係を抑え，京都に対する支配権を確立した。朝廷に関しては，京都市中の警察・裁判権を検非違使庁から侍所の管轄下に移した。京都内外の土倉・酒屋に対しては1393年，営業税として土倉役（倉役）・酒屋役を一律に賦課する体制を整え，一部の有力な土倉にその徴収を請負わせた。

(2)有力守護の抑制　義満は，動乱のなかで強大となった有力守護を抑えた。

有力守護の勢力削減

土岐氏の乱…1390年，美濃・尾張・伊勢国の守護土岐康行を討つ
明徳の乱　…1391年，山名氏清を滅ぼす
　→一族で11カ国の守護をもち六分一衆（殿）と呼ばれた山名氏の勢力を削減
応永の乱　…1399年，周防国などの守護大内義弘を堺（和泉国）で滅ぼす

応永の乱は，**大内義弘**が**鎌倉公方**足利満兼と結び，義満に反発する勢力と示し合わせて挙兵しようとした事件であったが，鎌倉公方満兼は**関東管領上杉氏**のいさめによって行動を思いとどまり，義満を包囲しようとする計画は失敗に終わった。

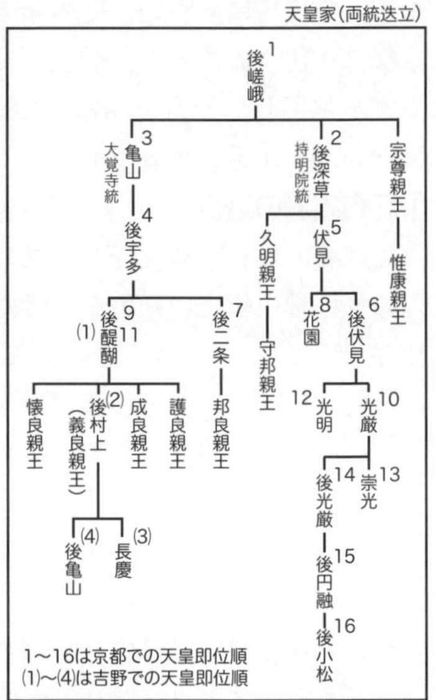

⑶南北朝の合体　1392年には**南北朝の合体**を実現させた。**南朝**を正統と認め，南朝の**後亀山天皇**が**北朝**の**後小松天皇**に譲位する形をとった。その際，後亀山は吉野から京都・**大覚寺**に移り住んだ。

⑷武家・公家・寺社をまたぐ支配　義満は，公家や寺社をも支配下に組み込んだ。

義満は天皇家に準じる家格を獲得し，天皇との親密な関係を作り上げるとともに，公家をも近臣として編成し，所領相続や家職を安堵するなどして公家社会に君臨した。1383年，三后（太皇太后・皇太后・皇后）に準じる地位である**准三后**の宣下をうけ，1394年には将軍を辞した後，**太政大臣**に任じられた。

また，顕密仏教の有力寺院へも統制力を及ぼした。自らの子弟を門跡として送り込むとともに，延暦寺には有力な僧侶を介してその内部を統制する制度を整えた。

こうして武家・公家・寺社をまたぐ政治権力を作り上げた義満は，1397年，京都の北山に邸宅**北山第**を造営し，治天の君に相当する地位から政務をとった。

とはいえ，没後は，義満への太上天皇号の宣下を子の4代将軍**足利義持**が辞退したように，義満の地位がそのまま継承されることはなかった。

②室町幕府のしくみ

⑴幕府の運営　将軍が実務官僚らの補佐のもとで政務・裁判の決裁を行ったが，複数の国の守護を兼ねる有力な大名による協議・意見具申も政策決定に大きな力をもち，将軍権力の専制を抑える機能を果たした。有力な大名は，管領に就任する**細川・斯波・畠山**，侍所の長官**所司**に就任する**京極・山名・赤松・一色**の各氏であり，彼らは役職に在職しているかどうかに関係なく，政務の協議にたずさわった。

有力な大名の就任する役職

管領…政所などの諸機関を統轄，諸国への命令を伝達
　　→細川・斯波・畠山の3氏（三管領と総称）から任命
侍所…京都内外の警備や刑事裁判を担当
　長官＝所司→京極・山名・赤松・一色の4氏（四職と総称）から任命

こうした有力な大名に対し，将軍権力を支えたのが政所・問注所などの実務官僚であり，将軍直属の軍事力**奉公衆**であった。奉公衆は，有力な大名の庶子，地方の有力武士などにより構成された将軍の親衛隊であった。

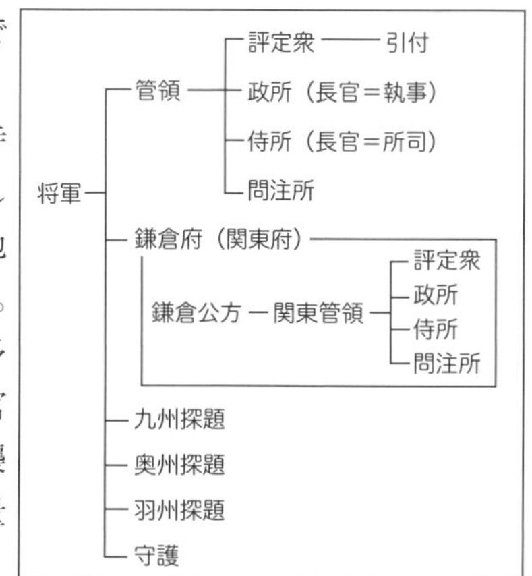

⑵地方の強い独立性　幕府は，天皇・公家や寺社をも統制下にくり入れたものの，直接管轄したのは畿内・西国から北陸・東海にかけての地域でしかなく，東国や九州は自立性が強かった。

東国は，名門意識の強い有力な地方武士が多かったこともあり，**鎌倉府**が設けられた。長官の鎌倉公方は，尊氏の子**足利基氏**の子孫が世襲し，恩賞を独自に給付する権限など大幅な裁量権をゆだねられた。

鎌倉府（関東府）

関東８カ国と甲斐国・伊豆国を管轄（のち陸奥国・出羽国も追加）
長官　＝鎌倉公方（関東公方）→ 足利基氏の子孫が世襲：自立傾向が強い
補佐役＝関東管領 → 上杉氏が世襲・将軍が任命：幕府との関係を重視する
政所や侍所，問注所など京都の幕府と同様の機関をもつ

鎌倉公方は自立傾向が強く，京都の将軍への対抗意識も強かった。それに対し，補佐役の関東管領は京都の幕府との関係を重視した。そのため，両者はしばしば対立し，京都の幕府と鎌倉府との間で緊張が生じた。

守護の分布（15世紀初め頃）

一方，九州探題は今川了俊の時に九州制圧を進めたものの，1395年に了俊が解任されて以後は勢力がふるわなかった。そのため，15世紀には大内氏がその役割を補完することが期待された。

⑶幕府の財政基盤　幕府は直轄地である**御料所**を各地にもち，奉公衆に管理させたが，それだけで幕府財政をまかなうことはできなかった。そのため，京都を中心として発達する流通経済に注目した課税が細かく行われた。京都内外の土倉・酒屋に対して営業税として**土倉役（倉役）**・**酒屋役**を課し，金融活動に従事していた**京都五山**の禅宗寺院にも課税した。交通の要地に設けた**関所**では**関銭**，港湾では**廻船**の出

入りにともなって津料といった通行料を徴収した。**日明勘合貿易**の利益も大きく，勘合船に同乗した商人から抽分銭を収めさせた。また，国家的な行事の経費は，もともと朝廷が賦課する権限をもっていた一国平均役（→ p.80）の系譜をひく**段銭**や**棟別銭**を通じて諸国から調達した。

このようにさまざま徴収された税物は，幕府への献上品などとともに公方御倉と呼ばれる有力な土倉に管理がゆだねられた。

③足利義持の治世

4代足利義持の治世は，室町殿義持と有力な大名たちとのバランスが比較的に保たれ，室町幕府の全国支配が安定した時代であった。

もちろん緊張はいくつか生じていた。その一つが京都の幕府と鎌倉府の関係である。鎌倉公方**足利持氏**と対立した前関東管領**上杉氏憲**（**禅秀**）が1416年に挙兵し，翌年に鎮圧された**上杉禅秀の乱**以降，足利義持は関東への介入を強め，次第に鎌倉公方持氏との対立を深めた。旧南朝勢力の挙兵も生じた。皇位継承に不満をもった後亀山院が京都を脱して吉野へ移り，旧南朝勢力が伊勢で挙兵したのである。また，それまでの不安定な気候に加え，台風や長雨などの被害により飢饉が生じた。（→ p.132）

社会経済　室町時代にも荘園制社会は残り続けた。公家・寺社による荘園の支配とそこからの年貢収納が継続したのである。それを支えたのが，幕府・守護による地域支配であり，京都を中心とする流通経済の発達であった。

④守護の任国統治

幕府による全国支配の安定を国ごとに支えていたのが守護であり，4代義持の頃には守護を務める家とその管轄国が固定し，世襲される傾向が強まっていた。

⑴守護の京都在住　戦乱の終息にともない，中国・四国から北陸・東海の各地方で守護を務める大名の多くは，被官（家来）とともに京都に在住することが一般的となった（関東の守護は鎌倉に在住した）。彼らは，管領・所司などの役職に就いたり幕府運営の協議に参画したりするとともに，公家・僧侶らと日常的に交流した。

任国には代官として**守護代**が派遣され，そのもとで地域秩序の安定がはかられた。

⑵守護と幕府　国々は守護のもとで一元的に支配されたわけではない。将軍の御料所や寺社本所領があり，守護の介入できない**不入地**（→ p.144）が設定され，また，奉公衆が在国するケースもあった。守護は，守護職に基づき，幕府から与えられた権限をよりどころに任国を統治しているにすぎず，地域支配の最高権力が将軍のもとにあったため，これらの存在を否定できなかった。もちろん，守護がいてこそ幕府の全国支配が成り立った。つまり，守護と幕府とは持ちつ持たれつの関係にあったのである。

⑶荘園制の再編　幕府・守護のもとで安定した地域秩序が整うと，寺社本所領では**代官請**が広がった。公家・寺社は守護や在地の武士，土倉，五山禅僧などとの間で年貢納入の請負契約を結び，現地の支配をゆだねる代わりに年貢収納を確保した。（→ p.137）

⑷**国人のあり様**　守護の統制下にくり込まれ，幕府・守護から課される負担をひき受けた在地の武士(地頭や荘官・代官ら)は**国人**と総称された。彼らは守護により一元的に支配されたわけではない。そのことを象徴的に示すのが国人たちの所領の構成である。半済の給付などの形で守護から給与された所領だけでなく，幕府からの保障に根拠をもつ本領もあれば，公家・寺社との間で個別に代官請負いの契約を結び，それに基づいて支配する所領もあった。

とはいえ，守護が任国を秩序づける体制のもと，彼ら国人が実力により所領を確保しようとする**自力救済**の動きは抑えられていた。

⑤京都を中心とする流通の発達

室町幕府が京都に置かれ，さらに守護の京都在住が一般化したことにより京都は消費人口が増え，京都を中心とする流通はますます活発となった。各地の**湊**・**津**や**宿**では，卸売を行う**問屋**や**為替**を扱う業者などが拠点を構え，**連雀商人**と呼ばれる行商人や廻船などが往来した。京都では**見世棚**が広がるとともに，**鮎**を売り歩く**桂女**，**炭**・**薪**を扱う**大原女**などの**振売**が街中を往来し，近郊の鳥羽・白河などには**車借**，淀・坂本などには**馬借**が集住して物資の運送に従事した。土倉と呼ばれる専業の金融業者だけでなく酒屋や五山派の禅宗寺院も，武家・公家らを対象としてさかんに金融活動を行った。貨幣では**宋銭**に加え，**明銭**も新しく通用した。

こうした商工業者や金融業者はもともと供御人や神人などの身分をもち，官衙や有力寺社などから保護を受けていた。ところが，京都内外の土倉・酒屋が幕府の保護・統制下に入ったように，**本所**から自立して活動する人々が増えた。本所を持たない新興商人も現れ，また，**座**が商工業者の同業者組織として一般化しはじめた。

このように京都など各地の都市で，**有徳人**とも呼ばれる富裕な金融・商工業者が活躍する一方，戦乱や飢饉にともない，生活が成り立たなくなった貧民が都市へ流浪することが増加した。特に京都には多くの飢民が流入した。

国際関係　14世紀，中国や朝鮮半島の沿海部では，**倭寇**など国家への帰属を超えた商人集団が活発な貿易活動をくり広げていた。それに対し，14世紀後半に成立した**明**や**朝鮮**は貿易を管理・統制するためのシステムを整え，そのもとで安定した国際秩序が徐々に形成された。

⑥明との交渉

1368年，**朱元璋**がモンゴル（元）の支配を排し，明を建国した。朱元璋は，まず民間の中国人が海外へ渡航することを禁じ(**海禁政策**)，沿海部の海防・管理体制を強化した。と同時に，近隣諸国に使節を派遣して**朝貢**を求めた。明中心の国際秩序を形成し，明と近隣諸国との通交を国家間の交渉だけに限ろうとしたのである。

日本へは1368年以降，くり返し使節を派遣し，朝貢とともに倭寇の禁圧を求めた。当時，南朝方の征西大将軍懐良親王が大宰府を掌握しており，交渉は懐良親王との間で行われた。懐良親王は当初，朝貢を拒否したものの，今川了俊が九州探題に任じられて派遣される状況下，1371年，明に使節を派遣し，翌72年には明から懐良親王を**日本国王**に封じるための使節が来日した。しかし，すでに懐良親王は九州探題今川了俊によって大宰府を追われており，明使は今川了俊により捕えられた。こうした事態のなか，足利義満が遣明使を派遣したものの，国王の使節ではないとして通交を拒否された。

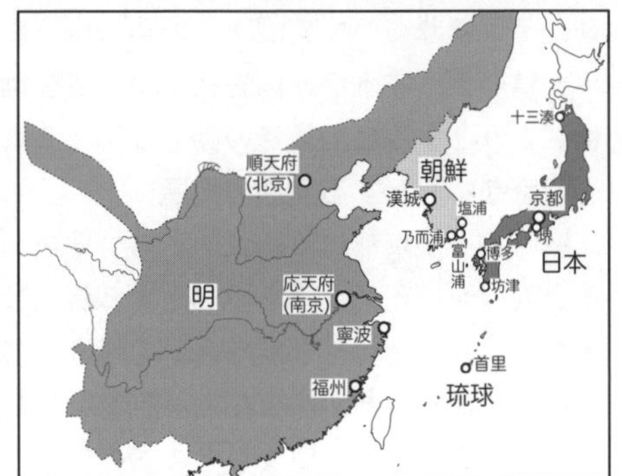

この後しばらく，日明間の通交は途絶したものの，朱元璋(洪武帝)の没後，2代皇帝として孫の**建文帝**が即位すると，**足利義満**（当時は**源道義**と名乗る）は1401年，博多商人**肥富**の勧めにより側近の僧侶**祖阿**を明へ派遣した。ちょうど明国内では，建文帝の支配に反発した叔父(後の永楽帝)が挙兵し，内乱が生じるという状況にあった。そのため，1402年に建文帝から日本国王の地位を認められ，さらに翌03年，権力を簒奪した3代皇帝**永楽帝**から正式に日本国王に冊封され，金印(日本国王印)や**勘合**の交付を受けた。義満は明の内乱をうまく利用し，明と通交することのできる日本の対外的な代表者としての地位を獲得したのである。

日明勘合貿易

明が求める形式

◦朝貢形式(日本国王の朝貢と明皇帝からの返礼)に限定

明が認める枠組み

◦日明間を往来する使節は明が交付した勘合の所持を義務づける
〔目的〕明使や朝貢使節のニセモノを防ぐ

◦日本からの遣明船の入港を寧波に限定→寧波と都の北京で勘合をチェック

認められる貿易のあり方

◦朝貢には品々の贈与がともなう(日本が貢物を献上 ⇄ 明が回賜品を与える)

◦遣明船に商人が同乗＝寧波などで交易
→遣明船の経営者(幕府や大名ら)へ抽分銭を上納

貿易品目

◦輸出＝銅・硫黄・刀剣 ⇄ 輸入＝明銭(永楽通宝など)・生糸

日明間の通交は勘合の所持を特徴とし，日本側では貿易利益が重視されたため，勘合貿易と呼ばれる。ただし，朝貢そのものは外交儀礼であり，貢物の献上とそれに対する回賜(下賜)は贈与のやり取りであって交易ではない。しかし，日本側は明皇帝からの莫大で豪華な回賜品を期待して朝貢しており，その経済的な意図に注目すれば貿易(交易)といってもよい。さらに，明が海禁政策をとったうえ国家間の朝貢以外の通交を禁じたため，日本から派遣された遣明船に多くの商人が同乗し，入港地**寧波**や都北京で交易を行った。朝貢にともなって貿易が行われたのである。なお，外交文書の作成には五山禅僧が従事し，彼ら禅僧は使節として明に赴いた。

勘合貿易は1404年にはじまり，足利義満の治世では毎年のように日明間を使節が往来し，活発に貿易が行われた。ところが1408年に義満が死去すると，4代足利義持は朝貢形式をきらって明との冊封関係を解消し，勘合貿易を中断した。

⑦朝鮮との交渉

朝鮮半島では，元明交替をうけて**高麗**内部で政争が激しくなり，さらに，倭寇が活発となった。こうしたなか，倭寇を撃退して名声をあげた**李成桂**が1392年，新しく朝鮮を建国した。李成桂は日本に対して通交と倭寇の禁圧を求め，足利義満が応じたため，日朝間に国交が成立した。これ以降，室町殿と朝鮮国王が通交する一方，幕府による統制の枠外で，大内氏ら大名，**宗氏**・**小早川氏**ら在地の武士，博多・対馬などの商人といった多様な勢力が朝鮮国王へ個別に使節を派遣して貿易を行うという，多元的な通交関係が成立した。これは，朝鮮側が倭寇の禁圧につながると判断したさまざまな勢力と交渉しようとしたためであった。

しかし，日朝関係はすぐには安定しなかった。朝鮮との平和的な通交に積極的であった対馬島主の宗貞茂が死去すると，倭寇が再び活発となり，それに対して1419年，朝鮮が倭寇の本拠地と考えた対馬を襲撃する事件(**応永の朝鮮軍対馬襲撃事件**，**応永の外寇**ともいう)が起こり，日朝間の貿易は一時中断した。

その後まもなく朝鮮の政策が穏健なものに変更され，また，宗貞盛により対馬内部の統制が確立すると，通交が再開した。そして1430年代半ば頃までには，朝鮮は宗氏に渡航許可証**文引**の発行権を与え，日本各地からの通交者(室町殿を除く)に対して文引の所持を義務づけ，宗氏を介して貿易を統制するしくみを整えた。

日朝貿易

室町殿(将軍)と朝鮮国王が通交
西国各地の大名や在地の武士，商人らが個別に交渉・貿易
◦対馬の宗氏が交付する文引(渡航許可証)の所持を義務づけられる
◦朝鮮交付の図書(銅印)を捺した文書を持参
◦入港地は塩浦・富山浦・乃而浦(三浦と総称)に限定
輸入品＝木綿・大蔵経(仏教の経典をすべて集めたもの)

沖縄　モンゴル(元)末期の内乱や倭寇の活発化により中国沿海部の治安が悪化すると，沖縄を経由して九州と中国・福建地方を結ぶルートを利用する商船が増

え，那覇が貿易港として成長した。それにともない沖縄社会は大きく変化した。

⑧琉球と明との通交

沖縄島では，**グスク（城）**を拠点として按司が抗争をくり広げるなか，14 世紀後半には**山北**・**中山**・**山南**の 3 つの勢力(三山)にまとまり，それぞれ「世の主」が治めた。

明が成立すると，1372 年，中山の「世の主」察度が入貢したのをはじめ，三山がともに明と通交関係をもった。それに対して，明はそれぞれ琉球国中山王，山北王，山南王に冊封するとともに，琉球を優遇し，海禁政策により縮小する対外貿易を補完させた。朝貢の頻度は当初，制限を設けず，また，大型の船舶とともに航海や通訳，外交文書の作成などに携わる中国人スタッフを提供した。こうした明の琉球優遇策と海禁政策を背景として，琉球船は環シナ海地域での**中継貿易**に従事した。

このように琉球船の貿易活動が活発化し，貿易港那覇が栄えるなか，那覇を擁する中山が沖縄島の覇権を握り，1429 年には**中山王尚巴志**が琉球を統一した。

文 化　室町幕府の保護を受けて禅宗がさかえ，禅宗を中心とする大陸文化が浸透した。一方，室町殿や多くの大名が京都に在住し，公家・僧侶らと日常的に交流したことを背景として，京都では集団で楽しむ寄合の文化が隆盛した。なお，足利義満の時代を中心とし，足利義持・義教にかけての時代の文化を，義満が北山に営んだ北山第(**金閣**などで構成)にちなんで**北山文化**と呼ぶことがある。

⑨五山の制

南北朝期に禅僧**夢窓疎石**が**足利尊氏**・**直義**兄弟の帰依を受けて以降，禅宗（臨済宗）は室町幕府の保護を受けた。室町殿や大名らは各地に禅宗寺院を建立し，禅僧を招いた。こうしたなか，足利義満の時代に**南宋の官寺の制**にならって**五山の制**が整えられた。この五山の制のもとに統轄された禅宗寺院を**五山派**と総称する。

五山派

五山の上…南禅寺
京都五山…天龍寺・相国寺・建仁寺・東福寺・万寿寺
鎌倉五山…建長寺・円覚寺・寿福寺・浄智寺・浄妙寺
十刹・諸山…五山に次いで十刹，その下に諸山と総称される寺院がある
僧録司　…五山派の禅宗寺院や僧侶を管理・統轄，相国寺に設置
〔長官〕僧録…初代＝春屋妙葩

五山禅僧は**漢詩文**や**朱子学**(宋学)などを研究したが，なかには，宋・元風の仏画や**水墨画**を描く画僧もいた。

禅宗文化

五山文学…漢詩文や朱子学(宋学)など，絶海中津・義堂周信が有名
水墨画　…東福寺の明兆，相国寺の如拙(足利義持の命で『瓢鮎図』を描く)ら
五山版　…中国・日本を問わず仏教や儒学の書籍，漢詩文集などを木版で出版

なお，五山禅僧は漢詩文に精通していたことから外交文書の作成に携わったり外交使節となったりすることもあり，京都五山は幕府の外交部局としての役割を果たした。また，五山禅僧のなかには金融活動に従事し，公家・寺社との間で代官請の契約を結んで荘園経営に関わる者もいた。

⑩寄合の文化

南北朝期に引き続き，武家・公家・僧侶などの身分の違いを超え，大勢の人々が一カ所に集まり共同して楽しむ文化が流行し，**連歌**や喫茶の寄合がさかんに催された。とはいえ，階層の違いを超えた人々が常に会同したわけではない。政治的・経済的な利害を共有する人々が選別されて参加し，共同性を確認する効果が期待されていた。こうした文芸・芸能のために人々が集まる場所(会所)には，中国舶来の**唐物**が飾り立てられ，屏風や襖に**大和絵**や水墨画が描かれた。

⑪パフォーマンスの文化

平安時代後期以来，**猿楽**や**田楽**，曲舞などのパフォーマンスが流行していた。

猿楽では**観阿弥**・**世阿弥**父子が現れ，**猿楽能**(**能楽**)を大成した。観阿弥・世阿弥は，**興福寺**・**春日社**に所属し，その保護をうけた専門的な猿楽集団**大和四座**の一つ**観世座**を率いていた。彼らは足利義満の保護を受け，**幽玄**など伝統的な公家文化の美意識を取り入れ，田楽の技芸をも吸収し，猿楽を象徴劇へと高めた。それが猿楽能である。一方，猿楽能の合間には**狂言**が演じられた。狂言は，本来の猿楽の性格を強く残し，平俗な出来事を題材とする滑稽な物まね劇である。

なお，猿楽能は京都だけでなく各地で興行され，戦乱や飢饉が頻発するなかでは，参集した観客にとって死者への鎮魂，追善供養という役割をも果たした。

猿楽能(能楽)と狂言

猿楽能…幽玄美を軸とする象徴劇，歌舞と囃子・謡いにより構成
　大和四座…興福寺・春日社に所属，観世・宝生・金春・金剛座
　観阿弥・世阿弥…観世座を率いる
　→ 世阿弥＝著書『風姿花伝』，談話を子の観世元能が筆録したのが『申楽談儀』
狂言…猿楽能の合間に上演，日常的なできごとを題材とする滑稽な物まね劇

15 室町幕府の動揺

年代 1428～1516年

社会経済 15世紀半ばは寒冷な気候が続いた。追いうちをかけたのが戦乱である。そのため，**飢饉**とそれにともなう疫病の流行が毎年のように生じ，人々の生活や生業を脅かした。なかでも有名なのが**寛正の飢饉**（1460年前後）である。京都では餓死者が相次ぎ，２か月で８万強もの墓碑が立てられたともされる。こうしたなか，人々は生活や生業を維持するため，さまざまな行動を試みていた。

①土一揆の発生

室町時代には，**土倉**・**酒屋**など金融業者が公家・寺社との間で**代官請**の契約を結び，荘園の現地で年貢徴収にあたったため，在地の百姓たちのなかに土倉・酒屋などへの債務を累積させる者がいた。そのうえ，飢饉が頻繁に生じたため多くの人民が生活を破壊され，債務のカタに**人身売買**が横行するとともに，多くの貧民が京都などの都市に流入した。

こうしたなか，1428年に４代**足利義持**が死去し，弟**足利義教**が後継者に選定されると，**坂本（近江国）**の**馬借**が蜂起したことに端を発し，京都内外で**徳政**を掲げた**土一揆**が発生した（**正長の土一揆〔徳政一揆〕**）。大名の被官であった下級武士や村々の**地侍**らが中心となり，百姓や都市の貧民などを動員して一揆を結び，土倉や酒屋，寺院などを襲撃し，徳政を実力で実施して回った（私徳政）。

徳政とは元来，社会秩序を正してあるべき状態に戻すことであったが，鎌倉時代後期に永仁の徳政令などが出されて売却所領の取り戻しが認められて以降，新しい意味が込められるようになった。金融業者などの富裕者＝**有徳人**が債務の支払いを免除したり，困窮する人々に施しを行ったりすること，つまり富の再配分を意味するものへと変化していた。こうした徳政を求める動きが，足利義持から義教への足利将軍家の代替わりに際して生じたのである。

京都での土一揆は管領**畠山満家**が鎮圧し，幕府は徳政実施を公認せず，**徳政令**を発布しなかった。しかし，土一揆は近畿各地へ波及し，大和国では**興福寺**が独自に徳政令を出す事態となり，さらに地域ごとに徳政が行われ，**柳生**（大和国）ではこの時の徳政を記した碑文（**柳生の徳政碑文**）が地蔵像の脇に刻み込まれた。播磨国では翌1429年，土一揆が守護**赤松満祐**方の軍勢や各地の荘園の代官を攻めるまでにいたった（**播磨の土一揆**）。

1441年，６代将軍足利義教が赤松満祐により謀殺された際には，京都内外で「**代始めの徳政**」を掲げた**嘉吉の土一揆**（徳政一揆）が発生した。数万人規模の人々が参加し，**嘉吉の乱**の最中であったこともあって幕府は鎮圧することができず，山城国一国という限定つきながらも全ての身分を対象として徳政令を発布した。幕府が土一揆の要求に屈したわけで，幕府権威の低下を如実に示している。

土一揆（徳政一揆）の発生

正長の土一揆（徳政一揆）…1428年，足利義持から義教への代替わり
　→管領畠山満家が鎮圧＝幕府は徳政令を発布せず
嘉吉の土一揆（徳政一揆）…1441年，足利義教から義勝への代替わり
　→幕府は鎮圧に失敗＝初めて徳政令を発布

こののち８代将軍**足利義政**の代には，寛正の飢饉の影響もあり，京都内外で徳政を掲げた土一揆が頻発し，幕府はその度ごとに徳政令を発布した。これにより土倉・酒屋が損害を被ったため，幕府は徳政令の発布に際し，債務の一部を**分一銭**として納めることを条件に債務の破棄を認めたり（**分一徳政令**），逆に，債権の一部を分一銭として納めれば徳政令の適用から除外したりした（**分一徳政禁制**）。

②惣村の成長

戦乱や飢饉が頻発するなか，近畿周辺では百姓による自治村落**惣村**が形成された。（→ p.146）惣村は，次のような３つの性格をもっていた。

惣村

⑴百姓の生活や生業のための共同体
⑵地域支配の自主的な担い手
⑶領主や近隣の村々との交渉主体

鎌倉時代の村落が**名主**を務める有力な百姓を中心として構成されたのに対し，惣村には**作人**である**小百姓**も含め，幅広い階層の百姓が参加した。彼らは鎮守社の祭祀組織である**宮座**に参加し，そのことを通じて惣村の構成員（村人）となっていた。

⑴百姓の生活や生業のための共同体　惣村は，百姓たちが共同して経営の成り立ちを確保・維持する組織であり，肥料・燃料などを調達するために共同利用する山野（**入会地**）や，灌漑施設を共同で管理した。また，村人が守るべき規約として**惣掟**（**地下掟・村掟**）を自ら定め，秩序を維持した。小百姓も，こうした村のまとまりに参加することにより経営や生活を安定させることができた。

⑵地域支配の自主的な担い手　鎌倉時代の村落が，荘官・代官らを中心として構成される荘園・公領の現地組織（荘家）のなかに組み込まれた存在であったのに対し，惣村は荘家の枠を脱し，領主による支配から自立した村落であった。領主への年貢納入を村全体で請負い（**百姓請・地下請・惣請**），また，村が独自に警察・裁判権を行使した（**自検断・地下検断**）。領主による土地支配や軍事・警察，裁判権の行使を惣村が自主的に担ったのである。

⑶領主や近隣の村々と交渉する主体　惣村は，地域社会で主体的な役割を果たす独自な社会集団であった。領主（や代官）に対し，**一揆**（**荘家の一揆**）を結んで年貢の減

免，不法な代官の罷免などを要求した。それだけではない。近隣の村々との間での境界や灌漑施設の使用などをめぐる紛争に実力で対応し(**自力救済**(→ p.154))，近隣の村々からの支援の要請に応じるなどの行動をとった。また，応仁の乱前後には大名や国人などから直接軍事動員を受けたり，あるいは，彼らと直接交渉したりした。

(4)惣村の運営　こうした３つの性格をもつ惣村は，独自の財政基盤をもち，自治組織を備えていた。惣有地をもち，村人から負担(村役)を徴収するなどして財政基盤を整え，寄合という村人の会議により運営を協議した。その中心には**地侍**と称された有力な百姓がおり，そのなかから**乙名・沙汰人・番頭**などの指導者が選ばれた。

地侍は，名主の系譜をひくという由緒をもち，たがいを侍身分として認め合うことによって成り立つ村落内の支配身分であり，なかには大名や国人らと個別に主従関係を結び，その被官となる者もいた。

③産業の発達

農業では，飢饉に対応する努力がくり広げられた。鎌倉時代に続き，干害に強い多収穫米**大唐米**が普及した。稲の品種改良も進み，収穫時期の異なる**早稲・中稲・晩稲**の作付けが広がり，ある程度の気候の不順にたえられるようになった。鉄製農具や牛馬の使用が普及して土木・灌漑技術が改良され，都市周辺の野菜栽培では**下肥**(人糞尿)の利用も広がった。関東地方にも**二毛作**(→ p.104)が普及した。さらに，応永の朝鮮軍対馬襲撃事件の翌年に来日した朝鮮使節**宋希璟**の紀行文**『老松堂日本行録』**によれば，近畿では米・麦に加えてそばを栽培する**三毛作**を行う地域があったという。

また，京都などの都市での需要に応じ，**苧（苧麻）**や**楮**，**漆**，**茶**，**荏胡麻**など手工業の原材料となる工芸作物が栽培され，各地で特産物の生産もさかんとなった。

④商品流通の発達

年貢など租税の**代銭納**が広まるなか，荘園･公領からの貢納物が各地で換金され，商品として流通した。各地の**湊**・**津**や**宿**に拠点を構えた**問屋**がそれら貢納物の換金と商品の**卸売**に従事し，大量の商品が**廻船**などを通じ，京都などの大消費地に向けて運ばれた。**連雀商人**と称された行商人も各地を往来し，定期市は開催の日数が増え(→ p.103)，応仁の乱後には月に６回開催される**六斎市**が一般化した。

このような商品流通の活発化にともない，銭貨の需要も拡大した。ところが，明では15世紀半ば以降，政府による銭貨の鋳造がほぼ途絶していた。中国の民間で鋳造された銭貨**私鋳銭**が明から流入したが，それだけでは需要に対応できず，京都･堺など日本列島内で鋳造された私鋳銭も増加した。そのため，悪銭の受取りを拒否する**撰銭**が次第に横行し，商品流通が阻害されるようになった。一方，遠隔地間では為替手形(割符)(→ p.145)が紙幣のように通用するようになったとも考えられている。

政治　室町幕府の全国支配は，**室町殿**(将軍)と有力な大名たち，また，京都の室町殿と鎌倉の**鎌倉公方**とのバランスのなかで成り立っていた。ところが，６代将軍足利義教の時代以降，バランスが崩れた。

足利氏

尊氏① ― 直義＝直冬
尊氏① ― 基氏 ― 氏満 ― 満兼 ― 持氏 ― 成氏 ― 政氏
尊氏① ― 義詮② ― 義満③ ― 義持④ ― 義量⑤
義満③ ― 義嗣
義満③ ― 義教⑥ ― 義勝⑦
義教⑥ ― 義政⑧＝日野富子 ― 義尚⑨
義教⑥ ― 義視 ― 義稙⑩
義教⑥ ― 政知 ― 茶々丸
政知 ― 義澄⑪ ― 義晴⑫ ― 義輝⑬
義晴⑫ ― 義昭⑮
義澄⑪ ― 義維 ― 義栄⑭
※①～⑮は将軍就任順

⑤足利義持没後の後継者選び

４代**足利義持**が1428年に死去した際，子の５代将軍足利義量(あしかがよしかず)はすでに死去しており，後継者選びが問題となった。しかし，義持は自ら後継者を指名せず，大名らの協議に選定をゆだねた。

ここに室町時代の家督相続のあり方がよく現れている。鎌倉時代は親(家の当主)の意向により決まったが，室町時代には当主の意向だけで決まらず被官(→ p.101)(家臣)の意向にも左右され，また，大名家では室町殿が介入することもあった。

義持から後継者の選定をゆだねられた大名らは，協議の結果，石清水八幡宮(いわしみずはちまんぐう)でくじ引きを行い，義持の弟**足利義教**の将軍就任が決まった。

⑥足利義教の治世

こうして６代将軍となった足利義教は，やがて「万人恐怖(ばんにんきょうふ)」と称されるほどの恐怖政治をくり広げた。幕政はもともと大名らの協議・意見具申を参考にしながら室町殿が最終的な判断を下していたのに対し，義教は将軍権力の専制化をはかり，大名家の家督相続に介入するなどして大名の発言力を抑制した。また，自立志向を強める鎌倉公方**足利持氏**(あしかがもちうじ)との対立を深めた。1438年，持氏と**関東管領上杉憲実**(うえすぎのりざね)(→ p.149)の対立に介入し，翌39年に持氏を攻め滅ぼしたのである（**永享の乱**(えいきょうのらん)）。このとき，義教は自らの子を鎌倉に派遣しようとする構想をもっていたとされるが，東国では持氏の遺児(いじ)を擁した**結城氏朝**(ゆうきうじとも)の挙兵(**結城合戦**(ゆうきかっせん))が1440年から翌41年まで続き，さらに義教が暗殺されたために，この構想は具体化せずに終わった。

こうした将軍の専制化は，大名からの反発を引き起こした。1441年，将軍義教が播磨国などの守護**赤松満祐**により謀殺されたのである(**嘉吉の変**(かきつのへん))。義教を殺害した赤松満祐が，この後，本拠地である播磨に下って幕府に反抗したのに対し，幕府は**山名持豊**(やまなもちとよ)を中心とする軍勢を派遣して討伐した。義教暗殺から赤松満祐の滅亡にいたるまでを嘉吉の乱とも呼ぶ。

⑦幕府・鎌倉府の分裂

室町殿の存在は，大名たちが結集するうえでの中核となっていたが，６代将軍足利義教が暗殺され，その後，しばらく幼少の室町殿が続くと，その中核が実質的に不在となった。このため，細川氏・畠山氏など有力な大名が幕政の主導権を争い，大名たちがそれぞれに系列化され，二派に分かれて抗争する事態となった。さらに，８代将軍足利義政が成人し，側近とともに将軍権力の再確立をめざすと，室町殿と諸大名のバランスが崩れた。

一方，東国では永享の乱後，鎌倉公方が不在のまま，関東管領上杉氏を中心とする支配が進められたものの，名門意識の強い伝統的な有力武士からの反発が強く，その支配は安定しなかった。そのため，持氏の子**足利成氏**が幕府により許され，鎌倉公方に任じられた。しかし……。

⑴**享徳の乱**　伝統的な有力武士の支持をうけた鎌倉公方足利成氏と関東管領上杉氏とが対立を深めるなか，1454年，**享徳の乱**がはじまる。成氏が関東管領上杉憲忠を謀殺したのに対し，8代将軍足利義政は関東管領上杉氏を支援して介入し，再び鎌倉公方と幕府が軍事衝突するにいたった。成氏が鎌倉から**古河**（**下総国**）に移ったのに対し，幕府は京都から義政の兄弟**足利政知**を新しく派遣して**堀越**（**伊豆国**）に駐留させた。しかし，政知の権威と関東管領上杉氏の軍事力とでは東国全域を制圧することはできなかった。

こうして鎌倉公方が古河の成氏（古河公方）と堀越の政知（堀越公方）とに分立し，1482年に幕府と古河公方足利成氏との和睦が成立するまで，30年弱にわたる戦乱が続いた。さらに，その後には関東管領上杉氏のなかで**山内家**と**扇谷家**の対立が生じ，東国の混乱が続いた。

⑵**応仁の乱**（**応仁・文明の乱**）　京都では足利義政が側近を重用して将軍権力の再確立をはかろうとしたが，諸大名が二派に系列化されて抗争しあう状態では，義政のもとに諸大名をまとめるのは至難のワザであり，かえって反発を招いた。さらに，**畠山・斯波**の両管領家で家督相続をめぐって内紛が生じた。これに対する将軍義政の対応が行き当たりばったりであったため，混乱に拍車がかかった。将軍継嗣をめぐる対立も混乱の一因となった。将軍義政の継嗣として弟**足利義視**が選ばれたあとに，義政と**日野富子**との間に**足利義尚**が生まれたため，継嗣をめぐるあつれきも生じるようになったのである。

応仁の乱にいたる対立の構図

将軍家	畠山氏	斯波氏
足利義視↔足利義尚	畠山政長↔畠山義就	**斯波義敏↔斯波義廉**

こうしたなかで1467年，**畠山政長・義就**両軍の合戦を発端とし，京都を主な戦場として戦乱がはじまった。はじまったときの元号をとって**応仁の乱**，または，はじまりと終わりの元号をとって**応仁・文明の乱**と呼ぶ。当初，**細川勝元**を中心とする**東軍**が花の御所をおさえ，将軍義政や義視，義尚を擁した。しかし，やがて足利義視が花の御所を脱して**山名持豊**を中心とする**西軍**に迎えられ，独自に守護を任じるなどした。東西2つの幕府が実質的に成立したのである。

乱のなかでは東西両軍が村々の百姓や都市の貧民を動員し，**足軽**に編成した。足軽は敵方の補給を妨害するなどの目的で編成された軽装の雑兵で，**一条兼良**が『**樵談治要**』のなかで指弾したように，彼らによる略奪や放火は京都の荒廃を助長した。乱の少し前，1460年前後に寛正の飢饉が生じており，そうした状況下で足軽に編成された百姓や都市の貧民が，いわば生活のために略奪をくり広げたのである。

乱は1477年，東西両軍の和睦により終結し，西幕府は解体した。しかし，京都での戦乱が収まったにすぎず，地方では引き続いて戦乱がくり広げられた。こうしたなか，地域支配を保障する拠りどころが，幕府により任じられる守護職ではなく自らの実力へと変化した。そのため，ほとんどの大名が京都を離れ，在国することが一般的となった。この結果，複数の国の守護を務める有力な大名が京都に在住して幕政に参画する室町幕府の体制は解体し，それにともなって幕府・守護の支配体制に依拠して維持されていた**荘園制**(→ p.126)も解体に向かった。

⑧地域支配の実権をめぐる抗争

応仁の乱以降，各地で地域支配の実権をめぐり，守護や守護代，国人らが抗争をくり広げた。そのなかで近畿やその周辺では，国人・地侍が惣村の百姓をまき込んで地域的な一揆を結び，**惣国**とも呼ばれる独自の地域秩序を作りあげる動きが生じた。**国一揆（惣国一揆）**である。

代表的な国一揆（惣国一揆）
山城の国一揆（1485～93年） 南山城で戦闘を続ける畠山政長・義就両軍を撤退させる →平等院で国中掟法を定めて自治支配 **加賀の一向一揆（1488～1580年）** 加賀国守護富樫政親を滅ぼす →富樫泰高を守護に擁立して加賀国を実質的に自治支配

加賀の一向一揆は，国人・地侍らによって結ばれた国一揆だが，**本願寺**門徒が中心であったため一向一揆とも呼ばれる。本願寺とその末寺，門徒の組織である**講**を基盤とし，約1世紀にわたり加賀国を支配し続けた。

⑨室町幕府の全国支配の解体

応仁の乱以降，室町幕府の支配地域は山城国周辺に限られた。さらに，応仁の乱のなかで生じた**将軍の分立**が15世紀末以降には常態となる。1493年，**細川政元**が10代将軍足利義稙を廃し，足利義澄を新しく擁立した**明応の政変**がきっかけである。11代将軍義澄に対し，京都を追われた義稙は将軍を名乗り続け，1508年には細川氏の内紛に乗じ，**大内氏**に擁されて将軍に復帰する。こうした将軍分立の常態化は，地域支配の実権をめぐる抗争を助長し，**下剋上**の風潮を促した。

一方，東国では1493年，11代将軍義澄・細川政元の指示のもと，**伊勢宗瑞**（いわゆる**北条早雲**）が堀越を攻略し，1498年には堀越公方**足利茶々丸**を自害に追い込んで伊豆国を制圧した。京都での明応の政変に対応した動きであった。さらに伊勢宗瑞は1495年，**小田原**（相模国）を攻略するとともに上杉氏の内紛に乗じて関東進出を進め，1516年には相模国全域を制圧した。戦国大名**北条氏**の登場である。

こうして戦国時代が本格的にはじまった。

国際関係 15世紀後半には**明**が国力を次第に低下させ，明中心の国際秩序は動揺しはじめた。

⑩日明勘合貿易の変化

日明間の**勘合貿易**は，朝貢形式を嫌った4代将軍**足利義持**により中断されたが，6代将軍**足利義教**のもと，貿易利益を求めて再開された。明から発行された**勘合**は幕府から大名や寺社へと配分され，幕府船を中心に船団を組んで遣明船が派遣された。幕府は勘合をばらまくことによって大名や寺社から謝礼をうけ，経済的収益を確保しようとしたのである。

ところが，明の国力が後退した15世紀後半は，明から派遣頻度や船数などを制限された。さらに，16世紀には幕府船の派遣がなくなり，遣明船の派遣を**大内氏**と**細川氏**が独占し，両者が実権をめぐって争った。明応の政変以降における幕府の衰退を反映したものである。

⑪日朝貿易の変化

日朝間では，将軍だけでなく各地の大名や在地の武士，商人ら多様な人々が個別に貿易に参加しており，在地の武士や商人たちについては**対馬の宗氏**を通じた統制のシステムが朝鮮側によって1430年代半ば頃までに整えられた。また，宗氏や博多の商人らは統制の枠をかいくぐって貿易の機会を増やそうともくろみ，日本国王を名乗るニセモノの使節を派遣したため，それを規制するためのシステムも順次，整えられた。

一方，日本からの渡航船が入港を認められた**塩浦・富山浦・乃而浦**の**三浦**では，日本人の居留が認められた。ところが，居留する日本人が増加し，次第に規定にない交易に従事する者が絶えなかったため，朝鮮が取締りを強化した。これへの不満から生じたのが，1510年の**三浦の乱**である。三浦に居留した日本人やそれを支援する対馬の宗氏らが蜂起し，朝鮮により鎮圧されたのである。この事件の影響により日朝貿易は一時中断し，やがて再開されたものの入港地を乃而浦に限られ，日本人の居留が禁止されるなど，貿易は縮小していった。

文 化 8代足利義政の時代を中心として展開した文化を，応仁の乱後に義政が建てた**東山第**（**銀閣**や**東求堂**などで構成）にちなみ，**東山文化**と呼ぶことがある。

京都で武家が公家や僧侶らと交流するなか，北山文化を引き継ぎ，禅宗を中心とする大陸文化と伝統的な公家文化の融合が進んだ。こうして京都ではぐくまれた生活文化は，応仁の乱後，大名らが京都を離れて地方に在住することが一般化するのにともない，各地の城下町へ伝えられた。また宗教界では，鎌倉時代に開かれた浄土真宗や日蓮宗などが人々の間に浸透するなど，新たな動きが広がった。

⑫禅宗文化と伝統的公家文化の融合

文化の融合は，人々が寄り合う場(会所)を中心として展開した。

(1)新しい住宅様式　新しく書院造が整った。建物の内部を襖を用いていくつかの部屋に仕切り，室内には畳を敷き詰め，天井を張り，**違い棚・付書院**・床の間や明障子をしつらえている点に特徴があった。東山第に築かれた持仏堂である東求堂の一室同仁斎が代表例である。

(2)室内の飾り　書院造の室内には中国舶来の唐物や香炉，さらに花などが飾り立てられ，襖や屛風，掛け軸には水墨画や大和絵が描かれた。

東山文化の絵画
水墨画…周文，雪舟(『四季山水図巻』『秋冬山水図』『天橋立図』)
大和絵…土佐派の土佐光信
狩野派…狩野正信，狩野元信(『大仙院花鳥図』)

水墨画は，中国伝説上の聖人(文人)がすごす，世俗を超越した生活へのあこがれ(文人趣味)を込めながら，理想的な風景として山水などを墨一色で描いた。相国寺の**周文**や**雪舟**らが有名で，なかでも雪舟は1467年，遣明船に同乗して明に渡った経験がのち伝説化された。帰国後は大内氏らの保護のもと，諸国をめぐって日本の自然を素材とした『天橋立図』などの山水画を描いた。一方，伝統的な大和絵では，金銀と淡い色彩とを調和させた装飾性豊かな絵画が屛風などにさかんに描かれた。**土佐光信**ら土佐派が有名である。そして，水墨画をベースとしつつ大和絵の技法を取り入れた狩野派が登場する。狩野派は**狩野正信・元信**父子がはじめた。

床の間に花をはでやかに飾る立花の様式は，**池坊専慶**が整えた。

(3)寄合の文化　会所では連歌や喫茶の寄合がさかんに催された。

寄合の文化
連歌
宗祇…正風連歌，連歌集『新撰菟玖波集』を編纂
弟子の肖柏・宗長とともに『水無瀬三吟百韻』を詠む
喫茶
村田珠光…喫茶に精神的な要素を導入 → 侘び茶へ

連歌では宗祇らが活躍した。宗祇は，**東常縁**から『古今和歌集』の解釈を秘伝とし

て伝授される**古今伝授**を受けており，和歌の美意識を取り入れて洗練された**正風連歌**を確立した。そして，応仁の乱後に大名らが在国し，城下町へ京都の生活文化を移植するなか，宗祇ら連歌師は各地の大名や国人らに招かれた。

喫茶では**村田珠光**が出た。村田珠光は簡素な道具立てを用いて心の静けさを求め，のち侘び茶の祖とされた。

⑷工芸や作庭　工芸では，刀剣に装飾する彫金の分野で**後藤祐乗**が活躍した。

作庭では，**枯山水**がさかんに造られた。枯山水は，石組みを使い，水に代えて白砂を用いて山水を表現する手法である。平安時代から見られるが，室町時代に入り禅の精神や，中国伝来の水墨画で描かれた山水に影響をうけ，本格的に成立した。**龍安寺石庭**や**大徳寺大仙院庭園**が有名で，作庭師では**善阿弥**が有名である。

⑸同朋衆と河原者　将軍の側近として唐物の鑑識や喫茶，立花，作庭などの芸能に関わった人々は**同朋衆**と呼ばれた。彼らは阿弥号を名乗り僧侶の風体をしていた。また，河原に居住し，清掃や死牛馬の処理，皮革生産などに従事して賤民視された**河原者**のなかにも，芸能に従事する者が多かった。

⑬古典研究の進展

公家のなかでは古典や**有職故実**の研究がさかんであった。摂関家の**一条兼良**は，源氏物語の注釈書『花鳥余情』，朝廷の年中行事について説明した『公事根源』を著わすとともに，9代将軍足利義尚の諮問に応え，政治意見書『**樵談治要**』を提出した。一条兼良に続いて**三条西実隆**が現れた。三条西実隆は和漢の学問や和歌，連歌にすぐれ，連歌師の宗祇から古今伝授を受けた。

⑭宗教界の変動

応仁の乱にともなって幕府の全国支配が崩れるなか，延暦寺・興福寺など顕密仏教の有力寺院，五山派の禅宗寺院は保護を失って次第に勢力を後退させた。一方，日蓮宗や浄土真宗，**林下**(林下の禅)が広まりをみせた。

日蓮宗は，鎌倉時代は東国に広がっていたが，南北朝期に京都へ進出し，西国の各地にも勢力を伸ばした。なかでも，6代将軍足利義教の頃に活躍した**日親**が有名で，義教に『**立正治国論**』を提出して法華経信仰を勧めたものの弾圧を受け，のち，頭から焼け鍋をかぶらされたという伝説(鍋かむり日親)を生んだ。

浄土真宗では，応仁の乱前後に**蓮如**が登場した。蓮如は，延暦寺によって京都を追われたのち**吉崎**(越前国)などに移り，やがて**山科**(山城国)に本願寺を建てて本拠とした。平易な文章で書かれた**御文**(御文章)で教えを説き，近畿・北陸・東海の各地に布教を進めた。国人・地侍や百姓，商人や交通業者などの間に門徒(信者)が広がり，彼らは各地の末寺(道場)を中心として**講**を結び，信仰を深めた。

林下(林下の禅)とは，臨済宗の**大徳寺・妙心寺**，曹洞宗の永平寺・総持寺など，五山派に属さない禅宗諸寺院の総称である。林下は，幕府の保護を受けずに地方での布教につとめ，戦国時代には五山派の衰退とともに勢力を逆転させた。大徳寺出身の僧**一休宗純**が有名である。

神道界では，応仁の乱後に京都・吉田神社の神職の家に生まれた公家**吉田兼倶**が**唯一神道**(**吉田神道**)を唱えた。唯一神道は**神本仏迹説**の立場にたち，神道のもとに儒学・仏教を統合しようとした神道思想で，神は人の心そのものだとも説き，怨霊となって祟らずとも人を神として祀る方法を編み出した。顕密仏教の有力寺院の支配から逃れようとする神職を組織し，伊勢神宮に代わる神道界の中心勢力となった。

北海道　本州以南との交易が活発に行われ，アイヌが東北北部へ渡ることもあれば，本州系日本人(和人)が道南地方へ渡って交易することもあった。

⑮和人とアイヌの抗争

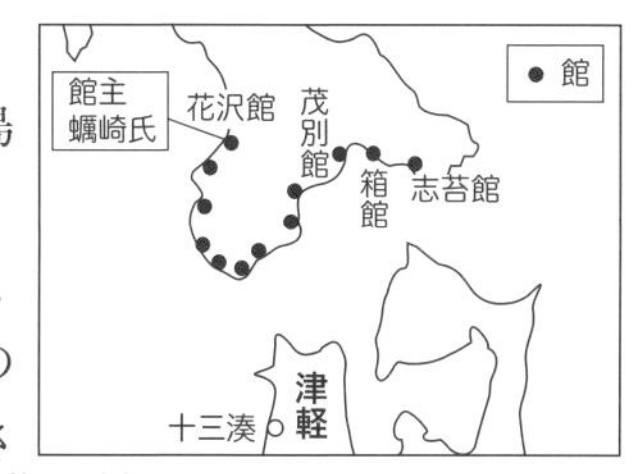

15世紀半ば頃までに，**安藤氏**配下の和人が渡島半島南部に**館**を築いて割拠し，**道南十二館**と総称された。

こうしたなかでアイヌと和人との緊張が高まり，1457年に**コシャマインの戦い**が生じた。東部アイヌの首長**コシャマイン**が蜂起し，和人の館を次々と陥落させたのである。事件は花沢館の**蠣崎氏**のもとにいた**武田信広**が鎮圧した。こののち，武田信広は蠣崎氏を継ぎ，蠣崎氏が渡島半島南部に居住する和人の支配者としての地位を確立する基礎を築き上げた。

沖　縄　1429年，**中山王尚巴志**が琉球を統一し，**琉球王国**を建てた。

⑯琉球王国の成立と変化

琉球王国は，**首里**に王府をかまえ，貿易港**那覇**に在留する中国人と提携しながら環シナ海域における**中継貿易**を活発化させ，経済的に繁栄した。日本へは唐物や銭貨，東南アジア各地の産物をもたらし，日本からは主に刀剣を輸入し，外装を仕立て直して明や東南アジア諸国へ輸出した。しかし15世紀後半以降，明の国力後退にともなって明の琉球優遇策が縮小すると，その中継貿易は次第に後退した。

一方，1477年に即位した国王尚真は，沖縄島各地に割拠していた**按司**を首里に集住させ，首里の王府が地方を直接支配する中央集権的な支配体制を築いた。同じ頃，支配体制の強化と関わって，古くから伝わる歌謡を集めて編纂する作業が進んだ。その結果，16世紀前半に成立したのが『**おもろさうし**』で，以後，17世紀にいたるまで編纂事業が続けられた。

対外的には，北は奄美諸島から，西は先島諸島にまで軍事行動を展開して支配領域を拡大し，16世紀初めまでにそれらの島々を服属下におさめた。さらに，九州南部の諸勢力をも，琉球を上位とする外交秩序のもとに取り込むなど，繁栄をほこった。

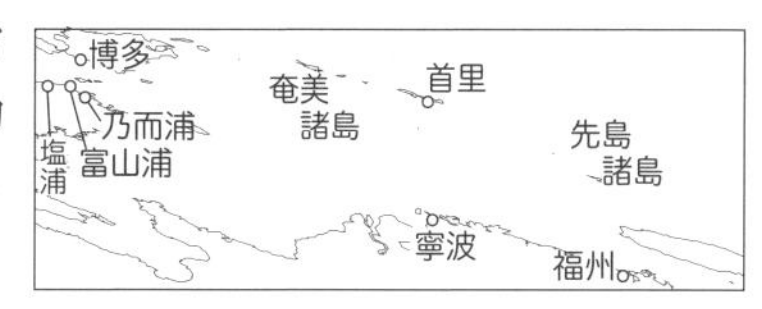

第8章 中世から近世へ

<大まかな時代の推移>

16世紀

寧波で細川氏と大内氏の派遣した勘合船が衝突した。
博多商人神谷寿禎が石見大森銀山で灰吹法を導入した。
この頃，宗鑑により連歌集『犬筑波集』が編纂された。
中国人倭寇の船に乗ったポルトガル人が種子島を訪れた。
イエズス会のフランシスコ＝ザビエルが鹿児島に来航した。
織田信長が桶狭間の戦いで今川義元を破った。
長尾景虎が関東管領の職と上杉氏の姓を譲られた。
織田信長が足利義昭を室町幕府15代将軍に擁立した。
千利休が茶室待庵を建てた(のち妙喜庵に移築)。
羽柴秀吉が関白に就任した。
この前後，秀吉は征服地で検地を実施した。
秀吉はキリスト教宣教師(バテレン)に国外退去を命じた。
刀狩令が出され，百姓の武具所持が禁じられた。
豊臣政権が名護屋に本拠を構えて朝鮮への侵攻を開始した。
スペイン船サン＝フェリペ号が土佐に漂着した。
関ケ原の戦いが起こり，石田三成らが敗れた。

17世紀前半

徳川家康が征夷大将軍の宣下を受けた。
京都・堺・長崎の商人により糸割符仲間が組織された。
朝鮮から使節が来日し，関係調整が進んだ。
島津家久が琉球に侵攻し，琉球王国を服属させた。
支倉常長ら慶長遣欧使節が出発した。
徳川家康がキリスト教禁教令を全国に発した。
大坂城の豊臣秀頼が滅びた。
将軍徳川秀忠の名で元和の武家諸法度が出された。
禁中並公家諸法度が定められた。
後水尾天皇が勅許した紫衣を幕府が無効とした。
奉書船制度が導入された。

16 戦国時代

年代 1516～1582年

政治 **明応の政変**(1493年)をきっかけとして将軍の分立が常態となるなか，実力で地域支配を実現する者が各地に割拠した。一国あるいは複数の国をまたいで支配を実現した者を戦国大名，郡レベルの地域を支配した者を**国衆**と呼ぶ。国衆は独立性を保ちつつも近隣の戦国大名と契約を結んで軍事的に従属した。

①戦国大名の登場

戦国大名の出自はさまざまである。守護から地位を維持したものもいれば，守護代などの守護の被官，国人らが下剋上したケースもあった。

主な戦国大名の出自

守護…武田氏(甲斐国)，今川氏(駿河国)，
　　大内氏(周防国)，大友氏(豊後国)，島津氏(薩摩国)
守護代(やその一族)…長尾氏(越後国)，朝倉氏(越前国)，織田氏(尾張国)
国人など…伊達氏(陸奥国)，北条氏(相模国)，毛利氏(安芸国)

主な戦国大名・国衆(16世紀半ば頃)

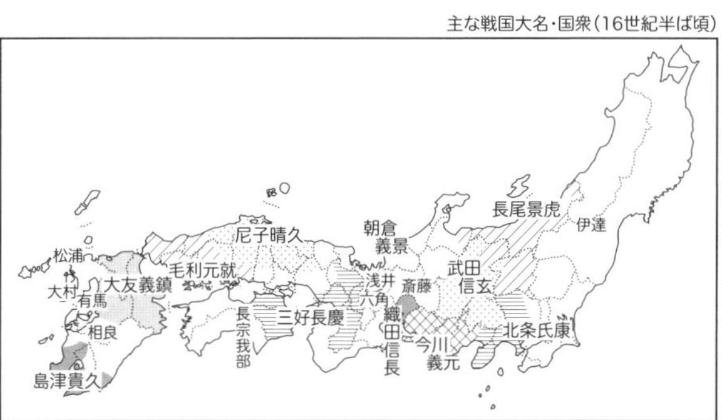

これらのなかで異色なのが北条氏である。初代の伊勢宗瑞(いわゆる**北条早雲**)は，室町幕府で政所執事を世襲していた伊勢氏の一族であった。姻戚関係のあった今川氏の内紛に対処するため駿河国に赴いたのち，11代将軍足利義澄の指示によって堀越公方足利茶々丸を攻めたことを発端として戦国大名の地位を築き上げた。子の氏綱の代から北条氏を名乗り，鎌倉幕府執権の北条氏の権威を借りて関東に支配を広げた。そして，関東管領上杉氏が**山内家・扇谷家**に分かれて対立する隙をついて勢力を伸ばし，1552年（1558年とも），3代**北条氏康**が山内家の上杉憲政を越後国へ追いやるまでになった。なお，越後国に移った上杉憲政は1561年，関東管領上杉氏の地位を越後国の守護代長尾景虎(のち上杉謙信)に譲った。

②戦国大名の分国支配

戦国大名が実力で支配した地域を**分国(領国)**という。戦国大名の分国支配のあり方は，⑴地域社会の秩序づけ，⑵軍事力の強化，⑶経済力の強化，という3つの視角から整理することができる。

⑴地域社会の秩序づけ　戦国大名は，合戦での勝利や地域での紛争の解決などを通

じ，地域の武士や村々などから信頼を得，それをもとに地域社会の最高権力を握った。個々では解決できない問題の解決・調停を期待されて成立した権力であった。

分国支配の規範となったのが戦国大名が定めた**分国法**(**戦国家法**)である。従来からの慣行を吸収するなどして分国内の武士や村々から支持を調達する一方，戦国大名の支配権を最高位に位置づけ，武士や村々をその支配に従わせようとした。たとえば，**喧嘩両成敗**を規定した。喧嘩両成敗とは，紛争を実力で解決しようと合戦(私戦・私闘)に及んだ当事者は理由のいかんに関わらず双方ともに処罰すると定めた規定で，従来からの紛争解決方法の一つであったが，戦国大名はそこに留まらず，紛争の解決を自らの**裁許**にゆだねることを求めた。**自力救済**を否定しようとしたのである。また，室町幕府の全国支配が機能している頃には守護の派遣する使節(→ p.81)が立ち入ることのできない特権をもっている所領が存在していたのに対し，**今川氏**の分国法**『今川仮名目録』**では，そうした**守護不入地**(→ p.126)の存在を否定している。このように地域の最高権力を握り，地域社会を秩序づけようとしたのが戦国大名であった。

主な分国法(戦国家法)

伊達氏…塵芥集：伊達稙宗が制定・最多の条文数をもつ
武田氏…甲州法度之次第(信玄家法)：武田信玄が制定
今川氏…今川仮名目録：今川氏親が制定
朝倉氏…朝倉孝景条々（朝倉敏景十七箇条）：有力家臣の城下集住などを規定
六角氏…六角氏式目：六角義賢・義治と有力家臣たちとの相互誓約の形式
長宗我部氏…長宗我部氏掟書：長宗我部元親が制定・制定が最も新しい

一方，戦国大名は**検地**を実施し，土地の領有関係を把握していった。支配下に組み込んだ武士や村々から土地台帳を提出(**指出**)させたうえ，それをふまえて検地を実施し，土地の実態を調査した。各地の戦国大名・国衆が同じ基準に基づいて検地を実施したわけではないが，検地を通じて**貫高制**を整えた者が多かった。

貫高制は，土地の価値，土地から得られる経済的な収益を**銭額**(銭建て)で表示するものである。これにより，支配下の武士の所領や村々の年貢基準高が貫高によって統一的に表示され，戦国大名が統一的な基準で負担を課す体制が整った。武士に対しては所領の貫高に応じた**軍役**を課し，貫高に応じた規模の軍隊を常備し動員することを命じ，一方，村々に対しては村全体の貫高に応じて**年貢**や**陣夫役**（兵粮など軍事物資の運搬)などの負担を課した。

(2)強力な家臣団の編成　合戦に勝利し続けるには，強力な軍事力を確保することが不可欠である。そのため，戦国大名は一族や**譜代**と呼ぶ従来からの家臣に加え，村々の地侍らと主従関係を結んで新しく家臣に編成し，また，独立性を保つ国衆と契約を結んで軍事的な従属下に組み込んだ。その際，有力な家臣を**寄親**とし，多くの家臣や国衆らをそのもとに**寄子**として編成させた。これを**寄親・寄子制**という。寄子にとり寄親は上司のような存在であり，戦時にはその軍事的指揮下におかれた。

⑶経済力の強化　合戦を行うには，その基礎として経済力の確保も不可欠であった。そのため，戦国大名は**城下町**を整備し，自由な交易・生産を保障する**楽市令**（**楽市・楽座の制**）を出して商人や職人を呼び寄せ集住させたり，交通の要地に発達した**港町**を掌握したりして，軍事物資をスムーズに調達できる体制を整えた。また，**撰銭令**(→ p.146)を出して**撰銭**(→ p.134)を規制したり，通行料を徴収するために各地の勢力が設けた**関所**を廃止したりして，円滑な流通を促していった。

武田信玄が釜無川に堤防(**信玄堤**)を築いたように，治水事業を行って平野部の新田開発を進めた大名もいた。

③近畿周辺の動向

幕府を掌握した**細川氏**が内紛をくり広げるなか，1549年には細川氏の家臣**三好長慶**が京都を制圧し，さらに細川氏や13代将軍**足利義輝**を排除し，近畿から瀬戸内東部にかけての地域を支配下においた。足利氏一族を擁することなく京都を支配する政権が登場したのは，戦国時代初めての出来事であった。しかし，三好長慶の没後は三好氏に内紛が起こり，その混乱のなかで1565年に将軍義輝が殺害され，1567年には戦火により**東大寺大仏殿**が焼失した。

足利氏

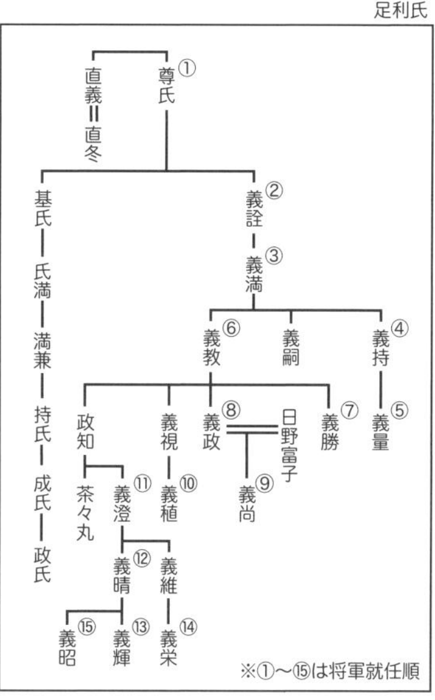

一方，**大坂**(→ p.185)（石山とも俗称）に本拠をおく**本願寺**（**大坂本願寺**，石山本願寺とも俗称）は，加賀国を支配下においただけでなく近畿・北陸・東海の各地に勢力を広げた。さらに，天皇の許可を得て**門跡**の称を得，政治的地位を向上させた。そして，時には門徒に指令を発して**一向一揆**を結ばせるなど，戦国大名に並ぶ政治力・軍事力をもった。

④織田信長の登場

こうした政治情勢のなか，**織田信長**が登場する。信長は尾張国の守護代織田氏の一族に生まれ，1560年，**桶狭間の戦い**で**今川義元**を破ったことをきっかけとして台頭した。その後，美濃国を制圧した際，「天下布武」の印章を使いは

織田信長の動向

1560	桶狭間の戦い…今川義元を破る
1568	足利義昭を15代将軍に擁立 →堺を支配下に収める
1570	姉川の戦い…浅井長政・朝倉義景の連合軍を破る 石山合戦が開始…大坂本願寺を中心とする一向一揆と対決
1571	延暦寺焼打ち
1573	将軍足利義昭を京都から追放…俗に室町幕府の滅亡
1575	長篠の戦い…鉄砲を活用して武田勝頼を破る
1580	本願寺の顕如を大坂から退去させる（石山合戦の終結）
1582	天目山の戦い（田野の戦い）…武田勝頼を滅ぼす 本能寺の変…家臣明智光秀により殺害される

じめた。京都周辺を武力で制圧・安定させ，室町幕府の権威を立て直す意志を示したものである。そして，将軍義輝の殺害後に京都を離れていた**足利義昭**が頼ってくると，1568年に上洛し，義昭を15代将軍に擁した。

信長は対立する大名や延暦寺，本願寺を頂点とする一向一揆との戦いを進め，近畿・北陸・東海の各地に支配を広げた。ところが，やがて将軍義昭とも対立し，彼を京都から追放して独自の政権作りをめざした。武田氏を滅ぼした後は，東日本の大名や国衆に対して紛争の停止と信長による調停を命じるまでの地位を獲得した。

信長はこの過程で，支配下に組み込んだ地域で検地を実施し（国により貫高制と石高制に分かれる），土地領有関係の把握を進めた。また，対外貿易で発達した港町**堺**をおさえ，**南蛮貿易**の主導権を握る**イエズス会**の宣教師**ルイス＝フロイス**にキリスト教の布教を認めるなどして，貿易の利益を吸収するとともに，1576年，近江国に**安土城**を築いた際には，城下町に楽市令を出して商工業者の集住を進めた。

社会経済　室町幕府・守護の支配体制が崩れ，各地で戦乱が展開した結果，京都のもつ求心力は低下したものの，経済流通の活況は続いた。それとともに，民間社会が独自の動きをみせ，一定の自立した秩序を形成した。

⑤貨幣流通の混乱

戦国時代には**宋銭**・**明銭**に加え，中国からの輸入か国産かを問わず，多様な**私鋳銭**が流通した。このように規格や品質の異なる銭貨が混在して通用するのにともない，良質な銭貨(精銭)をため込む動きが広がる一方，品質の悪い銭貨(**悪銭**)の受取りを拒否する撰銭が横行し，円滑な流通が次第に阻害された。これに対して室町幕府や戦国大名はしばしば撰銭令を出し，精銭と悪銭の混入率を定めたり，品質の極端に悪い銭貨以外の流通を命じたりした。しかし，精銭の不足にともない，次第に悪銭が広く通用し，取引の中心となる銭貨にも地域性が顕著となった。たとえば，九州では洪武通宝，東国では永楽通宝が主に流通し，また，16世紀後半の京都や近畿周辺では，中くらいの品質をもつ悪銭が**鐚銭**と称されて一般に通用する貨幣となり，一部には米が貨幣として機能する地域もあった。

一方，博多商人神谷寿禎が**灰吹法**を導入した**石見大森銀山**，武田氏が支配した**甲斐金山**など金銀鉱山の開発がさかんとなって銀や金の産出が増加するなか，戦国大名により銀貨(石州銀など)や金貨(甲州金など)が鋳造された。戦国大名らが遠隔地間で高額の取引きを行う際，その決済手段として広く用いられた。

⑥村と町の成長

⑴村の成長　近畿周辺で形成が進んだ**惣村**は，各地へも広がりをみせ，独自の武力を保持し，自ら行動する村へと成長した。近隣の村々との間での境界をめぐる紛争に対応し，あるいは，近隣の村々からの支援の要請に応じた。また，戦国大名や国衆などから直接軍事動員を受けたり，あるいは，彼らと直接交渉したりした。

このように各地で村々が成長したとはいえ，戦乱と飢饉によって生活が成り立たなくなった貧民の間では人身売買が広く行われていた。また，大名らの行う合戦では，陣夫(じんぷ)として動員された百姓らによって人身売買を目的として人さらいが行われることもしばしばであった。

(2)都市の発達

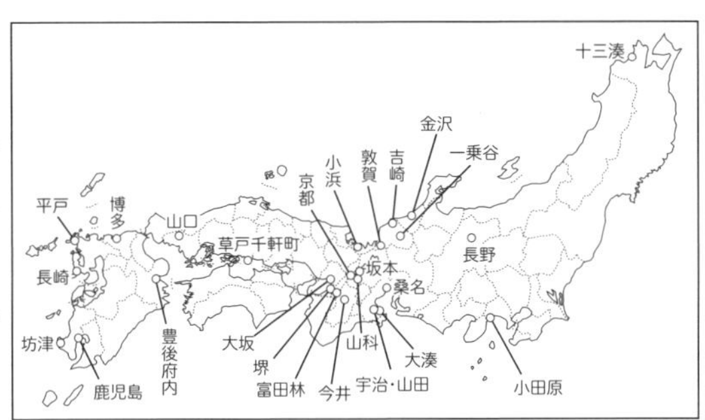

戦国時代には各地で都市が発達した。各地の**湊**・**津**や**宿**などに**港町**や**宿場町**(しゅくばまち)が成立し，有名な寺社のまわりには**門前町**(もんぜんまち)が発達した。浄土真宗の本願寺門徒の勢力が強い地域では，交通の要地に建てられた本願寺派の寺院を中心として**寺内町**(じないまち)が設けられ，濠や土塁などで囲まれた都市の内部では，寺院が交渉して幕府や大名など武家の介入を排除し，自由交易など経済的特権を獲得していた。また，戦国大名は居城の周囲に**城下町**を建設し，有力家臣や商人・職人を集住させた。

戦国時代における都市の発達

港町　…坊津(ぼうのつ)，長崎(ながさき)，平戸(ひらど)，博多，草戸千軒町(くさどせんげんちょう)，堺，敦賀(つるが)，小浜(おばま)，
　　　　桑名(くわな)，大湊(おおみなと)，十三湊
門前町…坂本(←延暦寺)，宇治(うじ)・山田(やまだ)(←伊勢神宮)，長野(ながの)(←善光寺(ぜんこうじ))
寺内町…大坂，富田林(とんだばやし)，今井，山科，吉崎，金沢
城下町…鹿児島(かごしま)(←島津氏)，豊後府内(ぶんごふない)(←大友氏)，山口(やまぐち)(←大内氏)
　　　　一乗谷(いちじょうだに)(←朝倉氏)，小田原(おだわら)(←北条氏)

こうした都市の内部には，遠隔地取引で財をたくわえた富裕な商工業者(豪商)により地縁的な共同体**町**(ちょう)が形成された。街路をはさんで向き合う者どうしが集まって一つの町(**両側町**(りょうがわちょう))が作られ，惣村(→ p.178)と同じように，独自の法が制定されて自治運営が行われた。町を構成する商工業者は**町衆**(ちょうしゅう)と称された。さらに**堺**や**博多**などのように，戦国大名どうしの対立を利用して独立性を保ち，自治を行う**自由都市**(じゆうとし)もあった。

戦国時代の自由都市

堺(和泉国)　…会合衆(かいごうしゅう(えごうしゅう))が自治を担う
博多(筑前国)…年行司(ねんぎょうじ)が自治を担う

京都でも，将軍の不在が長く続くなか，町衆による自治が発達した。上京(かみぎょう)・下京(しもぎょう)ごとに複数の町がまとまって町組を作り，月行事(つきぎょうじ)により運営された。応仁の乱により中断した**祇園祭**(ぎおんまつり)は，1500年に町衆たちが復活させて以降，彼らの結びつきの軸

となった。さらに，細川氏の内紛や一向一揆の蜂起という政治情勢のもと，1532年，日蓮宗信者が中心となって**法華一揆**を結び，当時山科（山城国）にあった本願寺を襲撃したのち，京都の市政を一時掌握した。しかし法華一揆は1536年，延暦寺や近江の六角氏などの攻撃をうけて解体した（**天文法華の乱**）。

文化 16世紀には，京都や堺などで富裕な商工業者を担い手とする文化が展開する一方，各地の戦国大名や国衆のもとでは京都の生活文化が移入された。

⑦都市民による生活文化

京都や堺など，富裕な商工業者が成長した都市では，彼らの財力をもとに，派手と**侘び**という両極端にみえる文化が展開した。まず，**風流**（**風流踊**）が流行した。仮装するなどの趣向を凝らし，華美な服装をまとって集団で踊るもので，盂蘭盆会や京都の祇園祭などの祭礼においてさかんに行われた。一方，喧騒な街中で屋敷のなかに閑静な小空間を作り出し，枯淡の境地である侘びを追求する動きがおこる。侘びは，『**源氏物語**』における光源氏の須磨での鄙びた生活のイメージをベースとする美意識であり，これを象徴するのが**侘び茶**である。応仁の乱頃に**村田珠光**が簡素な道具を用いて心の静けさを求めて作りあげたのを堺の豪商**武野紹鷗**が受け継いだ。

連歌では，応仁の乱後に**宗祇**が出て，和歌など古典の美意識を加味して連歌の芸術性を高める（**正風連歌**）一方，16世紀には**宗鑑**らが滑稽を重んじる**俳諧連歌**を興した。また，**小歌**が流行した。もともと舞とともに謡われた歌謡で，恋愛をネタとするものが多い。16世紀前半には小歌を集めて『**閑吟集**』が編纂された。

室町時代の連歌

南北朝期	二条良基が地位を高める＝連歌集『菟玖波集』，規則『応安新式』
応仁の乱後	宗祇が芸術性を高める（正風連歌） ＝連歌集『新撰菟玖波集』，弟子２人と『水無瀬三吟百韻』
戦国時代	宗鑑が滑稽を重んじる俳諧連歌を興す ＝連歌集『犬筑波集』

⑧各地の城下町での文化

各地の大名・国衆が居館・居城やその周囲に形成した城下町へ京都の生活文化を移入させたため，各地で地域文化が興隆した。公家や五山禅僧のなかに，以前からのコネを使って大名や国衆を頼る人々がいたことも，地域文化が興隆した背景の一つであった。さらに，宗祇ら連歌師が各地の大名・国衆のもとをめぐり，連歌会を催したり古典を講じたりして京都と地方の文化交流を媒介した。

こうしたなか，大内氏の城下町山口（周防国）には水墨画家の禅僧**雪舟**など多くの公家や禅僧が集まり，西国における文化拠点を形成した。菊池氏（肥後国）や島津氏（薩摩国）は，明に渡った経験をもつ禅僧**桂庵玄樹**を招いて**朱子学**の講義を受け，のちに**薩南学派**が生まれる素地を作った。東国では，**足利学校**(下野国)が文化の拠点となった。足利学校は1439年に**関東管領上杉憲実**(→ p.135)が再興し，16世紀後半には北条氏の保護を受けて栄えた。全国から集まった禅僧や武士に対して儒学を中心とする教育が行われ，のちにキリスト教宣教師からは**「坂東の大学」**と評された。

また，大名らの間では猿楽能や**幸若舞**などが愛好された。幸若舞は曲舞の流れをくみ，簡単な所作の舞をともなう語り物芸能で，治承・寿永の乱における一の谷の戦いでの平敦盛と熊谷直実のエピソードを素材とする「敦盛」が有名である。

⑨出版と教育

これまで書籍は手書きが中心であった。**木版**での印刷物としては，奈良時代，称徳天皇の命により作製された**百万塔陀羅尼**(→ p.52)が最も古いが，それ以後は一般化しなかった。ところが，室町時代にはさまざまな書籍が木版印刷によって作製された。京都や鎌倉の五山諸寺院では，鎌倉時代末から室町時代にかけて禅宗に関する中国の書籍や漢詩文集，日本人禅僧の著作などが木版印刷によって作製された(**五山版**)。戦国大名大内氏のもとでも出版が行われ，**大内版**と呼ばれた。一方，港町として発展した堺では，その経済力を基礎として商業的な出版事業が展開した。『論語』などの儒学の書籍や医学書，実用的な辞書である**『節用集』**などが刊行された。

また，**御伽草子**と総称される短編物語は，もともと絵巻物形式であったが，次第に木版で印刷され，冊子の形式で出版されて流布した。(→ p.173)

こうした出版が広がった基礎には教育の広まりがあった。武士の間では，子弟を寺院に預けて教育させることが習慣となっていた。また，町衆や村々の指導者層は，町や村の自治運営の必要から読み・書き・計算の能力が求められ，教育が広まった。教科書には，産業や特産物など日常生活に密着した用語を手紙文の形式で網羅した**『庭訓往来』**(→ p.205)などが用いられた。

国際関係　15世紀末頃，明では経済が活況を呈して民間商人の密貿易活動がさかんとなり，**海禁政策**(→ p.127)が動揺しはじめる一方，16世紀にはポルトガル人やスペイン人がユーラシア東方の海域に新しく登場した。

⑩日明貿易の変化

明では経済の活況を背景として密貿易に従事する民間商人が増えた。彼ら中国商人の密貿易活動は当初，南シナ海域への渡航が中心であった。ところが，16世紀初めに石見大森銀山(→ p.146)で銀産出額が激増すると，銀を求めて日本に渡航したり，あるいは日本から商船を中国沿岸部に招き入れたりする動きがさかんとなった。このように明の海禁政策に反して密貿易活動を行った中国商人らは，明政府から**倭寇**と呼ばれて取締の対象とされた(**後期倭寇**)。中国人倭寇として有名なのが**王直**で，当初，寧波付近を拠点としたが，明政府に弾圧を受けた後は，五島列島や**平戸**に拠点を移し，東南アジアから日本にいたる環シナ海域をまたいで活躍した。

一方，日本では**勘合船**派遣の主体が幕府から大名へと移った。将軍が分立するなか，将軍が求心力を確保するため，勘合を大名にばらまいたことがきっかけであった。なかでも細川氏と大内氏が実権を争った。そして1523年，**寧波**で大内船が細川船を焼打ちした**寧波の乱**以降，大内氏が勘合貿易を独占した。大内氏が派遣した遣明船であっても，有効な**勘合**を所持し，正式な漢文で書かれ日本国王印を捺した上表文を持参していれば，**日本国王**名義の朝貢使節として認められ，正規に勘合貿易が行うことができたのである。

1551年に大内義隆が滅亡すると，勘合貿易は断絶した。しかし，大名のなかには有効な勘合をもたないまま遣明船を派遣するものがいた。それらは寧波で明から入貢を拒否されると，福建地方などに移動して中国商人と密貿易を行った。

同時期，中国人倭寇と明政府の攻防が激しくくり広げられ，そのなかで1567年，明政府は**海禁政策を緩め**，民間商船が南シナ海周辺の東南アジア諸地域へ渡航することを許可した（日本への渡航は禁止のまま）。こうしてユーラシア東方の海域では，再び中国の民間商人の貿易活動が活発となった。

16世紀における日明勘合貿易

主体：幕府から大名へ移る

◦細川氏（堺商人と結ぶ）と大内氏（博多商人と結ぶ）が実権争い
↓
◦寧波の乱（1523年）で衝突
↓
◦大内氏が独占 → 大内義隆の滅亡（1551年）により勘合貿易が断絶

⑪南蛮貿易のはじまり

15世紀末，コロンブスが西インド諸島に到達し，ヴァスコ＝ダ＝ガマがアフリカ喜望峰をまわってインドに達して以降，ユーラシア西方にあるヨーロッパの国スペインとポルトガルがグローバルな活動をくり広げた（**大航海時代・大交易時代**）。

なかでもポルトガルは，16世紀初めにインドのゴアや東南アジアの**マラッカ**をおさえてゴアに政庁をかまえ，西はインド洋沿岸から東は中国にいたるユーラシア沿海部の交易ルートに参入した。中国では当初，明政府が公的な貿易を認めなかったため，中国人倭寇らと交じって密貿易を行った。

こうしたなかで16世紀半ば，ポルトガル人を乗せた中国人倭寇王直の商船が**種子島**（大隅国）に着いた。この時，ポルトガル人がもっていた鉄砲を島主の**種子島時堯**が買い求めたことから，**鉄砲伝来**とも呼ばれる。江戸時代初期に書かれた『鉄炮記』によれば1543年，ヨーロッパの史料によれば1542年だとされる。鉄砲は各地の戦国大名によって新鋭の武器として取り入れられ，その結果，戦闘や築城のあり方に変化をもたらし，また，堺や**国友**（近江国）などでは鉄砲の製造がはじまった。

一方，1549年には**イエズス会**の宣教師**フランシスコ＝ザビエル**が中国船に乗って鹿児島に渡来した。キリスト教(カトリック)の伝来である。ザビエルは京都に行き，天皇や将軍から布教の許可を得ようと試みたものの実現せず，大内氏や大友氏の保護をうけて布教活動の拠点を確保した。

これ以降，キリスト教の布教と密接な関係をもってポルトガル人の貿易活動がはじまる。ゴアにあったポルトガル政庁の政治力・軍事力はユーラシア東方には及ばなかった。そのため，日本でのポルトガル商船の寄港と交易をイエズス会が仲介して保障・実現させる一方，貿易の利益の一部をイエズス会に寄付させ，会の活動資金を確保するしくみが整えられた。そして，明の倭寇討伐に協力した見返りとして1557年，ポルトガル人のマカオでの定住を認められて以降，ポルトガル商船は中国産生糸と日本産銀との取引きを中心とする日明間の**中継貿易**に従事した。

遅れてやってきたのがスペインである。スペインは16世紀前半，**メキシコ**(ノビスパン)を征服し，さらに太平洋を横断して**ルソン**をおさえ，1571年，マニラを建設して政庁をかまえた。すでに明の海禁政策が緩和されており，中国商人がルソンへも渡航して貿易活動が活発に行われた。日本への来航は1584年，スペイン船がマニラから平戸に来航したのが最初で，これ以降，キリスト教宣教師の紹介状を介して安定した貿易活動の確保がはかられた。

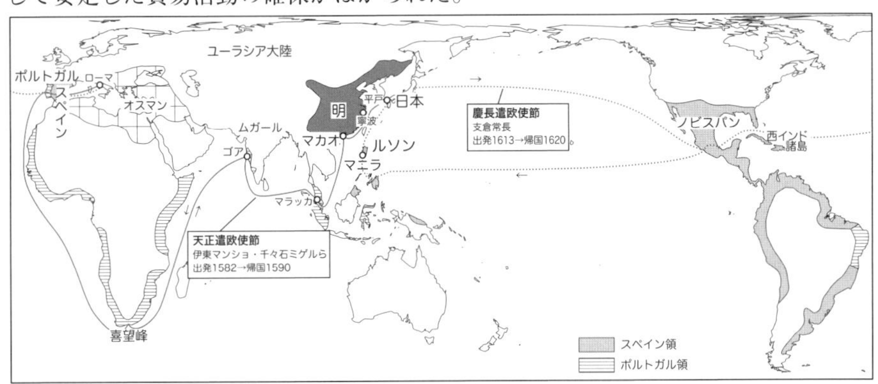

南蛮貿易

ポルトガルの拠点…インドのゴア，中国のマカオ
スペインの拠点…ルソンのマニラ
貿易品目…中国産生糸・鉄砲など ⇄ 日本産銀・刀剣など
性格…ⓐキリスト教の布教と密接，ⓑ中継貿易

貿易港は，長崎(肥前国)や平戸(肥前国)，豊後府内(豊後国)，坊津(薩摩国)などで，それらの港には博多や堺など他地域の商人も訪れ，ポルトガル人やスペイン人とさかんに交易が行われた。なお，日本国内での**人身売買**の広まりを背景として，ポルトガルやスペインの商船により日本人が奴隷として売買されることもあった。

17 天下統一

年代 1582～1600年

政治 1582年，**本能寺の変**で織田信長が家臣**明智光秀**によって滅ぼされると，織田政権内での主導権争いが激しくなり，その中から**羽柴秀吉**が台頭した。

①豊臣政権の成立と展開

羽柴秀吉の統一事業

1582	山崎の戦い…明智光秀を破る
1583	賤ケ岳の戦い…柴田勝家を破る 大坂本願寺の跡地に大坂城を築く
1584	小牧・長久手の戦い…織田信雄・徳川家康と戦い和睦
1585	四国平定…長宗我部元親を服属させる 関白に就任
1586	太政大臣に就任，豊臣の姓を名乗る
1587	九州平定…島津義久を服属させる
1588	京都の聚楽第に後陽成天皇を招く
1590	小田原合戦…小田原の北条氏政を滅ぼす 奥州平定…伊達政宗らを服属させる

羽柴秀吉は，出自の詳細は不明だが尾張国の地侍出身とされ，織田信長の家臣となり頭角をあらわした。信長の没後，1582年に**山崎の戦い**で明智光秀を破って織田政権での主導権を握り，翌83年には織田政権の重臣**柴田勝家**を滅ぼし，**大坂本願寺**の跡地に**大坂城**を築いて権力を誇示した。1584年には**小牧・長久手の戦い**により織田信雄(信長の子)と**徳川家康**に対して優位性を確保した。

こうして政権を掌握した秀吉は1585年，**関白**に就任し，翌86年には**太政大臣**となり，**豊臣**の姓を名乗った。そして，大内裏(宮城)の跡地に城郭風の邸宅**聚楽第**を築いて大坂城から移り，1588年には**後陽成天皇**を招いた。その際，徳川家康以下の諸大名を集めて天皇と秀吉への忠誠を誓わせ，彼らの臣従を確かなものとした。このように秀吉は天皇やそのもとでの官位秩序を活用して統一事業を進め，そのため，禁裏御料を献じるなど皇室財政の安定と天皇権威の高揚につとめた。

この間，秀吉は各地の大名や国衆に対し，領地の境界をめぐる合戦を停止し，豊臣政権の裁定に従うこと(**惣無事**)を命じ，そのうえで指示に従わない大名らを武力で攻め，降伏させ，あるいは滅ぼした。その結果，当時日本と呼ばれていた地域の統一を1590年に実現した。

②豊臣政権のしくみ

豊臣政権では政務を秀吉が独裁により決定し，それは1591年に関白職を甥の羽柴秀次に譲った後も変化はなかった。**五奉行**を中心とする側近の大名が秀吉を補佐する一方，徳川家康・**毛利輝元**ら有力大名は上位の家格を与えられて優遇され，**五大老**とも呼ばれた。こうした側近や有力大名が諸大名との取次にあたった。

五奉行と五大老

五奉行

浅野長政，石田三成，前田玄以，増田長盛，長束正家

五大老

徳川家康，毛利輝元，前田利家，宇喜多秀家，上杉景勝

財政基盤は蔵入地と呼ばれる直轄地で，220万石あり，室町幕府に比べて安定していた。また，佐渡などの鉱山を直轄し，金貨鋳造の元手にあてた。

社会経済　貨幣は室町・戦国時代と同じく**宋銭**・**明銭**や**私鋳銭**など規格の異なる銭貨が共存して流通した。一方，統一基準のもとで検地が行われて**石高制**が全国的に整うとともに**兵農分離**が進み，近世社会の基礎が形成された。

③貨幣流通のあり方

銭貨が不足するなか，16世紀後半の京都や畿内近国では**鐚銭**と呼ばれる，中くらいの品質をもつ私鋳銭が一般に通用し，また，近江国など一部地域では米が貨幣として機能することもあった。

一方，豊臣政権が**天正大判**と呼ばれる金貨を鋳造したものの，これは商取引には用いられず贈答用であった。

④太閤検地

豊臣政権は，旧来からの直轄地や新しく征服・獲得した地域で**検地**を実施した。この検地は，統一基準のもとで全国的に実施された点に特徴がある。秀吉が関白を退いた後に太閤と呼ばれたことから**太閤検地**と称され，また，主に天正年間に実施されたことから**天正の石直し**とも呼ばれる。

太閤検地での統一基準	
長さの単位	…1間＝6尺3寸　：畳の長いほうの長さにあたる
面積の単位	…1歩＝1間四方　：畳2枚の広さ
	300歩＝10畝＝1段（反）：戦国時代までは1段＝360歩
枡	…京枡を採用
高の表示	…石高＝土地の価値を米量（米建て）で表示

⑴**村ごとの検地**　豊臣政権は役人を各地へ派遣し，こうした統一基準に基づいて村々の協力を得ながら検地を実施し，村ごとに**検地帳**を作成した。

検地帳には，村全体の土地を田・畑（畠）・屋敷地などの区分に分けたうえで，それぞれ一筆（一区画）ごとに面積と**石盛**（**斗代**）を登録し，**石高**を定めるとともに，**名請人**を一人記載した。石盛（斗代）とは土地の等級のことで，4等級に分けてそれぞれ基準の米量を規定していた。田畑・屋敷地の価値をざっくりと4ランクに評価したのである。面積に石盛（斗代）を乗じたものが石高で，土地の価値（土地から得られる経済的な収益）を**米量**（**米建て**）で表示したものであり，年貢基準高であった。一筆ごとに記載された名請人は，それぞれの土地に賦課される年貢・諸役を負担する責任者（名義人）であり，**一地一作人の原則**により実際の耕作者（作人）が登録されたとされるが，実態はさまざまであった。（→ p.177）

このように村ごとに検地が行われた結果，村の把握が全国的に進み，それぞれの領域や村全体の石高**村高**も確定した。こうして村高に応じた年貢・諸役の納入を村が請負う**村請制**の基礎ができあがった。

村ごとの検地

村ごとに検地帳＝村全体の田畑・屋敷地などを登録
↓　　　　　　→一筆（一区画）ごとに石高と名請人を確定
村請制の基礎が整う

(2)諸大名からの検地帳と国絵図の提出　豊臣政権は全ての地域に役人を派遣して検地を実施したわけではない。徳川氏・毛利氏など有力な大名の領地については豊臣政権が検地を実施せず，それぞれ大名の裁量にまかせた。そのうえで1591年，豊臣政権は全ての大名に対して検地帳（**御前帳**）と**国絵図**の作成と提出を命じた。ともに国・郡単位でまとめて作成されたもので，これらの徴収は豊臣政権が全国の土地の支配権を掌握していることを誇示するものであった。また，御前帳と国絵図は石高での表示を義務づけられたため，石高制が全国的に整った。全ての大名の領地について石高（**知行高**）が定まり，大名が負担すべき軍役の数量，つまり常備・動員すべき兵馬（軍隊）の数量がその知行高に応じて決まった。

御前帳・国絵図の徴収

◦検地帳と絵図を国・郡単位でまとめて作成・提出：石高表示
↓
◦石高制が全国的に整う
↓
◦統一的な知行・軍役の体系が整う
　：大名の領地と負担すべき軍役の数量が石高により統一的に表示される

⑤兵農分離の進展

豊臣政権は，統一事業の過程で**刀狩令**と**人掃令**と呼ばれる法令を出し，結果として身分差を明確化させ，兵農分離をおし進めた。

刀狩令は1588年，百姓に対して武具の所持を禁じ，耕作への専念を命じた法令である。方広寺大仏の造立に利用することを口実としながら一揆の防止を目的として実施した。豊臣政権はこの政策を通じて，村々が直面する紛争を武力で解決する自力救済を否定し(→ p.134)，武力によらない地域秩序の安定をめざすとともに，これ以降，刀の所持・使用が武士と百姓を身分的に見分ける標識となる基礎を作り上げた。

1591年と1592年に出された人掃令は，朝鮮出兵に備え，武家奉公人や百姓を確保するための政策であるが，身分の確定につながったとの考えから身分統制令と呼ばれることもある。1591年の法令は足軽など武家奉公人が百姓や町人になること，百姓が耕作を放棄することを禁じ，1592年の法令は，在方（村）と町方（町）を区別した上で，村や町ごとに家数・人数を調査させたものである。

国際関係　ユーラシア東方において明中心の国際秩序が動揺するなか，豊臣政権は日本中心の新たな国際秩序づくりをめざした。**キリスト教**宣教師の活動に制限を加える一方，朝鮮や琉球，**ゴアのポルトガル**政庁，**マニラのスペイン**政庁などに入貢を求め，また，**明**侵攻をめざして**朝鮮**へ出兵し，**壬辰戦争**（**文禄**・**慶長の役**，朝鮮では**壬辰・丁酉倭乱**と呼ぶ）を引きおこした。

⑥豊臣政権による貿易の掌握

豊臣政権は貿易の利益に着目して当初，キリスト教を保護していたものの，1587年以降，宣教師の布教活動を制限し，**南蛮貿易**の掌握にのり出した。

当時，宣教師の布教活動と南蛮貿易は密接な関係をもち，宣教師が貿易の主導権を握っていた。そのなかで，戦国大名や国衆のなかにはキリスト教に入信したり（**キリシタン大名**），貿易の利益を求めて宣教師の活動を保護したりする者がいた。肥前国の**大村純忠**は**長崎**をイエズス会に寄進し，また，宣教師やキリシタン大名のなかには神社・寺院を破壊する者もいた。

これに対し，キリスト教のもとでの身分を超えた宗教的な結びつきを警戒した豊臣政権は1587年，**九州平定**の途上，一般民衆の入信を「心次第」とし，大名の入信には秀吉の許可が必要とするとともに，**博多**で**バテレン追放令**を出し，宣教師に国外退去を命じた。ポルトガル船やスペイン船との南蛮貿易は奨励しており，宣教師の活動を制限することにより，貿易の主導権を教会勢力から豊臣政権のもとにおくことをも企図していた。そして翌88年，イエズス会領であった長崎を没収して直轄地に組み込むとともに，**海賊取締令**を発して貿易秩序の安定をはかった。

とはいえ，バテレン追放令では貿易が奨励されただけでなく，仏教と共存して活動しさえすれば宣教師の来日は禁止されなかったこともあり，宣教師の多くは国内に残って布教活動を続け，豊臣政権にも黙認された。

⑦朝鮮出兵（壬辰戦争）

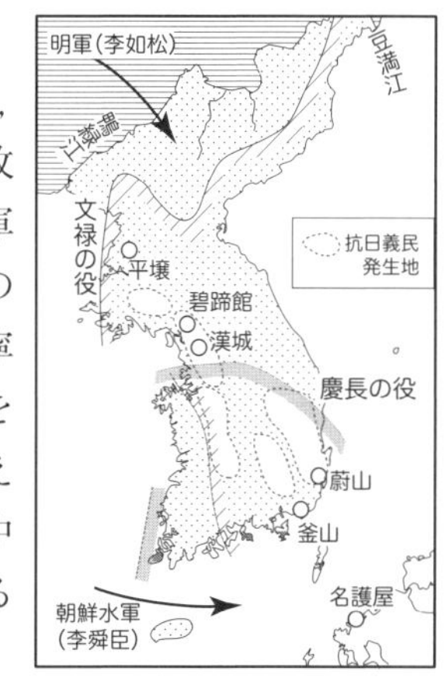

朝鮮が入貢と明への出兵の先導を拒否すると，1592年，豊臣政権は**名護屋**（肥前国）に本拠を構えて大陸への侵攻を開始した（**文禄の役**，朝鮮では**壬辰倭乱**）。初め日本軍が優勢で，朝鮮の都**漢城**を占領した。秀吉は漢城陥落の知らせを受けると，後陽成天皇を北京に移し，自らは寧波を拠点としてユーラシア東方に君臨するという構想を表明した。まもなく戦局が不利になると構想は立ち消えたが，豊臣政権による朝鮮出兵は，中国周辺の勢力が中国本土を制覇して新しい国際秩序を作りあげようとする動きの一つだったことを示している。

やがて明が参戦（→ p.172）し，さらに朝鮮義兵や**李舜臣**の率いる朝鮮水軍の抗戦によって補給を断たれると，日本軍は劣勢となった。秀吉の明征服の構想は挫折した。

こうしたなか，1593年から日明間で講和交渉がはじまる。秀吉は日本の劣位を認めつつも，貿易など友好親善の関係を結ぼうとした。ところが，秀吉の要求であった朝鮮南部の割譲や朝鮮王子の人質などが実現せず，明皇帝が秀吉を日本国王に封じる内容の国書がもたらされたにすぎなかったため，交渉は決裂した。そこで豊臣政権は1597年に軍事行動を再開した（**慶長の役**，朝鮮では**丁酉倭乱**）。しかし，翌98年，秀吉の死去により撤兵した。

このように日本と明・朝鮮の間で展開した戦争を，まとめて壬辰戦争とも呼ぶ。

⑧スペインとの緊張

豊臣政権からの入貢要請をうけ，1592年以降，マニラから**フランシスコ会**などの宣教師が使節として来日し，スペインとの交渉がはじまった。

こうしたなか，1596年にスペイン船**サン＝フェリペ号**が土佐国に漂着した。その際，豊臣政権が積荷や船員の所持品などを没収し（**サン＝フェリペ号事件**），さらに，秀吉がその没収を正当化するため，キリスト教布教を通じたスペインの領土征服の恐れなどを理由としてフランシスコ会の宣教師らを弾圧した（**26聖人殉教**）。

この後もマニラとの交渉は続いたものの，秀吉は強いて服属を求めず，友好親善をもとに貿易を行う姿勢へと転じた。サン＝フェリペ号事件以来，マニラに駐留するスペインの軍事力が，豊臣政権にとって脅威にうつったのである。

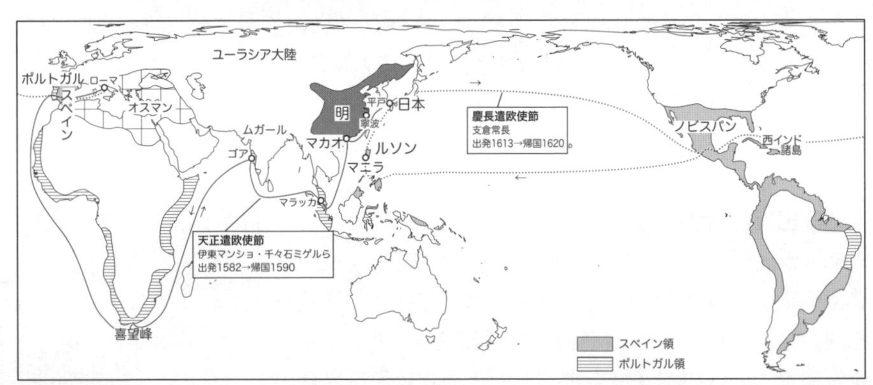

文化 16世紀末，豊臣政権の時代に展開した文化は，羽柴秀吉が晩年に過ごした**伏見城**の跡地がのちに**桃山**と呼ばれたことにちなんで**桃山文化**という。

⑨豪華絢爛と侘び

統一事業を進めた豊臣政権や，貿易など遠隔地間での取引きにより富を蓄えた豪商らの権力と財力とを背景として，豪華絢爛さをきわめる一方で，贅を尽くしながら切り詰めて簡素さを演出し，侘びを徹底しようとする動きが並存していた。

豪華絢爛さを象徴するのが**城郭**建築とその内部を飾った装飾である。城郭は軍事施設だが，次第に大名の住居，そして政庁としての役割も合わせもった。そのため，城主(大名)の権威・権力を誇示するため，高々とそびえ立つ**天主**(**天守**)が築かれるとともに，城郭内部に**書院造**の大広間が設けられ，襖・壁などには金箔や金銀泥の地に濃い青・緑で彩色する**濃絵**の手法によって華麗な障壁画が描かれ，欄間には豪華で精巧な彫刻，襖の引き手などには装飾性豊かな飾り金具が施された。

桃山文化の建築

姫路城…慶長年間に池田輝政が築城
都久夫須麻神社本殿・唐門…伏見城の遺構とされる
大徳寺唐門，西本願寺飛雲閣…聚楽第の遺構とされる

桃山文化の絵画

濃絵…金碧濃彩の障壁画 ⇆ 水墨画も描かれる
画家…狩野永徳『唐獅子図屏風』『洛中洛外図屏風』
狩野山楽『牡丹図』　狩野長信『花下遊楽図屏風』
長谷川等伯『智積院襖絵(楓図)』『松林図屏風』(水墨画)
海北友松

絵画の題材は，山水の風景や花鳥，権力者の喜ぶ唐獅子・鷹などが選ばれる一方，京都の街中を描いた**洛中洛外図屏風**，貿易に訪れたポルトガル人らを描いた**南蛮屏風**などのように，都市の風俗を題材とした風俗画が描かれることもあった。

一方，**侘び茶**が**堺**の**千利休**によって大成された。贅を尽くして簡素さを演出する侘びの美意識は，利休が設計した二畳の茶室**妙喜庵待庵**に体現されている。茶器では，引き続いて中国の陶磁器が珍重される一方，朝鮮の陶器，さらに**楽焼**などの日本陶器も新しく用いられた。こうしたなか，肥前国で日本初の磁器として**有田焼**の生産がはじまる。朝鮮出兵で連行された**朝鮮人陶工**李参平が創始したとの伝説があるが，それ以前から朝鮮人陶工により白磁の生産がはじめられていたとされる。

⑩都市民の文化

京都や大坂などの都市には商人・職人だけでなく武家奉公人が多く集まり，これら都市民衆を対象とする文化が栄えたのも，桃山文化の要素の一つである。

戦国時代から流行していた**小歌**では，堺の高三隆達が節づけた**隆達小歌**(**隆達節**)が現れた。**風流**(**風流踊**)の流行のなかからは，**かぶき踊り**が登場した。**かぶき**は，異様な風俗，常識外れな行動をとるという意味の「傾く」から生まれた言葉で，武家奉公人らのなかに多く存在したかぶき者の風俗・しぐさをまね，舞台に乗せたのがかぶき踊りである。17 世紀初めに**出雲の阿国**がはじめたとされる。

また，秀吉は 1587 年，北野社で身分の区別なく参加させて大規模な茶会**北野大**

茶湯を開催している。

⑪キリスト教と南蛮キリシタン文化の広まり

16世紀半ばに伝わったキリスト教（カトリック）は，**ルイス＝フロイス**や**オルガンチーノ**，ヴァリニャーニらイエズス会宣教師の布教活動にともない，1582年頃には九州や近畿などで10万人を超える信者が生まれた。大名や国衆のなかにも入信する者(キリシタン大名)が増え，彼らが家臣や領民に対して信仰を広めていったこともあるが，戦乱や飢饉に苦しむ貧民が救済を求めて入信した例も少なくなかった。また1582年には，ヴァリニャーニの勧めによりキリシタン大名の**大友義鎮**，**大村純忠**，**有馬晴信**が**伊東マンショ**，**千々石ミゲル**ら4名の少年使節をローマ教皇グレゴリウス13世のもとへ派遣した(**天正遣欧使節**)。

キリスト教の広まり

宣教師
　ルイス＝フロイス(『日本史』を執筆)
　オルガンチーノ(京都に教会堂南蛮寺を建立)
　ヴァリニャーニ(天正遣欧使節の派遣を勧める，活字印刷術を伝える)
教育機関…セミナリオ(一般教育)，コレジオ(宣教師養成のための高等教育)
キリシタン大名
　大友義鎮，大村純忠，有馬晴信，高山右近，小西行長ら

このようなキリスト教の広まりや南蛮貿易を通じて，ヨーロッパの文化が流入した。これを**南蛮キリシタン文化(南蛮文化)**と呼ぶ。油絵や銅版画の技法，西洋音楽がもたらされ，天文学や医学，地理学などの知識が伝えられるとともに，ポルトガル人風の衣服を身に着ける人々も出てきた。さらに，ヴァリニャーニによって金属製の活字と印刷機具がもち込まれ，出版活動が行われた。

⑫活字印刷術の伝来

イエズス会のヴァリニャーニの伝えた**活字印刷術**は，キリスト教布教のための出版活動に活用された。ローマ字や平仮名交じりの活字などが用いられ，教義書や日葡辞書，『平家物語』『伊曽保物語』などの文学書が出版されてキリシタン版（**天草版**）と総称された。一方，朝鮮出兵にともなって朝鮮から銅製の活字と印刷機具が伝えられた。それらを用いて，あるいは，それらにならって作成された木製や銅製の活字によって書籍の出版がさまざま行われ，なかでも後陽成天皇の命令により出版された**慶長勅版**が有名である。この結果，朝廷や有力寺院で蓄積されてきた古典文学や学問の復興が進む基礎が作られた。

北海道　15世紀後半のコシャマインの戦い以降，アイヌと和人との戦いが断続的に続いていたが，16世紀半ばに終わった。

⑬蠣崎氏の台頭

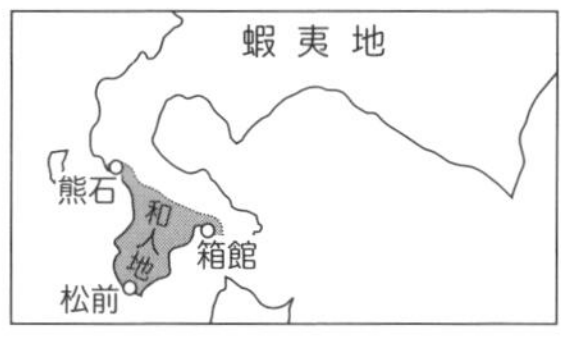

16世紀半ば，**蠣崎氏**と東西アイヌの大首長との間で取り決めが結ばれ，和人の勢力範囲が定められるとともに，アイヌと和人の交易が蠣崎氏の城下である**松前**（まつまえ）に集約された。こうして和人集団を統制下におさめた蠣崎氏は1593年，蝦夷地へ渡る商船への課税の独占権を秀吉から認められた。実質的に対アイヌ交易の独占的管理権を確保し，独立した大名としての地位を確立したのである。

沖　縄　16世紀初め，**琉球王国**は奄美（あまみ）諸島から先島（さきしま）諸島にいたる広域な支配領域を形成し，また，琉球を上位におく外交秩序のもとに九州南部の諸勢力を取り込んでいた。ところが，16世紀後半には**島津氏**が勢力を伸ばし，次第に琉球王国と島津氏との関係が逆転した。

⑭琉球王国と島津氏の対立

16世紀には，中国人密貿易商を中心とする**後期倭寇**が活動したうえ，九州の諸大名や商人が個々に商船を派遣して貿易に従事し，ポルトガル人やスペイン人が新しく中継貿易に参入するなど，環シナ海域では民間貿易が多角化しながら活発となった。この動きは1567年，明が**海禁政策を緩和**（→ p.127）し，南シナ海域の諸国への中国商人の海外渡航を認めると，より活発となった。琉球船の中継貿易は，すでに15世紀後半以降，明の琉球優遇策が縮小するのにともなって後退しつつあったが，こうした民間貿易の活発化によってさらに圧（お）された。この結果，琉球王国の経済的な繁栄は後退し，琉球にとって日本，とりわけ九州南部で勢力をのばす島津氏との関係が次第に重きをなすようになった。

他方，島津氏は16世紀後半，九州から琉球へ向かう商船の渡航について管理・統制を強めるとともに，奄美諸島へ勢力をのばし，琉球王国との対立を深めた。さらに島津氏が豊臣政権に服属すると，島津氏を通じて豊臣政権の圧力が琉球へも及んだ。1588年，秀吉が島津氏を介して琉球に入貢を求めたのである。翌年，琉球がそれに応じて使節を送ると，秀吉は服属したものと解釈し，琉球を島津氏に従属する存在と位置づけた。こうしたなか，琉球は島津氏から朝鮮出兵への協力を求められた。琉球国内では対応をめぐって議論が紛糾したものの，求められた負担のうち兵粮を一部提供して対応した。とはいえ，明に対して秀吉の侵攻計画を通報するなど，島津氏に従属することなく独自の動きをみせていた。

18 江戸幕府の成立

年代 1600～1632年

政治 関ヶ原の戦いをきっかけとして，江戸(武蔵国)を本拠とする新しい武家政権が登場した。江戸幕府である。

①江戸幕府の成立

徳川氏と天皇家

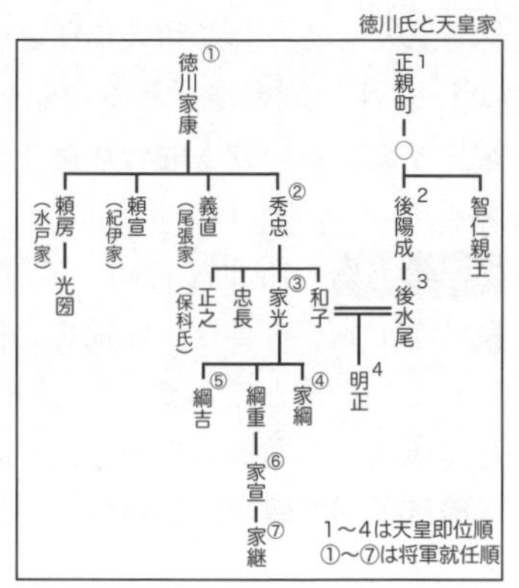

徳川家康は豊臣（羽柴）秀吉の没後，**五大老**の筆頭として豊臣政権の政治運営を主導し，対立する**石田三成**らを1600年，関ヶ原の戦いで破り，諸大名に対する優位性を確保した。しかし，大坂城には秀吉の子**豊臣秀頼**がいた。

そこで家康は1603年，**征夷大将軍**の宣下をうけ，天皇の権威を利用して全ての大名に対する指揮権を正当化するとともに，1604年には諸大名に**郷帳**（検地帳）と**国絵図**の作成・提出を命令し，家康が全国の土地の支配者であることを示した。さらに1605年，将軍職を子の**徳川秀忠**に譲り，徳川家による世襲を示したうえで，自らは駿府に移って**大御所**として実権を握り続けた。そして，諸大名に対して江戸へ人質を出させるとともに，やがて江戸への参勤を求めた。と同時に，諸大名にくり返し**軍役**を賦課し，主従関係を形成した。江戸城の増築など土木工事を分担させる**お手伝普請**を課し，家康が京都に赴く際にお供を命じるなど，軍事動員をくり返すことにより，大名が家康に奉公し，家康がその見返りとして大名に領地を保障するという関係を整えたのである。

そのうえで，**方広寺鐘銘問題**を口実として1614年から2度にわたって大坂城を攻め（**大坂の陣**），1615年，豊臣秀頼を滅ぼした。こうして全国支配の基礎を整えた家康は，諸大名や朝廷，寺社を統制し，秩序づけるための諸法令を定めた。

大名・朝廷・寺社を秩序づける諸法令

大名に対して

- 一国一城令(1615年)…1大名につき城郭を1つに限定
- 武家諸法度(1615年)…大名の守るべき規範，禅僧以心崇伝が起草
  →以後，将軍の代替わりごとに発布

朝廷に対して

- 公家衆法度(1613年)…公家が従事すべき務めを規定
- 禁中並公家諸法度(1615年)…天皇・公家の守るべき規範，以心崇伝が起草

寺院に対して

- 各宗派の有力寺院ごとに寺院法度…本山・末寺制(本末制)を整備

大名に対しては，軍事力の削減を目的として**一国一城令**を出すとともに，将軍秀忠の名で出した**武家諸法度**(以後のものと区別して**元和の武家諸法度**という)で新規築城を禁じ，居城修築には許可を必要とするなどと定めた。なお，一国一城令は，大名の有力家臣が拠点とする城郭を破壊することを意味していた。その点で大名による家臣統制を強化・確立するのに役立ったことにも注目したい。

朝廷に対しては，まず公家衆法度で公家の務めとして家業(家職)と宮中の警備に従事することを定めた。そのうえで，**禁中並公家諸法度**では公家だけでなく天皇も含め，生活や行動を規制した。天皇については，『**禁秘抄**』(→ p.169)をもとに「天子諸(御)芸能の事，第一御**学問**也」と定め，中国・日本の帝王学の古典を学び，王としての**礼**を修得することを求めるとともに，僧侶への**紫衣**の勅許を制限するなどした。また，武家を対象とする官位(→ p.106)の授与を公家と別扱いとすることにより，大名への官位叙任権を実質的に幕府が握り，大名の序列づけに活用しようとした。

寺院に対しては，各宗派の有力寺院ごとに**寺院法度**を発し，それぞれの宗派における**本山(本寺)**の地位と一定の領地を保障し，各地の諸寺院を**末寺**として組織させた。つまり，宗派ごとに**本山・末寺制(本末制)**を整え，寺院社会を秩序づけた。

なお，徳川家康や秀忠はしばしば京都に赴いた。政権を掌握するにあたって，畿内・西国の大名や朝廷への統制を確保することが大きな課題だったためである。家康は大坂城の豊臣秀頼と西国の豊臣氏ゆかりの大名らとの結びつきを警戒しなければならなかった。豊臣氏が滅んだ徳川秀忠の代でも，豊臣氏ゆかりの有力な外様大名**福島正則**(広島)を武家諸法度違反で改易するなどして徳川家の大名統制力を示すことが必要であったし，**紫衣事件**を引き起こして幕府の法度が天皇の意思に優越することを示し，朝廷統制の枠組みを整え，強化する必要があったのである。

紫衣事件(1627〜29年)

前提：禁中並公家諸法度で紫衣の勅許を制限(1615年)
経過：後水尾天皇の勅許した紫衣を幕府が無効とする(1627年)
　→大徳寺の沢庵宗彭が抗議＝幕府により処罰(1629年)
　後水尾天皇が幕府の同意なく譲位(1629年)
　→秀忠の孫娘明正天皇が即位
意義：幕府の法度が天皇の意思に優越することを明示

社会経済　徳川家康が政権を掌握して以降，江戸の都市整備が進み，さらに各地で城下町や港町・鉱山町などが建設され，それらを結ぶ交通網も整えられた。

②交通網の整備

交通手段には陸上交通と水上交通とがあり，ヒトの往来は陸上，モノの輸送は水上がそれぞれ中心であった。

⑴**陸上交通**　幕府は，全国統治の必要から，江戸と各地の直轄都市や諸藩の城下町とを結ぶ街道網を整えた。なかでも重視されたのが**五街道**であり，特別に**道中奉行**が管理した。徳川家康・秀忠が江戸・駿府と京都とをしばしば往復したため，江戸と京都を結ぶ**東海道**やそれを補う**中山道**，**甲州道中**が整備された。また，日光（下野国）に徳川家康を祀る**日光東照宮**が設けられ，３代将軍**徳川家光**が日光東照宮への社参をさかんに行うと，**日光道中**の整備が進んだ。

幕府は街道の要所に**関所**を設け，「**入鉄砲**」（鉄砲の江戸への運び込み）と「**出女**」（人質である大名妻子の江戸脱出）をチェックして治安維持をはかるとともに，一定距離ごとに**宿駅**を整備し，**伝馬役**を課して馬（**伝馬**）や人足を常備させて幕府の公務に利用した。宿駅には**問屋場**を設けて伝馬や人足の差配，公用の書状・荷物の継送り（**継飛脚**）を担当させ，馬や人足が不足すると周辺の村々（**助郷**）に**助郷役**を課して補った。大名の書状・荷物のための**大名飛脚**，庶民のための**町飛脚**も整えられた。また，幕府公用の役人や大名のための宿泊施設として**本陣**・**脇本陣**が設けられ，庶民が利用する**旅籠**や**木賃宿**もできた。

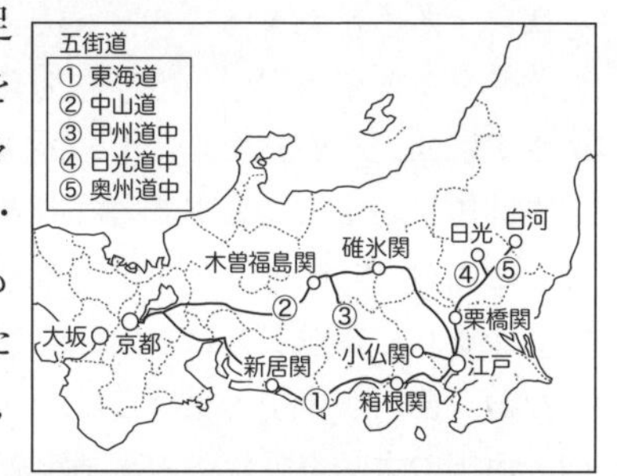

五街道

東海道…江戸・京都間→（関所）箱根・新居，（宿駅）53
中山道…江戸・草津間→（関所）碓氷・木曽福島，（宿駅）67
甲州道中…江戸・下諏訪間→（関所）小仏，（宿駅）45
日光道中…江戸・日光間→（関所）栗橋，（宿駅）21
奥州道中…宇都宮・白河間→（宿駅）10：江戸・宇都宮間は日光道中と重複

大井川（駿河・遠江間）のように，当時の技術的な限界により橋を架けることのできなかった河川がいくつかあり，交通の障害となった。

⑵**水上交通**　大量の物資を運ぶため，河川・湖沼や海を利用した水上交通が発達した。堺や京都，長崎，敦賀などを拠点とする豪商は，豊富な資金や廻船などをもち，地域により価格が異なる状態を利用し，水上交通を利用した遠隔地取引きや対外貿易で利益をあげた。彼らは**初期豪商**（→ p.179）とも呼ばれ，京都の**角倉了以**が有名である。

一方，江戸などの城下町建設とともに，材木や石垣用の石などを運ぶため，治水事業（水流を制御して河川の氾濫を防ぐ作業）が各地で行われた。角倉了以の治水事業が有名で，彼は**保津川**（丹波・亀岡と京都・嵐山を結ぶ）や**天竜川**，**富士川**などを開削し，京都・二条と伏見を結ぶ運河**高瀬川**を開いた。また，江戸での膨大な消費需要をまかなうため，大坂など上方から江戸に向けて**菱垣廻船**が就航した。

③貨幣制度の整備

徳川家康は**金座**・**銀座**を設けて金貨・銀貨(**慶長金銀**)を発行し，戦国時代以来のあり方を継承して金貨(小判など)は江戸，銀貨(丁銀・豆板銀)は大坂や京都を中心として，高額取引きで通用させた。小額取引きで用いられた銭貨については独自の銭貨を鋳造せず，**金１両＝銭４貫文**の公定相場を定めたうえで，京都周辺で通用していた**私鋳銭**(**鐚銭**)を通用させた。

国際関係　徳川家康は，諸大名との間で主従関係の形成につとめる一方，諸外国との交渉を統括することを通じ，日本の代表者としての地位を確保していった。

④朝鮮出兵(壬辰戦争)の事後処理

家康は，豊臣政権の**朝鮮出兵**で交戦した**明**や**朝鮮**との国交調整をめざした。

朝鮮については，**対馬の宗氏**に交渉をゆだねた結果，1607年，朝鮮から使節が来日して関係調整が進んだ。さらに，1609年には朝鮮から宗氏に対して**己酉約条**が手渡され，宗氏による朝鮮との貿易も復活した。

しかし，明との関係調整は進まなかった。そこで，家康は**琉球王国**を窓口とする交渉を期待し，1609年，**島津家久の琉球侵攻**を了承した。島津氏の支配下で，**尚氏**を国王とする独立国としての体裁を残し，明との朝貢・冊封関係を継続させ，琉球に明との交渉を仲介させようとしたのである。しかし明をかえって警戒させ，国交回復は結局，実現しなかった。

⑤環シナ海域への対応

当時の貿易は**ポルトガル船**によるものが多くを占めていた。そこで家康は，ポルトガル船との貿易を幕府の管轄下におく一方，ポルトガル船や宣教師を介さない貿易ルートを確保するため，さまざまな方策をとった。

⑴**糸割符制度の導入**　最大の輸入品である中国産**生糸**の取引きはポルトガル船の独占状態にあった。そこで家康は1604年，**京都・堺・長崎**の特定商人に**糸割符仲間**を組織させ（のち**大坂・江戸**も追加），生糸価格をポルトガル商人らとの協議のうえで決定し，仲間の商人が一括購入するシステムを導入した。そして**長崎奉行**の管理下においた。

しかし，ポルトガル商人側の不満を招き，紛争が生じることもあった。

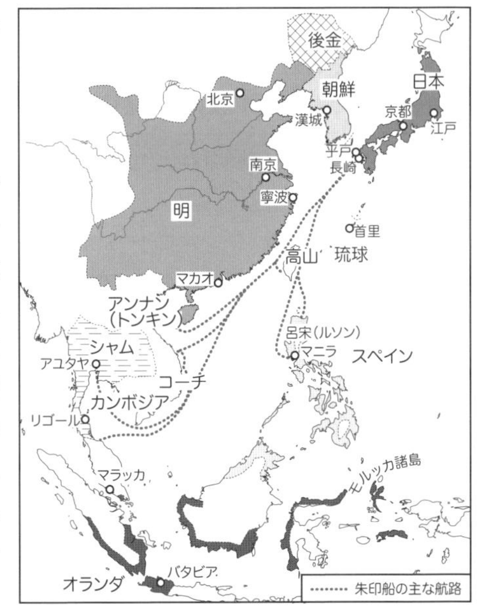

⑵朱印船貿易の開始　家康はアンナン（ベトナム）やシャム（タイ），**ルソンのスペイン**政庁などに文書（**朱印状**）を送って修好をはかり，日本の代表者としての地位を示した。そのうえで，日本から南シナ海域へ渡航する商船に対し，渡航を許可する朱印状を与えて貿易を奨励した。こうして朱印状により渡航を許可された商船を**朱印船**と呼ぶ。朱印船は中国商人との出会貿易に従事しただけでなく，ポルトガル船や中国船などと競合しながら，環シナ海域での中継貿易にも活躍した。

このように朱印船貿易が活発に行われた結果，日本から出国して南シナ海域へと生活の場を移す人々が増え，各地に**日本町**（**日本人町**）が生まれた。なかには，武勇にすぐれ，東南アジア諸国の国王らによって傭兵として雇われる者もおり，シャム・**アユタヤ**の日本町のリーダーだった**山田長政**がもっとも有名である。山田長政はシャム・アユタヤ朝の政界を左右するほどの実力をふるい，リゴールの地方官に任じられたものの，最後は政敵によって暗殺された。

朱印船貿易

朱印状によりアンナンやシャム，ルソンなどへの渡航を許可
担い手…豪商：角倉了以・茶屋四郎次郎（京都），末次平蔵（長崎）ら
　　　　西国大名：島津家久，松浦鎮信，有馬晴信ら
日本町…シャムのアユタヤ（山田長政が活躍）などに形成

⑶中国船の優遇　李旦など中国商人の貿易活動を保護・奨励した。

⑷スペインとの関係改善　東国に貿易拠点を確保しようというもくろみもあり，**ルソン**とノビスパン（スペイン領**メキシコ**）とを往復するスペイン船の貿易ルート（房総半島近くを通過）にも着目した。そこで，スペインとの結びつきが強いフランシスコ会などのキリスト教布教を黙認し，ノビスパンとの通商を企図した。

ノビスパンとの通商計画

徳川家康…京都商人田中勝介（勝助）を派遣（1610年）
　　　　〔契機〕ドン＝ロドリゴがノビスパンへの帰途，上総に漂着（1609年）
伊達政宗…家康の了承のもとで家臣支倉常長を派遣（1613年）
　　　　→フランシスコ会宣教師ソテロとともにローマへ（慶長遣欧使節）

しかし，スペイン側が消極的で，ノビスパンとの通商計画は実現しなかった。

⑸オランダ・イギリスとの通交　ポルトガル・スペインに対抗して新しく進出してきたオランダ・イギリスとも通交をはじめた。家康は1600年，**オランダ船リーフデ号**が豊後に漂着した際，乗組員の**オランダ人ヤン＝ヨーステン**と**イギリス人**ウィリアム＝アダムズ（三浦按針）を側近に登用し，やがて，キリスト教布教を行わないことを条件としてオランダ（1609年），イギリス（1613年）が平戸に**商館**を開くこと

を朱印状で認めた。しかしイギリスは競争に敗れて1623年，平戸の商館を閉ざして自主的に退去した。また，オランダは1620年代末，台湾で朱印船と紛争を起こしたため，幕府により平戸の商館を一時閉鎖させられ，貿易が中断したことがある。

(6)キリスト教への対応　宣教師のもつ貿易仲介能力(→p.151)に着目し，家康は当初，キリスト教の布教を黙認していた。しかし，キリスト教徒どうしの結びつきへの警戒は強かった。そのため，宣教師に頼らない複数の貿易ルートを確保でき，さらにノビスパンとの通商は実現困難との判断が生じるなか，1612年，幕領と直属家臣に対して**禁教令**（**キリスト教禁止令**）を出し，翌年に全国化した。そして1614年には，元キリシタン大名**高山右近**や宣教師らを国外に追放した。

禁教政策が外交・貿易制限と結びついたのが，家康の没後である。徳川秀忠は1616年，中国船以外の異国船の寄港地を長崎と平戸に制限した。さらに，宣教師がマニラから帰国した朱印船を通じて密航をはかった事件をきっかけとして1622年，宣教師やキリスト教徒を長崎で処刑する（**元和の大殉教**）とともに，1624年，布教活動に積極的なスペインと断交し，翌年にはスペイン船の来航を禁じた。

さらに，シャムで朱印船がスペイン船との紛争に巻き込まれたことをきっかけとして1631年，**老中奉書**による許可状で海外渡航を認める**奉書船**制度を新しく導入し，日本からの海外渡航を規制しはじめた。幕府・将軍の権威をそこなう事態が生じることを極力排除しようとする政策であった。

こうして禁教政策の徹底がはかられるなか，朱印状により外交・貿易を統制・秩序づける時代から，外交・貿易を厳しく制限する時代へと転換していった。

沖縄　琉球王国は1609年以降，薩摩藩の支配下に入った。

⑥薩摩藩支配下の琉球

尚氏を国王とする独立国の体裁は残り，政策決定や警察・裁判は原則，琉球王府が独自に行った。しかし，島津氏により与論島以北を割譲させられるとともに，**黒砂糖**などの上納を義務づけられ，通商権を掌握されて対外交易により得た物品を収奪された。中国（明，のち清）との朝貢・冊封関係が存続する一方，江戸幕府へ琉球使節を派遣させられ，日中両属の状態となった。

北海道　豊臣政権期に大名としての地位を確立した**蠣崎氏**は1599年，**松前氏**と改姓していた。そして1604年，徳川家康から蝦夷地での交易の独占権を認められて藩制を整えた。

⑦松前藩とアイヌ

家康から蝦夷地での交易の独占権を認められた松前氏は，蝦夷地の各地に交易を行う**商場**を設定し，商場でアイヌと交易を行う権利を有力な家臣に分け与えた（**商場知行制**）。こうした松前藩との交易の発展を媒介として，アイヌ社会では階層分化が進んだ。広域に支配を広げる首長が成長し，次第に抗争が生じたのである。

第9章 近世社会の展開

<大まかな時代の推移>

17 世紀

将軍徳川家光により日光東照宮が大規模に作り替えられた。
将軍徳川家光が寛永の武家諸法度で参勤交代を義務づけた。
日本人の海外渡航・帰国を禁止した。
江戸幕府が寛永通宝の鋳造・発行をはじめた。
キリスト教徒らによって島原・天草一揆が起こった。
ポルトガル船の来航を禁じた。
幕領の村々に対して田畑永代売買の禁止が命じられた。
由井正雪らが幕府の転覆を計画して失敗した。
水戸藩主徳川光圀の命により『大日本史』の編纂がはじまった。
寛文の武家諸法度の発布に際し，殉死が禁じられた。
アイヌの首長シャクシャインが蜂起した。
河村瑞賢が幕府の命により東廻り・西廻り海運を整備した。
三井高利が江戸に呉服店越後屋を開いた。
井原西鶴の浮世草子『好色一代男』が刊行された。
将軍徳川綱吉が天和の武家諸法度を定め，礼儀による秩序を強調した。
長崎郊外に唐人屋敷を設け，中国人居留民を収容した。
荻原重秀の提案により元禄金銀の発行がはじまった。
宮崎安貞が『農業全書』を著した。

18 世紀前半

赤穂浪士が吉良邸に討入り，吉良義央を殺害した。
朱子学者新井白石の提案により閑院宮家が創設された。
海舶互市新例が定められ，長崎貿易の枠組みが整った。
近松門左衛門の『国性(姓)爺合戦』が竹本座で初演された。
将軍徳川吉宗が評定所門前に目安箱を設置した。
将軍徳川吉宗が大名に対して上げ米を命じた。
幕府が大坂・堂島の米市場を公認した。
江戸で初めて打ちこわしが生じた。
大岡忠相らにより『公事方御定書』が編纂された。

19　幕藩体制の安定

年代
1632～1651年

政治　徳川家康・秀忠はともに，生前に将軍職を退き，それぞれ子の秀忠，家光に地位を譲ったうえで**大御所**として実権を握った点で共通していた。諸大名に対して次の主君を示すことにより政権の安定的な継承を確保しようとするものであった。こうしたなか，1632年に大御所徳川秀忠が死去し，3代将軍徳川家光が幕政を主導するようになった頃には，江戸幕府の大名・朝廷統制は安定を迎えた。

①江戸幕府の安定

家光は代替わりに際して有力な外様大名加藤氏(肥後国・熊本)や弟の徳川忠長を改易するとともに，1634年には上洛し，将軍権力を誇示した。

翌35年には新しく**寛永の武家諸法度**を定めて**参勤交代**を制度化し，江戸滞在が一般的であった諸大名に対し，定期的に国元に戻って領地経営にあたることを認めた。初代家康以降，幕府が大名統制のためにくり返し軍役を賦課したことは，大名が領民を労働力として動員したり苛酷な年貢を徴収したりするなど，苛政をくり広げることにつながり，百姓の疲弊を招いていた。幕府はこの事態を憂慮し，大名統制の確保と大名領内の安定との折り合いをつけようとしたのである。

参勤交代

寛永の武家諸法度(林羅山が起草・1635年)により制度化
内容：隔年交代で江戸に赴き，1年間江戸に滞在
役割：大名の将軍に対する忠誠を示す儀礼
意義：大名の地方割拠・独立性を抑制
　　　大名の領地経営の安定＝百姓経営の維持を確保 (→ p.176)
　　　（以上2点を）両立させる

一方，徳川家康を神（**東照大権現**）として祀る**日光東照宮**を増築して荘厳化をはかった。朝廷に要請し，伊勢神宮と同様の使節を派遣させて東照大権現を天皇家の祖先神天照大神に並ぶ存在に高め，将軍権威の高揚をはかった。

江戸幕府の運営をになう役職についても，家光の代から次の4代将軍徳川家綱の代にかけて役職名と職務内容が定まった。

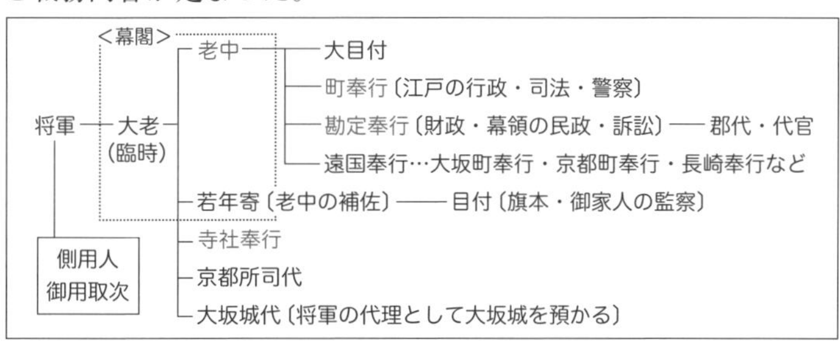

江戸幕府の運営
将軍を頂点として譜代大名(ふだいだいみょう)・旗本(はたもと)により運営
政務：老中(ろうじゅう)が奉行(ぶぎょう)らとの協議をもとに評議 → 将軍が裁可(最終決定)
裁判：三奉行(寺社奉行(じしゃぶぎょう)・勘定奉行(かんじょうぶぎょう)・町奉行(まちぶぎょう))が地域別に分担
重要事項は評定所(ひょうじょうしょ)で老中・三奉行らが評議
同一の役職に複数の者が就任→ふだんは月番(つきばん)交代で，重要事項は評議で処理

②幕府と藩・朝廷・寺社

寺社領1.2%
禁裏御料0.5%
幕府直轄領（幕領）15.9%
旗本領 9.9%
幕府領地
計 約2643万石
大名領 72.5%

江戸幕府は，約400万石に及ぶ広大な直轄地(**幕領**(ばくりょう))を保持した。一方，全国の大名から**郷帳**と**国絵図**を徴収して全国の土地を支配する立場を示したうえで，大名や天皇・公家，有力な寺社に対して領地をあてがい，統治にある程度の自由裁量を認めつつ規制を加えていた。

⑴**幕府と大名・藩**　大名とは，将軍と主従関係を結んだ武士のうち石高**1万石以上**の者をいい，大名の領地，さらに領地支配のための組織を一般に藩と呼ぶ。そして，幕府と藩が土地・人民を領有し統治する体制を幕藩体制という。

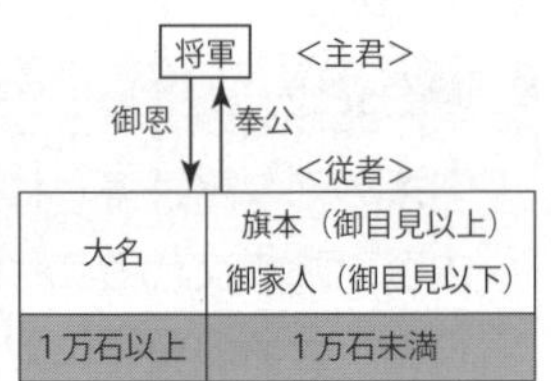

大名の分類
親藩(しんぱん)　……将軍の一族(尾張(おわり)・紀伊(きい)・水戸(みと)の三家など)
譜代大名…関ヶ原の戦い以前からの従者
外様大名…関ヶ原の戦い以後に従者となる

大名は，石高に応じた領地を給付・保障されて年貢収納権をもつとともに，石高にみあった規模の軍隊＝家臣団を擁したため，幕府に対して自立性をもった。しかし石高制のもと，領地は一時預かりが原則とされたうえ，**一国一城令**や**武家諸法度**により規制を受け，それらに違反した場合，**減封**(げんぷう)や**改易**(かいえき)といった処罰を受けた。

転封・減封・改易
転封(てんぷう)…領地の変更
減封…石高・領地の削減 ｝大名の処罰
改易…石高・領地の没収 ｝大名の処罰

大名が改易されると，その家臣は仕える主君を失い，**牢人**(ろうにん)となる。関ヶ原の戦いで西軍に加わって敗れた大名の多くが改易となり，また，江戸幕府が有力な親藩や外様大名を厳しく統制したため，徳川家康から家光までの3代で40～50万人の牢

人が発生したと推定されている。ところが戦乱の終焉にともない，新しい主君に仕える機会は激減した。そのため牢人は，**苗字帯刀**という武士身分としての特権は認められたものの，生活に困窮する人々が多かった。

⑵幕府と朝廷（天皇・公家）　幕府は全国支配を権威づけるために朝廷を利用する一方，天皇が自ら権力をふるったり他大名と個別に結びついたりすることを防ぐため，規制を加えていた。譜代大名を**京都所司代**に任じて朝廷を監視させ，公家のなかから**武家伝奏**を任じて幕府との連絡にあたらせるとともに**摂家**に朝廷運営を主導させた（→ p.202）。そのもとで，天皇は先例をふまえて朝廷での儀式を滞りなく主宰すること，公家はそれぞれの家業（家職）を務めることが求められた。

⑶幕府の宗教政策　幕府は，キリスト教とともに，世俗的権威の優位性を認めない**日蓮宗不受不施派**を禁じ，弾圧した。他方，幕府に従った諸寺院に対しては**本山・末寺制**（**本末制**）のもとに秩序づけ，寺院・僧侶を宗教活動に専念させた。そして，人々が檀那寺をもつことが広がりつつある状況を背景として，**島原・天草一揆**以降，**寺請制度**を導入し，寺院に対して民衆支配の末端機構という役割をもたせた。

寺請制度

基礎：寺檀制度…全ての人（武士・神職を含む）が檀那寺をもつ
（檀那寺＝葬祭〔葬式と祖先の供養〕をまかせる寺院）
内容：人々が檀那（檀家）であることを寺院が保証
◦宗門改帳（人別帳と合体して宗旨人別帳ともいう）に檀那寺を記載
◦結婚・奉公などで移動する際に檀那寺が寺請証文を発行＝身元を保証

寺請制度が幕領・諸藩を問わず制度化された4代将軍家綱の代には，1665年，仏教諸派に共通する**諸宗寺院法度**が定められた。神社・神職についても同年，**諸社禰宜神主法度**が発布され，公家の**吉田家**（**唯一神道**）による統制が試みられた。

社会経済　戦国時代以来，地域や取引きの規模により通用する貨幣が異なっており，江戸幕府はそれを継承しつつ統合する形で三貨制度を整えた。

③三貨制度の整備

参勤交代が制度化されたことにより，街道筋の宿駅での銭貨の使用が広がることが予想された。そこで江戸幕府は1636年，江戸などに**銭座**を設けて**寛永通宝**を発行し，銭貨の安定的な供給を保障した。そして，4代将軍家綱の代にかけて，中国銭や私鋳銭の流通を禁じながら全国的に通用させた。

この結果，17世紀後半，貨幣発行権を独占した幕府のもと，規格と品質の統一された金貨・銀貨・銭貨という**三貨**で構成される貨幣制度が整った。三貨はそれぞれ独立した価値をもつ貨幣として流通し，共通の貨幣単位をもたず，交換比率は時々の相場に応じて常に変動した。そして，銭貨が地域ごとでの小額の取引き，金銀貨が高額の取引きに用いられる一方，金貨は江戸など東国，銀貨は大坂など西国と北陸で通用する（**江戸の金遣い**・**上方の銀遣い**）という地域的な使い分けがなされた。

三貨制度
金貨…単位：両・分・朱（４進法）→計数貨幣（額面で通用），江戸中心に通用
銀貨…単位：貫・匁→秤量貨幣（量目をはかって通用），上方中心に通用
銭貨…単位：貫・文→計数貨幣（額面で通用）

こうした独立した３つの貨幣が併存する三貨制度は，三貨の交換や為替，貸付などに従事する**両替商**を介しさえすれば特に不便はなかった。金銀貨の交換に携わった両替商を**本両替**といい，大坂の**鴻池屋**（伊丹の酒造業者から転身）（→ p.199）が有名である。

なお，全国的に通用する貨幣は幕府が発行した三貨に限られたが，諸藩では**藩札**が発行された。通用は領内に限られたが，領内での幕府貨幣の不足や藩財政の赤字埋め合わせなどの目的で発行された。

国際関係　キリスト教禁制政策を徹底するために外交・貿易を厳しく制限しようとする政策は，**鎖国制**とも呼ばれる国際秩序の形成につながった。

④厳しい外交・貿易制限の展開

1633年，**長崎奉行**の交替に際し，奉書船以外の海外渡航を禁止することを改めて通達・厳命して以降，宣教師の密航を防ぐため，幕府は鎖国政策を一気に進めた。

まず1635年，中国船の寄港地を長崎のみに制限した。さらに同年，日本人の海外渡航と帰国を禁じた。この結果，国内の豪商（**初期豪商**）が利益を後退させるとともに，東南アジア各地の日本町が次第に衰退し，居留していた日本人はやがて現地の人々のなかに同化していった。

一方，ヨーロッパ船の来航については，キリスト教徒らによる島原・天草一揆をきっかけとして1639年，ポルトガル船の来航を禁じるとともに，報復に備えて沿岸警備を強化させた。その結果，オランダ船の来航だけが続く状態となった。

鎖国政策の展開
（1631年）奉書船制度を導入
（1633年）奉書船以外の海外渡航を改めて禁止
（1635年）日本人の海外渡航・帰国を禁止，中国船の寄港地を長崎に限定
（1637～38年）島原・天草一揆（島原の乱）…キリスト教徒らの一揆
（1639年）ポルトガル船の来航を禁止→諸大名に沿岸警備の強化を命令
（1641年）オランダ商館を平戸から長崎出島へ移転

島原・天草一揆は，領主が厳しく年貢を取り立て，キリスト教徒を弾圧したことへの反発から生じた一揆であった。島原（肥前国）と天草（肥後国）はかつて**有馬晴**

信，**小西行長**というキリシタン大名の領地で，キリスト教が広く浸透していた。もちろん，幕府の禁教政策により表面上はキリスト教徒が消滅していた。しかし，その信者組織は潜伏した状態で存続していた。そして天候不順が続いて飢饉が生じるなか，島原城主松倉氏と天草の領主寺沢氏が苛政をくり広げたため，有馬氏・小西氏の旧家臣（牢人）ら**潜伏キリシタン**が公然とキリスト教の信仰に立ち戻り，1637年，**天草四郎（益田）時貞**を首領として蜂起した。一揆勢は島原の**原城**趾に立てこもったものの，幕府は九州の諸大名を動員して翌38年，鎮圧した。

この一揆以降，幕府は潜伏したキリシタン民衆に対し，表面上はいったん信仰を捨てたとしても油断ならないと脅威を感じるようになった。そこで，国内では，すでに長崎で行っていた**絵踏**を九州各地へ拡大するとともに，信仰調査である**宗門改**を本格化させて寺請制度を導入し，信者の根絶をめざす一方，対外的には，ポルトガル船の来航を禁じて宣教師の潜入を防止した。

⑤鎖国制のしくみ

江戸幕府がこのようにして17世紀半ばに整えた国際秩序は，しばしば鎖国制と呼ばれる。しかし，対外的な通交がシャット・アウトされたわけではないし，幕府が対外関係を限定的なものとして明確に意識するようになるのは18世紀末以降のことでしかない。また，鎖国の呼称が初めて用いられたのは19世紀初め，**志筑忠雄**が**ケンペル**(→ p.209)『**日本誌**』の一部を『**鎖国論**』(→ p.214)と題して訳出したのが最初であった。ヨーロッパでの日本認識を鏡として鎖国意識が顕在化したのである。

鎖国制のしくみ

日本人の海外渡航・帰国を禁止（海禁政策）

貿易を四つの口で管理・統制

- 長崎…幕府が直轄，オランダ船・中国船が来航
- 鹿児島…島津氏（薩摩藩）が琉球を支配・通商権を掌握
- 対馬…宗氏（対馬藩）が釜山の倭館で朝鮮と貿易
- 松前…松前氏（松前藩）が蝦夷地のアイヌと交易

朝鮮・琉球と外交関係をもつ → 異国の将軍への服属を演出

- 朝鮮から…朝鮮通信使（将軍代替わりに）が来日
- 琉球から…慶賀使（将軍代替わりに）・謝恩使（国王代替わりに）が来日

貿易を管理・統制した四つの口のうち，幕府が直轄したのは長崎に限られ，ほかの三つの口は，中世末以来の歴史的経緯のある大名に独占権を認め，他大名の関与を排除した。長崎では，オランダ人は出島のオランダ商館（**東インド会社**支店）に隔離され，中国人は街中での雑居を認められるという違いがあったが，ともに長崎奉行の管理下で交易を行った。オランダ船や中国船は，中国産**生糸**や絹織物・書籍，

東南アジア産の砂糖・香料，インド産の綿織物などをもたらし，日本からは**銀**や**銅**などが輸出された。長崎には，こうした物品だけでなく海外情報がもたらされ，また，禅僧や絵画・医術・詩文などに優れた人物もしばしば来航した。オランダ商館長(**カピタン**)は東インド会社の拠点である**バタビア**から１年交替で着任し，そのたびに海外情報を幕府に提供する義務を負った。商館長が口述した内容は，通訳である**オランダ通詞**(つうじ)が翻訳して**オランダ風説書**(ふうせつがき)としてまとめられて幕府に提出された。

幕府が諸外国との間で国交関係をもったのは**朝鮮・琉球**の２カ国であった。幕府は朝鮮と琉球から使節を迎え，使節の江戸参府(さんぷ)を将軍への服属と演出することにより，日本を中華とする独自の華夷秩序を整えようとした。

なお，日朝間では17世紀初め以来の宗氏による国書改竄(かいざん)が明るみに出た。この問題が1635年に解決して以降，対馬に京都五山の禅僧が派遣され，外交文書を管理する体制が整うとともに，朝鮮使節は**朝鮮通信使**と称され，朝鮮からの国書での将軍表記は「**日本国大君**(たいくん)」と定まった。

⑥明清交替の動乱

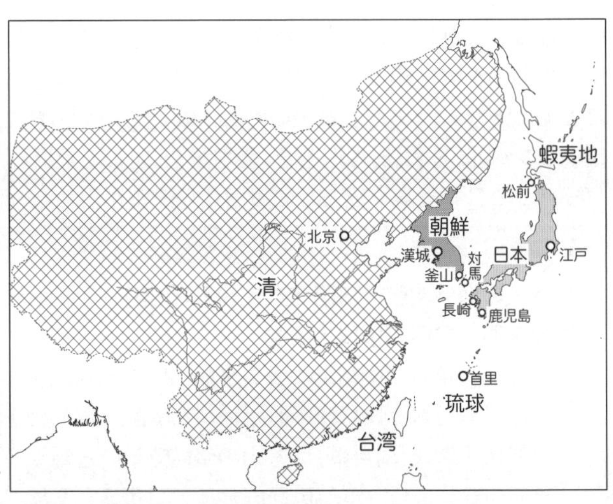

鎖国制が形成された頃，中国で動乱がはじまった。1644年，**明**が反乱により滅亡した際，**満洲族**(まんしゅう)**(女真族)**の**清**(しん)が中国本土に侵攻したのに対し，明皇帝の一族が中国南部に移り，明復興をめざして抵抗したのである。中国南岸(のち台湾)を拠点として貿易に従事し，環シナ海域に独自な勢力をつくりあげていた**鄭成功**(ていせいこう)ら鄭氏一族も提携して清に対抗し，動乱は1680年代まで続いた。

こうしたなか，幕府は鄭氏による支援要請に応じず，国際紛争に巻き込まれることを回避し，対外的に閉ざした状態を堅持した。

文　化　17世紀前半，３代将軍徳川家光の時期を中心とした文化を**寛永文化**(かんえいぶんか)という。桃山文化の豪華絢爛と侘びという二面性を継承しながら，安定期を迎えた時代状況を反映し，きれいでシャレた，雅(みやび)な文化が広まった。

⑦寛永文化

⑴**建築**　豪華絢爛と侘びという２つの面を象徴する建築が，**日光東照宮**（陽明門(ようめいもん)など）と**桂離宮**(かつらりきゅう)である。日光東照宮は徳川家康を神（東照大権現）として祀る神社で，

３代将軍家光によって荘厳に造り替えられ，その建築様式を**権現造**という。一方，桂離宮は**八条宮智仁親王**(後陽成天皇の弟)の別邸で，書院造にシャレた工夫を加えた**数寄屋造**の建築手法で造られている。同じ数寄屋造の建築に，後水尾上皇（後水尾院)の別邸**修学院離宮**がある。

⑵美術工芸品の広まり　華麗なデザインを施した美術工芸品が将軍・大名や公家，京都などの豪商の間で日用品として広まった。

美術工芸品の広まり

京都：本阿弥光悦…書道や蒔絵などに優れる・『舟橋蒔絵硯箱』
　　　俵屋宗達　…扇などに絵をつけて販売した町絵師・『風神雷神図屏風』
有田：酒井田柿右衛門…有田焼，上絵付の技法で赤絵を完成

本阿弥光悦は，徳川家康から洛北鷹ヶ峰に土地を与えられ，芸術村を開いて活動した美術プロデューサーでもあり，町絵師**俵屋宗達**と共同作業でいくつかの作品を残している。『伊勢物語』や『古今和歌集』，『徒然草』などの古典文学を，豪商角倉素庵(了以の子)をスポンサーとし，光悦の書体をもとにした活字と宗達による華麗な装丁とによって出版した豪華本(嵯峨本)がその一例である。

有田焼(積出港の名をとって**伊万里焼**とも呼ばれる)は，朝鮮人陶工がはじめたという由緒をもち，1640年代に**酒井田柿右衛門**（初代）が長崎の中国人から技術を学び，上絵付の手法で白磁に**赤絵**を焼き付けることに成功した。明清交替の動乱により中国陶磁器の輸出が減退すると，ヨーロッパにも多く輸出された。同じように朝鮮人陶工がはじめたという由緒をもつ陶磁器は，他に**薩摩焼**・**萩焼**などがある。

他方，**狩野探幽**が幕府御用絵師となるなど，狩野派の画家が幕府・諸藩のお抱え絵師として活動し，題材には山水の風景や花鳥だけでなく，中国の文人がたしなんだ琴棋書画(琴・囲碁・書道・絵画)などが選ばれた。探幽は『大徳寺方丈襖絵』など余白の余韻を活かしたシャレた画風をつくりあげ，その弟子**久隅守景**は『夕顔棚納涼図屏風』のような穏やかな自然・田園の風景などを描いた。

⑶出版文化の広まり　16世紀末にヨーロッパと朝鮮から**活字印刷術**がもち込まれて以降，活字による出版が一時さかんとなったものの，17世紀半ばにすたれた。まず，キリシタン版(天草版)(→ p.158)は幕府のキリスト教禁制策により途絶した。一方，慶長勅版など朝鮮の影響による出版は，木製の活字が大半であり書籍を大量に印刷するには適していなかった。そのため，書籍の需要が増加すると，技術的・経済的な理由から活字印刷術は用いられなくなり，中世以来の**木版**による出版が再び主流になった。このののち活字版が復活するのは，1869年に**本木昌造**が鉛製活字の量産技術を導入することに成功して以降のことである。(→ p.249)

木版(→ p.149)では，絵入り・かな書きの小説が多く発行された。**仮名草子**と総称され，内

容は，教訓を説いたもの，日本の古典文学や中国の小説の翻案など多様であった。

⑷**文芸・芸能**　文芸では，戦国時代以来の**俳諧連歌**が広く浸透し，そのなかで，連歌のわずらわしい約束事を減らした**俳諧**が新しく登場した。京都の**松永貞徳**は俗語を使うことを主張し，古典文学の素養を用いた言葉遊びを特徴とする**貞門俳諧**をつくりあげた。

芸能では，かぶき踊りにはじまる**歌舞伎**が都市の庶民の間で流行した。初めは女性が主役の**女歌舞伎**，続いて，美少年が主役の**若衆歌舞伎**がさかんに興行されたものの，ともに風俗を乱すとの理由から幕府により禁止された。17 世紀後半には成人男子による**野郎歌舞伎**が主流となり，やがて総合演劇として発展した。

⑸**学問・宗教**　上下の秩序を重視する**儒学**が政治や生活の倫理として影響力をもつようになった。儒学は中国の**孔子・孟子**によってはじめられ，代表的な流派に**朱子学**と**陽明学**があった。朱子学は**南宋**の**朱熹（朱子）**が大成し，社会秩序を宇宙・自然と同じように定まったものとみる儒学の一派で，日本では鎌倉時代に伝わった。当初，**禅僧**を中心に学ばれていたが，**藤原惺窩**や**谷時中**が仏教から独立をはかり，日本独自の朱子学の基礎を整えた。陽明学は**明**の**王陽明**が大成し，人間の心の働き全体を重視し，知行合一を説く儒学の一派で，日本では**中江藤樹**が基礎を整えた。

儒学

朱子学

◦藤原惺窩…京都で活動（京学），朝鮮の朱子学者姜沆から学ぶ
　→ 林羅山（道春）…徳川家康に政治顧問の一人として仕える
◦谷時中…土佐で活動（南学）
　→ 山崎闇斎…神道思想を基礎に朱子学を受容して垂加神道を創始
　　　　　　　保科正之（会津藩）が重用

陽明学

◦中江藤樹…近江国で藤樹書院を開いて活動
　→ 熊沢蕃山…池田光政（岡山藩）が登用，『大学或問』で処罰される

熊沢蕃山は，**『大学或問』**を執筆して幕政を批判したことをきっかけとして 1687 年，古河（下総国）で幽閉されるが，それは，公家や牢人らとも交友のある蕃山を中心として，さまざまな人々が衆議することを幕府が警戒したためとされる。

仏教では，17 世紀半ば，明清交替の動乱のさなかに禅僧**隠元隆琦**が中国から長崎に渡来し，禅宗の一派**黄檗宗**を伝えた。幕府・朝廷から崇敬をうけ，京都郊外の宇治に**万福寺**を開いた。なお，万福寺の住持（住職）は 18 世紀後半まで中国から渡来し続け，そのため，万福寺は長崎に並ぶ，新しい中国文化（明清文化）（→ p.204）の発信源となった。

20　平和と秩序の時代への転換

年　代
1651 ～ 1680 年

政 治　1651 年に 3 代将軍**徳川家光**が死去すると，継嗣の**徳川家綱**が 11 歳と幼少だったため，兵学者**由井正雪**らが**牢人**を組織して幕府の転覆を計画したことが発覚する(**慶安の変**)など，政情不安が生じた。しかし幕府の大名統制はすでに安定し，幕政機構も整いつつあった。こうして 4 代将軍家綱の時代は，叔父の**会津**藩主**保科正之**の後見のもと，国内は平和と秩序の時代を迎えた。

①武家社会の安定

幕府の大名統制が安定し，将軍と大名，大名とその家臣の間の主従関係が固定化するのにともない，主従関係は個人どうしの信頼関係に基づく本人一代限りのものではなく，世代を超えて継承・世襲されるものと意識されるようになった。

主従関係の安定を示す政策

末期養子の禁を緩和(1651 年)…死ぬ間際の養子を 50 歳未満の大名に認める
◦契機：慶安の変
◦目的：大名家の存続を重視＝牢人の発生を抑制
殉死を禁止(1663 年)…主君の死去に際して従者が後追い自殺することを禁止
◦目的：奉公の対象を主君個人から主家(代々の主君)へ転換させる
寛文印知…全ての大名に領地(領知)宛行状をいっせいに給付(1664 年)

領地宛行状は，徳川家康から家光までは個々の大名にまちまちに発給されていたのに対し，4 代将軍家綱の代には，全ての大名(三家など若干の例は除く)に対していっせいに，同時に給付された。このことは，将軍と大名の主従関係が個別的なものから体制的なものへと変化し，将軍権力が体制的に確立したことを象徴した。これ以降，将軍の代替わりごとに領地宛行の**朱印状**を給付することが定例化した。

こうして主従関係が世代を超えて世襲されるのにともない，主君から給付・保障された石高も家で世襲される財産(家産)とみなされるようになり，それぞれの家の上下的秩序＝**家格**を示す指標の一つとされるようになった。

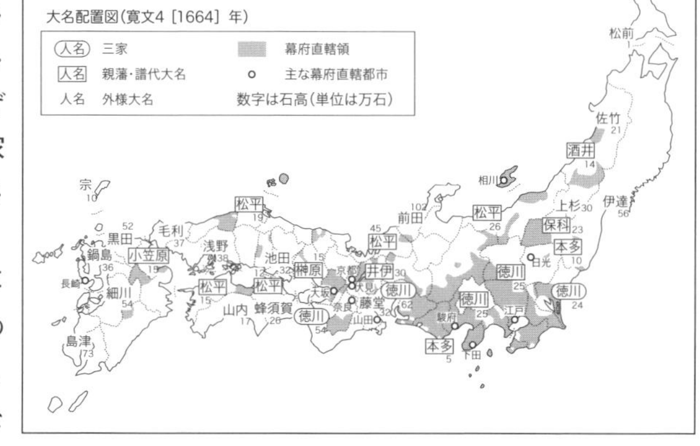

大名配置図(寛文4［1664］年)

②牢人・かぶき者と火事

このように主従関係の安定・固定化が進む一方，武家社会にはやっかいな問題が残っていた。牢人や**かぶき者**の処遇である。

幕府は慶安の変をうけ，**末期養子の禁を緩和**して牢人の発生を抑えたものの，現実にいる牢人への救済策を積極的にとったわけではない。結局のところ，牢人は裏通りの借家(しゃくや)に住みながら，自助努力で生活を支えるしかなかった。他方，かぶき者は派手で異様な風体をして集団で町中を闊歩(かっぽ)し，けんかや金品の強奪など常軌(じょうき)を逸(いっ)した行動をくり返していた。豊臣政権の頃つまり戦乱が次第に終焉に向かう時代状況のなかで登場し，初めは武家奉公人や牢人のなかに多くみられた。ところが，江戸幕府の支配が確立して武家社会が安定するなか，秩序に押し込まれることへの不満のはけ口として次第に風俗化し，旗本や公家の若者のなかにまで及んでいた。こうしたかぶき者に対し，幕府は治安対策として取締りを強化し，圧殺した。

もう一つ，やっかいな問題があった。江戸で火事が頻繁に生じたことである。なかでも 1657 年の**明暦(めいれき)の大火(たいか)**では，市街地の多くが焼けただけでなく江戸城の天主までもが焼失した。明暦の大火後，幕府は，直轄の消防組織として**定火消(じょうひけし)**を設けるとともに，江戸の都市計画を進め，延焼(えんしょう)を防ぐために道幅の広い**広小路(ひろこうじ)**を設けるなど防火対策をはかった。しかし，江戸復興の費用がかさみ，やがて幕府財政が窮乏する一因となった。

③藩政の確立・安定

武士は主家に代々奉公するものという観念が一般化すると，諸藩では藩としての一体感が強まった。組織の一員として自らの役割を果たすことが強く意識されるようになったのである。また，4 代将軍家綱の代には将軍が上洛しなくなったうえ，**お手伝普請**も軽減されたため，諸藩の負担する**軍役**は軽減され，領内統治の安定を(→ p.167)はかり，百姓経営の成り立ちを支える環境が整ってきた。

こうしたなか，**家老**を中心とする藩政機構が整い，それにともなって家臣の城下町集住が進み，武士は統治を担う為政者(いせいしゃ)としての性格を強めた。

(→ p.188)また，大名から家臣への知行給付も，領地を給付する**地方知行制(じかたちぎょうせい)**に代わって禄米(ろくまい)を支給する**俸禄制(ほうろくせい)**が一般的となった。こうして諸藩では統一的な領内統治の体制が整い，河川の治水や湖沼の干拓が進められ，平野部での新田開発がさかんになった。

この時期には，藩政を安定させ，学問を奨励するなどした大名が現れた。

17 世紀後半の諸藩

保科正之（会津藩）…甥の４代将軍家綱を後見，朱子学者山崎闇斎(やまざきあんさい)を保護
池田光政(いけだみつまさ)（岡山藩）…陽明学者熊沢蕃山(くまざわばんざん)を登用・郷学閑谷学校(ごうがくしずたにがっこう)を設立
徳川光圀(とくがわみつくに)（水戸藩）…彰考館(しょうこうかん)を設けて『大日本史(だいにほんし)』の編纂を開始
前田綱紀(まえだつなのり)（加賀藩）…朱子学者木下順庵(きのしたじゅんあん)や本草(ほんぞう)学者稲生若水(いのうじゃくすい)を保護
東寺に伝来した古文書の整理を支援（→ 東寺百合文書(とうじひゃくごうもんじょ)）

④幕府・諸藩の人民支配

幕府・諸藩は，村や町などの社会集団を利用し，その共同体的な慣行にある程度，依拠しながら人民支配を進めた。17 世紀後半，人々が家をつくり，家ごとに村や町などの集団に所属することが一般的になり，それぞれの集団に課せられた負担(**役**)を果たすことによって百姓や町人などの身分に位置づけられた。もっとも，身分は厳しく固定されてはおらず，相互に変更が可能であった。たとえば，百姓や商人が人材登用や御家人株の購入などにより武士になることも，少数だがありえた。

⑴**村と町**　人民支配の基本的な単位は村と町であった。

村は農業を主な生業とする農村が大半であったが，漁村や山村，さらに在郷町(在方町)と呼ばれる商工業者の集住した町場もあった。

村

(a)生活と生産の共同体…入会地を共同で確保，労働力を相互に提供(結)など
(b)支配の基本単位…年貢納入や法令の伝達・順守を請負う(村請制)
↓　　　　　　　　　　↳百姓を五人組に編成して連帯責任を負わせる
自治運営：名主・組頭・百姓代の村方三役(地方三役)を中心とする
(名主は東国の呼称 → 西国では庄屋，東北では肝煎)
寄合で協議…本百姓が参加，水呑は参加できない
村の諸経費(村入用)…本百姓から徴収

村の構成員を百姓といい，田畑・屋敷地をもつ**本百姓**(高持百姓)が村の正式な構成員として村政に参加し，年貢・諸役を担う義務を負った。他方，検地帳に登録されない**水呑**は村政運営に参加する資格をもたなかった。

村の負担

本途物成	田畑・屋敷地に賦課
小物成	山野河海の収益や副業などに賦課
高掛物	村高にかかる付加税
陣夫役	戦時に物資運搬のために賦課
国役	土木工事・朝鮮通信使接待の費用などを徴収
伝馬役	宿駅の人足・伝馬を常備する賦課
助郷役	宿駅の人足・伝馬の不足分を周辺の村に賦課

ところで，新田開発がさかんに行われて各地で新しい村々が多数生まれたことを前提として，４代将軍家綱の代には幕領でいっせいに検地が行われ，村々の把握がより進んだ。この頃には，商品作物を栽培する田畑には米作を行う田地よりも高めの石盛(斗代)を設定するなどの方法により実際の生産力を石高に反映させることが一般化した(→ p.153)。さらに，検地帳に登録された百姓に田畑・屋敷地を所持する権利が認められるようになったのも，この頃である。17 世紀を通じ，検地帳に名請人として登録された**小百姓**が権利の確保を求めて土豪(地侍)に対抗した成果であった。こうして小百姓を中心として比較的に均質な構成の村々が各地に成立した。

このように本百姓の多くは小百姓であった。夫婦を中心とする家族のわずかな労

働力により，せまい田畑を耕作し，小作や賃稼ぎを組み合わせて生活を成り立たせた。これに対して幕府・諸藩は，年貢確保のため，経営を安定させる政策をとった。まず1640年代初めの**寛永の飢饉**に際し，幕府（3代将軍家光）は1643年，幕領の村々に対して土民仕置条々を出し，田畑永代売買の禁止（いわゆる**田畑永代売買の禁令**）など農業や生活について細かな指示を与えるとともに，木綿・菜種などの作付を一時的に制限した。4代将軍家綱の代になり新田開発がほぼ限界になると，1673年に**分地制限令**を定め，分割相続を制限して百姓経営の零細化を防ごうとした。

一方，城下町などの都市は，武家地・寺社地・**町人地**（**町方**）など身分ごとに居住する地域に区分され，町人地は複数の町によって構成された。町は，道路をはさんで向かい合うものどうしで形成される**両側町**が一般的で，出入り口には木戸が設けられ，治安維持のため，夜には閉じられた。

町

(a)経済活動と生活の共同体…財産や信用を相互に保障
(b)支配の基本単位…町人足役の負担や法令の伝達・順守を請負う
↓
自治運営：町人から選ばれた町役人を中心とする
　寄合で協議…家持が参加，地借や店借は参加できない
　町の諸経費（町入用）…家持から徴収

町の負担

地子	屋敷地に賦課だが，しばしば免除された
町人足役	上下水道や道・橋の整備，城郭や堀の清掃，防火など，都市機能を維持するための夫役

町の構成員を町人といい，**町屋敷**をもつ家持が町の正式な構成員として町政に参加し，町人足役などを担う義務を負った。他方，町屋敷を借地・借家して商工業を営む**地借**や**店借**，裏通りの零細な棟割長屋に住む裏店借は，経営規模の大小に関わらず町政運営に参加する資格をもたなかった。

(2)皮多（長吏）・非人など　**皮多**（**長吏**）は死牛馬の処理や皮革の製造などに従事し，皮革の上納や行刑役などを役務として担った人々で，やがて「**穢多**」という賤称で呼ばれることが一般化した。**非人**は村や町から排除されて集団を形成した乞食であり，村や町の番人を務めるなど主に警察的な業務を担った。

これら以外に，**日用**（日雇い）で肉体労働に従事するものもいた。特に都市では武家奉公人，荷物の積み卸し，土木工事などに多くの労働力の需要があり，人材の手配・斡旋を請負う口入れ屋のもと，村々から流入する人々の受け皿となっていた。

(3)家　人々は家をつくって生活し，村単位で作成される宗門改帳（宗旨人別帳）に家ごとにまとめて登録された。家のなかでは，**戸主**（**家長**）の権限が強く，その地位と財産は長男が相続するのが一般的であった。しかし，前戸主の未亡人（後家）が相続

し，戸主に準じる地位につくこともあった。

女性は一般的に男性より低く扱われ，幼少の時は父に，結婚した後は夫に，夫の死後は子に従うべきだという三従の教えが説かれた。また離婚の際には，夫から妻へ離縁状(去状)が出されるのが一般的であり，大半がほぼ３行半で収まるように書かれたため三行半とも俗称された。離縁状は女性が再婚する際に必要とされた。

社会経済　平和と秩序の時代を迎えた４代将軍家綱の代は，江戸や各地の城下町に集住した武士たちを主な購買層として全国的な物資流通が活発となった。

⑤全国的な流通網の整備

17 世紀後半，**河村瑞賢**が**東廻り・西廻り海運**を整備した。幕領の年貢米を**江戸**まで廻送するよう，幕府(４代家綱)から命じられたことがきっかけであった。東廻り海運は当初，荒浜(陸奥国)から房総半島をまわって江戸まで，西廻り海運は**酒田**(出羽国)から下関・**大坂**を経由して江戸までを結ぶ水上交通であった。

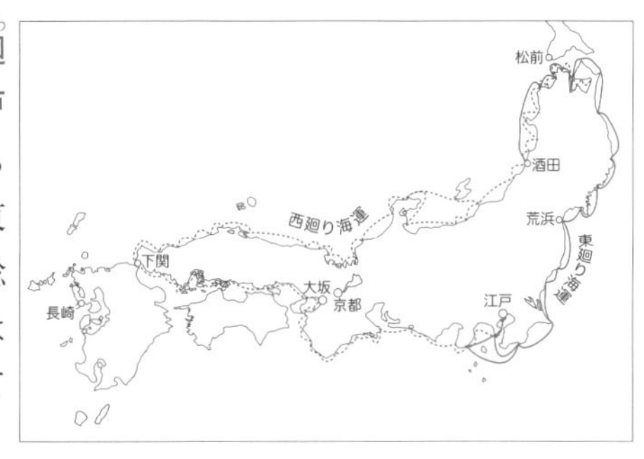

こうして全国的な流通網が整い，地域による価格差が縮小した。その結果，価格差を利用して遠隔地取引きで利益をあげていた**初期豪商**(→ p.162)は衰え，代わって，特定の品物を薄利多売して利益をあげる**問屋**・**仲買**の商人が台頭した。他方，幕府・諸藩の年貢米を中心とする諸国の物資が大坂に集中し，その結果，大坂は諸国物資の集散地としての地位を確立し，のちには「**天下の台所**」と称された。

幕府・諸藩が大坂などにもたらす年貢米や国産品は**蔵物**と総称され，一方，民間商人が扱った物資は**納屋物**と総称された。

蔵物と納屋物

蔵物：幕府・諸藩が扱う物資(年貢米など)

- 幕府＝幕府米蔵 → 旗本・御家人に禄米を支給…札差が禄米の換金を担う
- 諸藩＝蔵屋敷…蔵元が蔵物の管理・出納を担う
  → 売却代金は掛屋が管理

納屋物：民間商人が扱う物資

- 民間商人＝問屋・仲買・小売に分かれる
  問屋(卸売)，仲買(商品を中継取引き)，小売(商品を消費者に販売)

ところで，諸藩はなぜ年貢米を江戸・大坂に廻送したのか。

幕府・諸藩が村々から取り立てた年貢は，一部を貨幣で納入させることがあったものの，米で納めさせるのが一般的であった。ところが，武士は江戸など城下町に集住する都市生活者であり，都市では幕府発行の三貨が貨幣として通用していた。さらに諸藩の場合，参勤交代を義務づけられ，江戸や国元での都市生活にともなう出費がかかり，往復の街道筋での出費もあった。そのため，年貢として収取した米を販売し，幕府貨幣を調達することが不可欠であった。では，どこで大量の年貢米を販売するのか。諸藩の城下町は消費市場としての規模が小さいため，東廻り・西廻り海運を就航する廻船を利用して，江戸・大坂という膨大な商工業人口を擁する中央市場に廻送されたのである。

⑥三都の発展

江戸時代には城下町や港町，宿場町，鉱山町などさまざまな都市が成立・発展したが，そのなかでも江戸，大坂，**京都**は特に三都と並び称された。

江戸は，幕府の所在地として政治の中心であり，幕府の諸施設や諸藩の屋敷（大名屋敷），旗本・御家人の屋敷が集中した。多数の武士とその家族が居住し(参勤交代で江戸に来る各藩士は単身赴任だが)，さらに町人地には，彼らの需要をまかなうために多くの商工業者が集住し，18世紀前半には江戸全体で人口100万にもなった。日本最大の消費都市であった。

大坂は，政治面では西国支配の要地であり，経済面では商業・金融の中心地であった。古代以来の水上交通の要地(**難波津**(→ p.34))であったうえ，戦国時代以降，**大坂本願寺**の寺内町(→ p.145)建設，豊臣政権による**大坂城**(→ p.152)築城と城下町建設を経て，17世紀後半に西廻り海運が整備されたことにより「**天下の台所**」としての地位を確立した。

京都は，天皇・公家が居住したうえ，寺社の本山が所在し，幕府の全国支配を補完する権威を提供した。経済面では，**西陣**の絹織物業など，高度な技術をもつ手工業が発達し，将軍・大名やその家族が必要とする高級品の供給地であった。

三都
江戸：幕府の所在地＝政治の中心，日本最大の消費都市
大坂：幕府の西国支配の要地，商業・金融の中心地
京都：朝廷や寺社の本山が所在，伝統的な手工業都市(西陣織など)

ところで，江戸は100万にも及ぶ人口の消費をどのようにまかなっていたのか。魚や青物(野菜)などを近郊から供給をうけ，米は東廻り海運などを通じて関東・東北から廻送されていた。しかし，江戸に居住する将軍・大名やその家族らの需要に対応できる高級品は関東(**江戸地廻り**(→ p.208))では十分に生産・供給できなかったため，高級品の多くを大坂や京都からの供給に依存していた。それゆえ，大坂や京都は**上方**と総称され，大坂や京都から江戸へ廻送される品々は下り物(下り荷)と呼ばれて珍重された。大坂・江戸間での海上輸送に従事したのが**菱垣廻船**である。やがて酒専用の廻船も運行されはじめ，それは**樽廻船**と呼ばれた。

江戸・大坂の主な専門市場

江戸：日本橋の魚市，神田の青物市
大坂：堂島の米市(← はじめ北浜)
　　　雑喉場の魚市，天満の青物市

国際関係　東アジア世界も次第に安定期に入りはじめていた。

⑦清の中国支配の進展

清に対する旧明皇帝一族を中心とした抵抗は1660年代前半には制圧され，台湾に拠点を構えた**鄭成功**(『国姓爺合戦』(→ p.190)のモデル)も同じ頃に死去した。鄭氏一族の抵抗が続いたが，明復興の動きは後退した。幕府も鄭氏一族からの支援要請には応えず，**明清交替の動乱**から距離をおいた。

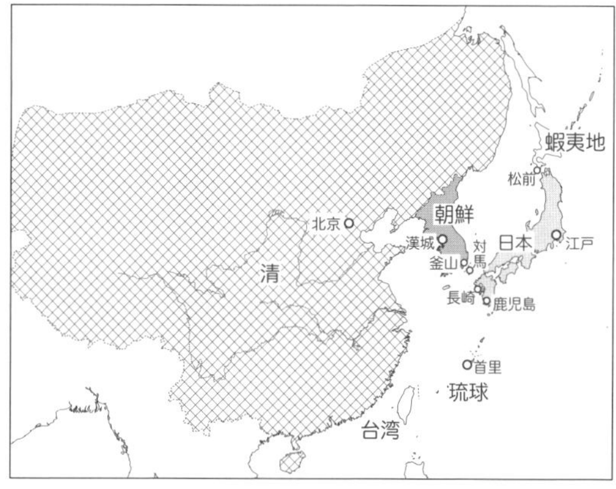

こうした清による中国支配の形成を，日本の儒学者は「華夷変態」と称した。中国文明の衰退と映ったのである。その結果，日本の自尊意識が高まる。代表的なのが**山鹿素行『中朝事実』**であり，**山崎闇斎**の**垂加神道**(→ p.202)であった。素行は日本こそ中華であると説き，闇斎は仏教を排除して朱子学に基づいて神事を解釈した。彼らの発想の根拠とされたのが皇統の継続であった。日本では王朝の交代がないことをもって優越性の根拠と考えたのである。さらに，朝鮮や琉球からの使節来日を幕府への服属とみなし，そこに幕府の**武威**をみる発想がそれを下支えしていた。

北海道　松前藩側が**商場知行制**のもとで恣意的な交易をくり広げるなか，アイヌのなかには和人への反発が次第に広がった。

⑧シャクシャインの戦い

和人への反発が広がるなか，アイヌ社会の内部抗争とあいまって1669年，**シャクシャインの戦い**が発生した。幕府は，シャクシャインに率いられて蜂起したアイヌが清の協力をえて松前を攻撃してくることをも警戒し，津軽藩にも協力させて鎮圧させた。こうした警戒は，アイヌがアムール川下流域や沿海地方の人々と交易を行っていたという現状の認識を背景としていた。

この戦い以降，アイヌは松前藩への従属度を深めた。しかし，アイヌ社会には地域ごとに複数のコタンをまとめる首長が存在し，そのもとで独自な生活を営み続けており，松前藩も各地の首長を通じてアイヌ社会と関係をもっていた。

21 元禄政治から享保改革へ

年代 1680～1751年

社会経済 17世紀後半以降，幕府・諸藩が領内統治の安定に気を配る平和と秩序の時代を迎え，農業など経済活動が活発となった。

①農業の発達

新田開発による耕地面積の増加を前提としつつ，新田開発がほぼ限界となるなか，農業は**本百姓**に一般的な小経営に即した形で発展した。

本百姓の多くは，せまい田畑をわずかな家族の労働力で耕作していた。そのため，第一に，農具の改良によって農作業の効率化・省力化が進み，わずかな労働力をくり返し投下する労働集約型の農業が発展した。第二に，二毛作などで田畑を多角的に利用したり，速効性に富む**金肥**(きんぴ)である**干鰯**(ほしか)や**〆粕**(しめかす)，**油粕**(あぶらかす)などの肥料を多用することにより，せまい田畑で単位面積あたりの収穫を増やす努力が進められた。

なお，農具については名称と図・用途をセットに理解しておこう。

農業技術の発展

農具

- 備中鍬(びっちゅうぐわ)…深耕(しんこう)に使う（従来の風呂鍬(ふろくわ)より田畑の地面を深く耕すのに適す）
- 踏車(ふみぐるま)　…揚水(ようすい)に使う，竜骨車(りゅうこつしゃ)（→p.104）に代わって普及
- 千歯扱(せんばこき)…脱穀(だっこく)に使う（稲穂から籾(もみ)を取り除く），扱き箸(こきばし)に代わって普及
- 唐箕(とうみ)　…選別に使う（箱の中の風車を回して風を起こし，米粒と籾殻(もみがら)を選別）
- 千石簁(せんごくどおし)…選別に使う（傾斜した篩(ふるい)を使って米粒の大小を選別）

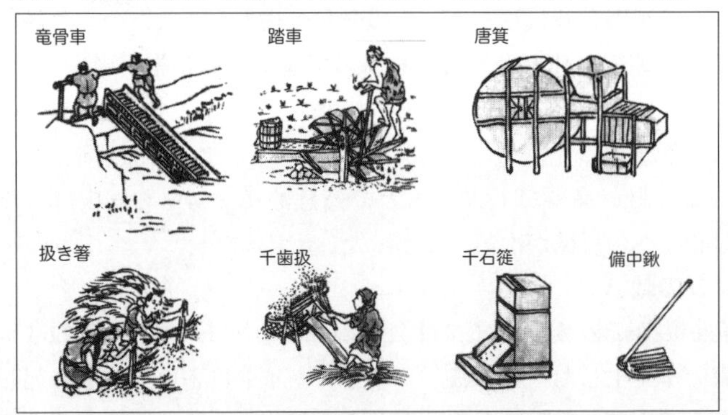

肥料

- 自給肥料…刈敷(かりしき)・草木灰(そうもくばい)など
- 金肥（購入肥料）…下肥(しもごえ)に加えて干鰯・〆粕・油粕が普及：速効性に富む

また，武士の城下町集住にともなう都市での消費需要の増大を背景として，手工業の原材料となる作物を栽培・生産し，商品として販売することも拡大した。

農業での商品生産の広がり

四木＝桑・漆・楮・茶

◦桑…蚕の飼料　◦漆…漆器の材料　◦楮…和紙の原料　◦茶…飲料に使用

三草＝麻・藍・紅花

◦麻…麻織物の原料　◦藍…染料(紺)の材料・阿波(徳島藩)の特産物

◦紅花…染料(紅)の材料・出羽村山(最上)の特産物

木綿(綿花)…綿織物の原料　　菜種…灯油の原料

このような農業技術は**農書**を通じて各地に広まった。17世紀末，**宮崎安貞**が著した『**農業全書**』は，自らの体験と見聞に基づき，小経営に適合する農業のあり方を紹介した農書で，各地に流布した。なお，**大蔵永常**が『**農具便利論**』や商品作物の栽培・加工法を紹介した『**広益国産考**』を著したのは**19世紀前半**なので注意しよう。

こうした農業の発達とともに，村々には余剰・富が蓄積されるようになり，百姓の生活水準も総体として上昇した。とはいえ，小経営の本百姓のなかには，村役人をつとめる地主・豪農などから資金の融通を受けて農業経営を営むものが多く，市場の動きや飢饉などにともなって経営を破綻させ，負債を返済できず質に入れた田畑を手放すものも現れた。(→ p.197)農業の発達は百姓の階層分化も招いたのである。

②諸産業の発達

高度な技術をもつ手工業(京都の**西陣織**など)は，都市に集住した職人によって担われた。職人は，道具や仕事場を自分で所有し，わずかな弟子を抱える独立した手工業者であった。一方，村々でも家内副業による手工業がさかんであった。

手工業の発達

綿織物業…大坂周辺や瀬戸内，東海地方など→木綿が庶民衣料として普及

絞油業　…菜種や綿実を絞って灯油を製造。大坂周辺など

染物業　…紺屋が藍や紅花などを使って木綿を染める

酒造業　…灘・伊丹(摂津国)や伏見(山城国)など

製鉄業　…中国地方。砂鉄を原料にたたらを使って玉鋼を製造

工業だけでなく，鉱業や漁業もさかんであった。鉱業では，**佐渡金山**(佐渡国)や**生野銀山**(但馬国)など幕府直轄の鉱山以外に，大坂の豪商**住友家**が経営する**別子銅山**(伊予国)が有名である。漁業では，綿作などの肥料として**干鰯**や**〆粕**が利用されたことを背景として**九十九里浜**の**鰯漁**，蝦夷地の**鰊漁**などが発達し，製塩では**揚浜法**(→ p.104)に代わり，潮の干満の差を利用して海水を引き入れる**入浜塩田**が広がった。

③流通の発達

全国的な流通網が整うなか，問屋から仲買，地方商人へと資金の前貸しを媒介と

しながら，産地から大坂・江戸へ物資を独占的に集荷するシステムが成立した。そのうえ，江戸など都市での消費生活が活発となり，他方で農業生産がさかんになると，民間商人が扱う**納屋物**の流通が増大した。

こうしたなか，問屋や仲買のなかには業種ごとに互助組織として**仲間**を組織し，営業上の利益を確保しようとするものが増加した。17 世紀末，元禄期に江戸で結成された**十組問屋**が有名である。十組問屋は仲間の連合組織で，廻船の海難事故などによる損失を共同で補償することを目的として組織された。

一方，小売の形態に変化が見られた。店頭に商品を陳列し販売する形態（見世棚）は以前からあったが，呉服など高級品の小売でも店頭販売がはじまった。**三井高利**が江戸に呉服店**越後屋**を開いた際に導入したとされる**「現銀（現金）掛け値なし」**という販売方法である。それまでの呉服商は，見本をもって屋敷を訪れて注文を取るか，品物を屋敷へもって行って直接売るかのいずれかが普通で，代金は後払い，したがって商品の値段には支払日までの利息（掛け値）が含まれるのが一般的であった。それに対し，越後屋は店頭で定価での現金販売をはじめた。呉服の購買層が武士から町人へと広がったのに対応した販売形態であった。

政 治　幕府では 17 世紀末から 18 世紀初めにかけて養子の将軍が連続した。5 代**綱吉**，6 代**家宣**である。彼らは新しく**側用人**を設けて大名時代の側近を任じ，老中に就く**譜代門閥層**を抑えながら独裁的な幕政運営を行った点で共通していた。

④元禄政治

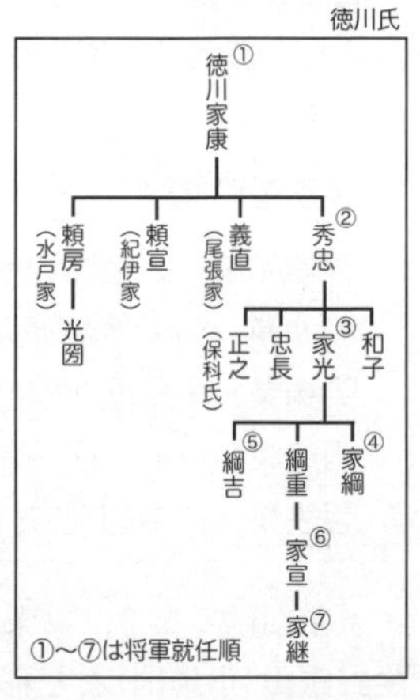

館林藩主（上野国）であった徳川綱吉は 1680 年，兄の 4 代将軍家綱の死去にともない将軍家を継いだ。この綱吉の治世は**元禄政治（元禄時代）**と呼ばれる。

⑴将軍主導の幕政　綱吉は，彼を将軍に推挙した堀田正俊を大老に任じるとともに，館林藩時代の家臣を側用人に任じて重用した。側用人はもともと将軍と老中を取次ぎ，将軍の命令を老中に伝え，老中からの上申を将軍に伝達する役職であった。ところが，1684 年に大老堀田正俊が江戸城中で刺殺されて以降，側用人の果たす役割が高まり，将軍綱吉が側用人を使いながら自ら指導力を発揮し，独裁的な幕政運営を行った。

側用人は牧野成貞が任じられたのが最初で，のち**柳沢吉保**が就き，将軍綱吉の寵愛を背景として絶大な権勢を誇った。

⑵礼儀の重視　具体的な政策として綱吉が重視したのが，礼儀により上下の秩序を維持することであった。日常生活のなかにモラルを求め，身分秩序の頂点にいる将軍の権威を強化しようとしたのである。こうした姿勢を**文治主義**と呼ぶことがある。

元禄政治の文治主義的政策

天和の武家諸法度(1683 年) …忠孝と礼儀による秩序を重視
湯島聖堂(儒学をはじめた孔子を祀る)を建設
　→ 林信篤(鳳岡)を大学頭に任じて管理させる
対朝廷…禁裏御料を増額，大嘗祭などの儀式を再興
　→ 朝幕関係を融和〔目的〕朝廷の権威を将軍の権威づけに利用
服忌令(1684 年) …死者との親疎の程度により服喪・忌引の日数を定める
生類憐みの令(1685 年〜) …犬などの動物の殺生を禁じ，捨て子の保護を命令

1683 年，**天和の武家諸法度**を定めた際，第一条を改め，**忠孝**や**礼儀**による秩序を重視する姿勢を示した。武芸の鍛練を求める姿勢を堅持しつつも，主家への忠誠や父祖への孝行を重視し，**分際**(社会的関係のなかでの自らの位置)にかなった振舞いを行うこと，つまり礼儀を武士の守るべき規範として提示した。

また，武士から庶民までを対象として**服忌令**を出し，家族・親族間の秩序を意識化させるとともに，仏教での慈悲の観念に基づいて**生類憐みの令**をくり返し出し，野犬が横行し捨て子が目立つ荒んだ社会状況の解消をはかった。

これらの政策のうち服忌令と生類憐みの令は，死を忌み，血を汚れとみなす意識を社会のなかに広く浸透させるきっかけとなった。そのため，死牛馬の処理に従事した**皮多(長吏)**を**「穢多」**という賤称で呼び，差別する意識を助長した。

(3)諸国高役金の登場　諸国高役金という新しい人民負担が登場した。幕領か大名領など私領かを問わず一律に賦課するという**国役**の形式を継承しつつ，公共的な事業を行う財源を確保するため，全国一律に村々から徴収したものである。戦国時代末期に戦火で焼失していた**東大寺大仏殿**(→ p.145)の再建にあたって賦課されたのが萌芽で，1707 年に**富士山**が噴火した際，翌年に被災地の復興費用を調達するために賦課された。家康や家光にならって 1696 年に**郷帳**(→ p.160)と**国絵図**の提出を命じたこととともに，幕府が全国の土地支配者であることを示そうとする政策である。

(4)財政再建の試み　幕府がこの時期に新しく直面した難題が財政問題であった。直轄の金銀山からの金銀産出量が激減して収入が減少したのに加え，明暦の大火後の江戸復興に出費がかさんだことなどにより幕政財政が悪化した。

そこで幕府は，まず**勘定吟味役**を新設し，幕府財政を担当する**勘定所**（長官が勘定奉行）や幕領の代官らを監察する体制を整えた。続いて，幕領で検地を実施し，農業生産力の発展をしっかりと**石高制**(→ p.177)のもとに把握した。

一方，勘定吟味役**荻原重秀**(のち勘定奉行)の提案をもとに，**慶長金銀**よりも品位を下げた金銀貨(**元禄金銀**)を発行した。額面や量目の通り新旧貨幣を 1 対 1 で交換させ，それによって差益(**出目**)を獲得し，増収をはかろうとした政策であった。し

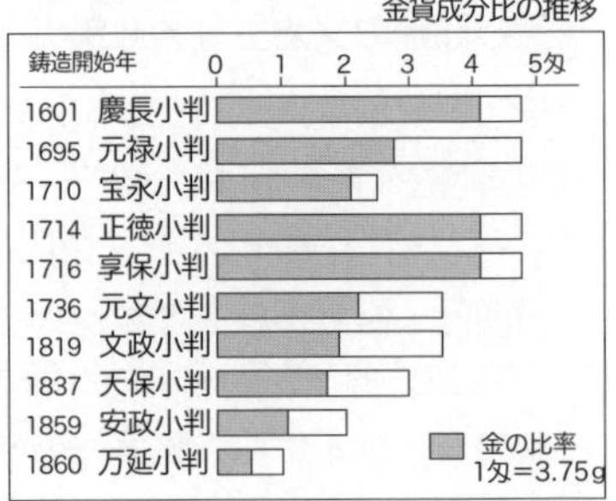

かし，貨幣流通量の増大は物価の上昇（**インフレ**）を招き，幕府の財政支出をかえって増大させるとともに武士や庶民の生活を圧迫した。

この改鋳は，他面では，経済活動が活発化するなかで市場で貨幣需要が高まり，貨幣不足が生じていたため，それにみあった貨幣流通量を確保しようとする政策でもあった。

なお，財政窮乏は幕府だけでなく諸藩や江戸在住の旗本・御家人にも共通する難題であった。彼らは，礼儀が重視されて家格に基づく交際を求められており，都市での消費生活が活発になればなるほど出費は増える一方であった。そのため，諸藩では**掛屋**を務める豪商からの**大名貸**，旗本・御家人は**札差**からの借財が積み重なる事態となっていた。

⑸赤穂事件　元禄時代の文治主義的な風潮のなか，**赤穂事件**が発生した。1701年，朝廷からの使者を迎える儀式の直前，江戸城中で赤穂藩主**浅野長矩**が幕府の儀式・典礼をつかさどる高家**吉良義央**に斬りつけたため，浅野長矩が切腹，赤穂浅野家が改易となった。このことがきっかけとなり，翌年，赤穂浅野家の元家臣＝牢人（**赤穂浪士**）が集団で吉良邸を襲い，吉良義央を殺害した事件である。亡き主君の仕掛けた戦いを元家臣が引き継いで果たした点で，赤穂浪士の行動は武士としての体面を掛けて主君への忠義を示したものと言えるが，同時に，幕府のもとでの法・秩序を乱す行為，為政者としてのモラルにもとる行為でもあった。

⑤正徳政治

綱吉に嗣子がいなかったため甥の甲府藩主**徳川家宣**が養子に迎えられ，1709年，綱吉の死去とともに6代将軍となった。6代将軍家宣，子の7代将軍**徳川家継**の時代は**間部詮房**が側用人，朱子学者**新井白石**が**侍講**として幕政に発言力をもった。この家宣・家継の治世は**正徳政治（正徳の治）**と呼ばれる。

⑴礼儀の重視　元禄政治の政策のうち生類憐みの令は廃止したものの，礼儀を重視して将軍の権威を強化しようとする政策は引き継いだ。

1710年，天皇家の直系が断絶することを避けるため，新しく**閑院宮家**（→ p.202）を創設した。皇統の確保をはかることにより，天皇と全国統治の権限・権威を分かち合っている将軍の権威を間接的に高めようとしたのである。翌11年，朝鮮通信使が来日した際には，その待遇を引下げ，朝鮮からの国書での将軍表記を「**日本国大君**」から「**日本国王**」へ改めさせ，天皇と将軍の関係を整合的なものとするとともに，一国を代表する権力者としての将軍の体面を保とうとした。なお，この表記は8代将軍**徳川吉宗**により再び「日本国大君」に戻された。

しかし6代将軍家宣の死去にともなって1713年，その子徳川家継が5歳で将軍宣下を受けると，譜代門閥層のなかに間部詮房・新井白石への反感が高まった。

⑵**財政再建策としての貨幣政策**　元禄金銀の鋳造によって物価上昇(インフレ)を招いたため，品位を慶長金銀にまで戻した金銀貨(**正徳金銀**(しょうとくきんぎん))を発行し，貨幣流通量を抑制することによりインフレを解消しようとした。

国際関係　17 世紀後半には長崎貿易での主要な輸出品であった**銀**の産出量が激減した。一方，1680 年代前半に台湾の鄭氏一族が降伏して**明清交替の動乱**が終焉し，清の中国支配が確立すると，中国船の長崎来航が増加し，長崎貿易は拡大した。

⑥長崎貿易の規制

⑴**元禄政治での施策**　幕府は，まず長崎貿易の量的な規制をはかった。1685 年，オランダ船・中国船との取引額の上限を定めて銀の流出を抑えるとともに，中国船に対しては 1688 年，来航船数も制限した。そのうえで，密貿易を防止するため長崎郊外に**唐人屋敷**(とうじんやしき)を建設し，翌 89 年，長崎に雑居していた中国人を収容した。

さらに 1698 年，**長崎会所**(ながさきかいしょ)を設けて長崎貿易を新しく幕府直営(→ p.171)とし，その利益を独占して幕府の財源へと組み込もうとした。

⑵**正徳政治での施策**　5 代将軍綱吉の代から実施された貿易規制を集大成し，1715 年，**海舶互市新例**(かいはくごししんれい)(**正徳新令**(しょうとくしんれい))を定めた。オランダ船・中国船ともに来航船数，取引額を制限して銀の流出を抑制したうえ，銀に代えて**銅**や**俵物**(たわらもの)（干(ほ)しアワビ・フカヒレなどの海産物）を輸出品の中心にすえようとした。さらに，中国船に入港許可証を発行するシステムが取り入れられ，長崎貿易の枠組みが整った。

長崎貿易に対してこのような統制策が採られるのにともない，国内では，俵物の輸出に対応して蝦夷地(→ p.202)などでの漁業が活発化する一方，**生糸**など輸入品の国産化(→ p.192)が奨励され，その結果，北関東などで**製糸業**が発達した。

文　化　5 代将軍綱吉期の前後，17 世紀後半から 18 世紀前半の文化を元禄文化という。現実重視の傾向が強まり，世俗に価値をおく文化が広まった。

⑦学問の発達

平和と安定のなかで，**儒学**を中心として，さまざまな学問が発達した。

⑴**儒学**　儒学では，社会秩序を宇宙・自然と同じように定まったものとみる**朱子学**が主流であった。

なかでも，**林羅山**(はやしらざん)が徳川家康に仕え(→ p.174)て以降，林家が幕府で重用された。林羅山が 3 代将軍家光から編纂を命じられた歴史書は，子の**林鵞峰**(はやしがほう)が『**本朝通鑑**(ほんちょうつがん)』として完成させた。孫の**林信篤**(**鳳岡**)は，5 代将軍綱吉が**湯島聖堂**を建設した際，**大学頭**に任じられ，聖堂とそれに付属する学塾**聖堂学問所**(せいどうがくもんしょ)の管轄をまかされた。この聖堂学問所は幕府直営ではなく林家の私塾である点に注意しよう。

京学(きょうがく)(→ p.174)の系譜をひく**木下順庵**(きのしたじゅんあん)が 5 代将軍綱吉の侍講に招かれると，その弟子も重用された。新井白石が 6 代将軍家宣・7 代将軍家継のもとで正徳政治を主導したほか，

室鳩巣(むろきゅうそう)は８代将軍吉宗の侍講，**雨森芳洲**(あめのもりほうしゅう)は対馬藩に仕えて対朝鮮外交に関与した。

一方，朱子学や陽明学を批判し，儒学を刷新する流派も登場した。**古学派**(こがくは)である。儒学をはじめた孔子や孟子の原典に立ち返って研究し，幕藩体制の現状に適合した独自の儒学を作りあげようとしたのである。**山鹿素行**(やまがそこう)が**『聖教要録』**(せいきょうようろく)で朱子学を批判して以降，本格化し，実際の用例を集めて当時の意味を探るという手法を取った。**伊藤仁斎**(いとうじんさい)は個人の倫理を突き詰め，一方，**荻生徂徠**(おぎゅうそらい)は道徳から離れて政治・社会の統治法を追究し，政策提言の学問(**経世論**(けいせいろん))の基礎を作りあげた。荻生徂徠はまた，漢詩文を為政者のたしなみとして重視し，文人趣味が広まる前提となった。

元禄時代の儒学

朱子学

◦林鵞峰…幕府の命により林羅山が編纂をはじめた歴史書『本朝通鑑』を完成
　→林信篤（鳳岡）…５代将軍綱吉から大学頭に任じられる
◦山崎闇斎(やまざきあんさい)…保科正之(ほしなまさゆき)（会津(あいづ)藩）に重用される。垂加神道(すいかしんとう)を創始
◦木下順庵…５代将軍綱吉の侍講
　→新井白石…６代将軍家宣の侍講
　　　　歴史書『読史余論(とくしよろん)』，古代史研究『古史通(こしつう)』
　　　　世界地理書『采覧異言(さいらんいげん)』『西洋紀聞(せいようきぶん)』←宣教師シドッチの尋問
　　　　自叙伝『折(おり)たく柴(しば)の記(き)』
　　室鳩巣　…８代将軍吉宗の侍講。『六諭衍義大意(りくゆえんぎたいい)』（幕府が手習所(てならいしょ)に配布）
　　雨森芳洲…対馬藩に仕える。新井白石の対朝鮮外交を批判
◦貝原益軒(かいばらえきけん)…『養生訓(ようじょうくん)』などで庶民向けに通俗道徳を説く

古学派

◦山鹿素行…『聖教要録』で朱子学批判→幕府の処罰
　　　　『中朝事実(ちゅうちょうじじつ)』で日本こそが中華だと主張
◦伊藤仁斎…京都に私塾古義堂(こぎどう)を開く。古義学派（堀川学派(ほりかわがくは)）
◦荻生徂徠…江戸に私塾蘐園塾(けんえんじゅく)を開く。古文辞学派(こぶんじがくは)（蘐園学派）
　　　　８代将軍吉宗に意見書『政談(せいだん)』を提出
　→太宰春台(だざいしゅんだい)…『経済録(けいざいろく)』で藩営専売を主張

⑵**武士に為政者としての自覚を求める風潮**　４代将軍家綱の頃から武士に対して為政者としての自覚を求める風潮が強まった。そのなかで儒学者により歴史書の編纂が進んだ。林羅山・鵞峰父子が『本朝通鑑』(→ p.176)を編纂し，新井白石が『読史余論』を著しただけでなく，水戸藩では**徳川光圀**(とくがわみつくに)のもと，**『大日本史』**(だいにほんし)(→ p.176)の編纂がはじまった。儒学では，政権の盛衰を為政者の徳の有無によると捉えており，歴史書の編纂を通じ，幕府成立の正当性を示すとともに武士に為政者としての自覚を促したのである。

また，古学派の一人山鹿素行はもともと兵学(軍学)を修めていた。素行は兵学をベースに，日常生活を規律づけようとする儒学を取り入れて**士道**を完成させ，武士に対して自己を抑制し，人民に模範を示す為政者として自覚することを説いた。

(3)実証的・考証的な学問　現実主義的な傾向を反映したさまざまな学問が発達した。

元禄時代の諸学問

本草学…薬草や鉱物などの効用を研究
　　貝原益軒『大和本草』(中国の『本草綱目』の研究と実地調査に基づく)
　　稲生若水『庶物類纂』(加賀藩主前田綱紀の支援により編纂)
農学　…農業技術を研究。宮崎安貞『農業全書』
和算　…築城・治水の際の測量などに利用
　　吉田光由『塵劫記』(入門書)，関孝和『発微算法』(高等数学)
天文学…天体観測に基づいて暦を作成
　　安井算哲(渋川春海)＝貞享暦を作成 → 幕府の天文方に就任
地理　…西川如見『華夷通商考』(世界地理書)
和学　…道徳的な解釈を排して日本の古典を研究
　　北村季吟＝源氏物語などの研究 → 幕府の歌学方に就任
　　戸田茂睡＝和歌に俗語を用いることの正当性を説く
　　契沖＝『万葉代匠記』(徳川光圀の要請で万葉集を注釈)

当時の儒学の中心であった朱子学が合理的思考と道徳主義を合わせもっていたのに対し，これらの多くは，理念や道徳から自由な，筆者の自らの体験や実証，実地調査・観測に基づいた学問であった。実際の用例を集めて言葉の当時の意味を確定しようとする，荻生徂徠ら古学派の研究手法と類似している。

⑧幕府・諸藩や朝廷の御用絵師

幕府・諸藩の御用絵師となった**狩野派**のほか，**土佐派**や**住吉派**が活躍した。大和絵の土佐派の**土佐光起**が朝廷の絵所預となり，土佐派から分かれた**住吉如慶**・**住吉具慶**父子が新しく幕府の御用絵師となった。

⑨庶民文化の広まり

経済活動の活発化を背景として，武家・公家や富裕な豪商だけでなく，一般の町人や地方の商人，有力な百姓たちが楽しむ文化が広まった。

(1)町人文化の発展　小説や版画が木版印刷で製作されて出版され，また，大坂や京都，江戸では芝居小屋が設けられて**人形浄瑠璃**や**歌舞伎**が興行され，人気を博した。いずれも世俗の生活や人情に価値をおく作品が現れた点が共通している。平和と秩序の時代を迎えるなか，仏教的な厭世意識が希薄となり，現実主義の傾向が強まる社会状況を反映したものである。

元禄時代の町人文化

浮世草子　…娯楽小説
　大坂の井原西鶴(『好色一代男』『日本永代蔵』『世間胸算用』)
浮世絵　……社会の最先端の風俗を描く
　江戸の菱川師宣(版画浮世絵を創始，『見返り美人図』は肉筆)
人形浄瑠璃…三味線を伴奏とする人形劇
　ストーリーの語り手＝大坂の竹本義太夫が有名
　脚本家＝近松門左衛門(『曽根崎心中』『国性(姓)爺合戦』)
(→ p.181)
歌舞伎　……成人男子が演じる舞台演劇
　上方の坂田藤十郎(和事)，江戸の市川団十郎(荒事)が有名

浮世草子や**浮世絵**(版画)はともに木版印刷による出版物で，同じものが数多く刊行され流通した。木版印刷は，小説では寛永文化に**仮名草子**があったが，絵画では初めて登場した。町絵師が工房を組織し，レディ・メイドの絵画を大量に製作して販売することはすでに行われており(寛永文化の俵屋宗達など)，浮世絵も初めは町絵師が肉筆つまり絵の具を使って製作していた。それに加え，元禄文化では**版画浮世絵**が登場した。ただし，当時はまだ墨一色だった点に注意しよう。

⑵京都の美術工芸品　将軍・大名やその家族，豪商らが日用品として使った，高級な美術工芸品をほぼ独占的に供給したのは，依然として京都であった。

なかでも絹織物**西陣織**が有名である。もともと染色した糸を織り交ぜることでデザインを施していたのが，元禄頃には**友禅染**という染色技法が完成した。これは京都の**宮崎友禅**が扇の意匠を応用するなかで開発した技法とされる。

絵画や工芸の分野で活躍したのが**尾形光琳**である。本阿弥光悦や俵屋宗達の芸術を継承し，**『燕子花図屏風』**や**『紅白梅図屏風』**などの絵画，**『八橋蒔絵螺鈿硯箱』**のような工芸品を残した。**京焼**で活躍したのが**野々村仁清**やその弟子**尾形乾山**（光琳の弟)で，エレガントなデザインの色絵陶器を製作した。

⑶俳諧の広まり　**西山宗因**のはじめた軽妙で奇抜さをねらった**談林俳諧**が流行したあと，**松尾芭蕉**が登場した。芭蕉はさび・軽みなどに示される**蕉風俳諧**を打ち立て，連歌の発句を文学作品として独立させ，**『奥の細道』『笈の小文』**などを残した。

当時，**俳諧**は大坂や江戸などの都市だけでなく各地で地方の商人や有力な百姓らがグループをつくって愛好していた。彼らが集って楽しむ文芸だったのである。俳諧師は，そうした俳諧愛好家のグループに招かれながら旅することを常とした。

政 治　1716年，7代将軍家継が8歳で死去して徳川宗家が途絶えると，三家の一つ**紀伊家**の**徳川吉宗**が8代将軍に就いた。吉宗は，5代将軍綱吉以降，側用人が権勢をふるったのに反発する老中ら譜代門閥層に配慮して側用人を廃止しつつ

も，新たに御用取次という将軍側近の役職を設けた。そして，初代徳川家康（「**権現様**」）(→ p.172)の権威にすがりつつ将軍自ら指導力を発揮し，幕府政治を主導した。8代将軍吉宗が行った政治を**享保改革**と呼ぶ。

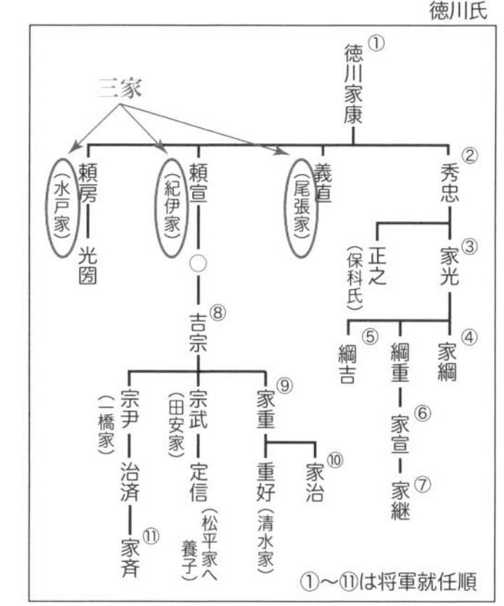

⑩享保改革

⑴**幕政機構の整備**　改革の柱の一つは幕府の官僚機構・制度の整備であった。

まず，金銭の貸借に関する訴訟が増加して**評定所**での処理が停滞していたため，4代家綱や5代綱吉の政策にならって1719年に**相対済し令**を出し，三奉行所では訴訟を受理せずに当事者どうし（相対）で解決させる（済まさせる）こととした。三奉行所が処理しなければならない訴訟を減らそうとしたのである。

と同時に，三奉行所の一つ勘定所の改革に着手した。勘定所は幕領の民政・幕府財政とともに幕領や関八州の訴訟も担当していたのに対し，幕領の民政・幕府財政を担当する**勝手方**と訴訟を担当する**公事方**とに分け，責任分担を明確にした。こうして勝手方が幕府財政の再建に専念できる体制を整えた。

一方，訴訟や政務を公正かつ迅速に処理できるよう，法典の編纂を進めた。裁判や刑罰の基準となる内規として**公事方御定書**を編纂させるとともに，それまでに出された法令をまとめて**御触書寛保集成**を編纂した。

有能な人材の積極的な登用も進めた。町奉行，のち寺社奉行となった**大岡忠相**，川崎宿の名主で『**民間省要**』という意見書を著した**田中丘隅**が有名である。

⑵**財政再建**　改革の柱の二つめは幕府財政の再建である。吉宗が当初実施した政策は支出の抑制，収入の増加，米価調節という3つに分けて整理できる。

財政再建策①：支出の抑制

物価の引下げ（デフレ政策）

- 正徳金銀を継承＝享保金銀を発行
- 仲間を公認（公認された仲間を株仲間という）→ 物価引下げを命令

経費を抑制

- 倹約を奨励
- 足高の制を採用（1723年）＝人材登用にともなう経費を抑制
  …役職ごとに基準の禄高を規定，少ない場合は不足分を在職中だけ支給

吉宗は初め正徳政治を引き継いでデフレ政策を進め，物価水準を抑制するとともに，人件費を含めて諸経費を削減し，支出を抑制しようとした。

財政再建策②：収入の増加

一時的な措置…上げ米＝**大名に石高１万石につき米 100 石を献上させる**
↓　　　　　　　（1722 ～ 30 年）　見返り：参勤交代の緩和（江戸滞在期間を半減）
年貢収入の増加をめざす
◦三都の商人を使って新田開発（町人請負新田（ちょうにんうけおいしんでん）の開発）を奨励
◦商品作物栽培を奨励＝村々の年貢負担能力を高める
◦検見法（けみほう）に代えて定免法（じょうめんほう）を採用して年貢を増徴

それまでの年貢徴収方法である**検見法**では，毎年の作柄を調査し，それに基づいて検地帳記載の石高からさまざまな控除（こうじょ）分を差し引き，年貢高を決めていた。これに対して**定免法**では，過去数年間の平均に基づいて年貢高を決めて一定期間固定した。さらに，一定の期間が過ぎたあとに年貢高を段階的に増やすという方法がとられた。村々に富が蓄積される状況をふまえ，確実な年貢の確保と段階的な増徴を実現しようとしたのである。

村々の年貢負担能力を高める政策も採った。すでに活発に行われていた**木綿**・**菜種**など商品作物の栽培を奨励し，また，**生糸**や**朝鮮人参**などの輸入品の**国産化**を促す殖産興業策をとった。1720 年，キリスト教関連を除いて**漢訳洋書輸入**（→ p.187）**の制限を緩和**するなど，**実学**を奨励したのも，この政策の一環であった。また，**享保の飢饉**後には，**青木昆陽**（あおきこんよう）の提案をうけて**甘藷**（かんしょ）の栽培を奨励し，凶作に備えた。

これらの政策の結果，幕領の石高も増え，年貢収納高も増加した。しかし，年貢収入が増えたからといって幕府財政のあり方が改善されるとは限らない。

財政再建策③：米価の調節

〔背景〕米価下直（げじき）（米価が低迷）・**諸色高直**（しょしきこうじき）（諸物価が相対的に高値）
堂島の米市場**を公認→米価を引上げさせる**

米の生産高が増えたうえ，デフレが進むなかで年貢米収入の増加をはかったため，市場にもち込まれる米が過剰となり，米価だけが他の物価に比べて低迷した。この状況は年貢米を販売・換金して貨幣収入を得る幕府にとってマイナスである。そこで幕府は 1730 年，**堂島の米市場**を公認し，米価を引上げさせようとした。

幕領の石高と年貢収納高

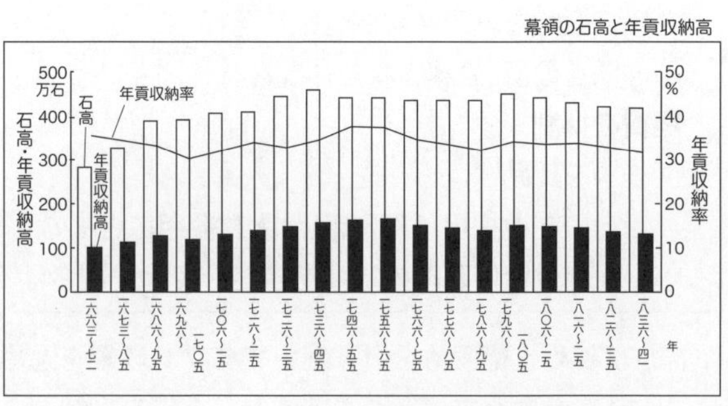

しかし享保の飢饉で米価が騰貴した以外，効果は少なかった。

そこで吉宗は政策を転換させる。デフレ政策をやめ，享保金銀より品位・量目ともに引下げた**元文金銀**(げんぶんきんぎん)を1736年から発行して貨幣流通量を増やし，経済活動を活発化させて物価を総体として引上げ,それにより米価を調整しようとしたのである。さらに，より徹底した年貢増徴を進めた結果，幕府財政は立ち直りをみせた。

⑶江戸の都市政策　17世紀後半以降の経済発達にともない，村々から江戸など都市へ流入する人口が増加した。都市へ流入した人々は，裏通りの零細な棟割長屋に住み，**日用**(ひよう)(日雇(ひや)い)に従事してその日暮らしを送っていた。定職もなく都市周縁部の場末(ばすえ)にとどまる者もいた。都市では多くの労働力の需要があり，そのため斡旋業者(口入(くちい)れ屋)のもと，日ごとに労働者として働いて日銭(ひぜに)を稼ぎ，暮らしを成り立たせることが可能であった。しかし，彼らの生活は，物価のちょっとした変動に左右されがちで，都市秩序の不安定要因であった。

こうしたなか，享保改革では江戸の都市政策が改革のもう一つの柱とされた。

吉宗は庶民から意見を聴取し，その情報を将軍へ集中させるため，1721年以降，評定所の門前に**目安箱**(めやすばこ)を設置した。そして，目安箱への投書を採用し，たとえば，貧しい病人を収容・治療する施設として**小石川養生所**(こいしかわようじょうしょ)を設けた。また，**定火消**(じょうひけし)に加え，町人主体の消防組織として**町火消**(まちひけし)を設けさせて消火体制を強化した。

先に財政再建策のなかで確認した，**株仲間の公認**という政策は，単に物価の引下げだけをねらったものではなかった。経済の発展にともなって都市の多様性が高まるなか，問屋・仲買だけでなく，さまざまな仕事に従事する人々が同業種どうしで集まって仲間を組織していた。こうしたなかで幕府は，仲間を公認することにより(幕府から公認された仲間を株仲間という)，町(ちょう)とは別な行政の補助組織を多様に確保し，町人地の行政を改めて秩序づけ統制しようとしたのである。

また，**相対済し令**の実施は民間社会の自律性を強める効果をもった。幕府が金銭貸借に関するトラブルを当事者どうしの解決にゆだねたため，金融・商工業者は，同業種どうしで仲間を組織するなどして，債権(金銭の支払い・返済を求める権利)の保証など信用取引の基礎を自分たちで確保するしかない。つまり，幕府による相対済し令の実施や株仲間の公認は，民間社会での経済活動をより自律的なものへと成長させていったのである。

⑷文教政策　吉宗は文教政策にも力をそそいだ。第一に，儒学を奨励した。**聖堂学問所**(せいどうがくもんしょ)の講義を庶民が聴講することを許したり，侍講の**室鳩巣**(むろきゅうそう)に命じて『**六諭衍義大意**(りくゆえんぎたいい)』で儒学の徳目を分かりやすく説かせ，**手習所**(**寺子屋**(てらこや))に配布したりした。儒学道徳を日常の**通俗道徳**として庶民に定着させようとしたのである。また，大坂の有力な町人が共同出資で開いた学問塾**懐徳堂**(かいとくどう)(→ p.205)に対して保護を与えた。

第二に，財政政策と関連して実学を奨励した。キリスト教を除く漢訳洋書(かんやくようしょ)の輸入制限を緩和し，科学技術や地誌などに関する書籍の輸入を促したり，青木昆陽や**野呂元丈**にオランダ語の習得を命じたりなどした。

社会経済 財政窮乏に陥ったのは幕府だけではなく諸藩も同様であった。そのため，諸藩でも年貢を増徴して財政再建につとめた。ところが…。

⑪百姓一揆の増加

幕府や諸藩が財政再建に向けて年貢を増徴したため，村々の百姓の負担は増加した。その結果，18 世紀には**百姓一揆**が次第に増加した。もともと村々の百姓は，領主に対して合法的な**訴願**を通じ，年貢の減免，それにより村や百姓の経営の成り立ちを保障することを訴えていたが，それでは解決できない状況に陥ったとき，要求を実現するため**徒党**を組んで**強訴**を行った。これが百姓一揆である。

当時，徒党や強訴は幕府・諸藩によって違法とされていた。だからこそ，百姓たちは農具だけを持参して暴力を封印し，領主に対して救済を求めるという姿勢をとろうとしたが，時として打ちこわしをともなうこともあった。

百姓一揆の変遷

〔17 世紀後半〕 代表越訴（村々の代表者が領主に直訴）：伝承として伝わる
→下総の佐倉惣五郎らが義民として伝説化されている

〔17 世紀末～18 世紀〕 惣百姓一揆（広域にわたり，全ての村民が参加して強訴）
→村役人が連名して傘連判状を作成することがあった

こうした百姓一揆がくり返された結果，幕府や諸藩の年貢増徴策は 18 世紀半ばには限界に達することになる。

一方，都市では**打ちこわし**がしばしば発生した。物価が騰貴した際，都市の貧民らが米商人や豪商らに対して施行を求め，その要求を実現するための手段として家屋などを破壊する騒擾である。江戸では，享保の飢饉のさなか，1733 年に起こった米問屋高間伝兵衛の店舗への打ちこわしが最初である。

百姓一揆・打ちこわし・村方騒動の発生件数

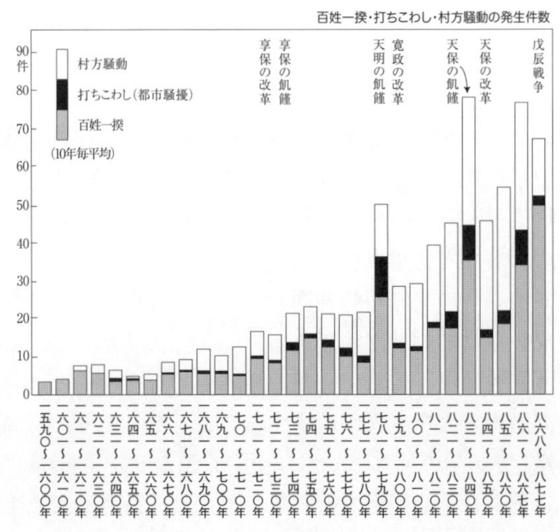

コラム　年代を表記する方法

年代の表記には，過去のある年を起点（紀元）として年を数える方法が使われる。その際，基準の年をどのように設定するか，年数をどのように数えるかなどによっていくつかの方法があり，日本史に関連するものとしては以下のものがある。

(1)キリスト生誕の年を紀元とするもの　**西暦**と称される。現在世界中でもっとも広く使われており，この参考書では年代をすべて西暦で表記している。

(2)『日本書紀』で神武天皇が即位したとされる年を紀元とするもの　皇紀と称される。明治政府が神武天皇の即位年を西暦の紀元前660年と定め，1873年に**太陽暦の採用**と同時に施行したが，現在は公的な文書で使われることはない。

(3)元号（年号）を使うもの　皇帝が時間を支配するという観念に基づき，中国で漢の時代から用いられ，その影響から日本や朝鮮，琉球などでも使われた。日本では645年に定められた**大化**が最初とされ，701年に**大宝**が定められて以降，現在にいたるまで元号が使い続けられている。明や清では皇帝1代について元号を1つに限る制度がとられ，日本でも1868年，**明治**に改元された際，それをまねて**一世一元の制**が定められた。それ以前は，代替わりだけでなく，疫病や地震など災厄が生じたとき，めでたいことがあったときなどに元号が改められた。

(4)干支を使うもの　十干（甲乙丙丁戊己庚辛壬癸）と十二支（子丑寅卯辰巳午未申酉戌亥）を組み合わせた60通りの表記を用いるもので，中国・殷（商）の時代から使われはじめ，日本には5世紀頃，朝鮮諸国を通じて伝わったとされる。干支は下記の通りで，赤字のものはこの参考書に出てくるので，確認しておこう。

なお，十干と西暦の下1ケタとは必ず対応し，たとえば，甲は4の年にあたり，甲申事変は1884年，甲午農民戦争は1894年である。また，干支は60年で一回りするため，干支が同じだと西暦年が60の倍数だけ違う。たとえば，仏教公伝壬申説は552年で，120年後の672年に壬申の乱が起こっている。

4	5	6	7	8	9	0	1	2	3
甲子	乙丑	丙寅	丁卯	**戊辰**	己巳	**庚午**	辛未	**壬申**	癸酉
甲戌	乙亥	丙子	丁丑	戊寅	己卯	庚辰	辛巳	**壬午**	癸未
甲申	乙酉	丙戌	丁亥	戊子	己丑	**庚寅**	辛卯	**壬辰**	癸巳
甲午	乙未	丙申	**丁酉**	**戊戌**	己亥	庚子	辛丑	壬寅	癸卯
甲辰	**乙巳**	丙午	丁未	戊申	**己酉**	庚戌	**辛亥**	壬子	**癸丑**
甲寅	乙卯	丙辰	丁巳	**戊午**	己未	庚申	辛酉	壬戌	癸亥

第10章 近世から近代へ

<大まかな時代の推移>

18世紀後半

浮世絵師鈴木春信が錦絵を創始した。
金貨の単位で通用する南鐐二朱銀が発行された。
杉田玄白・前野良沢らが訳出した『解体新書』が刊行された。
大槻玄沢が江戸に蘭学塾・芝蘭堂を開いた。
天明の飢饉のなか，江戸で大規模な打ちこわしが起こった。
光格天皇が父への太上天皇の尊号宣下の許可を幕府に求めた。
寛政異学の禁を出し，聖堂学問所での朱子学以外の講義を禁じた。
山東京伝が幕府の出版取締令に違反したとの理由で処罰された。
ロシア使節ラクスマンが根室に来航した。
本居宣長が『古事記伝』を完成させた。
近藤重蔵がエトロフ島に「大日本恵登呂府」の標柱を立てた。

19世紀前半

ロシア使節レザノフが長崎に来航した。
幕府が関東取締出役を設け，関東の治安維持を強化した。
幕府は全蝦夷地を幕領に編入し，松前奉行に管轄させた。
イギリス軍艦フェートン号が長崎に侵入した。
高橋景保の提案により蛮書和解御用が設置された。
大坂周辺の村々が自由な売買を求めて国訴を起こした。
ドイツ人シーボルトが長崎郊外に鳴滝塾を開いた。
幕府が異国船打払令(無二念打払令)を発した。
水戸藩士会沢安が『新論』を著し，尊王攘夷論を説いた。
鶴屋南北の『東海道四谷怪談』が江戸で初演された。
(文政の)御蔭参りが生じ，500万人にのぼる人々が参加した。
大坂で陽明学者大塩平八郎らが蜂起した。
モリソン号事件を批判した高野長英，渡辺崋山らが処罰された。
幕府は株仲間の解散を命じ，物価の引下げをはかった。
幕府が異国船打払令を緩和し，天保の薪水給与令を発した。
江戸・大坂周辺を幕領に編入しようとした上知令が撤回された。

22 田沼政治から寛政改革へ

年　代
1751～1800年

社会経済 **享保改革**で殖産興業政策が推進され，また，**元文金銀**の発行により貨幣流通量が増加したことにより，村々では商品生産がより活発化し，地域経済は成長した。**四木・三草**や**木綿**，**菜種**などの商品作物が栽培され，**養蚕**が行われただけでなく，それら商品作物を原料とする手工業も次第にさかんになった。

①村の変容

村々で商品生産が活発化するのにともない，地域社会は変容を遂げた。

村の変容

(1)百姓の生活水準が向上　→　庶民的な消費需要が増大
(2)地域市場が成長　→　村々と都市を結ぶ交通が活発化
(3)階層分化が拡大　→　村方騒動が増加＝共同体秩序が動揺・再編
(4)村々の広域な結びつきが形成

(1)生活水準の総体的な向上　富の蓄積が進み，百姓に経済的な余裕が生まれた。そのため，かつては麦・粟・稗などの雑穀が食料の中心であったのに対し，米を食べることが多くなり，遊日と称して贅沢な食事や遊びを楽しむことも多くなった。

(2)地域市場の成長　村々で消費需要が高まり，在郷町を中心として地域市場が成長した。村々を往来する行商人が増えて都市からさまざまな商品や情報がもち込まれ，百姓のなかから商業活動に比重をおく**在郷商人(在方商人)**も現れた。また，生活水準を維持するため村々から都市へ出稼ぎに行く百姓も増えた。村々と都市の間でモノやヒトの交通が活発となったのである。

(3)階層分化の拡大　商品作物の栽培を行うには，干鰯などの**金肥**を確保するなど先行投資が必要で，田畑を担保(質)とした資金の融通が広く行われた。そのため，豪農のなかには質にとった田畑(**質地**)を集積して地主に成長する者が現れる一方，事業に失敗して資金繰りにゆきづまり，田畑を手放して小作人に転落したり**年季奉公**や**日用**に従事したりする者が増えた。このように階層分化が進んだ結果，村役人・豪農と貧農との間で対立が生まれ，村の民主的な運営や質地の返還などを求める**村方騒動**が増加し

百姓一揆・打ちこわし・村方騒動の発生件数

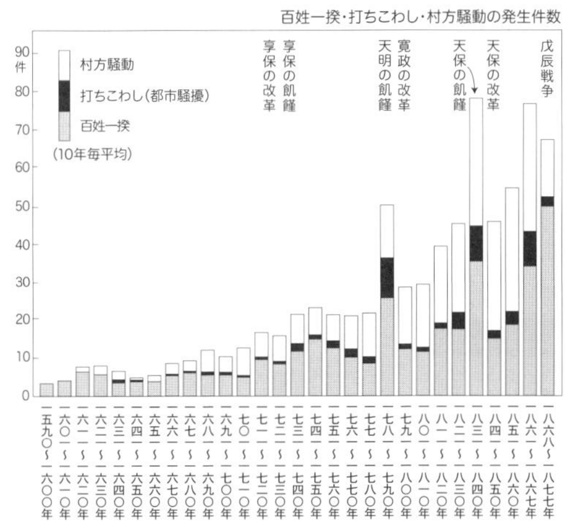

た。村々の共同体秩序の動揺と再編が進んだのである。

⑷**村々の広域な結びつき**　村の領域を超えた人々の動きも広がった。若者を中心に村役人の規制をこえて行動する者が増え，また，賭博を専業とする**博徒**，犯罪を犯したり生活の困窮から乞食に出たりして**宗旨人別帳**から除籍された**無宿人**が増加し，地域秩序の混乱を招いた。こうしたなか，村役人層が主導する広域な結びつきが生まれた。治安維持や紛争の調停などを行うため，各地で組合村など広域な行政組織が作られることがあった。(→ p.207)

②町の変容

都市では，村々から出稼ぎなどで流入する人口が増加した。流入した人々の多くは裏通りの棟割長屋に住み，日用に従事してその日暮らしを送った。都市周縁部の場末に定職もなくとどまる者もいた。飢饉や災害にともない物価が騰貴すると，彼ら都市下層民は生活を維持できなくなり，しばしば**打ちこわし**の担い手となった。

一方，表通りには大規模な小売店舗である大店が立ち並んだ。大店は，いくつもの**町屋敷**を兼併し，他の町にも多くの町屋敷をもつことがあった。このような大店が増加すると，町に居住する家持は減少し，町の運営を少数の者が独占するようになる。また，大店は数十人の奉公人を抱えるものも珍しくなく，町とは異なる，そして町を超えた社会集団を形作った。

このように地域経済が発達するなかで，人民支配の基本単位であった町は，共同体としての機能を次第に低下させた。

③地域市場を結ぶ流通の発達

各地で地域市場が成長するのにともない，地域市場どうしを結ぶ流通が拡大した。大坂・江戸の問屋などが幕府公認のもとで**株仲間**を組織し，流通の独占をはかっていたのに対し，アウトサイダーの活動が活発となったのである。たとえば，在郷商人であり，さらに，**北前船**や**内海船(尾州廻船)**など新興の廻船業者である。

なかでも北前船や内海船の活動は特徴的であった。それまでの廻船が幕府・諸藩など他人の荷物を運搬し，手数料(運賃)を収益とする**運賃積**だったのに対し，北前船や内海船は，荷物の買い付けから輸送，売却まで全て自前で行う**買積**の形態を採用することで18世紀半ばから成長した。北前船は瀬戸内海各地と蝦夷地との間を往来し，内海船は瀬戸内海各地と東海・関東地方とを結んで活動した。そのため，大坂を介さない商品流通が次第に拡大したのである。

政　治　社会が変容するなか，幕府や諸藩では支配体制の立て直しをめざした改革が行われた。しかし，幕府の**武威**は次第にかげりがみえはじめ，それと対照的に天皇・朝廷の権威が復活しはじめた。

④田沼政治

将軍と老中の間を取次ぐ**側用人**は，8代将軍**徳川吉宗**によって廃止されたものの，病弱な9代将軍徳川家重(とくがわいえしげ)のときに復活した。

そして18世紀後半，10代将軍**徳川家治**(とくがわいえはる)のもとで側用人を務め，のち老中にも就いたのが**田沼意次**(たぬまおきつぐ)であった。田沼は，将軍を補佐して政策の最終決定に関わる側用人と，奉行らとの協議を経て政策の立案・実行を主導する老中の両方を占めることによって権力を握り，幕府政治を主導したのである。この田沼意次が権勢をふるった時代を**田沼政治（田沼時代）**という。

⑴**経済発展の促進**　田沼は，享保改革の殖産興業政策を引き継ぎ，民間の経済活動をさらに活発化させる政策を推し進めた。

社会的分業が全国的に展開し，地域市場どうしの流通が広がるなか，**江戸の金遣い・上方の銀遣い**という二元的な貨幣制度(→ p.170)が経済発展の障害となりはじめた。そこで田沼は1772年，金貨の単位で通用する銀貨**南鐐二朱銀**(なんりょうにしゅぎん)を発行し，金を中心に金銀貨を統合して市場の統一をはかろうと試みたのである。

南鐐二朱銀
8枚で小判1枚〔1両〕として通用 計数銀貨 → 金貨の単位で通用する初めての銀貨

⑵**幕府財政の再編**　田沼は，地域経済を活発化させたうえで，その成果を財源に組み込もうとした。百姓一揆が増加して年貢増徴が限界となるなか，年貢だけに頼らない幕府財政のしくみを作ろうと試みたのである。都市や村々で株仲間を広く公認し，営業の独占を認める代わりに**運上**(うんじょう)や**冥加**(みょうが)を上納させた。また，**銅座**(どうざ)を設けて銅の**専売制**を実施するとともに**俵物**(たわらもの)を独占的に集荷する体制を整えたうえで，長崎で銅や俵物の輸出を促し，中国やオランダから**銀**を輸入して収益の増加をはかった。

田沼時代の財政再建策
株仲間を広く公認 → 運上や冥加を増収・流通統制を強化 長崎貿易：銅や俵物を独占的に集荷して輸出 　　　　→ 銀や金の輸入を意図 新田開発：印旛沼(いんばぬま)・手賀沼(てがぬま)の干拓(かんたく)工事＝失敗

ところが，幅広い業種を対象として株仲間を積極的に公認し，それぞれに事業の独占的な請負いを認めたことは，幕府役人と業者との癒着(ゆちゃく)をより進めてワイロを横行させ，幕府への批判を高める結果となった。

⑤諸藩の動き

諸藩でも改革が行われた。**細川重賢**(ほそかわしげかた)（**熊本藩**）や**上杉治憲**(うえすぎはるのり)（**米沢藩**(よねざわ)）ら大名が自ら主導権を握って有能な人材を登用し，**藩校**(はんこう)（**藩学**(はんがく)）を整備して人材の養成につとめた。

同時に，特産物の生産を奨励して専売制を採用し，領外での販売を藩が独占することによって収益の増加をはかる一方，さまざまな消費物資を藩内で生産する地産地消を進めた。つまり，藩を一つの経済単位としてまとめあげ，経済的な富強をはかろうとしたのが，この時期の藩政改革の特徴であった。

18 世紀後半の諸藩

細川重賢（熊本藩）…藩校時習館を設立。櫨（ろうそくの原料）や楮を専売
上杉治憲（米沢藩）…藩校興譲館を再興。米沢織を興す
佐竹義和（秋田藩）…藩校明徳館を設立

⑥天明の飢饉

1780 年代，冷害に**浅間山の噴火**などが重なって飢饉が生じた。**天明の飢饉**である。経営を破綻させ没落する百姓が続出し，村々は人口が激減して田畑の荒廃が進んだ。また，庶民の生活水準が高まって米の消費量が増えていたこともあり，飢饉による米不足から食糧危機が生じ，米価が高騰した。そのため**百姓一揆**や打ちこわしが全国的に激発し，社会不安を引き起こした。田沼政治への不満が高まり，1784 年，田沼意次の子で若年寄の田沼意知が殺害されると，殺害した旗本佐野政言が「世直し大明神」ともてはやされるほどであった。1787 年には江戸で大規模な打ちこわしが発生し（**天明の打ちこわし**），幕府による江戸の支配が実質的にマヒ状態に陥った。田沼意次はすでに前年，10 代将軍家治の死去とともに老中を辞職していたが，このような政情不安のなかで完全に失脚することとなった。

⑦寛政改革

10 代将軍家治の死去にともない，**三卿**の一つ**一橋家**から**徳川家斉**が養子に入り，15 歳で将軍を継いだ。若い将軍を補佐するため，**白河藩主松平定信**が 1787 年，老中に就任し，幕政改革に着手した。**寛政改革**である。

松平定信は 8 代将軍吉宗の孫，三卿の一つ**田安家**出身で，天明の飢饉に際して白河藩（陸奥国）での被害を最小限に抑えたため，その手腕が期待されたのである。

徳川氏と天皇家

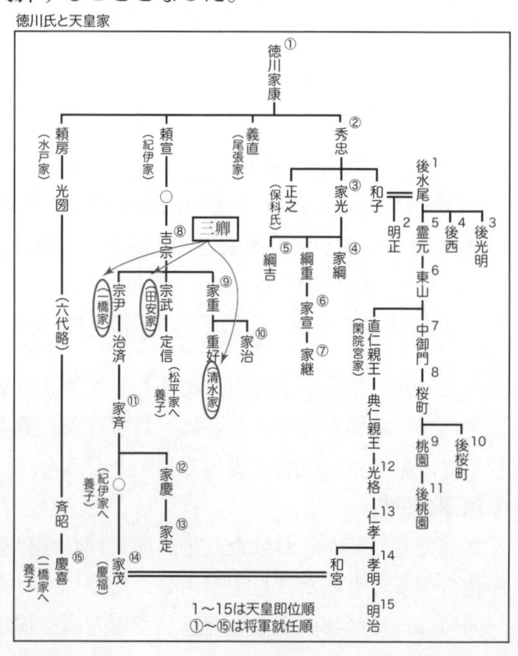

⑴村々の復興　天明の飢饉の被害は関東・東北地方で大きく，村々の人口が激減して田畑が荒廃し，

村を単位とする年貢納入(村請制)を維持することが困難となっていた。そこで松平定信は，幕府の財政基盤である村々を復興するための施策を実施した。

天明の飢饉への対応①：村々の復興策

旧里帰農令…正業をもたない江戸の貧民に帰村を奨励
出稼ぎを制限
} → 村々の人口を確保

公金を貸付…荒れた田畑の再開発を支援

村々に郷蔵(義倉・社倉)を整備
大名に囲米を命令
} → 凶作に備えて米穀を備蓄

村々の郷蔵は**義倉**や**社倉**として使われた。義倉は豪農の寄付に基づいて米穀を備蓄するもの，社倉は身分相応の供出に基づいて備蓄するものである。

(2)江戸の秩序回復　江戸では，大規模な打ちこわしが再発することを防ぐための政策を進めた。

天明の飢饉への対応②：江戸の秩序回復策

旧里帰農令…正業をもたない貧民に帰村を奨励
人足寄場を設置…江戸の石川島に建設・無宿人を収容 → 職業訓練を施す
七分積金を実施…町費(町入用)の節約分の７割を町会所で積立て
→ 飢饉や災害を備えて貨幣や米を備蓄

(3)経済政策への豪商の利用　定信は，田沼時代からの特権的な商人は抑えたが，必ずしも商業抑制策をとったわけではなかった。江戸の豪商と結び，その資金と手腕を活用した。たとえば，両替商など江戸の豪商10名を勘定所御用達に登用して米価の調節にあたらせ，江戸の秩序安定に寄与させた。

(4)旗本・御家人対策　幕府機構の実務をになう旗本・御家人への対応も忘れていない。まず，経済的に困窮する旗本・御家人を救済するため，1789年，**棄捐令**を発した。札差からの負債のうち1784年以前のものは全て廃棄させ，それ以後の負債は利子を引下げさせた。さらに，文武を奨励し，田沼時代に緩んだ風紀を粛正しようとした。文教政策では1790年，林家に宛てて**寛政異学の禁**を通達し，**聖堂学問所**(→ p.187)で**朱子学**以外を講義・研究することを禁じた。続いて，旗本・御家人とその子弟を対象として朱子学の理解を試す試験(学問吟味)をはじめた。中国の科挙とは異なり官吏登用には直接つながらなかったものの，優秀な人材を発掘する手段とされた。

(5)出版・風俗の規制　幕政を批判する出版を取締った。たとえば，**黄表紙**や**洒落本**の作家**山東京伝**や出版元の**蔦屋重三郎**，『**海国兵談**』を著した**林子平**らを処罰した。

松平定信は，このような改革を進めたものの，次第に同僚の老中らとの不和，そして将軍家斉やその父一橋治済との対立が生じ，1793年に老中を解任された。

⑧幕府と朝廷の関係

田沼時代から寛政改革にかけての18世紀後半は，天明の打ちこわし(1787年)に象徴されるように幕府の権威・武威にかげりがみえた時代であった。そのため，松平定信ら幕府首脳のなかに新しく大政委任論を唱える者が出てきた。将軍・幕府は天皇・朝廷から国策の決定と実行を委任され，全国を統治しているとする考えである。幕府の朝廷権威への依存が強まってきたのである。

一方，朝廷では摂家主導の秩序が徐々に揺るぎはじめた。象徴的な事件が1758年の**宝暦事件**であり，1789年から93年まで続いた**尊号一件**(**尊号事件**)である。

宝暦事件(→ p.206)では，垂加神道(→ p.181)家**竹内式部**の影響をうけた中小公家たちが摂家・武家伝奏の統制を乱したとの理由で関白から処罰され，竹内式部が京都所司代により追放刑を受けた。中小公家たちが桃園天皇に『日本書紀』神代巻を進講し，それにより天皇が君主意識を強めるなかで生じた事件であった。一方，尊号一件は，**閑院宮家**(→ p.186)から出て即位した**光格天皇**が，父の閑院宮典仁親王への太上天皇の尊号宣下の許可を幕府(老中松平定信)にくり返し求め，拒否された事件である。**武家伝奏**を含む公家が天皇と一体となって要請し，幕府と対立した点で，幕府による朝廷統制の枠組み(→ p.169)が機能しなくなりつつあることを示す出来事であった。徐々に天皇の権威が上昇しはじめていたのである。

北海道　アイヌ社会は各地の首長を通じて松前藩と関係をもっていたが，次第に松前藩への従属度を深めていた。

⑨アイヌの従属化と和人による漁場経営の広まり

松前藩は当初，家臣にアイヌとの交易権を分け与える**商場知行制**を採用していた。ところが，**シャクシャインの戦い**(1669年)以降，アイヌの従属化が進むと，18世紀にはアイヌとの交渉が商場での交易から商場内での漁業経営へと変化した。鰊や〆粕，昆布，干しアワビなど蝦夷地産の海産物に対する需要が高まったことが背景にあった(→ p.187, p.199)。これにともない，松前氏やその家臣が和人商人に漁場の経営を請負わせ，運上を上納させる**場所請負制度**が広がり，和人商人の蝦夷地への進出とアイヌからの収奪が進んだ。1789年に生じた**クナシリ・メナシの戦い**は，こうした収奪に反発した一部のアイヌによる蜂起であった。

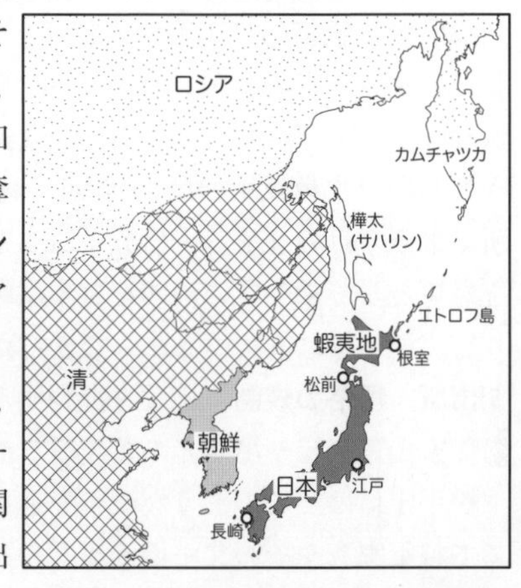

国際関係　ヨーロッパで**産業革命**(→ p.272)が進み，西欧を中心とする近代的な国際社会がグローバルな広がりをみせる一方，毛皮交易への関心から欧米諸国の商人が北太平洋地域へ進出

し，アイヌなどの先住民族とも活発に交渉するようになった。

⑩ロシアの接近

最初に接近したのはロシアである。毛皮交易に従事するロシア商人が18世紀後半にはカムチャツカ半島から千島列島を南下し，アイヌとも交易を行っていた。こうしたなか，幕府は蝦夷地やロシアへの関心を高めた。

18世紀後半のロシアへの対応
田沼意次…蝦夷地へ最上徳内(もがみとくない)らを派遣 →ロシアとの貿易などの可能性を調査 松平定信…ロシア使節ラクスマンが根室(ねむろ)来航(1792年) →ラクスマンに長崎入港を許可。しかしラクスマンは帰国 定信の失脚後…近藤重蔵(こんどうじゅうぞう)を蝦夷地へ派遣 →エトロフ島に「大日本恵登呂府(だいにほんえとろふ)」の標柱(1798年)

老中田沼意次が**最上徳内**らに蝦夷地探検を命じたのは，**工藤平助**(くどうへいすけ)がロシアとの貿易や蝦夷地の開発を説いた『**赤蝦夷風説考**(あかえぞふうせつこう)』を提出したことがきっかけであった。しかし，探検隊の報告ではロシアとの貿易は実現性に乏しく，さらに，田沼意次が失脚すると蝦夷地開発計画も中止された。

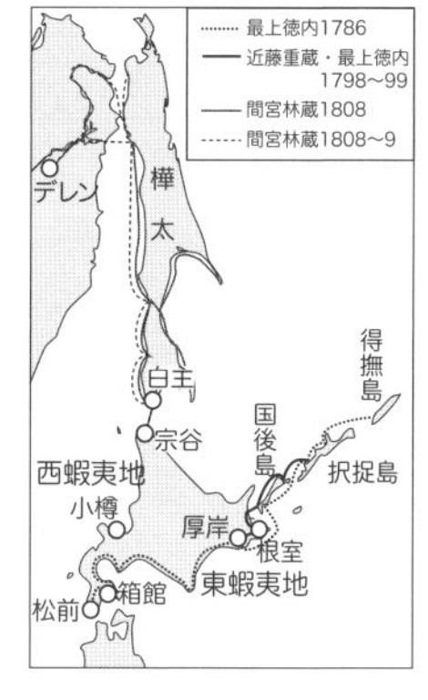

寛政改革期には1792年，ロシア使節**ラクスマン**が**根室**に来航し，**漂流民大黒屋光太夫**(だいこくやこうだゆう)らを送還するとともに江戸湾入航と通商を求めた。松平定信は要求を拒否しつつも，ラクスマンに長崎入港の許可証を与えた。情勢によってはロシア側の要求を受け入れることへの含みを残したのである。

ところが翌年に定信が失脚すると，蝦夷地政策を含め，対外政策が変わる。幕命により蝦夷地探検に赴いた**近藤重蔵**は1798年，**エトロフ島**に「**大日本恵登呂府**」の標柱を立てて日本領であることを宣言し，そのうえで幕府は翌年，東蝦夷地を期限つきで直轄とし，ロシアとの間に国境を引こうとした。

文　化　18世紀後半，田沼時代前後に展開した文化を**宝暦**(ほうれき)・**天明文化**(てんめい)という。武士や上層の町人が担い手となり，江戸や上方で文化が成熟した。

⑪江戸文芸の成長

宝暦・天明期には，江戸が文化の発信源の一つへと成長した。担い手は旗本・御家人や江戸在住の諸藩士らであり，特権商人たちであった。儒学(特に古文辞学)の広まりとともに文人趣味が武士の間に浸透し，漢詩文が広く詠まれ，また，武士の間でも和歌をたしなむ風潮が広がった。そうした和漢の教養をもとにユーモアやウィットを競い合うとともに，政治・社会を茶化(ちゃか)し風刺(ふうし)する風潮が広まった。

しかし，こうした江戸文芸は寛政改革のなかで取締りの対象とされ，作家の**山東京伝**や**恋川春町**，出版元の**蔦屋重三郎**らが処罰された。

宝暦・天明期の江戸文芸

洒落本…遊里での会話を中心とする小説，山東京伝『仕懸文庫』｝寛政改革で取締り
黄表紙…絵を主体とする小説，恋川春町『金々先生栄花夢』｝
狂歌　…五七五七七の歌，大田南畝（蜀山人）・宿屋飯盛
川柳　…五七五の句，柄井川柳

⑫浮世絵と演劇

上方・江戸を問わず庶民に人気を博していたのが**浮世絵**であり，人形浄瑠璃や歌舞伎であった。まず，浮世絵では，江戸の**鈴木春信**が多色刷版画**錦絵**を完成させ，肉筆画と並んで人々に受容された。

浮世絵

元禄期：菱川師宣　……版画浮世絵をはじめる
宝暦・天明期：鈴木春信…錦絵（多色刷版画）を完成
寛政期：喜多川歌麿　…美人画｝上半身だけ描く大首絵で人気
　　　　東洲斎写楽　…役者絵・相撲絵｝

演劇では人形浄瑠璃が人気を博し，18 世紀半ば，**竹田出雲**（2世）らが**赤穂事件**を題材とする『**仮名手本忠臣蔵**』などの脚本を書いたが，次第に衰えた。一方，歌舞伎は，人形浄瑠璃の脚本を演目に取り入れるなどして人気を高めた。

⑬新しい中国文化や西欧文化の浸透

長崎を通じて中国や西欧からさまざまな知識・文物がもたらされ，影響を及ぼした。なかでも絵画への影響が大きく，**文人画**（**南画**）や**写生画**，**洋風画**がさかんに制作された。これらを受容したのは大名ら武士や上層の町人たちであった。

宝暦・天明期の絵画

文人画（南画）…詩情を描く ← 明・清の文人画の影響
　　京都で池大雅・与謝蕪村（俳諧師），『十便十宜図』を共作
写生画…フォルムを写実的に描く ← 明・清や西欧の写実的な絵画の影響
　　京都で円山応挙（『雪松図屏風』）が完成
→ 呉春（松村月溪）：蕪村と応挙に学ぶ・四条派を創始
洋風画…江戸で司馬江漢が銅版画の製作に成功（『不忍池図』）
　　小田野直武（秋田藩士）：『解体新書』の挿絵を描く

小説でも明清文化の影響がみられた。『水滸伝』や『三国志演義』など中国の通俗小

説の影響をうけ，伝奇小説**読本**が登場した。**上田秋成**『**雨月物語**』が有名である。

⑭教育・学問の発達

政治や社会経済の分野でさまざまな問題を抱え，幕府・諸藩がそれらへの対応を迫られるなか，教育・学問がよりさかんとなった。

⑴幕府・諸藩での学問奨励　幕府での学問振興は，**寛政異学の禁**（1790年）が発端であった。この時，**尾藤二洲**・**柴野栗山**・岡田寒泉（のち**古賀精里**に交替）が聖堂学問所の教官に登用された（**寛政の三博士**と総称）。松平定信が失脚した後の1797年には，聖堂学問所が林家の私塾から幕府直轄の**昌平坂学問所**（**昌平黌**）へと改組された。初めて幕府直轄の教育機関が誕生したのである。

一方，諸藩では18世紀後半以降，人材育成をめざして藩校（藩学）の設立・拡充が進められた。熊本藩の**時習館**，米沢藩の**興譲館**，秋田藩の**明徳館**が有名である。

⑵庶民の生活に即した教育・学問　各地で読み書き・そろばんを教える**手習所**（**寺子屋**）が設けられ，庶民の識字率が大きく上昇した。手習所は，入学する年齢や勉強する時間，在学の期間に決まりはなく自由で，就学児の必要と学習進度に応じて個別に授業が行われた。教科書には『**庭訓往来**』（→ p.149）など手紙の文例集が主に使われ，女子の教育では，**貝原益軒**の著作をもとに作成されたとされる『**女大学**』などが用いられた。また，俳諧や茶の湯，生け花など教養を身につける者も増えた。

京都では，享保期に**石田梅岩**が**心学**を創始した。梅岩は儒学や仏教などの教えを折衷して『**都鄙問答**』を著し，勤勉・倹約などの**通俗道徳**をやさしく説いた。

同じく享保期，大坂の有力な町人の共同出資により学問塾**懐徳堂**が設立された。ここに学んだ**富永仲基**は合理主義の立場から『**出定後語**』を著して仏教や儒学，神道を批判し，**中井竹山**は老中松平定信の諮問を受けて意見書『**草茅危言**』を提出した。

⑶政策提言や現状批判　**荻生徂徠**が政策提言の学問（**経世論**）（→ p.215）を打ち立てて以降，内外の政策をめぐる議論がさかんになり，各地の私塾・学問塾がその場となった。

18世紀後半の経世論（政策提言）

工藤平助…『赤蝦夷風説考』でロシアとの貿易などの可能性を主張
　　→ 老中田沼意次へ提出
林子平　…『三国通覧図説』で朝鮮・琉球・蝦夷地などの地理・風俗を紹介
　　『海国兵談』で江戸湾の防備強化を説く
　　→ 寛政改革で処罰
本多利明…『経世秘策』『西域物語』で開国貿易や蝦夷地などの開発を主張

また，八戸（陸奥国）の**安藤昌益**は独自の思索を深め，『**自然真営道**』などを著して万人が「直耕」する平等な社会を理想とし，身分制社会を批判した。

⑷実学の広まり　元禄期に登場した古学派は，実例・具体的な証拠を集めながら考

証的・実証的に事実を探ろうとする学問手法をとっており，この手法がさまざまな学問に影響を与えた。(→ p.188)

なかでも医学では臨床や実験を重視する古医方が広がり，18 世紀半ば，**山脇東洋**が初めての解剖図譜『**蔵志**』を刊行した。また，8 代将軍徳川吉宗が漢訳洋書の輸入制限をキリスト教関係を除いて緩和した。これらの動向を前提として 18 世紀後半以降，西洋の実証的な医学を取り入れる動きが民間で広がった。**杉田玄白**・**前野良沢**・**桂川甫周**らが西洋の解剖書を翻訳した『**解体新書**』（1774 年刊行）は，その成果であった。この翻訳事業を出発点として**蘭学**(**洋学**)が発展した。

蘭学(洋学)のはじまり	
『解体新書』	…「ターヘル・アナトミア」を翻訳 杉田玄白・前野良沢・桂川甫周ら → 1774 年刊行
杉田玄白	…回想録『蘭学事始』(『解体新書』翻訳の苦労話などを記す)
桂川甫周	…漂流民大黒屋光太夫の聞き取りに基づいて『北槎聞略』を著す
大槻玄沢	…江戸に塾芝蘭堂を開く。入門書『蘭学階梯』を著す
稲村三伯	…芝蘭堂に学ぶ → 辞書『ハルマ和解』を作成
宇田川玄随	…内科書『西説内科撰要』を訳出
高橋至時	…幕府天文方に就任 → 寛政暦を作成(1797 年)
平賀源内	…エレキテル(摩擦発電機)を製作。司馬江漢や小田野直武に影響

漂流民大黒屋光太夫からの聞き取りである『**北槎聞略**』には，ヨーロッパで日本が神聖ローマ帝国やロシア，清などと並んで「帝国」と称されているとの情報が記されている。このヨーロッパでの日本認識は広く流布し，自尊意識の高まりを促した。(→ p.245)

(5)国学のはじまり　元禄期の**契沖**(→ p.189)らの日本古典研究を出発点とし，そこから**国学**が生まれた。古学派の手法にならって実証的研究を進め，儒学や仏教が伝わる以前の古代精神を探究しようとする学問で，**賀茂真淵**を経て**本居宣長**が大成した。

国学のはじまり	
荷田春満	…日本古典研究のための学校の設立を 8 代将軍吉宗に建議したという
賀茂真淵	…万葉集を研究 →『万葉考』など
本居宣長	…古事記や源氏物語を研究 →『古事記伝』など
塙保己一	…幕府の支援で和学講談所を設立 → 古書を収集・整理して『群書類従』を編纂

(6)尊王論の高まり　朱子学の広まりのなかで天皇の権威を強調する尊王論が高まった。1758 年，京都で**竹内式部**が公家に尊王論を説いて処罰され（**宝暦事件**），(→ p.202)1767 年には兵学者**山県大弐**が江戸で幕府の腐敗を批判して処刑された(**明和事件**)。

23 内憂外患

年　代 1801 ～ 1843 年

政　治　寛政期以降，11 代将軍**徳川家斉**が在職し，1837 年に将軍職を子の**徳川家慶**に譲った後も**大御所**として幕政に君臨した。この家斉の治世のうち，19 世紀前半を**大御所時代**あるいは**文化・文政時代**（**化政時代**）と呼ぶ。地域経済がさらに発展する一方，国内・対外の両面で問題が噴出する**内憂外患**の時代であった。

①大御所時代（文化・文政時代）

老中**松平定信**が 1793 年に失脚した後，しばらくは松平信明ら定信の元同僚老中（寛政の遺老）により寛政改革の質素倹約が継承された。しかし，文政期（1818 ～ 29 年）になると放漫な政治に戻った。幕府は品位と量目を引下げた**文政金銀**を大量に発行して将軍家斉の浪費をまかない，田沼時代を超えるワイロ政治が展開した。

社会経済　文政金銀が大量に鋳造され，貨幣流通量が増加したことを背景として地域経済は活発化した。

②手工業の広がり

各地で地域的な特性に応じた特産物が生まれた。村々での手工業はもともと家内工業（家内副業）が一般的であったが，18 世紀に**問屋制家内工業**が広がり，さらに 19 世紀前半には**工場制手工業**（マニュファクチュア）が大坂周辺や尾張の綿織物業，**桐生**など北関東の絹織物業で行われはじめた。

村々での手工業

家内工業	…原料・道具を自前で用意し，自宅で家内労働で生産
問屋制家内工業	…問屋や豪農・地主層が原料・道具を前貸し → 製品を集荷
工場制手工業（マニュファクチュア）	…工場を設けて奉公人（労働者）を集める → 分業と協業で生産

③地域的自治の進展

各地で商品生産がさかんとなり，村々と都市の間でヒトやモノの交通が活発となるなか，村役人層が主導する村々の広域な結びつきがより密接になった。

（→ p.198）

畿内では，広域な村々から選出された代表による合法的な訴願運動が広がった。**国訴**である。1823 年と翌 24 年，1000 カ村を超える参加のもと，木綿や菜種について，大坂の**株仲間**による流通独占に反対して自由な売買を要求し，実現させた。

関東では，幕領・私領が入り組むなかで**博徒**や**無宿人**が横行して治安が悪化していたため，幕府は 1805 年，幕領・私領の区別なく関東一円の治安維持を担当する警察組織**関東取締出役**を新設した。それに対応して 1827 年，幕府は，領主の違いを超えて近隣の村々をまとめて**寄場組合**（**改革組合村**）を編成させ，関東取締出役とも協力し，治安の維持や風俗の取締りにあたらせた。

④流通構造の変化

地域経済の活発化は，従来の流通のあり方を変化させた。

北前船や**内海船（尾州廻船）**など買積型の廻船業者，**在郷商人**，さらに**藩専売制**（→ p.198）と国産品の江戸販売の広まりのなか，大坂を経由しない商品流通がさらに拡大した。また，18 世紀後半以降，関東（**江戸地廻り**）での商品生産が拡大し（**江戸地廻り経済圏の成長**），江戸での消費需要をそれなりに満たせるまでに成長した。江戸の上方に対する経済的な依存度が低下したのである。

江戸地廻り経済圏の成長
信濃から北関東，陸奥南部…高級な生糸を国産化 桐生（上野国）・足利（下野国）など…高級な絹織物を製造 〔背景〕18 世紀半ば，京都西陣から高機による製法が伝播 野田（下総国）・銚子（下総国）…醬油を生産 行徳（下総国）…塩を生産

これらの影響により，大坂の流通における地位が次第に低下し，幕府の保護のもとで特権を保持していた株仲間の流通に対する統制力が弱まった。

⑤天保の飢饉と世直しへの期待

寛政期から文政期までは好適な気候が続いたものの，天保期には急に寒冷となり，飢饉が数年間続いた（**天保の飢饉**）。そのため，貧農を主体とし，豪農への打ちこわしをともなう**世直し一揆**が各地で激発し，大坂では**大塩の乱**が起こった。

天保の飢饉下での騒擾
郡内一揆（甲斐国）・加茂一揆（三河国）…1836 年，大規模な世直し一揆 大塩の乱…1837 年，大塩平八郎（元大坂町奉行所与力・陽明学者）らが蜂起 生田万の乱…1837 年，柏崎（越後国）で生田万（国学者）が蜂起

共通するのは，幕府・諸藩の統治能力に対する失望と**世直し**への期待であった。

一方，飢饉の被害が著しかった関東や東北では，**二宮尊徳**（二宮金次郎・報徳仕法を実践）や**大原幽学**（共同経営農場を提案）らによって，分相応の生活と勤勉・倹約などの**通俗道徳**を軸として村々の復興が進められた。

百姓一揆・打ちこわし・村方騒動の発生件数

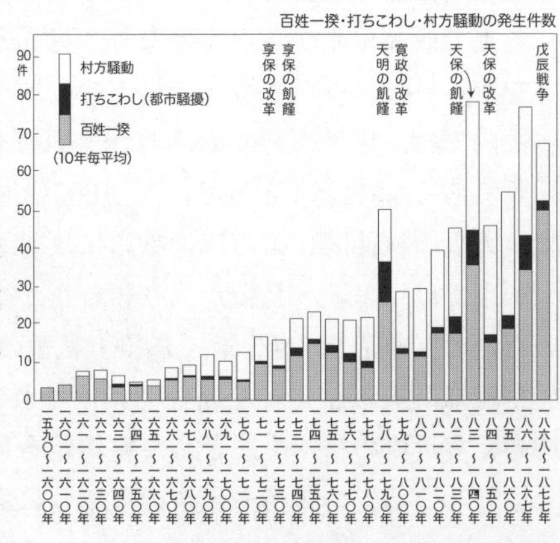

国際関係　欧米諸国が接近するなか，対外的な通交を中国・オランダ・朝鮮・琉球に限る体制を**鎖国**(→ p.171)とみなし，これを祖法(祖先が定め，代々受け継いできた法)とみなして守ろうとする認識が徐々にできあがり，定着していった。

⑥朝鮮通信使の処遇変更と途絶

11 代将軍家斉の将軍就任時，財政難などを理由に朝鮮からの通信使派遣は先送りされ，1811 年にようやく実現した。しかし，それまでの江戸に替え，対馬での接待に変更されて簡略化された。そして，これが通信使来日の最後となった。

⑦欧米諸国の接近

⑴軍事的緊張の高まり　1804 年，ロシア使節レザノフが長崎に来航して通商を求めた。ラクスマンが幕府から長崎入港の許可証をもらったことをうけてのことであった。これに対して幕府が中国・オランダ・朝鮮・琉球に通交を限るのが祖法だとの立場から通商要求を拒否すると，1806 年から翌年にかけてロシア軍艦が蝦夷地を襲撃する事件が発生した。

一方，イギリスとフランスが対立をくり広げるなか，フランスにナポレオンが登場してヨーロッパで勢力を広げ，オランダがその支配下に組み込まれると，イギリスは各地のオランダの拠点を略取した。そのなかで生じたのが 1808 年の**フェートン号事件**である。イギリス軍艦フェートン号がオランダ船を擬装して長崎に侵入した事件である。

この 2 つは，幕府の**武威**が対外的に通用していないことを示す事件であった。

19 世紀初における軍事的緊張の高まり

ロシア軍艦蝦夷地襲撃事件（1806 ～ 07 年）← ロシア使節レザノフの長崎来航
フェートン号事件（1808 年）…イギリス軍艦フェートン号が長崎に侵入
ゴローウニン事件（1811 ～ 13 年）

このように緊張が高まるなか，幕府は 1807 年，松前と蝦夷地の全てを直轄とし，**松前奉行**に管理させて東北諸藩に沿岸警備を分担させた。一方，江戸湾や相模湾の防備を強化するため，各地に**台場**(砲台)を設けて白河・会津両藩に警備させた。こうしたなか，蝦夷地で生じたロシアとの紛争が 1811 年の**ゴローウニン事件**である。南千島海域を測量中のロシア軍人**ゴローウニン**がクナシリ島に上陸した際，日本側が捕縛し，それへの報復としてロシア側が商人**高田屋嘉兵衛**を抑留した事件であるが，高田屋嘉兵衛の尽力によって 1813 年，相互の釈放が実現し，解決した。

(2)捕鯨船の近海出没　産業革命の進展にともなって北太平洋地域で捕鯨業がさかんになり，イギリスやアメリカの捕鯨船が近海に出没し，捕鯨船員が(→ p.217)大津浜(常陸国)などに上陸する事件が生じた。それに対して幕府は1825年，**異国船打払令**(**無二念打払令**)(→ p.215)を発し，オランダ船・中国船以外の船舶が接近した際には撃退を命じ，異国船と日本人との接触，それにともなうキリスト教の流入を防ごうとした。

こうしたなかで1837年，アメリカ商船**モリソン号**が**漂流民**をともなって浦賀沖，続いて薩摩山川沖に来航した。浦賀奉行所，そして薩摩藩がそれぞれ異国船打払令にしたがって砲撃したため，モリソン号は退去した(**モリソン号事件**)。

この事件はモリソン号が応戦しなかったため軍事衝突に発展しなかったものの，異国船打払令が対外的な紛争を招きかねないことを人々に認識させた。そのため，**高野長英**は『**戊戌夢物語**』，**渡辺崋山**は『**慎機論**』を書いて幕府の対外政策を批判したが，幕府により1839年，処罰された。**蛮社の獄**である。

⑧アヘン戦争

1840年，中国で**アヘン戦争**がはじまり，1842年には清がイギリスに敗れて**南京条約**を結び，香港を割譲し，上海などを開港した。イギリスの軍事的脅威が東アジアでも具体的に示されたのである。情報が伝えられると，幕府（老中**水野忠邦**）は1842年，異国船打払令を緩和して**天保の薪水給与令**を発した。異国船の撃退によってイギリスなど欧米諸国との軍事衝突が生じる危険性を回避しようとした。

対外政策の推移

異国船打払令(1825年)〔背景〕フェートン号事件や**捕鯨船の近海出没**
〔影響〕モリソン号事件(1837年)
↓ **転換**：〔背景〕アヘン戦争で**イギリスが清に勝利**(1842年)
天保の薪水給与令(1842年)…**漂流船に薪水・食料を提供して退去させる**

北海道　江戸幕府はもともと**蝦夷地**を日本内地とは区別される異域と扱い，交渉を松前藩に独占的にゆだねていた。しかし，ロシアの接近にともなって蝦夷地への関心を高め，ラクスマン来航以降，日本へ編入しようとする動きが生じた。

⑨蝦夷地の日本への編入のはじまり

蝦夷地の幕領化

近藤重蔵がエトロフ島に「大日本恵登呂府」の標柱(1798年)
→ **東蝦夷地の直轄**…1799年に仮直轄 → 1802年に永久直轄
全蝦夷地の直轄…1807年，**松前奉行が管轄**(→ **松前藩は転封**)
→ 間宮林蔵・**松田伝十郎**らが樺太を探検し，**島であることを確認**(1808年)
松前藩の復活…1821年，蝦夷地を返付　← **ゴローウニン事件の解決**

こうした蝦夷地の一時的な幕領化にともない，アイヌはアムール川下流域やカムチャツカ半島などとの交易に制限が加えられ，また，**場所請負制度**(ばしょうけおいせいど)の広まりとともに漁場の労働者としての性格を強めた。衣服・髪形などを和人風に改めるなど同化政策も進められた。しかしアイヌ社会の独自性は残った。自分たちの住む一定範囲の山林・原野・河川・海域を一体のもの(アイヌ・モシリ)と意識し，漁場での労働とは別に，一定の河川や海域に独自の漁業権をもって共同で用益していた。

政 治　フェートン号事件やロシア軍艦蝦夷地襲撃事件により幕府の**武威**は低下した。天保の飢饉のなかで幕府・諸藩の統治能力に失望し，世直しを求める動きが生じていた。諸藩でも，水戸の**徳川斉昭**(とくがわなりあき)が『戊戌封事』を提出するなど，幕政改革を求める動きが現われていた。そのうえ，幕府の大名統制力が低下していることを示す出来事が生じた。**三方領地（領知）替**(さんぽうりょうち（りょうち）がえ)の失敗である。1840 年，幕府が川越(かわごえ)・庄内(しょうない)・長岡(ながおか) 3 藩の領地を互いに入れ替えるよう命じたものの領民などの反対にあい，翌年撤回に追い込まれたのである。幕府が大名に転封を命じながら実現できなかったのは，これが初めてで，幕府に対する諸藩の自立を示すこととなった。

⑩天保改革

1841 年，大御所徳川家斉が死去すると，12 代将軍**徳川家慶**のもと，老中**水野忠邦**による幕政改革がはじまる。**天保改革**である。忠邦は大御所家斉の側近らを排除し，有能な人材を奉行などに登用しながら改革に着手した。

⑴江戸の秩序回復　大御所時代には将軍・大奥(おおおく)の生活が華美になっただけでなく，庶民の消費生活も贅沢となっていた。そのうえ，天保の飢饉のなか，江戸では打ちこわしの発生こそ抑え込むことに成功したものの，貧民の流入や物価上昇により社会秩序は動揺していた。そこで，秩序回復のためにさまざまな政策を実施した。

江戸の秩序回復策
風紀粛正…為永春水(ためながしゅんすい)(人情本(にんじょうぼん))・柳亭種彦(りゅうていたねひこ)(合巻(ごうかん))を処罰など
株仲間解散令…1841 年，自由交易を保障して物価引下げをめざす
人返し令(ひとがえしれい)…1843 年，江戸から正業をもたない貧民や無宿(むしゅく)らを強制的に排除

これらの政策は強制性に特色があったが，幕府が思っていたほどの効果はあがらなかった。まず，**株仲間解散令**である。幕府は江戸での物価騰貴の原因を株仲間による流通独占によるものと判断し，その解散を命じることで物価の引下げをはかった。しかし，実際には商品流通の構造変化や品質の悪い金銀貨(→ p.191)の大量発行が主因であったため，一時的な効果はあったものの，かえって流通の混乱を招いた。次に，**人返し令**である。江戸の人別改め(にんべつあらため)を強化して貧民や無宿らを追放したことで江戸の秩序は回復したかにみえた。しかし，かえって江戸周辺地域での彼らの滞留を招き，根本的な解決とはならなかった。

⑵アヘン戦争への対応　アヘン戦争により欧米諸国の軍事的脅威が示されたため，幕府は軍事衝突が生じる危険性を回避しつつ，一方で対外防備の強化をはかった。

アヘン戦争にともなう対外危機への対応＝鎖国制の維持策
天保の薪水給与令…1842年，異国船打払令を緩和 印旛沼掘割(ほりわり)工事に着手…利根川(とねがわ)から江戸への輸送路を確保（実現せず） 〔意図〕欧米船による江戸湾封鎖のリスクに対処 軍事改革に着手…西洋砲術の演習を実施（高島秋帆(たかしましゅうはん)）など →諸藩に軍事改革や沿岸防備の強化を命令

⑶幕府権力の強化とその失敗　1843年に水野は**上知令**(じょうちれい)を発し，江戸・大坂周辺を直轄地に編入しようとした。目的は，第一に，転封を強行することにより三方領地替の失敗で低下した幕府の権力を立て直すこと，第二に，経済的に豊かな江戸・大坂周辺を幕領に組み込むことにより財政基盤を強化すること，第三に，江戸・大坂周辺における対外防備を充実させることにあった。

ところが，同僚の老中を含め，関係する大名・旗本らの反対にあい，撤回に追い込まれた。この結果，水野は失脚し，幕府権力を強化しようとする試みは失敗した。

⑪雄藩の台頭

諸藩では，有能な中下級藩士を起用し，強引な手法で巨額の負債を整理するなどして藩財政を立て直すとともに，藩権力の強化をはかる動きが広がった。

19世紀前半の諸藩
薩摩藩…調所広郷(ずしょひろさと)を登用，負債を250年賦(ねんぷ)で返済，琉球を通じた密貿易を行う 長州藩…村田清風(むらたせいふう)を登用，越荷方(こしにかた)を拡充（下関で廻船相手に金融や委託販売） 肥前（佐賀）藩…藩主鍋島直正(なべしまなおまさ)，大砲鋳造のために反射炉(はんしゃろ)を建設（→長崎の防備） 均田制(きんでんせい)で本百姓経営を再建 水戸藩…藩主徳川斉昭，藤田東湖(ふじたとうこ)・会沢安(あいざわやすし)（正志斎(せいしさい)）らを登用

このように藩政改革を進めて藩権力の強化と富強化を実現させた諸藩は，**雄藩**(ゆうはん)と呼ばれる。天保改革で幕府が軍事改革などを命じた際に対応できたのは，こうした雄藩であった。ところが，多くの藩は財政難に悩まされ続け，社会や国際情勢の変化に対応できる統治能力を失いつつあった。

文化　19世紀前半における大御所時代前後の文化は，**文化・文政文化**，略して**化政文化**という。

⑫庶民文化の広まり

江戸を中心として，中下層の庶民までをも対象とする庶民文化が広まった。裏長屋でくらす庶民の野暮(やぼ)な，それでいて意気な心持ちを反映した文化であった。

⑴**小説**　洒落本が寛政改革の取締りにより衰退するのに代わって**滑稽本**や**人情本**が登場し，また，絵を主体とした小説である**黄表紙**は長編化して合冊され，**合巻**と呼ばれた。漢文調の文体による伝奇小説**読本**も流行した。これらの小説は，小売だけでなく**貸本屋**を通じて多くの読者を得た。

19 世紀前半の小説

滑稽本…だじゃれが主体
　十返舎一九『東海道中膝栗毛』，式亭三馬『浮世風呂』『浮世床』
人情本…一般社会での男女の恋愛を描く
　為永春水『春色梅児誉美』
合巻　…黄表紙の合冊。柳亭種彦『偐紫田舎源氏』
（人情本・合巻）天保改革で取締り
読本　…漢文調の文体・荒唐無稽な筋立て・伝奇的な内容の小説
　曲亭馬琴『南総里見八犬伝』『椿説弓張月』

⑵**浮世絵**　錦絵の風景画が流行し，**葛飾北斎**が『**富嶽三十六景**』，**歌川広重**が『**東海道五十三次**』や『**名所江戸百景**』を制作した。旅が庶民の娯楽として広がりはじめていたことを背景としていた。また，**歌川国芳**は武者絵で人気を博す一方，天保改革など政治・世相を風刺した錦絵を制作した。

⑶**芸能**　**歌舞伎**では**鶴屋南北**（四世）が脚本『**東海道四谷怪談**』を書き，江戸歌舞伎の全盛期を作りあげた。また，**寄席**が数多く設けられ，落語や歌（唄）浄瑠璃などさまざまな芸能が演じられた。

⑷**さまざまな庶民娯楽**　庶民の生活水準が総じて上昇したことを背景として，**旅**が庶民の娯楽として広がりはじめた。各地の寺社では縁日や富突（富くじ）などが開催されて参拝者でにぎわい，**伊勢神宮**や善光寺（信濃国），金毘羅宮（金刀比羅宮・讃岐国）など遠方の寺社への参詣もさかんに行われた。しかし，遠方への旅は必ずしも容易ではなく，**伊勢講**など，同じ信仰・目的をもつ者どうしで**講**をつくり，共同で資金を積み立て，交代または集団で参詣に向かうスタイルがとられた。そうしたなか，数多くの庶民が集団で熱狂的に伊勢神宮に参詣する**御蔭参り**が生じることがあり，1830 年は参加者が 500 万人にのぼった。親や主人の許可なく無断で旅に出たものが多く参加しており（**抜け参り**），身分制社会におけるさまざまな規制・束縛への不満とそこから逸脱しようとする衝動が爆発した社会現象であった。

⑬地域独自の文化（在村文化）の成長

地域経済の発展とともに，村々で地域独自の文化活動が活発となった。

生活に余裕が出てきた庶民のなかで**手習所**（**寺子屋**）が普及して識字率が上昇し，また，村々と都市との間の交通が活発となり，都市の消費文化が流入した。さらに，村々を超えた広域な結びつきを担った村役人層を中心として，コミュニケーションの手段として俳諧や茶の湯，生け花など教養を身につける者が増えた。俳諧の**小林一茶**など文人の往来もさかんになり，学問を教える私塾も広がりをみせた。

娯楽面では，五節句や盂蘭盆会などの行事が生活に定着したほか，芝居の地方興行が行われ，若者を中心として村人自身が歌舞伎をまねた地芝居（村芝居）を上演することも広まった。これに対し，遊びを抑制し，分相応や勤勉・倹約などの道徳によって地域社会を秩序づけようとする動きが豪農・村役人層のなかに広がり，**二宮尊徳**が勧めた報徳仕法や**平田篤胤**がはじめた**復古神道**などが浸透していった。

⑭武士や上層町人による文化

上方では**呉春（松村月溪）**のはじめた**四条派**が人気を博し，江戸では**谷文晁**が**文人画**（南画）を軸に中国のさまざまな画風を合わせ，さらに西洋画，土佐派などを折衷して独自の画風を作りあげ，大名や上層町人らに歓迎された。谷文晁の門人には洋風画や銅版画で『浅間山図屛風』などの風景画を描いた**亜欧堂田善**や，**『鷹見泉石像』**を描いた渡辺崋山がいる。

⑮学問の発達

⑴蘭学（洋学）　18 世紀後半，蘭学（洋学）は江戸を中心に発展したが，19 世紀前半には長崎，そして大坂などでも高まりをみせた。

19 世紀前半の蘭学（洋学）

幕府

- 高橋至時…幕府天文方 → 寛政暦を作成（1797 年）
- 伊能忠敬…高橋至時から天体観測に基づく測量技術を学ぶ
  幕命により蝦夷地から測量開始 →『大日本沿海輿地全図』を作成
- 高橋景保…高橋至時の子。天文方に蛮書和解御用を設置（1811 年）

長崎

- 志筑忠雄…オランダ通詞。『暦象新書』でニュートン力学を紹介
  ケンペル『日本誌』の一部を『鎖国論』と題して訳出
- シーボルト…ドイツ人医師。長崎郊外に鳴滝塾を開く → 門人に高野長英ら
- 舶来の文物・学問を求めて多くの学者・医者が長崎を訪れた

大坂

- 緒方洪庵…大坂に適塾を開く
  → 門人に橋本左内・福沢諭吉・大村益次郎ら

江戸に**大槻玄沢**が開いた**芝蘭堂**に加え，シーボルトの鳴滝塾，緒方洪庵の適塾などが開かれ，これらの蘭学塾には各地の医者が多く学び，在村の蘭学医を生んだ。

幕府では，伊能忠敬が幕命により蝦夷地を最初として全国の測量を行って**『大日本沿海輿地全図』**を作成し，1811 年には**天文方**高橋景保の建議により，オランダ語

書籍の翻訳局**蛮書和解御用**が設けられた。蘭学を積極的に受容したのである。一方で，幕府の政策に抵触する動きについては厳しく対応した。

幕府による蘭学者への取締り

シーボルト事件…1828年，シーボルトが国外持ち出し禁止の日本地図を所持
→シーボルトを国外追放，地図を渡した高橋景保らを処罰
蛮社の獄…1839年，モリソン号事件での幕府の対応を批判→幕府により処罰
（渡辺崋山『慎機論』，高野長英『戊戌夢物語』）

この結果，蘭学は実用的な分野に特化された。その傾向を象徴するのが，松代藩（信濃国）の藩士**佐久間象山**の「東洋道徳，西洋芸術」（「芸術」とは技術のこと）という言葉である。象山は，アヘン戦争により欧米諸国の軍事的優位を痛感し，**朱子学**を信奉しつつ**兵学**を軸として西洋の実用的な技術を導入することをめざした。

⑵危機に対応する学問　内憂外患への対応をめぐり，さまざまな動きが出てくる。

まず**後期水戸学**である。水戸藩による**『大日本史』**編纂(→ p.188)の過程で形成された儒学を水戸学といい，なかでも18世紀末以降，朱子学を軸としつつ国学や神道を取り入れたものを特に後期水戸学という。儒学の理想が万世一系の天皇を戴く日本において実現してきたと論じて祭政一致を理想と掲げ，万世一系の天皇と幕府の武威とを軸として**尊王攘夷論**を説いた。**藤田幽谷・東湖**父子，1824年，大津浜（常陸国）にイギリス捕鯨船員が上陸(→ p.210)した際に対応し，それに触発されて翌25年に**『新論』**を著した**会沢安（正志斎）**が代表的人物である。

儒学では他に**頼山陽**がいる。彼は，情熱あふれる漢文によって人物中心の歴史書**『日本外史』**を著し，尊王思想を説くとともに武士がいかに行動すべきかを示した。

国学には**平田篤胤**が登場した。篤胤は，本居宣長没後の門人と称し，国学に宗教性と社会的な実践性を加えて**復古神道**を創始した。復古神道は地方の神職や豪農層に受け入れられ，のち尊王攘夷運動の基盤の一つとなり(→ p.222)，明治維新では神道国教化政策の原動力(→ p.237)の一つともなった。

政策の提言を行う**経世論**では，**海保青陵**が**『稽古談』**を著して藩営専売の採用を説き，**佐藤信淵**が**『経済要録』**などを著し，貿易の拡大と植民地の獲得とを主張した。

⑶学問塾の広まり　幕府が**昌平坂学問所（昌平黌）**で旗本・御家人の子弟の教育を行い，諸藩で藩士の子弟を対象とする教育機関として**藩校（藩学）**が設立・拡充されただけでなく，民間でもさまざまな私塾・学問塾が開かれた。大坂の**懐徳堂**は，町人による共同出資の学塾(→ p.205)にふさわしく自由な学風で，ここに学んだ**山片蟠桃**は**『夢の代』**で合理主義の立場から無鬼論を説いて霊魂不滅や神代史を否定した。また，儒学者**広瀬淡窓**が日田（豊後国）に開いた**咸宜園**は，身分による格差を設けず，カリキュラムや成績表にあたる制度を取り入れた教育システムで全国から塾生を集めた。

第11章 近代のはじまり

<大まかな時代の推移>

1840年代

オランダ国王が開国を勧告する親書を送ってきた。

アメリカ使節ビッドルが浦賀に来航した。

1850年代

アメリカ使節ペリーが浦賀に来航した。

ロシア使節プチャーチンが長崎に来航した。

日米和親条約が締結された。

アメリカ総領事ハリスが下田に着任した。

紀伊藩主の徳川慶福が13代将軍徳川家定の継嗣に決定した。

江戸幕府が日米修好通商条約に調印した。

横浜・長崎・箱館で欧米諸国との自由貿易がはじまった。

1860年代

桜田門外の変で大老井伊直弼が暗殺された。

島津久光が江戸幕府に対して幕政改革を要求した。

14代将軍徳川家茂が朝廷に対して攘夷の実行を約束した。

長州藩が下関海峡で外国船砲撃事件を引き起こした。

朝廷で八月十八日の政変が起こった。

イギリスなどによる四国艦隊下関砲撃事件が起こった。

薩摩藩と長州藩が薩長盟約(薩長連合)を結んだ。

東海から近畿にかけての地域で「ええじゃないか」の乱舞が広がった。

15代将軍徳川慶喜が大政奉還を行った。

王政復古の大号令により新しい政府が成立した。

鳥羽・伏見の戦いで戊辰戦争がはじまった。

明治天皇が五カ条の誓文を発表した。

新政府の民衆政策を示す五榜の掲示が掲げられた。

新政府が神仏分離令(神仏判然令)を出した。

天皇と政府の所在地が東京へ移った。

箱館五稜郭の戦いで戊辰戦争が終わった。

版籍奉還にともなって天皇が諸大名を知藩事に任じた。

24 開国とその影響

年代 1844〜1856年

国際関係 19世紀半ば，日本はペリー来航をきっかけとして西欧主導の近代的国際社会のもとに従属的に組み込まれた。近代のはじまりである。

①鎖国制の維持

アヘン戦争(1840〜42年)はイギリスなど欧米諸国を軍事的な強国(列強)と認識するきっかけとなり，江戸幕府・諸藩は海防問題への関心を高めた。幕府は諸藩に軍事改革や沿岸警備の強化を命じるとともに海防問題を統括するための新しい部署を設け，諸藩では，たとえば長崎の防備を担う**佐賀藩**(肥前藩)が**反射炉**を築き大砲製造にあたった。オランダからは，従来からの**オランダ風説書**に加え，より詳しい海外情報がもたらされた。バタビアのオランダ政庁がまとめ，長崎でオランダ通詞が日本語に翻訳した**別段風説書**である。

と同時に，幕府は欧米諸国との軍事衝突が生じる可能性を避けるため，1842年に**天保の薪水給与令**を発して**異国船打払令**を緩和した。異国船の意図的な来航は認めないものの，漂着した異国船には薪水や食糧を与えて退去させる方針をとった。

一方，幕府は鎖国制を昔からの慣習として維持し，交渉を特定の国々に限る姿勢をより強めた。1844年，**オランダ国王ウィレム2世**が12代将軍**徳川家慶**に宛てて国書を送って開国を勧告した際(**オランダ国王の開国勧告**)には，琉球と朝鮮は国書をやりとりして国交を結ぶ**通信国**，オランダと中国(清)は長崎に来航する民間商船と貿易のみを行う**通商国**として区別し(→p.171)，オランダは通商国であるとの理由で「通信」を拒否し，開国勧告を無視した。また，1846年にアメリカ使節**ビッドル**が中国で条約を締結後，**浦賀**(相模国)に来航して通商を打診してきた際にも，幕府はその要求を拒否した。

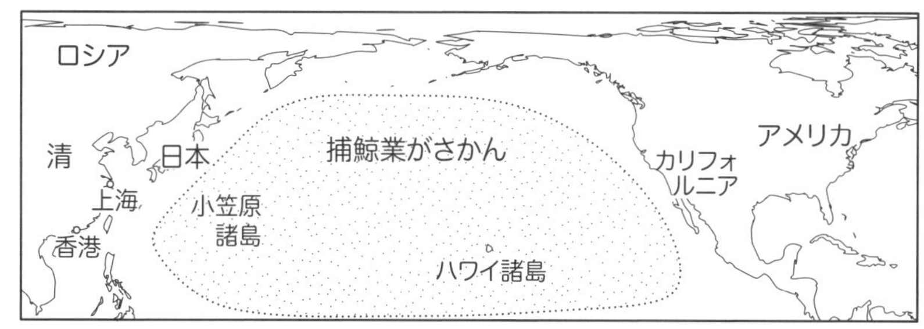

②開国への経緯

(1)アメリカの動き 日本近海など北太平洋地域では，18世紀後半以降，毛皮を求めるロシアやアメリカなどの商人たちが進出し，さらに19世紀前半にはアメリカやイギリスなどによる捕鯨業がさかんとなった(→p.210)。ハワイ諸島や小笠原諸島などを拠点として，商船や捕鯨船が太平洋をまたいでさかんに活動した(→p.251)のである。1840年代初めに土佐の万次郎(**ジョン万次郎**，のち中浜万次郎)が漂流したあと，アメリカ捕鯨船に救助されてアメリカに渡り，のちハワイからアメリカ船に便乗して1850年代初め，琉球を経由して日本に帰国できたのは，こうした状況のもとでの出来事であった。一方，アメリカはアヘン戦争後，イギリスにならって清との間で条約を結び，中国貿易にのり出していた。1848年にカリフォルニアを獲得して領土が太平洋岸に到達すると，中国貿易のさらなる拡大を求め，太平洋に**蒸気船**の定期航路を整備しようとする動き(→p.237)が強まった(開設は1867年)。

こうした情勢のもと，アメリカ大統領**フィルモア**が東インド艦隊司令長官ペリーを使節として日本へ派遣した。薪水や石炭，食糧などの補給地を確保し，捕鯨や中国貿易のために日本近海を往来する自国民の安全を確保しようとしたのである。

(2)和親条約の締結　ペリーは琉球の那覇に寄港したのち，1853（**癸丑**）年６月，サスケハナ号など軍艦４隻を率いて浦賀に来航し，開国を要求した。幕府は，ペリーの強硬な態度におされてアメリカ大統領フィルモアの国書を受け取り，翌年の回答を約束してペリーを退去させた。翌７月にはロシア使節プチャーチンが長崎に来航した。

ペリーは翌54年１月，軍艦７隻をひきいて再び来航した。品川沖まで江戸湾深く侵入し，軍艦の威力をつかって回答を強く求めたため，幕府は軍事衝突を避けようと，同年３月，老中**阿部正弘**のもとで**日米和親条約**(**神奈川条約**)を締結した。

日米和親条約

開港場を設定

下田(伊豆国)・箱館(松前地)の２港を開港

→日本が薪水・石炭や食糧を提供する。ただし，自由な貿易は行わない

アメリカの領事が日本に駐留

アメリカに対してだけ最恵国待遇を認める：不平等な規定

下田と**箱館**の２カ所を開港場として指定してアメリカ船の来航を認めたものの，内容は天保の薪水給与令(→p.217)とほぼ変わりがない。薪水・食糧などを提供する場を確定して明示し，来航することを認めた点は大きな転換だが，開港場で幕府の統制が及ばない貿易がはじまったのではなく自由貿易を禁止していた。これらの観点からすれば，和親条約でアメリカに認めた内容は，鎖国制下と違いはほぼない。

しかし，オランダなど特定の国々としか交渉しないという姿勢は崩れた。さらに，イギリスと開港場に関する協約，ロシアとはアメリカ同様の条約を結び，オランダとは従来の貿易のしくみを文書にして条約を結んだ。対外政策を転換したことは明らかである。この事態が一般に**開国**と呼ばれている。欧米諸国と条約を結び，同等な国家として交渉する時代がはじまったのである。

なお，**最恵国待遇**とは，一方の締約国が第三国に対してより有利な待遇を与えた場合，他方の締約国に対しても同様の待遇を与えることを約束するものであり，将来第三国よりも不利な地位に陥らないことを目的として規定された。日米和親条約では，この最恵国待遇が**アメリカに対してだけ規定**され，日本には認められていない。片務的であり不平等な内容であった。

沖　縄　アヘン戦争後，フランスなどが琉球に使節を派遣し，開国や貿易を要求していた。琉球がそれらの要求を拒否し，交渉は成立しなかった。ところが，琉球王府から知らせをうけた薩摩藩が幕府に問い合わせた際，幕府側の回答は，琉球は異国であり，その政策は薩摩藩の判断に任せる，やむをえない場合は相手国を限って交易を許してよい，というものであった。ちょうど同じ時期，アメリカ使節ビッドルが来航中であり，それへの対応を優先させたという事情もあるが，幕府は琉球を欧米諸国とのあつれきを避けるための緩衝帯と考えていた。

③琉球王国とペリーの交渉

ペリーは，日本の浦賀への来航に先立って琉球の那覇に寄港し，さらに，小笠原諸島にも向かった。アメリカ船が寄港できる補給拠点を調査しようとしたのである。そして1854年，日米和親条約締結のあとに再び那覇を訪れ，琉球王国との間で琉米条約(琉米修好条約ともいう)を結び，必要な物資・薪水の供給などを約した。続いて翌55年には琉球とフランス，1859年には琉球とオランダとの間でほぼ同じような内容の条約が締結された。

北海道　1853年，ペリーがいったん浦賀を退去した少し後，ロシア使節プチャーチンが長崎に来航し，開国とともに国境の画定を求めた。プチャーチンはいったん長崎を退去したのち，翌54年に再び来航し，同年(ロシア暦では1855年)，下田で**日露和親条約**(日露通好条約ともいう)が結ばれた。

④日露間での国境画定

日露和親条約では下田・箱館に加えて長崎の開港も規定するとともに，国境を約定した点に特徴がある。

日露和親条約での日露間の国境

千島列島…択捉島と得撫島の間に国境を定める
樺太　　…国境を定めず(日露両国民雑居とする)

このように国境が定められた結果，千島列島に住むアイヌは南北に分断された。樺太については国境を画定せず，**日露両国民の雑居**とされたため，アイヌとアムール川下流域や沿海地方の人々との交易はこれまで通り継続した。(→p.251)

一方，日米和親条約によって箱館の開港が規定されたことにともない，幕府は1854年，箱館を直轄地として箱館奉行を設置し，翌年には蝦夷地を直轄化した。

政　治　オランダを通じてペリー来航の情報が知らされた頃からペリー来航後にかけて，幕府では老中**阿部正弘**が幕政改革を行った。

⑤安政改革

老中阿部正弘が実施した幕政改革を**安政改革**と呼ぶ。

> **安政改革**
>
> **公議にもとづく政治運営をめざす**
> 　開国問題を朝廷に報告し，大名や旗本らに意見を求める
> 　前水戸藩主徳川斉昭を海防参与に登用
>
> **西洋技術を摂取**
> 　洋学所を設置…欧米の軍事技術・政治制度などを研究・教授 → 蕃書調所
> 　西洋式の軍制を導入…講武所や海軍伝習所を設置。大船建造を解禁
> 　台場を築造（品川沖）…江戸湾防備を強化
> 　代官江川英竜が韮山（伊豆国）に反射炉築造 → 大砲鋳造へ

⑴**公議の尊重**　阿部はまず，岩瀬忠震・川路聖謨・永井尚志ら有能な旗本を登用して対外交渉にあたらせた。一方，朝廷と有力大名（雄藩）の協力を得て挙国体制を整えようとした。老中や奉行など幕閣に就任した譜代大名・旗本だけによる国政運営（幕閣独裁）をやめ，朝廷や諸藩の意見をくみ取った国政運営を実現させることで－**公議の尊重**－，幕府の指導力を回復しようとしたのである。そのため阿部は，ペリー来航を朝廷（**孝明天皇**）に報告する一方，諸大名・旗本から意見を聴取して大方の賛意を得るとともに，**親藩**の徳川斉昭（水戸藩）・**松平慶永**（越前福井藩），**外様大名**の**島津斉彬**（薩摩藩）らの有力大名層と提携した。これを**雄藩連合路線**とも呼ぶ。

⑵**西洋技術の導入**　強大な軍事力をもつ欧米諸国に対応するためには，西洋技術の導入が緊急の課題であった。そこで幕府は1855年，**洋学所**の設立を進め，翌56年に**蕃書調所**と改称して設立した（のち1863年に開成所と改称）。教官には**西周**や**津田真道**らが登用され，入学者ははじめ幕臣に限られたが，のち諸藩士にも開放された。また，**高橋由一**らが西洋絵画を研究し，洋画を開拓した。（→p.256）

> **洋学研究・教授機関の変遷**
>
> 蛮書和解御用 → 洋学所 → 蕃書調所 →…→ 開成所 → 開成学校 →…→ 東京大学

大船建造の解禁は，「五百石以上の船，停止のこと」と規定した武家諸法度を改訂したもので，諸藩に軍用の大船を建造することを認め，幕府・諸藩の協力のもとで海軍を創設することを意図していた。そこで幕府は，オランダから軍艦を購入して長崎に**海軍伝習所**を開設するとともに，水戸藩に要請して石川島造船所を建設させた。また，陸軍については**講武所**を設置し，長崎の**高島秋帆**らを登用して西洋砲術などを教授・訓練させた。

(3)**諸藩の動向**　諸藩でも改革が行われた。

諸藩の動向

水戸藩（徳川斉昭）…**藤田東湖**らを登用。幕府の要請で石川島造船所を建設
薩摩藩（島津斉彬）…**集成館**（製鉄・造船・紡績など洋式工場群）を建設
越前藩（松平慶永）…**橋本左内**らを登用

⑥将軍継嗣問題

親藩・外様の有力大名と提携し公議を尊重することで幕府の指導力を再建しようとする老中阿部正弘の政策は，徳川斉昭や松平慶永・島津斉彬らの幕政に対する発言力を増大させた。ところが，彼らは本来，幕政に参加する資格をもたなかった。したがって，譜代大名など幕閣のなかから反発が出てくるのは当然である。

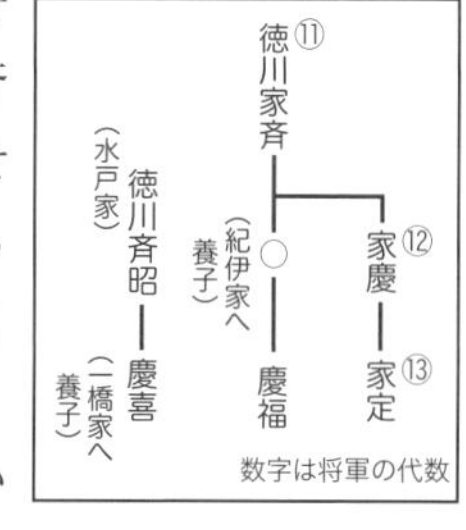

この両者の派閥抗争が，13代将軍**徳川家定**の跡継ぎ争い（**将軍継嗣問題**）として表面化した。

将軍継嗣問題

一橋派
候補…能力を重視 → 一橋家の**徳川慶喜**（徳川斉昭の子）
徳川斉昭・松平慶永・島津斉彬など改革派＝公議の尊重・雄藩連合路線

南紀派
候補…将軍との血縁を重視 → 紀伊家の**徳川慶福**（将軍家定のいとこ）
井伊直弼（彦根藩）など保守派＝幕閣独裁路線

社会経済　国内経済の動向はどうだったか？　**天保改革**での**株仲間解散令**(→p.211)は，物価の引下げに一時的な効果はあったものの，流通の混乱を招いていた。

⑦株仲間の再興

株仲間という同業者組合の消滅は，幕府にとって，複雑化する流通や市場の動きに対応するための手段を失ったことでもあった。そこで幕府は，1851年に**株仲間の再興**を認めた。その際，従来とは異なり，冥加の上納をやめ，仲間への新規加入を制限しないと定めた。つまり，利権をともなう独占組織というあり方を排除して行政の補助組織に純化させ，幕府の統制下に流通機構を再構築しようとしていた。

25 安政の五カ国条約

年代 1856～1860年

政治 **将軍継嗣問題**をめぐり幕府内部で権力抗争がくり広げられていた頃，1856年，アメリカ**総領事ハリス**が**下田**に着任した。ハリスは**太平天国の乱**(1851～64年）などによって中国貿易が不調だったことを背景として，和親条約で認められなかった自由貿易の開始を求め，それに幕府が応じた結果，通商条約の締結交渉がはじまった。この出来事は，幕府と朝廷を対立に追いやることとなった。

①条約勅許問題

幕閣の中心にいた老中**堀田正睦**や，ハリスとの交渉を担当した**岩瀬忠震**・**井上清直**らは，欧米諸国との自由貿易の開始に積極的であった。欧米諸国に対処するための国力増強には貿易が不可欠だという判断であった。とはいえ，**徳川斉昭**(水戸藩）ら反対派＝**攘夷派**(→p.215)が存在したため，老中堀田は**孝明天皇**から条約調印の承諾(**勅許**)を得ることによって国論の統一をはかろうと，京都に向かう。ところが孝明天皇は貿易開始に反対で，また，同じく反対派の中下級公家たちが集団でデモンストレーションを行い，水戸藩など攘夷派の朝廷工作も激しかった。

各地の下級武士も脱藩(許可なく藩を離れて行動すること)して京都に集まり，**条約勅許**の阻止に動いた。彼らは幕府がアメリカの圧力に屈して和親条約を強制されたとの印象をもっていたため，屈辱感が鬱積していた。さらに，彼らは支配者層の一員としての自覚をもちながらも，家格制のもとで政治から疎外されており，孝明天皇の意思を擁護し，その実現を掲げることで国政に関わる回路を得ようとしていた。つまり，彼らにとって**尊王攘夷運動**は，幕府・諸藩という枠や家格に基づく階層秩序の束縛から自由になって政治的発言を行うための媒介でもあった。

こうしたなか，幕府の要請にも関わらず，孝明天皇は1858年，幕府内での対立を理由として条約勅許を拒否した。17世紀前半に**禁中並公家諸法度**の発布や**紫衣事件**(→p.169)を通じて整った幕府の朝廷統制の枠組みが完全に崩れた瞬間である。

②将軍継嗣問題の決着

条約勅許をめぐって国論が紛糾していた頃，幕府では1858年，**南紀派**の**井伊直弼**が**大老**に就任し，13代将軍**徳川家定**の意向に基づいて紀伊藩主**徳川慶福**を将軍継嗣に決定した。慶福は**徳川家茂**と改名し，まもなく家定の死去にともなって14代将軍に就いた。

国際関係 日本が通商条約の締結交渉を進めていた頃，中国情勢は混迷していた。「滅満興漢」を唱える太平天国の運動が広がっていた。太平天国の乱である。これに対して清政府は地方の有力者に軍隊を編成させ，その軍事力により対応しようとしたため，中国は地方分権的な傾向を強めた。一方，欧米諸国の中国進出が進んだ。アヘン戦争により確保した自由貿易体制を安定的なものとして清に強制するため，

1856年，イギリス・フランスがアロー戦争(1856〜60年)を引き起こしていた。

③安政の五カ国条約

大老井伊直弼は，通商条約の締結にあたり勅許獲得を必要と考えたものの，欧米諸国との軍事衝突を避けるためには条約を結ぶのは仕方ない，という態度をとっていた。ちょうどアロー戦争でイギリス・フランスが清を破り，1858年，いったん天津条約が結ばれた頃であった。ハリスがイギリス・フランス連合軍の軍事的な脅威を説き，条約の即時調印を迫ると，幕府は孝明天皇の勅許がないまま日米修好通商条約(にちべいしゅうこうつうしょうじょうやく)(→p.231)に調印した。続いてロシア・イギリス・オランダ・フランスとも同様の条約を結んだ。これらを総称して安政(あんせい)の五カ国条約と呼ぶ。

安政の五カ国条約は，第一に，**自由貿易**を規定した条約であった。

安政の五カ国条約(その1)：自由貿易の規定

開港場・開市場の設定

下田・箱館(はこだて)に加えて神奈川(かながわ)・長崎(ながさき)・新潟(にいがた)・兵庫(ひょうご)も開港

→神奈川開港にともない下田は閉鎖

江戸・大坂の開市

欧米商人の居住・通商を居留地(きょりゅうち)に限定

開港場・開市場に居留地を設定

自由貿易

幕府の役人が介入しない・貿易量を制限しない

自由貿易を定めたものの，欧米商人に対して日本国内で自由に居住・通商することは認めず，居住・通商を居留地だけに制限した点がポイントである。(→p.289)

なお，神奈川の開港は翌59年と規定されていたため，幕府は日本人と欧米人との接触をできる限り避けようと，貿易港の建設場所として神奈川の宿場(しゅくば)に近い漁村横浜(よこはま)を選び，港湾の建設・居留地の土地整備を強行した。また，日本人の海外渡航は禁じられており，日本人が海外渡航して貿易を行うことは想定していなかった。

安政の五カ国条約は，もう一つ，**不平等条約**という特徴をもっていた。つまり，西欧主導の近代的な国際社会のもとに日本を従属的に組み込んだ条約であった。

安政の五カ国条約(その2)：日本にとって不平等な内容

領事裁判権(りょうじさいばんけん)を承認

日本人に対して犯罪を犯した欧米人はその国の領事裁判所(りょうじさいばんしょ)で裁判する

協定関税制(きょうていかんぜいせい) ⇨ 日本の関税自主権(かんぜいじしゅけん)を否定

輸出入にかかる関税率を付属の貿易章程で規定

片務(へんむ)的な最恵国待遇(さいけいこくたいぐう)…和親条約から継承

欧米諸国にとって**領事裁判権**は，文明の異なる地域で活動する自国民の安全・保護を確保するための手段であった。欧米諸国とは異なる文明・法制度のもとでは人権や財産権などが保護されず，自国民の安全が侵される恐れがあると考え，その危険性をあらかじめ避けようとしたのである。さらに，欧米諸国は領事裁判権をてことし，居留地での警察・衛生などに関する自治行政権を求め，幕府から了承を得ていった。領事裁判権は，日本の行政規則にも服さないという**治外法権**へと拡大されたのである。しかし，幕府は欧米諸国との外交経験が不足していたため，これらの不平等性を当初，意識していなかった。1866年に**改税約書**（**江戸協約**）により日本人の海外渡航が解禁されて以降，初めて認識するにいたった。(→p.233)

協定関税制は日本が独自に関税を決めることができない(**関税自主権がない**)点で欧米諸国どうしでの慣習とは異なり，日本にとって不平等な規定であった。ただし，清とくらべると，関税率は平均20％と高く，日本にとって不利な内容ではなかった。やがて改税約書(江戸協約)により関税率が一律５％に引下げられたことによって初(→p.233)めて，協定関税制の不平等さを痛感することになった。

なお，条約の批准書交換はワシントンで行うと定められていたため，1860年１月，外国奉行新見正興ら遣米使節がアメリカへ派遣された。幕府がオランダから購入した軍艦**咸臨丸**が護衛のために随行し，艦長**勝海舟**，通訳**中浜万次郎**(**ジョン万次郎**)，(→p.218)豊前中津藩出身の蘭学者**福沢諭吉**らがのり込んで渡米した。

政　治　幕府が自ら条約勅許を求めておきながら，孝明天皇の意思を無視して日米修好通商条約の調印を強行したことは，国論の分裂につながった。

④安政の大獄

幕府の**違勅調印**に反発した孝明天皇は，1858年，水戸藩に密勅を送り，**雄藩連合路線**によって幕政改革を実現することを求めた。そのことを知った大老**井伊直弼**は，水戸藩に圧力をかけて密勅の返上を求める一方，政治権力の分裂を避けるため，幕府の政策を批判した**徳川斉昭**・**松平慶永**・**島津斉彬**ら**一橋派**の有力大名や攘夷派の公家らを処罰し，攘夷派の梅田雲浜（小浜藩），開国論者で一橋派の**橋本左内**（越前福井藩・適塾出身の蘭学者），老中間部詮勝の暗殺を計画した**吉田松陰**（長州藩）らを逮捕するなど，徹底した弾圧を行った。**安政の大獄**(1858～59年)である。

ところが，かえって尊王攘夷派から強い反発を招いた。大老井伊直弼は1860年，水戸藩を脱藩した武士(浪士)らによって暗殺された。**桜田門外の変**である。

幕府の実質的な最高責任者であった大老が浪士により暗殺されたという事態は，幕府の権威を大きく低下させた。これに対処すべく，幕府は朝廷との関係を改善することによって権威の回復をめざすことになる。従来は政治の局外に置かれていた朝廷が，国政のもう一つの中軸としてクローズ・アップされてくるのである。

社会経済　1859年，**横浜**・**長崎**・**箱館**で欧米諸国との貿易がはじまった。鎖国制下の長崎貿易とは異なり，幕府役人の干渉がない自由な貿易であり，それにともなって産業や社会はさまざまな影響を受けた。

⑤欧米諸国との自由貿易開始

横浜などではじまった貿易は，次のような内容をもっていた。

貿易の内容

中心港…横浜 → 全体の約 80%を占める
貿易に従事した商人…イギリス人が中心
　→ アメリカは南北戦争（1861 ～ 65 年）のために後退
貿易取引の決済…銀貨を使用
貿易品目
　輸出品…生糸が約 80%。茶・蚕卵紙・海産物が続く
　輸入品…毛織物・綿織物が中心。軍艦・鉄砲なども
貿易収支…輸出超過
→ 1867 年から輸入超過に転換

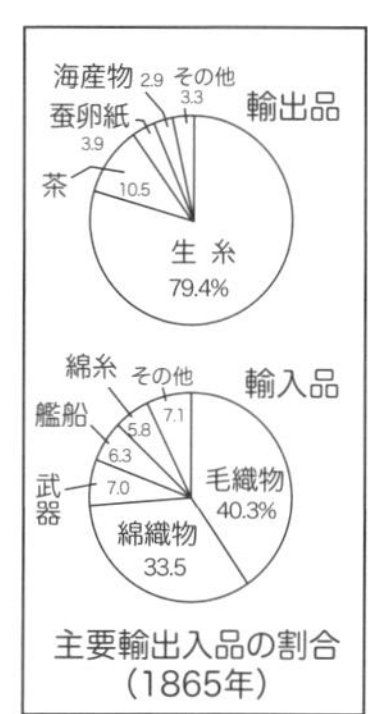

主要輸出入品の割合（1865年）

日本からは**生糸**や**茶**，**蚕卵紙**など半製品や食料品が多量に輸出され，輸入品は毛織物や**綿織物**など工業製品が多かった。こうした輸出入の増大は，国内の関連産業にさまざまな影響を及ぼした。

第一に，生糸の輸出は**養蚕業**や**製糸業**を急速に発展させ，とりわけ製糸業では簡単な手動装置である座繰器を使った**座繰製糸**が広まった。しかし，京都西陣や桐生などの**絹織物業**は原料生糸の不足と価格高騰により打撃を受けた。(→p.247)第二に，イギリスから安価な綿織物が輸入されたことは，綿作・**綿織物業**など綿業を動揺させた。

⑥株仲間中心の流通機構の動揺

横浜などでの貿易が自由貿易であり，欧米商人の経済活動が**居留地**のなかに制限されたことは，**在郷商人**(→p.197)など特権を持たない商人にとって絶好のビジネス・チャンスであった。彼らは，江戸・大坂の問屋を通さずに生糸・茶などの輸出品を産地から直接横浜の開港場へもち込んでいった。このことは，株仲間のもとでの既存の流通機構を動揺させた。

これに対して幕府（老中**安藤信正**）は，1860 年，**五品江戸廻送令**を出した。江戸の問屋の利益を擁護し，また，株仲間を通じた流通の統制を回復しようとしたのである。ところが，在郷商人や欧米商人の反発にあい，効果はあがらなかった。

五品江戸廻送令

内容…雑穀・水油・蠟・呉服・糸（生糸）は江戸経由で横浜に送ることを命令
目的…江戸の問屋の保護，流通統制の回復

⑦金貨の流出

自由貿易の開始とともに金貨が大量に流出した。貨幣を同種同量で交換するという安政の五カ国条約の規定を背景とし，金銀の交換比率（比価）が金１：銀15の**欧米諸国**にくらべて**日本**では金１：銀５と，**銀高・金安**の傾向にあったため，欧米商人が中国で通用していた銀貨(メキシコドル銀貨)をもち込み，交換した金貨を国外にもち出した。

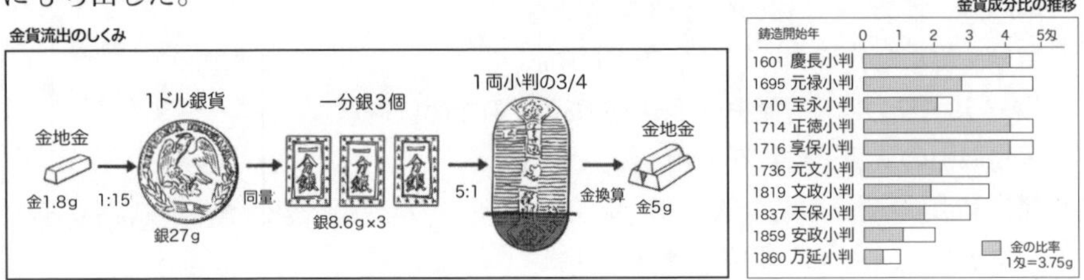

これに対して幕府（老中安藤信正）は1860年，量目を３分の１に減らした**万延小判**など万延金を鋳造し，金銀比価を欧米諸国と同じ金１：銀15に変更した。これにより金貨の流出を抑えたものの，貨幣価値を３分の１に引下げたため物価が騰貴する主因となった。

⑧貿易開始の社会への影響

貿易開始にともなう輸出超過や流通機構の動揺に加え，金貨流出への対処として金貨の価値を引下げたため，急激な物価騰貴が生じた。その結果，下級武士や都市の庶民は生活をおびやかされ，その不安感から，**尊王攘夷運動**への支持や**世直し**を求める風潮が広まった。条約に調印した幕府や貿易相手の欧米諸国に対する反発を強め，条約調印に反対の意思を表明した孝明天皇・朝廷への支持が広まった。一方，世直しを掲げた**百姓一揆**や**打ちこわし**が発生するとともに，生活不安からの解放を求める衝動・世直しへの期待が宗教という回路をとって表面化し，**天理教**・**金光教**など世直し的な思想をもつ新興宗教(→p.261)が民衆の間に次第に普及していった。

26 朝廷・幕府関係の変化

年代 1860～1865年

政治 安政の五カ国条約の締結とそれに基づく貿易の開始にともない，**尊王攘夷運動**が強まり，人々の間には**世直し**への期待が高まった。一方，幕府が朝廷との関係を改善させて国政の安定をはかろうとする動きを進めると，朝廷(天皇)の意向を利用して幕政に介入しようとする動きがさまざまくり広げられた。

①幕府・朝廷の関係改善への試み

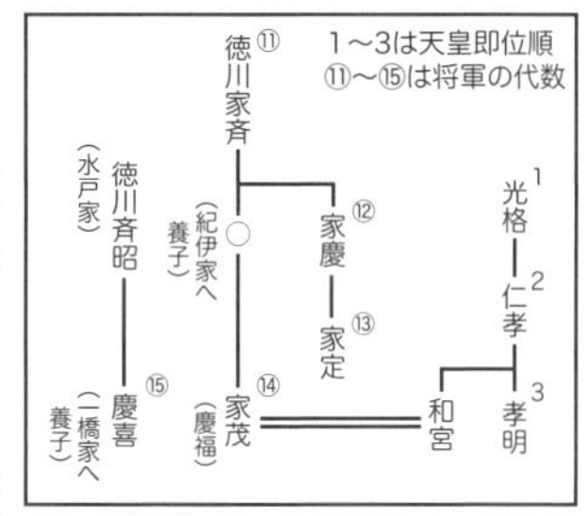

1860年，**桜田門外の変**で大老**井伊直弼**が暗殺された後，幕政を主導した老中**安藤信正**は，天皇家と将軍家とを婚姻関係で結びつけることにより朝廷との関係を改善しようとした。**孝明天皇**の妹**和宮**と14代将軍**徳川家茂**との政略結婚である。これを**公武合体策**という。朝廷では公家**岩倉具視**が協力し，1862年に結婚が成立した。その際，幕府は成婚の条件として，近い将来に安政の五カ国条約を破棄すること(攘夷)を約束しており，このことは幕府をやがて追いつめていく。

このように老中安藤信正は朝廷との関係改善を進めたものの，尊王攘夷派から反発をうけ，同62年1月，襲撃されて負傷し(**坂下門外の変**)，失脚した。

②朝廷を利用した幕政への介入

幕閣の指導力が低下するなか，朝廷・幕府間の融和を仲介するという口実のもと，朝廷の意向を利用して幕政に介入しようとする動きが出てくる。その一つが**島津久光**(薩摩藩主島津忠義の父)の動きである。島津久光は1862年4月，藩士を率いて京都に向かい，藩内の尊王攘夷派を京都郊外の伏見で弾圧した(寺田屋事件)あと，5月に勅使大原重徳とともに江戸に向かい，朝廷の意向をたてに幕政改革を求めた。

この結果，幕府により実施されたのが**文久改革**である。

文久改革

もと一橋派の幕政への参加＝公議の尊重・雄藩連合路線が復活

徳川慶喜＝将軍後見職，松平慶永＝政事総裁職

朝廷との関係強化

京都守護職を新設…松平容保(会津藩) → 京都・畿内の治安維持

新政策の実施

参勤交代の緩和…参勤を3年に1回とする，大名の妻子の帰国を認める

開成所の設置…蕃書調所を拡充

幕政を主導することとなった**徳川慶喜・松平慶永**は，新しく京都守護職を設置して京都・畿内における治安維持を強化した。京都での尊王攘夷派の活動を抑え，朝

廷における幕府の影響力を確保しようとしたのである。他方，幕府と諸藩が協力しながら西洋技術を導入し，軍事力の強化をはかる体制を作ろうとした。**参勤交代**(→p.167)を**３年１勤に緩和**して諸藩の財政負担を軽減したのも，諸藩に軍制改革を促し，武器や艦船の輸入を求めるためであった。ところが，参勤交代は大名統制の根幹(→p.167)であったため，その緩和策は幕府の諸藩に対する統制力をより低下させる結果を招いた。

③朝廷・幕府の力関係の逆転

同じ頃，久坂玄瑞ら長州藩士を中心とする尊王攘夷派が朝廷で発言力を増し，幕政への介入をめざした。1862年11月には勅使**三条実美**を江戸へ派遣し，攘夷の実行と14代将軍徳川家茂の上洛を幕府に求めた。この結果，翌63年３月，将軍家茂と徳川慶喜が京都に出向き，同年５月10日に攘夷を実行することを約束させられた。幕府が朝廷から政策の実行を委任されるという関係が成立したのである。

ところが問題なのは，攘夷とは何か，である。欧米諸国を軍事力によって日本から排除すること，条約をいったん破棄した後に改めて条約締結交渉を行うこと，欧米諸国が攻撃を加えてくれば軍事力で対処し撃退することなど，攘夷という言葉で思い描く内容が，立場により異なっていた。

国際関係 尊王攘夷運動の高まりは欧米諸国との間で軍事的な緊張を高めた。

④尊王攘夷派によるテロ事件とその影響

安政の五カ国条約締結以降，江戸や横浜では尊王攘夷派によるテロ事件が続発した。1860年，ハリスの通訳であったオランダ人ヒュースケンが江戸で殺害され，翌61年，水戸藩士が**イギリス公使オールコック**の暗殺をねらい，イギリス公使館が仮に置かれていた江戸の東禅寺を襲撃する事件が生じた。1862年には島津久光一行が薩摩に帰る途中，**横浜郊外**の生麦でその行列に無礼があったとして薩摩藩士がイギリス人を殺傷する事件(**生麦事件**)，高杉晋作・伊藤博文ら長州藩士が品川のイギリス公使館を焼打ちする事件(イギリス公使館焼打ち事件)などが起こった。

このようにテロ事件が続発するなか，イギリスやフランスは横浜の**居留地**に軍隊の駐留を進めた。1863年，イギリス・フランスは攘夷派のテロから居留民を保護・警衛することの了解を幕府から取り付け，それを根拠としてイギリス・フランスの軍隊が横浜居留地に駐留した。横浜港には欧米各国の軍艦が寄港し停泊することも日常化していく。横浜港とその居留地は欧米諸国が尊王攘夷運動に対抗するための軍事拠点となっていったのである。

一方，攘夷運動が高まるなか，幕府が安政の五カ国条約の規定を全て順守することは次第に困難となった。欧米諸国もその立場を了解した結果，1862年には**新潟・兵庫**の開港と江戸・大坂の開市を５年延期することが取り決められた。

なお，**長崎**はロシアの軍事拠点という性格を次第に帯びた。ロシアはアムール地方(1858年)や沿海地方(1860年)を清から獲得し，軍港としてウラジオストクを建設すると，ウラジオストクが冬期に凍結するため，冬期における軍艦の長期停泊地として長崎を利用した。こうしたなか，イギリスに対抗して対馬海峡の自由な航行を確保するため，1861年，ロシア軍艦ポサドニック号が対馬に約半年にわたって逗留する事件(ポサドニック号事件)が生じた(→p.263)。日本を含む東アジアにも欧米諸国どうしの軍事的な緊張が及んでいることを示す事件であった。

⑤欧米諸国との軍事衝突

幕府が攘夷の実行を約束するという情勢のもと，欧米諸国と局地的な軍事衝突が生じた。長州藩は攘夷実行の期日であった1863年5月10日，下関海峡を通過する欧米船に砲撃を加え(**長州藩外国船砲撃事件**)，アメリカ・フランスによる報復攻撃を受けて砲台を破壊されるなどしたものの，外国船砲撃の姿勢を崩さなかった。下関海峡を実質的に封鎖し続けたのである。一方，薩摩藩は生麦事件の処理をめぐる対立から同年7月，イギリスの攻撃を受けて交戦した。**薩英戦争**である。

欧米諸国との局地的な軍事衝突

長州藩による外国船砲撃事件(1863年)

長州藩＝下関海峡を通過するアメリカ・フランス・オランダ船を砲撃

→アメリカ・フランスの報復攻撃により敗北

高杉晋作らが奇兵隊を組織して軍事力を補強→下関海峡封鎖を継続

薩英戦争(1863年)　原因＝生麦事件(1862年)

イギリスが鹿児島で薩摩藩と交戦

→和平成立後，イギリスと薩摩藩が接近

政　治　攘夷の意味するところは立場によって異なった。長州藩などの尊王攘夷派は，条約を破棄し，欧米諸国との戦争も辞さないという立場であったのに対し，幕府は欧米諸国が攻撃すれば軍事力で対処するという姿勢であり，また，攘夷実行の具体策としては横浜港の閉鎖を求めるというものであった。欧米諸国との軍事衝突が生じるのにともない，このズレが明らかになってくる。

⑥八月十八日の政変

長州藩外国船砲撃事件以降，尊王攘夷運動は性格を変質させた。幕府否定の方向へと急進化したのである。ところが，孝明天皇はあくまで幕府に政策実行を委任するとの立場をとった。この天皇と尊王攘夷派のズレを利用し，1863年，**薩摩藩・会津藩**が公家三条実美・沢宣嘉や長州藩士ら急進的な尊王攘夷派を朝廷から一掃したのが**八月十八日の政変**である。

この政変後，朝廷のもとで雄藩をまじえて国政を協議・決定し，その実行を幕府にゆだねるという，新しい政治のあり方が登場した。徳川慶喜(一橋家)・松平慶永(越前福井藩)・島津久光(薩摩藩)・山内豊信(土佐藩)・松平容保(会津藩)らが朝廷で国政を協議する参預会議(参予会議)が開かれた。しかし，孝明天皇の意向に配慮して横浜港閉鎖を主張する徳川慶喜と開港路線を主張する島津久光らが対立した。その結果，参預会議は翌年３月に解体し，朝廷は慶喜ら幕府側勢力が握った。

⑦急進的な尊王攘夷派の挙兵

八月十八日の政変に前後して急進派が各地で挙兵したが，全て失敗に終わった。

尊王攘夷派の挙兵	
天誅組の変	…1863 年。大和(奈良県)の五条 吉村寅太郎(土佐藩)・中山忠光(公家)
生野の変	…1863 年。但馬(兵庫県)の生野 平野国臣(福岡藩)・沢宣嘉(公家)
天狗党の乱	…1864 年３月。筑波山(茨城県)で挙兵 → 京都へ向けて進軍 藤田小四郎らが水戸藩内での政争に敗れて挙兵
禁門の変	…1864 年７月。きっかけ＝池田屋事件(1864.6) 長州藩が京都に侵攻して朝廷を攻撃 → 薩摩・会津藩兵らに敗北＝久坂玄瑞(長州藩)らが敗死

池田屋事件は，朝廷での勢力挽回をめざした長州藩士ら尊王攘夷派が京都守護職配下の新撰組に襲撃され，殺害・逮捕された事件で，長州藩はこれをきっかけとして 1864 年７月，京都に侵攻し，朝廷への復帰をはかって**禁門の変**を起こした。しかし薩摩藩・会津藩兵らに敗北し，長州藩は朝廷に敵対する立場(朝敵)となった。

これをうけて幕府は同７月，朝廷の指令に基づいて長州藩を征討するために諸藩に軍事動員を命じた。**第１次長州征討**の開始である。指導力の大きく低下していた幕府には，軍事動員を通じて諸藩への統制力を誇示する目的もあった。長州藩は，直後の８月に**四国艦隊下関砲撃事件**が生じたこともあり，11 月，戦わずに降伏して朝廷・幕府への恭順を誓った。ところが翌 65 年１月，高杉晋作ら幕府対抗派が再び藩政の主導権を握った。そして，**奇兵隊**など身分を問わない志願兵により洋式軍隊を整備するとともに，欧米商人との密貿易によって軍備を強化し，表向きは恭順する姿勢を示しながらも幕府に対抗する態勢を整えた。この長州藩の処分問題が，次第に徳川慶喜と薩摩藩との対立の争点となった。

国際関係 長州藩は 1863 年の外国船砲撃事件でアメリカ・フランスから報復攻撃をうけて敗北したものの，下関海峡の実質的な封鎖を継続していた。また，八月十八日の政変で尊王攘夷を唱える急進派が朝廷から排除されたが，孝明天皇の攘夷の意向は変わらず，幕府はそれに配慮して横浜鎖港を欧米諸国に求める方針をとり続けていた。幕府に条約を履行する能力と意思があるのか，欧米諸国に不安をいだかせる情勢であった。他方，薩摩藩など開港継続の立場をとる諸藩にも，その意見を実現させる政治力はなかった。開国に逆行する事態が進んでいたのである。

⑧四国艦隊下関砲撃事件

イギリス公使オールコックを中心とする欧米諸国は，自由貿易が妨げられることを危惧し，軍事力の圧倒的な優位を見せつけようとした。そこで1864年8月，イギリス・フランス・アメリカ・オランダ4カ国の艦隊が下関を攻撃して長州藩による下関海峡の封鎖を解除させた。**四国艦隊下関砲撃事件**(下関戦争)である。この結果，単純な攘夷方針が非現実的であることが明らかとなり，**尊王攘夷運動**が解体するきっかけとなった。

なお，この四国艦隊による軍事行動はイギリス本国政府の予想を超える大規模かつ本格的なものであったため，公使オールコックは事情説明のためイギリス本国に召還された。その後任として赴任したのが**パークス**であった。

⑨条約勅許

イギリス・アメリカ・フランス・オランダの4カ国は1865年11月には，兵庫沖に軍艦を並べ，四国艦隊下関砲撃事件の賠償金支払い問題を口実として条約勅許と関税率の引下げなどを要求した。これをうけて徳川慶喜は朝廷と交渉し，同年9月，孝明天皇による**条約勅許**(→p.223)を取り付けた。安政の五カ国条約に基づく自由貿易の体制は，その安定性を確保されたのである。一方，関税率の引下げなどについては翌66年，江戸で交渉が行われることとなった。

なお，この時の条約勅許では兵庫開港は除外され，のち1867年5月，明治天皇により勅許された。

⑩欧米諸国との文化・技術交流

幕府やいくつかの藩は，欧米諸国の制度・文物を学ぶため，留学生を送った。幕府は1862年，**蕃書調所**の教官であった**西周**や**津田真道**らをオランダに留学させた。長州藩は1863年，伊藤博文・井上馨らを極秘にイギリスに留学させ，薩摩藩では1865年，五代友厚ら使節団がイギリスに密航した際，森有礼らが留学した。

欧米諸国から機械技術の導入も進んだ。幕府は，欧米諸国から購入した艦船について定期的な点検・補修を行えるよう，船舶の修理を兼ねた製鉄所として，オランダの技術支援によって長崎製鉄所，さらに，フランスの技術支援のもとで横須賀製鉄所を建設した。江戸には大砲などを製造するため，関口製造所を建設した。

一方，日本の文化が欧米諸国に広く紹介されはじめた。鎖国制のもとでもオランダ東インド会社の買い付けた**伊万里焼**(→p.173)(**有田焼**)がヨーロッパ諸国で人気を得ていたが，日本の美術工芸品への関心がより高まった。のち1867年にパリ万国博覧会が開催され，日本からも出品・展示が行われると，**日本趣味(ジャポニスム)**と称されるブームが生じた。なかでも**葛飾北斎**や**歌川広重**(→p.213)の浮世絵はフランス絵画，とりわけモネ，ゴッホら**後期印象派**(→p.312)の画家に多大な影響を及ぼした。

27 江戸幕府の滅亡

年代 1865～1869年

政治 八月十八日の政変以降における政治史の一つの軸は，朝廷での主導権を握った**徳川慶喜**と，朝廷のもとに**雄藩連合**による新しい政府を作り，**公議の尊重**を実現させようとする薩摩藩など雄藩との抗争である。争点となったのが長州藩の処遇問題であった。そして，もう一つが民衆のなかの**世直し**を求める動きである。

①長州藩をめぐる動き

長州藩は1865年1月に高杉晋作らが実権を握って以降，朝廷・幕府に恭順の姿勢を示しつつも幕府への対抗姿勢を整えていた。グラバー商会など一部のイギリス商人らを通じて武器を密輸し，軍備の強化に努めていた。

この長州藩の動きに対し，慶喜ら幕府は1865年9月，**第2次長州征討**の実施を決定し，朝廷から勅許を得た。幕府の軍事的な優位性を誇示しようとしたのである。

ところが，独断専行する慶喜ら幕府に対して薩摩藩などが反発し，公議を重視する立場から，諸藩の合議に基づいて対応すべきと主張して対立した。そうしたなか，薩摩藩は1866年1月，武器売買に携わっていた**坂本龍馬・中岡慎太郎**（土佐藩）の仲介により長州藩とのあいだに**薩長盟約（薩長連合）**を結んだ。薩摩藩は，長州藩にひそかに軍事援助を行って長州征討を失敗に追い込むとともに，朝廷での長州藩の復権に向けて工作し，それを通じて朝廷での国政協議に割り込み，徳川慶喜に対抗しようと企図していた。他藩でも非協力的な動きが目立った。合戦には村々から人夫（陣夫）を徴発し，兵粮米を徴集することが必要であった。ところが人夫の徴発は百姓の疲弊を招きかねず，兵粮米の徴集は米価の騰貴を招いて打ちこわしを引き起こす危険性があった。そのため，出兵に消極的な諸藩が少なくなかったのである。

②第2次長州征討と世直しを求める風潮

薩摩藩など諸藩が反対・非協力の動きをみせるなか，にもかかわらず1866年6月，幕府は第2次長州征討を実行した。しかし，幕府軍は長州藩兵に各地で敗北した。さらに，幕府軍が兵粮米の徴集を行ったため米価が騰貴し，各地で**世直し**を掲げた百姓一揆（**世直し一揆**）が発生し，大坂や江戸では**打ちこわし**が激発した。秩父（武蔵国）からはじまった武州一揆は10万もの人々が参加し，陸奥国南部の幕領では信達騒動（信夫・伊達郡の一揆）が起こった。こうして窮地に陥った幕府は，14代将軍**徳川家茂**が大坂城で死去したことを理由に，同年8月，戦闘を停止した。

③15代将軍徳川慶喜

15代将軍に就任した徳川慶喜は，これまで通り京都・大坂に滞在し続け，**孝明天皇**の信任と**フランス公使**ロッシュの支援のもと，西洋軍制と近代的官僚制を採用して幕府再建をめざした。ところが1866年12月に孝明天皇が急死し，若い明治天皇が即位して以降，朝廷では公家**岩倉具視**を中心として慶喜に対抗する動きが広がった。また，雄藩のなかでは慶喜の独断専行に対して倒幕をめざす動きが進んだ。しかし倒幕といっても，**大久保利通**（薩摩藩）や**木戸孝允**（長州藩）のように，武力を使って幕府＝徳川将軍家を政権から排除しようとする路線（武力倒幕派）もあれば，**後藤象二郎**（土佐藩）のように，幕府の解消を考えながらも徳川将軍家を温存しようとする路線もあった。

欧米諸国の間でも対応の違いが目立った。フランス公使ロッシュが幕府を支援したのに対し，**イギリス公使パークス**は貿易の安定を求め，徳川将軍家と雄藩とによる新政府への平和的な移行を期待していた。

国際関係　欧米諸国が1865年，**条約勅許**を要求した際，**四国艦隊下関砲撃事件**の賠償金を減免することをひきかえに関税率の引下げなどを同時に幕府に求めていた。江戸でその交渉が行われ，翌66年，**改税約書（江戸協約）**が結ばれた。

④改税約書（江戸協約）の締結

改税約書（江戸協約）では関税率が大きく引下げられ，綿織物を中心として輸入が増加するきっかけとなった。

改税約書による関税率引下げ	
関税率	：平均20％→一律5％
影響	：欧米諸国から綿織物などの輸入が増加→貿易収支が輸入超過へ転換

これ以外に，諸藩による貿易活動に対する制限を除去すること，日本人の海外渡航を解禁することなども定められた。なかでも，諸藩の貿易制限を解除する規定は，貿易を通じて富強をはかろうとしていた薩摩藩など雄藩を利するものであった。

政　治　1867年8月，東海地方ではじまった**ええじゃないか**の乱舞は，10月に京都・大坂へ波及した。世直しを期待する民衆の熱狂的騒動であり，百姓一揆・打ちこわしの頻発とともに支配層の危機感を募らせた。

⑤朝廷での主導権争い

事態の平和的な収拾を望んだのが前土佐藩主**山内豊信**やその家臣後藤象二郎らであった。彼らは朝廷と幕府という二元的な政治権力のあり方を解消し，天皇のもとで徳川将軍家と雄藩・公家とにより新政府を作って公議を尽くすという政権構想を掲げ，将軍徳川慶喜に幕府の解体を建白した。これをうけて慶喜は，1867年10月14日，**大政奉還**を行った。江戸幕府を自ら解消して政治権力を朝廷に一元化し，朝廷のもとで徳川家を中心とする新政府を作ろうとしたのである。これに対して朝廷は，慶喜による大政奉還を認め，諸大名に対して国政協議のため上洛を命じた。

一方，大久保利通（薩摩藩）・木戸孝允（長州藩）らは公家岩倉具視らの協力のもと，同日，ひそかに**討幕の密勅**を得ていた。これを受けて薩摩・長州両藩は藩兵を京都へと進め，軍事力を背景として公家岩倉らとともに朝廷での主導権を奪い取ろうと準備を整えていく。そして，徳川慶喜による新政府の樹立がなかなか進展しないのをしり目に，岩倉・大久保ら武力倒幕派は12月9日，事態の平和的な収拾を望む穏健派の土佐・越前・尾張・安芸各藩の協力を得ながらクーデタを敢行した。**王政復古の大号令**を発し，新しい政府を樹立したのである(**王政復古政変**)。

王政復古の大号令
「神武創業の始」に基づくことを理想に掲げる 摂政・関白，幕府などを廃絶 総裁・議定・参与の三職を仮に設置

このクーデタで成立した新政府は公家と諸藩の代表者とによる連合政権であり，大政奉還により徳川慶喜がめざしたものと形式において大差はなかった。そのうえで，岩倉・大久保ら武力倒幕派は，徳川慶喜を排除した新政府の樹立をめざした。**三職**のメンバーのなかに徳川慶喜を選ばなかったのである。

同日夜に開かれた第1回三職会議(**小御所会議**)では，岩倉・大久保ら武力倒幕派は山内豊信・松平慶永らの反対を押し切り，慶喜に対して**内大臣**の辞職とほとんどの領地の放棄(**辞官・納地**)を求めることを決定した。旧幕府支持派を挑発して戦闘へともち込み，それによって徳川将軍家を政権から排除するとともに，山内豊信ら慶喜への妥協派を抑えて新政府での主導権を確保しようとした。

こうしたなかで1868年1月，旧幕府軍や会津・桑名藩などの藩兵が京都に攻めのぼり，薩摩・長州両藩兵と衝突した(**鳥羽・伏見の戦い**)。新政府と旧幕府支持派との内戦**戊辰戦争**(**戊辰の内乱**)のはじまりである。

⑥戊辰戦争と明治新政府の組織

武力倒幕派は戊辰戦争という内戦を遂行するなかで，新政府の主導権を握り，諸藩の新政府への統合を進めた。

戊辰戦争(戊辰の内乱)
最初…鳥羽・伏見の戦い(1868年1月) 経過…江戸城の開城(4月)，上野戦争(旧幕臣・彰義隊の抵抗)を鎮圧(5月) 江戸を東京と改称(7月) → 天皇と政府が東京に移る(1869年3月) 奥羽越列藩同盟が瓦解(8月)，会津落城(9月) 最後…五稜郭の戦い(榎本武揚ら・1869年5月)

鳥羽・伏見の戦いで新政府側が勝利したことにより，西国の諸藩は新政府支持を明確にし，三井組・小野組ら上方の豪商が軍資金の調達に応じるなど，新政府に有利な条件が整った。さらに新政府軍には豪農や無宿・博徒らにより編成された民兵(**草莽隊**)が多数参加した。なかでも相楽総三ら赤報隊は東山道の先鋒をつとめ，西

郷隆盛(薩摩藩)らの許可のもとで旧幕領の百姓たちに年貢半減を布告した。新政府は世直しへの期待をすくい取ることによって戦局を有利にしたのである。そして，江戸城の総攻撃については局外中立の立場をとるイギリス公使パークスが反対したため中止したものの(江戸城の無血開城)，1868 年 4 月，江戸城を占領した。

江戸城の無血開城が決まるという戦況のもと，新政府は 3 月 14 日，**五カ条の誓文**を公布し，政治方針を明示した。

五カ条の誓文

起草…由利公正(越前藩) → 修正…福岡孝弟(土佐藩) → 完成…木戸孝允(長州藩)
形式…天皇が諸大名らを率いて神祇に誓う
内容…公議世論の尊重・開国和親

由利公正が起草し，福岡孝弟が修正した段階では諸藩代表者会議の盟約という形式がとられたのに対し，木戸孝允の修正により，明治天皇が諸大名らを率いて神祇に誓うという形式に変更された。つまり，天皇が政府を主導するという形式が強調(→p.237)された。これは武力倒幕派が新政府の主導権を握ったことを象徴するものである。また，国際法－西欧流儀の国際関係－を順守することを掲げ，攘夷の放棄を宣言することにより，欧米諸国からの支持を得ようとした。

さらに翌 15 日，**五榜の掲示**を出して民衆政策の基本方針を示した。

五榜の掲示

恒久的なもの
(1)五倫道徳の順守　(2)徒党・強訴・逃散の禁止　(3)キリスト教禁制
一時的なもの
(4)外国人殺害の禁止　(5)本国脱走の禁止－草莽たちの取締り－

これは江戸幕府の民衆政策を継承したものである。新政府は，相楽総三ら赤報隊を偽官軍として処刑したように，民衆の世直しへの期待を自らの権力確立に利用しても，必ずしもその期待に正面から応えることはなかった。

こうした政治・民衆政策の基本方針を提示した新政府は 1868 年閏 4 月，**政体書**を制定し，政府組織づくりにのり出す。

政体書

起草…福岡孝弟(土佐藩)・副島種臣(肥前藩)
太政官を設置：太政官に権力を集中 → 内部でアメリカにならって三権分立
官吏公選制を採用…実施は 1 回のみ
地方は府藩県の三治制

太政官制を復活させたうえ，その内部において三権分立を形式的に採用した。そして，公議に基づく国政運営を実現するため，太政官の内部に**議政官**を設け，その下局として各藩から推挙された代議員(貢士)を構成員とする**議事機関**を整えた。この議政官下局はのち**公議所**を経て，版籍奉還に際して**集議院**へと改組された。

さらに新政府は，上野の寛永寺に立てこもった彰義隊の抵抗を鎮圧するなどして関東を制圧すると，7月に江戸を**東京**と改称した。9月には元号を慶応から**明治**へと改めたうえで，中国の**明**や**清**にならい，天皇1代に元号1つという**一世一元の制**を採用し，翌69年3月には天皇と政府の所在地を東京に移した(俗に東京遷都)。

その間，新政府からターゲットにされた会津藩を救うため北陸・東北の諸藩が**奥羽越列藩同盟**を結成すると，軍事力によって撃破し，会津藩も攻略した。1869年5月，箱館・五稜郭を拠点として抵抗する旧幕臣の**榎本武揚**らを降伏させた（**五稜郭の戦い**)。こうして約1年半に及ぶ内戦が終結した。

こうした戊辰戦争は諸藩のあり方に大きな影響を及ぼした。第一に，戦費の負担が藩財政を極度に悪化させた。中小の諸藩ほど影響は大きかった。第二に，藩主は誰も戦闘には参加しなかったため，藩主の権威を後退させ，他方で，軍務や政務に携わった中下級藩士の台頭を促した。藩のまとまりが動揺したのである。

⑦版籍奉還

戊辰戦争を通じて天皇を中心とする新政府の全国支配は整った。とはいえ，新政府が旧幕府などから接収した地域以外は，従来通り諸藩が支配を続けていた。天皇と諸藩・諸大名との間には制度的な関係はなく，新政府の意向が全国すみずみにまで行き渡るわけではなかった。そこで新政府は1869年，諸大名に**版籍奉還**を行わせて天皇が全国の土地・人民の支配権をもつことを示し，そのうえで大名を**知藩事**に任じ，藩を地方官制のもとに組み込んだ。

版籍奉還

諸大名が土地・人民の支配権を天皇へ献上(「返還」と称する)
木戸孝允・大久保利通が推進…薩長土肥の4藩主が最初に行う
天皇が大名(藩主)を知藩事に任命 → 旧来の領地の統治をまかせる

知藩事は天皇が任命する地方官であったうえ，従来の領地の石高(知行高)に応じた額の家禄を保障された。江戸時代は大名とその家族による私的な支出と藩内統治のための経費支出の間に明確な区別がなかったのに対し，知藩事(大名)の家計と地域行政のための藩財政とを分ける措置がとられたのである。この結果，藩内で取り立てられた年貢は，一部は知藩事や藩士の家禄，つまり地方官の人件費に充てられ，残りが藩内の行政に関わる経費に充てられることとなった。このように版籍奉還にともない，藩は大名とその家臣たちによって構成される身分集団から，知藩事を長とする地方行政機構へと性格が変えられていった。

版籍奉還に際し，新政府は公家や武士に対して新たな呼称を導入した。公卿と大名は**華族**，藩士や旧幕臣は**士族**，足軽などの武家奉公人は**卒**と称された。

なお，公家や武士には家禄以外に，戊辰戦争などの功績に応じて**賞典禄**が新政府から支給されることがあった。

文化　戊辰戦争を通じて新政府の全国支配が確立したものの，だからといって支配の正当性が保証されたわけではない。

⑧祭政一致の理念

王政復古の大号令で「神武創業の始」に基づくことを理想と掲げた新政府は1868年，祭政一致を復活させるために**神祇官**の再興を布告した。**後期水戸学**や**復古神道**に基づき，神祇の祭祀を通じて天皇のもとでの新政府の支配の正当性を確保しようとしたのである。(→p.215)そして同年，**神仏分離令(神仏判然令)**を出して古代以来の**神仏習合(神仏混交)**をやめさせ，(→p.51)神社を仏教から分離・独立させた。神社から僧侶や仏像を排除するとともに，「○○権現」「○○菩薩」など仏教色の強い祭神の名称を廃止・変更することなどを命じた。名前や由来のはっきりしない祭神は『日本書紀』や『古事記』，延喜式に登場する神々に改めさせた。これらの政策は各地で神職や国学者らが寺院・仏像を破壊する**廃仏毀釈**運動を誘発し，仏教に打撃を与えた。

1869年6月には東京招魂社を創建し，幕末期から戊辰戦争のなかで天皇に殉じた人々を祀る招魂祭を行った。天皇のために死んだ人々を祀り，顕彰する施設が設けられたのである。のち1879年に**靖国神社**と改称され，他の神社とは異なり軍の管轄下に置かれた。

社会経済　新政府は当初，独自の経済基盤が乏しかった。では，戊辰戦争の戦費をどうやって調達したのか？

⑨政府紙幣の発行

由利公正（越前藩）の建議に基づき，新政府は1868年，**太政官札**を発行して戦費などの経費にあて，翌69年には小額紙幣として**民部省札**を発行した。これらの紙幣は金貨の単位である両・分を額面に記した紙幣であったものの，同じ額面をもつ金貨と等価で交換(**兌換**という)できない**不換紙幣**であり，信用は不安定であった。

⑩貿易の動向

改税約書で関税率が引下げられて以降，綿織物を中心として輸入が増加した。一方，生糸が大量に輸出されるなか国内の製糸業では粗製乱造が進み，輸出額が次第に減少した。こうした結果，貿易収支は1867年以降，輸入超過に転じた。

他方，ペリー来航時にアメリカで計画されていた**蒸気船**による太平洋横断航路が1867年，ようやく整備され，(→p.218)サンフランシスコと香港が横浜・長崎を経由して結ばれた。1869年にはスエズ運河も完成し，世界の一体化が進む基礎が整った。

第12章 明治維新

<大まかな時代の推移>

1870年代

- 戸籍法を定め，全国的に統一された戸籍の編成に着手した。
- 新貨条例を定め，新しく円・銭・厘の貨幣単位を導入した。
- 廃藩置県が行われ，租税・軍事の両権が中央政府に集中した。
- 日清修好条規を結び，清と初めて国交を結んだ。
- 岩倉遣外使節がアメリカに向けて出発した。
- 新橋(東京)・横浜間で鉄道が開業した。
- 官営模範工場の一つ富岡製糸場が操業を開始した。
- 従来の太陰太陽暦を廃止し，新しく太陽暦を採用した。
- 徴兵令を定め，身分の区別なく兵役の義務を課した。
- 地租改正条例を発布し，租税制度の改正に着手した。
- 征韓論政変により西郷隆盛・板垣退助ら５名の参議が辞職した。
- 板垣退助・江藤新平らが民撰議院設立建白書を提出した。
- 江藤新平らを首領として佐賀の乱が起こった。
- 西郷従道が主導して台湾出兵が実施された。
- 大阪会議により大久保利通・木戸孝允・板垣退助の合意が実現した。
- ロシアとの間で樺太・千島交換条約を結んだ。
- 軍艦雲揚が朝鮮の江華島で朝鮮側砲台を占拠した。
- 廃刀令を布告し，軍人・警官以外の帯刀を禁じた。
- 金禄公債証書発行条例を定め，華族・士族への秩禄を廃止した。
- 西郷隆盛ら鹿児島県士族が挙兵し，西南戦争がはじまった。
- 沖縄県を設置し，琉球を日本領に併合した。

1880年代

- 明治天皇が国会開設の勅諭を出し，明治23年の国会開設を公約した。
- 朝鮮で下級兵士らが蜂起する壬午軍乱が起こった。
- 唯一の発券銀行として日本銀行が設立された。
- 秩父地方(埼玉県)で負債をかかえた農民らが蜂起した。
- 朝鮮で金玉均ら独立党がクーデタをおこし，失敗した。
- 日本銀行が銀兌換の日本銀行券の発行をはじめた。

28　廃藩置県と諸改革

年代　1869～1873年

政治　欧米諸国に対抗できる国力を育成するためには，近代化政策を進めて欧米諸国の政治・経済制度を導入することが不可欠と考えられていた。それを推進するにあたっては何が必要だったのか？

①版籍奉還後の国内状況

版籍奉還にともなって藩が地方官制のもとに位置づけられたとはいえ，独立性の強い藩制の伝統が残っていた。租税と軍事の権限を諸藩が持ち，藩内で徴収される年貢は新政府には納められずに全て諸藩で収納され，また，諸藩は旧藩士を担い手とする常備軍（藩兵）を保持していた。一方，新政府の財政基盤は旧幕領を中心とする直轄地（府・県）に限られ，また，新政府直属の軍隊は存在しなかった。

さらに，新政への期待外れ・不満から新政府の直轄地を中心として農民一揆が激発し，不平士族による抵抗やテロ事件も発生した。1869年，**大村益次郎**（長州藩）が不平士族によって襲われ（大村はまもなく死去），長州藩では，**奇兵隊**（→p.230）など諸隊の整理がはかられるなか，諸隊に所属した多くの兵士が反乱を起こした（脱隊騒動）。

このように新政府の基盤と支配力は不安定であった。それだけではない。諸藩のなかには財政破綻から廃藩に追い込まれる藩が生じた。一方，薩摩藩のように新政府の改革指示に従わない藩があり，また，土佐藩・熊本藩などのように急進的な改革を進めようとする開明的な藩も現れ，政府としばしば対立した。

②廃藩置県

こうしたなか，**木戸孝允**（長州藩）や**大久保利通**・**西郷隆盛**（薩摩藩）らは，薩摩・長州両藩の出身者を中心として中央政府の指導力を強化しようとした。まず1871年2月，薩摩・長州・土佐3藩の藩兵計1万人（実際は8000人）を徴発し，**親兵**（のち近衛兵と改称）を組織するとともに，4月には**鎮台**を設置し，諸藩から藩兵を差し出させて九州・東北に兵力を配置した。そのうえで同年7月，万国対峙のためには藩の存在が障害であるとの理由を掲げ，**廃藩置県**を断行した。全ての藩を廃止して代わりに県を設置し，**知藩事**を罷免して東京への移住を命じるとともに，各府県へは中央から官僚（**府知事**・**県令**）を派遣した。この結果，全国の年貢収納権が中央政府に集中するとともに藩兵が解体され，中央集権体制の基礎が整った。

廃藩置県

内容：知藩事を罷免して東京移住を命令 → 新たに府知事・県令を派遣
　　　知藩事や藩士への家禄の支給を継続，藩の負債を政府が肩代わり
結果：3府302県
　　　→ 3府72県（1871年）→ 3府35県（1876年）→ 3府43県（1888年）

諸藩からの抵抗はほとんどなかった。戊辰戦争により，どの藩も藩財政が極度に悪化していたのに対し，政府が藩の負債を肩代わりしたことが主な要因であった。

一方，中央政府では廃藩置県と同時に官制改革が実施され，太政官**三院**制が採用された。太政大臣・左大臣・右大臣・参議で構成された**正院**が最高機関で，**左院**が立法審議の諮問機関，**右院**が各省の連絡・調整機関である。要職は旧薩長土肥４藩出身の士族が占めて旧大名・公卿は後退し，藩閥政府の形成が進んだ。

③四民平等

政府は，江戸時代から続く身分制度の解体を進めた。

版籍奉還にあたり，大名と公卿を**華族**，藩士・旧幕臣などを**士族**と称する（**卒**は1872年に士族と平民に振り分けられた）一方，百姓・町人らを**平民**と称したうえで苗字を許し，華・士族との婚姻，移住や職業選択の自由を認めた。

そして政府は1871年4月，**戸籍法**を制定し，行政区画として新しく大区・小区制を導入するとともに，それに基づいて翌年，全国的に統一された戸籍を編成した(**壬申戸籍**＝近代初の全国的戸籍)。人々を居住地にしたがって戸ごとに戸籍に登録し，その際，華族・士族・平民の族称を記すとともに全ての人に苗字を名乗らせた。アイヌに対しても日本式氏名を強制し，戸籍へ編入した。1871年8月には，**穢多**・**非人**の呼称や役負担(→p.178)，その役負担にともなう宅地の免税措置などを廃止し，身分・職業を平民と同じとした(**賤称廃止令**・**賤民廃止令**などという)。

④地租改正と徴兵制

廃藩置県により全国にわたる租税・軍事の両権を集中させた政府は，土地・租税制度の改革(**地租改正**)と**徴兵制**による常備軍の編制に着手した。

地租改正

前提：田畑勝手作の許可（1871年）…田畑の自由な利用を改めて認める
田畑永代売買の解禁（1872年）
→旧来の年貢負担者に地券を発行＝土地所有権をはっきり認める
地租改正条例（1873年）
地券所有者＝土地所有者に納税を義務づける
地価に基づく定額金納制を導入（税率は地価の３％）
地主が取得する小作料は現物納

それまでの租税制度との変更点は，納税主体が村から個々の**地券所有者**＝土地所有者に変更されたこと，課税基準が**石高**(収穫高)から**地価**へ変わったこと，納税方法が米や貨幣による納入から**金納**に一本化されたことの３点である。

これらのなかで問題となったのが地価である。地価は物価変動に関わりなく固定とされ，平均的な収穫高をもとに決められることとなっていた。ところが，その算定には「旧来の歳入を減ぜざる」方針が採用されたため，農民は高い地価を政府から押し付けられる形となり，地価の算定をめぐって不満が生じた。1875 年から地租改正事業が本格化すると，翌 76 年には茨城や三重で**地租改正反対一揆**が発生した。そこで政府は 1877 年，地租率を３％から 2.5％に引下げた(→p.254)。こうした紆余曲折を経，地租改正は 1880 年頃までにほぼ完了した。

この結果，土地は旧来の本百姓つまり地主・自作農が自由に用益・処分できる財産となり，私的土地所有制度が整った。それにともない，旧武士身分など領主層がもっていた年貢収納権が消滅し，**封建的領有制が解体**した。さらに，地主の権利が法的に確固としたものとなり，これ以降，**地主制**が発展する基礎が整った。

徴兵制の導入

構想：大村益次郎（長州藩）が構想 → 山県有朋（長州藩出身）が実現
法令：徴兵告諭（1872 年）→ 徴兵令（1873 年）
内容：満 20 歳男子に兵役を義務づけ → 鎮台（のち師団）に３年間配属
　　　戸主や跡継ぎ，官吏，代人料 270 円を納入した者などは兵役を免除

徴兵制は，江戸時代のように武士身分が軍事職を独占するのではなく，幕末期から戊辰戦争期に組織された奇兵隊などが志願兵により編成されたのとも異なる。**国民皆兵**の原則のもと，身分の区別なく人民に兵役の義務を課したものである。徴発した兵士は３年間**鎮台**（のち**師団**）に配属し，その後は一定期間，有事や訓練の時に限って召集する（のち予備役・後備役と呼称）というシステムが採用された。

ところが，兵役により働き手を奪われることへの不満などから各地で反対一揆が起こった。その反対一揆は，徴兵告諭のなかの「血税」の表現を使って**血税騒動**（血税一揆）と呼ばれる。また，**免役規定**（兵役免除の規定）を利用して徴兵を忌避する人々が多く，国民皆兵が確立するのは 1889 年のことであった(→p.268)。

文 化　政府は，欧米諸国の価値観を規範としつつ，人々がなじんできた伝統的な風俗や生活様式，意識を一新しようとした。**文明開化**である。

⑤神道国教化政策の展開と後退

祭政一致を掲げた政府は 1868 年に**神仏分離令**を出した後，1870 年に**大教宣布の詔**を出して神道による人民教化の方針を示し，**神道国教化政策**を推進した。神祇官に宣教使をおいて布教にあたらせるとともに，翌 71 年には**伊勢神宮**を頂点として各地の神社を序列化し，神社を国家の祭祀施設へと編成し直そうとした。

神道国教化政策

法令：神仏分離令（1868 年）→ 大教宣布の詔（1870 年）
担当官庁：神祇官（1868 年）→ 神祇省（1871 年）→ 教部省（1872 年）

ところが，神道にはまとまった教義や神職による教化の体制が整っておらず，神道国教化政策は次第に後退した。神祇官は1871年，廃藩置県後の官制改革にともなって神祇省と改称され，太政官配下の一官庁へと格下げされた後，翌72年に廃止された。代わって教部省が設置され，神道だけでなく仏教をも大教院に動員し，神仏合同で人民教化にあたるという政策へ転換した。ところが，この新たな政策に対して，欧米諸国にならって**信教の自由**を主張する人々から批判が出てくる。**浄土真宗**本願寺派の僧侶**島地黙雷**が政治と宗教の分離を主張し，浄土真宗各派は大教院を脱退した。**明六社**(→p.249)メンバーからも政教の混同への批判が出る。こうしたなか，政府は1875年，大教院を解散し，1877年には教部省も廃止した。

五榜の掲示で示されたキリスト教**禁制**(→p.235)政策も崩れた。きっかけとなったのが**浦上信徒弾圧事件**(1868～73年)である。当初，政府は長崎浦上地方の潜伏キリシタンを捕らえて各藩に預け，信仰の放棄を強要しようとした。ところが欧米諸国から抗議を受け，1873年，政府はキリシタン**禁制高札**を撤去した。キリスト教の信仰を黙認することとなったのである。

このように神道国教化政策が後退するなか，政府は**天皇**の地位を人々の意識のなかに定着させるため，西欧の君主国にならって祝日を定めた。1872年，明治天皇の誕生日である11月3日を**天長節**，『日本書紀』で初代天皇とされる**神武天皇**が即位したとされる日（のちに2月11日）を**紀元節**とした。宮中で行われる皇室祭祀も新しく整備した。そして，江戸時代以来，庶民の間で季節の変わり目に行われた祝い事である節句やさまざまな祭り，盆踊りなどの行事(→p.214)をやめさせ，祝い事はこれら皇室祭祀に基づく**祝祭日**に限らせようとした。

⑥西洋的な生活様式の導入

西洋的な生活様式や意識・思想を取り入れようとする動きが一部で広がった。

洋服の着用が官僚や軍人などから広まり，旧武士身分では断髪（ちょんまげを切る）の**散切り頭**が増えた。東京・銀座では**煉瓦造**の建物や**ガス灯**が立ち並んだ。

生活様式では，欧米諸国で一般化していた近代的な生活リズム（均質な時間で区切られた生活）が導入された。暦法では従来の**太陰太陽暦**を廃止し，**太陽暦**を採用して1872年12月3日を1873年1月1日とし，さらに時刻の表示を1日24時間制とした。

しかし，農山漁村では生業と結びついた太陰太陽暦(旧暦)が使い続けられ，こうした近代的な生活リズムが庶民生活のなかに浸透するのは，義務教育が普及する日露戦争(→p.290)後を待たなければならなかった。

また，政府は1873年，違式詿違条例を定めた。片肌を脱ぐなどして人前ではだかをみせる，刺青を入れる，街中で立ち小便することなどを禁止し，欧米人の眼からするとみっともないと考えられた風俗を取締り，抑制しようとした。

⑦西洋的な教育制度の導入

近代化政策を推進する基礎として，人々を国家のもとに統合し，そのうえで彼らの自主的な活動を引き出すことが要請された。学校とは，そうした要請に応え，国家を支える国民としての意識を培っていくための装置であった。政府は 1872 年，**学制**を定めて「**学事奨励に関する被仰出書**」を公布し，**小学校**の設立を促進した。

学制

目標…国民皆学＝身分や性別にとらわれない義務教育制の実現
内容…フランスを模倣
　　　個人の立身出世・実学を重視 ← 福沢諭吉『学問ノスヽメ』の影響

学制はきわめて画一的な制度であったために地域の実情にあわず，また小学校の建設費･就学費用などが住民の負担とされたため，各地で**学制反対一揆**が起こった。

社会経済　政府は，経済活動の基盤である交通・通信制度の近代化をはかるとともに，貨幣制度の統一を急いだ。

⑧交通・通信制度の近代化

政府は，株仲間･関所(→p.162)などを廃止して営業･交通の自由を保障するとともに，人々の往来や物資の輸送，意思・情報の伝達をスピード・アップさせるため，鉄道・電信・郵便などの制度を移植しはじめた。

交通・通信制度

電信…東京・横浜間に開通(1869 年)，長崎・上海間で国際通信開始(1871 年)
　　　→ 東京とヨーロッパが電信線と海底電信ケーブルで結ばれる(1873 年)
郵便…飛脚(→p.162)に代えて郵便事業を開始(1871 年)・前島密が立案
　　　→ 全国一律料金になる(1873 年)
鉄道…新橋(東京)・横浜間に開通(1872 年，イギリスの資金・技術指導)

⑨貨幣制度の整備

政府は戊辰戦争中に**政府紙幣**として**太政官札**や**民部省札**を発行していた。しかし，江戸幕府が発行した金貨と同じ単位を額面として使った紙幣であり，かつ，金貨とは等価で交換できない**不換紙幣**(→p.170)であった。そのため政府は，戊辰戦争の終結とともに新しい貨幣制度の整備にのり出し，1871 年に**新貨条例**を定めた。

新貨条例

貨幣単位＝円・銭・厘(10 進法)
金本位制を採用(金貨を基準貨幣と定める：1円＝金 1.5 グラム)
→ 貿易では銀貨の自由使用を許可＝実際は金銀複本位制

⑴貿易取引で用いる貨幣　政府が発行した紙幣は政府の信用の及ぶ範囲(主に国内)でしか通用せず，貿易では国際的に通用する貨幣で決済を行った。当時それが金貨や銀貨であったため，日本でも金･銀を基準とする貨幣制度を整える必要があった。政府が新貨条例で**金本位制**(→p.291)を採用したのは，**伊藤博文**の建議に基づき，欧米諸国にならったものであった。ところが，東アジアでは銀貨が基準であり，幕末開港以来，横浜港などでは銀貨で貿易取引きが行われていた。そこで，実情に合わせるため貿易での銀貨の自由使用も規定され，実際は**金銀複本位制**であった。

⑵国内で通用する紙幣　国内ではいったん政府紙幣を通用させるものの，政府は，欧米諸国にならって銀行が紙幣(**銀行券**)を発行するしくみを導入しようとした。

1872年，**渋沢栄一**が中心となって**国立銀行条例**を制定した。伊藤博文の建議に基づいて**アメリカ**を模倣し，政府認可の民間銀行である複数の国立銀行に銀行券を発行させ，そのうえで，基準貨幣である金貨との**兌換**(等価での交換)を義務づけた。これにより政府紙幣を回収し，国立銀行券を一般に通用させることを目標とした。しかし，民間での資金不足から**第一国立銀行**(渋沢栄一が設立)など4行しか設立されず，また国立銀行の信用が低く，国立銀行券の流通は不調であった。つまり，欧米諸国にならって銀行券で紙幣を統一しようとする計画は失敗に終わった。(→p.248)

国際関係　政府の主眼は，西欧主導の近代的な国際社会に順応し，そのなかで日本の存立を確保することであった。そこでは，欧米諸国と友好関係を保つこと，東アジア諸国との間でも西欧流儀の国際関係を整備していくことが課題となった。

⑩岩倉遣外使節

廃藩置県で政治的統一の基礎を整えた政府は1871年末，右大臣**岩倉具視**を大使とする使節団をアメリカ・イギリスなどに派遣した。欧米諸国との友好親善を進めるとともに，将来における条約改正の前提として必要な近代化政策の実施に向け，欧米諸国の制度・文物を視察することを目的としていた。また，**安政の五カ国条約**が1872年を改定時期としており，欧米諸国がそれをきっかけとして**内地雑居**(居留地を廃止して国内での自由な居住・通商を認めること）など，より有利な条件を求めて改正要求をもち出してくることも予想された。そこで，近代化政策が実現するまでのあいだ条約改正交渉を延期することを要請しつつ，将来の改正に向け，その内容について基礎的な合意を取り付ける予備交渉を行うことも狙いとしていた。

岩倉遣外使節

大使：右大臣岩倉具視　副使：木戸孝允・大久保利通・伊藤博文・山口尚芳
留学生：津田梅子(のち女子英学塾を開く)・山川捨松ら女子5名
　　　　中江兆民・団琢磨・金子堅太郎・牧野伸顕(大久保利通の子)ら
記録：久米邦武が報告書『米欧回覧実記』を記す

使節団は最初の訪問国アメリカで大歓迎を受けたために勢いづき，条約改正の交渉にのり出そうとしたが実現しなかった。一方，欧米諸国を視察したことによって岩倉・木戸・大久保ら政府首脳は，欧米諸国と日本との格差が想像以上に大きいことを痛感し，帰国後の征韓論争(せいかんろんそう)において**内治優先**(ないちゆうせん)を主張することになった。

⑪清・朝鮮との国交調整

東アジアには，清を頂点とする国際秩序があり，朝鮮や琉球などの諸国は清皇帝に朝貢(ちょうこう)して冊封(さくほう)をうけるという**宗属関係**(そうぞくかんけい)（宗主国(そうしゅこく)・藩属国(はんぞくこく)の関係）のもとにあった。(→p.165)それに対して日本は，東アジア諸国との間に西欧流儀の国際関係を作ろうとした。

⑴清との国交　清とは1871年に**日清修好条規**(にっしんしゅうこうじょうき)を結んで初めて国交を結び，対等な関係を作りあげた。ただし，日本側が求めた「天皇」「皇帝」(→p.206)という君主号の記載は清によって拒否され，厳密な意味での対等性が確保されたわけではなかった。

日清修好条規

全権：伊達宗城(だてむねなり)（日本）と李鴻章(りこうしょう)（清）

対等な条約＝相互に領事裁判権を認めあう

なお，日清修好条規によって中国人は日本在留に法的根拠を得たため，貿易のため日本を訪れる中国商人が増加した。なかでも，1867年に開港した神戸港には中国商人が多く進出して中国向け産物を扱い，欧米商人の強力なライバルとなった。

⑵朝鮮との国交調整　江戸時代，日本と朝鮮は国交を結んでいたものの，幕府と朝鮮政府との交渉は宗氏(そう)（**対馬藩**(つしまはん)）が媒介していた。これに対して明治政府は，外交交渉の担当を対馬藩から外務省へと変更したうえで，朝鮮政府に新たな国交を結ぶこと（開国）を要求した。しかし，その際，日本が「皇」の文字を使用するなど，江戸時代以来の慣例を無視した態度をとり，他方，朝鮮政府で実権を握っていた国王高宗(こうそう)の父**大院君**(たいいんくん)が攘夷(じょうい)政策を実施していたため，国交調整交渉は進展しなかった。

政　治　朝鮮との国交調整が難航するなか，日本国内で**征韓論**が高まった。征韓論は，近代化政策が進むなかで存在意義を失いつつあった士族の不満，そのエネルギーを国外に向けようとする対外的な強硬論であった。

⑫征韓論争による政府の分裂

学制の頒布，徴兵制の導入，地租改正への着手といった近代化政策はすべて岩倉遣外使節団が米欧を歴訪中，**西郷隆盛**や**板垣退助**(いたがきたいすけ)，**江藤新平**(えとうしんぺい)，**後藤象二郎**(ごとうしょうじろう)，**副島種臣**(そえじまたねおみ)，**大隈重信**(おおくましげのぶ)ら留守政府によって実施された。これらは農民による新政反対一揆を招くとともに士族の不平を強めた。こうしたなか，政府内部でも西郷や板垣，江藤，副島が征韓論を主張し，この結果，政府は1873年，西郷隆盛を朝鮮へ派遣して交渉妥結を迫り朝鮮が拒否した場合は武力行使を辞さないと決定した。

ところが，米欧から帰国した岩倉具視・大久保利通・木戸孝允は内治優先を主張して反対し，右大臣岩倉の策謀により朝鮮遣使を天皇による裁可の段階でくつがえし，無期延期としてしまった。このため，征韓派の西郷・板垣・江藤・副島・後藤は参議を辞職した。**征韓論政変(明治六年の政変)**である。

こうして征韓派参議が政府を去ったことにより，これ以降，彼らを中心として不平士族による組織的な反政府運動が本格化することとなった。

北海道 北海道は，江戸時代には**松前**だけが**和人地**とされ，それ以外は日本内地とは異なる異域として**蝦夷地**と称されていた。これに対して政府は，蝦夷地を国家領域の内部に組み込むとともに入植・開拓事業を進めた。

⑬蝦夷地の内国化

政府は1869年，蝦夷地を北海道と改称し（のち松前も北海道に編入)，**開拓使**を設置して植民事業を開始した。開拓使ではアメリカ人**ケプロン**を顧問に招き，畑作と酪農を組み合わせたアメリカ式大規模農法の導入を試みた。また，1874年からは**士族授産**の一環として**屯田兵制度**を採用し，東北出身の士族らを入植させて開拓と北海道の防備に従事させようとした。日露両国民の雑居地であった**樺太**でロシアとの緊張が高まっていたことへの対応策であった。

一方，先住民族**アイヌ**(→p.251)(→p.211)はもともと自分たちの住む一定範囲の山林・原野・河川・海域を一体のものとしてアイヌ・モシリ(人間の大地)と意識し，個人が排他的に所有する土地は存在しなかった。そのため，植民事業の進展とそれにともなう近代的な土地所有制度の導入は，アイヌから土地を奪う結果をもたらした。

沖　縄 琉球は1609年以来，薩摩藩の支配下にありながら，尚氏を国王とする独立国の形式を残し，同時に明，のち清に朝貢して冊封を受けていた。これに対して政府は，琉球を日本に帰属させることをめざした。

⑭琉球王国から琉球藩へ

1872年，琉球国王**尚泰**を**琉球藩王**に冊封し，**琉球藩**への名称替えを一方的に指示したうえで，琉球を外務省の管轄下に置いた。琉球藩という新たな行政機構を設けたわけではなく，天皇と尚泰との間に君臣関係を設け，琉球を日本に藩属させた。

明治政府は西欧流儀の国際関係に準拠し，それを取り入れようとしたものの，このように伝統的な東アジア秩序の論理を利用することもあった。結果から見ると一時的なことだが。

29 中央集権化の進展

年代 1874～1878年

社会経済 **征韓論政変**ののちに政府の実権を掌握したのは，**内治優先**を唱えた**大久保利通**である。大久保は民間の自主的な経済活動こそが国家の自主独立，富国強兵の基礎になると考え，民心を統合する基本国策として**殖産興業**を掲げた。そして1873年，地方行政・警察行政・殖産興業を統括する官庁として**内務省**を設置した。

①殖産興業政策の展開

政府は当初，**工部省**のもと，官営中心の殖産興業政策を進めたものの，資金不足からゆきづまっていた。それに対して大久保利通内務卿は，岩倉遣外使節の一員としてイギリスなどを視察した経験に基づき，政府の指導のもとで民間産業の技術改良を促す政策に取り組んだ。

殖産興業

担当官庁…工部省(1870年設置)，内務省(1873年設置)

旧幕府・諸藩が経営していた鉱山や軍事工場を官営事業として継承
　(例)関口製造所 → 東京砲兵工廠
　　横須賀製鉄所 → 横須賀造船所(のち横須賀海軍工廠)

民間での技術改良を促進
◦官営模範工場＝欧米技術の民間への導入を促進
　(例)群馬県に富岡製糸場(1872年・フランスの技術)
◦内国勧業博覧会＝第1回を上野公園で開催(1877年)

農業技術の改良
　東京に駒場農学校・三田育種場，北海道に札幌農学校を設立

特定の実業家を保護…三井・三菱(岩崎弥太郎)など → 政商と総称

こうしたなかで製糸業では，フランスなどの輸入機械に学んで在来技術を改良した**器械製糸**(→p.273)が1870年代後半から長野県を中心として普及し，従来の**座繰製糸**(→p.225)も生産形態や技術の改良が進んだ。綿紡績業では，**臥雲辰致**が第1回内国勧業博覧会に出品した**ガラ紡**が，**水車**を動力源に採用し，愛知県を中心として普及した。綿織物業も生産を回復した。原料糸を輸入綿糸に換え，飛び杼を取り入れ，農村での**問屋制家内工業**を中心として発展した。そのため，輸入の中心品目は**綿織物**から**綿糸**へと変化した。絹織物業では，フランスなどの輸入機械(ジャカード機)を模造した木製織機が国産化されて普及し，複雑な模様の織物を大量生産できるようになった。在来産業で技術の改良と生産の拡大が進んだのである。

また，欧米諸国の**蒸気船**が東アジアとヨーロッパ，アメリカとを結んで頻繁に往来するようになるなか(→p.237)，上海や香港，シンガポールに向けて**石炭**がさかんに輸出さ

れ，**高島炭鉱**や**三池炭鉱**では石炭の採掘量が増加した。

輸出入を担う海運業は当初，欧米資本がほぼ独占していたが，政府はそれに対抗し，**岩崎弥太郎の三菱会社**（**郵便汽船三菱会社**）に保護を与えた。三菱会社は**台湾出兵**や**西南戦争**（→p.251）の軍事輸送を担い，さらに政府の保護のもとで長崎・上海間の定期航路に進出し，イギリスやアメリカの海運会社を排除して上海航路を独占した。

このように日本の産業は次第に国際的な競争力を強めたものの，産業振興のための資金不足は否めなかった。そこで政府（**大隈重信大蔵卿**）は**秩禄処分**により華族・士族に**金禄公債証書**が交付（→p.253）されるのを機に，1876年，**国立銀行条例**を改正して国立銀行券の兌換義務を取り除き，金禄公債証書による出資を認めるなど国立銀行設立の条件を緩和した。そのため国立銀行の設立が相次ぎ，153行まで設立された。

政　治　近代化政策によって旧来の特権を失いつつあった士族の不満は大きく，征韓論政変をきっかけとして組織的な反政府運動が本格化した。

②士族による組織的な反政府運動の本格化

征韓論政変で参議を辞職した**板垣退助**・**後藤象二郎**・**江藤新平**・**副島種臣**らは1874年，**愛国公党**を結成し，**民撰議院設立建白書**を太政官の**左院**に提出した。五カ条の**誓文**で掲げられた**公議世論の尊重**を正当性のよりどころとしながら，欧米流の代議政治を取り入れ，**納税者**の参政権を主張した。政府内部ではすでに1872年頃から憲法や公選制の議会をめぐって議論があり，板垣ら征韓派前参議は，そうした政府内部の動向をにらみつつ，発言力の回復をはかろうとしたのである。

民撰議院設立建白書

署名者…板垣退助・後藤象二郎・江藤新平・副島種臣
由利公正・小室信夫・古沢滋・岡本健三郎

批判の対象…大久保・岩倉ら → 有司専制（ひと握りの官僚による独裁）と批判

主張…納税者には参政権がある → 民撰議院（公選制の議会）の設立を要求

民撰議院設立建白書が新聞『**日新真事誌**』（イギリス人ブラックが創刊）に掲載されたことがきっかけとなり，国会の開設を要求する動きが展開しはじめた。**自由民権運動**である。愛国公党は，民撰議院設立建白書提出の直後におこった**佐賀の乱**に江藤新平が関わったことの影響から自然消滅したものの，板垣退助・**片岡健吉**らが1874年に高知県で**立志社**を設立するなど，不平士族を中心として各地で結社（政社）が組織され，1875年には各地の結社の全国的な連合組織として**愛国社**が大阪で結成された。また，新聞・雑誌で国会開設をめぐる議論がさかんに行われた。

この時期の自由民権運動は士族が中心だが，彼らは士族に限らず広く人民の政治参加を促して国民としての意識を浸透させ，と同時に，人民の活力を公選制の議会を通じて国家のもとにまとめあげ，**国権の確立**をはかろうと構想していた。民権を伸長することこそが国権を確立・拡張する基礎だとの立場であった。

不平士族を主体とするもう一つの反政府運動として，武力蜂起により政府の転覆をめざすという動きがあった。**士族反乱**である。民撰議院設立建白書に署名した一人江藤新平は1874年，佐賀にもどり，征韓などを主張する士族に擁されて挙兵した(**佐賀の乱**)。

征韓派前参議の動向

板垣退助	民撰議院設立建白書に署名	→ 立志社を結成(1874年)
後藤象二郎		
江藤新平		→ 佐賀の乱で敗死(1874年)
副島種臣		→ のち民権運動には参加せず
西郷隆盛	＝民撰議院設立建白書に参加せず	→ 鹿児島で私学校を設立

文化　**本木昌造**が1869年，**鉛活字**の本格的な鋳造に成功したことを基礎として，新聞や雑誌がさかんに発行された。

③ジャーナリズムの出現

1870年12月に日本最初の日刊紙『**横浜毎日新聞**』が創刊されて以降，さまざまな新聞が発行された。イギリス人ブラックの『日新真事誌』，**福地源一郎**の『**東京日日新聞**』，**前島密**の『郵便報知新聞』などが有名である。これら政治的な論説を中心とした新聞を**大新聞**と呼ぶ。それに対し，江戸時代の**瓦版**の系譜を引き，報道や通俗的な読み物などを主とした新聞を**小新聞**と呼ぶ。

1873年には**森有礼**の提唱で**明六社**が設立され，翌年『**明六雑誌**』を創刊した。**西周**・**津田真道**・**中村正直**・**加藤弘之**・福沢諭吉らが参加し，欧米諸国の思想・風習を紹介し，人々の啓蒙をはかろうとした。

明六社

森有礼……薩摩藩出身，のち初代文部大臣として学校令を制定
中村正直…『西国立志編』・『自由之理』を訳出
加藤弘之…『国体新論』(1875年)で天賦人権論を紹介
→『人権新説』(1882年)で天賦人権論を否定，社会進化論に転換
福沢諭吉…『西洋事情』『文明論之概略』『学問ノスヽメ』で欧米思想を紹介

自由民権運動がはじまると，新聞や雑誌は政治的意見を戦わす場として成長した。国会開設をめぐり大井憲太郎らの即時開設論と加藤弘之らの時期尚早論との間で論争が行われ，成島柳北主宰・末広鉄腸主筆の『朝野新聞』などが激しく政府批判をくり広げた。これに対して，政府は1875年，**新聞紙条例**・**讒謗律**を定め，出版条例を改正し，新聞・雑誌に対する規制を強化した。

政　治　政府は民権派への言論統制を強化するとともに，1874 年，首都東京の警察組織として**警視庁**を設けて自由民権運動への弾圧体制を整えた。一方，漸進主義の立場から彼らの主張を取り込み，それによって事態を収めようとした。欧米諸国にならった立憲体制を導入しようとする動きが徐々に始動したのである。

④立憲政体への準備

大久保利通は 1875 年，民権派の中心人物**板垣退助**や，台湾出兵に反対して参議を辞職していた**木戸孝允**と大阪で会合し（**大阪会議**），立憲政体を徐々に実現するという**漸次立憲政体樹立の詔**を出す代わりに，板垣・木戸を参議に復帰させた。このため，愛国社はほとんど何も活動しないまま自然消滅してしまった。

漸次立憲政体樹立の詔	
元老院	…立法上の諮問機関（官選），憲法草案の作成に着手
大審院	…最上級の裁判所
地方官会議	…民情を把握するために府知事・県令を召集

元老院と**大審院**の設置は，立法と司法を行政から独立させて三権分立の形式を整えた点において立憲政体の樹立に向けた第一歩という意義をもっていた。しかし，政府は国会開設に反対でなかったものの時期尚早と考えていたため，元老院は官選であった。また，起草した憲法草案「日本国憲按」は政府に採用されなかった。

国際関係　政府は，外交面での懸案を解決して国権の確立をはかった。征韓など対外的な強硬論を掲げる不平士族の期待に応えつつ，同時に，彼らから政府批判の標的を奪い取ろうとしたのである。課題は，日本の国家領域をめぐる懸案の解決，朝鮮との国交調整，条約改正交渉への着手であった。

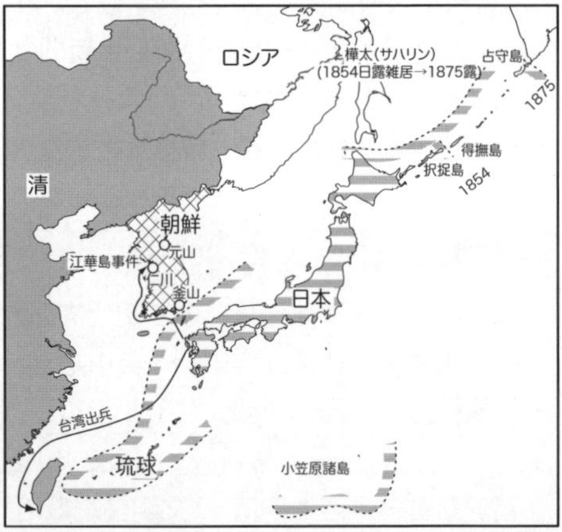

⑤国家領域（国境）の確定

具体的な課題は，⑴琉球，⑵北海道－樺太（サハリン）・千島列島，⑶小笠原諸島，の３つであった。

⑴琉球帰属問題　すでに 1872 年，琉球国王**尚泰**を**琉球藩王**に封じ，**琉球藩**を外務省の管轄下に置いていた政府は，琉球の地位を日清両属から日本専属へと変更させようとねらった。(→p.246)そのために実施したのが 1874 年の**台湾出兵**である。1871 年に台湾に漂着した宮古島島民が原住民により殺害された**琉球漂流民殺害事件**（**宮古島島民殺害事件**）を口実としたが，それだけでは大義名分が立たないと判断したのか，

翌72年に台湾に漂着した備中小田県（現岡山県）の住民が略奪を受けた事件も理由に追加し，1874年，**西郷従道**指揮のもとで台湾出兵を行った。

台湾出兵

口実：台湾での琉球漂流民殺害事件（1871年）など
内容：西郷従道指揮の軍隊を台湾へ派遣（→ 木戸孝允が反対して参議を辞職）
結果：イギリス公使ウェードの調停で軍事衝突を回避
→ 清が出兵を自国民ら保護のための正当な行動と認める

駐清イギリス公使ウェードの調停により，清が日本の出兵を自国民らを保護する正当な行動だと認めた。とはいえ，琉球民が「日本国属民」であると認められたわけではない。取り交わされた文書では，台湾原住民が「日本国属民等」に危害を加えたので日本が出兵したと記されただけであった。ところが日本政府は琉球民が「日本国属民」と清により認められたと言い募り，琉球の日本帰属を強調するきっかけとなった。実際，翌75年には琉球を内務省の管轄下に移し，清への朝貢を禁じた。

このように政府は琉球を日本単独の支配下に帰属させようとしたものの，琉球内部では日清両属状態の維持を求め，日本政府の動きに反発する動きが強かった。

なお，台湾出兵は日清間の軍事衝突に発展することを懸念したイギリスやアメリカが反対するなかで行われたため，軍事輸送に英米の海運会社の協力が得られず，政府は**岩崎弥太郎**（土佐藩出身）の**三菱会社**に軍事輸送をまかせた。三菱会社が政府の保護をうけながら成長する出発点となった。

(2)樺太問題　**樺太**は1854年（ロシア暦では1855年）の**日露和親条約**（日露通好条約）では国境が定められず，日露両国民**雑居**の地とされた。ところが1850年代末以降，対岸のアムール地方や沿海地方をロシアが領有すると，樺太ではロシア人の移民・入植が増加し，それにともなって日露間で緊張が生じていた。1874年に**屯田兵制度**（→p.246）が導入されたのは，こうした樺太での緊張に対応した政策であった。

しかし政府はまもなく，**黒田清隆**の建議に基づいて北海道の開拓・植民事業に専念するため樺太を放棄する方針を定め，1875年，ロシアとの間で**樺太・千島交換条約**を結んだ。ロシアとの緊張緩和をはかったのである。

樺太・千島交換条約

背景：樺太＝日露両国民雑居の地 → 日露関係が緊張
全権：日本＝榎本武揚
内容：樺太をロシア領，千島列島北部（得撫島〜占守島）を日本領に変更

(3)小笠原諸島の帰属問題　**小笠原諸島**は，ペリー来航後，アメリカや江戸幕府が領有・入植を試みたものの失敗し，帰属は不明確であった。しかし，漂着したり捕鯨

船から逃亡したりなどした欧米系・ハワイ系の人々が住み着いていた。

こうしたなかで日本は1875年，小笠原諸島の領有を宣言し(→p.217)，アメリカやイギリスに通告した。異論が出なかったため，翌76年に日本領への帰属が確定した。小笠原諸島は内務省の管轄下に置かれ，欧米系・ハワイ系の住民は小笠原での永住を前提として戸籍に編入された。以後，日本本土から入植する人々が増え，サトウキビ栽培と砂糖生産，あるいは，小笠原諸島を拠点として南洋の島々でアホウドリの捕獲，肥料の原料となる鳥糞の堆積物の採掘などの事業にのり出す人々が現れた。

⑥朝鮮との国交調整

朝鮮との国交調整交渉は難航していた。ところが攘夷派の**大院君**が失脚し，国王妃**閔妃**一族が新しく政府の実権を握ると(→p.245)，情勢が変化した。政府はこの機会を利用して1875年，軍艦雲揚を出動させた。軍艦雲揚は朝鮮の首都漢城（現ソウル）の防衛上の要地**江華島**に接近して挑発し，軍事衝突をひき起こして朝鮮側砲台を占拠した。**江華島事件**である。これをきっかけとして政府は翌76年，軍艦6隻とともに使節を派遣し，軍事力を背景に交渉を進めて**日朝修好条規**（**江華条約**）を結んだ。

日朝修好条規（江華条約）
全権：日本＝黒田清隆・井上馨 内容：朝鮮を「自主ノ邦」と規定＝日本は朝鮮に対する清の宗主権の否定を意図 釜山ほか2港を開港（→のち仁川・元山に決定） 日本に対して領事裁判権を承認・関税免除＝朝鮮にとって不平等条約

第一に，日本が清・朝鮮間における**宗属関係**の否定をねらった条約である。朝鮮が**「自主ノ邦」**であり，すでに清と対等な国交を結んでいる日本と「平等ノ権」をもっていると規定し，朝鮮に対する清の宗主権を否定することをねらった。しかし，朝鮮が「自主ノ邦」であることと朝鮮が清に朝貢し冊封を受けることとは矛盾するものではなかった。実際，朝鮮側は旧来の関係と変わりのない内容を定めたと考えており，日本の意図が実現したわけではなかった。

第二に，**釜山**など3港が開港され（**元山**は1880年，**仁川**は1883年に開港），自由貿易が規定された。江戸時代は釜山の**倭館**だけに貿易が規制されていたが，それが廃止され，日本商人の朝鮮国内での自由な通商が認められた。その結果，日本商人が朝鮮各地へ進出し，穀物などをさかんに買い付けてきた。

第三に，日本に対して**領事裁判権**や関税免除の特権を認めており，朝鮮にとって**不平等条約**であった。

⑦条約改正交渉への着手

寺島宗則外務卿のもと，安政の五カ国条約の改正に向けた交渉が進められた。1875年，横浜居留地からイギリス・フランス軍の撤退を実現させ(→p.228)，また，1877年には横浜居留地の自治行政権を回収するなど，交渉に成果はみられた。また，国内産業の保護と政府歳入の増加を目的として**関税自主権の回復（確立）**をめざし，1878年にアメリカとの間で交渉がいちおう妥結した。ところがイギリスなどが同意しなかったため失敗に終わり，翌年に条約改正交渉は中止された。

一方，アヘン密輸事件（ハートレー事件）やヘスペリア号事件が起こり，欧米諸国に**領事裁判権**が認められ，それが**治外法権**へと拡大解釈されている事態（→p.224）が日本の主権・国権を侵害していることが人々の間に広く知られるようになった。アヘン密輸事件では，1877年，イギリス商人が安政の五カ国条約に違反してアヘンを密輸したのが発覚したにも関わらず，翌年，イギリスの領事裁判所で無罪となった。ヘスペリア号事件では，1879年，コレラの流行を背景として日本側が検疫を求めたにも関わらず，ドイツ船がそれを無視して応じなかった。これらの事件をきっかけとして，法権の回復が先決だとして領事裁判権の撤廃を求める声が強まった。

政 治　政府は不平士族を抑え込み，豪農の動きを取り込みながら，政権基盤を安定させていった。

⑧秩禄処分と士族反乱

廃藩置県以降も，**華族**・**士族**に対して**秩禄**（**家禄**と**賞典禄**）が支給され続けた。旧領主層である公家・武士の年貢を受け取る権利が引き継がれていた（→p.239）のである。ところが，秩禄は政府の総支出の約30％を占め，政府財政にとり大きな負担となっていた。そのうえ**地租改正**により私的土地所有制度が整い，旧領主層の年貢収納権は解消された（→p.241）。そこで政府は1873年以降，家禄の奉還を少しずつ進めたうえ，地租改正事業が本格化した1876年に**秩禄処分**を断行した。**金禄公債証書発行条例**を制定し，華族・士族に金禄公債証書を交付する代わりに秩禄の支給を全廃した。

多額の公債を交付された華族や上級士族は，それを国立銀行（→p.248）や株式会社などに投資することで経済的な安定をえたものの，大部分の下級士族は生活を困窮させた。同76年，士族の武装解除を徹底させて治安を確保するために**廃刀令**が出されたこととあいまって，**士族反乱**が続発するきっかけとなった。

士族反乱

最初…	佐賀の乱	：1874年，佐賀・江藤新平
続発…	敬神党の乱	：1876年，熊本・太田黒伴雄ら敬神党（神風連）
	秋月の乱	：1876年，旧秋月藩士族
	萩の乱	：1876年，長州・元参議前原一誠
最後…	西南戦争	：1877年，薩摩・西郷隆盛と私学校派

これらの士族反乱のなかに民権派が関与することがあった。**佐賀の乱**の首謀者となった**江藤新平**は民撰議院設立建白書の署名者であったし，**西南戦争**で**西郷隆盛**ら

が挙兵した際には，立志社の一部が呼応して挙兵しようとして失敗し，逮捕された事件が生じている。立志社の片岡健吉らが国会開設・条約改正の実現・地租軽減を要求する建白書を政府に提出した(**立志社建白**)のは，こうした立志社内部の動揺に対応し，それを克服しようとする動きであった。

士族反乱は全て政府軍により鎮圧され，中央集権体制が整った。とはいえ，同時期に本格的に推進された地租改正事業が各地で**反対一揆**(→p.241)を招き，なかでも1876年の伊勢暴動(三重県など)と真壁暴動(茨城県)は大規模なものであった。そのため，政府は地租改正反対の動きと不平士族との結びつきを恐れ，1877年，地租率を地価の３%から2.5%に引き下げた(→p.283)。

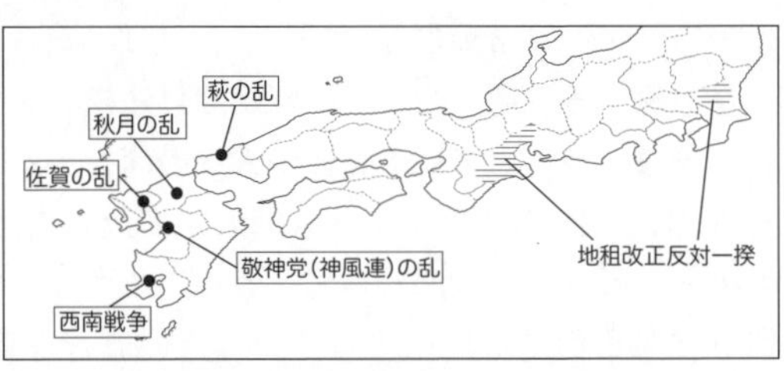

⑨旧武士身分の解体

1876年の秩禄処分と廃刀令は，同時期に進められた地租改正や徴兵制導入(→p.241)とともに，旧武士身分の解体を促す政策であった。

旧武士身分の解体	
地租改正	…華族・士族ら旧領主層の年貢収納権を解消
秩禄処分	…華族・士族への秩禄の支給を打切り
徴兵制導入	…旧武士身分による軍事職の独占を解除
廃刀令	…軍人・警官以外が刀を日常的に所持すること(帯刀)を禁止

⑩地方自治の広まりと地方行政制度

国会開設を求める運動が士族を中心として展開する一方，府県では地方議会（地方民会）を設立する動きが広がっていた。もともと江戸時代後期から村々を越えた広域な結びつきが形成され，地域社会を自主的に運営しようとする動きがあった(→p.207)。地方民会の設立はそれを引き継ぎ，もと村役人層の豪農を中心とする地方自治を制度化し，徴兵制や学制，地租改正など新政への不満・反発が広がる地域社会を秩序づけようとするものであった。こうしたなかで1878年，第２回地方官会議での審議に基づき，地域の実態に即した地方行政制度が導入された。**地方三新法**である。

地方三新法	
郡区町村編制法	…郡・区と町・村を行政区画として導入
地方税規則	…府県独自の財政基盤として地方税を制定
府県会規則	…公選制の府県会を開設

郡区町村編制法では，**戸籍法**で定められた大区・小区制(→p.240)に換え，郡・区や町・村

という行政区画を導入した。区は東京・大阪・京都などの都市部に設けられた区画で，郡・区の下に町・村が設けられ，町・村には住民参加の議会が認められ，自治体として整えられた。地方税規則で府県独自の財政基盤として地方税が定められ，また，**府県会規則**により，豪農つまり地域の有力者(名望家(めいぼうか))の制限選挙によって選出される公選制の**府県会**が設けられ，地方税に基づく予算案やその徴収方法の審議などにあたることとされた。名望家による地域の自治を認めながら，その権限を抑制することにより地域社会を国家へ統合することをねらっていた。

⑪大久保利通の暗殺

1878年，東京・紀尾井坂(きおいざか)で内務卿**大久保利通**が暗殺された(**紀尾井坂事件**(きおいざかじけん))。

征韓論政変以降，政府を主導してきた大久保は，組織的な反政府運動を抑え込み，これから殖産興業政策を推進し，欧米諸国を追いかけて経済発展をはかろうとした矢先，不平士族によるテロに倒れたのである。

文 化　政府主導により欧米諸国の学術を取り入れようとする動きが進んだものの，庶民の生活文化に大きな変化はまだなかった。

⑫高等教育の整備

政府は官立の高等教育機関を整備するとともに，多くの外国人教師（**御雇い外国人**(おやといがいこくじん)）を招いて西洋の学問・技術の受容に努め，各分野での指導者の養成をめざした。

官立の高等教育機関

東京大学　…1877年，開成所(かいせいしょ)・医学所(いがくしょ)を母体に設立，初代総長加藤弘之(かとうひろゆき)
工部大学校(こうぶだいがっこう)　…1877年，土木・建築・化学・鉱山などの技術者養成
→辰野金吾(たつのきんご)・片山東熊(かたやまとうくま)(建築)，高峰譲吉(たかみねじょうきち)(化学)
工部美術学校(こうぶびじゅつがっこう)…1876年，西洋絵画・彫刻→浅井忠(あさいちゅう)(フォンタネージに学ぶ)
東京に駒場農学校(こまばのうがっこう)，北海道に札幌農学校(さっぽろのうがっこう)…西洋式農業技術

御雇い外国人

コンドル	…イギリス，工部大学校，建築→鹿鳴館(ろくめいかん)・ニコライ堂を設計
フォンタネージ	…イタリア，工部美術学校，西洋絵画
ラグーザ	…イタリア，工部美術学校，西洋彫刻
モース	…アメリカ，東京大学，生物学(動物学)・考古学 1877年大森貝塚(おおもりかいづか)(東京)を発掘調査
フェノロサ	…アメリカ，東京大学，哲学・日本美術の研究
ナウマン	…ドイツ，東京大学，地質学→フォッサマグナを指摘
ベルツ	…ドイツ，東京大学，内科医・『ベルツの日記』で有名
クラーク	…アメリカ，札幌農学校

民間でもさまざまな教育機関が開かれていた。福沢諭吉が1858年に東京で創立した**慶應義塾**には士族だけでなく庶民も多く学んだ。熊本では1871年に**熊本洋学校**が開かれ，アメリカ人ジェーンズのもと，英語によって西洋の学問が教授され，そこに学んだ**海老名弾正**や**徳富蘇峰**らはジェーンズから感化をうけてキリスト教に入信した。京都ではアメリカ帰りの**新島襄**が1875年，**同志社英学校**を開いてキリスト教精神に基づく教育を行い，熊本洋学校が翌76年に保守派の反発により閉鎖されると，海老名や徳富らが熊本から転学した。

⑬西洋建築・絵画の摂取

西洋の建築や絵画の技法が御雇い外国人によって直接教授され，日本に本格的に定着しはじめた。

建築では，**工部大学校**でイギリス人コンドルが西洋建築の技法を教え，**辰野金吾**や**片山東熊**らを育てた。一方，大工などの職人により，見よう見まねの洋風建築が各地で建てられた。第一国立銀行や**開智学校**(長野県)などが有名である。

絵画では，**工部美術学校**でイタリア人フォンタネージが西洋絵画を教え，**浅井忠**らを育てた。一方，独力で西洋絵画の技法を学んだ人々もいる。**高橋由一**が有名で，彼は幕末期に蕃書調所で研究を重ね，さらにイギリス人の報道画家ワーグマンから教えを受けて独自に洋画技法を習得した。『**鮭**』などの作品を残すとともに，1880年代には三島通庸の依頼によって山形市街地や道路建設現場などを油彩画や石版画により写生した。

⑭庶民の娯楽

文明開化の風潮のなか，西洋文化が広まりはじめたとはいえ，庶民生活は江戸時代とあまり変わっていなかった。

政治的論説を中心とする新聞(大新聞)に対し，庶民の間には報道や通俗的な読み物などを主とする小新聞が普及していた。『読売新聞』など，江戸時代の瓦版の系譜を引く新聞である。これらを中心に，戯作と総称された江戸時代以来の娯楽小説が庶民の人気を博していた。曲亭馬琴の読本『南総里見八犬伝』(→p.213)などが依然として読まれ続ける一方，**仮名垣魯文**『**安愚楽鍋**』などが新しく発表された。

寄席で演じられる講談や落語，芝居小屋で行われる歌舞伎なども庶民の娯楽として大きな位置を占め続けた。落語では，三遊亭円朝の『怪談牡丹灯籠』などの怪談噺が人気を得，歌舞伎では，幕末期から活躍した**河竹黙阿弥**が盗賊を主人公とする白浪物に加え，明治維新後の風俗に取材した散切物などの作品を書いた。

30　自由民権運動の高まりと転換

年代　1878～1885年

社会経済　**大久保利通**の暗殺後，政府は**岩倉具視**を中心としながら**伊藤博文**・**山県有朋**・**黒田清隆**・**大隈重信**らによる集団指導体制に移行した。そのなかで財政政策を主導したのが大蔵卿大隈重信であった。

①大隈財政と国家財政の破綻

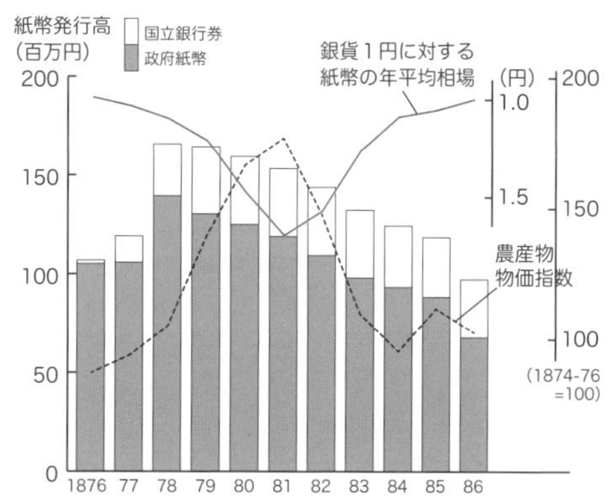

大隈は，**西南戦争**の戦費と**殖産興業**の資金が多額にのぼったため，大量の**政府紙幣**を発行して財源不足を補った。その結果，紙幣流通量が増大して物価騰貴（インフレ）が生じた。政府は主な財政基盤である**地租**が**定額**金納であったため，物価騰貴により実質的な減収となり財政破綻の危機に陥った。一方，明治初期以来，輸入超過が続いて正貨(金銀貨)保有高が減少した。紙幣流通量が増加したうえに正貨保有高が減少したため，正貨に対する紙幣の価値が下落し，**1円紙幣＜1円銀貨**という状況に陥った。

そこで大隈は殖産興業政策を修正し，1880年，赤字経営だった官営事業の払下げに着手するとともに，翌年に**農商務省**を新設して**内務省**・大蔵省などに分散していた業務を統合した。さらに，1880年に国立銀行として設立された**横浜正金銀行**を支援し，貿易金融つまり金銀貨の供給を担当させて貿易の円滑化をはかった。

政　治　大隈財政下のインフレは，国家財政を破綻の危機に追いやる一方，経済活動を刺激し，豪農らの活動が活発となった。

②自由民権運動の高まり

1877年，西南戦争のさなか，**立志社**の**片岡健吉**らにより**立志社建白**が行われ，翌78年には，**板垣退助**の参議復帰で自然消滅していた**愛国社**が再興された。言論を中心とする自由民権運動の再建が進んだのである。他方，1878年には**地方三新法**が制定され，公選制の**府県会**が設置された。豪農らが政治参加する場が公的に成立した。いったん住民の意思を反映する場ができれば，人々の政治意識は政府の思惑を超えて高まっていく。

こうして自由民権運動は士族だけでなく豪農をもまき込み，国民的基盤をもつ政治運動へ成長した。各地で政社が結成されて演説会の開催や学習活動などがくり広げられ，人民が国家づくりを主体的に担おうとする動きが広がった。つまり，自由民権運動は公選制の議会や憲法に基づく国家体制の実現をめざすとともに，人民を国家の担い手としての**国民**へと自ら組織・育成しようとする運動であった。また，

1878 年には**近衛兵**の一部が蜂起した（**竹橋事件**(→p.268)）。天皇・皇居の警備という特別任務を担う近衛兵のなかで，西南戦争での論功行賞が不十分であったことなどへの不満が広まっており，自由民権運動の影響もあって蜂起へとつながったのである。

1880 年には愛国社の呼びかけにより**国会期成同盟**が結成され，**国会開設請願運動**が進められた。さらに，各地で地域住民の学習と討論をもとにさまざまな憲法草案(**私擬憲法**)が自主作成された。国会開設を実現し，そのもとで人民が主体となって憲法を制定しようとする動きが展開したのである。これに対して政府は 1880 年，**集会条例**を制定して結社･演説会(集会)を届け出制とし，規制を強化した。しかし，警官の制止をふり切りながら声高に政府批判をくり広げる演説，パフォーマンスと興奮のなかで，自由民権運動はすそ野を広げていった。

主な私擬憲法

私擬憲法案	…交詢社：君民共治・二院制・議院内閣制
日本憲法見込案	…立志社：人民主権・一院制
東洋大日本国国憲按	…植木枝盛：人民主権・天皇のもとでの連邦制 ・抵抗権や革命権を明記
五日市憲法草案	…千葉卓三郎ら五日市(現在東京都)の地域住民が作成

また，**天賦人権論**に基づいて人民の権利の重要性を主張する馬場辰猪『天賦人権論』や**植木枝盛**『民権自由論』，国家の成り立ちの基礎を個人間の社会契約に求める**ルソー『社会契約論』**を翻訳・解説した**中江兆民『民約訳解』**などが著された。

③明治十四年の政変

自由民権運動が高まるなか，政府では憲法構想の検討が優先課題の一つとなり，その内容をめぐって議論がさかんになった。たとえば，参議**大隈重信**は国会の早期開設を主張するとともに，君民共治の立場をとり，国会での多数党をもとに政府を構成する**議院内閣制**を実現することを構想しており，**交詢社**（**慶應義塾**出身者による結社）の構想と同じであった。これに対して**岩倉具視**や**井上毅**は，国会開設を時期尚早と考えていたうえ，君主が主導する政治体制を構想しており，大隈流の憲法構想により天皇の地位・権限に大幅な制約が加えられることを警戒した。

このように政府内部で憲法構想をめぐって対立が深まっていたさなか，1881 年，**開拓使官有物払下げ事件**が生じた。開拓使の廃止にともない，その官有物が開拓使長官黒田清隆(薩摩藩出身)とのコネによって薩摩藩出身の政商**五代友厚**らに安く払下げられようとしていると報じられたのである。これをきっかけとして薩摩閥と政商との癒着に対する世論の反発が高まり，国会開設を求める運動がさらに強まった。人民の声を政治に反映させることにより藩閥の恣意的な政治運営を抑えようという動きであり，大隈重信や大隈派の官僚が情報のリークに関与していたとされる。

そこで岩倉具視や伊藤博文，黒田清隆らは，同年10月，開拓使官有物の払下げを中止するとともに，参議大隈重信を政府から追放した。そして**国会開設の勅諭**を発して民権派の政府批判をかわそうとした。**明治十四年の政変**である。

国会開設の勅諭

明治23（1890）年に国会を開設することを公約
欽定憲法（天皇が憲法を定めて人民に与える）の方針を示す

国会開設の勅諭には，国会の「組織・権限ニ至テハ**朕**〔明治天皇〕親ラ衷ヲ裁シ時ニ及テ公布スル」とあり，**欽定憲法**の方針が実質的に示されていた。

④政党の結成

こうしたなかで政党が相次いで結成された。国会期成同盟では政党結成の動きが明治十四年の政変以前から進んでおり，その結果，1881年11月に**自由党**が結成された。翌82年には政変により政府を追放された大隈グループを中心として**立憲改進党**が結成された。こうした政府反対派の政党に対し，**福地源一郎**ら政府支持派によって**立憲帝政党**が結成された（翌年に解散）。

政党の結成

自由党………1881年，板垣退助・片岡健吉ら，フランス流
立憲改進党…1882年，大隈重信・矢野文雄（竜溪）・小野梓ら，イギリス流
立憲帝政党…1882年，福地源一郎（東京日日新聞の社長）ら政府支持派

⑤自由民権運動の分解

明治十四年の政変により政府の主導権を握った薩長藩閥は，人民には秘密裏に憲法制定作業に入る一方，自由民権運動を抑えるため画策した。第一に，自由党の中心人物板垣退助・後藤象二郎に資金を提供してヨーロッパ渡航を斡旋した。この結果，立憲改進党が板垣らを非難し，自由党内部でも馬場辰猪らが批判して離党するなど，自由民権運動は内部での亀裂を深めた。第二に，集会条例を改正して政党が支部を設置することを禁止するなど，運動の取締りを強化した。

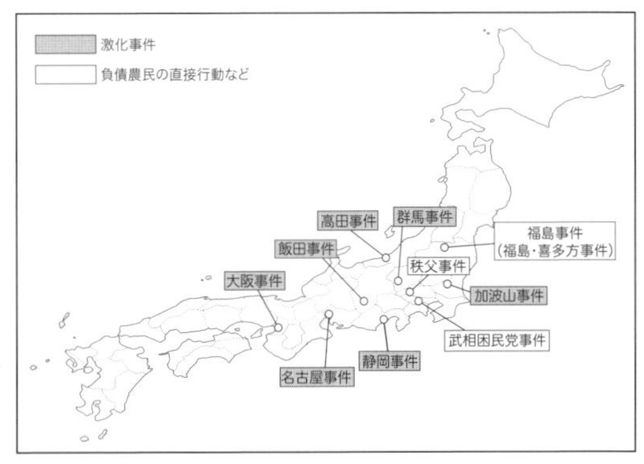

こうしたなか，自由党の一部党員を中心として政府高官へのテロや政府打倒を企てるなど，活動を急進化させる動きが各地に生じた。これらの事件を**激化事件**とも呼ぶ。また，1884年には自由党が活動資金の不足もあって解党し，

立憲改進党から大隈重信ら幹部が離党した。こうして政党の活動は後退した。

一方，**松方財政**のもとで地方への補助打切り・地方税の増徴が進むなか，地域開発を地元の負担によって強引に推進しようとする地方官と，それに反発・抵抗する地域住民や府県会との対立が激しくなった。また，松方財政にともなうデフレにより農産物価格が下落して農村が深刻な不況に陥ると，負債をかかえて困窮する農民が増加し，**困民党**（こんみんとう）を組織して蜂起する事件が各地で生じた。負債農民たちは，自由民権運動に世直しの夢とユートピアをみていたのである。

さまざま騒擾の発生

地方官と府県会の対立

㈹福島事件（ふくしまじけん）（福島・喜多方（きたかた）事件）

…1882 年，県令三島通庸（みしまみちつね）による土木事業の強行に農民が抵抗（喜多方事件）

→ 喜多方事件を口実に県令三島が県会議長河野広中（こうのひろなか）ら自由党員を弾圧

自由党の一部党員の急進化（激化事件）

㈹加波山事件（かばさんじけん）…1884 年，自由党員が三島通庸の襲撃を計画

大阪事件（おおさかじけん）　…1885 年，大井憲太郎（おおいけんたろう）・景山英子（かげやまひでこ）らが朝鮮への渡航を計画

負債農民の直接行動

㈹秩父事件（ちちぶじけん）　…1884 年，秩父（埼玉県）で貧民が困民党を組織して蜂起

武相困民党事件（ぶそうこんみんとうじけん）…1884 年，八王子（はちおうじ）・町田（まちだ）（現在東京都）などで困民党が騒擾

文化 人々による社会契約を国家の成り立ちの基本にすえる人民主権・君民共治の主張は，万世一系の天皇による統治を国家の成り立ちの基本にすえようとした藩閥勢力にとって，警戒すべき動向であった。

⑥教育理念の転換

自由民権運動の高まりを背景として，政府は 1879 年，**教育令**（きょういくれい）を制定し，地方分権的な教育制度を導入した。画一的な学制にかえ，**アメリカ**にならって地方の実情にみあった教育方針を決めてよいと定めた。ところが，翌年には改正されて再び国家統制が強化され，実学教育に代えて道徳教育が重視され，人民を国家のもとへ道徳面から統合することがめざされた。

⑦国家神道体制の形成

信教の自由が求められ，**神道国教化政策**が後退する（→p.242）なか，政府は 1877 年に教部省（きょうぶしょう）を廃止したうえ，宗教と祭祀（さいし）を分離させるという姿勢をとった。まず，各地の神社を伊勢神宮を頂点として序列づけて内務省の監督下に置き，皇室祭祀を軸として統合した。この結果，神社は皇室祭祀に基づく儀礼を政府から経費の支給を受けて国家の祭祀として執り行う，信教の自由の対象となる宗教を超えた存在とされた。こうした神社神道（じんじゃしんとう）のあり方を**国家神道**（こっかしんとう）（あるいは国家神道体制）と呼ぶ。

一方，**天理教**・**金光教**・**黒住教**などの神道系の宗教は，文部省の監督下に置かれて**教派神道**として公認された。しかし，公認の過程で教義を天皇中心の国体観念に合った形に修正させられるケースがあった。

こうして国家神道のもとに仏教・キリスト教・教派神道が従属的に編成され，信教の自由が部分的に認められることとなった。

社会経済　明治十四年の政変(→p.268)で参議大隈重信が政府を追放された後，**松方正義**が大蔵卿に就任し，破綻しかけていた政府財政の立て直しに取り組んだ。彼の財政政策を**松方財政**という。

⑧松方財政

松方財政のねらいは**兌換制度**の実現にあった。それにより紙幣価値(紙幣の信用)を安定させることができれば，物価も安定し，地租収入の実質的な減少も防ぐことができ，政府財政を立て直すことができる。松方大蔵卿はそのための準備として，まず増税と**緊縮財政**とにより財政の黒字を確保して不換紙幣を整理（**紙幣整理**）し，正貨を蓄積した。一方，1882年に**中央銀行**として**日本銀行**を設立した。

松方財政の内容

紙幣整理

歳入確保：酒造税・たばこ税などを増税

歳出抑制：緊縮財政(軍事費以外の歳出を抑制)→官営事業の払下げを促進

⇩

財政の黒字を確保→回収した不換紙幣を消却・同時に正貨の蓄積も進める

中央銀行の設立

日本銀行の設立(1882年)…紙幣(銀行券)を発行できる唯一の銀行

→国立銀行条例再改正(1883年)…国立銀行から発券権を取り上げる

松方大蔵卿は，こうした政策を遂行したうえで，1円紙幣≒1円銀貨に近づいたことをうけて1885年から日本銀行に銀**兌換銀行券**(→p.257)を発行させ，翌年から政府紙幣の兌換も開始した。銀兌換の貨幣制度(**銀本位制**)が整ったのである。

なお，歳出のうち軍事費が例外とされたのは，壬午軍乱(→p.286)や甲申事変により朝鮮問題をめぐって対外的緊張が高まり，これを背景として陸海軍の軍拡要求が強まっていたためである。また，**官営事業の払下げ**は大隈財政下の1880年に工場払下げ概則が定められて着手されたが，投資額の回収をねらっていたため条件が厳しく，払下げは進んでいなかった。そこで，松方大蔵卿のもとで1884年に工場払

主な官営事業と払下げ先

官営事業	払下げ先
東京砲兵工廠	(払下げず)
大阪砲兵工廠	(払下げず)
横須賀造船所	(払下げず)
兵庫造船所	川崎
長崎造船所	三菱
三池炭鉱	三井
高島炭鉱	後藤→三菱
佐渡金山	三菱
生野銀山	三菱
足尾銅山	古河
深川セメント	浅野
富岡製糸場	三井

下げ概則が廃止されて条件が緩和され，それ以降1890年代前半にかけて払下げが進んだ。多くは安価で，長期年賦での払下げであった。

このように松方財政によって兌換制度が整い，政府財政の立て直しに成功したものの，半面，紙幣流通量が抑制されたのにともなって物価が下落した(デフレ)。特に米価・繭価など農産物価格が大きく下落し，農村経済は深刻な不況となった。農民の地租負担も実質的に増加した。その結果，負債をかかえて没落する農民が増加し，地主への土地集中が進んだ。

松方財政の影響

銀本位制が確立
→紙幣の信用が安定・政府財政が安定
デフレ(松方デフレ)が発生＝米価・繭価など農産物価格が下落
→農民の階層分化・地主への土地集中が進む

沖縄 日本政府は，**台湾出兵**をきっかけとして琉球の管轄を外務省から内務省に移したうえで，琉球王国の廃滅，日本領への編入をめざした。

⑨琉球併合(琉球処分)

政府は1879年，琉球の併合，**沖縄県**の設置を強行した。国王（藩王）**尚泰**は首里城の明け渡しと東京への移住を強制され，琉球王国は450年の歴史を閉じた。

琉球の旧支配層のなかには反発が強く，一部に清を頼って独立維持を策した人々がいた。清も藩属国が消滅することに危機意識をもち，日本へ抗議した。これに対して**アメリカ前大統領グラント**が調停にたち，日本は先島諸島（宮古島や八重山群島）を沖縄から分割する先島分島案を示したものの，分割に反発する琉球人の活動もあって合意は成立しなかった。最終的には**日清戦争**の結果，1895年の**下関条約**により**台湾**が清から日本へ割譲されたことで沖縄の日本帰属が事実上，確定した。

琉球併合(琉球処分)への過程

琉球国王尚泰を琉球藩王に封じる(1872年)	→琉球を外務省の管轄下に置く
台湾出兵(1874年)	→琉球を内務省の管轄下に移す
沖縄県を設置(1879年)	

旧支配層の反発が続くなか，それへの配慮から政府は本土の制度を適用せず**旧慣温存策**をとった。旧支配層の多くには国税が免除される特権を認めるとともに，地租の徴収や徴兵制の導入を日清戦争後まで実施せず，また，地方自治の根拠となる府県制は日露戦争後まで適用せず，衆議院議員選挙権も明治末まで認めなかった。

国際関係 台湾出兵以降の日本の対アジア政策は，清中心の伝統的な東アジア秩序を否認しようとするものであり，清との間に緊張をもたらした。

⑩朝鮮問題の発生

日朝修好条規の締結以降，朝鮮国内では政治抗争が激化した。国王妃**閔妃**一派が日本の協力のもとで開化（近代化）政策を進めると**大院君**ら**攘夷派**の不満が高まった。さらに，日本商人の進出は朝鮮民衆の生活不安と日本への反発を招いた。こうしたなかで1882年，**壬午軍乱**が発生する。下級兵士や庶民が蜂起して朝鮮王宮や日本公使館を襲撃し，攘夷派の大院君が政権を握った。しかし清が軍事介入して鎮圧し，その結果，清により閔妃一派が政権に復帰した。日朝間では同年，**済物浦条約**が結ばれて日本は賠償金と公使館守備兵の駐留権を得た。

これ以降，清は軍隊を駐留させ続けて内政干渉を強めた。日本の朝鮮進出を警戒し，朝鮮に対する宗主権を強化しようとしたのである。そのため，朝鮮国内では清との宗属関係を維持しつつ開化政策を進める閔妃ら穏健派（**事大党**）と，清の内政干渉を排除しようとする**金玉均**ら急進開化派（**独立党**）とが対立した。

こうしたなかで1884年6月，ベトナム問題をめぐって**清仏戦争**が勃発し，朝鮮に駐留する清の軍隊が一部撤退すると，同年12月，独立党は日本公使館守備兵の支援のもとでクーデタを起こした。しかし清軍により鎮圧されて失敗した。**甲申事変**である。この結果，日清間で緊張が高まり，日本国内では強硬論が高まった。独立党を支援してきた**福沢諭吉**の新聞『**時事新報**』は1885年，「**脱亜論**」を発表して清・朝鮮との絶縁を声高に主張し，旧自由党の**大井憲太郎**・**景山英子**らは同年，朝鮮の改革をめざして渡航を企てた（**大阪事件**）。しかし，政府は軍事衝突の回避に努めた。フランスから提携して清に対抗しようとする誘いがあったものの断り，1885年4月，**伊藤博文**が全権として清に赴き，清全権**李鴻章**との間で**天津条約**を結んだ。この結果，両国軍が朝鮮から相互に撤兵するとともに，今後出兵する際には相互に事前通告することが約束され，日清間の対立が回避された。

> **朝鮮問題**
>
> 壬午軍乱…1882年，閔妃一派＝開化政策を実施 ↔ 大院君ら攘夷派
> 　　　→ 日朝間で済物浦条約（1882年）
>
> 甲申事変…1884年，閔妃一派＝事大党（穏健派）↔ 金玉均ら独立党（急進開化派）
> 　　　→ 日朝間で漢城条約，日清間で**天津条約**（1885年）

天津条約により日清間の緊張は緩和した。日本が朝鮮への積極的関与を抑制する一方，清の朝鮮に対する指導的地位が維持された。朝鮮情勢は安定するかにみえた。

ところが，朝鮮が清に対抗すべくロシアへの接近をはかろうとすると，アフガニスタン問題をめぐるロシアとイギリスの対立も重なり，イギリスが1885年から87年にかけて朝鮮半島南端の巨文島を占拠して対抗した（巨文島事件）。東アジアでも英露対立がクローズアップされてきたのである。

第13章 立憲国家の成立

<大まかな時代の推移>

1880年代

第1次伊藤博文内閣　← 内閣制度が創設された。

学校令(小学校令・中学校令・帝国大学令・師範学校令)が定められた。

三大事件建白運動が高まった。

黒田清隆内閣

大日本帝国憲法が発布された。

大隈重信外相が条約改正交渉への反発から襲われた。

1890年代

第1次山県有朋内閣

教育勅語(教育に関する勅語)が発布された。

第1回帝国議会がはじまった。

第1次松方正義内閣

大津事件で青木周蔵外相が辞職した。

穂積八束が論文「民法出デ、忠孝亡ブ」を発表した。

第2次伊藤博文内閣

日清戦争がはじまった。

三国干渉により遼東半島を清へ返還した。

第2次松方正義内閣

貨幣法を制定し，金本位制を確立させた。

高野房太郎らが労働組合期成会を結成した。

第3次伊藤博文内閣

自由党・進歩党が合同して憲政党を結成した。

第1次大隈重信内閣

第2次山県有朋内閣

日英通商航海条約が施行され，内地雑居が実施された。

1900年代

軍部大臣現役武官制を制定した。

伊藤博文が立憲政友会を結成した。

第4次伊藤博文内閣

31 立憲体制の形成

年代 1885～1890年

政治　政府は国会開設の勅諭で1890（明治23）年の国会開設を公約したが，国会が開設されれば民権派の発言力が強まる可能性が高い。薩長藩閥は，どのようにして藩閥による政治支配を維持しようとしたのか？

①欧米諸国にならった諸法典の整備

⑴大日本帝国憲法の制定　国会開設の勅諭で**欽定憲法**の方針を示した藩閥政府は，**伊藤博文**を中心として人民には秘密のうちに憲法制定作業を進めた。

伊藤は，まず憲法調査のためにヨーロッパへ行き，ベルリン大学(ドイツ)の**グナイスト**，ウィーン大学（オーストリア）の**シュタイン**から憲法理論の講義を受けた。とりわけ，君主の権限が国家により制限されると説くシュタインから多大な影響を受けた。帰国後は1884年，宮中に**制度取調局**を設置し，ドイツ人法律顧問**ロエスレル**の助言のもと，憲法草案の作成に着手した。草案が完成すると，1888年に**枢密院**を設置し，明治天皇臨席のもとで草案を審議・修正した。こうした経緯を経て1889年2月11日(**紀元節**)，明治天皇により**大日本帝国憲法**(明治憲法と略称)が発布された。**黒田清隆内閣**のときである。

こうして，天皇から人民に一方的に与える形式ではあれ，憲法が定められて欧米諸国にならった近代的な法治国家の体制，立憲体制が整った。

憲法草案の作成	
伊藤博文が中心	協力…井上毅・金子堅太郎・伊東巳代治
	助言…ドイツ人法律顧問ロエスレル

⑵華族令　議会開設にあたり，二院制を採用して上院(→貴族院)を設置するために1884年，**華族令**を制定した。**公爵**・**侯爵**・**伯爵**・**子爵**・**男爵**の5ランクの爵位を定め，旧大名・公卿だけでなく，明治維新で活躍した人物など国家の功労者を新たに華族に追加できるシステムを用意し，華族を上院(→貴族院)の選出母体とした。

⑶内閣制度の創設　1885年，**太政官制**を廃止して**内閣制度**を創設した。各省の長官を国務大臣とし，彼らと内閣総理大臣(首相)とにより内閣を構成させ，国政の協議・決定にあたらさせた。こうして政策を協議・決定する機関と行政実務を担う各省との意思疎通をはかり，国会開設に備えて行政機構の統一と強化をめざした。

⑷宮中・府中の分離　内閣制度の創設にともない，**宮内省**を内閣の外部に置いた。**宮中**のことがらを扱う官庁を内閣（行政府＝**府中**）という国政を担う部門から分離し，国政と天皇家の家政の混同を避けたのである。

⑸皇室典範の制定　1889年，**皇室典範**を制定し，皇位の継承方法など皇室に関わることがらを定めた。皇室典範は憲法に並ぶ基本法典とされたが，人民には公布さ

れず，議会はその内容の策定に関与することはできなかった。

⑹**刑法・治罪法**　条約改正をにらんで西洋的な法典の導入がはかられ，すでに1880年，**フランス人**法律顧問ボアソナードの起草により**刑法**・**治罪法**が制定されていた。刑法は，法律に定められていない行為は犯罪として処罰されないという**罪刑法定主義**を欧米諸国にならって初めて導入した点が画期的である。なお，皇室に対する犯罪として**大逆罪**・**不敬罪**が設けられたことにも注意が必要である。

⑺**民法**　**民法**は，親族のあり方や財産の相続・処分など，個人間の私的な関係を律する法典で，ボアソナードが起草し，1890年に公布されたものの批判が噴出した。翌91年に帝国大学教授**穂積八束**が論文**「民法出デヽ忠孝亡ブ」**でフランス流の民法は道徳を滅ぼすと批判し，**民法典論争**に発展した。そのため施行が延期され，1898年までに改めて民法（明治民法）が制定された。一夫一妻制や夫婦同姓（家名として同一の氏を称すること）を初めて規定するとともに，**戸主**が財産や婚姻などに関して強い権限をもつと定め，男性優位の家父長制的な**家制度**を法的に整えた。

②明治憲法のもとでの政治制度

⑴**天皇**　明治憲法は，**万世一系の天皇**が日本を統治すると規定した。つまり，皇祖神とされる天照大神から授けられた統治権を代々の天皇が受け継ぐとし，統治権の源泉を**神話**に求めることによって人民主権や君民共治を排除し，国家の成り立ちに人民の意思や社会契約を介在させなかった。そして，天皇は議会の関与できない権限をもつものとされ，その権限は**天皇大権**と呼ばれた。

(→p.13)

天皇大権：大日本帝国憲法第8条～第14条

文武官僚に関わる事項
行政各部の官制，文武官の俸給の制定，文武官の任免

外交に関わる事項
宣戦の布告（戦争開始の宣言），講和や条約の締結

陸海軍に関する事項
陸海軍の編制（常備兵額の決定など）と統帥（軍の作戦と指揮・運用）
戒厳令の布告（非常時に通常の行政・司法を軍の管轄下に置く）

法令に関する事項
緊急勅令の発令（緊急の必要により議会閉会時に法律に代わる勅令を発令）

とはいえ，天皇が制約なく統治権を行使できるわけではなかった。憲法はもともと，多様な価値観・宗教観をもつ人々が公正なかたちで共存できる社会を確保するため，西欧近代で生み出された法的な枠組みであり，国家機構が機能に応じて分割されて**権力の分立**が定められ，国家機構による権力行使が制限されること（**立憲主義**）が不可欠な要素の一つとされていた。したがって，天皇は憲法の規定に従って

権限を行使すると定められ，その権限行使には内閣(国務大臣)や帝国議会，枢密院，陸海軍の軍令機関などの国家機関のサポートが必要とされ，実質的な権力分立が保障された。

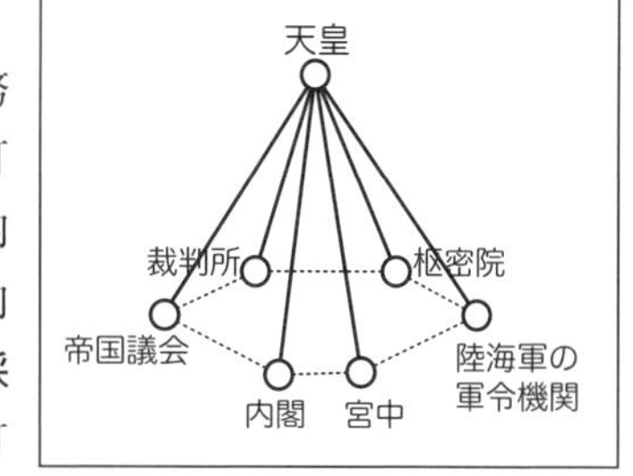

⑵**内閣＝天皇の国務を輔弼 (advise)**　天皇が国務(政務) をとる際には内閣 (国務大臣) の**輔弼**が不可欠で，逆にいえば，天皇を輔弼するという形で内閣が国政を担い，天皇に責任を負った。一方，内閣の議会への責任は規定されず(**議院内閣制の不採用**)，内閣が国政を担う際，議会からの信任は不可欠ではなかった。民権派の進出が予想される議会に対抗できるよう，内閣は天皇の権限をよりどころとして強い行政権を握っていたのである。

しかし，憲法に内閣は明記されず，国務大臣がそれぞれ天皇を単独で輔弼する規定(**各大臣の単独輔弼制**)であったうえ，国務大臣の任免権を天皇がもっていた。そのため，内閣総理大臣(首相)の閣内統率力が弱く，閣内での意見対立(閣内不一致)が総辞職に直結しやすいなど，内閣は不安定であった。さらに，天皇の諮問機関として枢密院が置かれ，陸海軍の統帥権には内閣も関与できないことがやがて慣行とされる (統帥権の独立) など，内閣の国政運営には制約があった。これらの措置は，政党内閣が出現するかもしれないことを想定した予防措置であった。

⑶**帝国議会＝天皇の立法と予算制定を協賛 (consent)**　法律や予算を制定する権限は天皇がもったものの，帝国議会の**協賛**が不可欠であった。つまり，欧米諸国と同じように，帝国議会が法律案や予算案を審議する権限をもち，内閣が政策を遂行するのに不可欠な法律や予算の制定には帝国議会の審議・承認が必要であった。

だからこそ，人民の意見ができる限り国政に反映されないしくみが整えられた。まず二院制が採用され，公選制の衆議院とともに，皇族や華族，勅選議員で構成される貴族院が設置された。そして，**衆議院が予算を先に審議できた**ものの，両院の権限は対等とされた。つまり衆議院の議決が優越せず，法律や予算の成立には両院の同意が必要であった。また，予算案のうち天皇大権に関連する事項については議会が政府の同意なく削減できないと定められて議会の予算審議権に制限が加えられ，また，予算案が不成立の場合は内閣に前年度予算の執行権が認められた。

⑷**枢密院＝天皇の諮問(諮詢)に応えて重要国務を審議**　枢密院はもともと憲法草案審議のために設置されたが，天皇の最高諮問機関(諮詢機関)として存続した。条約や緊急勅令など重要な国務を審議し，ときには内閣や帝国議会の動向を制約した。

⑸**裁判所**　大審院をトップとする裁判所が天皇の名において裁判を行った。

⑹**陸海軍の軍令機関＝天皇による陸海軍の統帥を輔弼**　軍の作戦と指揮・運用 (軍務)に関わる機関として 1878 年，**参謀本部**が太政官から分立して設けられた。のち

海軍部門が分離・独立し，1893 年に**海軍軍令部**が成立した。また，戦時には参謀本部と海軍軍令部の上に立って統一的な戦争指導を行う機関として**大本営**が設けられた。大本営は日清戦争や日露戦争などに際して置かれたが，日清戦争の時は文官の伊藤博文首相が列席し，日露戦争の時は桂太郎首相や文官の小村寿太郎外相が参加した。しかし昭和期には内閣の関与が排除され，**統帥権の独立**が慣行となった。(→p.349)

(7)**宮中**　宮中には天皇の政務・軍務を支える官僚が近侍した。**内大臣**，侍従長，侍従武官長，**宮内大臣**である。内大臣は天皇に常侍して政務を補佐し，内閣制度創設の際，もと**太政大臣**の**三条実美**が就任した。侍従長は天皇に仕える侍従をまとめ，天皇の日常的な活動全般を補佐し，侍従武官長は大元帥たる天皇の軍事顧問であった。宮内大臣は皇室財産の管理と皇族・華族の監督を主な職務とした。

③人民の権利

西欧近代に生まれた憲法は，権力の分立を定め，そのことを通じて個人の権利を保障することが不可欠な要素とされた。明治憲法では，人民は天皇の**臣民**とされたうえで，所有権の不可侵や言論・出版・集会・結社などの自由が**法律の範囲内**で認められ，その制限は必ず法律によらねばならないとされた。一方，**信教の自由**は，「安寧秩序ヲ妨ケス及臣民タルノ義務ニ背カサル限ニ於テ」，部分的に認められた。(→p.261)

④軍隊制度の整備

1889 年に**徴兵令**が全面改正されて免役規定が廃止され，**国民皆兵**が実現した。とはいえ，帝国大学などに在学中の学生は徴兵が猶予されたうえ，北海道や沖縄では当初，徴兵令は施行されず，国民全てが徴兵の対象とされたわけではない。なお，日清戦争後の 1899 年，北海道・沖縄の全域でようやく徴兵令が施行された。

軍隊編成については，1888 年には陸軍編制が**鎮台制**から**師団制**へと変更され，国外へ派兵することのできる軍隊制度が整った。(→p.263)鎮台が国内の各地域を分担して防衛するものであったのに対し，新しく設けられた師団は，戦闘・支援・兵站の各部隊で構成され，独立して軍事行動を展開することを想定した組織であった。

一方，1882 年に**軍人勅諭**が出され，軍人の守るべき徳目が示された。**竹橋事件**(→p.258)以降，政府では軍人の政治関与への警戒が強まり，その対処として天皇が軍隊を統率する大元帥であることを強調したうえで，政治関与の禁止などが示された。

軍事制度の変遷

参謀本部の設置　…1878 年，軍令機関が太政官から分立して天皇に直属
軍人勅諭　…1882 年，軍人の守るべき徳目，西周が起草
陸軍編制の変更　…1888 年，鎮台制から師団制へ
徴兵令の全面改正…1889 年，兵役免除を廃止 → 国民皆兵の原則を実現
海軍軍令部の設置…1893 年，参謀本部から分離した海軍参謀部が改称

⑤地方制度の整備

地方制度は**山県有朋**とドイツ人法律顧問**モッセ**が中心となって整備され，1888年に**市制**・**町村制**，1890年に**府県制**・**郡制**が定められた。市や町・村では地域の有力者(名望家)を中心とする住民の自治が規定されたものの，府県知事や郡長は官選であり，**内務省**の監督・統制のもとにある中央集権的な地方行政制度であった。

地方制度の変遷

戸籍法(1871年)…大区・小区制
→地方三新法(1878年)＝郡区町村編制法・府県会規則・地方税規則
→市制・町村制(1888年)，府県制・郡制(1890年)

市制・町村制では，市会・町村会で納税額の多い者に有利な等級選挙制が採用され，市町村長が無給の名誉職とされるなど，名望家が優遇された。彼らを中心として地域社会を安定させるとともに，政党勢力の介入を排除することが意図されていた。府県制・郡制では，郡会が町村会議員の投票と大地主の互選，府県会が市会・郡会議員らの投票によって選ばれるなど間接選挙がとられたうえ，それらの権限は，内務省から派遣された府県知事や郡長によって強く制約を受けた。

一方，北海道と沖縄は特別扱いされた。北海道では1886年，**北海道庁**が設けられて植民事業が継続した。沖縄では**旧慣温存策**(→p.262)が継続し，府県制は日露戦争後の1909年まで適用されなかった。

⑥学校制度と官僚登用制度の整備

森有礼文相のもと，1886年に**学校令**(**小学校令・中学校令・師範学校令・帝国大学令**の総称)が制定され，学校体系の整備が進んだ。**小学校**は尋常小学校と高等小学校に分かれ，尋常小学校3～4年の**義務教育**が定められるとともに，小中学校の教科書の**検定**制度がはじめられた。また，**東京大学**を工部大学校とあわせて改編して**帝国大学**とし，官僚など国家の須要に応じるエリートの養成機関とした。1890年には**教育勅語**(**教育に関する勅語**)(→p.276)が明治天皇により出され，天皇中心の国体観念を養うことが教育の基本理念として示された。

一方，官僚登用制度の整備も進められた。1887年，上級の官僚を登用するために文官高等試験(高等文官試験)が導入され，1893年には文官任用令により官僚(文官)の任用資格が定められた。このように官僚の登用が藩閥などのコネによる採用から試験採用に徐々に転換したことは，人々の間に教育とそれを通じた立身出世への期待を高めることとなった。なお，武官については，特別な教育機関として陸軍士官学校(1874年創立)，海軍兵学校(1876年創立)が設けられていた。

国際関係　政府は欧米諸国にならった立憲体制の整備を進めながら，**領事裁判権の撤廃**と欧米諸国の求める**内地雑居**とを主軸とする条約改正交渉を進めた。

⑦条約改正交渉

この時期の担当は**井上馨**外務卿（のち外相）と**大隈重信**外相である。

井上外交（第１次伊藤博文内閣）

形式：関係国すべてと一括交渉
内容：領事裁判権の撤廃・関税自主権の一部回復と内地雑居
条件：外国人判事を任用，欧米同様の法典編纂に際して欧米諸国が検閲・承認
反対：政府内部でボアソナードや谷干城農商務相
民間で三大事件建白運動（1887 年）
結果：井上外相が辞任して交渉中止

欧米諸国と一括交渉した点が井上外交の特徴である。そして，政府は一括交渉を円滑に進めるため，外国要人を接待する社交場として**鹿鳴館**を建設（1883 年・イギリス人コンドルの設計）して舞踏会を開くなど，**欧化政策**を進めた。

交渉の内容は，領事裁判権の撤廃と関税自主権の一部回復を求め，その代わりに欧米諸国の求める内地雑居を認める，というものであった。しかし，外国人判事の任用や法典編纂にあたっての欧米諸国による検閲と承認という条件をつけたため，フランス人法律顧問ボアソナードが日本の主権をかえって侵害するものだと反対し，**谷干城**農商務相が反対意見書を提出して辞職するなど，政府内部で批判が高まり，失敗した。さらに民間では，1887 年に**三大事件建白運動**が高まった。

1888 年，代わって大隈重信が外相に就任し，条約改正交渉を継続した。

大隈外交（第１次伊藤～黒田清隆内閣）

形式…関係国と個別交渉 → アメリカ・ロシア・ドイツと交渉に成功
内容…領事裁判権の撤廃・関税自主権の一部回復と内地雑居
条件…外国人判事の任用を大審院に限定，欧米同様の法典編纂
反対…憲法違反との批判 → 玄洋社社員来島恒喜が大隈外相に爆弾テロ
結果…黒田内閣の総辞職により交渉中止

大隈の交渉内容は井上外交と同じであったものの，国ごとに交渉したこと，外国人判事の任用を**大審院**に限った点が異なっていた。しかし，改正案の条件が**憲法違反**であるとの批判をあび，大隈外相がテロを受けて失敗に終わった。

政 治　自由民権運動は1880 年代前半，政府高官へのテロ計画など騒擾の頻発によって後退したが，国会開設の時期が近づくと再び活発となった。

⑧自由民権運動の再燃

1886 年，**星亨**らの提唱によって**大同団結運動**が開始された。旧自由党や立憲改進党の垣根を超えて民権派の統一をはかろうとする動きである。1887 年には井上

馨外相の条約改正交渉が失敗したことを受け，**三大事件建白運動**がおこった。三大事件建白運動は，**外交失策**(井上外相による失敗)**の挽回・言論集会の自由・地租の軽減**を求めた運動である。鹿鳴館に象徴される表面的な欧化政策(鹿鳴館時代)への反発や**ノルマントン号事件**（1886年）ともあいまって高まった。これに対して第1次伊藤博文内閣は1887年，**保安条例**を制定して民権派の指導者を東京から追放した。しかし，保安条例で民権派が東京から追放されたことにより，かえって大同団結運動が地方で広まった。府県会で成長しつつある各地の有力者を国会開設に向けて結集することがめざされたのである。とはいえ，大隈重信の第1次伊藤内閣への入閣など政府の分裂策により運動は混迷した。

文化　臣民(→p.268)ではなく国民の形成を強調・意識するナショナリズムの風潮が強まり，西欧の視点・価値観に即しながら新たな伝統が創出されはじめた。

⑨新たな伝統(国民文化)の形成

⑴ナショナリズム思想　藩閥主導のもとで欧米風の文化・生活様式を導入していこうとする動き，とりわけ井上外交のもとでの鹿鳴館時代の皮相な欧化政策に対し，国民主導のもと，日本の現実に即して修正・再検討しようとする思想が出てくる。

ナショナリズム思想	
(a)徳富蘇峰の平民的欧化主義(平民主義)	…民友社＝雑誌『国民之友』
(b)三宅雪嶺・志賀重昂らの国粋保存主義	…政教社＝雑誌『日本人』
(c)陸羯南の国民主義	…新聞『日本』

(a)**徳富蘇峰**は，豪農層など一般人民(これを平民と表現した)の生活の現実に即した下からの欧化をめざした。それに対し，(b)**三宅雪嶺**や志賀重昂らは，藩閥主導の極端な欧化政策のあり方に批判的で，国民的特性(ナショナリティ)の基軸となる伝統的文化を新たに創出していこうとし，(c)**陸羯南**は，欧化政策における国民の主導性や国民的統一の軸としての天皇の権威を強調した。(b)と(c)は，まとめて近代的民族主義とも呼ばれ，また，藩閥の官僚的な国家主義を批判した点で共通していた。

⑵絵画　御雇い外国人フェノロサやその弟子**岡倉天心**の指導のもと，**狩野芳崖**(『**悲母観音**』)・**橋本雅邦**らにより，欧米の手法にならいつつ新しい日本画を創出する試み（**新日本画運動**）が進められた。岡倉天心は文部省に働きかけて1887年，**東京美術学校**の設立を実現させ，新日本画運動の拠点とした（彫刻科には伝統的な木彫の高村光雲が迎えられた)。それに対し，**工部美術学校**(→p.255)で**フォンタネージ**から西洋画の教授をうけた**浅井忠**らは1889年，最初の洋画団体である**明治美術会**を結成した。

⑶文学　曲亭馬琴『南総里見八犬伝』など江戸時代以来の戯作が人気を博す一方，**矢野竜溪（文雄）**『経国美談』，東海散士『佳人之奇遇』など，民権思想を普及させることを目的とする**政治小説**が書かれた。

こうしたなかで1885年，**坪内逍遙**が**『小説神髄』**を著し，**写実主義**を主張した。戯作や政治小説の荒唐無稽なストーリー展開を排し，西洋の近代文学にならい，あるがままに人情・世相を描写しようという提案であった。その具体化が，**二葉亭四迷『浮雲』**や山田美妙『夏木立』など，新たな文体をつくりあげようとする**言文一致**の試みであり，1885年に**硯友社**を結成した**尾崎紅葉**(→p.277)・山田美妙らの活動であった。

⑷音楽　西洋音楽は軍楽隊から取り入れられ，続いて，**伊沢修二**らによって西洋の歌謡にならった**唱歌**が小学校教育に導入された。また，伊沢修二は1887年，**東京音楽学校**の設立に尽力し，専門的な西洋音楽の教育カリキュラムを整えていった。

社会経済　1885年に**銀本位制**が確立して紙幣の信用が安定し，**日本銀行**を頂点とする銀行制度の基礎が整ったことを背景として，1880年代後半には綿紡績業・鉄道業で**株式会社**設立ブーム(**企業勃興**)が生じた。**産業革命**のはじまりである。

⑩産業革命のはじまり

産業革命は，**蒸気機関**を使った機械技術が普及する過程，あるいは，手工業に代わって**機械制大工業**が主要な生産様式として普及する過程のことである。蒸気機関が動力源として導入されると，工業生産や輸送能力は飛躍的に拡大した。そのパイオニアとなったのが**綿紡績業**と**鉄道業**であった。

⑴綿紡績業　明治前期に綿織物業が輸入綿糸を原料として生産を回復した結果，**綿糸**が輸入第1位であったことが，綿紡績業発展の前提であった。1883年に操業を開始した**大阪紡績会社**が昼夜2交代の24時間操業を行って成功したことに触発され，1880年代後半には**鐘淵紡績会社**などの民間企業が勃興した。国内市場をターゲットとして輸入綿糸に対抗して国内生産を増大させようとする動きが広がった。

綿紡績業(綿花を原料に綿糸を生産)

機械紡績が普及＝機械(蒸気機関を採用)と原料綿花を輸入に依存
　→手紡やガラ紡を圧倒→1890年綿糸国産高＞輸入高：国内市場を回復
最初の民間紡績会社＝大阪紡績会社(渋沢栄一が設立，1883年操業開始)

輸入綿糸に対抗するため，大阪などの都市部に大工場が設立され，欧米諸国の機械紡績がそっくり移植された。機械はイギリスやアメリカから，原料綿花は初め中国，のちイギリス領インドから輸入した。この結果，1890年には**綿糸の国産高が輸入高を上回り**，国内市場を回復した。

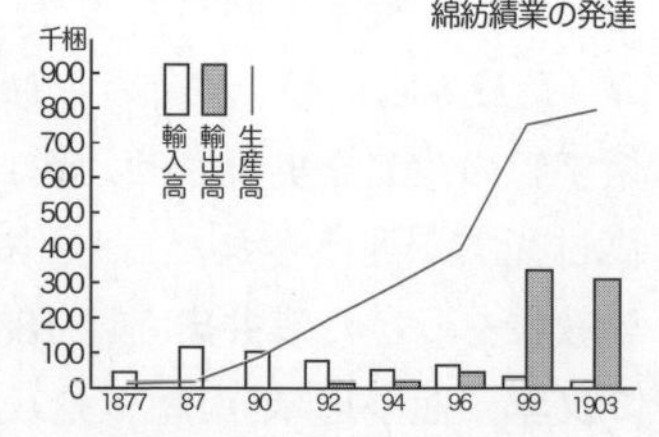

⑵鉄道業　**日本鉄道会社**などの民間鉄道会社が勃興し，各地で鉄道の敷設を進めて**蒸気機関車**を導入し，国内市場の広がりを支えた。1872年に**新橋**(東京)・**横浜間**で開通した官営鉄道も1889年には東京・神戸間の**東海道線**が全通した。

鉄道業

最初の民間鉄道会社＝日本鉄道会社（1881 年華・士族が出資，東北線を経営）
　→ 1889 年民営鉄道の営業キロ数＞官営鉄道の営業キロ数
官営の東海道線（東京・神戸間）が全通 1889 年

⑶**海運業**　1870 年代は**三菱会社**（**郵便汽船三菱会社**）が政府の保護をうけて発展した。ところが，大久保利通の没後は大隈重信との結びつきが太かったため，明治十四年の政変後に政府は政策を転換し，三井を使って半官半民の**共同運輸会社**を設立して対抗させた。激しい競争の末，1885 年，両者は合併して**日本郵船会社**が設立された。日本郵船は 1893 年，**ボンベイ航路**（**インド航路**）を開設し，イギリス領インドからの綿花輸入に便宜をはかった。

⑷**製糸業**　綿紡績業が機械・原料を輸入に依存して発展し，それらの輸入拡大によって**貿易赤字**を積み重ねたのに対し，**外貨**（輸入代金の支払手段）**の獲得**，貿易赤字の抑制に貢献したのが，最大の輸出産業である**製糸業**であった。フランスなどからの輸入機械にならって在来技術を改良した**器械**を用い，**水車**（のち蒸気機関）を動力源に採用した小工場が長野県などの養蚕がさかんな農村部に生まれた。器械と原料繭はともに国産でまかなわれたため，生糸輸出はそのまま貿易黒字に結びついた。

製糸業（繭を原料に生糸を生産）

器械製糸が普及＝器械・原料繭を国産でまかなう
　→ 日清戦争頃に器械製糸の生産高＞座繰製糸の生産高

⑸**鉱山業**　鉱山業も外貨の獲得に貢献した。

　機械や鉄道などの動力源として蒸気機関が普及するのにともない，燃料**石炭**の需要が拡大し，炭鉱での石炭採掘が活発となった。石炭は上海・香港・シンガポールなどへさかんに輸出される一方，国内での需要も次第に増大した。三菱が経営する**高島炭鉱**（長崎県），三井に払下げられた**三池炭鉱**（福岡県），日本最大規模の炭田で，炭鉱が数多く存在した**筑豊炭田**（福岡県）などが有名である。また，当時，欧米諸国では通信ケーブルや電線などの需要が高まっており，**住友**経営の**別子銅山**，**古河**経営の**足尾銅山**などで銅がさかんに採掘され，主に欧米諸国へ輸出された。

⑪社会問題の発生

　産業革命がはじまった頃，政府や企業の経営者は利益追求を優先し，労働者の待遇や労働環境には配慮しなかった。そのため，甲府の雨宮製糸（1886 年）や大阪の天満紡績（1889 年）などで労働者が待遇改善を求めて経営者と団体交渉する労働争議が生じた。また，三菱経営の高島炭鉱（長崎県）では労働者の暴動が相次ぎ，1888 年に政教社の雑誌『日本人』が労働者の惨状を告発した（**高島炭鉱問題**）。

32 初期議会と日清戦争

年代 1890～1894年

国際関係 朝鮮をめぐる日本・清の対立に加え，イギリスとロシアの対立が顕著となってくる。とりわけロシアがシベリア鉄道建設を計画し，1891年，その建設に着手したことは，両国間の緊張を高めた。

①条約改正交渉の成功

1890年代に入ると，イギリスが条約改正交渉において態度を変えはじめた。ロシアの東アジア進出に対する防壁としての役割を，日本に対しても期待するようになり，相互対等を原則として条約改正に応じる態度を取りはじめたのである。この時期の交渉担当は**青木周蔵**外相，**榎本武揚**外相，**陸奥宗光**外相である。

青木外交（第1次山県有朋内閣～第1次松方正義内閣）
内容…領事裁判権の撤廃・関税自主権の一部回復と内地雑居
結果…大津事件（1891年）で青木外相が辞職して失敗

大津事件は，ウラジオストクでのシベリア鉄道起工式に出席する途中に日本を訪問した**ロシア皇太子**が大津（滋賀県）で巡査津田三蔵に襲われた事件である。その際，ロシアの報復を恐れた第1次松方内閣が皇族への危害に準じて**大逆罪**を適用して死刑に処すよう裁判所に圧力をかけたが，大審院長**児島惟謙**は退け，**司法権の独立**を守った。

青木の辞職後，榎本武揚が後任の外相に就き，条約改正交渉の継続をめざしたものの実現しなかった。交渉が進展するのは日清戦争の直前である。**第2次伊藤博文内閣**（外相陸奥宗光）が1893年，青木周蔵を駐英公使に任じてロンドンに派遣し，イギリスと交渉を進めた結果，翌94年7月，**日英通商航海条約の調印**が実現した。

陸奥外交（第2次伊藤博文内閣）
内容…領事裁判権の撤廃・関税自主権の一部回復と内地雑居
結果…日英通商航海条約（1894年調印 → 1899年発効）

②藩閥政府の対朝鮮政策

山県有朋首相は1890年，帝国議会の開催にあたり，独立確保のためには**主権線**（国境）を防御するだけではなく**利益線**（朝鮮）を保護することが必要だと演説し，そのための軍備拡張を主張した。当時，藩閥政府はロシアのシベリア鉄道建設計画を警戒し，清との提携・勢力均衡のもとで朝鮮の独立を確保することを構想していた。そして，日朝間で穀物輸出をめぐって**防穀令事件**（1889～93年）についても，政府は朝鮮に賠償を強硬に要求しつつ，清に調停を依頼して事件を解決した。

政　治　議会開設以後も藩閥の政治支配を維持することをめざして**大日本帝国憲法**が制定されたが，果してその意図は実現したのか？

③立憲政治の実験－初期議会－

⑴**藩閥の基本姿勢**　憲法発布の直後，**黒田清隆**首相は，政策の立案・実行に関して政党には左右されないという**超然主義**を表明していた。

⑵**衆議院議員総選挙の実施**　**衆議院議員選挙法**は1889年に制定され，それによれば，有権者（選挙人）は**直接国税**（地租や所得税）**15円**以上を納める満**25歳**以上の**男子**に限られ，全人口の**1.1%**であり，その中心は**地主**であった。被選挙人は満30歳以上男子で，納税資格は選挙人と同じであった。

翌90年に第1回衆議院議員総選挙が実施され，その結果，民権派が議席の過半数を占めた。総選挙後，旧自由党系の人々により**立憲自由党**が結成された。

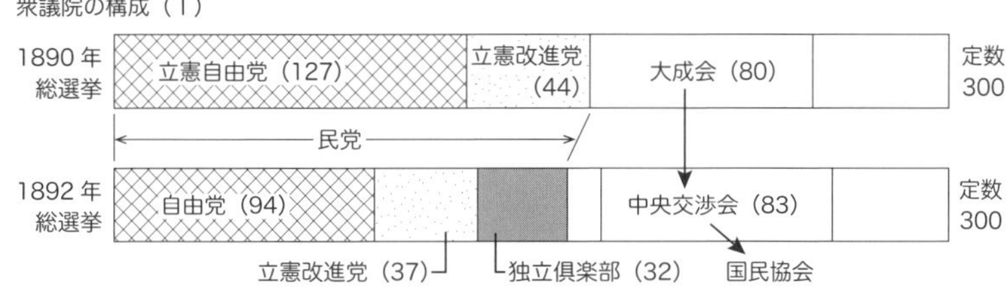

⑶**藩閥内閣と民党の対立**　1890年11月，**帝国議会**がはじまった。日本が欧米なみの文明国として立憲政治を運用できるか，欧米諸国からも注目されていた。

第1次山県有朋内閣は軍備拡張を含む予算案を**衆議院**に提出した。それに対して立憲自由党と**立憲改進党**は**民党**連合を結び，軍備拡張には反対しないものの，支持基盤である地主の利益を代弁し，**民力休養**（地租など租税負担の軽減）をめざして予算案の削減（**政費節減**）を求めた。それに対して，第1次山県内閣は翌91年2月，立憲自由党の一部議員を買収して予算案を通過させた。この事態に際し，**中江兆民**は衆議院を「無血虫の陳列場」だと非難し，自らをアルコール中毒と称して議員を辞職した。なお，立憲自由党は翌3月に**自由党**と改称した。

続く**第1次松方正義内閣**のもとでは1891年12月，民党が軍艦建造費などの削減を求めた。これに対して**樺山資紀**海相が**蛮勇演説**を行って批判したため議会が紛糾し，内閣は初めて衆議院を解散した。翌92年2月，**第2回総選挙**が行われ，その際，**品川弥二郎**内相が地方官・警官らを動員して**選挙干渉**を行った。しかし民党の優勢は変わらなかった。そのため，松方内閣は総辞職し，代わって**第2次伊藤博文内閣**が成立した。第2次伊藤内閣は藩閥の実力者（元勲）が総出動したため**元勲内閣**と呼ばれたが，民党第1党の自由党に接近し始めた。そのうえで，内閣は1893年2月，軍備拡張のために政府と議会は協力せよとの明治天皇の詔書（**和衷協同の詔書**）を使って民党の妥協を引き出し，軍備拡張を実現させた。

⑷藩閥内閣と対外硬派の対立　これ以降，自由党が第２次伊藤内閣に接近し，民党連合は崩れた。自由党は，**星亨**を中心として，地主ら支持基盤への**利益誘導**，つまり公共投資による鉄道・道路など交通機関の整備をねらい，藩閥勢力との協調を試みはじめたのである。一方，立憲改進党はかつての吏党である**国民協会**などと野党連合を作って衆議院の過半数を占め，条約改正問題をめぐって政府を攻撃し，**対外硬派**と称された。彼らは**内地雑居**に反対して現条約励行（外国人の居住を居留地に制限する現行条約を厳格に実行すること）を主張した。

このように藩閥内閣が超然主義を貫くことが極めて困難になっていた頃，朝鮮では農民反乱が激化していた。

国際関係　朝鮮では，政府による租税増徴や日本への穀物輸出の増大などによって生活不安が強まるなか，平等と社会変革を説く民衆宗教である**東学**が浸透し，各地の農民反乱をまとめる媒体となった。そして1894年，全琫準を指導者として東学の信者を中心とする農民反乱がはじまった。**甲午農民戦争**である。

④日清戦争の勃発

同年，朝鮮政府が反乱鎮圧のために清に対して出兵を要請すると，清は**天津条約**(→p.263)に基づいて日本に出兵を通知した。これに対して第２次伊藤博文内閣は，朝鮮での勢力均衡を維持するため，日本の公使館・居留民を保護すると称して出兵した。ところが，日清両軍が朝鮮に出兵したときには，農民軍が朝鮮政府と和解し，農民反乱はすでに収まっていた。軍隊を朝鮮に駐留させる理由がなくなっていたのである。とはいえ，国内では対外硬派との対立で議会運営がゆきづまり，新聞の多くは開戦決意を促す好戦的な主張をくり広げていた。ここで朝鮮から軍隊を撤退させれば，内閣批判がそれまで以上に高まることは確実であった。

第２次伊藤内閣は内政危機を打開するため，陸奥宗光外相のもと，強硬方針へと突き進む。同年７月，まず**朝鮮王宮を軍事占領**して親日派政権を樹立させた。ちょうどその頃，ロンドンで**日英通商航海条約が調印**された。イギリスが条約改正に応じたのである。政府は，これによりイギリスの好意的な中立を確保したと判断し，朝鮮の独立確保・清の宗主権排除を掲げて**日清戦争**に突入した。

文　化　立憲体制の形成が進み，それにともなって天皇権威の発揚がはかられるなか，国体観念に即した国民意識を強調する風潮が広まり，文化面では国粋的な傾向が強まった。一方，西洋にならった文学や演劇の改良も進んだ。

⑤教育勅語（教育に関する勅語）

1890年，明治天皇により**教育勅語**（教育に関する勅語）が出された。**元田永孚**の協力により**井上毅**が起草したもので，親や友達を大切にするなど儒学（儒教）に基づく徳目を掲げたうえで，非常事態が生じた場合は天皇の臣民として「天壌無窮の皇運」（永遠につづく皇室の運命）のために尽くせと国民に求めた。**天皇を中心とする**

国体観念を養うことが人々に求められたのである。

教育勅語は，天皇の肖像写真（キヨソネが描いた西洋画の写真で「**御真影**」と呼ばれた）とともに全国の官立学校に頒布され，三大節（新年・**天長節**・**紀元節**）の儀式では，「御真影」への最敬礼と合わせて学校長による教育勅語の奉読が義務づけられた。漢文調で書かれているため，たとえば小学校児童にとって理解できるものではなかったが（そのため**修身**(→p.300)という教科が設けられる），学校長がうやうやしく奉読する教育勅語を，頭をたれて拝聴するという身体的な訓練を通して，天皇への崇敬の念が幼少の時期からはぐくまれることとなった。

⑥天皇中心の国体観念のもとでの思想統制

国家神道(→p.260)体制のもとでは，宮中と各地の神社とで同日に行われる皇室祭祀は天皇中心の国体を象徴する儀礼であり，教育勅語はその理念を示したものであった。そのため，国家神道体制や教育勅語にそぐわないものを排斥する風潮が広がった。

1891年，第一高等中学校の始業式でキリスト教徒の教員**内村鑑三**が教育勅語に最敬礼をおこたったことから（**内村鑑三不敬事件**），帝国大学教授**井上哲次郎**が『**教育と宗教の衝突**』を発表してキリスト教は天皇中心の国体には合わないと主張し，キリスト教排斥の論調が強まった。つまり，信教の自由は天皇中心の国体観念を受け入れる限りで許容・保障されるものだったのである。

さらに翌92年，歴史学者**久米邦武**が帝国大学教授を休職となる事件が起こる。久米は同じ帝国大学教授重野安繹(→p.244)らとともに史料の考証に基づく実証的な歴史研究を進め，論文「**神道は祭天の古俗**」を著した。そのなかで，神道は攘災招福のために天を祀る習俗であり，東洋に共通するものだと論じたことから批判され，帝国大学教授を休職に追い込まれたのである。

⑦伝統の復興・創出とロマン主義

⑴文学　**尾崎紅葉**と**幸田露伴**が人気を博したのが日清戦争前後である。二人は井原西鶴の文体をまねながらも，尾崎紅葉が人情や風俗を写実しようとしたのに対し，幸田露伴は儒学や仏教など東洋的な教養のもとに理想主義的な男性像を描いた。

一方，**ロマン主義**文学が登場する。理想・情熱とその挫折という個人的心情を描こうとする文学潮流である。その草分けが**森鷗外**であり，彼は軍医としてドイツに留学し，帰国後，『**舞姫**』などの小説，『**即興詩人**』などの翻訳を著した。さらに，1893年には**北村透谷**・**島崎藤村**らが雑誌『**文学界**』を創刊した。

⑵演劇　1889年，**福地源一郎**らにより**歌舞伎座**が完成した。演劇改良運動の影響をうけ，江戸時代以来の芝居小屋に代わり，大規模できれいな近代的劇場が出現したのである。そして，９代目市川団十郎，５代目尾上菊五郎，初代市川左団次らの名優により**団菊左時代**とも呼ばれる明治歌舞伎の黄金時代がつくり出された。

33　東アジア分割の進展

年代　1894～1901年

国際関係　日本は，日清戦争を経て，東アジアに帝国主義的な国際秩序を作りあげる側に立つにいたった。

①日清戦争

⑴朝鮮への内政干渉　日清戦争は，日本と清との戦争であるとともに日本と朝鮮との戦争でもあった。1894年7月，清との開戦の直前，日本軍は**朝鮮王宮を軍事占領**して親日派政権を樹立させた。そのうえで，朝鮮政府に清国軍の撤退を要請させ，清が拒否すると，朝鮮の独立確保を掲げて日清戦争に突入した。これ以降，日本は朝鮮政府に対して内政干渉を進めたうえ，東学(とうがく)の信者を中心とする農民軍が再び蜂起すると，朝鮮政府とともに鎮圧した。

⑵清との戦闘　7月の豊島沖海戦(ほうとうおきかいせん)で戦闘がはじまり，翌8月に宣戦布告を行って以降，日本軍は各地で優勢に戦いを進めた。11月には清の海軍の拠点である**遼東半島**(リャオトンはんとう)の**旅順**(りょじゅん)を占領し，翌95年2月には山東半島(シャントンはんとう)の威海衛(いかいえい)も占領した。

こうして日清戦争は日本側の勝利で終わり，1895年4月，日本全権**伊藤博文**(いとうひろぶみ)首相・**陸奥宗光**(むつむねみつ)外相と清全権**李鴻章**(りこうしょう)との間で講和条約が調印された(**下関条約**(しものせきじょうやく))。

下関条約

朝鮮が独立国であることを清が承認する → 清・朝鮮間の宗属関係(そうぞくかんけい)を清算
清から領土の割譲…遼東半島・台湾(たいわん)・澎湖諸島(ほうこしょとう)
清から賠償金(ばいしょうきん)2億両(約3億円)
沙市(さし)・重慶(じゅうけい)・蘇州(そしゅう)・杭州(こうしゅう)の開港，開港場での工場建設などを承認
日清間の通商条約を新たに締結(日清通商航海条約，1896年)…不平等条約

⑶台湾領有戦争の推進　台湾は下関条約で清から日本への割譲が決まったものの，日本軍はまだ占領しておらず，現地で反対の動きが生じた。台湾在住の清国官僚らが台湾民主国(たいわんみんしゅこく)の建国を宣言して対抗しようとした。これに対して日本は1895年，**台湾総督府**(たいわんそうとくふ)(初代総督**樺山資紀**(かばやますけのり))を設置するとともに，軍隊を派遣して同年11月までにこの動きを排除し(**台湾領有戦争**)，植民地統治に着手した。

朝鮮王宮占領事件にはじまった一連の軍事行動は，この台湾領有戦争によって終わり，ここまでを広く日清戦争と呼ぶことがある。

②日清戦争の終結直後の情勢

⑴三国干渉　遼東半島の割譲はロシアを刺激し，1895年4月，ロシア・フランス・ドイツによる三国干渉(さんごくかんしょう)を招いた。遼東半島の清への返還を要求してきたのである。ロシアは，もともとウラジオストクなど沿海(えんかい)地方の安全確保のため朝鮮の独立確保を東アジア政策の軸としており，日本の遼東半島領有は朝鮮の独立を脅かす事態と

判断した。また，日本の遼東半島領有に触発され，満洲(満州)への進出を積極的に検討しはじめた。そこで，将来を見越し，日本の進出を抑えておこうと企図していた。

第２次伊藤博文内閣はロシアなど三国の要求に応じるしかなく，遼東半島を清へ返還した。そして，内閣はロシアに対抗するための軍備拡張など戦後経営に着手するとともに，民間では**臥薪嘗胆**をスローガンとしてロシアへの敵対感情が高まった。

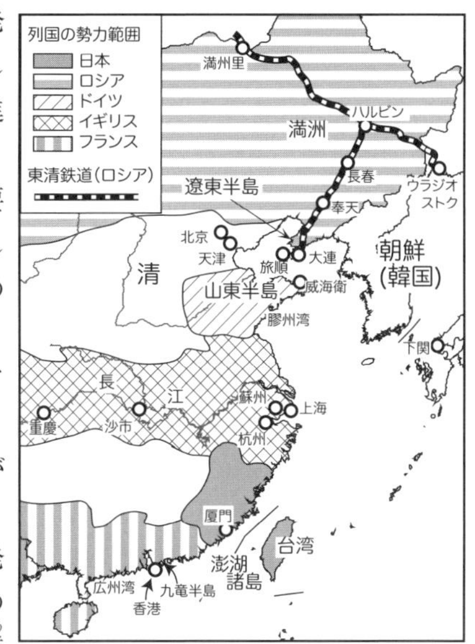

⑵**朝鮮情勢の変化**　清・朝鮮間の**宗属関係**が清算されて朝鮮で清の勢力が後退する一方，日清開戦以来の日本の内政干渉に対する反発も強まった。特に1895年10月，ロシアへの接近をはかる国王妃閔妃を駐朝公使三浦梧楼らが殺害した事件(**閔妃殺害事件**)をきっかけとして日本の影響力は後退した。

一方，朝鮮は1897年，国号を韓（**大韓帝国**）と改称するとともに国王高宗が皇帝に即位し，清や日本と並ぶ自主独立の国家としての体裁を整えた。さらに，知識人のなかに独立維持と近代的な改革を求める動きが広がり，こうしたナショナリズムの高まりを背景としてロシアの影響力も後退した。

対立を深めていた日露間でも1896年に山県・ロバノフ協定，1898年に西・ローゼン協定が結ばれるなどして，韓国の主権尊重と内政不干渉が協定された。日本はロシアに対して宥和政策をとり，韓国での勢力均衡をはかろうとしたのである。

③東アジアにおける帝国主義的な国際秩序の形成

⑴**中国分割競争の展開**　日清戦争での敗北は清の弱体ぶりを露呈した。さらに，清は日本への賠償金の支払いにあてるため，鉄道敷設などの利権を見返りとしてヨーロッパ諸国から借入れを行った。そのため，中国は激しい利権争いの対象となった。

中国分割競争

ドイツ……膠州湾を租借(1898年)
ロシア……東清鉄道の敷設権を獲得(1896年)，旅順・大連を租借(1898年)
イギリス…威海衛と九竜半島を租借(1898年)
フランス…広州湾を租借(1899年)
日本………福建省の不割譲を約束させる(1898年)
アメリカ…中国の門戸開放・機会均等を主張(1899年)

アヘン戦争以降，欧米諸国は中国へ経済進出を進めていたが，もともと貿易が中心であった。ところが日清戦争後，ヨーロッパ諸国は清に借款を供与し，港湾を租借，鉄道を敷設するなど，中国への投資を本格的に行うようになった。東アジアにも**帝国主義**的な国際秩序が及んできたのである。これに対して日本は，台湾の対岸である**福建省**の不割譲を清に約束させ，中国南部へ進出する構えをみせた。

⑵**アメリカの動向**　アメリカは1898年，キューバやフィリピンをめぐってスペインとの間で米西戦争に突入すると，同年，太平洋上の軍事拠点を確保するため**ハワイ**を併合した。さらに，米西戦争の勝利によってスペインから**フィリピン**の割譲をうけると，1899年から1902年にかけてフィリピンの独立運動を軍事力で抑え込み，植民地化にのり出した。こうした状況のもと，ヘイ国務長官が1899年，中国の**門戸開放・機会均等**を主張した（**門戸開放宣言**）。中国進出に遅れをとっていたため，自由競争の原則を掲げて列国の動きを牽制しようとしたのである。

④北清事変（義和団戦争）

こうした欧米・日本の中国侵略に対し，中国では反発が広がり，反帝国主義の動きが高まった。武術結社**義和団**が「扶清滅洋」を掲げて山東省で蜂起し（**義和団戦争**のはじまり），1900年には北京の列国公使館を包囲した。さらに，この動きに乗じて清政府が列国に宣戦布告した。

これに対して日本やロシアを主力とする8カ国が共同出兵して制圧した。この軍事行動を日本では**北清事変**と呼ぶ。翌年，**北京議定書**（辛丑和約）が調印され，列国は賠償金と軍隊の北京駐留権を獲得した。

北清事変（義和団戦争）

義和団事件＝義和団が「扶清滅洋」を掲げて蜂起 → 北京を包囲
→ 清政府も列国に宣戦布告＝日本など8カ国が共同出兵して制圧

このとき日本が最大の兵力を派遣したのは，イギリスの要請による。当時イギリスは，南アフリカでのオランダ系白人との戦争に忙殺され，予想されるロシアの中国進出に対抗するだけの余裕がなかったため，日本に**「極東の憲兵」**としての役割を期待した。一方で日本は，北清事変のさなか，福建省の厦門を占領する計画をたてたものの，イギリスなど欧米諸国の反発により実現しなかった。

文 化　日清戦争の勝利にともない，清・朝鮮への蔑視意識が強まるとともに，日本の優越さを強調し，対外膨張を積極的に主唱する思想が広がる。

⑤対外膨張論の強まり

日清戦争は，福沢諭吉や徳富蘇峰ら知識人の多くにとって，「文明＝日本」と「野蛮＝清」との戦争であった。なかでも徳富蘇峰は，日清戦争の勃発とともに，かつて唱えていた平民主義（**平民的欧化主義**）を捨て，政府の外交政策を支持し，対外膨張論を積極的に主張した。やがて蘇峰は山県有朋や桂太郎に接近した。また日清戦争後には，**高山樗牛**が雑誌**『太陽』**で**日本主義**を唱えた。建国神話に基づいて日本の優越さを強調し，対外膨張を正当化した。

対外膨張を主唱する思想
徳富蘇峰…日清戦争をきっかけに平民主義から国家主義へ転換 高山樗牛…雑誌『太陽』の主幹 → 日本主義を主唱

植民地　日本も，東アジアでの帝国主義的な国際秩序の一角を占めた。

⑥台湾統治のはじまり

1895年末，台湾領有戦争が終わり台湾総督府による植民地統治がはじまった。しかし統治が本格化するのは1898年，児玉源太郎が台湾総督，**後藤新平**が民政局長(のち民政長官)に就任して以降のことであった。漢族住民によるゲリラ的抵抗を1900年代初めまでに鎮圧し，山間部を中心に居住するタイヤル族など台湾原住民による抵抗は1915年までにほぼ制圧した。

日本は台湾統治をはじめるにあたり，住民に国籍選択の自由を認めたうえで，中国籍を選択する者には台湾を退去することを求める一方，日本国籍を選ぶ者は戸籍(台湾籍)に編入した。こうして台湾居住の人々は日本国臣民とされたが，本土とは異なる制度のもとで統治された。台湾総督府が立法権をも握り，独自の発券銀行として台湾銀行が設けられた。一方，1898年から**土地調査事業**を進めて土地所有権を確定するとともに，鉄道の敷設や港湾の整備などを進め，砂糖や樟脳（防虫剤やカンフル剤など医薬品の原料)の製造を中心として産業振興をはかった。

沖　縄　下関条約により台湾が割譲されたことで，沖縄の日本帰属が事実上確定した。これ以降，旧慣温存策が改められ，本土に準じる制度が徐々に導入された。

⑦沖縄での旧慣温存策の修正

1899年，徴兵制を全面的に実施し，土地整理事業に着手した。土地整理事業は土地所有権を設定したうえで土地所有者に地租の納入を義務づけるもので，1903年までに終了した。この結果，沖縄人が土地を離れて移民することが容易となり，日本本土や台湾，ハワイなどへ移住する人が増加した。

このように沖縄にも兵役と納税の義務が適用されたものの，参政権はいまだ認められなかった。そのため，**謝花昇**らが1899年，沖縄倶楽部を結成して参政権獲得運動を進めたが弾圧された。参政権が実現するのは1912年のことである。

政　治　ロシアとの緊張，そして中国分割競争の激化に対応できるだけの軍事力・経済力を育成すべく，藩閥内閣は日清戦争の賠償金や間接税の増税を主な財源として軍備拡張と産業振興を進めた(日清戦後経営)。それにともない，予算案の審議権をもち，増税の決定権を握る議会の動向を重視する必要がより高まった。

⑧政党の勢力伸張

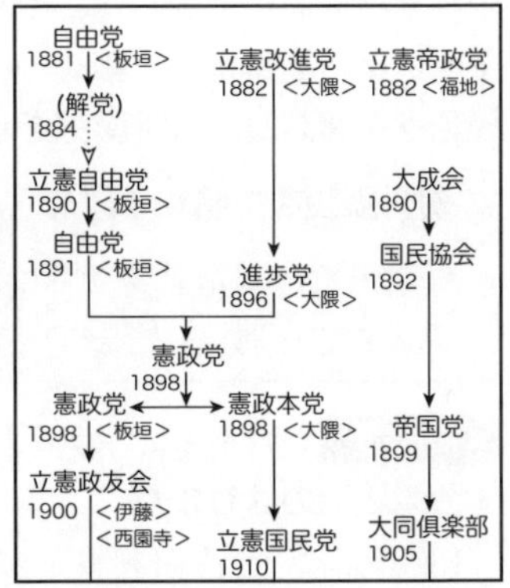

藩閥内閣は，予算案を円滑に成立させるため，政党と提携した。第２次伊藤博文内閣は1896年４月，**自由党**と提携して**板垣退助**を内相にすえ，続く**第２次松方正義内閣**は同年９月，**進歩党**と提携して**大隈重信**を外相に起用した。そして政党は，閣僚や高級官僚のポストを得る代わりに軍拡予算を支持した。

ところが，政党員の官僚への進出は藩閥官僚のなかから反発を引き起こした。さらに，歳入不足から**地租増徴案**が浮上すると藩閥内閣と政党との提携が破綻した。自由党・進歩党の両党が地租増徴に反対の立場をとったからである。1898年１月成立の**第３次伊藤博文内閣**が政党との提携交渉に失敗すると，６月，自由党・進歩党が合同して**憲政党**を結成し，衆議院の単独過半数を占める政党が出現した。さらに，伊藤首相がそれに対抗するために新党の結成を計画したものの山県有朋らの反対にあって実現せず，第３次伊藤内閣は総辞職した。

衆議院の構成（2）

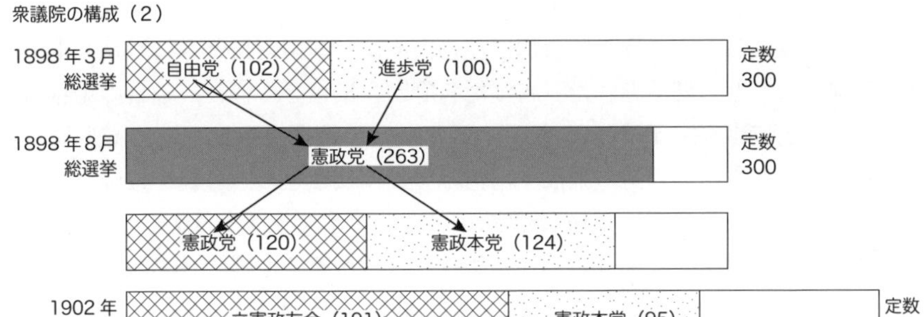

こうして藩閥勢力が政権維持の見通しを失うなか，1898年６月末，大隈重信を首相，板垣退助を内相とし，憲政党を基盤とする**第１次大隈重信内閣**（いわゆる**隈板内閣**）が成立した。政党のトップが首相に就き，閣僚の過半を政党員で占める，初めての**政党内閣**であったが，陸・海相は，政党内閣に不安をいだいた明治天皇の勅命によって前内閣から桂太郎陸相と西郷従道海相が留任した(ともに現役軍人)。

大隈内閣は，組閣直後から閣僚や高級官僚のポスト配分をめぐる抗争が与党憲政党の内部でくり広げられ，その基盤は不安定であった。こうしたなか，**尾崎行雄**文相が政治の金権的体質を批判した演説のなかで共和政治（大統領制）に言及したため，天皇を君主とする政治体制を否定したと揚げ足をとられ，明治天皇から罷免された(**共和演説事件**)。この事件は後任人事をめぐる憲政党の分裂へとつながり，内閣総辞職のきっかけとなった。**星亨**ら旧自由党系が独自に**憲政党**を新しく組織し，それに対抗して旧進歩党系が**憲政本党**を結成したため，初の政党内閣は4カ月足らずで総辞職してしまった。

⑨元老制度の定着

この頃，藩閥の長老政治家が，憲法に規定がないものの，天皇を非公式に補佐し，首相の選定や外交政策など重要な国政事項の協議・決定にかかわることが慣例として定着した。この協議・決定に携わった人々が**元老**と呼ばれた。

> **元老**
>
> 藩閥の長老政治家が天皇を非公式に補佐 → 首相の選定などにあたる
> 長州出身…伊藤博文・山県有朋・井上馨
> 薩摩出身…黒田清隆・松方正義・西郷従道・大山巌
> のちに西園寺公望（公家出身）が追加される

明治憲法では，天皇は憲法の規定に従って統治権を行使すると定められる一方，天皇は「神聖ニシテ侵スヘカラス」と規定され，法的な責任を負わないものとされていた。ところが，天皇の権限行使に関与する内閣など，国家機関どうしの間で対立が生じると，制度的には天皇によってのみ調整が可能であった。その際，天皇が調整を行えば政治責任が生じる可能性があったため，天皇が日常的に調整を行わずに済ませるシステムとして元老制度が慣例として定着したのである。

⑩藩閥による政治支配の再確立

⑴政党の勢力伸張への対抗　1898年11月，**第2次山県有朋内閣**が成立し，藩閥内閣が復活した。第2次山県内閣は，憲政党（旧自由党）と提携して地租増徴（2.5% → 3.3%）(→p.254)を実現させると，一転して政党の勢力を抑制するための措置をとった。官僚や陸海軍に政党の勢力が及ぶことを防ぎ，どのような内閣が成立しても，官僚や陸海軍が内閣からの超然性を確保できるようにした。

> **第2次山県内閣の政党への対抗策**
>
> 文官任用令改正（1899年）…高級官僚を自由任用制から試験任用制へ変更
> → 文官高等試験合格者に限る＝政党員の官僚への進出を排除
> 軍部大臣現役武官制（1900年）…陸海軍大臣を現役大将・中将に限定
> → 内閣は陸海軍の支持・協力がなければ成立できなくなる
> 衆議院議員選挙法改正（1900年）…納税資格を10円以上に引下げ
> → 都市の実業家層を取り込むことで地主議員に対抗

なお，山県有朋は陸軍や内務省などを中心として**山県閥**を形成し，他方，海軍は薩摩閥の支配下にあった。そのため，軍部大臣現役武官制は，実質的には山県閥と薩摩閥の支持を内閣成立の不可欠な要素として組み込むものであった。

⑵立憲政友会の結成　第２次山県内閣の反政党的な動きに対し，憲政党は山県との提携を打切り，伊藤博文に接近していく。憲政党は，鉄道・港湾など交通機関の整備を進めることで地方の産業振興をはかり，支持基盤の地主へ利益をばらまく方向(**利益誘導**)へと政治路線を転換しており，藩閥官僚勢力と提携しようとする動きが強くなるのは当然であった。

これに対して伊藤博文は，欧米諸国による東アジア分割が進むなか，閣僚・高級官僚のポスト獲得に狂奔して党利党略を優先する既成政党のあり方に危機感を抱いていた。そこで，国家目標の実現を掲げる政党をみずから組織することにより，藩閥の政治力を補強し，分割競争に対応できる政治体制を確立しようとしていた。

1900年９月，伊藤博文を総裁として**立憲政友会**が結成され，憲政党は解党してこれに参加した。これにともない，藩閥の影響力が衆議院にも及ぶこととなり，円滑に議会を運営する基礎が整った。このことは，政党が藩閥に屈服したことを意味しており(政党の藩閥化)，その点を**幸徳秋水**が**「自由党を祭る文」**(『万朝報』)で批判した。しかし半面では，政党が藩閥官僚勢力の一部を取り込み，そのことによって政権担当能力を獲得し，内閣組織への近道を得たことでもあった(藩閥の政党化)。実際，同年10月，政友会を与党とする**第４次伊藤博文内閣**が成立した。

⑶山県・伊藤の第一線からの引退　こののち，山県有朋・伊藤博文ら元老は政界の第一線を退いた。代わって長州出身で**山県閥**の軍人政治家**桂太郎**が1901年，官僚・貴族院勢力を基盤として組閣し(**第１次桂太郎内閣**)，やがて政友会総裁も伊藤から公家出身の**西園寺公望**へと交代した。

社会経済　1880年代後半にはじまった**産業革命**は日清戦争前後を通じて進展し，日本にも資本主義経済を成立させた。

⑪資本主義経済の成立

綿業(**綿紡績業**と綿織物業)の発展にともない，繊維工業を中心とする**資本主義経済**が成立した。一方，東アジア分割競争が進むなか，政府はそれに積極的に対応できる経済力と軍事力を養成するため，積極的な保護策をとった。

⑴綿紡績業

綿紡績業の発展

1880年代半ば：綿糸が輸入第１位
(→p.286)
↓ (1890年)綿糸国産高＞綿糸輸入高：国内市場を回復
↓ (1897年)綿糸輸出高＞綿糸輸入高：輸出産業へ転換
1890年代後半：綿糸が輸出第２位，綿花が輸入第１位へ転換

綿紡績業が輸出産業へと発展できたのは，日清戦争の下関条約で長江流域に開港場を得たうえ，欧米諸国同様の不平等条約(日清通商航海条約)を清に締結させ，綿

糸など日本製品を有利な条件で中国市場へ輸出できるようになったことがきっかけであった。それに加え，第一に，ミュール紡績機に代えて最新鋭のリング紡績機を導入して品質の向上をはかるとともに，貧農の子女を低賃金で雇って製品価格の抑制をはかったこと，第二に，1893年に**日本郵船会社**が**ボンベイ航路（インド航路）**を開設し，1896年には政府が綿花輸入関税を撤廃したため，原料綿花にかかるコストの削減が進んだこと－この２つの要因により，インドや中国の製品に対抗できる品質と価格を確保したことが背景にあった。

⑵綿織物業　明治前期は，農村部で**問屋制家内工業**の形態で綿織物業がさかんだったのに対し，日清戦争後には紡績会社が都市部で織物工場を兼営し，輸入力織機を使って綿織物をさかんに生産するようになった。他方，1897年に豊田佐吉らが小型の**国産力織機**を考案すると，日露戦争後にかけて農村部で手織機に代わって普及し，小工場を設立する動きが次第に広がった。

⑶海運業・造船業への政府の保護　政府は1896年，**航海奨励法**と**造船奨励法**を制定した。この結果，日本郵船会社が中国・インドに加えて欧米航路へも進出し，造船業では三菱長崎造船所など民間の造船技術が向上し，鉄鋼船の生産が増加した。

⑷鉄鋼の国産化をめざして　鉄道業や造船業の発展にともない，鉄類の需要が増大していた。一方，**砂鉄**を原料とする**たたら製鉄**に代わって幕末期から洋式高炉による製鉄技術が導入されたものの，普及は(→p.183)釜石製鉄所(岩手県)など一部に留まり，国内での需要の増大に対応できていなかった。そこで政府は，日清戦争の賠償金の一部を使って官営八幡製鉄所(福岡県)を建設し，鉄鋼の国産化をめざした。

官営八幡製鉄所
1901年操業開始。ドイツの技術 鉄鉱石：中国大冶鉄山から輸入。石炭：筑豊炭田(福岡県)から入手

⑸貿易　輸出入品の取扱いでは**三井物産**などの商社が活躍し，外国為替の取扱いなど貿易金融は**横浜正金銀行**が担った。

⑹特殊銀行の設立　日本銀行が普通銀行を通じて産業界に資金を供給するしくみは整っていたものの，分野によっては資金が不足していた。そこで，政府はさまざまな特殊銀行を設立した。農業などへの長期資金の供給のため，日本勧業銀行（1897年）や各府県の農工銀行を設立し，また，工業への長期資金を供給したり外資導入を促進したりするため，日本興業銀行(1902年)を設けた。

⑫貿易構造の変化と金本位制

こうして日本でも資本主義経済が成立した。ところが，綿紡績業が原料綿花をイギリス領インドなどからの輸入に依存し，また，重工業は欧米諸国に比べて技術力が劣っていたため，産業革命の進展や軍備拡張にともなって**機械類・鉄類**など重工業製品の欧米諸国からの輸入が増加した。このため，日清戦争後には貿易収支はほぼ毎年のように**輸入超過**となった。なかでも，欧米諸国やイギリス領インドなど金本位制地域からの輸入が増加したことは，当時，金に比べて銀の価格が世界的に下落傾向にあったため，**銀本位制**(→p.261)をとっていた日本には不利な状況であった。それに加え，基準貨幣が異なることは欧米諸国からの資本輸入（外資導入）に障害となっていた。そこで1897年，第2次松方正義内閣が**貨幣法**を制定し，日清戦争の賠償金を準備金にあてて**金本位制**に移行した。**欧米諸国との外国為替相場の安定**(→p.291)をはかったのである。

品目別の輸出入の割合

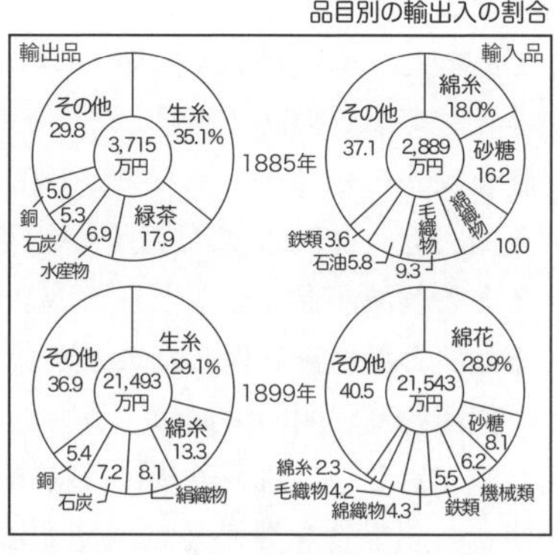

⑬農村の動向

産業革命の進展・資本主義経済の形成は，農村にさまざまな影響を及ぼした。

⑴**農業の変化**　農業では，製糸業が原料**繭**を国産でまかなったため，繭をつくる**養蚕**，蚕の飼料となる**桑**の栽培がさかんになる一方，綿紡績業が原料綿花を輸入に依存したため，**綿作**(綿花の栽培)は衰退した。

⑵**家内手工業の衰退**　これまで農村で行われていた家内手工業は衰退した。なかでも綿織物業で機械化が進むと，明治前期から手織機によって行われていた問屋制家内工業が次第に解体した。また，自家用の衣料生産も衰退し，その結果，衣料を商品として購入することが一般化し，農村に商品経済が深く浸透した。

⑶**地主制の展開**　日清戦争後には**地主制**が強まった。松方デフレ以降，地主による土地の集積が進む一方，負債をかかえて土地を手放した農民は，多くが農村部に滞留して**小作**に従事した。重工業がまだ未発達だったため都市部での男子の就労機会が少なく，農村部からの人口流出に抑制がかかったのである。そのため，農村人口(→p.310)は相対的に過剰となり，おのずと**小作料**は**高率**となった。地主の利益は大きく，地主のなかには耕作から離れ，小作料収入をもとに自ら企業を設立したり，公債や企業の株式に投資したりする動きが進んだ。彼らを**寄生地主**とも呼ぶ。これに対して小作に従事した貧農は，高率な小作料のために最低限の生活費用も確保することができない者が多く，**家計補助**のために子女を紡績・製糸工場へ**出稼**ぎさせた。

地主制(寄生地主制)と資本主義経済とのつながり	
地主(寄生地主)	…小作料収入を投資 → 企業に資金を供給
小作農	…小作料が家計を圧迫＝家計補助のため子女が出稼ぎ → 低賃金の女子労働力を供給

⑭社会問題の顕在化

政府による法的な規制もなく，労働組合などによる社会的な規制もなければ，私的な利益を追求する経営者は労働者を自由に酷使することが可能だし，煤煙や廃棄物が自然や人間の生活環境，人体にどのような影響を及ぼすのかなどと配慮しない。産業革命が進んでいた，この時期は，そういう状況であった。

⑴都市下層社会の広がり　産業革命の進展にともない，東京・大阪などの大都市には貧民窟(スラム)と呼ばれる下層社会が形成された。下層社会には工場労働者だけでなく，日雇いや人力車夫など，さまざまな仕事に従事する人々（雑業層）が不衛生な居住条件のもとで生活していた。こうしたなか，コレラが幕末期以来，何度も大流行をくり返し，さらに赤痢や腸チフスなどの急性伝染病も広がった。(→p.296)

下層社会や労働者の実態

横山源之助　……『日本之下層社会』を刊行(1899年)
農商務省　……『職工事情』を編纂(1903年・労働者保護法の制定に向けて)
細井和喜蔵　……『女工哀史』を刊行(1925年)

横山源之助らのルポルタージュが発表され，**農商務省**が実態調査にのり出すとともに，細菌学者**北里柴三郎**が1892年，**伝染病研究所**を設けたように，都市下層社会やそれをめぐる社会状況は，官民を超えた人々の関心を広くとらえていった。

⑵労働運動の本格化　労働者自らが労働条件の改善を求める動きが本格化した。日清戦争以前から労働争議が生じていたが，本格化するのは日清戦争後である。アメリカで労働組合運動の指導を受けた**高野房太郎**が1897年，**職工義友会**をつくり，さらに同年，**片山潜**らとともに**労働組合期成会**を組織したことがきっかけである。鉄道機関士や活版工，東京砲兵工廠などの機械・金属工といった男子労働者により労働組合が結成され，賃上げなどを求める労働争議が生じた。

しかし，第２次山県有朋内閣が1900年，**治安警察法**を制定して労働組合の結成や労働争議を制限するなどしたため，衰退した。

⑶社会主義運動の登場　経済的・社会的な格差を是正するための手段として**社会主義**の実現，つまり生産手段の社会的所有・共同管理と富の公正な再分配を掲げる人々が現れる。キリスト教徒の**安部磯雄**や片山潜，木下尚江，そして中江兆民門下の幸徳秋水らが1901年，社会主義と**民主主義**を掲げて**社会民主党**を結成し，議会への進出を策そうとしたものの，治安警察法により結成直後に禁止された。

⑷環境問題　**足尾鉱毒事件**が最も有名である。**古河市兵衛**が経営する**足尾銅山**（栃木県）は1880年代末以降，世界的な銅需要の高まりを背景として増産を進めたが，精錬の際に生じる産業廃棄物は放置され，含まれる鉱毒(ヒ素やカドミウムなど)が**渡良瀬川**に流出して流域の漁業や農業に大きな被害をもたらしていた。これに対し

て地域住民が反対運動を起こし，栃木県選出の衆議院議員**田中正造**が解決に奔走した。田中正造は議会での解決が困難だと判断すると，1901年には明治天皇への直訴を試みた。しかし政府は**谷中村**に遊水池を建設して洪水対策を講じただけで，被害を受けた地域住民の要求はほぼ受け入れられなかった。

⑸**廃娼運動の展開**　政府は当時，特定地域の特定業者に限って女性の売春を公認しており(公娼制度)，貧困ゆえに身売りされて売春に従事させられた女性が存在した。このため，矢島楫子が設立した日本キリスト教婦人矯風会や山室軍平ら救世軍などが公娼制度の廃止運動に取り組んだ。

⑹**普通選挙運動のはじまり**　納税資格を撤廃して**普通選挙**を実現させようとする運動がはじまる。1897年に松本（長野県）で木下尚江らが普通選挙期成同盟会を結成したのが最初で，旧民権派や社会主義者が参加した。

北海道　日本本土で農民の階層分化が進むなか，北海道で道路や港湾の整備が進んだことなどを要因として，1890年前後から移民流入が急増した。

⑮北海道開拓の進展

移民が流入して人口が増加するとともに，北海道でも徴兵制が段階的に導入された。函館など旧和人地(松前地)では1889年から，札幌・小樽などでは1896年から施行され，1899年になってようやく北海道全域に施行された。また，衆議院議員選挙法は，1903年までに千島列島を除く北海道全域に施行された。

一方，開拓の進展にともない，アイヌが漁労などを行ってきた地域にも例外なく移民に対して土地所有権が設定されたため，アイヌは土地を奪われ，生活空間の縮小を強いられた。そして1899年，**北海道旧土人保護法**(→p.415)が制定され，土地の給付をうけて農業を営むことを強制され，保護地に追いやられた。

国際関係　人々の移動は国境を超えてグローバルに展開した。日本から国外に移民する人々が増える一方，**居留地**が廃止されて**内地雑居**が実現し，日本国内が外国籍の人々にも開放された。

⑯国外への移民の広がり

松方デフレや産業革命の進展にともなって農民の階層分化が進み，人々の流動性が高まるなか，国外へ移民する人々が増加した。

すでに1880年代後半，**ハワイ**への移民がはじまっていた。ハワイでは当時，欧米系白人が進出してサトウキビ農場の経営が広がり，労働者の需要が高まっていたのである。アメリカへの移民は1880年代末にはじまり，1898年にハワイがアメリカに併合されると，ハワイを経由して**アメリカ西海岸**に移民する日本人が急増した。中国人に代わる安価な労働力として期待されたのである。

しかし，移民が増加すると，白人労働者を中心として日本人移民の排斥を求める動きが高まる(→p.296)ことになる。

⑰内地雑居のはじまり

日英通商航海条約が1899年に発効し，その結果，**領事裁判権**が**撤廃**されるとともに，横浜などの居留地が廃止され(居留地貿易の撤廃)，内地雑居が実現した。外国籍をもつ人々も日本国内での自由な移動や居住，通商を認められた。(→p.223)

この事態に備えて1899年までに定められたのが**民法**と**商法**，そして国籍法である。民法は親族のあり方や財産の相続・処分などについて，商法は商取引や会社の設立・整理などについて定めたもので，ともに1890年に公布されたものの施行の可否をめぐって論争が起こり，いったん施行が延期されていた。改めて起草し直され，民法は1898年，商法は1899年に施行された。ただし，外国人の土地所有権は1925年まで認められなかった。国籍法は日本国籍の取得・喪失を定めた法律で，1899年に制定された。戸籍に記載された人々が日本国籍をもつと規定されたうえで，父系血統主義(出生時に父親が日本国籍をもつとき国籍を認める立場)をとった。

文 化　西洋文化が定着・浸透していった。日清戦争前から興っていた**ロマン主義**文学がいっそうさかんになり，絵画では西洋にならった絵画教育のカリキュラムが整う。義務教育が無償化され，就学率が向上するきっかけとなったのも，この時期である。

⑱ロマン主義や外光派，新派劇などの登場

⑴小説・詩歌　**尾崎紅葉**が『**金色夜叉**』を新聞に連載して人気を博す一方，ロマン主義文学がさかんになった。**北村透谷**らが創刊した雑誌『**文学界**』は，**島崎藤村**が恋愛など青春の抒情をうたった詩歌を載せ，**樋口一葉**が『**たけくらべ**』などの小説を発表した。また，新詩社を設立した**与謝野鉄幹**・**与謝野晶子**夫妻らが1900年，雑誌『**明星**』を創刊し，与謝野晶子は短歌集『**みだれ髪**』を発表した。

他方，**正岡子規**が**写生**を掲げ，俳諧や和歌を近代的な文学としての**俳句・短歌**へと革新させ(『歌よみに与ふる書』など)，**徳冨蘆花**が社会的題材を扱った小説『**不如帰**』を発表し，**国木田独歩**が『**武蔵野**』で自然を描写するなど，社会や自然をリアルに描こうとする風潮もさかんであった。この風潮は同時に，文明や社会のあり様を批判し，相対化しようとする動きを含んでいた。横山源之助がルポルタージュ『日本之下層社会』を著したのも，こうした風潮のなかでのことであった。

⑵絵画　新しい傾向の西洋画が導入された。フランスに留学し，アカデミックで，かつ印象派風の絵画を学んで帰国した**黒田清輝**・**久米桂一郎**らが，**外光派**と呼ばれる明るい画風をもたらした。彼らは1896年，**白馬会**を組織するとともに，**東京美術学校**に西洋画科が新設されると教員として迎えられた。なかでも黒田清輝は，西洋にならった絵画教育のカリキュラムを東京美術学校に作りあげていった。

他方，**岡倉天心**は1898年に東京美術学校を追放された。天心は，ともに東京美術学校を去った**橋本雅邦**や**菱田春草**（『落葉』『黒き猫』）・**横山大観**・**下村観山**らと(→p.271)

ともに同年，**日本美術院**を結成し，新日本画創出の運動を民間で継続していった。(→p.312)さらに，『東洋の理想』などを英語で執筆し，ヨーロッパに対峙する概念としてアジアを提示するとともに，日本文化の優秀さを西洋に対して主張しようとした。

⑶音楽　**東京音楽学校**で学んだ**滝廉太郎**が「荒城の月」「花」などの歌曲を作曲するなど，西洋音楽が徐々に定着しはじめた。

⑷演劇　新派（新派劇）と呼ばれる新しい演劇が広まった。もともと**自由民権運動**の宣伝として登場した壮士芝居からはじまり，なかでも政治・社会風刺の**オッペケペー節**で名を馳せた**川上音二郎**が有名である。歌舞伎（旧派）に対して新派と呼ばれ，写実をめざし，日清戦争の戦況や尾崎紅葉らの小説を劇化して人気を博した。

⑸建築　工部大学校でイギリス人コンドルから建築を学んだ**辰野金吾**や**片山東熊**が(→p.255)活躍しはじめた。辰野金吾は**日本銀行本店**などを設計し，片山東熊は**赤坂離宮**（現在の迎賓館）など天皇家関係の建築に携わった。

⑲学校制度の定着

義務教育は1886年の**小学校令**では尋常科３～４年と定められていたが，1900年，小学校令が改正されて尋常科**４年**に統一され，さらに，日清戦争の賠償金をもとに義務教育が**無償化**された。このことは，小学校で教育を受けることが地域社会に浸透するきっかけとなった。そして，義務教育の普及・定着にともない，明治初年から導入された近代的な生活様式や皇室祭祀に基づく**祝祭日**が浸透していった。(→p.242)

一方，1900年前後までに高等学校令（1894年）や高等女学校令（1899年），専門学校令（1903年）などが定められ，**複線型**の学校体系が整えられた。(→p.371)人々は義務教育を終えた後，男女の性別，能力や家庭の金銭事情，立身出世の意欲などによって進路を選択したが，いったん進学すると進路変更がしにくい点に，この複線型の学校体系の特徴があった。男子は尋常小学校で終える者，高等小学校へ進む者，中学校へ進学する者などに分かれる一方，女子には中学校へ進学する途は閉ざされ，女子専用の中等教育機関として高等女学校が設けられたものの，女性の役割を家庭内での家事・育児に限定する，良妻賢母の育成が理念と(→p.266)された。**帝国大学**以外の高等教育機関としては，高等学校や**専門学校**があった。高等学校は帝国大学へ入学するための予備機関としての性格が強く，一方，専門学校は中学校・高等女学校の卒業者を対象として専門教育を行う学校で，**慶應義塾大学**や同志社大学（はじめ**同志社英学校**），早稲田大学（はじめ**東京専門学校**），**女子英学塾**（のち津田塾大学）などの私立学校は専門学校と扱われた。

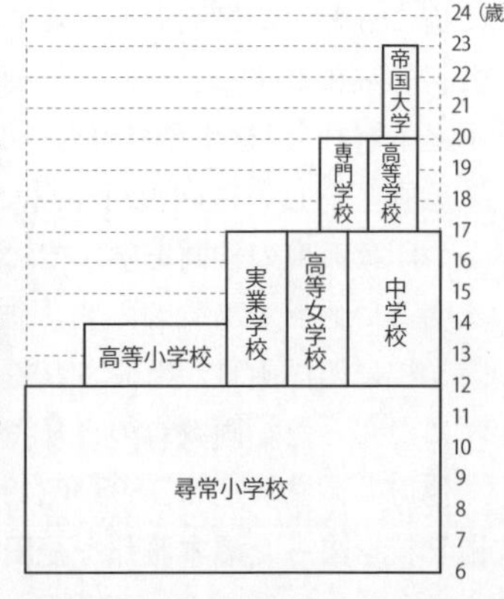

コラム　金本位制とはどのようなシステムなのか

金本位制のポイントは２つあり，⑴**紙幣の金兌換**と，⑵**金輸出入の自由**，である。

⑴**紙幣の金兌換**　国内では一般的に紙幣が通用し，そこには**円**という貨幣単位が印刷されている。円は，1871年の**新貨条例**で新しく定められた日本における貨幣の基本単位であり，「１円＝金1.5グラム」と規定された。これは「１円」という価値尺度の信用を金の素材価値で保証したもので，1897年の**貨幣法**では「１円＝金0.75グラム」と改定されている。**兌換**とは，このように円と金との交換比率を固定したうえで，１円紙幣と１円金貨の**等価での交換**を無条件・無制限に保証する制度である。これによって１円紙幣は，貨幣法の段階であれば，金0.75グラムと同じ素材価値をもたないにも関わらず，１円金貨と同じ価値（信用）が保証された。なお，現在でも紙幣を金と交換することができるが，それは「金を購入すること」であり，その交換比率が相場によって変動する点で異なる。

このような兌換制度のもとでは，紙幣（銀行券）を発行する**日本銀行**は，いつでも兌換請求に応じられるよう，紙幣流通高に応じて一定量の金（金貨や金地金・金為替）を保有しておく必要があり，これを**金準備**（正貨準備）という。したがって，**紙幣流通高は金準備高によって制約を受けた**（→p.297）。日本銀行の金準備高が減少すれば紙幣流通高は抑制がかかり，逆に，金準備高が増加すれば紙幣流通高は膨張することとなる。

⑵**金輸出入の自由**　金輸出とは金を国外にもち出すこと，金輸入とは金を国内にもち込むことであり，貿易の最終的な決済手段として金を自由に使用することである。もちろん，実際の貿易取引において日常的に金が使われるわけではなく，普段はポンドやドルなどの外貨（あるいは外国為替）を用い，（金現送点を超えた時の）最終的な決済手段として金を使った。そうした貿易決済に必要な金貨の供給，のちに外国為替業務を担ったのは，日本では**横浜正金銀行**であった。

このように金輸出入の自由が保証されている時，金本位制国どうしであれば**外国為替相場は安定**する。その水準は，それぞれの金との兌換レート（平価）に応じて決まる。たとえば，アメリカでは１ドル≒金1.5グラム，日本（貨幣法）では１円＝金0.75グラムと定められていたので，アメリカと日本との間では１ドル≒２円（実際は100円＝49.845ドル）で安定した。

このような金本位制が採用されたのは，外国為替相場を安定させ，貿易や資本の移動を円滑にすることが目的であった。つまり，金本位制では金輸出入の自由が軸であり，貿易決済に（最終的に）用いられる金と国内で通用する紙幣との間のやり取りを円滑にするために兌換制度があった，と整理することができる。いわば外国為替相場の安定を優先させ，国内経済の安定を二の次に考えるのが金本位制であった。

第14章 帝国日本とデモクラシー

<大まかな時代の推移>

1900年代

第1次桂太郎内閣

日英同盟協約が結ばれた。

日露戦争がはじまった。

第1次西園寺公望内閣

第2次桂太郎内閣

戊申詔書が発布され，地方改良運動がはじまった。

1910年代

韓国を併合し，朝鮮総督府による統治をはじめた。

大逆事件で幸徳秋水らを処刑した。

第2次西園寺公望内閣 ↔ 陸軍2個師団増設問題

第3次桂太郎内閣 ↔ 第1次護憲運動

第1次山本権兵衛内閣

軍部大臣現役武官制を改正し，現役規定を削除した。

第2次大隈重信内閣

日英同盟を口実として第1次世界大戦に参戦した。

寺内正毅内閣

ロシア革命によりロシアにソビエト政権が成立した。

富山県を発端として米騒動が発生した。

原敬内閣

1920年代

国際連盟が発足し，日本は常任理事国となった。

高橋是清内閣

ワシントン会議が開かれた。

加藤友三郎内閣

第2次山本権兵衛内閣

関東大震災で東京・横浜が被災した。

清浦奎吾内閣 ↔ 第2次護憲運動

加藤高明内閣

34 帝国日本の形成

年　代
1902～1911年

国際関係 北清事変をきっかけとしてロシアとの緊張関係が高まる。一方，都市の下層社会に生活する労働者や雑業層のなかには，社会からのドロップ・アウト（疎外）感を，国家との一体感を強めることで癒そうとする衝動が見られた。ロシアとの対決を主唱する主戦論は，こうした社会的な基盤のもとで高まった。

①日露戦争

北清事変をきっかけとしてロシアが**満洲（満州・中国東北部）**を軍事占領した。

これに対してイギリスやアメリカ，日本がロシアへの警戒心を強め，特に日本は韓国でロシアの勢力が拡大することを警戒した。**伊藤博文**・**井上馨**らがロシアとの単独交渉により事態の打開に努めようとし（**日露協商論**），一方，**第1次桂太郎内閣**はロシアと交渉するためにはイギリスとの提携が必要と考えた（**日英同盟論**）。とはいえ，両者の間に対立はさほど見られず，ロシアの満洲占領に反対しつつ，満洲でのロシアの優越権を認めることにより韓国での日本の優越権を確保しようとする構想（**満韓交換**）を共有していた。つまり，両者とも満洲問題を利用して韓国全土における日本の支配を確立しようともくろんでいたのである。日清戦争後，ロシアとは韓国問題をめぐって協調関係を保とうとしていたのと（→p.279）比べると，政府の対ロシア政策は強硬なものに変化していた。

こうしたなか，第1次桂内閣（外相**小村寿太郎**）は1902年1月，ロシアを仮想敵国とする**日英同盟協約**を結び，ロシアとの交渉に臨んだ。交渉ではロシアがいったん撤兵を約したものの，期限の1903年になっても撤兵を完了させなかった。

そのため，民間では政府に開戦決意を促す**主戦論**が高まる。近衛篤麿・頭山満らは**対露同志会**を結成して好戦的な雰囲気をあおり立て，東京帝国大学教授戸水寛人らが七博士意見書を桂内閣に提出し，政府の対露姿勢を弱腰だと批判した。また，黒岩涙香を社主とする新聞**『万朝報』**も1903年，**非戦論**から主戦論へと転換する。ロシアとの戦争に反対する非戦論は，万朝報社を退社して1903年に**平民社**を組織し，新聞**『平民新聞』**を発刊した**幸徳秋水**・**堺利彦**らの社会主義者，同じく万朝報社を退社したキリスト教徒**内村鑑三**ら少数にすぎなかった。

こうしたなか，1904年2月，日露交渉が決裂して**日露戦争**が勃発した。

日露戦争をめぐる世論の対立

主戦論：戸水寛人ら七博士意見書，対露同志会
　　　　新聞『万朝報』（はじめ非戦論，のち主戦論に転換）
非戦論：平民社（幸徳秋水・堺利彦ら），内村鑑三
　　　　与謝野晶子（戦争中，雑誌『明星』に「君死にたまふこと勿れ」を発表）

日露戦争は，(a)イギリス・アメリカの利害を代弁しつつ，ロシアによる独占を排して満洲の門戸開放をめざす戦争であり，(b)日本の韓国支配の確立をめざす戦争であった。そして，ロシアが満洲の軍事占領を続けたことから，それに対抗して勢力均衡を維持するためにも韓国支配の確立が急務とされ，(b)に力点を置く形で戦争が開始された。したがって，日露戦争勃発に際して韓国が中立を宣言したにもかかわらず，1904年2月，日本はこれを無視して首都漢城を軍事占領したうえで**日韓議定書**を調印させ，韓国内における軍事行動の自由を確保した。さらに同年，**第1次日韓協約**で日本が推薦する外交・財政顧問を韓国政府に置き，重要な外交事項を日本政府と協議することを認めさせた。このように日本は，ロシアとの戦闘と並行し，軍事力を背景として韓国への内政干渉を進めていった。

日本は約3億の非常特別税（相続税新設などの増税）とイギリス・アメリカでの**外債**(→p.286)募集などにより戦費約17億円を調達したものの，ロシアを降伏させることはできず，戦中には**与謝野晶子「君死にたまふこと勿れ」**や大塚楠緒子「お百度詣で」などの厭戦的な詩歌が発表された。こうしたなか，第1次桂内閣は**日本海海戦**での勝利をうけ，1905年6月，アメリカ大統領**セオドア＝ローズベルト**に講和の斡旋を依頼した。その結果，アメリカの**ポーツマス**で講和会議が開催され，同年9月，日本全権**小村寿太郎**外相，ロシア全権**ウィッテ**の間で**ポーツマス条約**が締結された。

ポーツマス条約

日本の韓国に対する指導・保護・監理権をロシアが承認
ロシアから権益の譲渡…旅順・大連の租借権，長春以南の鉄道と付属の利権
ロシアから領土の割譲…北緯50度以南の樺太（サハリン）
沿海地方（沿海州）・カムチャツカ半島沿岸の漁業権を獲得
賠償金なし

賠償金を獲得できなかったことがポーツマス条約の特徴である。このことは，連戦連勝との政府や新聞などの宣伝のもと，増税などの負担に耐えてきた国民にとって納得できるものではなかった。そのため1905年9月，東京・日比谷公園で講和反対集会が開かれたことをきっかけに民衆騒擾（暴動）が発生した。**日比谷焼打ち事件**(→p.298)である。

②韓国支配の進展

日露戦争中，日本は1904年に日韓議定書，第1次日韓協約を結ばせるなど，軍事力を

背景として韓国への内政干渉を進めていた。日露戦争後には，欧米諸国による承認を背景として1905年11月，**第２次日韓協約**で韓国から**外交権**を奪って**保護国**とし，それに対して韓国側の抵抗が広まると，1910年に**韓国併合条約**（かんこくへいごうじょうやく）で韓国を廃滅（はいめつ）させて日本領土に編入した。これ以後，韓国の名称は朝鮮と変更され，憲法が適用されないまま，1945年まで**朝鮮総督府**（ちょうせんそうとくふ）による植民地支配が行われた。

日露戦争後の韓国支配

ⓐ韓国を保護国化

◦欧米諸国による承認

　アメリカ…桂・タフト協定（1905年）⇄アメリカのフィリピン支配を承認

　イギリス…第２次日英同盟（1905年）⇄イギリスのインド支配を承認

　ロシア　…ポーツマス条約（1905年）

↓

◦第２次日韓協約（1905年）で外交権を奪う＝保護国化

　漢城に韓国統監府（かんこくとうかんふ）を設置…初代韓国統監＝伊藤博文

ⓑ韓国側が抵抗

◦ハーグ密使事件（1907年）←オランダのハーグで万国平和会議

　韓国皇帝高宗が第二次日韓協約の不法性と独立維持を訴え＝欧米諸国は無視

　→高宗の退位。第３次日韓協約（1907年）で内政権を奪う・韓国軍隊を解散

◦義兵闘争（ぎへいとうそう）（義兵運動（ぎへいうんどう））の激化＝もと韓国軍兵士が多数参加

ⓒ韓国を廃滅

◦きっかけ…安重根（あんじゅうこん）による伊藤博文暗殺（1909年）

　　　　　　第２次日露協約の締結（1910年）でロシアの了解を調達

◦韓国併合条約（1910年）…韓国を日本に併合

　京城（けいじょう）（漢城を改称）に朝鮮総督府を設置…初代朝鮮総督＝寺内正毅（てらうちまさたけ）

③南満洲経営の開始

ロシアから南満洲権益を譲り受けた日本は，1905年12月，満洲に関する日清条約（満洲善後条約（まんしゅうぜんごじょうやく））により清に承認させたうえで，**南満洲経営**にのり出した。

日本の南満洲経営

旅順・大連などの租借地（関東州（かんとうしゅう））	→関東都督府（かんとうととくふ）（1906年）
長春以南の鉄道と付属の利権（撫順炭鉱（ぶじゅんたんこう）など）	→南満洲鉄道株式会社（1906年）

長春以南の鉄道と付属の利権は当初，アメリカの鉄道企業家ハリマンとの間で共同経営が計画されたものの（**桂・ハリマン覚書**），小村外相らの反対によって取り消され，1906年，半官半民の国策会社として**南満洲鉄道株式会社**が設立された（略称**満鉄**・初代総裁は**後藤新平**（ごとうしんぺい））。南満洲権益を独占的に経営しようとしたのである。

④アメリカとの緊張関係

日本の南満洲経営に対し，アメリカが**門戸開放**を求めて対立した。**フィリピン**を植民地化(→p.280)したアメリカにとって日本の**台湾**領有とそれを足がかりとする南進政策は警戒すべき動きであり，そこに南満洲問題が加わった。こうしたなか，**アメリカ西海岸**では1906年にサンフランシスコで日本人学童入学拒否事件が発生するなど，**日本人移民排斥運動**(→p.288)が高まっていく。

これに対して1908年2月，日米紳士協約が成立し，家族の呼び寄せを除いた新規の日本人移民が禁じられ，同年11月には高平・ルート協定が結ばれ，太平洋地域における現状維持や中国の門戸開放・機会均等などを確認するなどして，日米関係の安定がはかられた。ところが，南満洲問題では，日本はロシアと**日露協約**を結んで提携してアメリカに対抗した。まず1907年，**第１次日露協約**を結んで満洲を南北に分けて互いの勢力範囲を確認し，1909年にアメリカのノックス国務長官が日本の満鉄・ロシアの東清鉄道を国際的な管理下に置くこと(満洲諸鉄道中立化案)を提案すると，翌10年には**第２次日露協約**を結んで日露間の提携を強化した。

⑤条約改正の完全達成

日露戦争を経て日本は，国際的な緊張を抱えながらも，欧米諸国に並ぶ国際的地位を確保した。その結果，1911年には**第２次桂太郎内閣**（外相小村寿太郎）が**新日米通商航海条約**を結び，**関税自主権の完全回復**に成功した。

社会経済 日露戦争前後にも**産業革命**が継続したが，次第に経済危機に陥った。

⑥都市空間の変化

農村部から東京など都市部への人口流入が徐々に進んだ。ところが，庶民の住む地域は道路がせまいなど住環境が悪く，人口も密集し，なかでも下層民の集住する貧民窟は非衛生的で，コレラや赤痢，腸チフスなどの急性伝染病が流行した。(→p.287)

そのため，東京では，1888年に東京市区改正条例が定められて以降，約30年間にわたって東京市区改正事業が実施され，都市空間の近代化が進められていた。伝染病を予防するため上・下水道の整備が進められる一方，道路が拡張されて路面電車が整備され，1903年には日本初の洋式公園として**日比谷公園**が開園した。丸の内に洋風建築のオフィス街ができあがるとともに，三越などの呉服商はショーウィンドウを設置して商品を陳列する新しい販売方法を採用し，さらに，呉服だけでなく，さまざまな商品を一括して販売する**百貨店(デパート)**へと成長した。日露戦争後には，大阪や京都でも近代化事業が本格化した。(→p.321)

一方，都市人口の増加にともない，次第に米不足が生じた。農業技術の改良が進んで米の生産量は増えていたものの，**寄生地主制**下の零細な農業経営では都市における需要増大に対応できなかったのである。そのため，次第に朝鮮や台湾などから**米の輸入**が増加した。

⑦資本主義経済の発達

⑴工業生産の拡大　日露戦争前後には，造船業だけでなく鉄鋼業(製鉄業と製鋼業)や機械製造業が成長するなど，重工業が自立する基礎が整った。しかし，重工業の技術力はまだ欧米諸国には及ばず，**工業生産の中心は依然として繊維工業であった。**

日露戦争前後における工業の発達

重工業の基礎が整う

造船業…海軍工廠や三菱長崎造船所などで鉄鋼船の生産が拡大

製鉄業(原料：鉄鉱石 → 製品：銑鉄)

官営八幡製鉄所…1901 年操業開始 → 日露戦争後に生産が軌道にのる

製鋼業(原料：銑鉄やくず鉄 → 製品：鋼鉄＝強くて弾力性がある鉄)

日本製鋼所…室蘭(北海道)・日英合弁 → 海軍向けの兵器鉄鋼を製造

工作機械工業(機械やその部品を作る機械を製造)

池貝鉄工所…欧米諸国なみの精度をもつ旋盤の完全製作に成功

綿織物業…都市部に大工場，農村部に小工場(←豊田佐吉ら考案の国産力織機)

(1909 年)綿布輸出高＞輸入高

製糸業

(1909 年)生糸輸出高が中国を抜いて世界第 1 位

⑵主要な鉄道の国有化　第 1 次**西園寺公望内閣**は 1906 年，**鉄道国有法**を制定し，日本鉄道会社など主要な民間鉄道を買収して国有とした。日露戦争により鉄道の重要性が再認識されたこと，与党**立憲政友会**が支持基盤への利益誘導を意図し，公共投資による鉄道網の整備をねらったことなどが背景であった。

⑧長期に及ぶ不況の継続

日露戦争での勝利によって日本経済は一時活況を呈したものの，1907 年に恐慌が生じて以降，不況が長引き，経済危機に直面した。

綿紡績業・綿織物業の発展にともなって原料綿花の輸入が増加したのに加え，重工業の技術力が未熟ななかでの産業革命の進展は，**機械類や鉄類の輸入**を増加させ，毎年のように**輸入超過**を招いていた。**金本位制**のもとでの輸入超過は金の流出，そして政府の金準備高の減少を招き，金準備高の減少は紙幣流通量の抑制，デフレにつながった。一方，政府では南

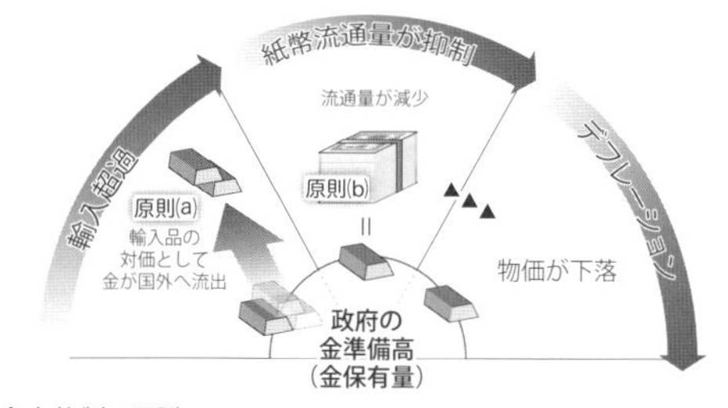

金本位制の原則

(a)金輸出入の自由
一貿易の最終的な決済に金を使用

(b)紙幣の金兌換
一紙幣と金の等価交換を保証

満州や韓国など大陸経営にともなう出費がかさんだうえ，日露戦争の戦費調達のために募集した外債など国債の償還が財政上の大きな課題となった。そのため，財政緊縮が進む一方，日露戦争時の非常特別税が継続された。

こうしたデフレのなかでの増税の継続が経済活動を圧迫し，**不況**の長期化，経済危機を招いたのである。

長引く不況のなかで資本の集中が進む。企業どうしの協定(**カルテル**)や企業合同(**トラスト**)が進み，また，**政商**のなかには**持株会社**を設立し，さまざまな企業を株式所有を通じて**コンツェルン**形態のもとに統合して**財閥**を形成するものが出現し(→p.310)た。持株会社としては三井家の**三井合名会社**，岩崎家の三菱合資会社が有名である。

政　治　日露戦争は自衛のための国民的戦争の名のもと，国民の自発性を喚起しながら戦われた。そのため，国民，とりわけ都市下層民は国家との一体感を一時的であれ経験した。ところが戦争が終結するや，国家の発展・繁栄が個々人の幸福に直結するわけではないとの意識が広く顕在化した。

⑨都市民衆騒擾のはじまり

日露戦争後，都市民衆による騒擾(暴動)が頻発する。最初が**日比谷焼打ち事件**である。日比谷焼打ち事件は，1905年，東京・日比谷公園でポーツマス条約反対の集会が開かれたことをきっかけとして発生した民衆騒擾で，都市民衆が政治勢力として登場した最初の出来事であった。**第1次桂太郎内閣**は**戒厳令**(→p.266)を布告し，軍隊を出動させて鎮圧したものの，国民の不満を抑え込みながら政治の安定を確保するには政党の存在・協力が不可欠と考えるきっかけとなった。

⑩桂園時代－山県閥と政友会の政権互譲－

桂内閣は，日露戦争中に非常特別税を実現させるため，政権の譲与を条件として**西園寺公望**・**原敬**ら**立憲政友会**から内閣への支持を取りつけていたが，日比谷焼打ち事件の発生をうけて西園寺に政権を譲った。こうして山県閥の陸軍軍人桂太郎と政友会総裁西園寺公望が交互に組閣する**桂園時代**が訪れる。藩閥官僚勢力と藩閥の実力者が率いる政党の提携と妥協をもとに，議会運営が安定した時代であった。

とはいえ，相互に利害対立がなかったわけではない。

桂太郎は南満洲を対象に経済重視の積極的な大陸政策を企図し，政友会は鉄道・港湾など交通機関の整備を通じた**利益誘導**による党勢拡張を策していた。陸海軍は1907年，**帝国国防方針**を策定し，陸軍がロシア，海軍がアメリカをそれぞれ仮想敵国とする長期的な軍備拡張計画を示した。ところが，当時は財政緊縮を余儀なくされ，優先順位をめぐる利害対立が生じざるをえない状況であった。

他方，伊藤博文が中心となって公式令を定め，首相の権限を強化しようと試みたのに対し，山県有朋ら陸海軍は新たに軍令を定め，陸海相の**帷幄上奏権**(→p.302)を軸として軍の作戦・用兵に首相の介入を許さない制度を整備した。国政全般にわたる権限を内閣に集中させようとする動きとそれに反発する動きが拮抗していたのである。

それだけではない。政友会が国政への発言力を増大させるにつれ，桂太郎ら官僚勢力のなかから新たに政党を結成して政策運営の独自性を確保しようとする動きが出てくる。山県閥の内部に分裂のきざしがみえはじめていた。

社会経済　資本主義経済の進展と日露戦争後における経済危機(→p.303)の深まりは，社会を動揺させた。

⑪社会運動の広まり

⑴労働運動・社会主義運動の広まり　1906年には**堺利彦**・**片山潜**らが**日本社会党**を結成し，第1次西園寺公望内閣から結社を承認された。**初めての合法的な社会主義政党**であった。他方，労働者の生活は相変わらず苦しく，日露戦争前後には砲兵工廠や海軍工廠，造船所，鉱山などで**労働争議**が起きた。特に1907年には足尾銅山や三菱長崎造船所，横須賀海軍工廠などで労働争議が続発した。日本社会党はもともと議会への進出をめざして結成されたのだが，こうした社会情勢のもと，次第に**直接行動派**が勢力を拡大した。直接行動派は，議会に頼ることなく労働者の直接行動を重視しようとする潮流で，**幸徳秋水**が中心であった。

⑵社会主義運動への弾圧　藩閥官僚は，社会主義運動が日比谷焼打ち事件のような民衆騒擾と結びつくことを恐れた。1907年に日本社会党を結社禁止とし，1910年には**第２次桂太郎内閣**が，明治天皇の暗殺を計画して爆弾を製造した**管野スガ**らを逮捕したのをきっかけとして，計画に直接関与していなかった**幸徳秋水**を含む多数の社会主義者を逮捕し，そのうち幸徳・管野ら12名を翌年，**大逆罪**で死刑に処した（**大逆事件**）。同11年には社会主義者を取り締まるために**特別高等警察**（**特高**）を東京の警視庁に設置した。この結果，社会主義運動は「冬の時代」を迎えた。

⑫国民統合の再編成

都市民衆騒擾が起こり，社会運動が広まっただけではない。国家的な価値より個人や地方の利益を重視する傾向が強まった。国民統合が揺るぎはじめたのである。

こうしたなか，藩閥官僚は**地方改良運動**と社会政策の実現とによって国民統合の再編成をめざした。民衆のエネルギーを再び国家のもとへ統合し直すことにより，帝国主義的な国家の発展に向けた基礎を固めようとしたのである。

⑴地方改良運動の推進　第2次桂内閣は1908年，**戊申詔書**を発し，まじめに働き浪費を避けて貯蓄するという，報徳思想に基づく通俗道徳を国民に強調したうえで，**地方改良運動**を推進した。まず，国家財政の末端を担う町村財政の強化をめざし，**産業組合**の設立を促すなどして地域経済の振興をはかった。と同時に，神社の統合・合祀(→p.340)を進めたり，青年会（青年団）や予備役・後備役にある兵士の団体である在郷軍人会を育成したりして地域住民の町村への統合を強化(→p.241)するとともに，**紀元節**・**天長節**などの**祝祭日**を休日として徹底させ，国家意識の形成を促した。

⑵社会政策の実施　政府内部では，劣悪な待遇・環境のもとに置かれた労働者を保護しようとする動きがあった。**農商務省**がその中心であった。労働者の実態調査を進めて1903年に**『職工事情』**をまとめ，さらに労働者保護の法制化をめざした。その結果，第２次桂内閣が1911年，**工場法**を公布した。

工場法
主な内容：12歳未満の就労禁止 　　　　　女子・年少者（15歳未満）の深夜業禁止と12時間労働制 条件：15人以上の工場だけに適用 実施：紡績資本家などの反対により施行は1916年まで延期

　工場法は日本初の労働者保護法であったが，資本家の反対によって施行が**1916年まで延期**されただけでなく，適用対象が**15人以上**の工場だけに限られ，監督制度が整備されていなかったために違反行為が多く摘発されないままに存続するなど，当時の国際水準からみても不十分な内容であった。さらに，**女子の深夜業禁止**は，紡績資本家が強く反対したため綿紡績業には適用が猶予され，1929年になってようやく全面的に適用された。

文　化　日露戦争前後には小学校教育(→p.332)が国民のなかに定着し，他方，漢文学など古典的な教養・文化にかわって西洋文化が定着しはじめた。

⑬義務教育の浸透

　日露戦争前後に**義務教育**が浸透した。1907年に小学校令が改正されて義務教育が**４年から６年**に延長され，就学率も明治末（1910年頃）には約98％に達した。

　他方，教育内容に対する国家統制が強まる。1903年，小学校の教科書が**検定制**から**国定制**に変更され，**修身**と日本史の２科目で**天皇中心の国体観念**が強調されていく。また，1911年には小学校の日本史教科書で南北朝期の２つの皇統を南朝・(→p.371)北朝として同列に記述したことが問題となり（南北朝正閏問題），明治天皇の裁断により南朝が正統とされ，教科書編修官喜田貞吉が処分をうけた。

⑭自然主義と新劇の登場

⑴小説・詩歌　日露戦争後，**自然主義**文学が流行する。ヨーロッパの自然主義は，自然科学の実証精神を文学に取り入れようとする文学潮流であったが，日本では自らの内面を告白することを通じて普遍・真理に到達しようとする傾向をもった。**島崎藤村**（**『破戒』**），**田山花袋**（**『蒲団』**），徳田秋声らが自らの実生活を題材とした小説を発表し，人間の本能や内面を赤裸々に描いた。

　一方，西洋をモデルにした近代社会，西洋的な個人主義への内省や批評を文学的に表現しようとする動きが広がる。**夏目漱石**（**『吾輩は猫である』『三四郎』**など）は平明な写生文によって知識人の苦悩を描き，**森鷗外**はのちに乃木希典の明治天皇への殉死(明治45 = 1912年)を機に歴史小説にのり出し，**石川啄木**はロマン主義詩人として出発しながら社会主義思想をもり込んだ生活詩をうたった(『**一握の砂**』)。さらに，漱石の倫理性をもった個人主義に触発され，1910年に**武者小路実篤**・**有島武郎**・**志賀直哉**らが文芸雑誌『**白樺**』を創刊し，また，翌11年には**平塚らいてう**が文芸集団**青鞜社**を設立して雑誌『**青鞜**』を創刊し，**家制度**(→p.266)からの女性の解放，女性の自我の発見をめざすなど，新たな動きがみられた。

⑵絵画・彫刻　西洋画で**青木繁**(→p.290)(『**海の幸**』『わだつみのいろこの宮』)が古代神話を素材とした歴史画を描き，**藤島武二**(『天平の面影』)が雑誌『明星』や与謝野晶子『みだれ髪』の表紙も描くなど，ロマン主義的な風潮が強かった。彫刻では，ヨーロッパに渡ってロダンに学んだ**荻原守衛**(『女』)が活躍した。

他方，第1次西園寺内閣の**牧野伸顕**文相は1907年，伝統美術と西洋美術による共通の発表の場として**文部省美術展覧会(文展)**(→p.312)をはじめた。

⑶演劇　旧来の歌舞伎（旧派）や大衆演劇として広まった**新派劇**に満足せず，ヨーロッパ演劇の移植をめざす**新劇**運動が登場する。**坪内逍遙**と**島村抱月**が1906年に**文芸協会**，**小山内薫**が1909年に**自由劇場**をそれぞれ結成した。

1911年には渋沢栄一らの出資によりルネサンス建築様式の**帝国劇場**が建設された。歌舞伎・新劇・オペラなどが上演され，社交界を代表する劇場となっていく。

なお，**松井須磨子**が帝国劇場でイプセンの「人形の家」を主演し，主役ノラを演じたのが1911年であった。雑誌『青鞜』が創刊されたのと同じ年であり，家制度のもとでの良妻賢母に対峙する「新しい女」の登場を象徴する年でもあった。

⑮明治後期の自然科学

ドイツ留学から帰国した**北里柴三郎**の設立した**伝染病研究所**で北里や**志賀潔**らが伝染病の研究・予防につとめるなど，世界水準の研究成果が生み出された。

自然科学の業績

細菌学

北里柴三郎…ドイツ留学 → 伝染病研究所を設立(1892年設立)

志賀潔　　…赤痢菌を発見

化学

高峰譲吉　…アドレナリン，タカジアスターゼを創製

鈴木梅太郎…脚気の原因がオリザニン(ビタミンB1)の不足であることを発見

物理学

長岡半太郎…土星型の原子模型を発表

田中館愛橘…地磁気を測定

木村栄　　…地球の緯度変化を観測 → Z項を発見

35 民衆騒擾とデモクラシー

年代 1911～1919年

国際関係　日本が**条約改正**を完全達成し，欧米諸国と対等な国際的地位を確保した1911年，中国では**辛亥革命**がはじまった。

①中国での辛亥革命

日露戦争における日本の勝利は，アジアの国家が白人の強国を破ったとして，アジア諸地域の独立運動や中国の革命運動の指導者に大きな夢と幻想を与えた。ベトナム(フランス領インドシナの一部)では，フランスからの独立をめざすファン・ボイチャウらが日本への留学を呼びかけ，中国では，華僑(在外中国人)の援助を受けながら中国の革命をめざす活動を国外で進めていた**孫文**や宋教仁らにより1905年，東京で**中国同盟会(中国革命同盟会)**が結成された。

そうしたなかで1911年10月，武昌での軍隊の蜂起により辛亥革命がはじまり，翌12年1月，孫文を臨時大総統として**中華民国**の建国が宣言された。これに対して**清**は**袁世凱**を起用して鎮圧を命じたものの，イギリスと組んだ袁世凱は孫文ら革命派と取引きし，皇帝宣統帝(**愛新覚羅溥儀**(→p.336))を退位させて清を滅ぼし，孫文に代わって中華民国大総統に就任した。ところが，袁世凱が革命派を弾圧する姿勢へと転じたため，中国情勢は混乱をきわめた。

ときの**第２次西園寺公望内閣**は1912年，**第３次日露協約**を結び，ロシアと提携して**内蒙古**への権益拡大をはかったものの，革命には干渉しなかった。しかし陸軍や民間では，中国情勢の混乱に積極的に対応しようとする動きが出てきた。

政治　1912年7月，明治天皇が死去し，新しく大正天皇が即位した。それにともなって**桂太郎**が**内大臣**兼侍従長に就任し，宮中で天皇を補佐する任務に就いた。元老**山県有朋**が宮中をも自らの派閥のなかに組み込むとともに，山県とは異なる政治姿勢をみせつつあった桂太郎(→p.299)を宮中に押し込めるというもくろみであった。

大正天皇は若く，西洋風の文化を身につけた，新時代に即した人物だと評価される一方，病弱で，統治権を行使する資質・能力の点で問題があるとのイメージをもたれていた。そのため，政界では**立憲政治**を徹底させようとする動きが強まる。**日比谷焼打ち事件**以降，都市民衆が新しく政治勢力として登場しており，民衆の政治参加と挙国一致を実現させようとする動きも現れる。こうしたなかで**第１次護憲運動**が起こり，**大正デモクラシー**の時代が幕を開けた。

②第１次護憲運動

⑴２個師団増設問題　辛亥革命による中国の混乱に応じて権益強化をもくろんだ陸軍は1912年，第２次西園寺公望内閣に対し，**朝鮮**(→p.295)駐屯の師団を２つ新設することを要求した(**２個師団増設問題**)。西園寺内閣が財政緊縮を理由に要求を拒否すると，**上原勇作**陸相が**帷幄上奏**(→p.298)（軍事に関する重要事項を首相を経ずに天皇に直接上奏す

ること）を行ったあと単独で辞職し，陸軍は後任を推薦しなかった。陸軍は**軍部大臣現役武官制**を利用して第２次西園寺内閣を総辞職に追い込んだのである。

⑵**第３次桂内閣の成立**　陸軍による第２次西園寺内閣の倒閣に対する批判が民間で高まるなか，首相の選定にあたった山県ら元老の協議は二転三転して難航し，結局のところ，内大臣兼侍従長の桂太郎が首相に選ばれた。山県の思惑に反して桂が政界に復帰したのである。

こうして**第３次桂太郎内閣**が成立した際，桂首相は山県有朋ら元老が主導する従来の国政運営（元老政治）から脱却することを掲げ，内閣が責任をもって政治を行う姿勢を示すとともに，日比谷焼打ち事件以来高まりを見せていた民衆のエネルギーを結集し，中国情勢に積極的に対応できる強力な国家体制づくりをめざし，新しい政党の結成をもくろんでいた。さらに，第２次西園寺内閣の緊縮政策を引き継ぎ，陸軍の軍備拡張を延期する姿勢をとった。つまり，桂太郎は必ずしも山県や陸軍の動きに同調していたわけではなかった。すでに山県閥は分裂していたのである。しかし，そういった事情は世間の知るところではない。

⑶**第１次護憲運動**　２個師団増設問題にともなう第２次西園寺内閣の総辞職と第３次桂内閣の成立は，世間では元老山県ら陸軍が増師（ぞうし）を実現するためにとった策略と受け取られた。さらに，桂太郎が内大臣を辞めて内閣を組織するにあたって大正天皇の詔勅を使ったことは，**宮中・府中の別**（→p.265）を乱すとの批判を招いた。

こうして，**交詢社**（こうじゅんしゃ）に集まった政治家や実業家，ジャーナリストらが中心となって桂内閣打倒の運動がはじまった。**閥族打破**（ばつぞくだは）・**憲政擁護**（けんせいようご）を掲げた**第１次護憲運動**（ごけんうんどう）である。彼らは各地で演説会を開き，新聞で政府批判をくり広げて都市民衆を動員した。さらに，桂内閣が**立憲政友会**（りっけんせいゆうかい）との提携という従来の政治姿勢を取らなかったため，政友会をもまき込んだ。

第１次護憲運動

主張：閥族打破（藩閥の政治支配を打破）・憲政擁護（立憲政治を擁護）
尾崎行雄（おざきゆきお）（立憲政友会）・犬養毅（いぬかいつよし）（立憲国民党（りっけんこくみんとう））が先頭に立つ
⇅
第３次桂太郎内閣＝立憲同志会（りっけんどうしかい）を組織して対抗（←立憲国民党の分裂）

⑷**大正政変**　桂首相は多数派形成をめざして新党の結成に着手する。1913年２月初め，桂系官僚と**立憲国民党**多数派などにより**立憲同志会**の結成が宣言された。ところが同志会は衆議院で多数派を確保することができず，また，首相在任のまま新党を組織したことが護憲運動を刺激し，政友会の反撃を招いた。桂内閣は，大正天皇の詔勅を使って政友会との妥協をはかろうとしたものの成功せず，帝国議会議事堂を5000人以上の民衆が取り囲み，彼らが暴徒化して大臣官邸や政府系新聞社な

どを焼打ちするなか，内閣総辞職に追い込まれた（桂は同年10月に急死）。**大正政変**である。民衆の直接行動が内閣を総辞職に追い込んだ最初の出来事である。

⑸**藩閥の勢力後退**　代わって薩摩出身の海軍軍人**山本権兵衛**が政友会を与党として内閣を組織する。**第1次山本権兵衛内閣**は，護憲運動の高まりを背景として**軍部大臣現役武官制を改正**し，陸海軍大臣の任用資格を現役から予備役・後備役にまで拡大した。この結果，陸海軍の内閣への発言力，内閣からの自立性は制限された。また同年，**文官任用令を再改正**し，高級官僚における内閣による自由任用の範囲を拡大した。このことは政党の官僚への影響力が広がるきっかけとなり，やがて官僚のなかでも政党へ入党し，政界に転じる者が増えた。

しかし翌14年，海軍高官の汚職事件であるジーメンス事件が発覚すると，薩摩閥や海軍への反発を強めた民衆が抗議行動をくり広げるなか，山本内閣は総辞職した。陸軍・山県閥だけでなく海軍・薩摩閥も，その政治力を後退させたのである。

軍部大臣現役武官制の推移

制定：第2次山県有朋内閣（1900年）
　　→陸軍が第2次西園寺公望内閣を倒閣（1912年）
改正：第1次山本権兵衛内閣（1913年）〔背景〕第1次護憲運動
復活：広田弘毅内閣（1936年）〔背景〕二・二六事件
　　→陸軍が宇垣一成の組閣を阻止（1937年）
　　→陸軍が米内光政内閣を倒閣（1940年）
廃止：陸海軍省の廃止にともなう（1945年）〔背景〕アジア太平洋戦争の敗戦

⑹**第二の政権政党の登場**　都市民衆の騒擾（暴動）が起こるなかで内閣が倒れるという事態が2年続いたことをうけて，山県有朋ら元老は国民に人気のある**大隈重信**を担ぎだすことによって政情の安定をはかろうとした。その際，山県らが大隈に求めたのが政友会の打破・2個師団問題の解決・中国での権益拡大などであった。

第2次大隈重信内閣は**立憲同志会**（総裁**加藤高明**）などを与党として成立し，第1次世界大戦勃発後に行われた1915年3月の総選挙では与党の同志会が政友会に代わって第1党となった。それまでの藩閥官僚と政友会による政界支配に代わり，官僚勢力を含めて組織された政友会と同志会という2大政党が対抗し合いながら政権を担当する複数政党制の可能性が示されたのである。そして，与党が衆議院の多数派を占める状況のもと，大隈内閣は陸軍の2個師団増設を実現させた。陸軍の主張も政党の協力があってはじめて実現する状況であった。

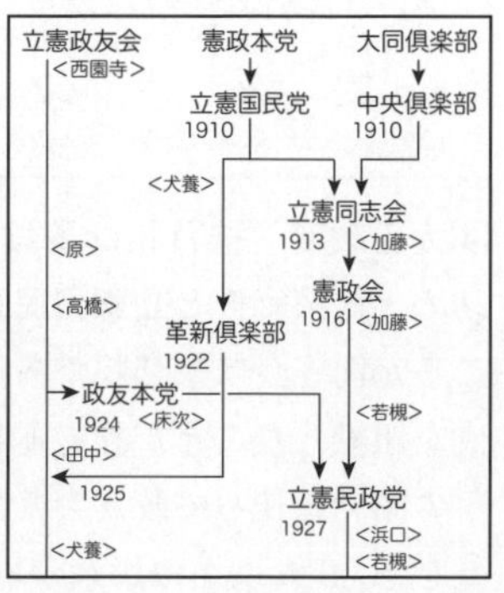

衆議院の構成（3）

1912年総選挙	立憲政友会（209）	立憲国民党（95）		定数381
1915年総選挙	立憲政友会（108）	立憲国民党（27）	立憲同志会（153）	定数381

③デモクラシー思想の高まり

立憲政治の徹底を求める動きを支え，促進したのが，東京帝大教授**美濃部達吉**の**天皇機関説**であり，東京帝大教授**吉野作造**の**民本主義**であった。

美濃部達吉の天皇機関説（憲法学説）

国家法人説に基づく（国家を法人とみなす）

→｛統治権の主体＝国家
　　天皇＝国家が統治権を行使する際の最高機関

美濃部達吉は国家を**法人**（共同の目的をもった一つの共同体）とみなしたうえで，統治権は天皇一人の利益のためにあるものではなく国家の共同目的のためにあり，国家が統治権の主体であると解釈していた。つまり，国家を天皇より上位におき，天皇の権力に限界があることを主張した。さらに美濃部は，天皇の輔弼機関である内閣に国政運営の主導権を認め，内閣が主導性を発揮するためにも，党首の強力なリーダーシップと党員らの同志的な結束のもとでの内閣の実質的な連帯責任を強調し，**政党内閣制**（→p.343）を支持した。つまり，美濃部にとって政党内閣制は，内閣を強化するための手段であった。これに対して東京帝大教授**上杉慎吉**が**天皇主権説**の立場から批判して論争が展開したが，これ以降，天皇機関説は憲法学者や知識人，政治家の間に広まり，政党政治を実現する憲法解釈上の根拠が整った。

吉野作造の民本主義（政治学説）

主権を運用する実際的な方法を議論＝主権の所在を問わない

- 政治の目的…民衆の利益・幸福
- 政策の決定…民衆の意向に基づく

具体的な目標

- 普通選挙と政党内閣制の実現

吉野作造は1916年，雑誌『**中央公論**』に論文「**憲政の本義を説いて其有終の美を済すの途を論ず**」を発表した。そこで吉野は，民衆騒擾や直接行動を支持する議論に対抗しながら，少数のエリートに政治を任せる代議制のもと，国政に一般民衆の意向を反映させようと民本主義を提唱した。具体的には**普通選挙**と政党内閣制の実現を目標に掲げていた。吉野がdemocracyの訳語として民主主義を用いずに民本主義という語を用いたのは，彼が国民主権を主張せず，明治憲法の枠内で政治の民主化，立憲政治の刷新をめざしたからであった。

国際関係　イギリス・フランス・ロシアの**三国協商**とドイツ・オーストリア・イタリアの**三国同盟**との植民地支配秩序の再編をめぐる利害対立は，**第１次世界大戦**につながった。大戦勃発の導火線となったのは**バルカン半島問題**であった。バルカン半島はさまざまな民族が混在して居住していただけでなく，それら諸民族を支配していたオスマン帝国の支配が動揺するなか，ロシアやオーストリアなどが勢力拡大をねらって進出したため，民族紛争と両国の対立とがからみあって「ヨーロッパの火薬庫」と呼ばれる状態になっていた。

④第１次世界大戦での日本の勢力拡大

1914 年，バルカン半島での紛争**サラエボ事件**をきっかけとして第 1 次世界大戦がはじまった。イギリス・フランス・ロシア陣営(**協商国**(きょうしょうこく))とドイツ・オーストリア陣営(**同盟国**(どうめいこく))との間でヨーロッパを主要な戦場とする戦争がくり広げられ，当初の予想に反して約 4 年に及ぶ国家の総力を動員する戦争(**総力戦**(そうりょくせん))となった。

⑴**日本の参戦**　**第２次大隈重信内閣**(外相加藤高明)は 1914 年 8 月，(第 3 次)**日英同盟**を口実としてドイツに宣戦布告し，参戦した。そして，東アジアにおけるドイツの拠点である中国**山東省**(さんとうしょう)の**青島**(チンタオ)とドイツ領**南洋諸島**を攻め，軍事占領した。第 1 次世界大戦の勃発をチャンスと考え，東アジア・太平洋地域での勢力拡大をめざしたのである。これに対して**石橋湛山**(いしばしたんざん)ら雑誌『**東洋経済新報**(とうようけいざいしんぽう)』などが参戦反対の立場をとったものの少数にすぎず，主要な新聞・雑誌は参戦を積極的に支持した。

⑵**第２次大隈内閣の外交政策**　参戦の翌 15 年 1 月，大隈内閣は中国**袁世凱**政権に対して**二十一カ条の要求**をつきつけた。ヨーロッパ諸国が中国情勢をかえりみる余裕がないのを利用し，中国での権益を拡大・強化しようとねらったのである。なお，原案の作成に際し，内閣は元老を関与させなかった。第 3 次桂太郎内閣から引き続き，元老が国策の最終的な決定に関わる状態からの脱却をめざす動きであった。

二十一カ条の要求

第２次大隈重信内閣(外相加藤高明) → 袁世凱政権
内容…（第１号）山東省ドイツ権益の継承を承認
（第２号）南満洲・東部内蒙古権益を 99 カ年延長・強化
（第３号）漢冶萍公司(かんやひょうコンス)の日中合弁(ごうべん)化
（第４号）中国沿岸部を他国に譲与・貸与しない
（第５号）中国政府への日本人顧問の採用，日中警察の一部合同など
結果…最後通牒(さいごつうちょう)をつきつける → 第５号以外を受諾させる
影響…中国の反発(国恥(こくち)記念日の設定)，アメリカの警戒(不承認宣言)

旅順・大連の租借期限が1923年に迫っており（南満洲鉄道は1939年まで），南満洲権益の期限延長を実現することが当初の主なねらいだったものの，各方面からの要求を網羅的にもり込んだため21カ条にも及んでしまい，交渉が難航した。なかでも第５号のなかに中国への内政干渉に等しい内容が含まれており，それに加えて大隈内閣が第５号を欧米諸国に秘密にしていたため，交渉のなかで袁世凱政権がその情報をリークすると，欧米諸国に日本への不信感を植えつける結果となった。このため第５号を最終的に取り下げたものの，大隈内閣は最後通牒をつきつけて要求のほとんどを認めさせた。この強硬な行動は中国の反発を引き起こし，中国では受諾日（５月９日）が**国恥記念日**と名づけられ，抗日運動の出発点となった。

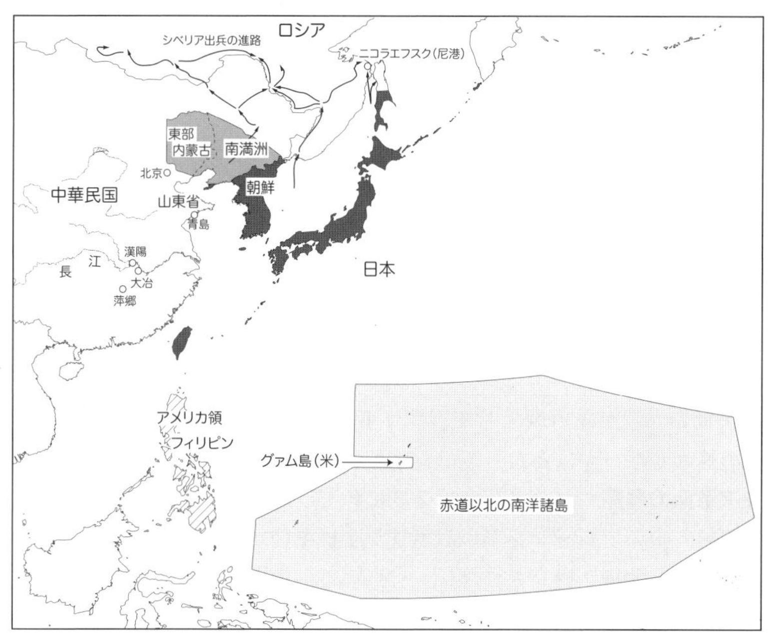

一方，大隈内閣は1916年７月，**第４次日露協約**を結んだ。適用範囲を中国全土に拡大した事実上の軍事同盟であった。交戦国ドイツだけでなく，二十一カ条の要求に対して不承認を宣言したアメリカをも仮想敵国として念頭に置かれていた。

日露協約の移り変わり

第１次（1907年）…南満洲を日本，北満洲をロシアの勢力範囲とする
第２次（1909年）…アメリカの満洲諸鉄道中立化案に共同で対抗
第３次（1912年）…東部内蒙古を日本，西部内蒙古をロシアの勢力範囲とする
第４次（1916年）…事実上の軍事同盟 → ロシア革命により廃棄（1917年）

⑶寺内内閣の外交政策　大隈内閣が元老山県有朋らと対立して総辞職すると，1916

年10月，長州出身の陸軍軍人**寺内正毅**が首相となり組閣した（**寺内正毅内閣**）。野党となった立憲同志会は，第2次大隈内閣の他の与党とともに**憲政会**（初代総裁加藤高明）を結成して対抗したが，1917年4月の衆議院総選挙で第2党に転落し，代わって**立憲政友会**が第1党に復活した。こうしたなか，挙国一致をめざす寺内内閣は臨時外交調査委員会を設け，政友会総裁**原敬**や立憲国民党総裁犬養毅ら政党の代表を取り込み，外交政策をめぐる意見調整につとめた。

寺内内閣は，イギリスからの要請に応えて連合国船舶の護衛を目的として地中海へ艦隊を派遣した際，1917年2月から翌3月にかけて，見返りとして山東省権益と赤道以北の南洋諸島を日本が獲得することを支持するという密約をイギリス・フランスなどと交わした。中国には寺内首相の私設秘書**西原亀三**を派遣し，1917年から翌年にかけて袁世凱の後継者**段祺瑞**政権に巨額の資金を供与した（**西原借款**）。資金供与を通じて中国政府への影響力を確保しようとしたのである。

他方，アメリカとの関係改善をはかるため，1917年11月に**石井・ランシング協定**を結び，中国の**門戸開放・機会均等**を認め合うとともに，領土の隣接する地域（具体的には**南満洲**）に日本が特殊な地位（**特殊権益**）をもつことを約した。同年4月にアメリカが第1次世界大戦に参戦したことが協定の結ばれた背景であったが，それとともに，アメリカと日本はイギリスが既得権をもつ長江流域（→p.279）への進出を策しており，その地域での門戸開放をめざすという点で利害が一致していたのである。

⑤ロシア革命

第1次世界大戦が総力戦として展開するなか，1917年，不満を募らせた兵士や労働者の蜂起がきっかけとなって**ロシア革命**が起こり，ロシア帝国が崩壊した。

⑴ロシア革命の展開　ロシア革命は2度にわたった。まず皇帝が退位に追い込まれ（三月革命），次いでレーニン率いる**ボリシェビキ**（のちのロシア共産党）のクーデタにより**ソビエト政権**が樹立された（十一月革命）。**世界初の社会主義政権の成立**である。そして，戦争に動員され生活に苦しむ兵士・労働者の要求を背景としてソビエト＝ロシアは翌18年，ドイツと単独講和を結んで第1次世界大戦から離脱した。

⑵シベリア出兵　これに対してアメリカ・イギリス・フランス・日本などは同年，革命への干渉戦争を開始した。そのなかでも日本はシベリアに侵攻した（**シベリア出兵**）。ロシアで捕虜となりシベリア鉄道を護送されている途中に反乱を起こしたチェコスロバキア兵を救出することを名目として掲げたが，帝政支持派を支援してロシア革命の遂行を妨害し，ソビエト政権を打倒することをめざしていた。こうしたなか，ソビエト＝ロシアは帝政支持派やそれを支援する連合国軍と戦闘をくり広げる一方，1919年，世界各地へ革命を波及をさせるため，国際共産党組織**コミンテルン**を結成し，各国に支部として共産党の創設を進めていった。

なお，日本国内ではシベリア出兵にともなって**米騒動**が発生し，これが原因で寺内内閣が総辞職し，立憲政友会総裁原敬を首相とする政党内閣が成立した。**原敬内閣**は，大戦終結にともなって米英仏が撤兵したのちも，緩衝地帯の確保をめざして東部シベリアへの派兵を継続した。そのため，ロシアのパルチザンに標的とされ，1920 年，**尼港事件**の惨劇を招くとともに，列国からは領土的野心を警戒された。

社会経済　第１次世界大戦前は輸入超過と対外債務の累積により慢性的な不況が続き，経済危機に陥っていたが，第１次世界大戦は日本経済に転機をもたらした。

⑥大戦景気

第１次世界大戦が総力戦へと展開するなか，日本では輸出が急増した。

3つの地域への輸出急増

アジア市場	：ヨーロッパ諸国が後退して事実上の無競争状態	→ 綿織物の輸出
ヨーロッパ	：ロシアやイギリスから軍需品の注文	→ 軍需品の輸出
アメリカ	：アメリカでの戦争景気	→ 生糸の輸出

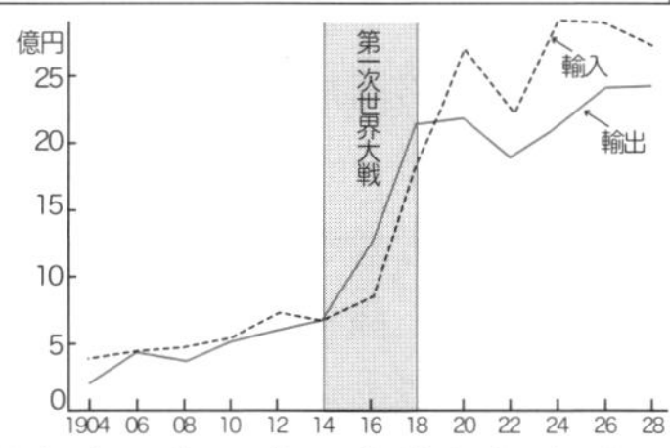

このように輸出が急増する一方，ヨーロッパ諸国から染料・薬品・肥料などの化学製品，機械類・鉄類などの重工業製品の輸入がとだえた。そのため貿易収支が**輸入超過**から**輸出超過**へ転換し，日本経済は飛躍的に発展した。**大戦景気**である。

⑴海運業や商社の急成長　輸出の急増は，貿易に従事する海運業や商社を急成長させ，**成金**を続出させた。なかでも，内田信也が創設した内田汽船，神戸の小貿易商から三井・三菱に肩をならべる大財閥に成長した**鈴木商店**(→p.326)がその典型であった。

⑵工業生産の拡大　中国などアジア市場へ**綿織物**，アメリカ向けに**生糸**の輸出が増大したため，繊維工業が生産を伸ばした。世界的な船舶不足のために**造船業**が著しく発展し，アメリカ・イギリスに次ぐ世界３位の生産高をほこった。そして，造船用鉄鋼の需要が増大し，また，国内の各産業で生産設備の拡大が進んで資材の需要が増加するのにともない，**鉄鋼業**も成長した。一方，ドイツなどヨーロッパ諸国からの輸入がとだえたため**化学工業**(→p.340)が自立しはじめた。

これら工業の発展を支えたのが**電力**の普及である。大規模な**水力発電**が各地で展開し，たとえば 1915 年，**猪苗代水力発電所**（福島県）と東京との間で長距離送電が実現し，工業動力の**蒸気力**(→p.272)**から電力への転換**を促した。

こうして工業生産が飛躍的に拡大した結果，**工業生産高が農業生産高を上回る**にいたった。日本は工業国へと成長したのである。しかし，国内での需要増大に対して鉄鋼業の増産が追いつかず，ヨーロッパ諸国からの機械類・鉄類の輸入がとまっていたこともあいまって，工業生産の拡大は次第に頭打ち状態となった。

⑶資本輸出の広がり　資本輸出も拡大した。満鉄が 1918 年，**鞍山製鉄所**を設立し，

また，紡績会社が中国へ進出して上海・青島などに紡績工場(**在華紡**)を建設しはじめた。こうした結果，日本は**債務国**から**債権国**へと転換した。欧米諸国への対外債務は累積したままだったが，中国への投資が増大した結果，他国に対する債権のほうが対外債務を金額で上回る状態になったのである。

⑷**大資本の経済支配力の増大**　三井や三菱などの**財閥**(→p.298)は，さまざまな企業を支配下に組み込み，経済支配力を強めた。**コンツェルン**の頂点に立つ**三井合名会社**，三菱合資会社などの財閥本社は，三井家や岩崎家といったオーナー一族が共同出資によって設立し，傘下に置いた企業の株式を独占的に所有し，それを通じて蓄積した資産を管理・保全することを目的とした**持株会社**であった。オーナー一族は，このように持株会社を介した株式所有や会社役員への就任などを通じてさまざまな企業の経営を左右し，収益を独占的に吸収した。

また，大企業の経営者が1917年に日本工業倶楽部を組織し，初代理事長団琢磨のもと，さまざまな問題について政府へロビー活動を展開した。

⑸**都市人口の増加**　京浜・阪神工業地帯の形成が進んで工場労働者数が著しく増加した。造船業など重工業の発展を背景として都市部での男子の就労機会が増加したため，**男子労働者**の比重が増え，農村部から都市部への人口移動が生じた。それだけではない。商社や銀行などで働く**サラリーマン**も増加した。サラリーマンは肉体労働ではなく事務や知的・管理的な労働に従事する人々で，学歴面でいえば，高等学校や大学など高等教育機関を卒業した高学歴のものが多かった。

⑹**農業の動向**　都市人口の増加にともない農業も発展した。足踏式脱穀機の普及，大豆粕肥料や**化学肥料**の使用など農業技術が進歩し，野菜・果樹などの生産も広がった。一方，農村人口の都市部への流出により，**寄生地主制**(→p.286)の後退がはじまる。都市部での男子の就労機会が増加したため農村部に滞留する人口が相対的に減少し，そのため小作料率が低下しはじめた。小作人取り分が相対的に増加したのである。

⑦社会運動の高まり

⑴**労働運動**　大戦景気が続くなか，労働者の賃金は上昇したものの，物価がそれ以上に高騰して**実質賃金が低下**し，労働者の生活は楽にならなかった。そのため，賃金の引上げなどを求めて労働争議が全国的に増加した。その結果，1912年に**鈴木文治**らによって設立された**友愛会**は，当初は労働者の修養・共済団体として出発したものの，次第に労働争議を指導する労働組合の全国組織へと成長し，1919年には**大日本労働総同盟友愛会**と改称した。

⑵**米騒動**　都市人口が増加して米の需要が増えたものの米の供給が追いつかず，米価は騰貴していた。そこへ追い打ちをかけたのがシベリア出兵である。**寺内正毅内閣**がシベリア出兵実施に向けて世論をあおったため，商人らが投機的に米を買占め，売り惜しみしたのである。この結果，米価はいっきに高騰した。

こうしたなか，1918年7月，富山湾沿岸地域で船荷の運搬などに従事していた女性労働者が商人による米の積出しを実力で阻止し，それを発端として騒動が周辺に広がった。8月，寺内内閣のシベリア出兵宣言によって騒動がさらに拡大し，新聞がそれらの出来事を「**越中女房一揆**」として報道すると，翌9月にかけて全国各地に波及した。米の安売りを求めて米商人や地主などを襲い，警官隊と衝突するなどの民衆騒擾が各地で生じ，約70万人をまき込んだ。**米騒動**である。

寺内内閣は，軍隊までも出動させて鎮圧するとともに，新聞に対して自由な報道を禁じた。しかし，米騒動発生の責任をとって内閣総辞職した。

政 治　米騒動に直面し，元老山県有朋は衆議院第1党であった**立憲政友会**のもつ政治的・社会的な統合力に期待し，政党内閣を容認する姿勢をとった。

⑧原内閣の成立

山県有朋・西園寺公望ら元老の協議により政友会総裁**原敬**が首相に選ばれた。そして原は陸・海・外相以外を政友会党員で占める政党内閣を組織した。元老や官僚から支持を受けた，本格的な政党内閣が初めて成立したのである。

原首相は衆議院議員であり，藩閥出身でもなく華族でもない初めての首相だったため**平民宰相**と称し，世論からも大きく期待された。しかし……。

⑨普通選挙要求運動の高まり

デモクラシー思想の広がりと米騒動という全国的な民衆騒擾のなか，普通選挙の実現を求める動きが高まりをみせた。1918年，吉野作造や福田徳三ら知識人が**黎明会**を組織し，吉野の指導をうけた東京帝大学生が**新人会**を結成した。彼らは民衆の意向を反映した政治運営を実現させることをめざして**普通選挙要求運動**（**普選運動**）に取り組んだ。普選運動には友愛会などの労働組合も参加し，さらに，政党では立憲国民党や憲政会も賛成の立場をとった。これに対して原内閣は，ロシア革命の影響を警戒し，社会主義運動に対応する態勢を整える方が先決だと判断した。そのため普通選挙の実現を**時期尚早として拒否**し，1919年，衆議院議員選挙法を改正して納税資格を3円以上に引下げるにとどめ，そのうえで**小選挙区制**を採用した。

普通選挙をめぐる対立

普通選挙の実現を要求
↑
　黎明会（吉野作造ら）・新人会（東京帝大学生），友愛会（労働組合）
　立憲国民党（総裁犬養毅）・憲政会（総裁加藤高明）
↓
普通選挙に反対＝時期尚早論
　原内閣（立憲政友会）＝1919年選挙法改正で3円以上に引下げ

文 化　国家を至上とする立場に代わり，自我の充足をめざす個人主義的傾向が強まり，教養や人格を重視する風潮が知識人の間に広まった。

⑩大正前期の文化

⑴**文学**　自然主義が文学界の主な潮流の一つであり続けたが，それに対し，個人主義のもと，教養ある人格への自己完成や芸術至上を掲げる文学潮流が登場した。

大正前期の文学潮流		
白樺派	…武者小路実篤・有島武郎・志賀直哉ら	→ 大らかな人間賛歌
新思潮派	…芥川竜之介・菊池寛ら	→ 理知的な現実描写
耽美派	…永井荷風・谷崎潤一郎ら	→ 美の追求(ロマン主義)

一方，社会主義や**白樺派**の人道主義の影響のなかから，芸術作品と民衆の生活との融合をめざす動きも現われた。**大杉栄**が中心となって発行した雑誌『近代思想』，陶芸の分野で**柳宗悦**が推進した民芸(民衆芸術)運動などである。

⑵**絵画**　文展(→p.301)が1919年に**帝国美術院美術展覧会(帝展)**に改組され，政府公認のアカデミズムを形成したのに対し，さまざまな在野の美術団体が組織された。

洋画では，雑誌『白樺』が紹介した**後期印象派**(→p.231)の影響をうけ，「内なる美」を模索した岸田劉生らが1912年，フューザン会を組織した(すぐ解散)。1914年には文展洋画部を旧派・新派の二科制にするよう要求して拒否されたことがきっかけとなって**二科会**が結成され，**梅原竜三郎**(『**紫禁城**』)，**安井曽太郎**(『**金蓉**』)らが参加した。同14年，日本画家の**横山大観**(『**生々流転**』)や**下村観山**らが**日本美術院を再興**(→p.290)し，独自の美術展覧会**院展**をはじめた。院展では文展への対抗から日本画部だけでなく洋画部も設置したが，1922年，院展洋画部に集まった洋画家が新たに**春陽会**を設立して独立した。参加した**岸田劉生**は『**麗子像**』など細密な写実画を製作した。

⑶**演劇**　新劇運動がさかんになった。女優**松井須磨子**との恋愛問題で文芸協会を退会した**島村抱月**は1913年，松井須磨子らとともに**芸術座**を結成した。松井須磨子はトルストイ『復活』のカチューシャ役で人気をあつめ，主題歌「**カチューシャの歌**」が全国に流行した。また，東京音楽学校出身のオペラ歌手三浦環は，欧米諸国で「蝶々夫人」を演じて好評を得た。

⑷**学問の発達**　人文科学では，**津田左右吉**が『古事記』・『日本書紀』の神話を批判的に研究し(『神代史の研究』)(→p.350)，**柳田国男**は民間伝承などの調査を通じて「常民」の生活史を研究(『遠野物語』)して**民俗学**をつくりあげ，**西田幾多郎**が西洋哲学の研究と禅の体験を経て自己の内面を注視し，『**善の研究**』などを著して東洋思想の論理構造を明らかにしようとした。

自然科学では，**本多光太郎**が住友財閥の支援のもとで**KS磁石鋼**を発明し，東北帝大に鉄鋼研究所を創立した。東京帝大工科大学には航空研究所が設立され，民間では物理・化学の研究とその生産への応用を進めることを掲げて**理化学研究所**が東京に創立された。産業と学問の協同が進んだのである。

⑸**高等教育の充実**　原敬内閣は，大戦景気にともなう日本経済の成長を背景として，経済を担うエリート教育の充実をめざし，高等教育機関の整備・拡充をはかった。**帝国大学**はすでに東京に加えて京都・東北・九州・北海道の各帝国大学が設けられていたが（のち京城・台北・大阪・名古屋も），1918年12月，**大学令**を公布して私立大学や公立・単科大学をも大学として認可した。さらに，高等学校令を改正して高等学校の拡充をはかった。その結果，大学や高等学校が次第に増設された。

国際関係　ロシア革命に続いて1918年11月，ドイツでも兵士・労働者による反政府蜂起が広がり，皇帝が亡命してドイツ帝国が崩壊した。新しく成立した臨時政府は協商国に降伏し，第1次世界大戦が終わった。

⑪パリ講和会議

1919年1月，パリ（フランス）で講和会議が開かれ，日本からは原敬内閣のもと，**西園寺公望**・**牧野伸顕**らが全権として参加した。会議はアメリカ・イギリス・フランスが主導し，なかでもアメリカ大統領**ウィルソン**は戦後の世界構想として**民族自決**（各民族がその運命を自ら決定する権利をもつ）など**「14カ条の平和原則」**を掲げた。会議の結果，同年6月，**ベルサイユ条約**が調印された。ベルサイユ条約は敗戦国ドイツにとって過酷な内容で，植民地を全て失っただけでなく，ポーランドなどへの領土割譲により国土が東西に分割されたうえ，巨額の賠償金を課せられた。

ベルサイユ条約の内容⑴　日本が獲得したもの

中国山東省の旧ドイツ権益
　↔ 中国が反発＝五・四運動など ⇨ 中国は条約に調印せず
赤道以北の南洋諸島の委任統治権

日本は東アジア・太平洋地域で勢力を拡大した。**赤道以北の南洋諸島**（→p.307）（マリアナ諸島やパラオ諸島など）については，**南洋庁**を設置して統治にあたった。ところが**山東省権益**（→p.361）については，パリ講和会議の最中，北京で権益の中国への返還などを要求する学生らの**五・四運動**がおこり，中国全権がベルサイユ条約への調印を拒否したため，日中間での懸案として積み残されることとなった。

ベルサイユ条約の内容⑵　国際的な平和機関の創設

アメリカ大統領ウィルソンが提唱 → 国際連盟（1920年発足）
規約をめぐり日本が提案した人種差別撤廃条項は否決

第1次世界大戦は戦車・戦闘機・毒ガスなどの近代兵器がはじめて本格的に使用され，ヨーロッパ各国の国力を消耗させる総力戦として戦われた経験から，軍縮や戦争の抑止を求める気運が高まった。国際紛争を平和的に解決し，大戦の再発を防止しようとする試みがはじまったのである。その第一歩が国際的な平和機関**国際連**

盟の創設であった。

とはいえ，問題がなかったわけではない。たとえば，国際連盟をめぐる議論のなかで日本が人種差別撤廃条項を規約に含めるよう提案したものの，欧米諸国などの反対によって否決された。日本の提案そのものは，世界の諸民族の平等を実現しようとするものではなく，アメリカでの排日移民問題(→p.296)にからみ，日本の一等国としての体面に関わる問題として出された提案であった。しかし，人種差別撤廃の提案が否決されたことは，パリ講和会議の理念の一つとして掲げられた民族自決の政治性を象徴していた。実際，民族自決主義はアジアやアフリカには適用されなかった。

植民地　韓国併合以降，日本は朝鮮を植民地として支配したが，ロシア革命や「14か条の平和原則」によって高まった民族自決のうねりの影響を受けることとなった。

⑫朝鮮植民地支配の進展

⑴朝鮮植民地支配のあり方　日本は朝鮮統治をはじめるにあたり，旧来の慣習・風俗を尊重しながら人々を戸籍(朝鮮籍)に登録し，この結果，朝鮮人も日本国臣民とされたものの，本土とは異なる制度のもとで統治された。**朝鮮総督府**は，長官**朝鮮総督**の任用資格が武官専任とされ，軍事力を前面におし出した統治を行った。軍事警察をうけもつ**憲兵**に一般の警察も担当させて治安体制を整え(**憲兵警察制度**)，政治結社・集会を禁止するなど，朝鮮人の権利・自由に制限を加えた。

一方，植民地経営の財源を確保するため**土地調査事業**に着手し，そのなかで所有権の不明確な農民の土地を官有地として接収し，**東洋拓殖会社**（1908年設立）などに払下げていった。この結果，朝鮮では小農民の没落が進み，仕事を求めて日本本土や満洲などへと移民する人々が増加する一方，日本人地主が増加した。

⑵三・一独立運動　こうした植民地支配への不満が積るなか，1919年3月，京城(現ソウル)で朝鮮独立宣言が発表され，独立運動が朝鮮半島全土に拡大した(**三・一独立運動**)。これに対し，原敬内閣は憲兵警察・軍隊を動員して徹底的に弾圧した。

⑬植民地支配の再編

朝鮮での三・一独立運動，中国での五・四運動など民族運動が高まるなか，日本の植民地統治は軍事力を背景とする高圧的な統治から，同化政策・内地延長主義を軸とする統治(文化政治)へと転換する。それを進めたのが原敬内閣であった。

朝鮮では朝鮮総督の任用資格を現役武官から文官にまで拡大するとともに（文武官併用制・実際には海軍軍人**斎藤実**が就任），憲兵警察制度を廃止した。南満洲では1919年，現役武官を長官とする**関東都督府**(→p.295)を廃止し，文官を長官とする**関東庁**を統治機関として新設するとともに，関東州(旅順・大連)と満鉄付属地の守備兵として**関東軍**を独立させた。台湾(→p.281)では武官総督制にかえて文官総督制を採用した。

36 政党政治の形成

年　代　1919～1925年

政　治　**米騒動**という全国的な民衆騒擾の発生，暴力の発動をうけ，民衆の意向を反映し，民衆を統合できる政治体制の実現をめざす動きが本格化する。

①大正デモクラシーの風潮

大戦景気による経済発達にともない，都市では銀行員・会社員などの**サラリーマン**が増え，高等教育の充実が進むなかで知識人も増加した。これらサラリーマンや知識人らを**都市中間層**と呼ぶ。彼らを読者として『大阪朝日新聞』などの新聞や『**中央公論**』『**改造**』などの総合雑誌が部数を伸ばし，また**石橋湛山**(→p.306)らの雑誌『**東洋経済新報**』は，徹底した自由主義の立場から軍備全廃・植民地放棄などを主張した(小日本主義)。こうして都市中間層を担い手として**大正デモクラシー**の風潮が広まった。

②原内閣の政治姿勢

原敬内閣は**立憲政友会**を基盤とする政党内閣であり，世論から大きな期待を受けた。しかし，高まる**普通選挙**の要求は時期尚早と拒否した。1919年に衆議院議員選挙法を改正し，納税資格を**3円**以上に引下げるにとどめるとともに**小選挙区制**を採用したうえで，翌20年，衆議院を解散した。小選挙区制のもとでの総選挙の結果，政友会が圧倒的な議席を獲得し，普通選挙要求運動は一時後退した。また，原内閣は，ロシアの無政府主義者の思想を紹介した森戸辰男を弾圧したり，**日本社会主義同盟**(→p.316)を結社禁止にしたりと，社会運動を弾圧する姿勢を示した。

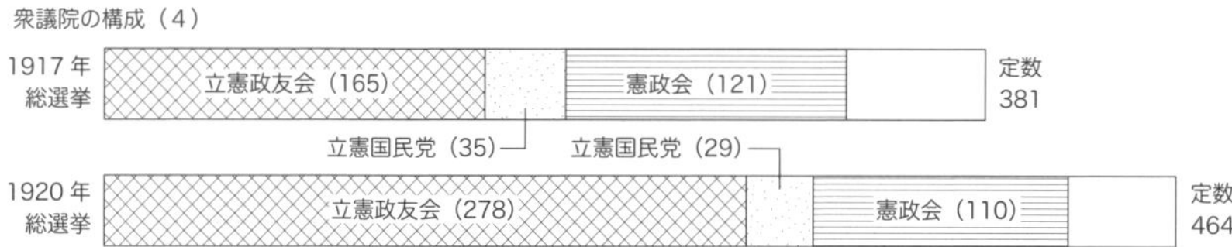

衆議院の構成（4）

一方，原内閣は積極財政をとり，国防充実を掲げて海軍の**八・八艦隊**計画を予算化するなどして軍備拡張に努める一方，鉄道など交通機関の整備を進め，カネのばらまきによる支持基盤の拡大をはかるなど，**利益誘導政治**をくり広げた。こうした党利党略を優先する政策は政友会がらみの汚職事件をひき起こし，内閣への不満が高まるなか，1921年，原首相が東京駅頭で暗殺された。まもなく開催される**ワシントン会議**に向けて**加藤友三郎**海相ら全権団がすでにアメリカに出発していたため，急遽，**高橋是清**蔵相が首相に就き，立憲政友会内閣を引き継いだ。

なお，**高橋是清内閣**が成立した直後，以前から体調のすぐれなかった大正天皇の病状が悪化したため，皇太子裕仁親王(のちの昭和天皇)が摂政に立った。

社会経済　**ロシア革命**と米騒動は，さまざまな社会運動が勃興するきっかけとなった。この時期の社会運動は，組織化と社会主義の浸透とを特徴としている。

③社会運動の勃興

⑴**社会運動の組織化**　米騒動は，**新人会**出身者などの大卒のエリートが「民衆のために」を合い言葉として啓蒙活動を進め，社会の改造をめざして民衆の組織化を進めるきっかけとなった。さらにロシア革命が知識人に大きな夢と幻想をもたらし，彼らの行動をかき立てた。

1920年代の社会運動

労働運動

友愛会（1912年鈴木文治）⇨大日本労働総同盟友愛会（1919年）

→第1回メーデー（1920年）

⇨日本労働総同盟（1921年）…階級闘争主義へ転換・労働争議を指導

→共産党系が分裂＝日本労働組合評議会（1925年）

農民運動

日本農民組合（1922年賀川豊彦・杉山元治郎）…小作争議を指導

部落解放運動

全国水平社（1922年）…水平社宣言を発表（西光万吉が起草）

女性運動

青鞜社（1911年平塚らいてう，雑誌『青鞜』）…文芸団体

新婦人協会（1920年平塚らいてう・市川房枝）

女性の結社・政治演説会への参加を禁じた治安警察法第5条の改正を要求

→1922年一部改正＝女性の政治演説会への参加が実現

婦人参政権獲得期成同盟会（1924年市川房枝）⇨婦選獲得同盟（1925年）

労働運動や農民運動は，労働者や小作農としての権利，人間として生きる権利（**生存権**）の確保をめざして展開した。なかでも労働運動では，ベルサイユ条約に基づいて1919年，労働者保護のための国際機関として国際労働機関（ＩＬＯ）が設立されたことをきっかけの一つとして，労働組合の公認を求める動きが広がった。部落解放運動は，かつて**穢多**・**非人**と称された被差別部落の人々が社会的な差別と経済的な貧困からの解放をめざした運動で，**水平社宣言**で自らの誇りを高らかに謳いあげ，人間としての平等を勝ちとるための運動を本格化させた。女性運動では，女性の政治活動の自由や選挙権の獲得など，女性の個人としての自立と女性の政治的地位の向上をめざした活動がくり広げられた。

⑵**社会主義の浸透**　こうした社会運動を指導していた知識人たちの間に社会主義思想が浸透していく。1920年，新旧の社会主義者を集めて日本社会主義同盟が結成され，1921年には女性社会主義者の団体として伊藤野枝・山川菊栄らによって**赤瀾会**が組織された。しかし，**大杉栄**ら**無政府主義派（アナーキスト派）**とロシア革命

を主導した**ボリシェビキ**(ロシア共産党)を支持する**山川均**ら**共産主義派**との間で対立が生じた(アナ・ボル論争)。無政府主義派が労働者の自由な連合と直接行動，生産手段の自主管理を主張したのに対し，共産主義派は政党による中央集権的な統制を求め，対立した。共産主義派は翌22年に国際共産党組織である**コミンテルン**(→p.308)の日本支部として**日本共産党**を非合法のもとで結成した。1924年に自主的に解散するものの（1926年に再建），東アジアに築かれた帝国日本の支配に対抗するグローバルな社会運動組織として結成された日本共産党の影響は，知識人・学生の間に広く及んだ。他方，天皇を国民的統一のシンボルとし，天皇のもとでの一君万民という原理を徹底することによって社会的な平等を実現しようとする国家社会主義派もいた。**北一輝**や**大川周明**であり，彼らは1919年，猶存社を結成した。なかでも北一輝は，中国で五・四運動が高まるなか，日本のあり方に危機感を抱いて『**日本改造法案大綱**』を著し，のち陸軍皇道派(→p.342)の青年将校らに思想的な影響を与えた。

国際関係　1920年代は国際協調の時代である。帝国主義国どうしで植民地支配秩序をほぼ現状維持し，大戦の再発を防止しようとする試みがくり広げられた。

④国際協調のはじまり

第１次世界大戦後，欧米諸国では軍縮や戦争の抑止を求める気運が高まった。しかし，イギリスが大戦を通じて国際的地位を低下させ，代わってアメリカが国際政治・経済を主導する地位へ成長する一方，東アジア・西太平洋地域では日本の勢力が強まるなど，列国間の利害対立は激しく，海軍増強の競争(**建艦競争**)がくり広げられた。そう簡単には国際協調が実現しそうな情勢ではなかった。

とはいえ，ロシアでは革命により**ソビエト政権**が成立し，干渉戦争をのり切るとともに（1922年にソビエト社会主義共和国連邦〔略称ソ連〕が成立），コミンテルンを結成し，革命を世界へと拡大させようと活動を活発化させていた。また，民族自決が適用されなかったアジア・アフリカ地域では民族自決，植民地支配からの解放を求める動きが高まっていた。帝国主義的な国際秩序が動揺していたのである。

こうしたなかで国際紛争を平和的に解決しようとする試みがはじまった。まずは1920年，国際連盟が発足した。

国際連盟

ベルサイユ条約での規定に基づいて創設←アメリカ大統領ウィルソンが提唱
常任理事国…イギリス・フランス・イタリア・日本
アメリカは未加盟(議会の反対によりベルサイユ条約を批准できなかったため)

⑤東アジア・太平洋地域の国際協調体制

アメリカ大統領ハーディングが1921年，東アジア・太平洋地域における国際秩序の安定に向けた国際会議の開催を提唱した。ワシントン会議である。

アメリカの目的は，第１次世界大戦終了時から続く建艦競争を終わらせて財政負担を軽減させ，さらに，イギリスや日本の勢力を抑制することにあった。これに対して日本は，**戦後恐慌**（1920 年）の影響で海軍拡張が国家財政を圧迫していたため海軍軍縮に応じるとともに，アメリカとの協調を保つことによって中国などでの既得権益を確保しようとした。したがって，会議に参加せず国際的な孤立を保つという選択肢はとらなかった。原敬内閣のもとで全権として**加藤友三郎**海相や**幣原喜重郎**駐米大使らの出席が決まっていたが，会議がはじまる前に原首相が暗殺されたため，ワシントン会議には高橋是清内閣のもとで参加することとなった。

ワシントン会議

太平洋に関する四カ国条約（1921 年）
参加国…アメリカ・イギリス・日本・フランス
太平洋地域の領土保全　→日英同盟の廃棄

ワシントン海軍軍縮条約（1922 年）
参加国…アメリカ・イギリス・日本・フランス・イタリア
主力艦の 10 年間建造禁止，主力艦保有量の制限＝英米 5 ：日 3 ：仏伊 1.67

中国に関する九カ国条約（1922 年）
参加国…アメリカ・イギリス・日本・フランス・イタリア・オランダ
ポルトガル・ベルギー・中国
中国の主権尊重・領土保全と門戸開放・機会均等
→石井・ランシング協定の廃棄

山東懸案解決条約（1922 年）
日中間の個別協定により日本が山東省旧ドイツ権益(→p.313)を中国に返還

日本のシベリア撤兵宣言（1922 年）
→加藤友三郎内閣が北樺太を除いて撤兵を実施

これらの諸条約によって成立した東アジア・太平洋地域の新しい国際秩序を**ワシントン体制**と呼ぶ。帝国主義的な国際秩序をやや曖昧なまま，ほぼ現状維持することによって列国間の緊張緩和をはかり，緩やかな協調関係をつくり上げた。

このなかで日本は，**四カ国条約**と**ワシントン海軍軍縮条約**とにより西太平洋地域での軍事的な優位性を確保し，**九カ国条約**で**南満洲・東部内蒙古**における既得権益を現状維持した。とはいえ，ワシントン体制には日本の勢力拡大を封じるという側面もあったため，海軍の一部などに不満が残った。

中国に関しては，アメリカ流の**機会均等主義**(→p.280)（各国の経済活動の自由を相互に保障するというスタイル）が貫徹され，各国は中国内政への不干渉を約した。一方，中国政府には列国の経済活動に不可欠な平和と秩序を確保することが求められ，中国は欧米や日本による経済侵略を保障し，半ば植民地状態を自ら支えることになった。つまり，ワシントン体制は中国の民族自決・ナショナリズムの犠牲のうえに築き上げられた国際協調体制であった。

⑥国境を超えた人々の移動にともなう摩擦

アメリカ西海岸では，日本人移民の増加とともに日露戦争前後から移民排斥を求める動きが広がり(→p.296)，1924年には**排日移民法**が成立した。日本人移民が全面的に禁止されたのである。これにともなって日本国内では対米感情が悪化した。

一方，日本では，大戦景気のなかで中国からの移民労働者が増加したのに対し，大戦景気が終わって恐慌が相次いだ1920年代には，内務省の主導のもと，中国人労働者の入国禁止や国外退去といった規制が実施された。

植民地　植民地の朝鮮や台湾から米の移入がさかんになるとともに，朝鮮から移入する労働者が次第に増加した。

⑦朝鮮からの米と労働者の移入

米騒動以降，政府は米価抑制のため植民地米の移入を積極的に推し進め，朝鮮では1920年から**産米増殖計画**が実施された。灌漑設備の改善などの土地改良と肥料の多用などの技術改良とにより米の増産と品種改良をはかり，そのうえで日本本土への米の移入を増やそうとする政策である。この結果，増産分以上の米が朝鮮から移入され，本土では1920年代を通じて米価が低水準で推移した。

また，本土に移民する朝鮮人が増えていた。とりわけ，大戦景気のなかで日本の鉱工業が急成長するのにともなって労働力不足が生じ，それに応じて集団募集・就労あるいは個別就労の形で働く朝鮮人労働者が増加した。朝鮮産米増殖計画にともなって農家では多くの資金が必要となったため，現金収入を求めて労働力移動が生じたことも，要因の一つであった。女性は紡績工場に集団就労する者が多く，男性は炭鉱・鉱山の他，都市化にともなって増加した土木労働に従事したり，東京・大阪などの小工場で職工として雇用されたりした。日本人労働者に比べて賃金が低いことが特徴であったため，朝鮮人労働者が日本人失業者を圧迫しているとみなす風潮も生じてきた。(→p.320)

社会経済　大戦景気で浮かれていた日本経済も，大戦終結後は連続的な恐慌にみまわれる。そして，**関東大震災**が経済と人々の心を揺るがせた。

⑧戦後恐慌

第1次世界大戦が終結し，ヨーロッパ諸国の復興が進んで国際競争が復活すると，日本は輸出が減退して再び**輸入超過**に転じ，1920年には**戦後恐慌**が生じた。大戦景気のなかで急成長した成金は銀行からの過度の借入れに依存して急激に経営を拡大した企業が多かった。そのため，拡大した設備でそのまま生産・経営を続ければ，生産過剰に陥り，経営危機に追い込まれかねない企業が続出したのである。原敬内閣は，日本銀行に特別融資を行わせて銀行の企業への融資を支えさせ，経済界の救済をはかったが，かえって企業の経営改善や経済界の整理を遅らせた。

⑨関東大震災

追い打ちをかけるかのように，1923年9月1日，関東大震災が東京・横浜の工業地帯を襲った。地震とそれにともなう火災によって死者・行方不明者は10万人を超え，全壊・流失・全焼した家屋は57万戸にのぼった。

⑴震災恐慌　経済界は混乱に陥って**震災恐慌**となった。企業は手形（期限を決めた支払証書）を日常的に使っていたが，震災の被害により多額の手形が支払い困難となり，企業やその取引き銀行のなかには経営を悪化させるものが続出した。**第2次山本権兵衛内閣**（**蔵相井上準之助**）はまず**モラトリアム**（**支払猶予令**）を発して手形の取立てを一時猶予した。続いて，**震災手形割引損失補償令**を発し，被災した企業が支払い義務をもつ手形のうち銀行が買取った（割引いた）手形－これを**震災手形**という－を日本銀行に買取り（再割引）させるとともに取立てを2年間猶予した。日本銀行に4億3000万円にのぼる資金の融通を行わせ，震災手形による銀行の損失を一時的に穴埋めしたのである。

ところが問題があった。まず，戦後恐慌によって決済の滞った手形（不良債権）が震災手形のなかに混入した。さらに，実際は再割引ではなく震災手形を担保とする特別融資が行われて震災手形が銀行のもとに留め置かれ，支払い企業からの取立てを銀行に任せる形で運用された。不良債権が表面化することを日本銀行の特別融資で防ぐという結果になったのである。こうした理由から震災手形の決済は遅れ，取立ての猶予は2度延長されたが，1926年末の時点でさえ2億680万円が未決済のまま残った。未決済の震災手形を多くかかえる銀行は多額の不良債権をもつのと同じであり，預金者の間に信用不安が広がった。**金融恐慌**の遠因がここにあった。

⑵社会運動への抑圧　第2次山本内閣は震災にともなう混乱に対処するため**戒厳令**を布告し，東京・神奈川の被災地を軍の管轄下に置く措置をとった。そのもとで，東アジア規模での社会主義の広まりに危機感を抱く軍隊・警察は，社会運動の活動家へのテロを行った。亀戸では労働組合の指導者を警察署内で殺害し（**亀戸事件**），無政府主義者大杉栄・伊藤野枝夫妻を憲兵が殺害した（**甘粕事件**）。

⑶朝鮮人・中国人虐殺事件の発生　朝鮮人の暴動など根拠のない噂が広まるなか，警察や軍隊，さらに地域住民が組織した自警団が朝鮮人を虐殺するという事件が関東各地で起こった。**朝鮮人虐殺事件**である。正確な死者数は不明だが，朝鮮人留学生らが組織した団体の調査では6000人を超えた。また，中国人社会運動家王希天や留学生ら約700名の中国人が虐殺される事件も発生した。

⑩経済の緩やかな成長と都市化の進展

1920年代の経済は戦後恐慌，震災恐慌と，恐慌の連続にみまわれた。そのつど政府は日本銀行に特別融資を行わせて紙幣流通量を増やす救済策をとったため，大戦中に過度に膨張した経済界の整理・再編は遅れた。

ところが紙幣流通量の増加は，労働運動の高揚ともあいまって，労働者の実質賃金が高水準で推移することを可能としていた。企業側からすれば経営不振が慢性的に続いているようにみえたものの，労働者側からすれば生活水準が上昇したことを意味し，消費支出が活発となった。1920年代は必ずしも経済状態が悪かったわけではなかったのである。

消費者物価と労働者賃金（名目）の推移

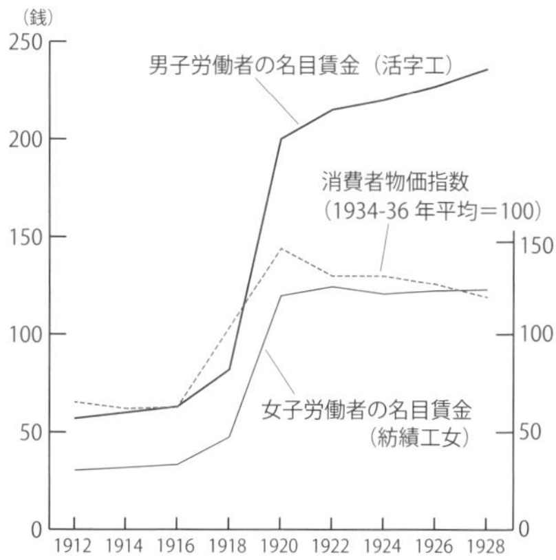

また，電気機械や電気化学など電力関連の重化学工業が成長し，ヨーロッパ諸国の復興が進んだこともあって機械類・鉄類の輸入も増え，工業生産は増加傾向にあった。**資本輸出**も拡大し，中国の上海や青島などでは日本の紡績会社が工場(**在華紡**)を設立する動きが広がった。

こうした緩やかな経済成長のなか，東京・大阪では都市化が進んだ。工場労働者に加えて銀行員・会社員などの**サラリーマン**が増え，また，女性が働く職域も広がり，タイピストや電話交換手などの事務職を務めたり，バスの車掌など接客・サービス業に従事したりする女性が増え，**職業婦人**と称された。都市人口が増加するのにともない郊外へと都市域が拡張した。郊外に新興住宅地が作られてサラリーマン向けの和洋折衷住宅である**文化住宅**がたち並び，私鉄が都心部と郊外とを結んだ。都心部では，都市の景観が変化した。**鉄筋コンクリート造**のオフィス＝ビルやターミナル＝デパートが増えた。他方，原内閣が1919年，**都市計画法**と**市街地建築物法**を定めて以降，内務省の指導のもとで全国的な統一基準による都市計画が各都市によって実施され，市街地の無計画で無秩序な膨張に抑制がはかられた。

政　治　(→p.296) 社会や人心が不安定となるなか，**政党内閣制**が慣行として成立する。**元老**(→p.283)が**西園寺公望**ただ一人となり，藩閥が雲散霧消してしまった状況のもと，政党の政権担当能力と民衆を統合する能力によりいっそう期待がかかったのである。

⑪第２次護憲運動

⑴非政党内閣の連続　原敬の暗殺をうけて高橋是清蔵相が立憲政友会総裁を継ぎ，組閣したものの，強力なリーダーがいなくなった政友会は内紛が生じ，そのため1922年，ワシントン会議の終了とともに高橋是清内閣は総辞職した。それ以降，海軍軍縮の実施もあって**加藤友三郎内閣**が継ぎ，加藤友三郎首相の病死後は**第２次山本権兵衛内閣**と，海軍軍人を首相とする内閣が連続した。

⑵**虎の門事件**　1923年12月，関東大震災時の甘粕事件などのテロに憤りを感じていた無政府主義者**難波大助**が東京・虎の門で摂政裕仁親王（のちの昭和天皇）を狙撃した。**虎の門事件**である。第２次山本内閣は普通選挙の導入を公約していたが，事件の責任をとって翌1924年，総辞職したため，普通選挙の実施は立ち消えた。

⑶**第２次護憲運動**　1924年１月，枢密院議長**清浦奎吾**が**貴族院**を基盤として内閣を組織した。ただ一人の元老となった西園寺公望は政党内閣制の採用を考えていたものの，衆議院第１党の政友会は内紛を続け，総裁高橋是清では安定した政権を期待できなかった。そこで，衆議院の任期満了が迫っていたため，総選挙の結果で判断しようと，選挙管理のため政党を超越した内閣を清浦奎吾に組織させようと考えていたのだが…。

清浦奎吾内閣の成立に対して，**憲政会**（総裁**加藤高明**）・**革新倶楽部**（代表**犬養毅**）・**立憲政友会**（総裁**高橋是清**）が**護憲三派**を結び，総選挙をめざし，民意を無視した特権内閣だとして倒閣運動を展開した。**第２次護憲運動**である。その過程で政友会は分裂し，清浦内閣を支持する**床次竹二郎**ら多数派が脱党して**政友本党**を結成した。

第２次護憲運動

清浦奎吾内閣＝政友本党が支持（←立憲政友会が分裂）

⇕

護憲三派：立憲政友会（高橋是清）・革新倶楽部（犬養毅）・憲政会（加藤高明）

　主張…普選断行・貴族院改革・行財政整理

衆議院の構成（5）

	立憲政友会	政友本党	革新倶楽部	憲政会	定数
1924年総選挙前	129	149	45	103	464
1924年総選挙	104	110	30	151	464

1924年総選挙の結果，政友本党に代わって**憲政会**が第１党となり，護憲三派をあわせて衆議院の過半数を占めた。これを受けて清浦内閣が総辞職し，元老西園寺は選挙結果に基づいて衆議院第１党憲政会の総裁**加藤高明**を首相に推挙した。加藤が犬養毅と高橋是清に入閣を求めたため，**護憲三派内閣**が成立した。

⑫政党政治と普通選挙の実現

⑴**普通選挙法と治安維持法**　護憲三派内閣は1925年，公約どおり**普通選挙法**を制定し，納税資格を撤廃して**男子普通選挙**を実現した（最初の普通選挙が行われたのは1928年）。他方，虎の門事件に象徴されるように社会運動が急進化するなか，普通選挙の実現やソ連との国交樹立をきっかけとして共産主義運動が広まることを警戒し，同年，**治安維持法**を定めた。天皇中心の**国体の変革**，あるいは**私有財産制度**（資本主義経済）**の否認**をめざす結社を組織し，また，それらに加入した者を取り

締まるための法律である。

⑵国際協調の進展　ワシントン会議の全権の一人であった**幣原喜重郎**が外相に就任し，アメリカ・イギリスとの協調，中国内政への不干渉を基本とする協調外交を展開した。さらに1925年，**日ソ基本条約**を締結してソ連との国交を樹立し，**北樺太からの撤兵**も実施して北東アジア地域の安定をはかった。

⑶陸軍軍縮　行財政整理という目標のもと，**宇垣一成**陸相により**陸軍軍縮**が実施されて4個師団が廃止された。それとひきかえに陸軍装備の近代化がはかられ，中等学校以上に将校を配備して**軍事教練**を導入するなど陸軍の基盤強化もめざされた。

文 化　社会運動の高まりを反映して**プロレタリア文化運動**が展開する一方，ヨーロッパで流行していた新傾向の文学・演劇が積極的に取り入れられた。

⑬大正後期の文化

⑴プロレタリア文化運動　芸術と労働者の生活との融合をめざし，芸術を通じて労働者の階級的な自覚を促そうとする運動をプロレタリア文化運動と総称する。なかでも労働者の生活をリアルに描こうとした**プロレタリア文学**が有名である。1921年に発刊された雑誌『**種蒔く人**』を本格的な出発点とし，1924年には雑誌『文芸戦線』が創刊され，葉山嘉樹(『海に生くる人々』)らが活躍した。

⑵マルクス主義の広まり　ロシア革命の影響もあり，**マルクス主義**が経済学や歴史学に影響を及ぼしはじめた。『**貧乏物語**』を出版（1917年）して倫理的な立場から貧困問題に言及していた**河上肇**は，次第にマルクス主義経済学へ傾き，1919年に雑誌『社会問題研究』を発刊してマルクスの著作などの翻訳・紹介に努めた。

⑶新感覚派　**新感覚派**はプロレタリア文学に対抗する形で登場し，ヨーロッパの新傾向の文学潮流の影響をうけながら，素朴なリアリズムを排して新しい文学技法を追求した。**横光利一**や**川端康成**(『伊豆の踊子』)が代表的作家である。

⑷演劇　新劇運動のなかで1924年，**土方与志**の資金提供により**築地小劇場**という新劇専用の劇場が設立された。同時に土方与志と**小山内薫**が中心となって築地小劇場という劇団が創設された。自らの劇場をもつ初めての新劇団体であり，ヨーロッパの新傾向の演劇を取り入れ，「演劇の実験室」とも称された。

⑸音楽　**東京音楽学校**で学び，ドイツに留学した**山田耕筰**が活躍した。山田耕筰は日本交響楽協会を結成(1925年)するなど，交響楽の普及に努めた。

⑹自由教育運動　文部省主導の画一的な学校教育(→p.300)に対し，児童・生徒の個性や自発性を尊重し，彼・彼女らの学びを中心にすえた教育運動が登場し，**自由教育運動**と称された。沢柳政太郎が1917年に創設した成城小学校を先駆として，児童向け雑誌『**赤い鳥**』（**鈴木三重吉**が1918年に創刊）による童話・童謡を創作しようとする運動，児童・生徒の生活をありのままに作文に書くこと(綴方)を通じて社会に対する認識を深めようとした綴方教育運動(生活綴方運動)などがくり広げられた。

第15章 立憲国家の変容

＜大まかな時代の推移＞

1920 年代

加藤高明内閣 ←第２次護憲運動

日ソ基本条約が調印された。

治安維持法が制定された。

普通選挙法が制定された。

第１次若槻礼次郎内閣

中国で北伐がはじまった。

銀行への取付け騒ぎが生じ，金融恐慌がはじまった。

蔣介石が南京に中国国民政府を樹立した。

田中義一内閣

山東出兵を開始した。

初めての男子普通選挙が実施された。

関東軍が張作霖爆殺事件を起こした。

不戦条約が調印された。

浜口雄幸内閣

金輸出解禁を断行し，国際金本位制に復帰した。

ロンドン海軍軍縮条約が調印された。

1930 年代

第２次若槻礼次郎内閣

関東軍が柳条湖事件を引き起こし，満洲事変を開始した。

犬養毅内閣

金輸出再禁止と金兌換の停止により管理通貨制度に移行した。

関東軍が満洲国を建国した。

五・一五事件で犬養毅首相が暗殺された。

斎藤実内閣

国際連盟からの脱退を通告した。

岡田啓介内閣

国体明徴声明が出され，天皇機関説が否認された。

陸軍皇道派の青年将校が二・二六事件を起こした。

37　政党政治の展開

年代　1925～1931年

政治　1924年に**加藤高明護憲三派内閣**が成立して以降，1932年までの，たった8年間だが，**政党内閣制の慣行**が続いた。元老**西園寺公望**の調整によって政党間の政権交代が実現し，**憲政の常道**と称された。

①憲政の常道

当時の政党政治は，衆議院に基盤をもつ政党(第1党とは限らない)の党首が元老西園寺公望の推挙を受けて首相に就任し，政党を基盤として内閣を組織する政治運営のあり方である。

大正前期までとは異なって元老は西園寺ただ一人であり，かつ，西園寺は山県有朋のように官僚や陸軍などを統合する人的ネットワーク・政治力を持たない。元老西園寺はその条件のもと，天皇が自らの意思によって最終決定を下すという事態を避けて天皇を政争の圏外に置くことを意図し，政党の政権担当能力と民衆を統合する力に期待したのである。

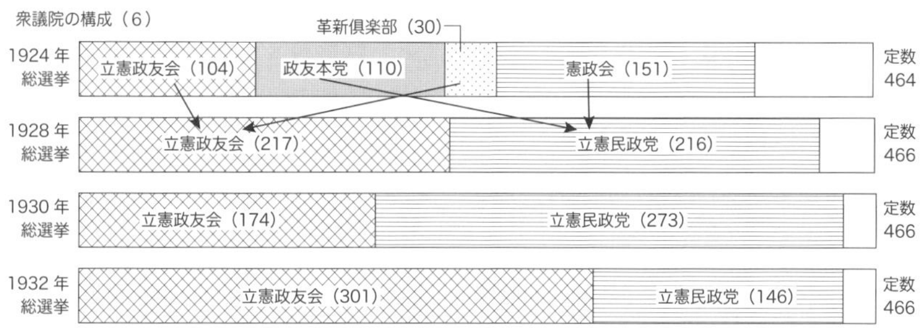

こうして政党政治が定着し，政党間の政権交代が実現した。しかし，政党が政権獲得をめざして互いのスキャンダルをあばきあい，財界との癒着など政党の腐敗ぶりが明らかになると，国民のなかには政党への不信・不満感がたまっていった。また，政党内閣の政策は**枢密院**や**陸海軍**の動向にも左右された。とりわけ天皇のもつ**陸海軍の統帥権**が内閣からも独立する慣行ができあがったことがネックで，(→p.268)陸海軍の動向が憲政の常道を崩壊に導くことになる。

②護憲三派内閣から憲政会単独内閣へ

加藤高明内閣は当初，**憲政会**・**立憲政友会**・**革新倶楽部**による護憲三派連立内閣であった。ところが，立憲政友会が党勢の回復をめざして1925年4月，陸軍軍人**田中義一**を総裁に迎え，さらに翌5月には革新倶楽部を吸収したうえで閣僚を引上げ，野党の立場を明確にした。この結果，加藤内閣は憲政会単独内閣として継続することとなり，1926年1月に加藤首相が病死すると，代わって**若槻礼次郎**が憲政会総裁をひき継いで内閣を組織した(**第1次若槻礼次郎内閣**)。与党の憲政会は衆議院第１党とはいえ過半数にはほど遠く，内閣の基盤は不安定であった。

なお，同年 12 月，大正天皇が死去し，摂政を務めていた昭和天皇が即位した。

社会経済　**関東大震災**による経済界の混乱は，日本経済に大きな傷跡を残した。被災地の復興事業にともなって輸入が急増し，大幅な**輸入超過**となったため，円為替相場が大きく下落し，1917 年の**金輸出禁止**より以前の相場（100 円＝ 49.845 ドル）を回復するにはいたらなかった。さらに，**震災手形**の処理がなかなか進まず，４億 3000 万円にのぼった震災手形のうち，1926 年末の時点で２億 680 万円が未決済のまま残っており，一部の銀行への信用不安が広がっていた。

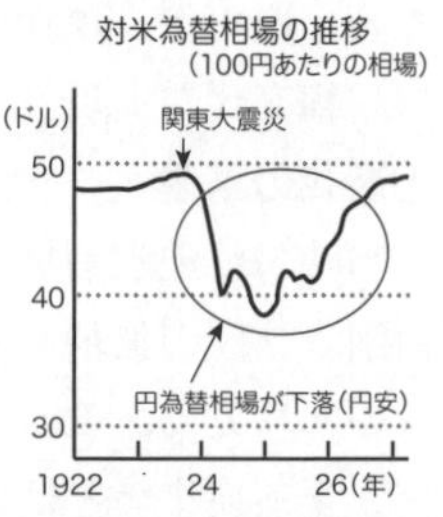

各国の金輸出禁止と解禁

国名	禁止	解禁
アメリカ	1917.9	1919.6
イギリス	1919.4	1925.4
イタリア	1914.4	1927.12
フランス	1915.7	1928.6
日　本	1917.9	1930.1

③金融恐慌

アメリカやイギリスが金輸出を解禁して**国際金本位制**に復帰するなか，経済面での国際協調を実現させるためには日本も金輸出解禁を行う必要があった。しかし，金輸出解禁を行って国際金本位制のもとでの自由貿易システムに復帰するためには，不良債権化した震災手形の処理を進め，**経済界を整理**することが先決であった。そこで**若槻憲政会内閣**は 1927 年，経営基盤の脆弱な中小銀行の整理を促すために**銀行法**を制定するとともに，震災手形の処理を進めようとしたのだが……。

⑴金融恐慌の発生　1927 年３月，議会で震災手形処理法案を審議中，**片岡直温**蔵相の失言によって一部の銀行の不良な経営状態が明らかになった。これがきっかけとなって預金者が預金の引出しのため銀行に殺到する**取付け騒ぎ**が生じ，対応できずに休業や倒産に追い込まれる銀行が出た。**金融恐慌**のはじまりである。

ところで，未決済のまま残る震災手形の約半分は**台湾銀行**がらみであり，台湾銀行は**鈴木商店**(→p.309)に対して巨額の不良債権を抱えていた。そのことが明るみに出，さらに鈴木商店が倒産に追い込まれると，台湾銀行は破産の危機に直面した。これをうけて取付け騒ぎが全国に拡大し，金融恐慌が本格化した。**東京渡辺銀行**や華族出資による**十五銀行**(→p.248)など，休業・破綻する銀行が相次いだ。

⑵政府の対応　台湾銀行が植民地台湾の発券銀行であったため，若槻憲政会内閣は事態を重く見て，**緊急勅令**によって日本銀行に非常貸出しを行わせて台湾銀行を救済しようと試みた。しかし**枢密院**の反対によって失敗し，同年４月，総辞職した。

代わって成立したのが**立憲政友会**の**田中義一内閣**である。元老西園寺公望が野党第１党立憲政友会の総裁田中義一を首相に選定したのである。こうして元老の調整による政党間の政権交代がはじまった。

田中立憲政友会内閣の**高橋是清**蔵相は３週間の**モラトリアム（支払猶予令）**を実施するとともに，日本銀行に非常貸出しを行わせ，金融恐慌を鎮めた。

金融恐慌

第1次若槻礼次郎内閣(憲政会)：片岡直温蔵相＝失言 → 金融恐慌を招く
田中義一内閣(立憲政友会)：高橋是清蔵相＝モラトリアム → 金融恐慌を鎮静

⑶影響　金融恐慌によって中小銀行の多くは経営破綻に追い込まれ，さらに，銀行法の施行とともに整理されていった。この結果，普通銀行の数は1926年の1420行から1929年の881行へと減少し，預金は財閥系の**三井**・**三菱**・**住友**・**安田**・**第一銀行**という**五大銀行**に集中した。こうして財閥は金融面からの産業支配力を強めていった。

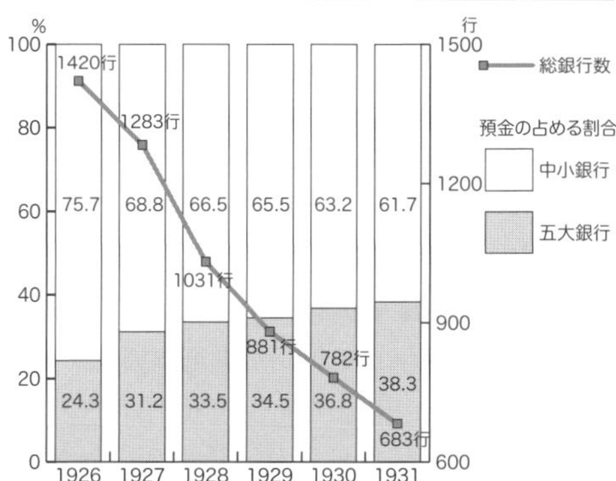

国際関係　金融恐慌に際して枢密院が台湾銀行救済の緊急勅令案を否決したのは，対中国政策に原因があった。枢密院の**平沼騏一郎**や**伊東巳代治**らは立憲政友会に近く，中国内政に干渉しないとの姿勢をとる憲政会内閣の**幣原外交**に不満で，憲政会内閣に代えて政友会内閣を登場させ，そのもとで対中国政策を強硬外交へと転換させることをねらっていた。では，当時の中国情勢はどうだったのか。

④中国国民革命の進展

中国は，不平等条約のもとで欧米や日本の貿易，投資など経済活動の自由が保障され，さまざまな権益が設定され，いわば半植民地状態にあった。さらに，**九カ国条約**(→p.319)で主権国家としての独立が確保されていたとはいえ，統一国家としての実質はともなっていなかった。華北では北京政府の実権をめぐって各地の**軍閥**が抗争をくり広げ，華南の広東(広州)には**孫文**ら**中国国民党**が勢力をもっていた。

⑴北京政府の国権回復への動き　中国では不平等条約の撤廃，国権の回収を求める動きが1920年代前半から進んでいた。たとえば，北京政府は日本の二十一カ条要求に関連する諸条約を無効とみなし，**旅順**・**大連**の租借期限が1923年で満期になると主張した。日本がこれを否認すると，各地で**日貨排斥**(日本製品の不買運動)など抗日運動が高まった。

⑵日本の軍閥支援　憲政会の第1次若槻礼次郎内閣は，内政不干渉を掲げる**幣原外交**のもと，**奉天軍閥張作霖**を支援することを通じて南満洲・東部内蒙古の権益を確保しようとしていた。しかし張作霖は，満鉄による利益独占の打破をもくろんで満鉄並行線の建設に着手したり，中国本土に進出し，1926年末には北京政府の実権を握ったりするなど,必ずしも日本の意向に従った行動を取ったわけではなかった。

⑶第1次国共合作　他方で，孫文ら中国国民党により**中国国民革命**がはじまる。中

国の統一実現と**民族自決**(→p.313)をめざす動きである。第一歩として1924年，**第1次国共合作**が成立した。孫文は，アメリカ・イギリス・日本を中心とする**ワシントン体制**のもとで現状を変革するにはソ連と提携するのが得策と判断し，**中国共産党**との提携関係を築いたのである。とはいえ孫文は翌年に死去し，代わって**蔣介石**が中国国民党の実権を握った。

上海では1925年，**在華紡**での労働争議に際してイギリス警官が発砲したことをきっかけとして**五・三〇運動**と呼ばれる反帝国主義運動がくり広げられた。15万余りの上海の労働者が一斉にストライキを敢行し，運動は中国各都市へ波及した。

⑷**北伐の開始**　蔣介石は1926年7月，**北伐**を開始した。各地に割拠する軍閥を撃破・統合し，張作霖ら軍閥を中心とする北京政府の打倒をめざす内戦である。

国共合作のもとで北伐が進展すると，中国共産党の指導する反帝国主義運動が各地で高まった。南京で北伐軍兵士がアメリカ・イギリス・日本などの領事館を襲撃する事件がおこると，中国共産党の動きを警戒したアメリカとイギリスは1927年3月，軍事介入した。それを受けて蔣介石は翌4月，南京に**国民政府**を樹立し，中国共産党との提携を断ち，弾圧へと転じた(**国共内戦**のはじまり)。この時，日本の**若槻憲政会内閣**は，**幣原喜重郎**外相のもと，イギリスからの共同出兵の要請を拒否した。中国情勢が激動するなか，米英日の共同歩調が崩れはじめたのである。

北伐

中国国民革命軍による北京政府打倒をめざす内戦

開始：広東(広州)で開始(1926年)＝第1次国共合作による
↓<アメリカ・イギリスの軍事介入
蔣介石が南京に国民政府を樹立(1927年) ＝中国共産党を排除 → 国共内戦へ
↓<日本の軍事介入＝山東出兵
張作霖中心の北京政府が崩壊(1928年) → 張学良が国民政府に合流(1928年)

⑤田中外交の展開

⑴**中国への強硬外交**　立憲政友会の**田中義一内閣**は田中首相が外相を兼任し，内政不干渉の幣原外交から転換して中国への武力行使にふみ切り，**山東出兵**を行った。

田中内閣の対中国政策

山東出兵(1927～28年) …山東省へ軍隊を派遣
目的：北伐(国民革命)軍の北上を妨害・牽制＝居留民を保護・張作霖を支援
影響：済南事件(1928年)で北伐軍と衝突
東方会議(1927年) …中国関係の軍人・外交官を集めて会議
南満洲・東部内蒙古の権益を実力で守る方針を確認

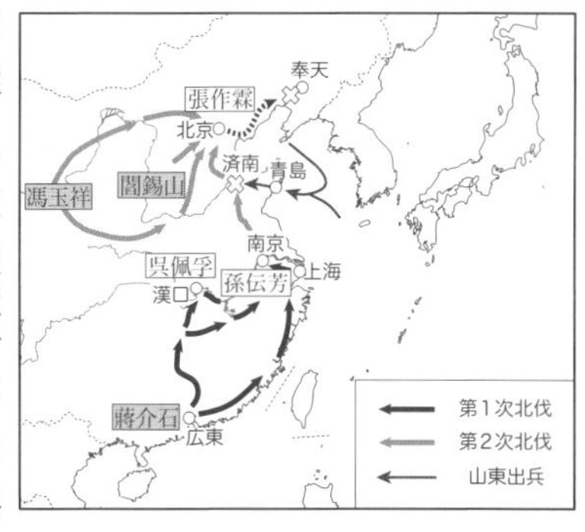

張作霖の敗勢が濃厚となると，田中政友会内閣は張に対して奉天への帰還を要請し，張作霖はそれに従った。ところが**関東軍**が暴走した。1928年6月，参謀河本大作らが張作霖を奉天郊外で列車ごと爆破し，これに乗じて満洲の軍事占領を企図した（**張作霖爆殺事件**，**満洲某重大事件**ともいう）。しかし，張作霖を爆殺したものの，満洲は子の**張学良**のもとで秩序が保たれて混乱が生じず，関東軍の計画は失敗に終わった。かえって抗日運動を高めただけであった。これに対して田中首相は真相の解明・責任者の処罰をめざしたものの，陸軍の抵抗により実行できなかった。そのため，昭和天皇の信任を失う決定的な要因となり，翌29年7月，田中内閣は総辞職に追い込まれた。

⑵米英協調の追求　中国に対して強硬外交を行った田中政友会内閣も，アメリカ・イギリスとの協調に努めた。1927年，補助艦艇の制限を協議する**ジュネーブ海軍軍縮会議**に参加し，1928年には**不戦条約**に調印した。不戦条約は戦争を国際法上の違法行為としたもので（自衛のための戦争は留保），戦争再発防止にむけた国際協調体制がさらに整った。しかし，ジュネーブ海軍軍縮会議にはフランスとイタリアが参加を拒否し，アメリカとイギリスとの対立から条約締結にいたらなかったように，国際協調の維持には困難がともなっていた。

植民地　1910年代末以降，朝鮮や台湾では植民地統治が再編され，同化政策・内地延長主義へと転じていた。しかし，**民族自決**を求める動きは続いた。

⑥植民地支配への反発

朝鮮では1929年から翌30年にかけて光州学生運動が展開した。光州で日本人中学生が朝鮮人女学生に侮辱的発言を行ったことが発端となり，植民地教育政策への批判などを掲げた学生によるデモが各地に広がった。台湾では1930年，**霧社事件**が発生した。近代化の模範とされた台湾原住民のセデック族（当時はタイヤル族に分類）の一部が警察官による恣意的な支配への不満から武装蜂起した事件である。

政　治　中国だけでなく日本でも共産党の存在がクローズアップされてくる。**日本共産党**は1922年に結成され，関東大震災後いったん自主解散したものの，1926年に再建され，君主制打倒などを掲げて活動しはじめていた。

⑦普通選挙の実施と共産党勢力の台頭

⑴普通選挙の実施　普通選挙法成立にともない，労働組合や農民組合の指導者らによって政党が組織され，**無産政党**と総称された。1926年に労働農民党が結成されたものの，日本共産党系の日本労働組合評議会の加盟問題をめぐってまもなく分裂

主な衆議院議員選挙法改正

公布年	公布時の内閣	実施年	選挙人			
			直接国税	性別年齢(以上)	総数(万人)	全人口比(%)
1889	黒田	1890	15円以上	男 25歳	45	1.1
1900	山県	1902	10円以上	〃	98	2.2
1919	原	1920	3円以上	〃	306	5.5
1925	加藤(高)	1928	制限なし	〃	1240	20.8
1945	幣原	1946	〃	男女20歳	3688	50.4

主な無産政党の系譜

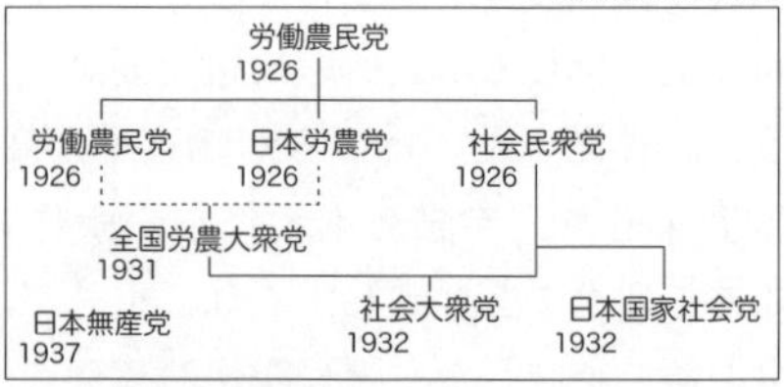

労働農民党 1926
労働農民党 1926
日本労農党 1926
社会民衆党 1926
全国労農大衆党 1931
社会大衆党 1932
日本国家社会党 1932
日本無産党 1937

し，社会民衆党・日本労農党・労働農民党(日本共産党系)に分かれた。(→p.339)

普通選挙が初めて実施されたのは**田中義一内閣**のとき，**1928年**である。金融恐慌のなかで1927年4月，若槻憲政会内閣に代わって田中政友会内閣が成立した際，衆議院第1党は憲政会であり，与党の立憲政友会は第2党にすぎなかった。そのため田中内閣は翌28年2月，与党による過半数確保をめざして総選挙を行った。

選挙干渉を行った効果もあり立憲政友会が第1党の地位を確保したものの，**憲政会**と**政友本党**が合同して成立した**立憲民政党**との差はわずか1議席で，安定した議会運営が可能な状態を確保できたとは言えなかった。初めて立候補者を出した無産政党からは社会民衆党の安部磯雄，労働農民党の**山本宣治**ら8名が当選したにすぎなかったが，労働農民党の背後にあった日本共産党が選挙のなかで君主制打倒を掲げて公然と活動を行ったことは，田中内閣に衝撃を与えた。

(2)日本共産党への弾圧　田中内閣は治安維持法を適用し，1928年3月に共産党員を逮捕(**三・一五事件**)するとともに，労働農民党や日本労働組合評議会など関係団体を解散させた。さらに，共産党への弾圧体制を強化するため1928年6月，**治安維持法を改正**し，国体変革に関して最高刑に**死刑**を導入するとともに，支持者・賛同者(「結社ノ目的遂行ノ為ニスル行為ヲ為シタル者」)にも適用できるように目的遂行罪を導入した。この法案は民政党など野党が反対し，衆議院で否決されて廃案になったにもかかわらず，議会閉会後に緊急勅令を使って改正したため，議会無視と批判された。同年11月に昭和天皇の即位礼をひかえ，それに間に合わせることなどの意図があったとされる。さらに，**特別高等警察**(**特高**)を東京だけでなく各道府県にも設置し，共産党の活動に対する取締りを強化した。そのうえで翌29年4月，共産党員やその支持者を逮捕した(**四・一六事件**)。(→p.299)

社会経済　国際協調体制の経済的な基盤は国際金本位制であり，それによって外国為替相場の安定を確保し，自由な貿易と資本移動とを可能としていた。ところが，主要国のなかでは日本だけが国際金本位制への復帰が遅れていた。

⑧井上財政と昭和恐慌

(1)金輸出解禁（金解禁）　1929年7月に成立した**立憲民政党**の**浜口雄幸内閣**は蔵相に**井上準之助**をすえ，1917年以来の金輸出禁止を解除（**金輸出解禁**）して国際金本位制へ復帰し，**円為替相場を安定**させることをめざした。

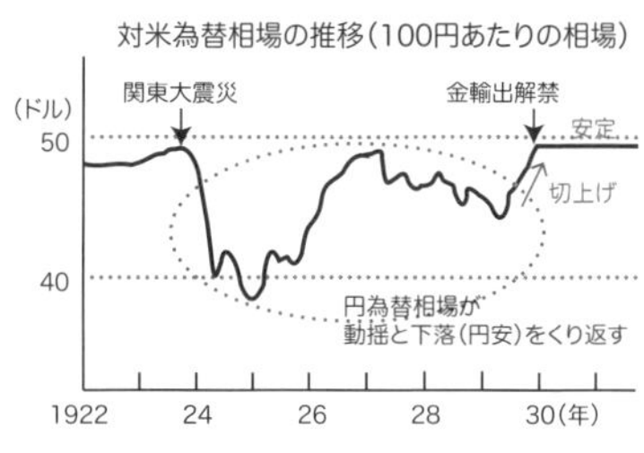

1920年代の日本経済は，大戦中に過大に膨張した経済界の整理が遅れ，国際競争に対応できるだけの競争力をもたなかったため，ヨーロッパ諸国の復興にともなって輸入超過となっていた。さらに，関東大震災後の復興事業のために輸入が増加し，輸入超過が拡大した。一方，関東大震災や金融恐慌により，金輸出禁止を解除できなかった。そのため，円為替相場は動揺と下落をくり返した。貿易取引の最終的な決済手段として金を使えず(→p.291)，決済のために円とドルなど外貨との交換が常に行われたため，円為替相場は時々の経済状態に応じて変動していたのである。

こうしたなか，井上蔵相は**旧平価**（1917年以前の水準）で金輸出解禁（金解禁）を断行しようとした。つまり，国際金本位制に復帰する際に実質的に**円を切上げ**ようとしたのである。**貨幣法**を改正せずに実施できるという手続きの簡易さも要因ではあるが，円為替相場は日本経済の国際的な信用を示す指標であり，日露戦争時に発行した外債(→p.294)の借換え時期にあたっていたこともあり，国際信用をなんとしてでも維持しておきたかったのである。また，円切上げは日本経済にとって輸出抑制・輸入増進という効果をもたらし，大幅な輸入超過とそれにともなう大量の金流出を招くと予想される。金流出は国内の金準備高の減少につながり，そのことは国内での紙幣流通量の大幅な抑制，つまり深刻なデフレ効果をもたらす。深刻なデフレ効果によって**経済界の整理**を促し，国際競争力を育成して将来における輸出拡大の基礎を作ること，これが旧平価で金解禁を行った主なねらいであった。

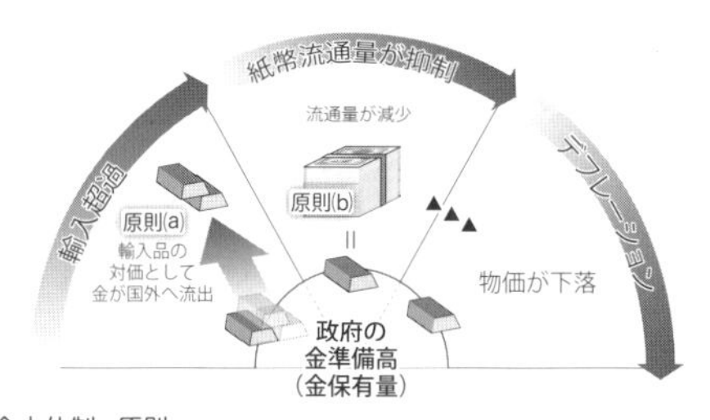

とはいえ，いっきに深刻なデフレが生じるのであれば衝撃が大きい。そこで井上蔵相は，**緊縮財政**を実施して**物価の引下げ**をはかり，さらに，各企業に**産業合理化**を行わせ，国際競争力を確保しようとした。こうした準備に着手してから，1930年1月，金輸出解禁(金解禁)を断行した。

井上財政

準備
- 緊縮財政 ⇨ 物価の引下げ
- 産業合理化＝経済界の整理 ⇨ 国際競争力の育成 ← **推進**

→ 金輸出解禁＝円為替相場を旧平価で安定 → 事実上の円切上げ

こうして国際金本位制のもとでの自由貿易システムに復帰したことにより，産業合理化，経済界の整理をさらに推進させる環境が整った。浜口内閣は1931年4月には**重要産業統制法**を制定し，カルテル結成を助長して経済界の整理を進めた。

(2)社会政策の挫折　浜口内閣は労働者や小作農の地位向上と生活の安定をはかる社会政策の実施を試みた。高まる社会運動の要求や国際社会の動向(→p.316)に対応するものであり，さらに，経済界の整理を進めるなかで国民生活が被るダメージをできる限り抑えようとする意図があった。そこで1929年，綿紡績業などにも**工場法**(→p.300)を適用させ，**女子の深夜業**を完全に禁じた（これで綿紡績業は女子による**昼夜２交代制**ができなくなる)。一方，労働組合を公認する労働組合法や小作権を認める小作法の制定をめざしたものの，これらは経営者団体などの反対により実現しなかった。

(3)昭和恐慌　事実上の円切上げをともなう金解禁により，日本経済は深刻なデフレ不況に陥った。それだけではない。前年の1929年10月，ニューヨークのウォール街での株価暴落によりアメリカで恐慌が発生し，それがヨーロッパなどへも波及して**世界恐慌**に発展しつつあったことも影響した。こうして日本経済は二重の打撃を受け，**昭和恐慌**にみまわれた。輸出が激減して金が大幅に流出し，経営を悪化させた企業は操業短縮や人員整理を行い，あるいは倒産した。労働者の解雇や賃金引下げが相次ぎ，労働運動が激化した。労働争議が各地で発生し，1931年には労働争議が第２次世界大戦前の最高件数を記録した。

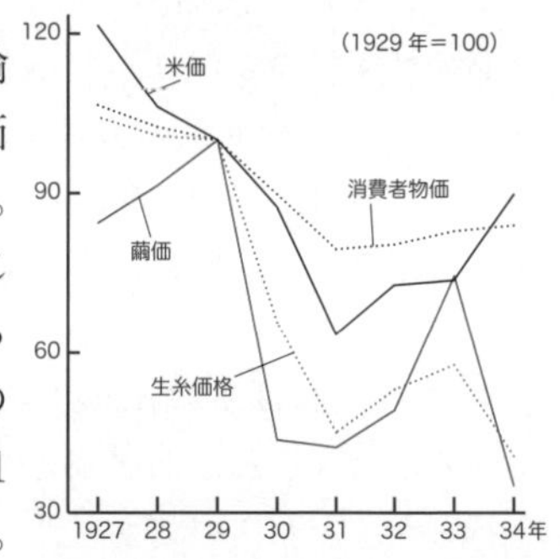

恐慌は農村へも波及した。アメリカ向けの**生糸**輸出が激減したため製糸業が打撃を受け，原料**繭**の価格が暴落して繭を生産する**養蚕**農家が打撃を受けた。さらに，米価も暴落した。もともと1920年代を通じて植民地米が移入され米価が抑制されていたところ(→p.319)に，1930年は米が豊作だったため米価が下落したのである。それに追い打ちをかけるかのように，翌31年は東北・北海道が冷害によって大凶作となった。しかも都市の失業者が帰村したこともあって農村人口が相対的に過剰となり，農村の困窮が深まった。**娘の身売り**や**欠食児童**が増加して社会問題化した。こうした事態を**農業恐慌（農村恐慌）**と呼ぶ。

国際関係　世界恐慌により列国間の経済的な相互依存関係に動揺が生じた頃，国際協調体制も動揺していた。

⑨国際協調外交の動揺

(1)幣原外交の復活　浜口民政党内閣は外相に**幣原喜重郎**をすえ，中国に対する協調外交を復活させた。日本経済の再建にとって中国との貿易の安定・拡大は重要な課題であり，中国での**日貨排斥**（日本製品の不買運動）を抑え，輸出の増大をはかるには，日中関係の改善が不可欠であった。そこで幣原外相は，アメリカやイギリスに続き，不平等条約体制からの脱却をめざす中国国民政府との間で1930年に**日中関税協定**を結び，綿製品などの関税率を一定期間すえ置きにするなどの条件付きながらも中国の関税自主権を承認した。

ところが，満洲某重大事件後に張作霖の跡を継いだ子の**張学良**は1928年末，蔣介石に降伏して中国国民政府に合流し(易幟)，**国権回復運動**を推進した。満鉄などの権益を中国へ取戻そうとする動きを見せたのである。そのため，張学良と日本・ソ連との間に紛争が生じ，日本国内では「満蒙は日本の生命線」との立場から幣原外交を軟弱だと攻撃する動きが強まった。

⑵海軍軍縮の継続　ジュネーヴ海軍軍縮会議が補助艦艇の制限に失敗したあとをうけ，1930年，ロンドン海軍軍縮会議が開催された。浜口民政党内閣は**若槻礼次郎**元首相や財部彪海相らを全権として派遣した。フランス・イタリア両国は合意にいたらなかったものの，同年4月，アメリカ・イギリス・日本の3国間で**ロンドン海軍軍縮条約**が締結された。

ロンドン海軍軍縮条約

主力艦…ワシントン条約による建造禁止期間を1936年まで延長
補助艦艇…保有量を制限 → 米英：日＝10：6.975

対米7割を確保できなかった点に対して**海軍軍令部**が反発し，海軍軍令部長加藤寛治らは右翼団体を動員し，また新聞を利用した宣伝によって強硬論をあおった。この動きに立憲政友会も同調し，海軍軍令部の反対をおし切って兵力量を決定したのは統帥権の干犯だと，浜口民政党内閣を攻撃した。**統帥権干犯問題**である。陸海軍の兵力量の決定は，天皇大権の一つ**陸海軍の編制権**に属し，**統帥権**とは別もので，内閣の輔弼事項だったものの，海軍軍令部は兵力量の決定についても軍令部の同意が必要だと解釈していたため，憲法解釈をめぐって対立が生じたのである。浜口内閣は元老西園寺公望や昭和天皇らの支持のもとで条約批准を実現させたものの，同年11月，浜口首相が東京駅で狙撃されて重傷を負った。浜口は翌31年4月に首相を辞職した後，まもなく死去した。

この統帥権干犯問題は，**国家改造運動**が本格化する発端となった。陸軍では**橋本欣五郎**らが秘密結社として**桜会**を組織し，国家改造をめざして1931年3月，クーデタを企図したものの未遂に終わった(**三月事件**)。

文化　都市中間層を担い手，**マス＝メディア**を舞台として**大衆文化**が広がった。背景は，**電力**の普及により工場の機械化が進み，規格化された商品を大量生産(→p.309)するシステムが整いはじめたこと，新聞・雑誌や**映画**，**レコード**，ラジオなど，同一の情報を一挙に大量の人間に伝達することを可能とするマス＝メディアが発達したこと，高等教育が普及し，サラリーマンなど**都市中間層**が増加したこと，である。ただし，大衆文化は農村には十分には及ばず，都市と農村にはさまざまな格差があった。また，社会運動の勃興，日本共産党の結成・再建という状況のもと，**プロレタリア文化運動**が高まりをみせ，**マルクス主義**の影響も広がった。

⑩都市大衆文化の広まり

⑴マス＝メディアの発達　新聞・雑誌が発行部数を伸ばした。『大阪朝日新聞』『大阪毎日新聞』が発行部数を 100 万部を突破し，また『週刊朝日』『サンデー毎日』などの週刊誌，娯楽向けの**大衆雑誌『キング』**（1925 年・大日本雄弁会講談社）などが創刊された。また，日清戦争後に輸入されて**活動写真**と呼ばれていた映画が大衆娯楽として人気を博し，レコードも大量に売れはじめ，歌謡曲が全国で流行した。1925 年には東京・大阪・名古屋で**ラジオ放送**が**開始**された。

⑵大衆文学　都市中間層を中心として人気を博したのが**大衆文学（大衆小説）**である。新聞や大衆雑誌に時代小説，探偵小説などが連載され，**中里介山**（『**大菩薩峠**』），大佛次郎（『鞍馬天狗』），菊池寛，直木三十五らが活躍した。

⑶教養の大衆化　関東大震災で被害を受けた改造社が経営再建のため，1926 年，文学全集を 1 冊定価 1 円という比較的低価格で売り出したことをきっかけとして，さまざまな出版社が同様の企画を行い，それらの廉価本は**円本**と総称された。さらに，岩波書店がそれに触発され，**文庫本**を刊行しはじめた。こうして登場した円本や文庫本は，国内外の文芸や学問を教養として広く都市中間層に提供した。

⑷都市生活の変化　衣食住の洋風化が進んだ。男性を中心として**洋服**を着る人が増え，東京・銀座や大阪・心斎橋などの繁華街では**モボ**（モダンボーイ）や**モガ**（モダンガール）が闊歩し，食生活ではカレーライスやトンカツなどの洋食が普及した。都市では水道やガスの供給が本格化し，**電灯**は農村部を含めて広く一般家庭に普及した。さらに，家族がちゃぶ台を囲んで一緒に食事をする一家団欒の家庭生活が都市を中心として広まった。このことは，都市部を中心として**家制度**(→p.266)が徐々に変質し，家族内の関係が比較的に平等なものへと変化していた状況(→p.398)を示していた。

⑪プロレタリア文化運動とマルクス主義

プロレタリア文化運動が高まり，**プロレタリア文学**は一時は既成の文壇を圧倒する勢いをもった。1928 年には全日本無産者芸術連盟（ナップ）が結成され，機関誌『戦旗』で**徳永直**（『**太陽のない街**』で共同印刷争議を描く），**小林多喜二**（『**蟹工船**』で北洋漁業の労働者を描く）らが小説を発表した。

また，マルクス主義が知識人や学者のなかに大きな影響をもった。たとえば，野呂栄太郎が明治維新とその後の経済発展を分析して『日本資本主義発達史』を著し，雑誌「労農」によった猪俣津南雄らと論争をくり広げた。

38 満洲事変とその影響

年代 1931～1935年

国際関係 **中国国民政府**により権益の回収をはかる民族運動が高まるなか，日本の**南満洲・東部内蒙古権益**の維持が困難となった。さらに1931年には中村大尉事件（日本人立ち入り禁止区域でスパイ活動中の中村震太郎陸軍大尉が中国兵に殺害された），万宝山事件（満洲に入植した朝鮮人農民と中国人農民が衝突）など，日中間の紛争が頻発した。他方，ソ連が五カ年計画を策定して重工業建設を進め，国力の増強を進めていたこと，北満洲における鉄道権益をめぐって生じた**張学良**とソ連との紛争でソ連が勝利したことは，**関東軍**など陸軍にとって脅威であった。

こうしたなか，**立憲民政党**の**第２次若槻礼次郎内閣**（外相**幣原喜重郎**）による外交交渉では満蒙問題の解決が進まず，関東軍が暴走して**満洲事変**をひき起こした。**昭和恐慌**下の閉塞的な状況にあった国民は，情報統制の効果もあり，暴力による現状の打開を期待して軍の行動を熱狂的に支持し，元老**西園寺公望**や昭和天皇らもイギリス・アメリカとの衝突に発展しないとわかると，徐々に関東軍の行動を追認した。

①満洲事変のはじまり

1931年9月18日，関東軍は奉天郊外の**柳条湖**で満鉄線路をみずから爆破した（**柳条湖事件**）。そして，これを中国側のしわざとして奉天における張学良の軍事拠点を攻撃し，朝鮮軍の協力を得ながら，満鉄沿線の主要都市を一斉に占領した。これに対して若槻立憲民政党内閣が不拡大方針を出したものの，関東軍はその方針を無視して軍事行動を拡大し，翌32年にかけて日本の権益がない北満洲（→p.307）までも侵攻し，満州全土にわたって主要部を占領した。満洲事変である。

関東軍がめざしたものは，満洲を占領することにより将来におけるソ連やアメリカとの戦争にそなえる戦略拠点を確保し，とりわけソ連に対する安全保障を確保するとともに，同時に，国内における**国家改造運動**の橋頭堡とすることであった。関東軍にとって満洲事変は，南満洲の既得権益を確保するためだけの手段ではなく，国家改造に向けたプロセスの第一歩であった。

満洲事変の経過

若槻②内閣 ⇄ 柳条湖事件（関東軍による満鉄線路爆破事件）＝軍事行動を開始
関東軍が満洲主要部を占領　↔　中国が国際連盟に提訴
⇨ 連盟がリットン調査団派遣
犬養毅内閣 ⇄ 関東軍が満洲国を建国
斎藤実内閣 … 日満議定書に調印　↔　連盟が撤退勧告案を可決
関東軍が熱河省に侵攻
塘沽停戦協定で軍事行動を休止

②満洲事変と国際社会

⑴国際連盟やアメリカの対応　中国国民政府の**蔣介石**は，**中国共産党**と戦うことを優先させ，日本には抗戦しない姿勢をとった。しかし，柳条湖事件の直後，日本の軍事行動は**九カ国条約**や**不戦条約**に違反しているとして**国際連盟**に提訴した。

こうしたなか，国際連盟は1931年12月，満洲など関係地域に調査団を派遣することを決定した。その結果，**イギリス**のリットンを団長とし，**国際連盟に未加盟のアメリカ**の参加も得て，イギリス・フランス・イタリア・ドイツ・アメリカの５カ国によって調査団(**リットン調査団**)が構成され，翌32年２月から現地調査にあたった。一方，アメリカは同年１月，スティムソン国務長官が日本の一連の行動を承認しないと宣言した。

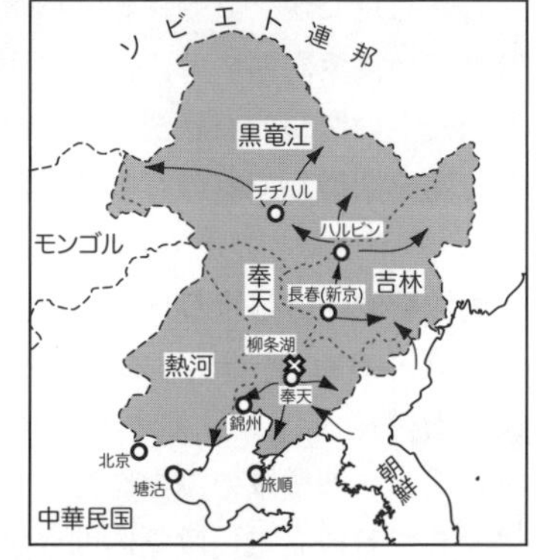

⑵満洲国の建国　満洲事変を計画した関東軍参謀**石原莞爾**らは，当初，満洲を日本へ併合する計画であったが，国際世論への配慮から独立国家づくりへと進んだ。そして，満洲住民の自発的な意思に基づく新国家の建設という体裁を整え，民族自決を偽装するため，満洲族が作った清の最後の皇帝であった**愛新覚羅溥儀**(→p.302)(宣統帝)を国家元首の**執政**にすえ，1932年３月，**満洲国**を建国した。首都は新京(長春から改称)に置き，東三省(奉天省・吉林省・黒竜江省の総称)を領土として出発した(のちに熱河省も編入)。満洲国は五族協和・王道楽土の理想を掲げたものの，関東軍の傀儡国家にすぎなかった。

満洲国建国の際，列国の関心を満洲からそらすための謀略として，日本軍は1932年１月，買収した中国人に上海で日本人僧侶を襲わせ，この事件を口実に出兵した(**第１次上海事変**)。中国軍と民衆の抵抗により日本軍は苦戦し，イギリスの仲介で停戦し撤兵したものの，満洲事変勃発により高まっていた中国での**日貨排斥**をさらに拡大させた。

⑶日満議定書　**犬養毅立憲政友会内閣**が**五・一五事件**で総辞職したあと，1932年９月，**斎藤実内閣**(外相内田康哉)は**日満議定書**に調印して満洲国を承認し，満洲全域を関東軍の完全な支配下においた。同月に完成したリットン調査団の報告書が公表される前に満洲国を既成事実化しようとしたのである。

日満議定書
満洲国の承認 → 日本の権益を確保 日満共同防衛のために日本軍が満洲国内に駐屯

日満議定書は，満洲国の国防と治安維持のために日本軍が駐屯することを無期限

かつ無条件で認め，さらに，日本軍駐屯の経費をすべて満洲国が負担し，日本の既得権益を尊重するだけでなく，鉄道・港湾など交通機関の管轄・新設をすべて日本に任せ，日本人を満洲国官吏に任用することも規定されていた。つまり，満洲国が日本の傀儡国家以外のなにものでもないことを示した外交文書であった。

③国際協調体制からの離脱

⑴国際連盟脱退の通告　リットン調査団の報告書は，関東軍の行動を自衛のための行動とは認めず，満洲国の建国も満洲住民による自発的なものとは認めなかった。関東軍が積み上げてきた既成事実を否定するものであった。しかし他方で，日本の既得権益を擁護し，中国の**国権回復運動**(→p.318)や日貨排斥を不法とする日本の主張を認めたうえで，あらゆる軍隊(日本軍はもとより中国軍も)を撤退させて満洲を非武装地域とし，国際管理下に置くことを提案しており，日本に妥協的な内容だった。関東軍が南満洲権益の確保という経済的な目的からのみ軍事行動を起こしていたのであれば，この提案で十分に妥協が可能であった。しかし日本は，リットン報告書が自衛権の発動を認めず，満洲国成立を承認しない点に反発し，イギリスやフランスなどが日本に宥和的な態度をみせて妥協を斡旋しようとしたにも関わらず，報告書の提案を問題解決の基礎として受け入れることを拒否した。あくまでも日満議定書に即して問題の解決をはかろうとしたのである。

それに対し，武力行使によって得られた既成事実を追認することに強く反発したのがヨーロッパの小国であった。これら小国にとっては国際連盟こそが安全保障の生命線であった。さらに，ドイツで**ナチス**が台頭し，1933年1月に**ヒトラー**が政権を握ったことは小国だけでなくフランスのような大国にも影響を及ぼした。国際連盟の満洲問題への対応がヨーロッパでの同様の事態の先例になることへの懸念が強まったのである。さらに同月，関東軍が山海関(さんかいかん)を占領して熱河省に侵攻する構えを見せたことは連盟側における日本の立場を悪くした。

こうして1933年2月，関東軍が熱河省への侵攻に着手するなか，国際連盟臨時総会が開かれ(日本全権**松岡洋右**(まつおかようすけ)ら)，リットン報告書に基づいて日本軍の満鉄付属地内への撤兵などを求める勧告案が賛成42，反対1（日本），棄権1（タイ）で採択された。これに対して**斎藤内閣**は翌3月，**国際連盟からの脱退を通告**した（脱退が発効したのは1935年)。こののち，日本はイギリス・アメリカ・ソ連など大国との個別的な関係修復によって，満洲国を取り込んだままで国際関係の維持を実現させ，さらに防共(ぼうきょう)・反共産主義を掲げて新たな国際関係を作りあげようと試みた。

⑵満洲事変の終結　1933年2月，関東軍は熱河省に侵攻し，5月には万里(ばんり)の長城(ちょうじょう)ラインを越えて河北省(かほくしょう)にも侵攻したのち，同月に中国国民政府との間に**塘沽(タンクー)停戦協定**を結び，軍事行動を終結させた。蔣介石は中国共産党の掃討を優先させて日本との対決を避け，関東軍が満洲と熱河省に展開し軍事占領している現実を追認した。

政 治　昭和恐慌のもとで生活に苦しむ国民のなかには，汚職事件を続発させる政党や，私利を追求して**ドル買い**(→p.339)に走る財閥など独占資本に対する不満が高まっていた。こうした不満感が，情報操作のもと，満洲事変における陸軍の行動に対する過剰な期待を生み出した。国民は暴力による現状打開を夢見たのである。

④大正デモクラシーの終焉

⑴国家改造運動の高まりと政党政治の終焉　満蒙権益をめぐる日中間の紛争やロンドン海軍軍縮問題をきっかけとして，陸海軍軍人や右翼による**国家改造運動**が高まった。政党内閣を打倒し，親英米・現状維持派の**元老西園寺公望**や**牧野伸顕**(まきののぶあき)ら昭和天皇の側近グループ(宮中官僚)の影響力を排除し，軍中心の内閣を樹立して内外政策の転換をはかろうとする動きである。満洲事変のねらいの一つも，外で軍事行動を先行させることにより国家改造をなし崩しで進めることにあった。

テロやクーデタ未遂事件の続発

桜会(さくらかい)(陸軍軍人橋本欣五郎(はしもときんごろう)ら)と大川周明(おおかわしゅうめい)

　クーデタ未遂＝三月事件(→p.333)・十月事件(1931年)

血盟団(けつめいだん)(井上日召(いのうえにっしょう)ら)

　井上準之助(いのうえじゅんのすけ)前蔵相と団琢磨(だんたくま)三井合名理事長を暗殺(1932年)

海軍青年将校と愛郷塾(あいきょうじゅく)(橘孝三郎(たちばなこうざぶろう)ら)など

　五・一五事件＝首相官邸で犬養毅首相を殺害(1932年)

若槻民政党内閣は，**満洲事変**の勃発とその直後の十月事件によって動揺し，立憲政友会との連立(協力内閣運動(きょうりょくないかくうんどう)と呼ばれた)を進めるかどうかをめぐって閣内で意見が対立して総辞職した。後継の**犬養政友会内閣**は，**五・一五事件**による首相の暗殺によって総辞職した。

このように急進派の軍人らの直接行動により政党内閣が動揺をくり返すなか，元老西園寺公望は，政党では陸海軍の急進を抑えることができないと判断し，穏健派の海軍軍人**斎藤実**を首相に推挙し，挙国一致内閣を組織させた。この結果，**政党内閣制の慣行**はわずか８年で途絶することとなった。

⑵共産主義運動の解体と軍への迎合　**昭和恐慌**のもとで労働運動・農民運動が激化し，**日本共産党**の活動も活発となった。しかし，**プロレタリア文学**の作家で共産党員であった**小林多喜二**(こばやしたきじ)が1933年２月，特高の拷問により殺害されるなど，政府により厳しい弾圧をうけ，さらに同年６月，獄中の共産党幹部佐野学(さのまなぶ)・鍋山貞親(なべやまさだちか)が**コミンテルン**の指導による国際的な共産主義運動を否認し，天皇のもとでの一国社会主義を主張する**転向**(てんこう)声明を発表すると，共産主義運動から離脱(転向)する人々が続出した。その結果，1935年には日本共産党の組織的活動は停止した。

他方，**無産政党**のなかには満洲事変を支持する動きが強く，国家社会主義を掲げる潮流が台頭する。1932年，赤松克麿らが社会民衆党を脱退して日本国家社会党を結成し，同年に社会民衆党と全国労農大衆党(日本労農党などの系譜をひく)が合同して成立した**社会大衆党**でも，陸軍に迎合する動きが強まった。(→p.330)

文 化　**プロレタリア文化運動**が解体する一方，日本主義の風潮が広まった。

⑤プロレタリア文化運動の解体と日本主義の広まり

1930年代初め，プロレタリア文学などのプロレタリア文化運動はまだ活発で，歴史学でもマルクス主義の影響のもと，1932年から翌年にかけて野呂栄太郎を中心として共同論文集『日本資本主義発達史講座』が刊行された。しかし，政府による弾圧と転向によってプロレタリア文化運動はまもなく解体し，マルクス主義の思想的影響力も衰えた。

また，共産主義思想の広まりの一因は自由主義思想にあるとして（言いがかりだが），自由主義的な言論への批判・取締りも強まった。司法官のなかに日本共産党支持者がおり，治安維持法違反で逮捕された事件をきっかけとして，1933年，自由主義的刑法学説を論じていた京都帝大教授**滝川幸辰**が**斎藤実内閣**(文相**鳩山一郎**)により休職処分を受けた(**滝川事件**)。これに対して京都帝大法学部の全教官が辞表を提出し，学生が抗議運動をくり広げるなどしたものの，抵抗は抑え込まれ，学問の自由，大学の自治は大きく後退した。

一方，日本主義の風潮が広まる。それを象徴したのが**保田與重郎**・亀井勝一郎らの**日本浪曼派**の登場である。

社会経済　**昭和恐慌**が深刻化するなか，積極財政への転換を求める声が高まった。さらに，世界恐慌によって経済破綻に瀕した**イギリス**が1931年9月，**金本位制を離脱**するや，日本の金輸出再禁止を見越した**ドル買い**がさかんに行われて金の流出が増加し，金本位制の維持は困難となった。また，同月の**満洲事変**勃発は軍事費の増大を不可避なものとし，第2次若槻礼次郎立憲民政党内閣の**井上準之助**蔵相による緊縮政策は破綻に追い込まれた。

⑥昭和恐慌からの脱出

(1)**金輸出再禁止**　1931年12月，犬養毅立憲政友会内閣の**高橋是清**蔵相は，組閣後ただちに**金輸出を再禁止**し，さらに**金兌換を停止**した。こうして日本は，イギリスに続いて金本位制を離脱し，金準備高に関係なく政府の政策によって紙幣発行額を管理・調整する**管理通貨制度**に事実上，移行した。昭和恐慌からの脱出をはかるため，政府の裁量の余地が大きい管理通貨制度に移行したのである。

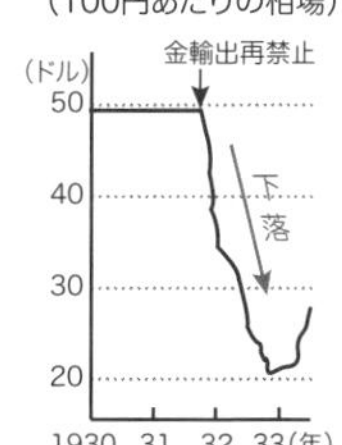

高橋蔵相はまず，金輸出再禁止にともなって生じた**円為替相場の下落**を容認・放置した。そして，円相場を低い水準で安定させる**低為替政策**をとって輸出に有利な条件を確保するとともに，輸

入関税を引き上げる保護政策も実施した。一方，**赤字国債**を発行して**日本銀行に引受け**させ，それを財源として**積極財政**を進めた。軍事費を増大して満洲事変に対応するとともに，それによって軍需を増大させて景気を刺激した。

高橋財政

目的…昭和恐慌からの脱出，満洲事変への対応
内容…金輸出再禁止・金兌換の停止 → 管理通貨制度へ移行
｛低為替政策　⇨ 綿織物を中心に輸出増進
｛積極財政＝軍事費の増加　⇨ 重化学工業の発達

昭和恐慌のもとで**産業合理化**を進めた諸産業は，円為替相場の下落によってさらに国際競争力を高め，輸出を拡大した。なかでも綿紡績・綿織物業では女子の深夜業が禁止(→p.332)されて以降，技術革新をともないながら産業合理化が進んでいたこともあり，**綿織物**は満洲国やインド・東南アジアへと輸出を拡大し，1933年にはイギリスを抜いて輸出高世界第1位となった。さらに，軍需の増大にともなって重化学工業が生産を拡大させた。それだけではない。生産拡大が生産設備の拡大につながり，重工業部門に新たな需要を生み出した。こうして輸出増進と重化学工業の生産拡大とによって景気が回復し，1933年には世界にさきがけて恐慌から脱出した。

とはいえ，農村の復興は遅れた。そこで斎藤実内閣のもと，農村に雇用機会を作り出すために**時局匡救費**が設けられて公共土木事業が行われる一方，**農山漁村経済更生運動**により**産業組合**の拡充が進められ，農村経済の自力更生がはかられた。

⑵**日本経済の重化学工業化**　軍需を中心として重化学工業が発達し，日本経済は徐々に**重化学工業中心の産業構造**へと転換しはじめた。1934年には官営八幡製鉄所を中心に官民大合同が行われて国策会社**日本製鉄会社**が設立された。また，**日産**や**日窒**などの**新興財閥**が軍部と結びながら重化学工業を中心として成長し，三井・三菱などの既成財閥も重化学工業部門を強化していった。

新興財閥

日産：日本産業・鮎川義介　→ 満洲へ進出
日窒：日本窒素肥料・野口遵 → 朝鮮へ進出 (→p.347)
理研：理化学研究所を母体・大河内正敏
その他：森(昭和電工など)・日曹(日本曹達)

⑶**イギリスとの貿易摩擦**　低賃金と低為替を利用してインドや東南アジアなどイギリスの植民地圏へ綿織物を中心として輸出を拡大したことは，イギリスとの貿易摩擦を招いた。イギリスは，日本が国家ぐるみで賃金引下げなど劣悪な労働条件により商品価格を引下げ，不当な低価格販売を行っている(ソーシャル＝ダンピング)と

非難し，関税率の引上げなどの対抗措置をとった。イギリスは**ブロック経済**へ移行したのである。すでに1920年代後半から中国で日貨排斥が激しくなって日本は中国市場から後退しつつあり，それに加えてイギリス経済圏の障壁につきあたって市場拡大が難しくなった。

こうして世界恐慌のなかで，国際協調体制の基礎としての自由貿易システムが次第に機能しなくなった。日本はアフリカや中南米などの市場を新たに開拓しようとしたものの，やがて輸出は頭打ちとなる。そのため，植民地朝鮮・台湾や満洲国を組み込んで**円ブロック**の形成を進めるとともに，華北への経済進出を確保するため，軍事力を背景とする**華北分離工作**を本格化させた。

一方で，アメリカへの経済的な依存度が高まった。重化学工業の発達にともなってくず**鉄・石油**などの輸入が増え，綿紡績・綿織物業で技術革新が進むなかで**綿花**の輸入が増加した。のちに**日中戦争**がはじまって以降，日本政府がアメリカとの関係調整に注意を払った背景の一つがここにあった。

政　治　陸海軍の軍令機関(→p.353)が内閣から分立していたとはいえ，明治期の陸海軍は元老ら藩閥勢力の統制下(→p.267)にあった。ところが，昭和初期には元老が西園寺公望ただ一人となり，西園寺には陸海軍をコントロールできるだけの政治力はなかった。こうしたなか，陸海軍が**統帥権の独立**を根拠としながら内閣に対して大きな発言力をもつようになった。このような政治勢力としての陸海軍を**軍部**と呼ぶ。

とはいえ，軍部が政治を独裁できたわけではない。天皇が国家運営の最終決定者である以上，天皇やその側近の政治力を排除することはできないし，実際，昭和天皇は国務と統帥の統合者としての自覚をもって情報を集め，判断を下そうとしていた。また，首相の選出は元老西園寺や内大臣が担い，時に首相経験者（**重臣**と呼ばれる）が参加していた。こうした穏健派の天皇側近グループと陸海軍との対立・妥協のなかで政治が展開していく。

⑦中間内閣の継続

1932年，**五・一五事件**後，元老西園寺公望が首相に選んだのは穏健派の海軍軍人**斎藤実**であり，斎藤実内閣は立憲政友会・立憲民政党両党から閣僚を選出したうえで挙国一致内閣として組織された。この内閣は政党・官僚・陸海軍のいずれかの勢力が主導権を握ったわけではないため，しばしば中間内閣と呼ばれる。

このように，満洲事変にともなって陸軍の発言力が強まったとはいえ，圧倒的であったわけではない。たとえば1933年，**荒木貞夫**陸相が内閣の諸政策を国防優先にもっていこうとしたものの，高橋是清蔵相らの反対にあって失敗し，陸軍内の支持を失って翌年初めに辞職している。高橋蔵相は，同年に恐慌以前の生産水準を回復すると積極政策を修正し，軍事費の拡大を抑えようとしたのである。まだ軍事・国防を軸として国政全般が統制される段階ではなかった。

1934年に斎藤内閣が帝人事件（閣僚が関係した贈収賄疑惑）により総辞職すると，元老西園寺は，再び穏健派の海軍軍人**岡田啓介**を首相に選んだ。衆議院第1党立憲政友会の総裁鈴木喜三郎を選ぶことはなかった。そのため政友会が野党の立場をとったものの，岡田啓介内閣でも政党・官僚・陸海軍のバランスが重視されたため，この内閣も中間内閣と呼ばれる。しかし岡田内閣は，内閣の国政運営における主導性を強化するため，国策の調査にあたる機関として内閣調査局を設置した。のち企画院につながる官庁で，官僚の発言力を強める端緒となった。

⑧軍部の台頭

⑴陸軍の政治進出　満洲事変が起こり，テロやクーデタ未遂事件が続発するなか，**永田鉄山**ら陸軍のエリート官僚がそれらを利用して発言力を強化した。**国家改造**をめざす彼らの構想を示すのが，1934年10月に陸軍省が発行した『国防の本義と其強化の提唱』（いわゆる**陸軍パンフレット**）である。国防に最高の価値を与え，そのもとに国家－政治・経済・思想など全て－を合理的に運営できる強力な支配体制（広義国防国家）を作りあげることを構想していた。将来におけるソ連やアメリカとの戦争に備えた総力戦体制（高度国防国家）を築きあげることが，彼らの目標であった。彼ら陸軍エリート官僚は**統制派**と称され，同様の構想をもつ官僚と連携しながら政治での発言力を強めた。

⑵統制派と皇道派の抗争　とはいえ，陸軍は一枚岩ではなかった。連隊付きの青年将校のなかには，**北一輝**らの思想的影響をうけてクーデタなど直接行動を重視し，急進的な国家改造運動を(→p.317)進めようとする動きがあった。彼らは**荒木貞夫・真崎甚三郎**ら陸軍トップの将官と結んで**皇道派**と呼ばれた。そして，陸軍内部の秩序・統制を重視する永田鉄山ら統制派と対立し，1934年1月に荒木貞夫陸相が辞職して以降，両派の抗争は熾烈をきわめた。陸軍内の主導権を徐々に握った統制派は，同年11月，皇道派の青年将校磯部浅一・村中孝次らをクーデタ計画の理由で検挙し（陸軍士官学校事件），1935年7月には真崎甚三郎教育総監を更迭した。ところが，それに反発した皇道派の相沢三郎が翌8月，陸軍省内で永田鉄山を斬殺する事件（**相沢事件**）をひき起こした。このように抗争がエスカレートするなか，皇道派は次第に追いつめられていた。

⑨国体明徴運動の進展

陸軍内部で統制派と皇道派が抗争をくり広げていた頃，**国体明徴運動**が高まっていた。1935年2月，貴族院で陸軍軍人菊池武夫が**美濃部達吉**（貴族院議員）の**天皇機関説**を「国体に対する緩慢なる謀反であり，明らかなる反逆である」と非難したことが発端となり，陸軍皇道派や在郷軍人会，右翼が中心となって天皇機関説の排撃をはかったのである。皇道派にとっては陸軍内部での劣勢を挽回するための政治運動であり，立憲政友会も岡田内閣打倒と政権獲得を目的として排撃キャンペーンに積極的に関わり，内閣を激しく攻撃した。**岡田内閣**はこの動きに屈し，美濃部達吉の『憲法撮要』『逐条憲法精義』などの著書を発禁処分とするとともに，同年8月，次いで10月と2度にわたって**国体明徴声明**を出し，天皇機関説を否認して天皇が統治権の主体であることを確認した。

国体明徴声明

岡田啓介内閣（1935年）
天皇機関説を否認→天皇が統治権の主体であることを確認

この結果，政党政治の，そして国政における内閣の主導性の理論的根拠（→p.305）が失われるとともに，国民意識の面では，天皇統治の永続性と他国に対する優越性を強調する日本主義が広まりをみせ，自由主義や個人主義をも**天皇中心の国体**に反する危険な思想として排斥する権威主義的な傾向が強まった。文部省は国民を教化するためのテキストの編纂に着手し，のち1937年，**『国体の本義』**として刊行した。

ところが，国体明徴運動は天皇機関説を排撃することだけが目的だったわけではなかった。天皇機関説を支持する元老西園寺公望や内大臣牧野伸顕ら天皇側近グループ，美濃部の師にあたる一木喜徳郎枢密院議長らを攻撃し，彼ら穏健派の政治力を削ぐことをもねらっていた。その結果，1935年12月には牧野が内大臣を辞し，翌年3月には一木が枢密院議長を辞任した。

こうしたなかで岡田内閣は1936年1月，政権基盤を固めることをねらい，衆議院を解散した。翌2月の総選挙では政友会が議席を減らして与党民政党が第1党となり，民政党内閣の実現もありえる状況となったのだが……。

⑩二・二六事件

追いつめられた磯部浅一・村中孝次ら陸軍皇道派の青年将校が1936年2月26日，約1400名の兵士を動員してクーデタを挙行した。**二・二六事件**である。首相官邸や警視庁などを襲撃し，**斎藤実内大臣・高橋是清蔵相**・渡辺錠太郎教育総監らを殺害し，**鈴木貫太郎侍従長**に重傷を負わせた。彼らは，天皇側近グループの穏健派を排除し，皇道派政権を樹立することをめざして武装蜂起したのである。

しかし，組閣交渉をゆだねた真崎甚三郎らとの連携がうまくいかず，さらに昭和天皇が侍従**木戸幸一**の助言にしたがって即刻鎮圧の姿勢を明確にしたため，青年将校らは反乱軍として鎮圧され，クーデタは失敗に終わった。首謀者の青年将校と彼らに思想的な影響を与えた北一輝らが銃殺に処せられ，真崎甚三郎ら皇道派の将官は予備役に編入されて陸軍から一掃された。

第16章 帝国日本の解体

<大まかな時代の推移>

1930年代

広田弘毅内閣

軍部大臣現役武官制が復活した。

日独防共協定が調印された。

林銑十郎内閣 → 第1次近衛文麿内閣

盧溝橋事件をきっかけとして日中戦争がはじまった。

「国民政府を対手とせず」声明を発表した。

国家総動員法が制定された。

東亜新秩序声明が出された。

平沼騏一郎内閣

アメリカが日米通商航海条約の廃棄を通告した。

阿部信行内閣

ヨーロッパで第2次世界大戦(欧州戦争)がはじまった。

1940年代

米内光政内閣 → 第2次近衛文麿内閣

北部仏印へ進駐した。

日独伊三国同盟が結ばれた。

近衛文麿首相を総裁として大政翼賛会が発足した。

第3次近衛文麿内閣

南部仏印へ進駐した。

東条英機内閣

アジア太平洋戦争がはじまった。

小磯国昭内閣 → 鈴木貫太郎内閣

ポツダム宣言を受諾した。

東久邇宮稔彦王内閣 → 幣原喜重郎内閣

マッカーサーから五大改革の指令を受けた。

第1次吉田茂内閣

日本国憲法が公布された。

片山哲内閣 → 芦田均内閣

39 日中戦争の開始

年代 1936～1939年

政治 二･二六事件をきっかけとして陸海軍の内閣に対する発言力が強まり，広義国防国家，将来の戦争を目的として国家－政治・経済・思想などすべて－を計画的に運用する総力戦体制の構築がはじまる。

①広田弘毅内閣

二・二六事件が鎮圧された後，**岡田啓介内閣**が総辞職し，代わって岡田内閣の外相**広田弘毅**が後任の首相に推挙され，**広田弘毅内閣**が成立した。これに対して陸軍は，二・二六事件の威圧効果を利用して組閣に介入し，発言力を強めた。

広田内閣の諸政策

内政

軍部大臣現役武官制を復活(1936年)

「国策の基準」を策定(1936年) → 大規模な軍拡予算を編成

外交

日独防共協定を締結(1936年)

華北五省の分離計画を国策として決定

満洲移民の推進を国策として決定

外交政策は後にまわすとして，ここでは内政の諸政策を確認しておこう。

まず，陸海軍の要求に基づいて**軍部大臣現役武官制を復活**(→p.304)させた。この結果，陸海軍の同意がなければ内閣が成立・維持できない状況が再び訪れた。

次に，広田内閣は1936年8月，**帝国国防方針**を改定して**「国策の基準」**を策定し，ソ連の脅威の排除と漸進的な南方進出(**南進**)などの方針を掲げた。南進をはじめて国策として提示した点に特徴がある。そして，ソ連軍に対抗できる陸軍軍備とアメリカ海軍に対抗できる海軍軍備をめざし，馬場鍈一蔵相のもとで大規模な軍拡予算を組み，広義国防国家づくりに着手した。軍拡に抑制的だった前蔵相高橋是清が**二・二六事件**で暗殺されたことの意味は大きかった。

②陸軍と政党との対立

広田内閣が1937年2月，陸軍と政党との対立から総辞職すると，元老西園寺公望は，政党のなかに穏健派の陸軍軍人宇垣一成(→p.323)を擁立しようとする動きがあることを念頭におき，宇垣を首相に推挙して陸軍の抑制を企てようとした。しかし陸軍が陸相を出さなかったため，**軍部大臣現役武官制**により宇垣は組閣に失敗した（**宇垣流産内閣**)。この後，陸軍軍人**林銑十郎**が組閣した。**林銑十郎内閣**は，結城豊太郎蔵相のもとで軍部と財閥との協力体制（軍財抱合と呼ばれる）をつくりあげながら，大軍拡予算を編成したものの，これも政党との対立から短命に終わった。

この当時，急テンポな軍備拡張とそれにともなう**インフレ**により国民のなかに反軍的な気運が生じていた。1937 年は労働争議が多く発生し，争議参加人数が戦前最高を記録しており，同年３月には加藤勘十や鈴木茂三郎らが戦争とファシズムへの反対を掲げて日本無産党を結成していた。同年４月の総選挙でも林内閣支持派が議席を減らし，無産政党の**社会大衆党**が議席を増やした。

こうしたなか，軍部・政党・元老西園寺など，さまざまな政治勢力の錯綜する期待を背負って 1937 年６月，貴族院議長**近衛文麿**が首相に選ばれた。(→p.348)

社会経済　1933 年に**昭和恐慌**以前の生産水準を回復して以降，日本経済は活況を呈していた。しかし……。

③軍事インフレの進展

広田弘毅内閣，そして林銑十郎内閣が大軍拡予算を組んだ際，財源確保のため，増税を行うとともに，大量の**赤字国債**を**日本銀行引受け**方式で発行した。(→p.340)その結果，紙幣流通量が増加し，**インフレ**が生じた。軍事費中心の財政支出の膨張にともなうインフレなので，**軍事インフレ**と呼ばれる。日本経済が好況を続けるなかでの増税と軍事インフレは，国民のなかに軍部への不満を引き起こす要因となった。

④産業構造の転換

軍需が増大しただけでなく，**満洲国**で重工業建設が進んで独占的な輸出市場が生じたこともあり，重化学工業が生産を拡大した。京浜・阪神工業地帯に続き，北九州や中京にも工業地帯が形成され，日本経済は次第に**重化学工業中心の産業構造**へと転換し，1937 年には重化学工業の生産額が繊維など軽工業の生産額を上回った。

しかし，日本の重化学工業は大軍拡に対応できるだけの生産力と技術力がまだ不足しており，**くず鉄**などの原材料や高度な工作機械の多くは，アメリカなどからの輸入に依存していた。そのため，1937 年初めには外貨不足が生じ，経済への直接統制を検討せざるをえない状態となった。

占領地　満洲国は 1934 年，**溥儀**が皇帝に即位して帝政が敷かれたものの，関東軍と日本人官僚が支配する日本の傀儡国家である点に変化はなかった。

⑤満洲国の経済建設

満洲国では，関東軍主導のもと，計画経済に基づく急速な重工業建設が進められた。日中戦争勃発後の 1937 年 12 月には，**鮎川義介**の**日産**が本社を満洲国に移して**満洲重工業開発会社**に改組し，満鉄に代わり満洲での重工業建設を一手に引き受けた。こうした経済開発は日本経済に重工業資材などの輸出市場を提供することとなり，日本と満洲国とが一体となった経済ブロックの形成が進んだ。(→p.341)

一方，広田内閣以降，満蒙開拓計画に基づく**満洲への移民政策**が国策として実施される。日本の農村での過剰人口への対応策でもあったが，同時に満洲での日本人人口を増やして治安維持をはかるための政策であった。満洲国では日本・漢(中国)・

満洲・朝鮮・蒙古(モンゴル)の五族協和が掲げられたものの，入植地の多くは先住の中国人(漢人・満洲人)から安く収用された耕地であった。

植民地　日本本土と満洲国，そして植民地朝鮮・台湾を組み込んだ**円ブロック**の形成が進められた。日本本土からの投資と機械類など重工業資材の移入のもと，必要な物資を帝国内で分業して生産・確保することがめざされたのである。

⑥朝鮮・台湾とブロック経済

朝鮮はもともと米など穀物の供給地として重視されていたが，1930年代には化学肥料や鉄鋼など重化学工業製品の日本本土への移入が増加した。なかでも，**新興財閥**の**日窒**は1920年代半ばから朝鮮に進出し，水力発電所を建設してその電力をもとに化学コンビナートを作りあげ，硫安など化学肥料を増産していた。

台湾はもともと砂糖や米の供給が中心であった。ところが，1930年代後半にはアルミニウムなどの工業生産が増大した。原料ボーキサイトを**イギリス領マレー**や**オランダ領東インド**などから輸入し，大規模な発電事業をもとにアルミニウム精錬業が成長し，航空機など軍需産業の需要に応えた。

国際関係　日本は当初，ソ連や**コミンテルン**の脅威排除を掲げていたにもかかわらず，目的と展望があいまいなまま中国本土への侵略戦争へとはまり込んでいく。

⑦国際協調体制の崩壊

広田弘毅内閣が成立した前後は，国際協調体制が崩れ，相互に軍事的な緊張をはらみながら新たな国際関係へと転換した時期であった。**岡田啓介内閣**のとき，海軍内部でも国家改造派が勢力を伸ばし，その結果，岡田内閣は1934年12月に**ワシントン海軍軍縮条約の廃棄を通告**し，1936年1月には第2次ロンドン海軍軍縮会議から脱退した。こうして，広田内閣期の1936年末には**ワシントン・ロンドン両海軍軍縮条約が失効**し，無制限建艦競争が再燃した。

一方，日本は国際連盟脱退を通告して以降，ソ連やコミンテルンの脅威排除，国際的な共産主義運動に対する共同防衛(**防共**)を掲げて新たな国際関係づくりへと進んだ。コミンテルンがファシズム勢力に対抗する手段として広く社会民主主義・自由主義勢力とも提携する**人民戦線**(→p.350)戦術を採用したのに対抗し，広田内閣は1936年，**日独防共協定**を結んでドイツと提携関係に入った。

⑧華北分離工作の進展

同じ頃，日本は華北地域を中国国民政府の支配から切り離そうと画策していた(**華北分離工作**)。関東軍が支那駐屯軍(→p.280)と提携しながら，満洲で抗日運動を展開する中国共産党ゲリラの根拠地を排除し，あわせて鉄・綿花などの資源が豊富な華北地域をブロック経済のもとに取り込むことをねらっていた。

その足がかりとなったのが，**塘沽停戦協定**(→p.337)で非武装地帯に設定された河北省東部(冀東地区)である。1935年以降，中国国民政府はイギリスの支援のもとに改革を実施して貨幣制度の統一をはかり，中国国内の経済的な統一を進めていた。こうした国民政府による中国統一化を嫌う支那駐屯軍は1935年，梅津・何応欽協定を結んで河北省から中国軍を撤退させ，そのうえで関東軍が河北省東部の非武装地帯に冀東防共自治委員会（のち冀東防共自治政府）を傀儡政権として樹立した。そして，アヘンの密売など日本からの大規模な密貿易を公認させ，中国の関税収入を激減させた。さらに広田内閣は1936年，華北五省（河北省・察哈爾省・綏遠省・山西省・山東省）を日本の支配下に置く計画を国策として決定し，支那駐屯軍の兵力を増強した。

こうした日本側の策動は，中国の主権を侵害し，統一国家づくりを妨害するものでしかなく，抗日気運を高めた。**中国共産党**が1935年8月に一致抗日とそのための内戦停止を呼びかけるなど，**抗日救国運動**が広がった。こうしたなか，1936年末に**西安事件**が発生する。**張学良**が中国共産党との戦闘に消極的な姿勢をとったのに対して**蒋介石**が戦闘の督励に来ると，張学良が蒋介石を軟禁し，内戦の停止と一致抗日を強要したのである。この事件によって中国国民政府と中国共産党が協力して日本に対抗する態勢が整う前提ができあがった。

⑨日中戦争の開始

⑴**発端**　華北を中心として抗日救国運動が広がり，日中間の軍事的緊張が高まるなか，1937年7月7日，北平（現北京）郊外の**盧溝橋**で夜間演習を行っていた支那駐屯軍と中国軍の間で軍事衝突が生じた。**盧溝橋事件**である。11日には現地で停戦協定が成立したものの，同じ日に**第1次近衛文麿内閣**が華北への軍隊派遣を決定し，北支事変と称した。陸軍中央のなかには**石原莞爾**などを中心として事態の拡大に反対する動きがあったが，これを機会に中国に一撃を加えておけば抗日運動を抑え込むことができるだろうと安

易に判断する強硬派の意見が通ったのである。

⑵**全面戦争への展開**　中国側の抵抗は強く，当初の日本側の予想をこえて戦闘が広がり，全面戦争へと発展した。８月に上海での抗日運動の高まりから第２次上海事変が起こって戦闘が華中へと拡大すると，第１次近衛内閣は北支事変を**支那事変**と改めた。一方，中国側では中国国民政府と中国共産党の間で**第２次国共合作**が実現して**抗日民族統一戦線**が成立し，徹底抗戦の態勢が整った。

日本の中国侵略

満洲事変	**日中戦争**
柳条湖事件(1931.9.18)	盧溝橋事件(1937.7.7)
↓←第１次上海事変	↓←第２次上海事変
満洲国建国	全面戦争へ発展　↔　第２次国共合作

こうして相互に**宣戦布告**がないまま**日中戦争**がはじまった。日本が宣戦布告をしなかったのは，宣戦布告を行って国際法上の戦争となれば，アメリカが中立を宣言し，アメリカからの軍需物資の輸入が途絶することを陸海軍が恐れたからである。

このように戦争であることを公式には認めなかったものの，陸海軍の共同作戦の必要性から宮中に**大本営**が設置された。戦争指導のための最高機関である。なお，日清・日露戦争時には首相らが大本営に出席したのに対し，今回は**統帥権の独立**(→p.268)をタテとする陸海軍の反対で首相らは列席できなかった。そのため内閣は，大本営との政策調整をめざし，天皇の御前で大本営政府連絡会議を開くよう求めたものの，目的は十分には果たされなかった。こうして政治・戦争にわたる統一した指導体制が存在しないまま，なし崩しで全面戦争に突入していった。

⑶**南京占領**　当初，中国と軍事的関係の深かったドイツが日中間の和平交渉を仲介していたものの（トラウトマン和平工作），1937年12月，日本軍が中国の首都**南京**を占領するや，第１次近衛内閣は和平交渉を打ち切った。翌38年１月には「**国民政府を対手とせず**」と声明し（**第１次近衛声明**），南京から漢口へ移って抗戦を続ける蔣介石の国民政府を否定し，親日派による傀儡政権の樹立へと向かった。

なお，南京占領に前後して，日本軍は投降兵や捕虜を殺害し，非戦闘員を含めて多数の中国人を虐殺した（**南京虐殺事件**）。被害者数は中国側では公称30万人で，日本側では４万人以下とする研究や10数万から20万人とする研究がある。また，日本軍兵士による中国人女性への強姦が多発したため，日本軍の指示・監督のもとで軍付属の慰安所が設けられた。慰安所で性的労働に従事させられた慰安婦（**従軍慰安婦**(→p.411)）のなかには，暴力的に連れてこられた朝鮮人・中国人女性も含まれていた。

さらに，日本軍は国際法で禁止されている毒ガス（化学兵器）を実戦で使用しており，731部隊（関東軍防疫給水部）などでは細菌兵器の研究・製造を行っていた。

⑩ソ連との軍事衝突

満洲事変での関東軍の行動，そしてそれ以降の日本外交の一つの軸は，極東におけるソ連やコミンテルンの脅威を排除することであり，1936年に広田内閣が日独防共協定を結んだのに続き，翌37年にはイタリアの参加も得て，**日独伊三国防共協定**を結んでいた(第1次近衛内閣)。そうしたなかでソ連との局地的な軍事衝突がしばしば生じた。1939年，満洲国とモンゴル人民共和国との国境で展開された**ノモンハン事件(ハルハ河戦争)**では，関東軍が陸軍中央の制止を無視して戦闘を強行し，ソ連・モンゴル連合軍により大きな被害を被っていた。

ソ連との軍事衝突	
張鼓峰事件	…1938年，第1次近衛文麿内閣期，満洲国とソ連の国境紛争
ノモンハン事件	…1939年，平沼騏一郎内閣期，満洲国とモンゴルの国境紛争

政　治　政府・軍部にとって，国民は戦争遂行における重要な人的資源であった。だからこそ，政府は国民から自発的な戦争協力を引き出そうと努めた。

⑪国民の戦争協力への動員

日中戦争の開始にともなって1937年，第1次近衛内閣は国民を戦争へ動員するため，**国民精神総動員運動**を展開した。挙国一致を強調して戦争批判を圧殺し，尽忠報国を掲げて戦争での犠牲を正当化し，堅忍持久の名のもとに生活規制がはかられ，節約や貯蓄の奨励が叫ばれた。

文　化　日中戦争の開始と長期化にともない，文化への統制も進んだ。

⑫戦時下の学問・思想や文学

日中戦争に対して非協力的であったり戦争遂行の妨げになると判断された学問・言論への弾圧が厳しくなった。

日中戦争期の学問・言論への統制		
矢内原忠雄	…植民地政策や戦争政策の批判	→ 1937年東大教授を辞職
大内兵衛ら	…労農派のマルクス主義経済学者	→ 1938年人民戦線事件(第2次)
河合栄治郎	…ファシズム批判	→ 1939年東大教授を休職処分
津田左右吉	…神話の研究	→ 1940年著書が発売禁止(皇紀2600年式典の年)

日中戦争の開始以降，鈴木茂三郎ら日本無産党，大内兵衛ら非共産党系(労農派)のマルクス主義経済学者などが，コミンテルンの指令で反ファシズム**人民戦線**(→p.347)を結成しようとしたとの理由で逮捕され(**人民戦線事件**)，また，植民地政策の研究者で戦争政策への批判を発表した東京帝大教授**矢内原忠雄**，自由主義的な経済学者でファシズム批判を展開していた東京帝大教授**河合栄治郎**らが弾圧を受けた。

文学では，転向や日中戦争への従軍といった自らの体験をもとにした小説が発表された。転向文学では中野重治『村の家』，島木健作『生活の探求』などが有名で，戦争文学では火野葦平が自らの従軍体験に基づいて描いた『麦と兵隊』が人気を博したが，日本軍兵士の生態を描いた**石川達三『生きてゐる兵隊』**は発売禁止となった。一方，**保田與重郎**ら**日本浪曼派**は日本の美的伝統への回帰，古典へのあこがれを説き，日本主義の風潮のなかで多くの読者を得た。

社会経済　日中戦争の開始とともに，政府は臨時軍事費特別会計を設けて特別な予算編成を行い，日本銀行引受け方式(→p.340)で発行した国債を財源として巨額の戦費を確保する一方，戦争遂行を目的として経済や国民生活を統制的・計画的に運営するシステムの確立をめざした。

⑬戦時統制経済への移行

⑴軍需の優先　日中戦争の勃発にともなって**第１次近衛文麿内閣**は1937年９月，臨時資金調整法と輸出入品等臨時措置法を制定し，金融・貿易面から経済に対する統制に着手した。アメリカなどから輸入が増加するなかでの外貨不足に対応し，軍需産業に対して資金や輸入資材を優先的に割りあてる態勢を整えたのである。さらに同年10月，国策を総合的に立案するために内閣直属の官庁として**企画院**を設置した。そして企画院の立案により，1938年度から軍需産業への物資の優先配分を目的とする物資動員計画を作成し，同38年４月には**国家総動員法**を制定した。

なお，企画院には各省から計画経済の実現をめざす**革新官僚**が集められただけでなく陸海軍のエリート官僚も登用された。日中戦争の開始をきっかけとして官界に進出する現役軍人が増加し，軍部の政治介入を支えていったのである。

国家総動員法

第１次近衛文麿内閣が制定(1938年)　← 企画院が立案
内容：戦時(事変の場合を含む)に際し，
　　　政府が勅令により人的・物的資源の統制運用を行うことができる
↓
勅令：国民徴用令(1939年・平沼騏一郎内閣)＝一般国民を軍需産業に動員
　　　賃金統制令(1939年・平沼騏一郎内閣)＝労働者の初任給を公定
　　　価格等統制令(1939年・阿部信行内閣)＝物価のすえ置きを命令

国家総動員法は，統制運用を**勅令**によって可能とした点がポイントであった。勅令は法律と異なり**帝国議会**の審議・承認を必要としないため，政府が**議会の承認なしに**経済や国民生活を統制できる権限を獲得したことを意味した。つまり，国家総動員法は議会が自ら立法協賛権を空洞化させ，議会が政府に対して広範な命令権を授けた法律であった。これ以降，政府はさまざまな勅令を次々と発令して労働力・物資・資金・施設・報道メディアなどあらゆるものを戦争へと動員していった。

⑵国益の優先　戦争遂行に対応した生産力拡充に向けて電力供給の増加と電力料金の抑制が求められたため，1938 年，**電力管理法**（**電力国家管理法**）が定められ，複数の民間電力会社が単一の国策会社日本発送電会社に統合された。資本家による私的な利潤の追求が抑制され，政府による私企業への介入が強化される第一歩であった。一方，職場ごとに**産業報国会**が組織され，労働組合が解散・改組された。経営者と労働者が一体となって戦争協力・生産増強に邁進することが奨励され，労働者の立場から労働条件の改善などその利益を求めることは抑制された。

⑶社会政策の実施　1938 年，第 1 次近衛内閣によって厚生省が新設された。医療・衛生，労働行政などにあたる官庁で，国民健康保険制度を導入するなど，陸軍の意向を背景としながら，総力戦を支える国民の体力向上・国民生活の安定に努めた。

植民地　経済面だけでなく意識面でも日本本土と朝鮮など植民地との一体化が進められた。

⑭皇民化政策の展開

朝鮮では，朝鮮人を完全な「皇国臣民」に同化させ，日本人として戦争協力体制に組み込むため，**皇民化政策**と呼ばれる徹底した同化政策が進められた。「私共ハ大日本帝国ノ臣民デアリマス」などからなる「皇国臣民の誓詞」が定められて学校・職場で日常的に斉唱することが義務づけられ，神社参拝や学校での朝鮮語の使用禁止，日本語の常用が強制された。さらに 1940 年には**創氏改名**が実施され，朝鮮の伝統的な姓名・家族制度（家系重視・夫婦別姓）が日本式の姓名・家制度（家重視・夫婦同姓）に変更された。

また，日本本土で労働力が不足がちになるのにともない，1939 年から労務動員計画が立案され，朝鮮では国民徴用令が適用されないまま，約 70 万人の朝鮮人が本土へと強制的に動員（**強制連行**）された。

国際関係　日中戦争が長期化するなか，中国に多くの権益をもつイギリスなど欧米諸国との間でも緊張が高まり，次第にイギリス・アメリカとの対決へと焦点がずれていった。しかし，果たしてイギリス・アメリカとの対決にふみ切ることができるのか！？

⑮日中戦争の膠着

日本軍は 1938 年秋までに中国の主要都市と交通路の多くを占領したものの，点（都市）と線（交通路）しか支配できておらず，また，中国国民政府は**重慶**に移って徹底抗戦を続けた。そのため，戦争は泥沼のような持久戦の様相を呈した。

短期決戦の思惑がはずれた**第 1 次近衛文麿内閣**は，対中国政策を転換して 11 月，日本の戦争目的は日満中 3 国提携により東アジアに新秩序（**東亜新秩序**）を建設することにあると声明した。**東亜新秩序声明**（**第 2 次近衛声明**）である。当時，ヨーロッパではイギリスがナチス＝ドイツに対して宥和的な態度を示し，対アジア政策も軟化していたことを利用し，中国国民政府との和平交渉の可能性を示唆し，国民政府内部の親日勢力を引き出そうとしたのである。

この声明に応じて国民政府の実力者**汪兆銘**が重慶からハノイに脱出すると，同年12月，善隣友好・共同防共・経済提携をうたった**近衛三原則声明**(**第３次近衛声明**)を発表した。その一方で日本軍は，同12月から国民政府の拠点である重慶に対し，無差別爆撃を開始した。しかし，国民政府のなかで汪兆銘に同調する者は少なく，新しい中国政府の樹立も難航し，戦争を終結させることはできなかった。

近衛声明＝第１次近衛内閣が発表した声明

第１次：国民政府を対手とせず声明(1938.1) …和平交渉を打切り
↓←日中戦争の膠着化
第２次：東亜新秩序声明(1938.11) …日満中３国提携を掲げる
↓←汪兆銘が重慶から脱出
第３次：近衛三原則声明(1938.12) …善隣友好・共同防共・経済提携を主唱

⑯アメリカとの関係悪化

日中戦争がはじまった当初，イギリスやアメリカは日本との関係悪化を嫌い，戦争に介入しなかった。しかし，日本が1938年11月に東亜新秩序建設を声明したことは，東アジアから欧米勢力を排除し，**ワシントン体制**を完全に否定するものとしてアメリカを刺激した。1939年6月，日本軍が抗日運動の拠点とみなして天津のイギリス・フランス共同管理の租界を封鎖すると，アメリカはその危惧が現実化したと判断し，翌7月，**日米通商航海条約**(→p.296)**の廃棄を通告**してきた。天津租界問題をめぐる協議のなかでイギリスが日本との妥協に傾きがちなことを警戒したアメリカが，イギリスを支えるため，日本に対して経済制裁をとるための準備に着手したのである。日米通商航海条約が失効すれば，**くず鉄・石油**などの軍需物資の大半をアメリカからの輸入に頼る日本にとって致命的な打撃となることは確実であった。

⑰ドイツとの提携強化か否か

ヨーロッパではドイツがベルサイユ体制(→p.313)の打破をめざして積極的に動きはじめていた。そのなかでドイツは，日本に対して防共協定を強化し，イギリスやフランスをも仮想敵国に加えた軍事同盟を締結することを提案してきた。第1次近衛内閣の時，1938年夏のことであった。軍事同盟への強化に積極的な陸軍と，消極的な海軍や外務省との対立のなか，近衛内閣は決着をつけないまま，翌39年初めに総辞職した。近衛首相は結局，日中戦争を泥沼状態のまま投げ出したのである。

この防共協定強化問題は，後継の**平沼騏一郎内閣**でも閣内での意見対立が続き，決着はつかなかった。ドイツと提携を強化することによりイギリス・アメリカとの関係が悪化することを嫌う傾向が強かったのである。

40　アジア太平洋戦争への道

年　代
1939～1945年

国際関係　日本が**日中戦争**の展望を失っていた頃，ヨーロッパでは国際情勢が大きく変動した。

①欧州戦争の勃発

関東軍が**ノモンハン事件**（ハルハ河戦争）でソ連・モンゴル軍と戦っているさなか，1939年8月，ポーランドやバルト諸国での勢力圏分割をねらうドイツとソ連が**独ソ不可侵条約**を結んだ。ドイツはソ連に対抗するために日本・イタリアと防共協定を結んでいたのだから，日本にとって不可解な事態であった。**平沼騏一郎**（ひらぬまきいちろう）**内閣**は「**複雑怪奇**」との言葉を残して総辞職し，**阿部信行**（あべのぶゆき）**内閣**に代わった。

同39年9月，ドイツとソ連がポーランドに侵攻して領土を東西に分割し，これをきっかけとしてイギリス・フランスがドイツに宣戦布告すると，**欧州戦争**（おうしゅうせんそう）がはじまった（**第2次世界大戦**の勃発ともいう）。阿部内閣，続く**米内光政**（よないみつまさ）**内閣**は，イギリス・アメリカとの対立を避けるため，欧州戦争には介入せず日中戦争の解決に専念するとの態度をとった。

②南進論の高まり

1940年1月，**日米通商航海条約**が失効すると，軍需物資の確保が次第に困難となった。同年3月には**汪兆銘**（おうちょうめい）を主席とする新しい中国国民政府が**南京**に樹立されたものの，兵站（へいたん）を確保できていない日本軍の物資略奪・残虐行為があとを絶たず，日本軍が占領地行政に失敗している状況では，日中戦争を終結させる有効な手段とならなかった。**蔣介石**（しょうかいせき）の中国国民政府が拠点をおく**重慶**（じゅうけい）に対してくり返し無差別爆撃を行ったものの，重慶政府は徹底抗戦の姿勢を崩さず，さらにアメリカやイギリスが重慶政府に対して，**フランス領インドシナ**や**イギリス領ビルマ**など東南アジア経由で支援を強めた。この軍需物資の支援ルートを**援蔣**（えんしょう）ルートと呼ぶ。

日中戦争の膠着と国際化

日本 → 南京に傀儡政権＝汪兆銘の新国民政府
↕
蔣介石の国民政府＝重慶で抗戦 ← アメリカ・イギリス・ソ連が支援

このように日中戦争解決の見通しが立たないなか，援蔣ルートの**遮断**（しゃだん）と**石油**・**ボーキサイト**などの資源の確保をめざして東南アジア進出（**南進**（なんしん））を主唱する動きが強まった。とりわけ1940年6月，ヨーロッパでドイツ軍がオランダやフランスを降伏させると，陸軍がドイツとの提携強化・南進を主張して米内内閣と対立した。

社会経済　日中戦争が泥沼化し，戦時経済体制が長期にわたって展開するなか，国民生活は大きく様変わりした。

③戦時経済体制のもとでの国民生活

⑴**国民生活への統制**　日中戦争が長期化するなか，軍隊に召集される成年男子が増加して労働力不足が生じ，労働者の賃金が上昇傾向を見せはじめると，平沼騏一郎内閣は1939年，**賃金統制令**を出して賃金の抑制をはかった。また，軍需優先の戦時経済体制のもとで国民生活に必要な民需物資の生産が抑制され，次第に物資不足が生じて物価が上昇したうえ，欧州戦争の勃発にともなって世界的な物価騰貴が生じ，国内物価がいっそう高騰する可能性が高まった。そこで阿部信行内閣は同年，**価格等統制令**を定めて公定価格制を導入し，物価のすえ置きをはかった。と同時に，公定価格制を維持するには物資流通と消費需要を抑制することが不可欠であったため，消費物資の**配給制**が徐々に導入された。米内光政内閣が1940年，ぜいたく品の製造・販売を禁止(七・七禁令)するとともに，**砂糖やマッチ**を対象として**切符制**を敷き，米については翌41年，第2次近衛文麿内閣が**米穀通帳による配給制**を実施した。切符や米穀通帳を持参しなければ購入できないしくみを導入したのである。こうして消費の切り詰めが強要された結果，国民の消費生活は下方へと平準化した。

⑵**農村の動向**　政府は食糧を確保するため，地主の利益を抑制し，生産者である小作農を優遇する政策を進めた。すでに1938年に**農地調整法**を制定したのに続き，1940年から米の強制的買上げ制度（供出制）を実施するとともに，小作料の制限や生産者米価の優遇などの措置をとった。のち1942年には**東条英機内閣**が**食糧管理法**(→p.416)を制定し，食糧の需要・供給や流通を政府が管理・調整しようとしたものの，労働力や肥料などの不足から食糧生産は次第に低下した。

政　治　1940年2月，立憲民政党の**斎藤隆夫**が議会で**反軍演説**を行った。斎藤は，東亜新秩序声明で日中戦争が解決できるというのは現実を無視し，国民の犠牲を考えないものではないかと，米内光政内閣を問いただしたのである。陸軍は反発し，議会でも軍部に迎合する勢力が多数をしめ，斎藤は3月，議員を除名された。議会は軍部に対抗する姿勢を失っていたのである。そうしたなか，**近衛文麿**とその側近は6月，近衛が枢密院議長を辞職して以降，新党結成運動を本格化させた。

④近衛新体制の成立

⑴**新体制運動の開始**　近衛とその側近は新党によって全ての国家機関を掌握して一国一党体制を作りあげ，それを基礎として強力な内閣を組織し，戦争・政治にわたる統一的な指導を実現させようと構想していた。ナチス＝ドイツにならったファシズム体制の構築をめざしていたとも言える，この近衛新党づくりが**新体制運動**である。これには陸軍や革新官僚も積極的で，既成政党のなかでも政党の解消を主唱する動きが強まった。

　こうしたなか，陸軍は**軍部大臣現役武官制**を利用し，穏健派の米内内閣を総辞職に追い込んだ。畑俊六陸相を辞職させ，後任を推薦しなかったのである。この結果，遂に近衛文麿が首相に推挙され，**第２次近衛文麿内閣**を組織した。外相には**松岡洋右**，陸相には**東条英機**という対米強硬派の２人が就任した。

⑵大政翼賛会の成立　第２次近衛内閣が成立すると，議会に議席をもつすべての合法政党は解散し，近衛による新党結成を待った。こうして1940年10月，近衛首相を総裁として**大政翼賛会**が結成された。しかし，これは公事結社であり，政党ではなかった。首相を総裁とする政党のもとでの一国一党体制は天皇の統治権を脅かし，明治憲法に違反するとの批判が出たため，近衛が政党結成に消極的になったのである。こうして大政翼賛会は国民統制のための上意下達機関，政府の決定を国民のすみずみにまで伝達するための官僚補助組織となり，のち**町内会・部落会**や**隣組**が末端に編成された。さらに，**産業報国会**の中央組織として**大日本産業報国会**が創立され，**大日本婦人会**(→p.360)などの諸団体とともに，その傘下に組み込まれた。

国際関係　ヨーロッパにおいてドイツが快進撃をくり広げるなか，日本は東南アジア進出(南進)を本格化させる。それは大日本帝国の破局への第一歩であった。

⑤東南アジア進出(南進)の本格化

⑴南進への着手　第２次近衛文麿内閣は**大東亜共栄圏**の建設を掲げ，日中戦争の解決を求めて南進を本格化させた。まず1940年９月，ドイツ支配下のフランスと交渉し，**フランス領インドシナ**の北部地域を軍事占領した。**北部仏印進駐**である。

第２次近衛内閣の外交政策	
北部仏印進駐	…1940年，ハノイ周辺へ侵攻
日独伊三国同盟	…1940年，ドイツ・イタリアと提携強化，全権松岡洋右外相
日華基本条約	…1940年，汪兆銘の南京政府を承認
日ソ中立条約	…1941年，松岡洋右外相とモロトフ外相
日米交渉の開始	…1941年，野村吉三郎駐米大使とハル国務長官

北部仏印進駐だけでは**援蔣ルート**は遮断できず，**イギリス領ビルマ**ルートも制圧する必要があった。また，**石油**やゴム，ボーキサイトなどの資源を確保するには，**オランダ領東インド**や**イギリス領マレー**を勢力下におさめることが必要であった。このような南進を本格化させるにあたり，アメリカとの関係をさらに悪化させることを警戒した第２次近衛内閣は，同９月に**日独伊三国同盟**を結んでドイツ・イタリアとの提携を強化し，枢軸陣営としての結束を固めた。日本とドイツ・イタリアはおのおのアジア(大東亜)，ヨーロッパでの新秩序の建設とそこでの指導的地位を認めあい，アメリカから攻撃された場合の相互援助を規定した。日本は東南アジアを勢力圏として確保したうえで，アメリカの行動を抑止することをねらっていた。

ところがアメリカは，フランス降伏後，自国の国防上の見地からイギリスの軍事的崩壊を防止することを重視しており，枢軸国側の思惑は，かえってアメリカの警戒を強めた。アメリカはくず鉄などの日本への輸出禁止の措置をとり，経済制裁を具体化させたのである。それに対し，第２次近衛内閣は1941年４月から**日米交渉**に着手し，アメリカとの決定的な対立を避けるため，関係調整を試みた。

一方，北方からの軍事的脅威を弱めるため，1941年４月，**日ソ中立条約**(期限５年)を結んだ。このとき松岡洋右外相は，日独伊三国同盟にソ連を加えた四国協商を実現させてアメリカを圧倒しようという構想をもっていたが，すでにヨーロッパではドイツとソ連の関係が険悪となっていた。ソ連は日独による挟撃ちを避け，東方の軍事的脅威を弱めるため，条約締結に応じたのである。

⑵独ソ戦争のはじまり　直後の1941年６月，ドイツがソ連に宣戦布告し，**独ソ戦争**がはじまった。ヨーロッパ情勢が大きく変動し，英米とソ連の提携が成立した。

これに対して第２次近衛内閣と軍部は同年７月，昭和天皇臨席のもとで重要国策決定のための会議(御前会議)を開いて「情勢の推移に伴う帝国国策要綱」を決定し，情勢が有利になればソ連に侵攻する，南進を継続して対英米戦を辞せず，とした。この決定に基づき，陸軍は**関東軍特種演習(関特演)**の名称のもとに満洲国とソ連との国境付近に兵力を集結させ，ソ連への侵攻準備を進めた。しかし結局，南進を優先するため，対ソ武力行使は中止された。

⑶日米交渉の難航　日米交渉は，日独伊三国同盟や日本軍の仏印・中国での駐兵などの争点をめぐって難航し，さらに，対米強硬派の松岡外相が交渉の打切りを主張していた。これに対し，交渉継続を主張する近衛首相は，いったん内閣総辞職を行い，松岡外相を除いたうえで**第３次近衛文麿内閣**を成立させた。交渉を継続させるため，アメリカに好印象を与えようとしたのである。

ところが，その直後，「情勢の推移に伴う帝国国策要綱」ですでに決定されていた**南部仏印進駐**を日本軍が実行し，飛行場や港湾を占領すると，アメリカは経済制裁を強化した。アメリカは**在米日本人資産を凍結**し，次いで**日本への石油輸出を全面禁止**したのである。これは内閣や軍部の予想を超えた動きであった。アメリカは，南部仏印進駐によってイギリス領の**シンガポール**が日本軍の爆撃圏内に入り，イギリスの軍事拠点が崩壊する可能性が高まったため，日本への経済制裁を強化したのである。このアメリカの動きにイギリスやオランダ領東インドが追随したため，軍部や新聞は**ABCD包囲陣**(America：**アメリカ**，Britain：**イギリス**，China：**中国**，Dutch：**オランダ**）と書き立て，国民の危機感をあおった。そして第３次近衛内閣と軍部は９月，御前会議で**「帝国国策遂行要領」**を決定し，日米交渉妥結の期限を10月上旬とし，それまでに交渉がまとまらないときはアメリカ・イギリス・オランダとの開戦を決意し，**10月下旬**をめどとして開戦準備を整えることとした。

⑥アジア太平洋戦争の開始

⑴日米交渉の決裂　10月上旬，**ハル**国務長官が日本軍の中国（満洲を除く）・仏印

からの撤退を要求し，日米交渉は行きづまった。すでに「帝国国策遂行要領」の定めたタイムリミットが到来していた。第3次近衛内閣は，交渉の妥結を主張する近衛首相らと撤兵を拒否する東条陸相が対立し，総辞職した。後継首相には，**木戸幸一**内大臣により対米強硬派の東条陸相が推挙され，**東条英機内閣**が成立した。主戦論者によって開戦論を抑えるという賭けだったとも言う。統帥権が独立して軍への文官統制が欠けている明治憲法体制のもとでは，陸海軍に影響力をもつ現役軍人が首相に就くほうが政治と戦争指導との統一を確保できる可能性が高かったのである。

東条内閣は当初，日米交渉を継続したものの，11月，東条内閣と軍部は御前会議を開き，日米交渉が不成立の場合には12月初旬に武力を発動することを決定した。これに対してアメリカは満洲事変以前の状態への復帰を求めた。**ハル＝ノート**である。東条内閣はその内容が非妥協的だったことを利用し，開戦にふみ切った。

こうして日本は12月8日，イギリス領の**マレー半島**とアメリカ・**ハワイ真珠湾**を奇襲攻撃してアメリカ・イギリス・オランダに対して宣戦布告し，そのうえで日中戦争を含めて**大東亜戦争**と称した。**アジア太平洋戦争**のはじまりである。ドイツ・イタリアも三国同盟に基づいてアメリカに宣戦布告し，それに対して翌42年1月，アメリカ・イギリス・ソ連・中国などが共同宣言を発して**連合国**を結成したため欧州戦争とも連結し，全面的な世界戦争へと発展した。

なお，アメリカや中南米諸国では開戦にともない，多くの日系人（日本人移民とその子孫）が「敵性市民」として危険視され，収容所に強制収容された。

⑵緒戦の勝利　緒戦は日本側に有利に進んだ。1942年春までにイギリスの軍事拠点シンガポール（昭南と改称）やアメリカ領フィリピン，イギリス領ビルマ，オラン

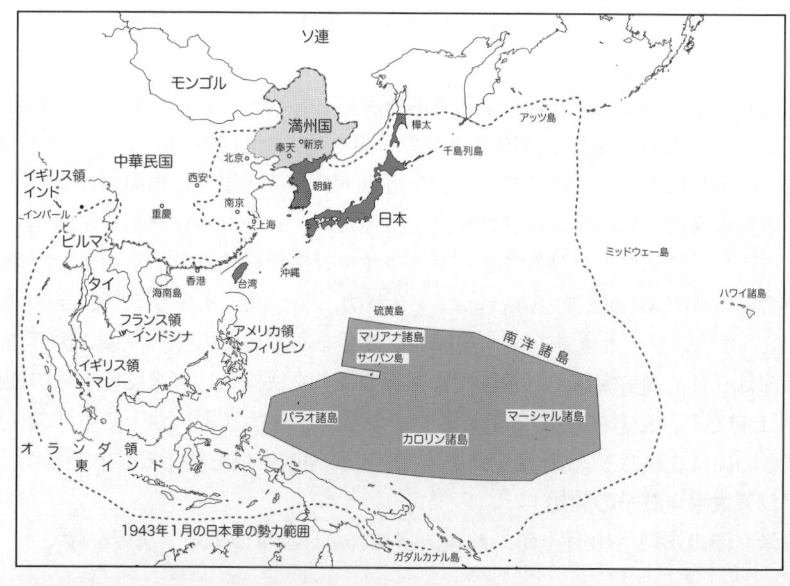

ダ領東インドなど，東南アジア・西太平洋地域を占領した。

しかし同年夏から戦局が転換した。6月，**ミッドウェー海戦**で日本海軍がアメリカ海軍に惨敗し，日本軍は制空権・制海権を失った。8月からソロモン諸島の**ガダルカナル島**をめぐる攻防がはじまり，翌43年2月，日本軍はガダルカナル島から撤退した。同年5月，アリューシャン列島のアッツ島では守備兵が全滅(玉砕)した。1944年3月にはイギリス領インドへの侵攻をめざしてインパール作戦を実施したものの惨敗を喫した。こうして戦局の主導権を完全に連合国軍に奪われた。その結果，日本軍の軍人・軍属(軍に雇用された人々)のなかには，食糧の補給が絶たれるなかで餓死したり，栄養失調による体力の低下から感染症などで病死したりする者が相次ぎ，140万人にも達したとされる。

一方，ヨーロッパでは1943年2月，ドイツ軍がスターリングラードでソ連軍に敗北し，9月には**イタリアが降伏**した。枢軸陣営の守勢はおおいがたかった。

占領地　「開戦の詔書」は，アジア太平洋戦争の目的をABCD包囲陣による経済断交に対抗し，日本の自存自衛を実現させることとしていた。

⑦大東亜共栄圏の実態

日本は東南アジア・西太平洋地域の広大な地域を占領するのに際し，欧米諸国からのアジアの解放，**大東亜共栄圏**の建設を唱えた。しかし，占領地では軍政を実施し，住民に対して**皇民化政策**(→p.352)を進めつつ，石油・ゴム・ボーキサイトなど重要資源の確保と現地軍の自活(物資や労働力の現地調達)を優先させた。資源の開発・輸送には財閥系企業や現地の日系企業があたる一方，軍政担当者は紙幣の代わりに軍票を乱発して物資を徴発し，激しいインフレをひき起こした。また，現地住民を軍用工事に労務者として強制労働させた。なかでも，タイとビルマを結ぶ軍用鉄道（泰緬鉄道）の建設工事では，労務者だけでなく連合国軍の捕虜も動員したうえに，劣悪な条件のなかで工事を強行したため，多くの労務者・捕虜が死亡した。

しかし戦局の悪化とともに，民心を把握する必要から占領政策を転換させた。東条英機内閣（外相重光葵）は1943年，**ビルマ**と**フィリピン**を独立させ，さらにインドの独立をめざして自由インド仮政府を樹立させた。そして同年11月，それらの政府に加え，満洲国・中国汪兆銘政権・タイの代表者を東京に招いて**大東亜会議**を開催した。占領地域の結束を誇示しようとしたのである。

とはいえ，イギリス領マレーやオランダ領東インドについては重要資源の供給地として日本領に編入する方針をとっており，占領地域全ての国家的独立を認めたわけではなかった。また，独立を認めたビルマやフィリピンでも日本の軍事的支配という実態は変わらなかった。そのため，当初は日本軍に協力的だった人々も期待が幻滅に変わり，次第に抗日の傾向を強めた。

政　治　東条英機内閣は，東条首相が陸相・内相を兼任して強い権力を握り，憲兵を使って反東条派を押さえつけた。そしてアジア太平洋戦争の緒戦での勝利を背景とし，強力な与党勢力を確保するため，1942 年 4 月，総選挙を行った。

⑧翼賛選挙

東条内閣は総選挙の実施に際し，候補者の推薦制を導入した(**翼賛選挙**)。その結果，当選議員 466 名のうち 8 割以上を推薦議員が占め，非推薦で当選したのは**尾崎行雄**や**斎藤隆夫**，**鳩山一郎**，**芦田均**，**片山哲**ら 85 名にすぎなかった。そして東条内閣は，当選した推薦議員と貴族院議員(皇族を除く)とにより唯一の政治団体として**翼賛政治会**を結成させ，一国一党体制を形式的に整えた。こうして議会は内閣の政策を支持するだけの機関へと形骸化してしまった。

社会経済　思わぬ長期戦にはまりこんだ中国との戦争に疲れた国民は，アジア太平洋戦争における緒戦の勝利に熱狂したのだが……。

⑨銃後の国民生活

戦局の悪化にともなって兵士や労働力が不足した。そのため，1943 年には大学生と高等学校・専門学校生徒の徴兵猶予が一部停止され，徴兵適齢の文科系学生が軍に召集された (**学徒出陣**)。1944 年には中等学校以上の学生・生徒を**勤労動員**し，25 歳未満の未婚女性を**女子挺身隊**に編成して軍需工場に動員するなど，根こそぎ動員が行われた。一方，1942 年に 20 歳以上の全ての女性を対象として組織された**大日本婦人会**のもと，主婦が出征兵士の送迎や防空訓練などに駆り出された。兵士への動員が膨大な数にのぼって男子人口の 20%にも及ぶなか，男性にかわって町内会・部落会や隣組での活動を中心的に担ったのである。このように銃後を支えるため女性が動員され，その社会進出を促したことは，女性の社会的地位を向上させるきっかけとなった。なかでも未婚女性の勤労動員は，のち学校卒業後に結婚ではなく就職という(→p.367)選択肢があるという意識を広めることにつながった。

⑩経済の破綻

戦局の悪化とともに戦時経済体制は破綻していく。なかでも，ミッドウェー海戦で敗北して制海権を失って以降，東南アジアから日本本土への資源・資材の輸送は困難となり，工業生産が減退した。労働者の生産意欲も減退した。特に徴用された労働者は経験不足から作業をさぼりがちで，次第に長期欠勤率が上昇した。

一方，食糧生産も大幅に低下し，配給量が次第に減少していった。

植民地　朝鮮・台湾など植民地の人々も含めて総動員する体制が整えられた。

⑪植民地と日本本土との一体化

朝鮮や台湾でも徴兵制が導入された。朝鮮では日中戦争のさなか，1938 年に特別志願兵制度が導入されていたが，1943 年に徴兵制が施行され，一方，台湾では 1942 年に特別志願兵制度が導入され，1944 年に徴兵制が施行された。

こうしたなか，朝鮮人・台湾人のなかで日本国臣民としての平等を求める動きが強まった。そのため1945年4月，衆議院議員選挙法が改正され，15円以上という納税資格がついたものの，朝鮮・台湾・南樺太でも選挙法が施行されることとなり，同時に貴族院令が改正されて朝鮮・台湾からも勅選議員が選ばれることとなった。しかし，総選挙が実施されないまま敗戦を迎え，朝鮮・台湾・南樺太での選挙権は実際には行使されなかった。

文化　政府・軍部による文化・学問への統制は厳しかった。その一方で，科学技術の研究は，戦争遂行や生産力拡充という観点から奨励された。

⑫戦時下の文化・学問

第2次近衛文麿内閣は1940年，内閣情報局を新設し(現役軍人を多数登用)，言論・情報の統制や文化宣伝を進めた。新聞・雑誌などの出版物だけでなく，演劇や映画・ラジオなどマス＝メディアを総合的に統制・動員し，戦争遂行に利用した。とりわけ映画やラジオを使って日本軍の戦果を積極的に宣伝した。

初等教育については，1941年に**国民学校令**を定めて小学校を**国民学校**に改組し，皇国臣民の錬成をめざした。その際，義務教育を8年に延長する計画も含まれていたが，実施が延期されて実現しなかった。一方，連合国軍による空襲が激しくなると，都市部では**学童疎開**が広がった。国民学校児童を農村地域へ移動・避難させるもので，これにともなって都市部では初等教育が事実上，機能しなくなった。

科学の分野では，戦争遂行と一体となって研究が進んだ。たとえば理化学研究所の仁科芳雄は，陸軍の依頼により**原子爆弾**の研究・開発に従事した。

国際関係　アジア太平洋戦争が守勢に転じるなか，東条英機内閣は1943年9月，絶対に確保すべき防衛ラインとして**絶対国防圏**を設定したのだが……。

⑬日本の敗戦

⑴戦局の悪化　1944年7月，マリアナ諸島のサイパン島(→p.313)が陥落し，絶対国防圏の一角が破られた。このことは，東京など日本本土が連合国軍の爆撃圏内に入ったことを意味し，日本の敗戦は必至となった。その結果，首相経験者の重臣らが中心となって倒閣運動が広がり，内大臣木戸幸一も同調したため，昭和天皇からの信頼が厚かった東条内閣も総辞職に追い込まれた。代わって陸軍軍人**小磯国昭**と穏健派の海軍長老米内光政が内閣を組織した。**小磯国昭内閣**である。この内閣のもとで和平工作を試みようとする動きがあったが，昭和天皇を含め，連合国軍に一度打撃を与えてから講和に持ち込むことを期待する意見が強く，実現しなかった。

1944年末からマリアナ基地のB 29による**本土爆撃**(**本土空襲**)がはじまり，翌45年3月には東京が大規模な爆撃を受けた(**東京大空襲**)。日本は木造家屋が多かったため，アメリカ軍は国民の戦意喪失をねらい，焼夷弾(火災を起こすための爆弾)を投下して住宅密集地を焼き払った。非戦闘員を対象とした無差別な殺戮であり，約10万人の住民が犠牲となった。さらに各地の都市にも爆撃(空襲)がくり返された。

他方，日本軍は特別攻撃隊(特攻隊)を編成し，爆弾を搭載した軍用機などを乗組員ごと体当たり攻撃させる戦法を採用しはじめた。

小笠原諸島の硫黄島では1945年2月から激しい地上戦が展開し，翌3月に守備兵が全滅した。3月末から連合国軍が慶良間諸島の座間味島に上陸し，翌4月初めには沖縄島にも上陸して**沖縄戦**がはじまった。連合国軍は「鉄の暴風」や「鉄の雨」などと呼ばれる空爆・艦砲射撃により，地形が変わるほどの攻撃を加え，無差別な殺戮をくり広げた。それに対して日本軍は，中学校・師範学校の男子生徒を**鉄血勤皇隊**に組織して実戦に投入し，高等女学校・女子師範学校の女子生徒を**ひめゆり学徒隊(ひめゆり部隊)**などに編成して従軍看護婦として動員した。また，日本軍による集団自決への誘導(強制集団死とも呼ぶ)も行われた。沖縄では6月までの戦闘の結果，マラリア・飢餓による死者も含め，約12万～15万人の県民が犠牲となった。

沖縄戦がはじまった直後，小磯内閣が総辞職し，代わって**鈴木貫太郎内閣**が成立した。国民向けには「一億玉砕」を掲げ，男女を問わず国民義勇隊に編成して本土決戦の態勢を整えた。ところが，沖縄戦の敗北がはっきりした段階で昭和天皇もようやく終戦を決意し，さらに5月にドイツが**無条件降伏**すると，内閣は**国体護持**に向け，中立条約を結んでいたソ連を仲介とする**終戦工作**を進めようとした。

⑵連合国の対応　連合国の目標は日本の無条件降伏であった。

戦争終結に向けた連合国の動向

大西洋憲章	米(フランクリン＝ローズベルト)・英(チャーチル)
(1941.8)	自由貿易体制の確立など戦後世界構想を示す
カイロ宣言	米(ローズベルト)・英(チャーチル)・中(蔣介石)
(1943.11)	対日領土方針(朝鮮の独立など)
	日本が無条件降伏するまでの戦争継続を表明
ヤルタ秘密協定	米(ローズベルト)・英(チャーチル)・ソ(スターリン)
(1945.2)	ドイツ降伏後2～3カ月以内のソ連の対日参戦を密約
	南樺太・千島のソ連帰属を決定
ポツダム宣言	米(トルーマン)・英(チャーチル)・中(蔣介石)
(1945.7.26)	日本軍の無条件降伏を勧告，戦後処理の方針を示す

ポツダム宣言は，軍隊の**無条件降伏**を勧告するとともに，降伏後に実施すべき条項(戦後処理の方針)を示したもので，アメリカが原案を作成し，**チャーチル**英首相，**蔣介石**中国主席の同意を得て発表された。ソ連は協議に関与しなかったが，8月8日に参戦したことによりポツダム宣言に参加した。なお，アメリカは7月16日に原子爆弾の実験に成功していた。**トルーマン**米大統領は翌日からはじまったポツダム会談中にその連絡を受けると，会談終了後の原爆投下を命令し，ソ連の参戦

なしに日本を降伏させようとねらった。ポツダム宣言発表の前日のことである。

(3)日本の降伏　ポツダム宣言発表に対し，日本では7月28日に鈴木内閣がこれを黙殺するとの態度を表明すると，連合国側では拒否と受け取られた。アメリカは8月6日，原爆を**広島**に投下し（**原爆投下**），非戦闘員を含む無差別な殺戮を行う（直後の死傷者は少なくとも約14万人）とともに，日本がポツダム宣言を受諾しない限り原爆による攻撃を続けると声明した。このアメリカの軍事行動に衝撃を受けたソ連は8月8日，期限満了前にも関わらず**日ソ中立条約**の破棄を通告し，日本に宣戦を布告して満洲・朝鮮・南樺太，ついで千島列島に侵攻した。さらに翌9日，アメリカは**長崎**に原爆を投下した（直後の死傷者は少なくとも約7万人）。

原爆投下とソ連の参戦，特に後者は日本政府に強い衝撃を与え，ポツダム宣言の受諾にふみ切るきっかけとなった。東郷茂徳（とうごうしげのり）外相らが主張する国体護持のみを条件として受諾するか，阿南惟幾（あなみこれちか）陸相らが主張する国体の護持・戦犯の自主裁判など4条件のもとで受諾するかをめぐって意見が対立したが，8月9日の御前会議で国体護持のみを条件としてポツダム宣言を受諾することを決定し，翌日，連合国側に「天皇の国家統治の大権を変更するの要求を包含し居（お）らざることの了解の下に」受諾すると申し入れた。これに対する連合国側の回答には，天皇の国家統治の大権を変更しない（国体の護持）との確約はなかったが，日本政府は14日，御前会議で昭和天皇の決裁によって**ポツダム宣言受諾**を決定し，連合国に通告した。そして同14日付で**終戦の詔書**が発せられた。

ポツダム宣言受諾にともなって鈴木内閣が総辞職し，代わって皇族で陸軍軍人の**東久邇宮稔彦王**（ひがしくにのみやなるひこおう）が内閣を組織した。軍内部の主戦論者の不満や敗戦にともなう国民の動揺を抑える意図から，初の皇族首班内閣が成立した。**東久邇宮稔彦王内閣**は「一億総懺悔（いちおくそうざんげ）」を掲げて国民に敗戦の責任を求める一方，9月2日，東京湾のミズーリ号上で**降伏文書**に調印し，日本は正式に降伏した。こうして4年にわたるアジア太平洋戦争は日本の敗北で終わった。

日本の降伏

鈴木貫太郎内閣

ポツダム宣言を受諾（1945.8.14）

終戦の詔書（1945.8.14）

→昭和天皇による録音が翌8月15日正午に放送される（「玉音放送（ぎょくおんほうそう）」と呼ぶ）

日本軍へ停戦命令（1945.8.16）

東久邇宮稔彦王内閣

降伏文書に調印（1945.9.2）…全権は重光葵外相・梅津美治郎（うめづよしじろう）参謀総長

41　占領下での戦後改革

年代　1945～1948年

国際関係　日本は1945年9月2日の**降伏文書**で，連合国に対する軍隊の**無条件降伏**を宣言するとともに，天皇と日本国政府の国家統治の権限が**連合国軍最高司令官**の従属下に置かれることを認めた。連合国軍による日本占領のはじまりである。

①連合国の戦争目的と戦後秩序

アメリカとイギリスは1941年8月，**大西洋憲章**（たいせいようけんしょう）を発表し，自由貿易体制の確立，全ての国民の平和的共存の保障，全般的な安全保障体制が確立されるまでのファシズム国家の非武装化などからなる戦後世界構想を示していた。この構想は1942年の連合国宣言でも**連合国**(the United Nations)の戦争目的として確認され，1945年10月に発足した**国際連合**(the United Nations)へと受け継がれた。

一方，連合国は1944年7月，アメリカの**ブレトン＝ウッズ**で通貨金融会議を開き，貿易の自由化とそのための国際通貨制度の確立をめざして**国際通貨基金**(**IMF**)を設置し（1947年3月に業務開始），**ドルを基軸通貨とする固定相場制**を採用した。金1オンスを35ドルと設定したうえで，各国の通貨とドルの交換比率を固定し，為替相場の安定をはかった。さらに1948年には**GATT**（関税および貿易に関する一般協定）を結び，関税その他の貿易障壁の低減・削減を促進しようとした。

こうしてアメリカが主導する国際秩序が形成される一方，ソ連の勢力拡大も著しく，次第に世界はアメリカなど資本主義諸国とソ連など社会主義諸国の2大陣営へと分裂していく。

②帝国の解体と人々の移動

大日本帝国は敗戦にともなって領土を分割された。

カイロ宣言に基づき，**台湾**（たいわん）・**澎湖諸島**（ほうこしょとう）は**中国へ返還**され，将来の独立を約束された**朝鮮**は自主的な独立運動が弾圧され，北緯38度線を境界として南をアメリカ，北をソ連が分割占領した。**南樺太**（みなみからふと）と**千島列島**は**ヤルタ秘密協定**に基づいて**ソ連が占領**し，また，沖縄などの南西諸島，**奄美群島**（あまみぐんとう），**小笠原諸島**（おがさわらしょとう），そして赤道以北の南洋諸島は**アメリカが占領**した。

敗戦直後には，旧領土だけでなく中国から東南アジア，西太平洋にかけての占領地には約320万人の民間人が居住し，約300万を超す日本軍が展開していた。これらの民間人が**引揚げ**（ひきあ），軍人・軍属（ぐんぞく）が**復員**（ふくいん）してきた。しかし，地域により復員や引揚げが円滑に進まなかったケースがある。特にソ連軍が侵攻した満洲(中国東北部)や南樺太，千島列島である。軍人や旧満洲国の日本人官吏，**満蒙開拓団**などの民間人のなかには，ポツダム宣言に反してソ連によって抑留（よくりゅう）され(**シベリア抑留**)，シベリアや中央アジアの各地に移され，強制労働に従事させられた人々がいた。(→p.386)日本政府の推定では57万5000余人とされる。さらに，満洲では引揚げできず現地に残留した人々が少なくなく，**中国残留日本人問題**を生んだ。

一方，朝鮮や台湾など旧植民地出身で日本本土に居住していた人々は，出身地に戻る者もいれば，日本本土に残って生活を続ける人々もいた。(→p.369)

③連合国軍による日本占領の開始

⑴日本占領のしくみ　日本本土については，アメリカ軍を主力とする連合国軍の占領下に置かれ，**連合国軍最高司令官総司令部**（GHQ/SCAP）が日本政府を通じて**間接統治**を行った。降伏文書の調印により連合国軍最高司令官は憲法を超越する絶対的な権限を得たが，連合国軍による直接軍政ではなく，GHQ（GHQ/SCAP）の指令に基づいて日本政府が政策を立案・実行していく形の統治形式が採用された。

ワシントンには占領政策の最高決定機関として**極東委員会**(きょくとういいんかい)，**東京**には連合国軍最高司令官の諮問機関として**対日理事会**(たいにちりじかい)が設置された。しかし，アメリカ政府は連合国間の合意が成立しない時には極東委員会の決定がなくてもGHQに対して占領政策を指令することができたので（**中間指令**(ちゅうかんしれい)という），実質的にはアメリカによる単独占領であった。

連合国軍の占領機構

最高決定機関…極東委員会（ワシントン，11カ国）
　↓
アメリカ政府＝GHQに対する中間指令権をもつ
　↓
統治機関　…連合国軍最高司令官総司令部（GHQ/SCAP）
　　　　　　最高司令官：初代＝マッカーサー，２代＝リッジウェイ
諮問機関　…対日理事会（東京，米英中ソの４カ国）

なお，連合国への批判は禁じられ，新聞・雑誌は**プレス＝コード**により，ラジオは**ラジオ＝コード**により報道の自由を制限された。

⑵戦争犯罪人の裁判　連合国はポツダム宣言に基づいて**戦争犯罪人**（**戦犯**）の裁判・処罰を実行した。その際，捕虜虐待などの「通例の戦争犯罪」（Ｂ級）に加え，侵略戦争の計画・開始・遂行を**「平和に対する罪」**（**Ａ級**），一般住民に対する殺害や虐待など非人道的行為を「人道に対する罪」（Ｃ級）として新たに設定した。

GHQは，1945年９月から戦争において指導的役割を果たした軍人・政治家を戦犯容疑者として逮捕し，翌46年５月から**極東国際軍事裁判**（通称**東京裁判**）で裁いた。**Ａ級戦犯**として起訴されたのは**東条英機**(とうじょうひでき)・梅津美治郎(うめづよしじろう)・**広田弘毅**(ひろたこうき)・**松岡洋右**(まつおかようすけ)・**木戸幸一**(きどこういち)ら28名で，そのうち，東条・広田ら７名が絞首刑(こうしゅけい)，梅津・木戸ら16名が終身刑に処せられた。ポツダム宣言に「日本国民ヲ欺瞞(ぎまん)シ之(これ)ヲシテ世界征服ノ挙(きょ)ニ出(い)ツルノ過誤(かご)ヲ犯サシメタル」とあるように，連合国は日本国民を軍国主義的な戦

争指導者の犠牲者と位置づけ，指導者と「だまされた」一般国民とを分けるという姿勢をとっており，東京裁判でもこの姿勢が貫かれた。

「平和に対する罪」は第２次世界大戦後に初めて規定されたものであり，当時すでに，事後立法の適用に反対する**罪刑法定主義**の立場から裁判の不当性が指摘された（たとえばインドのパール判事）。しかし，検察側は**不戦条約**以降，侵略戦争の違法性とその犯罪性は実定法として確定していたとの立場をとった。

ところで，昭和天皇については，占領統治のため最大限に利用しようと考えた連合国軍最高司令官マッカーサーやアメリカ政府の政治的判断により起訴されなかった。そして1946年1月1日には，幣原喜重郎内閣のもと，昭和天皇により新日本建設の詔書（いわゆる**天皇の人間宣言**）が発せられた。これは，GHQの指示・合意のもと，昭和天皇自らが天皇の神格性を否定した詔書である。天皇と国民との間の紐帯は「神話ト伝説トニ依リテ生ゼルモノニ非ズ」として神話に基づく天皇の宗教性を否定するとともに，冒頭には五カ条の誓文が掲げられ，明治期以来，日本の君主制と民主主義が両立してきたことを強調することも意図されていた。当時，天皇の退位や戦犯としての起訴をめぐり内外で論議が交わされていたため，昭和天皇の免責と天皇・天皇制の存続というGHQの方針を既成事実化するために行われた日米合作のセレモニーでもあった。

他方，**ＢＣ級戦犯**に対する軍事裁判は，横浜やアジア・太平洋各地でアメリカ・イギリス・オランダ・中国・フィリピンなどによって行われ，上官の命令に従って捕虜を管理していた兵士たちが裁かれた。しかし，関係の薄い，あるいは関係のない人物が被告に選ばれ，処罰されたケースもあった。

沖縄　沖縄戦の終了とともに，アメリカ軍は奄美群島や沖縄島・先島諸島・尖閣諸島など北緯30度以南の南西諸島を占領下に置いた。

④アメリカによる沖縄統治

GHQは，沖縄など南西諸島を日本本土とは切り離し，アメリカ軍の**直接軍政**下に置く方針を示した。アメリカ軍が住民の居住地を含めた広大な土地を軍用地として接収したものの，アメリカ政府は統治の基本方針を明確に打ち出さず，混乱状態が続いた。それに対して1947年，アメリカが南西諸島を長期にわたり軍事占領することを昭和天皇が望んでいることが，天皇側近を通じてアメリカ側に伝えられた。

政治　ポツダム宣言に示された条項は，降伏にあたっての条件ではなく，無条件降伏のあとに実施を義務づけられた条項であった。それらを間違いなく実行するため，連合国軍の占領が行われた。

⑤政治的自由の拡大

⑴非軍事化と民主化　連合国は，再び日本が世界平和に対する軍事的脅威とならないよう，**非軍事化**と**民主化**をめざして**陸海軍を解体**させるとともに政治的自由の復

活・強化を促進した。

ところが，ポツダム宣言受諾後に成立した**東久邇宮稔彦王内閣**は，連合国軍に押収されると都合の悪い公文書の焼却を進めるとともに，国体護持を掲げ，治安維持法に基づく弾圧体制を維持した。そのため1945年10月，GHQが**政治犯の釈放**，天皇に対する批判の自由，内務大臣の罷免など，政治的自由の拡大を求める**人権指令**を発すると，それをGHQによる内閣への不信任ととらえて総辞職した。

⑵**五大改革指令**　代わって，**憲政の常道**期に協調外交を展開した**幣原喜重郎**が首相に就任して**幣原喜重郎内閣**（外相**吉田茂**）が成立すると，10月11日，マッカーサーは幣原首相に対して**五大改革**を口頭で指示するとともに**憲法改正**を示唆した。

五大改革指令

婦人の解放　　　　→女性参政権の実現
労働組合の奨励　　→労働組合法の制定
教育の自由主義化　→教育基本法の制定・教育勅語の失効
秘密警察などの廃止→特別高等警察や治安維持法などの廃止
経済の民主化　　　→財閥解体と農地改革

これを受けて幣原内閣は1945年10月，**特別高等警察**（**特高**）や**治安維持法・治安警察法**などを廃止するとともに，政治犯を釈放した。12月には**衆議院議員選挙法を改正**し，選挙資格を**満20歳**以上の男女とすることによって**女性参政権**を実現した（ただし沖縄県民や朝鮮人・台湾人など旧植民地出身者の選挙権を停止）。

また，GHQの指令に基づき，戦争協力体制において指導的な役割を果たした軍人や政治家，財界人などが政治・警察分野の公職，財界・言論機関などの責任ある地位・職務に就くことを禁止した。**公職追放**である。

⑶**政党の復活**　1945年末までに政党が復活した。

敗戦直後に結成された政党

日本進歩党…旧立憲民政党など大日本政治会（旧翼賛政治会）参加者
日本自由党…旧立憲政友会・総裁鳩山一郎
日本協同党…産業組合運動の指導者ら（→国民協同党へ）
日本社会党…旧社会大衆党など無産政党
日本共産党…釈放された徳田球一ら。初めて合法政党となる

⑥日本国憲法の制定

⑴**制定過程**　憲法改正作業が本格的にはじまるのは，1945年10月にマッカーサーが幣原首相に対して憲法改正を示唆してからである。幣原内閣は，松本烝治国務相を委員長として**憲法問題調査委員会**を設置し，1946年2月，天皇の統治権を認め，

明治憲法の部分的な修正にとどめた「憲法改正要綱」を作成したものの，GHQ に拒否された。それに代わり GHQ は，民政局が中心となり，**憲法研究会**(高野岩三郎・鈴木安蔵らが組織)が自主的に発表していた「憲法草案要綱」などを参考にして国民主権・天皇の象徴的地位・戦争放棄を盛り込んだ草案を作成し，提示した。ソ連を含む極東委員会が発足し（46 年 2 月），憲法論議をはじめるよりも先に，天皇制の存続など，アメリカ主導の占領政策を既成事実化しようとしたのである。

これを受けて幣原内閣は憲法改正案を起草した。GHQ 案に基づきつつ，一院制を二院制に変更するなどの修正を加えていた。この草案は 1946 年 4 月総選挙の後，**第 1 次吉田茂内閣**により帝国議会に提出され，衆議院と貴族院での審議・修正を経，同年 11 月 3 日，明治憲法の改正という形式をとり，昭和天皇により国民の名のもとで**日本国憲法**として公布された。施行は翌 47 年**5月3日**である。

⑵改正のポイント　**国民主権**・**基本的人権の尊重**・**平和主義**が 3 大原則である。

第一に，国民が主権をもつとされて天皇の統治権が否定され，天皇は日本国と国民統合の象徴，**衆議院**と**参議院**で構成される**国会**が**国権の最高機関**であると規定された。国会は唯一の立法機関でもあり，内閣は国会に対して**連帯責任**を負うと定められ(**議院内閣制**)，国会がその議決に基づいて首相を指名し，首相が各大臣の任免権をもつと定められた。また，裁判所が国会に対して**違憲立法審査権**をもち，内閣に対して**法令等の合憲性審査権**をもつと規定された。行政・立法・司法という三権相互の抑制と均衡が制度的に定められたのである。

内閣制度の変化

大日本帝国憲法

天皇が統治権をまとめてもつ

⇅

内閣＝
- 天皇の輔弼機関・天皇に対して責任をもつ → 各大臣の単独輔弼制
- 天皇が各大臣の任免権をもつ
- 首相・閣僚の任用資格…規定なし → 政党内閣の制度的保障がない

日本国憲法

国会が国権の最高機関

⇅

内閣＝
- 議院内閣制・国会に対して責任をもつ → 連帯責任制
- 首相が各大臣の任免権をもつ
- 首相・閣僚の過半…国会議員と規定 → 政党内閣を実質的に保障

第二に，基本的人権が「侵すことのできない永久の権利」として保障された。しかし，日本に居留する外国人の人権については規定されていない。もともと GHQ 案には「外国人ハ平等ニ法律ノ保護ヲ受クル権利ヲ有ス」という規定があったが幣原内閣により削除された。なお，第 1 次吉田内閣は日本国憲法が施行される前日，朝鮮や台湾など旧植民地に戸籍がある人々について，日本国籍でありながらも外国人として扱う措置をとった。そこに選択の自由はなかった。

第三に，国民の平和的生存権(→p.380)を尊重することを掲げた。そして，不戦条約によりめざされ，国連憲章にも盛り込まれた戦争違法化の理念を組み込み，戦争・武力による威嚇・武力行使を全て放棄し，**戦力を保持しない**ことを宣言した(平和主義)。

⑶**地方分権の推進**　新憲法で地方公共団体の**首長の公選制**が定められたことを受け，1947年4月，第1次吉田内閣が**地方自治法**を制定した。地域住民の政治参加の権利を保障し，内務省をはじめとする中央官庁の統制を排除した。

1947年12月には，**片山哲内閣**が**警察法**を定めて中央集権的な警察制度を解体し，人口5000人以上の市町村に**自治体警察**を設置し，それ以外の村落部を管轄するためだけに**国家地方警察**を置いた。

こうして地方分権化が進められるなか，同47年12月，地方行政・警察行政を管轄し，強い権限をふるってきた**内務省**が解体された。

⑷**民法・刑法の改正**　1947年，**民法**が大きく改正された。**戸主**制度が廃止されて財産の均等相続が定められ，男女同権・夫婦中心の家族制度が定められた。同年，**刑法**も一部改正され，姦通罪や**大逆罪**・**不敬罪**などが廃止された。

民法の改正

明治民法(1898年)

戸主制度…戸主が家族の居住指定権・婚姻の同意権などをもつ

原則として長男が家督(戸主権・財産など)を相続

民法改正(1947年)

戸主制度・家督相続を廃止 → 財産の均等相続・男女同権

⑦政治の民主化

⑴**政党内閣の復活**　1946年4月，新選挙法に基づく総選挙が実施された。女性が初めて参加し，39名もの**女性代議士**が当選した。総選挙前に第1党であった**日本進歩党**は議員の大半が公職追放を受けたうえ，総選挙の結果，議席を減らして第2党に転落し，代わって第1党となった**日本自由党**も過半数をとれなかった。さらに，自由党総裁**鳩山一郎**が総選挙の直後に公職追放を受けたために組閣が難航し，内閣が存在しない状態が1カ月も続いた。

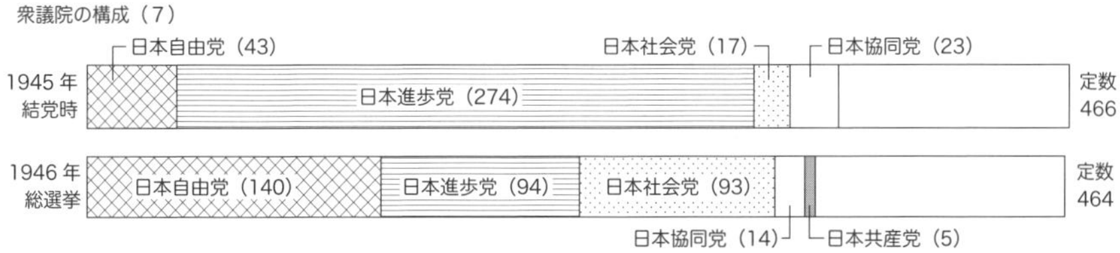

その頃，敗戦直後の深刻な食糧危機を背景として各地で生活防衛を掲げる民衆運動が高まり，労働組合の活動も活発となっていた。5月1日に**メーデー**が復活するとともに，19日には米の配給遅延に抗議し，食糧の獲得を掲げて**食糧メーデー**が行われ，社会党・共産党の提携による民主人民政府の樹立を求める声が高まった。

こうした動きを警戒したGHQは，「暴民デモ許さず」と声明するとともに，日本自由党総裁となった前外相**吉田茂**を後押しし，吉田を首相とする日本自由党・日本進歩党の連立内閣を組織させた(**第1次吉田茂内閣**)。ここに**政党内閣が復活**した。

⑵二・一ゼネスト計画　各地で**産業報国会**に代わって**労働組合**の組織化が進むなか，労働組合の全国組織が新たに結成された。1946年8月，社会党系の**日本労働組合総同盟**(略称総同盟)，共産党系の**全日本産業別労働組合会議**(略称**産別会議**)が成立した。

そして，激しい食糧危機・インフレの昂進・失業者の激増により国民の生活危機が高まるなか，官公庁の労働組合を中心として**二・一ゼネスト**が計画された。産別会議・総同盟に加盟する数百万の労働者が参加し，1947年2月1日を期して全国一斉にストライキ(ゼネスト)を実施しようとしたもので，共産党と社会党左派の指導のもと，吉田内閣の打倒・民主人民政府の樹立がめざされていた。ところが，マッカーサーの禁止命令により直前になって中止された。

⑶中道内閣の登場　1947年4月，新憲法下の新しい政府を構成するため，衆議院議員選挙・参議院議員選挙が実施された。その結果，社会党が第1党となり，社会党委員長**片山哲**を首相として**社会党・民主党**(日本進歩党などにより結成)・国民協同党の3党連立内閣が成立した。**片山哲内閣**である。この保守勢力でも共産党勢力でもない中道内閣のもとで戦後改革と経済復興が進められていく。しかし，連立与党内での政策調整がうまくいかず，経済復興に向けた緊急措置として構想された炭鉱国家管理問題をめぐる内部対立から翌48年3月，総辞職した。代わって民主党総裁**芦田均**を首相とし，同じ3党連立内閣が成立した。**芦田均内閣**である。

衆議院の構成（8）

1947年総選挙	日本自由党（131）	民主党（124）	日本社会党（143）	国民協同党（31）	日本共産党（4）	定数466

文 化　新憲法では天皇の地位は国民の総意に基づくものとされ，神話に基づく宗教性が否定された。宗教・教育の面でも，それにならった動きが進んだ。

⑧国家神道体制の解体 (→p.366)

GHQは**国家神道**を解体させた。1945年12月，国家と神道との分離を指令し（**神道指令**)，神社に対する政府の保障・支援・監督などを廃止させ，学校教育から神道教義を排除させた。これにより国家の祭祀を担っていた神社神道の特権性が否定され，政治と宗教の分離(**政教分離**)の原則が整えられた。

⑨教育の自由主義化

学校教育は国民形成の根幹の一つである。そこでGHQは1945年12月，学校教育での**修身**(→p.277)・**日本歴史・地理の授業を停止**することを指令した。

さらに1946年3月にはGHQの要請に基づいてアメリカ教育使節団が来日し，個人の価値と尊厳を重視することを教育方針として強調し，男女共学・義務教育9年制・教育の地方分権化などを提案した。これを受けて1947年3月，第1次吉田茂内閣が**教育基本法**を制定した。**教育勅語**に代わる新しい教育理念として**個人の尊厳の重視**・真理と平和を希求する人間の育成を掲げ，教育の機会均等，男女共学，教育に対する公権力の不当な介入の禁止などを規定した。そして1948年6月には衆議院で教育勅語の排除，参議院ではその失効確認が決議された。

教育の自由主義化	
教育基本法(1947.3)	…教育の機会均等・男女共学・義務教育9年制
学校教育法(1947.3)	…六・三・三・四制の単線的な学校体系を整備
教育委員会法(1948.7)	…教育委員会を新設(教育委員は公選制) 公立学校の運営管理・教科書の採択などを処理

明治憲法体制のもとでは，男女の性別などによって進路が分かれ，いったん進学すると進路変更がしにくい複線型の学校体系が採用されていたのに対し，教育の機会均等・男女共学の理念を掲げ，その理念を実現させるため(→p.290)，**学校教育法**により**単線型**の学校体系を新しく導入した。また，各地方自治体に**公選制の教育委員会**を設け，教育行政を地方分権化するとともに地域住民の意向を反映させようとした。

社会経済　GHQの指令のもと，**財閥解体**・**農地改革**・**労働改革**が進められる一方，食糧危機・極度のインフレを克服するため経済復興への努力が進められていく。

⑩経済の民主化

GHQは，**財閥**と**寄生地主制**のもとでの国内市場のせまさが戦争推進（軍国主義）の経済的な基盤だったとみなし，その解体を指令するとともに，日本社会の民主化の担い手を育成するため，労働者や農民の生活水準の向上をはかった。

⑴財閥解体　GHQがめざしたのは**持株会社**(→p.310)の解体，財閥家族の企業支配力の排除，株式所有の分散(**株式の民主化**)である。そのため1945年11月，財閥資産の凍結を命令した。次いで，三井・三菱・住友・安田などの財閥本社を解体させ，財閥家族とその関係者を会社役員から追放した。そして，財閥家族や本社が所有していた株式は1946年8月発足の**持株会社整理委員会**に移管させ，公開処分した。

そのうえで，将来における財閥の復活などを防ぐため，1947年4月，第1次吉田茂内閣が**独占禁止法**を制定した。持株会社や**カルテル**などが禁止されて自由競争の保障がはかられ，監視のために**公正取引委員会**が設置された。同年12月には片山哲内閣が**過度経済力集中排除法**を制定し，各分野で独占的な地位をもつ大企業の分割を促進した。しかし，**銀行は分割の対象とされず**，また，米ソ冷戦が激化するなかで適用が緩和され，当初は325社が分割対象に指定されたものの，実際には三菱重工業や**日本製鉄**など11社だけが分割された。

財閥解体	
持株会社整理委員会	…株式所有を通じた企業支配を解体
独占禁止法	…持株会社やカルテルなどを禁止 →監視機関＝公正取引委員会
過度経済力集中排除法	…独占的な大企業を分割

⑵**農地改革**　寄生地主制を解体して自作農を広範に創設することが目標であった。

幣原喜重郎内閣が(→p.286)1945年12月，**農地調整法を改正**し，自主的に改革に着手しようとした(**第１次農地改革**)。食糧危機に直面するなか，農民の生産意欲を高めて食糧の増産を促すことを目的としていた。しかし政府内部や議会での反対にあい，在村地主の所有限度を５町歩とするなど不徹底な内容となったため，GHQは農民運動の高まりを警戒して改革の徹底化を求めた。そこで，第１次吉田内閣が1946年10月，**農地調整法を再改正**するとともに**自作農創設特別措置法**を制定して改革に着手した(**第２次農地改革**)。不在地主の全所有地と在村地主の**１町歩**以上の貸付地(北海道は４町歩)を国家が強制的に買収して小作農に売却する，小作料は**金納**とするなどを内容とする改革であった。この結果，山林地主が残るなどの限界はあるものの，小作地の約80％が解放されて全耕地の約90％が自作地となり，寄生地主制は解体された。こうして農家の所得水準が向上する基礎が整えられたとはいえ，広さ１町歩未満の農家が大半を占める状態は残り，零細経営を中心とする日本の農業構造は改善されなかった。

その間，(→p.393)**産業組合**を継承する形で**農業協同組合**(略称**農協**・現在のＪＡ)が組織され，農民の生活擁護の活動を行った。それに対し，日本農民組合に代表される農民運動は，農地改革の成功によって活動を後退させた。

⑶**労働改革**　低賃金構造を是正するため，労働者の地位向上がはかられた。

労働改革	
労働組合法(1945.12)	…労働者の団結権・団体交渉権・争議権を承認
労働関係調整法(1946.9)	…労働争議の仲裁・調停などの方法を規定
労働基準法(1947.4)	…労働条件の最低基準を定める

幣原内閣が1945年12月，**労働組合法**を制定して初めて労働組合を公認したことは，労働運動の高まりを助長した。(→p.370)続いて第１次吉田内閣が1946年９月に**労働関**

係調整法，翌47年4月に**労働基準法**を定め，同年9月には片山内閣が労働政策担当の官庁として**労働省**を設置し，労働者の福祉と職業の安定をはかった。

⑪経済復興への努力

⑴国民生活の破綻　敗戦直後，日本本土の経済は深刻な危機に陥っていた。戦時中の空襲によって多くの都市では生活や生産活動が破壊されたうえ，敗戦にともなって軍需生産が停止されたため，ほとんどの工場が生産をストップさせ，民需生産への転換も進まず，戦時中以来の物資不足はさらに深刻となった。**配給制**は継続したものの，凶作による食糧不足も重なって遅配や欠配が生じ，全く機能していなかった。都市では空襲で住居を失った人々が焼け跡に廃材などでバラックを立てて生活し，戦争終結にともなって**復員**してきた軍人や**引揚げ**(→p.364)してきた人々も加わって失業者が激増した。**闇市**が広がり，農村へ買出しに出かけて食糧を確保する人々も多かった。一方，物資が極度に不足したのに加え，敗戦直後のどさくさにまぎれて臨時軍事費特別会計から大量の支払いが行われたため，激しいインフレが生じていた。

こうしたなか，労働組合は賃金の大幅引上げなどを求めて労働争議を起こし，労働者による生産管理や経営参加も進んだ。

⑵新円切替え　**幣原内閣**は1946年2月，激しいインフレを抑制するため，**緊急金融措置令**を発した。それまで発行されていた日本銀行券(旧円)の流通を禁止して新しい日本銀行券(新円)に切替える(**新円切替え**)とともに，その際，旧円をすべて強制的に預金させて封鎖し(**預金封鎖**)，一人1カ月100円に限って新円での預金の引き出しを認めたのである。これによって紙幣流通量を減らすことには成功したものの，インフレ抑制には一時的な効果しかなかった。

⑶傾斜生産方式の採用　**第1次吉田茂内閣**(蔵相石橋湛山)は，総合的な経済政策の立案を行うために経済安定本部を設置し，1946年12月から**傾斜生産方式**を採用した。**石炭・鉄鋼・肥料**などの重要産業部門に資材・資金・労働力を集中させることによって生産復興の起点にしようとしたのである。そして，**復興金融金庫**を設立して融資を確保したうえで，補助金(価格差補給金)を支給して生産費を保障し，アメリカの対日援助による輸入資材を集中的に投下するなどした。

この政策は片山内閣や芦田内閣にも継承された。この結果，生産は上昇しはじめたものの，赤字財政による巨額の資金投入がインフレをますます進行させた。

⑷ガリオア資金によるアメリカの援助　アメリカは，社会不安をとり除いて占領行政を円滑に行うために**ガリオア資金**(占領地域統治救済資金)を設け，食糧や医療品などを援助していた。日本でもこの資金を使って食糧が緊急輸入された。欠食児童への救済策としてパン食を中心とする学校給食がはじまったのも，これにより小麦が無償援助されたことに基づく。なお，冷戦の進展にともなってエロア資金（占領地経済復興援助資金)もアメリカから供与され，工業原料の輸入にあてられた。

第17章 米ソ冷戦と日本

<大まかな時代の推移>

1940年代

第２次吉田茂内閣 → 第３次吉田茂内閣

単一為替レートが設定され，国際貿易に復帰した。

1950年代

朝鮮戦争がはじまった。

サンフランシスコ平和条約と日米安全保障条約が調印された。

第４次吉田茂内閣 → 第５次吉田茂内閣

鳩山一郎内閣 → 保守合同により自由民主党が成立した。

日ソ共同宣言が調印され，日本の国連加盟が実現した。

石橋湛山内閣 → 岸信介内閣

1960年代

日米安保条約が改定された。

池田勇人内閣

国民所得倍増計画を発表し，高度経済成長を助長した。

佐藤栄作内閣 ↔ アメリカがベトナム戦争に軍事介入した。

1970年代

沖縄返還協定が結ばれた。

アメリカがニクソン大統領の訪中と金・ドル交換停止を発表した。

田中角栄内閣 ↔ 第１次石油危機が発生し，高度経済成長が終焉した。

三木武夫内閣 → 福田赳夫内閣 → 大平正芳内閣

1980年代

鈴木善幸内閣 → 中曽根康弘内閣

プラザ合意により円高が進んだ。

国鉄の分割・民営化を実施した。

竹下登内閣 → 宇野宗佑内閣 → 海部俊樹内閣

消費税を導入した。　湾岸戦争が起こった。

1990年代

宮沢喜一内閣

ソ連が解体し，米ソ冷戦が終結した。

42 国際社会への復帰

年　代
1948～1954年

国際関係　第2次世界大戦後におけるアメリカ・ソ連の2大国を中心とする資本主義陣営(西側陣営)と社会主義陣営(東側陣営)の対立を**冷戦**(**米ソ冷戦**)という。

①米ソ冷戦と民族独立運動の展開

⑴冷戦のはじまり　アメリカとソ連の対立は第2次世界大戦末期からすでに表面化していたが，大戦終了後，東ヨーロッパに社会主義国が次々と成立したことから，その対立は冷戦へと発展した。アメリカは，ヨーロッパにおける資本主義陣営の結束をめざして1947年3月，**トルーマン**大統領が共産主義勢力の封じ込めを宣言し(**トルーマン＝ドクトリン**)，同年6月には**マーシャル**国務長官がヨーロッパ経済の復興に向けた援助計画(**マーシャル＝プラン**)を発表した。それに対し，ソ連は同年9月，ヨーロッパ8カ国の共産党・労働者党とともに国際共産主義運動の指導機関として**コミンフォルム**を結成するとともに，1949年1月には東ヨーロッパ5カ国とのあいだで経済相互援助会議(コメコン)を設立して結束を固めた。

⑵朝鮮の分断　アメリカ・ソ連に分割占領された朝鮮では，米ソ2カ国の間で独立をめぐる合意が成立しないまま，1948年8月に**大韓民国**(韓国・初代大統領**李承晩**)，翌9月に**朝鮮民主主義人民共和国**(北朝鮮・初代首相**金日成**)が成立した。そして，互いに朝鮮半島全土にわたる支配の正当性を主張して対立した。

⑶中国内戦(国共内戦)の展開　中国では1946年6月から**国民政府**と**中国共産党**の間で内戦が本格化していた(**中国内戦**)。そのなかで，中国共産党が優勢に立ち，1948年には中国本土の制覇が確実となった。アメリカは中国が「アジアの安定勢力」となることを期待していたものの，その戦後構想が破綻したのである。

⑷東南アジアでの民族独立運動　東南アジア各地では，植民地支配の復活をもくろむ欧米諸国からの独立運動が激化していた。

　オランダ領東インドでは1945年8月，スカルノらがインドネシア共和国の独立を宣言し，オランダ軍と戦って独立を実現し(1949年)，**イギリス領ビルマ**(現在のミャンマー)では，日本軍に当初協力(→p.359)していたアウン＝サンらが日本軍に抗して武装蜂起し，さらに復帰したイギリス軍と戦って独立を確保した(1948年)。**フランス領インドシナ**では1945年9月，ベトナム独立同盟会がベトナム民主共和国を樹立したが，復帰したフランスとの

対立が激化し，**インドシナ戦争**に突入していた。

社会経済　東アジアでも共産主義勢力が拡大し，東南アジアで民族独立への動きが進むにつれ，アメリカの対日占領政策が転換しはじめた。

②占領政策の転換

⑴経済の民主化から自立化へ　アメリカは民主化の徹底よりも経済の復興・自立化を優先させ，日本をアジア経済の復興のための拠点として活用していく方向へと転換しはじめた。日本を工業製品の輸出国，他地域は食料・原材料の輸出国と位置づけ，日本の経済復興を進めることを通じてアジア全体の復興を実現させようとした。

こうしたなか1948年1月，**ロイヤル**陸軍長官が無賠償方針への転換を示唆するとともに日本が**共産主義**(全体主義)**の防壁**として役立つべきことを表明し，3月にはドレーパー陸軍次官が来日して**過度経済力集中排除法**による企業分割(→p.372)を緩和するよう，マッカーサーに提案し，その結果，適用は大幅に緩和された。

⑵労働運動の抑圧　労働運動への抑圧も強まった。

片山哲内閣と続く**芦田均内閣**は，**傾斜生産方式**により経済復興を進めてインフレを助長する一方，インフレの抑制をめざして賃金抑制策をとったため，労働運動が激化した。そこで1948年7月，芦田内閣はマッカーサーの指令に基づいて**政令201号**を公布し，国家公務員の団体交渉権と争議権(ストライキ権)を剥奪した。さらに，労働運動のなかでも，労働組合に対する日本共産党の指導力を排除しようとする動き(民主化同盟)が強くなり，GHQはその動きを積極的に支援した。

③ドッジ＝ライン

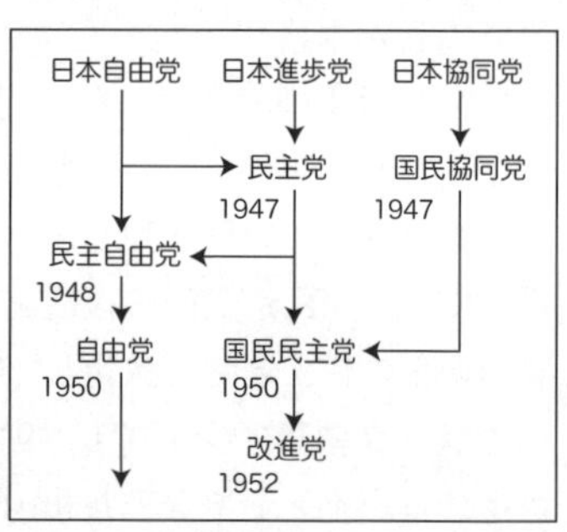

⑴経済安定九原則　1948年10月，芦田内閣が**昭和電工事件**（昭和電工をめぐる汚職事件）で総辞職し，**民主自由党**総裁**吉田茂**が組閣すると（**第2次吉田茂内閣**），同年12月，アメリカはGHQを通じて第2次吉田内閣に対し，**経済安定九原則**を指令した。インフレ収束のための徹底した措置を実行させて日本経済を短期間で安定させ，国際貿易に復帰させることをねらい，その実行のために特別公使ドッジを日本に派遣した。

⑵ドッジ＝ライン　1949年1月総選挙で民主自由党（のち**自由党**）が過半数を占めると，**第3次吉田茂内閣**(蔵相**池田勇人**)は，特別公使ドッジの指導のもと，日本経済の自立化に向けた諸政策(ドッジ＝ライン)を強行した。

ドッジはインフレを収束させるため，**赤字を許さない超均衡予算**を編成し，復興金融金庫からの融資の停止，価格差補給金などの補助金の削減などを実施させた。そして1949年4月，日本を本格的に国際貿易に復帰させるにあたり，**1ドル＝360円の単一為替レート**(→p.402)を採用し，**ブレトン＝ウッズ体制**(→p.364)に組み込んだ。

ドッジ＝ライン

超均衡予算 → 政府の保護・統制を抑えて市場経済に復帰，インフレを収束
単一為替レート：1ドル＝360円
→日本経済をドル中心の世界経済(ブレトン＝ウッズ体制)にリンク

ドッジに続き，1949年5月にはシャウプを団長とする使節団が来日し，日本の税制に関する報告書を提出した(シャウプ税制勧告)。

シャウプ税制勧告

税制改革の構想を示す勧告
：所得税中心主義・法人税の引下げ(企業活動を助長)・地方税制の再編強化

⑶ドッジ＝ラインの影響　ドッジ＝ラインにより大企業中心に経済復興をはかる体制が整ったものの，デフレの進行にともなって深刻な不況に陥った(**安定恐慌**)。中小企業の倒産が相次ぎ，大量の人員整理が行われて失業者が増大した。1949年6月に公共企業体として**日本国有鉄道**（**国鉄**）が発足した際，10万人近い人員整理案が発表されて反対運動が高まるなか，7月から翌8月にかけて**下山事件**（国鉄総裁が轢死体で発見），**三鷹事件**（無人列車が暴走），**松川事件**（列車転覆事故）と，国鉄をめぐる原因不明の事件が連続して発生した。これらの事件には共産党員の関与が疑われて共産党系の労働組合は打撃を受け，それに乗じて人員整理が強行された。

国際関係　中国では1949年10月，**毛沢東**を政府主席として**中華人民共和国**が成立し，**蔣介石**の国民政府は**台湾**へ逃れた。すでにソ連が原爆の実験を成功しており，アメリカの軍事的優位性は動揺していた。そして1950年に入ると，ソ連の東アジア政策が積極化していく。1950年1月，コミンフォルムが**日本共産党**の平和革命路線を批判し，その結果，日本共産党は，内部対立をはらみながら，武装闘争路線へと転換した。翌2月には中ソ友好同盟相互援助条約が結ばれた。

④朝鮮戦争の勃発

1950年6月，北朝鮮がソ連の同意のもと，南北境界線の北緯38度以南への侵攻を開始し，**朝鮮戦争**がはじまった。朝鮮半島における統一国家樹立に向けた内戦であったが，米ソ冷戦の進展を背景として国際的な戦争として展開した。

韓国を「朝鮮半島にある唯一の合法政府」と認めていた**国際連合**は，アメリカの提案により安全保障理事会を招集して(ソ連は欠席)，北朝鮮の行動を侵略と認定して韓国を武力で支援することを決定した。そして，日本駐留のアメリカ軍を主力として国連軍を構成し，朝鮮半島に派遣した。日本からも海上保安庁の掃海部隊や民間船員が動員され，国連軍の作戦遂行に協力した。他方，北朝鮮側には中国から人民義勇軍が参戦し，1951年3月以降，戦局は**38度線**をはさんで膠着状態に陥った。

なお，連合国軍総司令官マッカーサーが国連軍総司令官を務めたものの，中国への戦線拡大を主張してトルーマン米大統領と対立し，1951 年 4 月，国連軍総司令官・連合国軍総司令官を解任された。後任はリッジウェイである。

朝鮮戦争勃発の影響
政治…①レッド＝パージ，②公職追放の解除，③警察予備隊の設置 経済…特需景気 外交…①アメリカ主導の単独講和，②日米安全保障条約の締結

政 治 国内でも GHQ・日本政府と日本共産党との緊張が高まった。

⑤レッド＝パージと再軍備の開始

⑴国内冷戦の激化 共産党が武装闘争路線への転換を進めるなか，朝鮮戦争勃発に前後して GHQ による共産党への弾圧**レッド＝パージ**がはじまった。共産党の実質的な非合法化である。マッカーサーがまず 1950 年 6 月，共産党幹部の公職追放を指令し，政治活動を禁止した。続いて朝鮮戦争の勃発後にレッド＝パージが本格化し，報道機関・官公庁・民間企業などから共産党員とその支持者が追放された。

一方，1952 年，サンフランシスコ平和条約の発効後には，独立回復後初めてのメーデーが警官隊との衝突に発展し(**血のメーデー事件**)，また，共産党の指導のもとで労働者や在日朝鮮人らが朝鮮戦争にともなう軍事物資の輸送反対などを掲げて反戦運動を展開するなどした。これに対して第 3 次吉田茂内閣は同年 7 月，**破壊活動防止法**を制定し，暴力主義的な破壊活動を行った団体を規制しようとした。

⑵公職追放の解除と警察予備隊の創設 朝鮮戦争の勃発にともなって保守政治家や旧軍人の公職追放の解除がはじまった。また 1950 年 8 月には，在日アメリカ軍が朝鮮半島に出動して生じた穴を埋めるため，マッカーサーの指令により**警察予備隊**が創設された。警察力を補完する治安部隊という体裁をとった準軍事組織で，アメリカから武器・弾薬の提供を受け，アメリカ軍将校の軍事顧問団が指揮権を握った。

社会経済 朝鮮戦争勃発にともなって特別需要(**特需**)が舞い込み，ドッジ＝ラインにより深刻な不況(安定恐慌)に陥っていた日本経済は活況を呈した。

⑥経済の復興

在日アメリカ軍が国連軍として朝鮮半島へ出動したのにともない，日本はその後方基地となった。国連軍は日本で綿布・麻袋などの繊維製品を含む軍需品を調達し，兵器やトラックなどの修理を行った。この国連軍の特需によって繊維・金属工業の生産が増大し，敗戦により中断していた弾薬など兵器の製造も復活した。**特需景気**(**朝鮮特需景気**)である。この結果，鉱工業生産は戦前水準(1934 ～ 36 年の平均)を上回るまでに回復した。日本経済は，朝鮮戦争をきっかけとして復興への足がかりを得たのである。しかしそれは，中華人民共和国との戦争状態が続き，1930 年代まで主要な貿易相手であった中国市場との関係が途絶したこともあいまって，アメリカ依存の経済構造に組み込まれる形での経済復興の途であった。

⑦新しい労働運動のはじまり

朝鮮戦争が勃発した直後の1950年7月，日本労働組合総評議会（**総評**）が結成された。反共産党の立場にたつ労働組合の全国組織で，当初はGHQの支援を受けていたものの，米ソ対立からの中立・労働組合主導による経済復興の実現をめざしていた。そのため，朝鮮戦争における北朝鮮の行動を非難しつつも，**中立堅持・軍事基地提供反対・全面講和**の平和三原則を掲げて第3次吉田茂内閣に対抗した。

国際関係　アメリカは，朝鮮戦争の勃発によって日本の戦略的な重要性が高まると，それ以前からあった早期講和の構想を加速させた。日本をアメリカのアジア戦略の下に組み込むため，連合国軍による占領を終わらせるとともに，日本がアメリカから自立することを防止する必要があったのである。

⑧アメリカ主導の単独講和の実現

⑴**サンフランシスコ平和条約**　アメリカはソ連を除外した**単独講和**構想のもとで交渉を進め，1951年9月，**サンフランシスコ**で講和会議を開催した（日本全権は吉田茂首相ら）。その結果，日本と48カ国との間でサンフランシスコ平和条約が締結された）。しかし，平和条約の内容に不満な**インド・ビルマ・ユーゴスラビア**が会議への参加をボイコットし，**ソ連・チェコスロバキア・ポーランド**は会議に出席したものの条約には調印せず，中国については，アメリカとイギリスの間でどちらを招くかの合意が成立しなかったため，**中華人民共和国・台湾の中華民国とも会議には招かれなかった**。これに対し，国内では総評（日本労働組合総評議会）や平和問題懇談会に集まった学者・知識人，東大総長**南原繁**らがソ連を含む全面講和を求めて国論を二分し，**日本社会党**は全面講和を求める左派と単独講和を認める右派とに分裂した。しかし，第3次吉田内閣のもとで批准が実現した。

サンフランシスコ平和条約

戦争状態の終了と日本の主権回復（独立回復）
占領軍の撤退 → 協定に基づく外国軍隊の駐留を妨げない
領土：朝鮮の独立を承認
　　台湾・澎湖諸島，南樺太・千島列島を放棄
　　奄美・沖縄・小笠原諸島など…アメリカが施政権を獲得
日本の再軍備・工業生産に制限を課さない
賠償支払いを規定 → 多くの連合国は賠償請求権を放棄
｝**非懲罰的な内容**

日本は翌52年4月28日，サンフランシスコ平和条約の発効により**独立を回復**すると，IMF（国際通貨基金）（→p.364）や**世界銀行**に加盟し，徐々に国際社会に復帰した。

なお，朝鮮や台湾など旧植民地出身者は，条約発効とともに日本国籍を喪失したものとされ，各市町村において外国人登録を行うことが義務づけられた。

(2)賠償問題　平和条約では，日本は連合国に賠償(ばいしょう)を支払うべきだが完全(→p.419)な賠償を行うには日本の経済力は十分ではないとされ，アメリカ・イギリスなど多くの連合国が賠償請求権を放棄した。アメリカは日本経済の復興を優先して寛大な講和をめざし，懲罰的な賠償を避けようとしたのである。しかし，アジア太平洋戦争のなかで戦場となった東南アジア諸国が不満(→p.313)を示したため，日本軍により占領され，かつ，日本により損害を与えられた連合国に限り，役務(えきむ)の提供，つまり鉄道や道路，製鉄所などの建設，技術・生産物の供与という形で賠償を行うことが規定された。この結果，日本は平和条約締結後に個別交渉によってフィリピン・南ベトナム・インドネシア・ビルマとの間で賠償協定を結んだ。これらの役務は，日本企業が外国企業と競合せずに受注し，東南アジア(→p.387)へ経済進出する足がかりとなった。

(3)台湾政府との日華平和条約　第3次吉田内閣は，平和条約が発効した1952年4月28日，アメリカからの圧力を背景として，台湾のみを実効支配する中華民国との間で**日華平和条約**(にっかへいわじょうやく)に調印した。両国が戦争状態の終結を宣言し，台湾政府は日本に対する賠償請求権を放棄し，日本は台湾政府を正式な中国と承認した。これにともない，中国本土を支配する中華人民共和国との戦争状態が継続することとなり，1930年代まで主要な貿易相手であった中国市場との関係は途絶状態となった。

⑨日米安保体制の成立

(1)日米安全保障条約　平和条約調印の同日，**日米安全保障条約**(にちべいあんぜんほしょうじょうやく)が締結された（日本全権吉田茂首相)。日本の要請に基づいてアメリカ軍が日本に駐留することを協定したもので，どこに基地を置くとも規定しておらず，具体的な事項は全て日米間の行政協定で決めることと定められた。条約締結前に来日した大統領特別顧問**ダレス**によれば，「我々が望むだけの軍隊を，望む場所に，望む期間だけ駐留させる権利を獲得」することがアメリカのねらいであり，これに応じて昭和天皇がダレスに基地提供を申し入れ，第3次吉田内閣も認めた。こうしてアメリカは，日米安全保障条約の締結により，東アジアでの覇権を確保するために日本列島全土を軍事基地として自由利用できる権利を獲得した。日本に「ただ乗り」(→p.405)したのである。

日米安全保障条約(旧安保条約)

日本の希望・要請に基づいてアメリカ軍が日本に駐留
目的：極東における平和と安全を確保(共産主義勢力への対抗)
　→内乱・騒擾に際しての米軍の出動を規定
駐留アメリカ軍の日本防衛の義務は明記されていない
有効期限なし
（以上3項）…日本にとって不平等

⑵**日米行政協定**　1952年2月，日米安保条約の細目を規定した**日米行政協定**が結ばれた。これにより日本は，駐留アメリカ軍に対して基地を提供し，駐留経費を負担することになった。なお，この協定には，軍人とその家族が日本国内で犯す犯罪は全てアメリカ側が裁判権を行使するという不平等な規定が含まれていた。

⑶**保安隊**　日米安保条約では日本が自衛力を増強することが期待されていた。そのため第3次吉田内閣は，独立回復後，**保安庁**を新設するとともに，警察予備隊を改組して**保安隊**を創設し，非常事態における治安出動を任務と定めた。

政治　独立の回復は，政界の動向に変化をもたらした。

⑩講和直後の政治動向

自由党の吉田茂内閣が続いたが，公職追放されていた**鳩山一郎**や**石橋湛山**，**岸信介**らが政界に復帰すると，保守政党のなかには反吉田勢力が強まった。鳩山らは憲法改正・再軍備を主張し，**改進党**とともにやがて**日本民主党**に結集する。(→p.384)

一方，日本社会党は1951年10月，講和条約・日米安保条約の批准承認をめぐって左右に分裂していた。ところが，**内灘**(石川県)など各地で**アメリカ軍基地反対闘争**が展開するなか，総評を基盤とし，憲法擁護・**中立堅持**を掲げる**左派社会党**(→p.379)が次第に勢力を拡大した。

国際関係　1953年3月にソ連の最高指導者**スターリン**が死去すると，ソ連は次第にアメリカとの**平和共存**路線へと転換する。冷戦が緩和へと向かいはじめた。

⑪平和共存への転換

⑴**朝鮮戦争とインドシナ戦争の休戦**　1953年7月，**板門店**で**朝鮮休戦協定**の調印が実現して朝鮮戦争が休戦したのに続き，ベトナム・フランス間で戦われていたインドシナ戦争も翌54年，**ジュネーブ協定**が結ばれて休戦し，フランスのインドシナ支配が終了した。こうして2つの戦争は終わったが，朝鮮半島は北緯38度線，ベトナムは北緯17度線にそれぞれ軍事境界線が引かれ，南北に分断された。

⑵**第三勢力の台頭**　1954年，中国の**周恩来**首相とインドの**ネルー**首相の間で相互不可侵・平和共存など**平和五原則**の合意が成立した。このことは，平和地域を拡大して米ソ2大陣営間の緊張を積極的に緩和させ，そのもとで独立を維持し，国家建設を進めることのできる国際環境を確保しようとする**第三勢力**(**アジア・アフリカ勢力**)を台頭させる出発点となった。

⑶**原子力の平和利用**　アメリカは，ソ連に対する軍事的優位を保つための抑止力として**水素爆弾**(**水爆**)の開発を進めた。しかし，まもなくソ連も水爆(→p.377)を保有するにいたると，核戦争への危機感からアメリカ主導の核兵器の管理をめざし，**原子力の平和利用**を掲げた。アイゼンハワー米大統領が1953年12月，国連総会で**「平和のための原子力」**と題した演説を行い，原子力に関する国際機関の設立と，発電や医療などでの原子力の平和的な利用を提唱したのである。日本との間では1955年，日

米原子力協定を結んだ(**鳩山一郎内閣**)。これをうけて鳩山内閣は同年，**原子力基本法**を定め，アメリカから濃縮ウランを受け入れて翌56年，茨城県**東海村**に日本原子力研究所を設立した(1963年に初めて**原子力発電**に成功)。

政 治 占領期初めに進められた民主化・地方分権化政策に逆行し，中央集権化を進めようとする動きが強まった。この動きは逆コース(→p.406)と呼ばれた。一方，米ソ冷戦に抗して非武装中立を掲げた平和運動が高まり，**革新勢力**が台頭した。

⑫保革対立の広がり

⑴逆コースの進展 朝鮮休戦協定の調印にともなって冷戦が緩和しはじめると，アメリカは経費節減のため，駐留する地上軍を撤退させ，その代わりに日本の再軍備を実現させて地域防衛を義務づけ，アメリカ軍の機能を代替させようと試みた。その結果，1954年3月，日米間で**MSA協定**が調印され，日本はアメリカから本格的な再軍備を求められた。これを受けて第5次吉田茂内閣は同年6月，**自衛隊法**と**防衛庁設置法**を制定し，**自衛隊**を創設するとともに**防衛庁**を新設した。自衛隊は陸海空の3部隊からなる軍事組織で，国土防衛と治安出動を任務とし，自衛権を行使するための必要最小限度の実力として合憲とする見解がとられた。そして，内閣総理大臣が最高指揮・監督権を握り，防衛庁が統括して文民統制が確保された。

再軍備の進展

警察予備隊	…1950年，第3次吉田内閣	← 朝鮮戦争の勃発
保安隊	…1952年，第3次吉田内閣	← サンフランシスコ平和条約の発効
自衛隊	…1954年，第5次吉田内閣	← MSA協定の締結

さらに第5次吉田内閣は，地方分権的な警察制度の改革にも着手した。1954年6月，警察法を改正し，自治体警察と国家地方警察を廃止して都道府県警察に一本化し，**警察庁**を頂点とする中央集権的な警察制度(→p.369)を作りあげた。

⑵革新勢力の台頭 **総評**（日本労働組合総評議会）を中心として平和運動が高まり，革新勢力が台頭した。**内灘**(石川県)などで**アメリカ軍基地反対闘争**が展開しただけでなく，第5次吉田内閣による自衛隊の創設や警察法改正など逆コースへの反対運動がくり広げられ，**左派社会党**は総選挙のたびに議席を増やした。さらに，1954年，アメリカの水爆実験がマーシャル諸島の**ビキニ環礁**で行われた際，漁船**第五福竜丸**が被爆したこと（**第五福竜丸事件**）をきっかけとして，**原水爆禁止運動**がはじまり，翌55年には**第1回原水爆禁止世界大会**が広島で開催された。

文 化 教育でも逆コースが進んだ。

⑬教育への国家統制の復活

教育への国家統制が強まり，次第に愛国心教育が重視されるようになった。占領期における教育改革の理念であった教育行政の地方分権化・民意の直接的な反映を否定するとともに，労働組合の活動に規制を加え，教育行政における文部省の主導権(→p.371)を復活させようとした。

教育への国家統制の復活

教育二法（1954年・第5次吉田茂内閣）
　教職員の政治活動の禁止・教育の政治的中立を掲げる
　→日本教職員組合（日教組）の活動制限をねらう
新教育委員会法（1956年・鳩山一郎内閣）
　教育委員を公選制から首長による任命制に変更

⑭戦後直後の文化

⑴**学問の刷新**　天皇中心の国体観念へのタブーが解かれ(→p.370)，神話的な権威とは一線を画し，自由に実証的な研究を行うことに制約がなくなった。**岩宿遺跡**の発掘など考古学研究がさかんになるとともに，政治学者**丸山真男**が雑誌『世界』に「超国家主義の論理と心理」を発表するなど，新たな研究が進んだ。自然科学では，**中間子理論**を発表していた物理学者湯川秀樹が1949年，**日本人初のノーベル賞**を受賞した。

⑵**文化財保護行政のはじまり**　1949年に**法隆寺金堂壁画**(→p.37)が**焼損**したことをきっかけとして，文化財を保護するため，翌50年に**文化財保護法**が制定された。担当機関として設置された文化財保護委員会は，のち1968年，**文化庁**に発展した。

⑶**文学・映画など**　文学では**大岡昇平**（『**俘虜記**』）や**野間宏**（『**真空地帯**』）が自らの戦争体験を表現し，**太宰治**（『**斜陽**』），坂口安吾（『白痴』）らは虚無的な作品を発表して無頼派と呼ばれた。映画では**黒澤明**や溝口健二，小津安二郎らが活躍し，黒澤明は1951年，『**羅生門**』でベネツィア国際映画祭でグランプリを受賞した。また，1951年からラジオの民間放送がはじまり，1953年には**テレビ放送が開始**された。

⑷**オリンピックへの復帰**　日本は1952年のヘルシンキ大会から復帰した。

沖縄　サンフランシスコ平和条約の発効により，北緯29度以南の南西諸島（奄美・沖縄）や小笠原諸島などはアメリカの施政権下に置かれた。平和条約では，アメリカはそれらの地域を信託統治領とすることを国際連合に提案することになっていたが，結局，その提案を行わないまま，直接統治を続けた。ただし，奄美群島は1953年，日本に返還された。

⑮アメリカによる沖縄統治の継続

沖縄は，アメリカにとって極東における重要な戦略拠点と位置づけられた。そのため，住民側の自治機関として琉球政府が設けられたものの，全権は琉球列島アメリカ民政府（USCAR）が掌握して事実上の軍政を継続した。アメリカ軍は「銃剣とブルドーザー」により住民の土地を強制収用し，軍事基地の建設を本格化させた。それに対し，沖縄県民による非暴力での基地反対闘争が広がっていった。

43 高度経済成長のはじまり

年代 1954～1964年

政治 1950年代半ば，保守政党が単独政権を長期にわたって維持する基礎ができあがった。

①一九五五年体制の成立

1954年に発覚した**造船疑獄**（造船業界をめぐる贈収賄事件）は，**自由党**の**第5次吉田茂内閣**を総辞職に導いた。事件に自由党幹事長**佐藤栄作**が関わっていたのに対し，犬養健法相の指揮権発動によりその逮捕が阻まれ，真相が隠蔽されると，第5次吉田内閣への批判が高まった。**鳩山一郎**ら反吉田派が自由党を離党して**改進党**などとともに**日本民主党**を結成すると，同年12月，第5次吉田内閣は総辞職した。

代わって成立した民主党の鳩山一郎内閣は**憲法改正・再軍備**の実現を掲げ，1955年総選挙で与党民主党が第1党となったものの，過半数は取れなかった。それに対して**総評**（日本労働組合総評議会）を基盤として**左派社会党**が議席を増やし，憲法擁護を掲げる**革新勢力**が国会で**3分の1**以上の議席を確保して憲法改正の発議を阻止した。さらに，保守政党の分立にともない，左右両派社会党の統一により政権獲得をめざせる可能性が出てきたため，同年，**日本社会党の再統一**が実現した（委員長は**鈴木茂三郎**）。これにより民主党・自由党・社会党の三党鼎立の状態となった。（→p.382）

衆議院の構成（9）

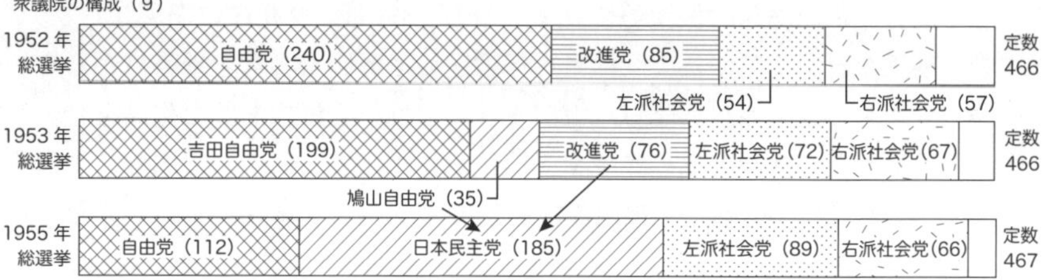

これに対して，アメリカや財界の要請を背景として社会党政権の出現を防ぐ目的で**保守合同**が促進され，民主・自由両党の合同によって**自由民主党**が成立した。保守勢力のなかでも，アメリカの対等な協力者となることをめざし，憲法を改正して再軍備を行えるための安定した政治基盤を作ろうとする動きが**岸信介**を中心として進んでおり，それが具体化したとも言える。

こうして形成された自民党と社会党など革新勢力が対峙する状態を**一九五五年体制**と呼ぶが，実態は自民党が多数の議席を占め，単独政権を長期にわたり継続した。

一九五五年体制

自由民主党…憲法改正・再軍備を掲げる → 1993年まで長期政権を維持（→p.413）

⇅

日本社会党…憲法擁護・非武装中立を掲げる

国際関係　一九五五年体制が成立した頃は，米ソ２大陣営の**平和共存**への気運が高まり，アジア・アフリカの新興独立国が緊張緩和を求めはじめた時代であった。

②雪どけの進展

⑴**冷戦構造の固定化**　朝鮮戦争と**インドシナ戦争**が休戦したのに続き，1955年にはアメリカ・イギリス・フランス・ソ連の４カ国首脳によるジュネーブ四巨頭会談が開催された。具体的な成果はなかったものの，米英ソの首脳が一堂に会するのは1945年のポツダム会談以来10年ぶりのことで，米ソ２大陣営の**緊張緩和**（雪どけと呼ばれた）への期待が高まった。さらに，1956年のソ連共産党大会では，フルシチョフが「**スターリン批判**」を行い，西側諸国との平和共存を唱えた。

そうしたなかで1955年，西ドイツが**NATO（北大西洋条約機構）**に加盟したのに対し，ソ連と東欧７カ国によって**ワルシャワ条約機構**が組織される一方，翌56年に**コミンフォルム**が解散した。国家の枠を超えた共産党・労働者党の連合組織が解消され，米ソ２大陣営がヨーロッパにおいて互いの勢力範囲を確保・尊重し，国家間の連合組織どうしで対立するという構図ができあがった。東欧諸国では「スターリン批判」にともなってソ連からの自立と自由化を求める動きが生じたものの，ソ連はハンガリーに軍事介入する（ハンガリー動乱，1956年）などして圧殺し，一方，アメリカやイギリスなど西側諸国はそれに対して介入しない姿勢をとった。冷戦秩序の固定化・制度化が進んだのである。

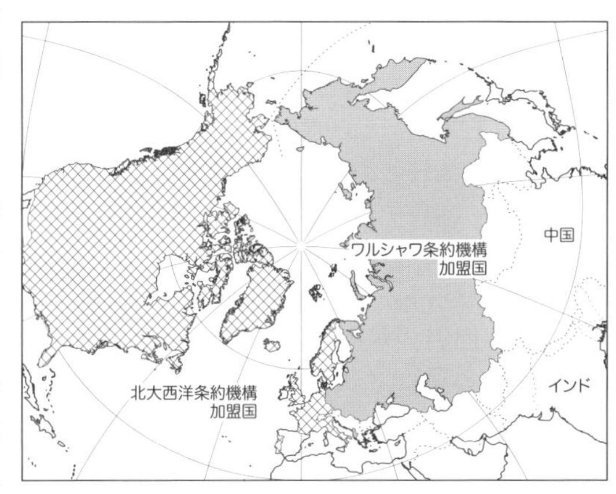

⑵**第三勢力の台頭**　アジア・アフリカの新興独立国のなかでは，独立の確保と国家の建設を重視し，米ソ２大陣営の対立に抗して**中立**をめざす**非同盟**の動きが広まった。**第三勢力（アジア・アフリカ勢力）**が台頭したのである。1954年，中国（周恩来首相）・インド（ネルー首相）間で**平和五原則**の合意が成立したのに続き，1955年には**インドネシア**（スカルノ大統領）の**バンドン**で**アジア・アフリカ会議**が開催された。日本を含む29カ国が参加し，内部に対立をかかえながらも，植民地主義反対・民族独立の保障・軍縮と核兵器の絶滅への協力などが謳われた。

またアラブ地域では，1948年にユダヤ人国家として**イスラエル**が建国されたことに対抗し，アラブ民族主義が高まっていた。なかでもエジプトは1956年，スエズ運河の国有化を一方的に宣言し，それに反発するイギリス・フランス・イスラエルとのスエズ動乱(第２次中東戦争)をのり切ってスエズ運河の主権を回復した。**欧米諸国からの脱植民地化**が進んでいったのである。しかし，ペルシャ湾岸の産油諸国では，アメリカ・イギリス系の国際石油会社が石油の採掘から流通までを支配する体制を作りあげ，産油国の意向を無視して安価な石油を世界に供給した。(→p.403)

③国際連合加盟の実現

雪どけが進むなか，鳩山一郎内閣(外相**重光葵**)はアメリカへの追随から脱して自主外交をめざし，ソ連との関係改善にのり出した。その結果，1956 年 10 月，鳩山首相自らがソ連を訪問し，領土問題を棚上げにした形で**日ソ共同宣言**が締結された。これをうけて，国際連合安全保障理事会で日本の加盟に対して拒否権を行使してきたソ連も加盟賛成にまわり，1956 年 12 月，日本の**国連加盟**が実現した。

日ソ共同宣言

全権：日本＝鳩山一郎首相，ソ連＝ブルガーニン首相
内容：戦争状態の終了 → 日本の国際連合加盟をソ連が承認
ソ連に抑留されている日本人の送還
領土問題＝平和条約締結後に色丹島・歯舞諸島の返還

1956 年 12 月，鳩山内閣が日ソ国交回復を受けて総辞職し，それに代わり同じ自由民主党の**石橋湛山内閣**が成立した。石橋内閣は，中華人民共和国との関係改善をめざしたものの，翌 57 年２月，石橋首相の病気により総辞職した。

社会経済　日本経済は 1950 年代半ばに**神武景気**（1954 ～ 57 年）を迎えて以降，驚異的な経済成長を遂げる。高度経済成長のはじまりである。

④経済復興から経済成長への転換

⑴**神武景気**　MSA 協定に基づくアメリカからの援助などにともない，1950 年代半ばには好景気が持続して神武景気と称された。主に鳩山一郎内閣期である。

こうしたなか，**経済企画庁**が発表した 1956 年度版『**経済白書**』は「もはや戦後ではない」と記した。これは，敗戦後の廃墟からの復興は終わった，これからは**技術革新**により新たな経済発展をめざそう，という宣言であった。実際，神武景気のさなか，電力・鉄鋼・造船などの産業部門では大規模な労働争議をともないながら合理化が行われ，アメリカの先進技術が導入されて技術革新が進んだ。

景気の拡大を支えた要因の一つは，占領期の**労働改革**や**農地改革**によって国民の所得水準が向上したことであった。国民の消費需要が増大するのに対応して家庭電化製品(家電製品)などの**耐久消費財**が大量に生産され，普及しはじめた。なかでも**電気冷蔵庫・電気洗濯機・テレビ**は「**三種の神器**」と並び称され，３つをそろえることが国民にとってあこがれの的となった。そして，電気洗濯機と**電気炊飯器**の普及は，家事の重労働からの解放をもたらした。

⑵**労働環境の変化**　技術革新をともなった経済成長は職場のあり方を変化させ，労働運動を変貌させた。1950年代半ばから経営者側の主導のもとに生産性向上運動が進められた。労働者を主体とする職場づくりではなく，経営者が与えた目標のもと，小集団活動を通じて従業員の参加意欲と自発性を喚起し，生産性を向上させようとする運動である。また，技術革新により作業内容が単純化したため，旧来の熟練労働者を中心とした自律的な職場集団は解体し，労働組合の職場に対する規制力が低下した。1960年の**三井三池炭鉱争議**は，そうした経営者側の労務管理と職場の自律的規制をめざす労働組合との対立を象徴し，そこでの労組側の敗北は**日本的労使関係**の成立を示すメルクマールの一つとしての意味をもった。

一方，1955年に**総評**（日本労働組合総評議会）のもとではじまった**春闘**が，次第に全組織労働者の賃上げ闘争として定着した。企業ごとの賃上げ交渉の時期を春季に集中させ，鉄鋼業など業績のよい産業が高い賃金相場を確保し，それを他産業へも波及させようとするもので，労働者の所得水準を上昇させる役割を果たした。

国際関係　鳩山一郎内閣と石橋湛山内閣が対米自主外交を展開しようとしたのに対し，**岸信介内閣**は国連中心とアジア重視の立場を掲げて独自性を確保しつつ，アメリカとの関係を緊密化させ，より対等なものに変えていこうとした。

⑸日米安保条約の改定

⑴**東南アジアへの経済進出**　東南アジア諸国との間で賠償協定(→p.380)が結ばれた。ビルマとの間では，すでに吉田茂内閣のもとで1954年に平和条約の締結と同時に協定を結び，フィリピンとの間では1956年，鳩山内閣のもと，サンフランシスコ平和条約に基づいた協定を結んでいた。岸内閣はインドネシアや南ベトナムと交渉し，インドネシアとは1958年に平和条約と賠償協定を締結し，南ベトナムとは1959年にサンフランシスコ平和条約に基づいた賠償協定を結んだ。これらの協定は賠償が経済援助とセットになっていたことが特徴で，それらは鉄道や道路，工場などの建設にあてられ，その受注先は日本企業に限定された。さらに，賠償請求権を放棄していたラオスやカンボジアとは経済技術協力の協定を結んだ。

このように東南アジア諸国への賠償は，貿易関係が途絶状態となった中国に代わる市場を確保し，日本企業が経済進出する足がかりとなった。と同時に，岸首相には，東南アジア諸国との関係を強めることでアジアの中心が日本であることを示し，アメリカとの交渉における立場を強化しようという意図があった。

⑵**安保改定**　岸内閣は1958年，防衛力整備計画をスタートさせて再軍備を強化しながら，アメリカ（アイゼンハワー大統領）との交渉にのぞんだ。当時アメリカは，1957年にソ連が世界初の人工衛星スプートニクの打上げに成功したことに衝撃(→p.394)を受けていた。人工衛星の打上げは大陸間弾道ミサイル（ICBM）の開発と連動しており，ミサイル技術でのソ連優位が示されたことを意味していたのである。そのため

アメリカは，日本がアメリカから離れ，中立化することを警戒していた。そこで，日本の経済力と防衛力を自らのアジア戦略のもとにつなぎ止め，補完させることをねらい，日米安保条約の改定に応じた。その結果，1960年1月，**日米相互協力及び安全保障条約（日米新安保条約）**とその細目を定めた**日米地位協定**が調印された。

日米相互協力及び安全保障条約（日米新安保条約）

日本領域の防衛を日本・アメリカの共同義務とする
　→アメリカの日本防衛義務を明記
アメリカ軍の日本駐留…目的：①日本の安全，②極東の平和・安全
在日アメリカ軍の装備変更・軍事行動に関する事前協議制を新しく導入
日米経済協力の強化
不平等な点を改正｛内乱条項・第三国の駐留禁止事項を削除
　　　　　　　　　条約期限を10年と定める

こうした改定により日米関係の対等性が一歩前進したかのようにみえる。しかし，旧条約で保障されたアメリカの基地自由利用の特権が温存される一方，日本が日本領域の防衛に責任をもつと定められるとともに，旧条約では「期待」にとどまっていた自衛力の維持・増強が「義務」づけられた。さらに，在日アメリカ軍が日本の基地を利用して作戦を展開できる範囲が**極東**と定められて極東の範囲はフィリピン以北とされ，そのうえ，アメリカ軍の出動範囲はこれに限定されないと定められた。つまり，日本領域は日本が防衛し，アメリカは基地自由使用の特権を享受して極東地域における軍事行動の自由を確保するというアメリカの構想が具体化したのが，安保条約の改定だったと言える。もちろん，アメリカの展開する戦争に日本がまき込まれるとの懸念を招く恐れがあり，その危惧を取り除くことを意図して，核兵器の持ち込みを含む，在日アメリカ軍の配備や重大な装備の変更についての**事前協議制**が導入された。とはいえ，事前協議制は朝鮮での有事に際しては例外とされたうえ，実行可能なときはいつでも協議するという性格のもので拘束力がなく，海軍艦艇の行動については事前協議の対象にならないという了解も成立していた。

⑥ベトナム戦争のはじまり

インドシナ戦争は1954年のジュネーブ協定により休戦した(→p.381)が，協定で定められた南北統一選挙がアメリカの反対により実施されず，南北分断は固定化された。そして，南ベトナムでアメリカ（アイゼンハワー大統領）の支援する政権（ベトナム共和国）が成立すると，その強権的支配に反発が広がった。1960年には親米政権の打倒などを掲げた**南ベトナム解放民族戦線**が結成され，北ベトナム（ベトナム民主共和国）の支援を受けながらゲリラ活動を展開し，内戦へと発展した。**ベトナム戦争**のはじまりである。アメリカは，こうした内戦の広がりを民族主義の高まりとはと

らえず，社会主義陣営の侵攻と判断した。南ベトナムに武器援助などの支援を行うとともにベトナムに近接するフィリピンなどとの協力関係を強化し，対抗した。

日本が東南アジアへ経済進出し，また，日米安保条約が改定されて日米間の軍事的・経済的な協力関係が強化されたのは，こうした情勢のもとでのことであった。

政　治　国内では**自由民主党**を与党とする保守政権と**日本社会党**など**革新勢力**との対立が一段と激しくなった。

⑦政治の季節

⑴保革対立の激化　**内灘**(石川県)に続き，**砂川**(東京都)などで**アメリカ軍基地の拡張に対する反対闘争**がくり広げられ，**原水爆禁止運動**が展開するなど，**非武装中立**を掲げ，生活や生存の維持をめざす平和運動が展開していた。それを支え，担ったのが**総評**(日本労働組合総評議会)や日本社会党などの革新勢力であった。

一方，自民党の**岸信介内閣**は革新勢力と対決する姿勢を示した。最初の争点が，小中高校の教職員に対する勤務評定（勤評）の導入をめぐる問題である。1956年から文部省が小中学校の教職員に勤務成績の評定を導入するよう指導し，同年，愛媛県が全国にさきがけて実施したことが発端で，1958年，岸内閣により厳格な実施が通達され，大部分の都道府県教育委員会が実施にふみ切ったことにより政治問題化した。総評所属の日本教職員組合(日教組)が教育の官僚統制や組合の弱体化につながるとして反対運動(勤評闘争)を展開した。続いて，**警察官職務執行法(警職法)改正問題**である。岸内閣は同年，警察官の職務遂行上の権限を大幅に強化するため，警職法改正案を国会に提出した。「デートもできない警職法」などとの批判があがり，社会党が中心となって反対運動が展開した。その結果，自民・社会両党首の会談により同法案は審議未了・廃案となった。

⑵安保闘争　こうした岸内閣と社会党・総評など革新勢力との対立がピークに達したのが**安保闘争**であった。

日米安保条約の改定は日本をアメリカのアジア軍事戦略に深く組み込むものだったため，革新勢力を中心として反対運動が展開した。これが安保闘争である。1959年に安保改定阻止国民会議が組織され，社会党や総評，日本共産党，学生団体である全学連（全日本学生自治会総連合）などが反対運動をくり広げた。そして，1960年5月，岸内閣が**アイゼンハワー米大統領**の来日日程に間に合わせるため，衆議院に警官隊を導入して新安保条約の批准を強行採決すると，反対運動がより激化した。アイゼンハワー米大統領訪日の日程協議のためにハガチー大統領報道官が来日した際には，ハガチーを乗せた車が羽田空港近くでデモ隊に包囲されて動けなくなり，アメリカ海兵隊のヘリコプターによって救出されるという事件が発生し，また，国会議事堂に突入した全学連のデモ隊と警察隊の衝突によって東大生樺美智子が圧死するという事件が生じた。一方，岸首相の強引なやり方には自民党内部からも批判が高まり，それまで新安保条約に中立的だった人々までもがデモに参加するなど，反対運動の性格が変化しはじめる。岸首相が「私には＜声なき声＞が聞こえる」と語ったのに対し，それへの抗議から，どの組織にも所属しない無党派の人々によって各地で「声なき声の会」が結成され，一般市民のデモ参加も目立つようになった。岸首相が元**A級戦犯**容疑者であったこととあいまって，彼のやり方は民主主義を破壊し議会政治を否定するものだとの反発が強まり，安保闘争は次第に安保反対から議会政治の擁護へと性格が転換したのである。

こうした安保闘争の高まりに対し，岸内閣は自衛隊出動による鎮圧も考慮したが断念し，予定されていたアイゼンハワー米大統領の訪日も延期した。とはいえ，6月，参議院での審議・議決を経ないまま，憲法第61条の規定に基づいて新安保条約が**自然成立**し，それにともなって岸内閣が総辞職すると，安保闘争は退潮に向かった。

(3)政治の季節から経済の季節へ　代わって成立した自民党の**池田勇人内閣**は，「**寛容と忍耐**」を掲げて革新勢力との摩擦を避けるとともに，**国民所得倍増計画**を発表し，実質GNP（国民総生産）を10年で倍増させるという経済政策を掲げた。**岩戸景気**で経済界が活況を呈するなか，経済成長への期待と確信を強めることによって政治的安定を確保しようとした。政治の季節から経済の季節へと変調をはかったのである。さらに，安保条約のおかげで軍事支出を最小限にとどめ，経済発展に励むことができる，という宣伝を打った。日米新安保条約の定着をはかったのである。

(4)革新勢力の分解　安保闘争は革新勢力のなかに分裂と対立をもたらした。社会党では，安保改定に条件付き賛成の立場をとった**西尾末広**らが離党し，1960年に**民主社会党**(のち**民社党**)を結成した。また，共産党からは直接行動を志向する急進的な学生らが離党して新しい政治組織を結成し，それらの組織は新左翼と呼ばれた。

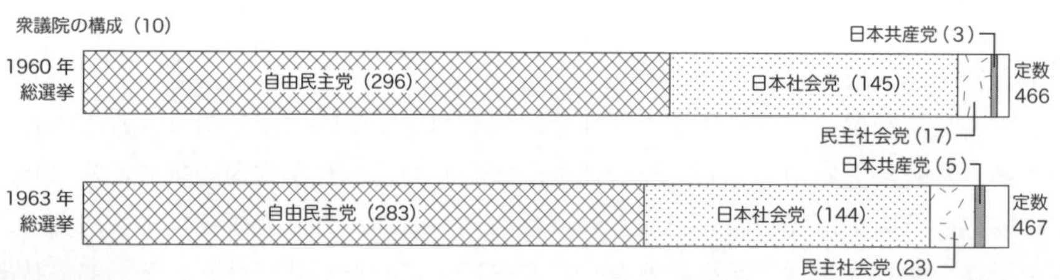

社会経済　**神武景気**に続いて，1960年前後には**岩戸景気**(1958～61年)が展開し，さらに，1964年の**オリンピック東京大会**に向けた需要の高まりから**オリンピック景気**(1963～64年)が生じた。

⑧高度経済成長の展開

(1)重化学工業の成長　鉄鋼業・造船業，そして家庭電化製品や自動車などの耐久消費財を生産する製造業，合成ゴム・プラスチック・合成繊維など新素材を生産する**石油化学工業**が発展し，高度経済成長が続いた。そのなかで，各企業は競い合いな

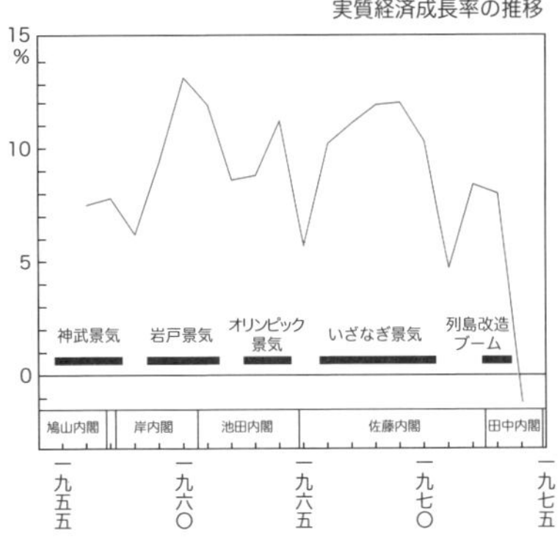

がら，**技術革新**を進めて生産性を高め，工場設備の増設・拡充（**設備投資**）を行って量産体制を整えていった。こうした設備投資は資材の需要をつくり出し，資材を供給する分野での投資の拡大につなる。**投資が投資を呼ぶ**，という形で経済活動が活発となった。

また，**エネルギー革命**が生じた。ペルシャ湾岸の産油諸国でアメリカ・イギリス系の国際石油会社が採掘と流通を独占したため，安価な**石油**を確保できたことを背景(→p.386)とし，エネルギー源が**石炭**から**石油**へと転換した。その結果，石油化学工業が成長して太平洋側を中心とした臨海部に**石油化学コンビナート**が建設され，**太平洋ベルト地帯**が形成された。

高度経済成長

基本的な要因…戦後民主化政策による経済構造の変革
　農地改革・労働改革 → 国民の所得水準が向上＝国内需要が拡大
　財閥解体 → 企業間の自由競争が保障

内容
　石油化学など重化学工業の成長 ← エネルギー革命＝石炭から石油への転換
　技術革新・設備投資（投資が投資を呼ぶ） → 量産体制の整備

経済成長を促進させた要因の一つとして，政府の経済政策も忘れてはならない。政府は1950年代後半から長期経済計画を立案し，それにもとづいて経済成長・生活水準の向上・完全雇用の実現をめざしていた。なかでも1960年に**池田勇人内閣**が発表した**国民所得倍増計画**は，所得の倍増という巧みなネーミングもあって，企業の投資意欲をかきたてるのに成功した。実質GNP（国民総生産）を10年で倍増させるという目標を掲げたことが日本経済の潜在的な力量に対する確信を強め，経済成長を加速させる心理的要因となった。また，1962年には新産業都市建設促進法（しんざんぎょうとしけんせつそくしんほう）を公布するとともに全国総合開発計画（ぜんこくそうごうかいはつけいかく）を閣議決定し，各地に工業開発の拠点を設ける政策をとった。一方，政府は，郵便貯金などを財源として財政投融資（ざいせいとうゆうし）(→p.417)を行い，高速道路や空港の建設など大規模で長期にわたる事業に資金を供給した。

⑵企業集団の形成　大規模な設備投資には巨額の資金を必要としたところから，旧財閥系銀行を中核として**企業集団**が成立した。**独占禁止法**が改正され（1949・53年），法人による株式保有や重役兼任などが認められたことを基礎として形成され，各企業が同じグループ内で株式を相互に持ち合って結束をはかり（**株式持合**（かぶしきもちあい）），銀行がメ

イン・バンクとしてグループ内の企業に**系列融資**を行うことで，経営を長期的に安定させ，相互の利益を保障・拡大させようとしたのである。

企業集団

①株式持合，②銀行の系列融資，③人的結合（重役の兼任・社長会）
6大企業集団…三井・三菱・住友・芙蓉（旧安田が中心）・第一・三和

⑶**経済成長の制約**　**ブレトン＝ウッズ体制**のもとで**固定相場制**を採用したことは，（→p.377）国際収支の動向により経済成長が制約される事態を招いた。国内の好景気により輸入が増加して貿易収支が赤字になると，外貨不足に陥り，それ以上の輸入に対応できなくなるため，金融引締めなどによって好景気をセーブして内需を抑える必要が出てくる。この事態を**「国際収支の天井」**と呼ぶ。当時の日本の貿易収支は赤字基調であり，たとえば神武景気のなかで輸入が増加して貿易赤字が増加すると，外貨が不足して「国際収支の天井」につき当たった。そこで政府が1957年から景気を抑制するために金融引締めをはかったため，なべ底不況に陥った。この制約を日本経済がのり越えるのは1960年代後半，貿易収支が黒字基調に転じて以降である。

⑷**経済成長の問題点**　経済の高度成長は問題をはらんでいた。

第一に，技術革新はスクラップ・アンド・ビルドをともなった。古い設備は廃棄されて新しい設備に置き換えられ，新しい技術に対応できないものは切り捨てられる。たとえば，エネルギー革命の進展は**石炭産業の急速な斜陽化**を招いて大量の人員整理が行われ，1960年には**三井三池炭鉱争議**がおこった。

エネルギー供給構成比

年	石炭	石油	水力
1955年	47.2%	17.6	27.2
1960年	41.2	37.6	15.7
1965年	27.0	59.6	10.6

第二に，工場廃棄物が大気汚染・水質汚濁などの深刻な**公害問題**を引き起こした。生産性と利益，コストを優先させる企業には，さまざまな工場廃棄物が環境や人体にどのような影響を及ぼすかへの配慮がなかったし，問題が表面化しても政府や地方自治体は経済成長を優先させて原因究明を妨げ，被害をさらに拡大させた。

⑸**労働運動の転回と企業社会の形成**　労働運動では，企業業績の向上に奉仕することが高賃金をもたらすとの発想が主流となった。**春闘**が全組織労働者の賃上げ闘争として定着する一方，労使協調的な労働組合の全国組織が相次いで結成された。1964年，**総評**（日本労働組合総評議会）に対抗して**同盟**（全日本労働総同盟）が結成され，さらに鉄鋼・電機・自動車など金属産業の労組によってIMF・JC（国際金属労連日本協議会）が総評・同盟という全国組織の枠をこえて組織された。総評に所属していても金属産業など民間大企業の労組は，公共部門の労組とは異なり，労使協調の傾向が強かったのである。

他方，企業側も生産性向上運動（→p.407）（→p.387）によって労働者の参加意欲と自発性を喚起しつつ，日本的労使関係を軸に**企業社会**を作りあげた。**終身雇用制**を採用して定年まで雇用し，勤務年数に応じて賃金や職場での地位を上昇させる**年功序列制**を整え，福利厚生を充実させ，それを通じて労働者の生活を保障したのである。

企業社会（日本的労使関係を軸とする）

終身雇用制　　…新卒者を雇用し，定年までの雇用を保障する
年功序列賃金　…賃金が勤務年数に応じて上昇する
企業別労働組合…労働組合が企業ごとに組織される
→企業と従業員との一体感のもとで労務管理の補助機関となる

とはいえ，企業社会の恩恵を受けたのは大企業の正社員だけである。臨時工や日雇い労働者，中小企業で働く人々，自営業者，農業や水産業，林業で生計を営む人々は，その恩恵を受けることはできなかった。それを補ったのが政府による社会保障制度で，池田内閣が1961年に国民皆保険・国民皆年金を実現させた。しかし，高齢者や働けない人々への社会保障は薄く，また，外国籍の住民は対象外であった。

⑹**農業の変貌**（→p.399）　経済成長のなかで第２次・第３次産業は発展したが，農業など第１次産業との格差が拡大した。その要因の一つが，農地改革により零細な自作農が大量に創出されたことであった。ところが，1955年にGATT（関税および貿易に関する一般協定）（→p.372）に加盟したことにともなって農産物の段階的な輸入自由化が求められ，また，食生活の多様化にともなって農産物需要も多様化したため，農業経営の近代化が要請された。そこで池田内閣は1961年，**農業基本法**を制定し，経営規模が大きく生産性の高い自立農家の育成をめざした。その結果，機械化が進むなどして農業生産は増大した。しかし，農業人口が減少したにもかかわらず，経営規模の拡大による生産性の向上は実現しなかった。そもそも，戦時下に導入された**食糧管理制度**（→p.355）が敗戦後も存続したことが農業経営の近代化を阻害した要因であった。農村部を支持基盤として重視した自由民主党政権は，食糧管理制度を利用して生産者米価（政府の米買入れ価格）を高く設定し，政策的に農家所得を維持したのである。

一方，工業化・都市化が拡大するのにともない，**専業農家**が減少して**兼業農家**が増加し，農業が副業化する傾向が強くなった。その結果，農家の男性が農業外で就業し，農業は主に高齢者と女性によって担われることが多くなり，**「三ちゃん農業」**という言葉が生まれた（三ちゃんとはじいちゃん・ばあちゃん・かあちゃんを指す）。

⑨開放経済体制への移行

政府は当初，国際収支の安定や国内産業の保護のため，厳しい貿易為替制限を行っていた。企業が輸出で獲得した外貨を政府に集中させ，限られた外貨をできるだけ有効に用いるため，先進技術の導入に対して優先的に外貨を割り当て，育成すべき産業部門については輸入への外貨割り当てを抑制することによって事実上の輸入制

限を行っていた。また，外国人による投資を原則的に禁止していた。

ところが高度経済成長にともない，日本に対して**貿易や資本の自由化**を求める動きが国際社会で強まった。それに応じて，政府は1960年に貿易為替自由化計画大綱を決定し，1963年にはGATT（関税および貿易に関する一般協定）12条国から11条国に移行して国際収支上の理由で輸入制限ができなくなり，同年，輸入自由化率が90%を超えた。さらに翌64年，**IMF（国際通貨基金）14条国から８条国に移行するとともに，**先進国クラブとも称される**OECD（経済協力開発機構）に加盟し，開放体制に移行した。池田勇人内閣**の時のことである。

開放経済体制への移行＝先進国の仲間入り
IMF ８条国に移行（1964年） 国際収支上の理由で為替制限ができない →貿易赤字の抑制を理由に政府が外貨の割り当てを行うことができなくなる OECDに加盟（1964年） 資本の自由化が義務づけられる →外国人による投資（株式取得や企業設立など）を制限できなくなる

このような開放経済体制への移行にともない，国際競争力の強化をめざして企業の大型合併が進んだ。1964年に三菱重工業が再合併し，1970年には八幡製鉄と富士製鉄が合併して**新日本製鉄**が創立された。（→p.372）

⑩中華人民共和国との貿易

池田内閣は，経済界の要望を背景に，政治関係は正常化させずに経済関係だけを強化しようという政経分離の方針のもとで中国との経済交流を拡大した。1962年，**廖承志**と**高碕達之助**の間で準政府間貿易の覚書が締結され，**ＬＴ貿易**がはじまった。

文 化　1964年，オリンピック東京大会（東京オリンピック）が開催された。

⑪東京オリンピックの開催

東京オリンピックは，日本の国際社会への復活を象徴する国際的なイベントであった。国立競技場などの施設整備に莫大な資金が投入され，また，**東海道新幹線**（1964年開通）や首都高速道路が建設されるなど，イベント型公共投資による国土開発のさきがけとなった。

なお，東京オリンピックの終了を受け，池田勇人内閣が首相の病気により総辞職し，代わって同じく自由民主党の**佐藤栄作内閣**が成立した。

国際関係　米ソ２大陣営の平和共存は，お互いに対する抑止を意図した核軍拡競争をともなう敵対的・競争的な共存であった。危うい均衡と言える。

⑫大国による核管理体制の形成

1957年のソ連による人工衛星スプートニクの打上げは，ソ連が大陸間弾道ミサイル(ICBM)によりアメリカ本土を攻撃する可能性を意味していた。そのためアメリカは危機感をいだき，ミサイル技術での劣勢を挽回することをめざして宇宙開発を含む軍拡競争(→p.387)にのり出した(1969年のアポロ11号による月面着陸につながる)。そうしたなかで1962年，ソ連がキューバにミサイル基地を建設したことから，米ソ間で核戦争の危機が生じた(**キューバ危機**)。

ところが，このキューバ危機をのり切ったことをきっかけとして米ソ関係は急速に接近した。1963年，アメリカ・ソ連にイギリスを加えた3カ国によって核実験を地下に限る**部分的核実験停止条約**(**部分的核実験禁止条約**)が結ばれた。核戦争の勃発を抑止するため,大国による核管理体制が形成されはじめたのである。しかし，すでにフランスが核実験に成功し，中国も核開発にのり出すなど，フランスと中国による挑戦がはじまっていた。少しずつ国際社会は多極化の時代を迎えていた。

一方，アジア・アフリカの各地域では欧米諸国の植民地支配から新しく独立する国々が増加し，1960年代にはアジア・アフリカの新興独立国が国連加盟国の過半を占めるまでになった。

沖縄　アメリカ軍が軍事優先の沖縄統治を進めたのに対し，沖縄住民のなかには，平和主義や基本的人権の尊重を謳った日本国憲法をもつ日本への復帰を求める動きが高まった。

⑬島ぐるみ闘争から祖国復帰運動へ

土地を強制収用して軍事基地の建設を進めたアメリカは1954年，軍用地の使用料を一括払いにするという方針を示した。使用料を一度にまとめて支払い，無期限に軍用地として使用しようという方針であった。沖縄住民の反発が広がり，1956年には保守・革新という政治的な立場を超えた島ぐるみの反対運動(**島ぐるみ闘争**)がくり広げられた。その結果，軍用地の新規接収が黙認され，アメリカ軍の住民に対する損害賠償は未解決に終わったものの,軍用地使用料の一括払いは撤廃された。

一方，沖縄住民の日本への復帰を求める運動は，サンフランシスコ平和条約が締結される直前からはじまっていたが，アメリカ軍の圧力の前に後退していた。ところが，島ぐるみ闘争のなかから，アメリカによる戦争への協力を拒否し，日本への復帰を求める運動が展開しはじめる。1960年，**沖縄県祖国復帰協議会**が結成され，日本国憲法の適用や人権擁護の要求を掲げ，**祖国復帰運動**が展開していった。こうした結果，アメリカは将来における基地利用に障害が出ることを警戒し，1962年，ケネディ大統領が将来の沖縄返還の可能性を示すまでになった。

44 ベトナム戦争の激化と高度経済成長

年代 1964～1974年

社会経済 東京オリンピックの終了とともに景気は後退した。しかし**佐藤栄作**内閣が1965年，敗戦後初めて赤字国債を発行すると，これをきっかけとして景気は回復し，**いざなぎ景気**(1965～70年)が訪れた。その結果，1968年には**GNP（国民総生産）**がアメリカに次ぐ**世界第2位**となった。

実質経済成長率の推移

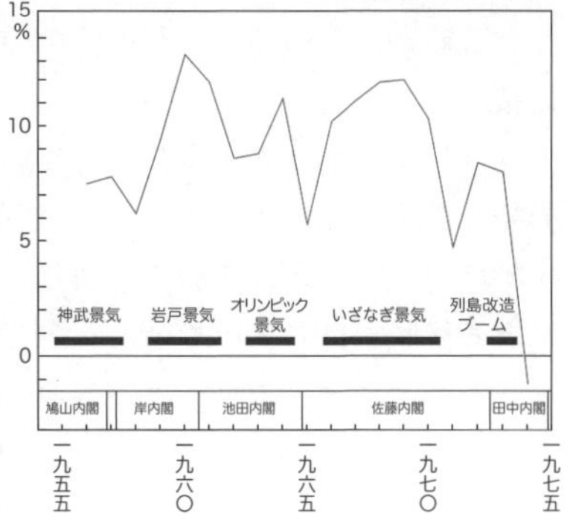

①高度経済成長の継続

いざなぎ景気が長期に続いたのは，**太平洋ベルト地帯**の各地で鉄鋼・石油化学などの**コンビナート**建設が進んだこと，また，ベトナム戦争にともなって好況が続くアメリカへ繊維製品・家電製品などの輸出が拡大し，東南アジア諸国向けには重工業資材の輸出が増大したこと，その結果，貿易収支の黒字基調が定着したことなどが背景であった。

1960年代後半に貿易黒字が続いた背景
重化学工業製品が輸出の中心となったこと
1ドル＝360円の固定相場が維持されたこと→経済成長の結果，円安となる
石油の輸入価格が安価であったこと

ところが，アメリカとの間で**貿易摩擦**が激しくなった。1950年代後半に日本の繊維製品のアメリカへの輸出が激増して以降，すでに日米間で交渉が行われ，1969年には**日米繊維交渉**がはじまった。アメリカが沖縄返還の代わりに日本に輸出規制を求めて交渉は難航したが，1971年，日本側による自主規制で決着がついた。

②公害問題の顕在化

すでに1950年代から工場廃棄物による大気汚染・水質汚濁などが**公害問題**として表面化しており，1960年代後半になり**4大公害訴訟**がおこった。

4大公害訴訟	
四日市ぜんそく(三重県)	…石油化学コンビナートのばい煙(硫黄酸化物など)
水俣病(熊本県)	…新日本窒素(チッソ)の有機水銀廃水
新潟水俣病(新潟県)	…昭和電工の有機水銀廃水
イタイイタイ病(富山県)	…三井金属鉱業のカドミウム廃水

公害訴訟が相次ぐなか，政府はようやく公害対策に取り組みはじめた。佐藤内閣は1967年，**公害対策基本法**を制定した。しかし「経済の健全な発展との調和」を優

先するとの規定（経済調和条項）が含まれたため企業利益の優先と批判され，1970年のいわゆる公害国会での改正によって削除された。公害国会ではさらに，公害を人間の生命や身体に危険を発生させる犯罪行為として処罰する公害犯罪処罰法が制定された。原因者責任を明確にしようとしたものである。これらを受けて翌71年，公害行政と環境保全行政を一体として担う官庁として**環境庁**(→p.415)が新設された。

③都市の過密と農村の過疎

高度経済成長のなかで工業地域と人口とが太平洋ベルト地帯へ集中した。1962年以降，新産業都市の開発にともなって工業拠点の地方分散が進んだものの，**東海道新幹線**（1964年開通）や山陽新幹線（1975年全通），**名神高速道路**（1965年全通），東名高速道路（1969年全通）など，太平洋ベルト地帯を結ぶ高速交通網が整備されると，いっそう集中が進んだ。その結果，大都市では**過密**が進み，住宅難や交通渋滞，騒音，排気ガスによる大気汚染などの都市公害が発生した。半面，農村部では**過疎**化が進み，農業従事者の減少や地域生活の崩壊が生じた。

産業別15歳以上就業者数の推移
1950年　農林水産業　鉱工業　36,025千人
1960年　44,042
1970年　商業・サービス業　52,593

また，生活の洋風化が進むなか，非穀物消費が増加して米消費が減退し，米作を中心とする農業経営と食糧消費とのミス・マッチが広がった。**食糧自給率**が低下する一方，米は供給過剰となり，**食糧管理制度**(→p.393)のもとで政府の米在庫が増大し，政府の財政赤字の一因となった。そこで政府は，1969年から自主流通米を認めるとともに，1970年代初めには**減反**と呼ばれる生産調整政策を実施した。

文 化　高度経済成長は人々の生活様式を大きく変化させ，アメリカの生活文化をモデルとした**大衆消費社会**の形成が進んだ。

④大衆消費社会の出現

⑴消費生活の均質化　**技術革新・設備投資**によって量産体制が整うなか，家電製品などの耐久消費財が爆発的に普及した（**消費革命**）。1950年代後半から普及し，「**三種の神器**」と呼ばれた**電気冷蔵庫・電気洗濯機・テレビ**に加え，1960年代末からは**自動車・クーラー**（エアコン）・**カラーテレビ**が３Ｃと称されて普及した。

こうした消費革命を支えたのは，第一に，テレビ・ラジオなど**マス＝メディア**の発達であった。特にテレビから流される大量のコマーシャルが人々の消費欲をかきたてた。第二に，**スーパーマーケット**に代表される大型小売企業の成長である。ダイエーなどのスーパーマーケットは，セルフサービスを取り入れ，低価格と品ぞろえを謳い文句としながら各地にチェーン店を設け，流通革命を引き起こした。

こうして大量に生産・流通された均質な**耐久消費財**と，**マス＝メディア**から提供される大量かつ共通の情報に囲まれ，生活様式や生活意識の均質化が進んだ。その結果，人々の間には「人並み」の生活をしているという**中流意識**が強まった。

⑵**新しい家族のあり方**　高度経済成長にともない，家族のあり方も変化した。

人口が集中した大都市では，郊外に団地と呼ばれる鉄筋コンクリート造の集合住宅群が増え，千里ニュータウン（大阪府）に続き，多摩ニュータウン（東京都）などの大規模な団地（ニュータウン）が開発された。そこで暮らす人々は，夫婦と未婚の子供とで構成される**核家族**が多くを占め，明治期以来の男性戸主を中心とする家制度に代わり，夫婦中心の家族のあり方が定着した。（→p.334）

一方，核家族の増加とともに，男は仕事，女は家庭（主婦）という**性別役割分業**が広がった。もちろん工場や会社で働く女性が増え，女性の職場進出と称された。しかし，多くはパートタイマーという低賃金かつ非正規で不安定な地位での雇用であった。性別役割分業の広がりのなか，女性は雇用や昇進・昇給などさまざまな面で男性よりも低く扱われていたのである。（→p.408）

⑶**能力主義的な教育熱の高まり**　技術革新の進展とともに，教育では理工系の拡充など経済発展に資する人材を育成するという実学的・能力主義的な傾向が強まった。所得の上昇にともなって高校や大学・短期大学への進学率も高まり，そして，（→p.400）進学率の上昇は教育の産業化を促し，教育産業の発達が進学をさらに促進した。

⑷**レジャーの広がり**　生活にゆとりができるのにともない，人々はレジャーを楽しむようになった。東京オリンピックが開催され，開放経済体制に移行した1964年には，観光を目的として自由に外国旅行ができるようになり，また，国際的な文化イベントとして1970年には大阪で**日本万国博覧会**が催された。

国際関係　民族解放運動の高まりと社会主義陣営の浸透に対抗しようとするアメリカの外交政策に即しながら，日本の外交が展開していく。

⑤ベトナム戦争の激化と対米協調外交の展開

南ベトナムでは，**南ベトナム解放民族戦線**が北ベトナムの支援を受けながら親米政権に対してゲリラ活動をくり広げた。これに対してアメリカ（ジョンソン大統領）は，南ベトナムへの軍事援助だけでは効果がないと判断し，**ベトナム戦争**に直接軍事介入をはじめた。1965年，北ベトナムへの爆撃（**北爆**）を本格的に開始する。

それに対し，**佐藤栄作内閣**はアメリカのアジア戦略を経済面で補完する姿勢をとる。アメリカが韓国への経済援助を日本に肩代わりさせることをねらい，韓国に圧力をかけたこともあり，1965年，**朴正煕**政権との間で**日韓基本条約**を締結した。

日韓基本条約

国交正常化 → 韓国を「朝鮮にある唯一合法の政府」と確認
韓国併合に至る諸条約を「もはや」無効と規定
　→ 日本は朝鮮植民地支配の合法化をねらう
韓国が賠償請求権を放棄 → 日本が経済援助（無償援助を含む）

なお，アメリカはベトナム戦争への介入に際し，同盟関係にあった韓国やフィリピン，タイなどに派兵を求め，日本は沖縄とともに後方支援基地として協力した。

政　治　自由民主党が長期政権を維持する一方，野党の**多党化（多党化現象）**をともないながらも，地方自治体では日本社会党や日本共産党など革新勢力の支持・推薦を受けた首長（**革新首長**と呼ぶ）が増えた。

⑥野党の多党化（多党化現象）

民間企業の労働組合への**総評**（日本労働組合総評議会）の影響力が後退（→p392）して社会党が議席を減らす一方，共産党や，1964年に宗教団体**創価学会**を母体として結成された**公明党**が議席を伸ばし，多党化が進んだ。共産党・公明党とも，都市自営業層など**企業社会**に組み込まれていない人々（→p393）に支持を伸ばした点で共通していた。

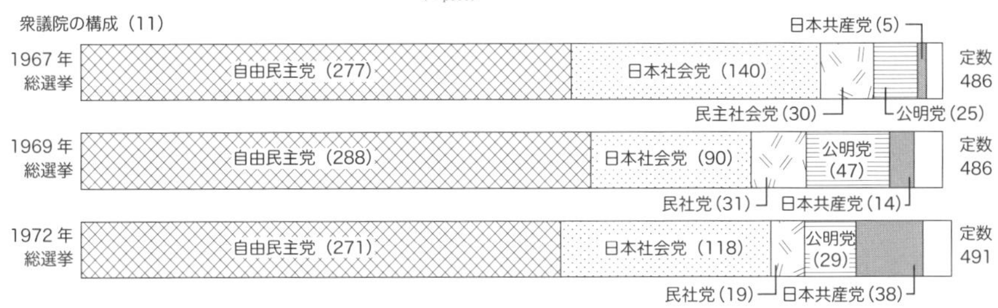

⑦革新自治体の増加

大都市圏を中心として「健康で文化的な最低限度の生活」（日本国憲法第25条）の確保を求める動きが広まった。企業利益や地域開発だけを重視するのではなく，公害の規制や高齢者医療の無料化など，生存や福祉の重視を求める動きである。そのなかで1967年，**美濃部亮吉**が社会党・共産党の推薦のもとで東京都知事に当選し，1970年代初めには大阪府でも革新首長が誕生し，大都市の首長のほとんどが革新系によって占められた。こうした革新首長をもつ自治体を**革新自治体**という。

社会経済　1960年代後半には政党や労働組合などの組織に属さない無党派の人々による運動も広まりをみせた。

⑧新たな社会運動の展開

ベトナム反戦運動の広まりのなかで1965年，小田実を中心としてベ平連（ベトナムに平和を！市民連合）という市民運動グループが結成された。ベ平連は，ベトナム戦争の後方支援基地となることによって日本の民衆がベトナムの人々への加害者となっていると主張し，日常生活のなかに組み込まれた加害や暴力を指摘した。

公害や地域開発に関連した住民運動も広がりをみせた。**水俣病**など公害問題の被害者は損害賠償を求めて訴訟を起こし，三里塚（千葉県）では，新東京国際空港（成田空港）の建設とそれにともなう土地収用への反対運動がくり広げられた。また，やや性格は異なるが部落解放運動も高まり，その結果，1969年には同和対策事業特別措置法が制定され，被差別部落地区の生活環境の改善がはかられた。

一方，全国の各大学では1968年から翌年にかけて，ベトナム反戦運動とあいまって**大学闘争（全共闘運動・大学紛争）**がくり広げられた。経済成長に対応して能力主義が学校教育を覆い，大学と産業界との協同（産学協同）が広まるなか，そこに組み込まれた自分自身への内省的な批判を軸としながら，大学やそこでの研究・教育の存在意義への問いかけ，異議申し立てが学生のなかから起こったのである。

沖　縄　ベトナム戦争でのアメリカの無差別的な爆撃は世界各地でベトナム反戦運動を引き起こした。ベトナムへの最大の出撃拠点の一つだった沖縄では，日本への復帰を求める運動の高まりと重なり，反米感情が著しく高まった。

⑨沖縄の日本復帰

アメリカは，日本への沖縄返還を本格的に検討しはじめた。それにより沖縄住民の反米感情を払拭して基地を維持するためのコストを軽減すると同時に，日本の軍事的分担を増大させることをねらった。他方，佐藤栄作首相は「沖縄の祖国復帰が実現しない限り，日本の戦後は終わらない」との立場から意欲的であった。

沖縄返還への過程

沖縄県祖国復帰協議会の結成（1960年）
佐藤首相・ジョンソン米大統領会談（1967年）
→ 琉球列島アメリカ民政府の長官である高等弁務官の権限を縮小
→ 琉球政府主席の公選（1968年）…屋良朝苗が当選
→ 小笠原諸島の返還が実現（1968年）
佐藤・ニクソン共同声明（1969年）…1972年の沖縄返還・安保適用などを合意
沖縄県で衆議院議員選挙を実施（1970年）
沖縄返還協定…1971年6月調印 → 72年施政権返還が実現

まず1967年，佐藤首相とジョンソン米大統領が会談し，近い将来における沖縄返還を確認するとともに**小笠原諸島の返還**を決定した（翌68年に返還）。それにともない，高等弁務官の権限が縮小されるとともに，翌68年，琉球政府主席の公選が実施され，「基地の即時・無条件・全面返還」を掲げた**屋良朝苗**が当選した。

続いて1969年，佐藤首相とニクソン米大統領が会談し，沖縄の1972年返還・安保条約の沖縄への適用などが合意された。その際，**核抜き・本土並み返還**が表明された。沖縄のアメリカ軍基地から核兵器を撤去し（核抜き），日本本土と同様に日米安保条約を適用する（本土並み）という合意であった。しかし実際は，緊急時における沖縄への核兵器のもち込み・貯蔵を認めることが密約された。さらに日本は**事前協議制**の弾力的な運用という形で，沖縄のみならず日本全土の基地を日本の自主的意思によってアメリカ軍に使用させ，アメリカ軍の軍事行動に共同責任をとることを約束した。こうして日米安保体制は，日本の自立を抑制するだけでなく，極東地域の防衛に対する日本の貢献を引き出すシステムとして機能が転換しはじめた。

そして1971年，**沖縄返還協定**が調印され，翌72年，施政権の返還が実現した。こうして沖縄の日本復帰は実現したものの沖縄住民の求める基地返還は実現しなかった。そのため，沖縄住民のなかには日米両政府への反発や失望が積もった。

なお，沖縄返還をめぐる論議のなかで1967年，佐藤首相は**核兵器を「作らず・持たず・持ち込ませず」**の**非核三原則**を国会答弁で表明した。

国際関係　1960年代後半は国際社会の多極化が進んだ。アメリカがベトナム戦争で敗勢に追い込まれただけでなく，西側陣営ではフランスが独自に核開発を進めながらNATOを脱退し，東側陣営では中国とソ連の対立が激しくなった。

⑩大国による核管理の進展

核兵器保有国は米ソに加えてイギリス・フランス・中国の計5カ国に増えた。それとともに大国による核兵器管理体制が整った。1963年に**部分的核実験停止条約**が米英ソにより締結されたのに続き，1968年には**核兵器拡散防止条約（NPT）**が結ばれて米英仏ソ中以外の新たな核保有国の出現を防止しようとした。

⑪東アジアの緊張緩和のはじまり

1968年，北ベトナムがベトナム戦争に直接介入して南ベトナムの主要都市への一斉攻勢を開始し，その結果，アメリカの敗北が決定的となった。そこでアメリカは，国際的信用を低下させない形でのベトナム戦争の解決をめざして対中国政策を転換させた。中国との関係改善を進め，と同時に，中ソ対立を利用してソ連との緊張緩和をはかってソ連を戦争解決に協力させ，そして中ソの了解を背景としてベトナムに譲歩を迫って名誉ある撤退を実現させようというのである。こうして1971年7月，**ニクソン米大統領の中国訪問**が両国政府から同時に発表され，翌72年2月，ニクソン訪中が実現した。

ベトナム戦争の経緯

南ベトナムでの内戦のはじまり

南ベトナム解放民族戦線の結成（1960年）…北ベトナムが支援

→アメリカ（アイゼンハワー大統領）＝南ベトナムに武器援助などの支援

アメリカと北ベトナムの直接介入

アメリカ（ジョンソン大統領）＝北爆開始で直接介入（1965年）

北ベトナムが直接介入（1968年）＝南ベトナムの主要都市へ一斉攻撃を開始

アメリカの撤退＝ベトナム人どうしによる戦争へ

アメリカ（ニクソン大統領）＝パリ和平協定で撤退（1973）←米中接近

北ベトナムがサイゴンを陥落（1975年）→ベトナムの統一が実現（1976年）

米中和解に佐藤内閣は衝撃を受けたが，1972年7月，代わって**田中角栄内閣**が成立すると，同年，田中角栄首相が訪中した。そして，中国の**周恩来**首相との間で**日中共同声明**を発表し，日中国交正常化を実現させた。

日中国交正常化
日中共同声明（1972年，田中角栄内閣） 中華人民共和国政府が中国を代表する唯一合法な政府と確認 台湾は中国の不可分の領土の一部と確認 中国が賠償請求を放棄 影響：日華平和条約が失効し，日本は台湾政府（中華民国）と断交 **日中平和友好条約（1978年，福田赳夫内閣）** 中国へのODA（政府開発援助）を開始

社会経済 ベトナム戦争と日本・西ドイツの驚異的な経済成長はアメリカの国際的地位を大きく低下させ，その結果，ドルの信用不安と産油諸国の資源ナショナリズムの高まりを招いた。それにともなう**変動相場制への移行**と**石油危機**は，日本の高度経済成長を終焉させ，貿易構成や産業構造の変化を促した。

⑫高度経済成長の終焉

⑴**ドル危機**　ニクソン訪中の発表とともに世界に衝撃を与えたのが，同じ1971年8月，ニクソン米大統領が**金・ドル交換の停止**を発表したことである。この2つを合わせて**ニクソン＝ショック**と呼ぶ。

当時アメリカはベトナム戦争の膨大な戦費支出によって財政赤字が進むとともに，アメリカ企業の多国籍化と日本・西ドイツの経済成長にともなう輸入の増加により貿易収支の赤字が累積したため，ドルの信用が動揺していた（**ドル危機**）。アメリカの財政赤字・貿易赤字によってドルの流通量が増大したため，**ブレトン＝ウッズ協定**（→p.364）で定められた金1オンス＝35ドルという交換比率でドルを金と交換することが難しくなる，との予測が広がったのである。そこでニクソン米大統領は，ドル防衛をねらって金とドルの交換を停止した。この措置は，ブレトン＝ウッズ協定に基づく国際通貨体制を根幹から揺るがすものであった。そのため同年12月，先進10カ国蔵相会議がワシントン（アメリカ）のスミソニアン博物館で開かれて**スミソニアン協定**が結ばれ，1ドル＝308円への円切上げなど，国際通貨体制の安定をはかるための方策が講じられた。

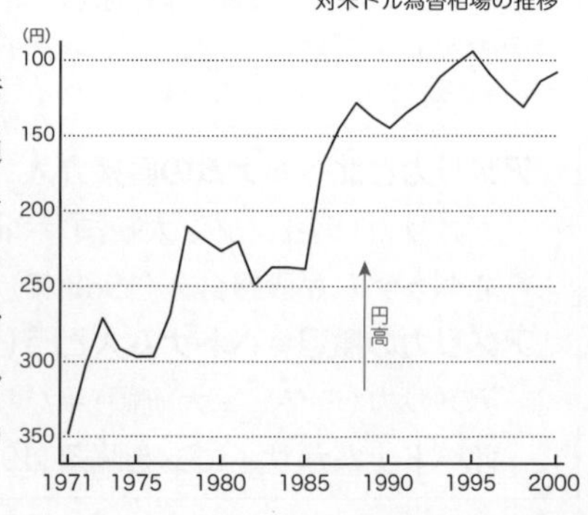

しかし，その後もドルの信用不安はとどまらず，1973年には再びドルが切下げられただけでなく，日本など主要国通貨は変動相場制に移行した。のち1976年，**キングストン合意**によって変動相場制が正式に承認された。

⑵列島改造ブームと福祉元年　1972年に成立した**田中角栄内閣**は，経済成長の持続をめざして**日本列島改造論**（にほんれっとうかいぞうろん）を掲げた。高度経済成長のなかで工業開発が太平洋ベルト地帯にかたより，地域により経済格差が生じていた。そこで，工業を地方都市に分散させ，新幹線と高速道路で結ぶことによって経済格差を解消しようという，公共土木事業を中心とした経済構想が日本列島改造論であった。ところが，開発候補地では土地の買占めが行われて地価が上昇し，その影響により物価も上昇した。

一方，東京都などで革新自治体が成立し，福祉重視の政策を実施するなか，それに危機感をいだいた田中内閣は1973年，**福祉元年**を宣言して福祉の充実を強く打ち出し，高齢者医療費無料化の実施にふみ切るなどした。その結果，公共投資の増加とあいまって，政府の財政負担はふくれあがった。

⑶第１次石油危機　1973年10月，アラブ諸国と**イスラエル**との間で**第４次中東戦争**が勃発すると，アラブ産油国で作る**OAPEC（アラブ石油輸出国機構）**が原油価格の大幅引上げ・原油生産の削減・イスラエル支持国への原油の輸出禁止を実施した。このため，原油価格が高騰し，石油依存・エネルギー多消費型で成長を遂げてきた世界経済は打撃をうけた。**第１次石油危機**である。

（→p.386）

日本では，田中角栄内閣が掲げた日本列島改造論にあおられた物価上昇とあいまってインフレが一気に加速（**狂乱物価**（きょうらんぶっか））するとともに，原料コストの高騰から深刻な不況に見舞われた。このようにインフレと不況が併存する状況を**スタグフレーション**と呼ぶ。この結果，1974年には敗戦後初めて**経済成長率がマイナスを記録**し，日本の高度経済成長は終焉した。

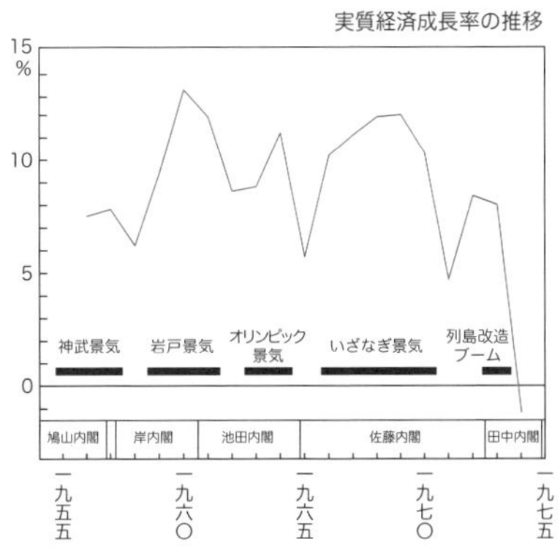

45 米ソ冷戦の終結

年代 1974～1992年

政 治 自由民主党の**田中角栄内閣**は，田中首相が**金脈問題**つまり政治資金の調達と個人資産をめぐる疑惑から批判をあびたことをきっかけとして，1974年12月に総辞職し，同じく自民党の**三木武夫内閣**に代わった。

①保革伯仲

与党の議席数が安定多数を下回り，野党と伯仲している状態を**保革伯仲**と呼ぶ。1974年，田中首相の金脈問題をきっかけとして参議院が伯仲状態となり，1976年にロッキード事件(アメリカからの航空機の購入をめぐる国際的な贈収賄事件)で田中前首相が逮捕されると，河野洋平らが自民党を離党して**新自由クラブ**を結成したこともあり，衆議院でも保革伯仲となった。

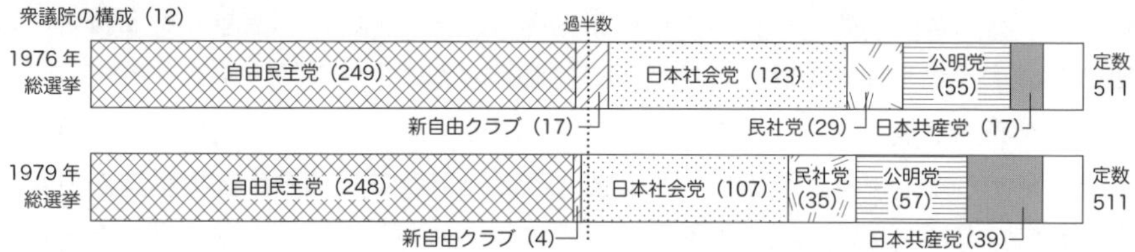

こうしたなか，1976年総選挙での自民党の敗北を受けて三木内閣が総辞職し，同じく自民党の**福田赳夫内閣**が成立し，1978年には**大平正芳内閣**に代わった。

国際関係 アメリカの国際的地位の低下により国際社会の多極化がさらに進むなか，日米の提携関係はより緊密なものとなった。

②国際社会の多極化

⑴**先進国首脳会議(サミット)**　アメリカを中心とする西側先進諸国は，アジア・アフリカ諸国の資源を支配し，低価格に維持することで経済成長を謳歌してきた。**第1次石油危機**はそうした先進諸国の経済基盤を揺るがすものであったため，1974～75年に**世界同時不況**が発生した。また**ドル危機**の結果，国際通貨体制は安定性を失い，アメリカには単独でのり切るだけの国力がなかった。

こうした戦後国際秩序の動揺に直面し，1975年，**先進国首脳会議**（サミット）がパリ(フランス)のランブイエ城で開催され，アメリカ・イギリス・フランス・イタリア・西ドイツ・日本の6カ国が参加した(日本からは**三木武夫**首相が出席)。経済協調のための国際的協議の枠組みが形成されはじめたのである。

先進国首脳会議

アメリカ・イギリス・フランス・イタリア・西ドイツ・日本で構成
第1回…1975年，フランスで開催，日本からは三木武夫首相が出席
→以後，毎年開催(のちカナダ・ロシアが参加，ＥＵがオブザーバー参加)

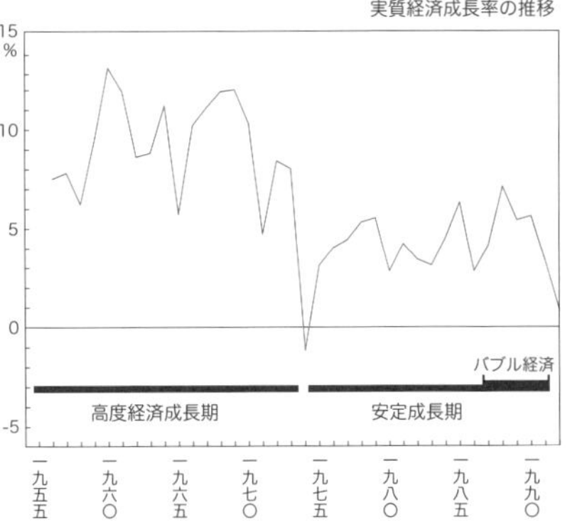

(2)緊張緩和（デタント）の進展　ニクソン米大統領の中国訪問にともない米ソ２大陣営の緊張緩和が進んだ。米中和解が実現し，1979年には**米中国交正常化**も実現する一方，米ソ間の戦略兵器制限交渉も進んだ。

そうしたなか，日米安保体制やそのもとでの日本の役割をどのように位置づけるのかが問題となった。1978年，福田赳夫内閣のもとで**「日米防衛協力のための指針（ガイドライン）」**(→p.414)がまとめられ，ソ連の日本侵攻を想定したうえで，自衛隊が日本の領海及びその周辺海空域で防衛作戦を行うことなど，役割分担が明らかになった。ところが，**日本国憲法第９条**により日本のできないことがあり，限界も明らかであった。そのため，日本は安保条約に「ただ乗り」(→p.380)しているとの批判がアメリカから出て責任分担を強く求められ，同年度から福利厚生費・施設整備費など在日アメリカ軍の駐留経費を一部負担した(思いやり予算)。

(3)ベトナム情勢の変化　ベトナム戦争はアメリカ軍が撤退して以降，ベトナム人どうしによる戦争へと転化し，1975年には北ベトナムが南ベトナムの首都サイゴンを陥落させた。その結果，翌76年，南北統一選挙によって統一国家ベトナム社会主義共和国が成立した。ところが，南部の社会主義化に失敗して大量の難民を出した。また1978年，隣国カンボジアの内戦に介入し，翌79年には中国と関係の深かったポル＝ポト政権を排除したため，中国との間で軍事衝突が生じた。

(4)イラン＝イスラーム革命　資源ナショナリズムが高まるなか，中東諸国ではイスラーム教の教えに基づいた社会正義の実現をめざすイスラーム原理主義が台頭した。イランでは1978年から親米派の国王に対する抵抗運動が広まり，その結果，翌79年に王政が倒れ，イスラーム原理主義に基づく新国家が成立した(イラン＝イスラーム革命，イラン革命)。イランはアメリカとの対決姿勢を強め，アメリカはペルシャ湾岸地域での軍事拠点の一つを失った。

なお，イラン革命によって再び原油価格が上昇し，**第２次石油危機**が発生した。

石油危機

第１次(1973～74年)

きっかけ：第４次中東戦争の勃発→OAPECが原油価格を引上げなどを実施

第２次(1978～79年)

きっかけ：イラン＝イスラーム革命(イラン革命)の進展

(5)新冷戦のはじまり　イスラーム革命の広まりを警戒したソ連は1979年12月，イランの隣国**アフガニスタンに侵攻**した。これ以降，米ソ２大国間の緊張緩和は崩れて冷戦が再び激化した。これを**新冷戦**と呼ぶ。

こうしたなか，アメリカは1980年代前半，**レーガン**大統領のもとでソ連対決・軍拡路線を強めるとともに，日本に対して責任分担の強化をより求めていく。(→p.408)

社会経済 アメリカが日本に対して責任分担の要求を強めた背景には，日本経済が1970年代の石油危機を世界にさきがけてのり切ったことがあった。

③安定成長

⑴石油危機からの脱出　政府は**赤字国債**を財源として公共投資を増大させ，開発主導で景気の回復をはかる一方，民間企業は**減量経営**，ＭＥ（マイクロ＝エレクトロニクス）技術の導入による省エネルギー・省力化を進めて競争力を強化し，アメリカなどへの輸出を激増させた。その結果，日本経済は石油危機にともなう不況からいち早く脱出し，1970年代半ばから1980年代には**安定成長**の時代を迎えた。

こうしたなかで産業構造の転換が進んだ。鉄鋼・造船・石油化学など資源・エネルギーを多く消費する産業が停滞し，半導体・集積回路，そうしたＭＥ技術を利用した電子機器・自動車などの産業，そしてサービス業の発達が著しかった。また，**ドル危機**以降，円高が進むなか，繊維など労働者を多く必要とする産業では安価な労働力を求めて工場をアジアへ移転させる動き(**企業の多国籍化**)が広まった。

石油危機から脱出できた要因

赤字国債を財源とする積極財政

赤字国債の発行を再開(1975年) → 公共事業を増大＝開発主導で景気回復

減量経営

人件費削減…従業員の系列会社への出向や配置転換，希望退職など

→ 日本的労使関係が動揺・再編

ＭＥ(マイクロ＝エレクトロニクス)技術の導入

半導体・集積回路を用いて小型化・知能化された産業用ロボットなどを導入

→ オフィスの自動化が進展，パソコンが普及(1980年代前半～)

輸出の急激な拡大(集中豪雨型輸出)

鉄鋼・自動車・半導体などのアメリカ向け輸出が急増 → 貿易黒字が増大

原子力への依存度も高まった。政府は1974年，電源三法を定め，**原子力発電所**（原発）が立地する地域へ補助金を給付するしくみを整えた。石油危機で工業開発に行きづまった地域では，補助金を目当てに原発を誘致する動きが生じた。

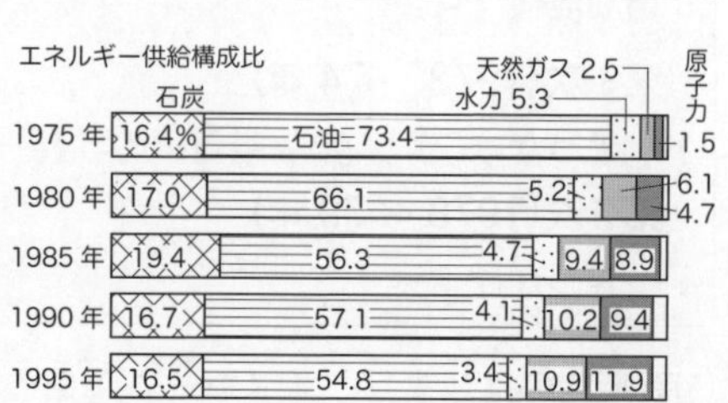

⑵**労働運動の後退**　鉄鋼などの民間大企業では，労働組合が自ら賃上げ要求を自粛し，柔軟な配置転換などの減量経営に(→p.392)同意した。他方，国鉄などの公共部門では**総評**系の労働組合が生産性向上運動の導入を阻止したが，労働争議によって国鉄の遅れ・運休など公共サービスに影響が出ると，減量経営にたえる国民の屈折した反発を招いた。1970年代半ば以降，こうして労働組合の活動力が後退した。

政　治　石油危機にともなう不況のなか，自治体も財政難に陥った。

④革新自治体の後退と保革伯仲の終焉

福祉を拡充してきた**革新自治体**は，石油危機にともなう不況により税収が減少したため財政難に直面した。その結果，1970年代末には革新自治体の退潮が進んだ。

国政でも，1980年に衆議院・参議院議員の同日選挙が行われた際，大平正芳首相が急死するという状況のなかで自由民主党が圧勝して保革伯仲は終わった。選挙後，自民党の**鈴木善幸内閣**が成立した。

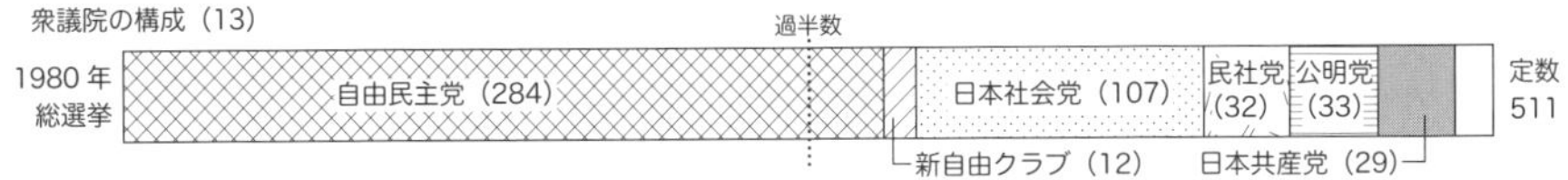

衆議院の構成（13）

社会経済　1970年代半ばから80年代にかけて安定成長が訪れた。しかし，国債発行は財政赤字を増やし，輸出の急増はアメリカとの貿易摩擦を招いた。新たな問題に直面したのである。

⑤臨調行革の推進

⑴**行財政改革の実施**　1980年代初めの重要な政治課題は，財政再建，つまり財政赤字の抑制であった。そのため1980年，鈴木善幸内閣のもとで**第２次臨時行政調査会（臨調）**が設置された。第2臨調が「増税なき財政再建」を掲げて緊縮財政の実施を内容とする答申を出すと，1982年11月に成立した自由民主党の**中曽根康弘内閣**がその具体化をめざして行財政改革を実施した。中曽根内閣は，**国鉄**(→p.377)など政府の公共サービスの領域を縮小させて財政負担を軽減し，そこへ民間活力を導入することで経済活動の活性化をはかろうとした。半面では，公共サービスの民営化を通じて国労（国鉄労働組合）など公共部門の労働組合を抑え，**日本社会党**の基盤である**総評**（日本労働組合総評議会）を弱体化させることをねらっていた。

中曽根内閣による行財政改革

緊縮財政…社会保障関係予算を抑制・防衛費は例外

電電・専売・国鉄の民営化

日本電信電話公社	→ 1985年日本電信電話（NTT）
日本専売公社	→ 1985年日本たばこ産業（ＪＴ）
国鉄（日本国有鉄道）	→ 1987年ＪＲグループ７社に分割・民営化

中曽根内閣は，このように緊縮財政を進めたものの，**新冷戦**が進展するなか，アメリカとの軍事的な提携関係を強化したために防衛費を例外とした。三木武夫内閣時に閣議決定された「対 GNP 比１％」の制限をこえて防衛費を増大した。

⑵**働き方の変化**　1979 年の国連総会で採択された女性差別撤廃条約に批准するため，中曽根内閣は 1985 年，**男女雇用機会均等法**を制定し，さらに労働基準法を改正した。この結果，採用や昇進，退職・解雇などでの男女差別が禁止される(→p.398)とともに，時間外・休日・深夜労働に関する女子保護規定が撤廃された。さらに同 85 年，**労働者派遣事業法**(→p.417)を制定し，人材派遣事業を労働者の供給システムとして認めた。この時は特定の業務に限られていたが，非正規の労働者が増える発端となった。

⑶**税制改革**　中曽根内閣は，租税収入の増大をめざして大型間接税の導入をもくろんだものの失敗した。しかし，後継の**竹下登内閣**が 1988 年末に消費税法を成立させて**消費税**を創設し，翌 89 年度から導入した(税率**３％**)(→p.416)。

⑥プラザ合意

⑴**アメリカ経済の後退**　日本は石油危機後の不況から脱出するなかでアメリカ向けの輸出を急増させたが，それは日本だけではなかった。韓国・台湾・香港・シンガポール（NIEs〔新興工業経済地域群〕と総称）は外国の資金と技術を導入して工業化を進め，アメリカ向けの輸出を増大させながら経済の高成長を遂げていた。そのため，アメリカでは貿易赤字が累積した。一方，アメリカは新冷戦が展開するなかでソ連対抗・軍拡路線(→p.406)をとったため軍事費が増大していた。レーガン米大統領がドル高と高金利政策を進めてその資金を日本や西欧から調達したため，財政赤字が累積し，1985 年，アメリカは世界最大の債務国に転落した。さらに，ドル高が日本などからの輸入を助長し，貿易赤字のさらなる累積につながる，という悪循環になっていた。こうしてアメリカは財政赤字と貿易赤字という「**双子の赤字**」に悩まされることとなった。この悪循環をどこかで絶たなければアメリカ経済の破綻，デフォルト（債務不履行）という最悪の事態が訪れる恐れがあった。

⑵**プラザ合意**　1985 年９月，アメリカ・日本・西ドイツ・イギリス・フランスはニューヨーク（アメリカ）のプラザホテルで**先進５カ国蔵相・中央銀行総裁会議（Ｇ５）**を開催し，各国が協調して**ドル高を是正**しようという合意に達した（**プラザ合意**）。

対米ドル為替相場の推移

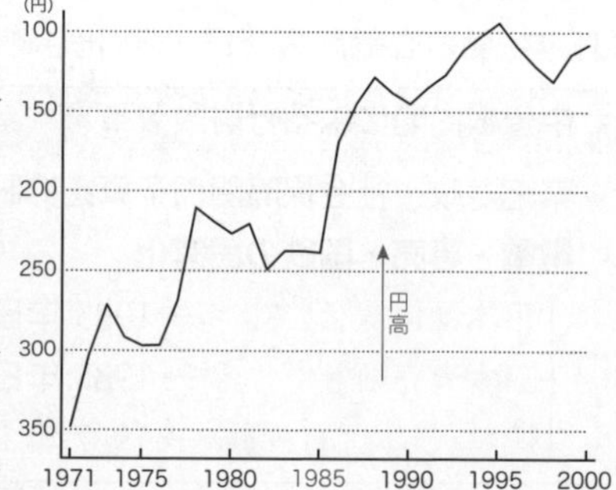

これがきっかけとなってドル相場はいっきに下落し，代わって急激な円高が進んだ。ところが，急激なドル安に危機感をいだいた各国は，1987 年２月，Ｇ５にイタリア・カナダを加えて先進７カ国蔵相・中央銀行総裁会

議（G 7）を開き，プラザ合意ではじまったドル安の行き過ぎを調整することに合意した（ルーブル合意）。

ところが，アメリカの貿易赤字と財政赤字はともに解消されなかった。アメリカ経済に対する不信感が高まるなか，同年10月，ニューヨークのウォール街で株価が暴落し，ドル安がさらに進んだ。資金がアメリカから一気に逃げ出したのである。

⑦バブル経済

プラザ合意にともなって円高が急激に進むなか，日本は内需主導型の経済への転換を迫られた。**中曽根内閣**は財政再建路線を維持しながらも内需を拡大するため，低金利政策をとるとともに，民間企業の活動できる範囲を広げるため**規制緩和**をはかった。たとえば，国や地方自治体と民間企業との共同出資方式で公共事業を拡大するとともに，ゴルフ場やスキー場などリゾート建設を目的とした地域開発が進めやすい環境を税制・資金面で整備した。それにともなって大規模な開発が各地で計画されると，民営化された旧国鉄の用地がその債務を償還するための重要な財源と考えられていたこと，その再開発を軸として地域開発が予想されたこととともあいまって，各地で地価が上昇した。一方，1987年2月，NTTの政府保有株が株式市場に上場された。NTT株価の大幅な値上がりは人々の株式投資への関心を高めた。

こうしたなかで1987年10月，ニューヨークで株価が暴落した。西側先進諸国は世界恐慌の再来を避けるため，協調して金利を引下げてアメリカから資金が逃げ出すのを抑えるとともに，ドル買いを行ってドル安に歯止めをかけた。その結果，恐慌は阻止できたものの，低金利のもとで市場への資金供給が拡大した。日本では資金が土地など不動産と株式とに流れ込み，**地価**と**株価**が異常なまでに高騰する**バブル経済**（1987～91年）となった。そして地価・株価の高騰は，企業の資金運用のあり方を大きく変化させて企業財テクを活発化させ，地価・株価をさらに上昇させた。

⑧経済大国への成長

バブル経済の進展は，日本を**経済大国**へと押しあげた。1人あたりの国民所得はアメリカを抜いただけでなく，貿易黒字が累積し，世界最大の債権国となった。アメリカなどで日本企業による不動産投資が拡大し，発展途上国への資金援助であるODA（政府開発援助）も急増して世界第1位となった。

他方，円高の進展にともない，**日本企業の多国籍化**，**産業の空洞化**も進んだ。繊維だけでなく電機・化学・機械などの分野でアジアや欧米に工場を建設する動きが進み，家電や自動車などの分野では親会社の要請を受けて系列子会社が海外に生産拠点を移転させる動きが広がった。こうしたなか，第3次産業の比重が高まり，**経済のサービス化**が進んだ。また，景気拡大にともない労働者不足が生じたため，ブラジルやペルーの日系人，中国人など外国人労働者が多数流入し，非正規滞在を含め，定住・永住する移民が激増した。

⑨日米間での経済摩擦の激化

1970年代後半以来の日本の集中豪雨型輸出は，アメリカとの貿易摩擦を激化させた。対象は鉄鋼・自動車・半導体などへと広がり，その都度，アメリカは日本側に輸出の自主規制を求め，1976年に鉄鋼，1981年に自動車，1986年に半導体の自主規制が行われた。さらにプラザ合意によるドル高是正で日本の貿易黒字の抑制が期待された。ところが，日本の貿易黒字が減らなかったため，アメリカは次第に**規制緩和**を求めた。まず**農産物の輸入自由化**を求め，その結果，1988年に**牛肉・オレンジの輸入自由化**が竹下内閣のもとで合意され（1991年実施），1993年には細川護熙内閣のもとで**米市場の部分開放**(→p.416)が行われた。一方，1989年にはじまった**日米構造協議**では，アメリカは日本側の市場や投資に関する慣習が閉鎖的であり非関税障壁であると指摘し，投資環境などに関する規制緩和を求めた。その結果，1991年に大店法(大規模小売店舗法)が改正されてスーパーマーケットの出店規制が緩和され，それに関連してスーパーでの輸入品売り場が部分的に自由化された。

⑩労働運動の再編

同盟(全日本労働総同盟)など労使協調の立場をとる民間大企業の労働組合を中心として1987年，全民労連（全日本民間労働組合連合会）が結成された。1989年には**総評**(日本労働組合総評議会)が解散・合流し，**連合**(日本労働組合総連合会)が組織された。こうしたなか，労働組合の活動力と影響力は低下した。

国際関係 アメリカ経済が後退を加速させている頃，ソ連もアフガニスタンへの軍事侵攻の長期化などを背景として経済危機に陥り，国力を次第に低下させた。

⑪米ソ冷戦の終焉

1985年，**ゴルバチョフ**がソ連共産党書記長に就任すると，ソ連では**ペレストロイカ**が進められた。政治面では政治的自由化，経済面では市場経済の導入がはかられた。外交面では経済の重荷となっていた軍事費を削減するために国際的緊張の緩和が進められた。1987年にアメリカと**中距離核戦力全廃条約(INF全廃条約)**を結び，翌88年には**アフガニスタン和平協定**を結んでアフガニスタンからのソ連軍の撤兵を実現した。さらに1989年，ゴルバチョフはブッシュ(父)米大統領と**マルタ会談**を開いて冷戦の終結を宣言し，対立の時代から協調の時代への転換を示した。

こうしたソ連のペレストロイカに刺激され，東欧諸国では変革を求める気運が高まった。1989年，ポーランドで非共産党政権が成立したのを皮切りに社会主義政権が次々と崩壊し(東欧革命)，翌90年には**東西ドイツの統一**が実現した。

さらにソ連でも1991年，保守派のクーデタ失敗によってソ連共産党が解散し，同年末には各共和国が独立して**ソ連が解体**した。こうして**米ソ冷戦は終焉**した。

一方，ヨーロッパでは統合を進めようとする動きが広がった。1993年，**ヨーロッパ連合(EU)**が発足し，1999年からは単一通貨**ユーロ**が導入された。

⑫湾岸戦争とその影響

1990年にイラクがクウェートに侵攻したのに対し，翌91年初め，アメリカを中心とする多国籍軍が国連決議を背景として武力制裁を加え，イラクのクウェート占領を解除した（**湾岸戦争**）。**海部俊樹内閣**の時の出来事である。

その際，アメリカが日本に対して**国際貢献**という名のもとに軍事行動への協力を求めると，海部内閣は経済支援を行ったものの自衛隊派遣は拒否した。ところが，これを機に日本の国際協力のあり方をめぐり議論が高まった。自衛隊を西側諸国の共同防衛体制の一翼に積極的に組み込もうとする動きが強まったのである。その結果，世界各地で続発する地域紛争に**国連平和維持活動（PKO）**で対応する動きが国際社会で強まるなか，1992年に**宮沢喜一内閣**が**国連平和維持活動協力法（PKO協力法）**を制定し，内戦終結後の**カンボジア**に自衛隊を派遣した。

⑬戦後処理問題の噴出

米ソ冷戦の終焉は，冷戦構造のもとで曖昧にされていた日本をめぐる**戦後処理問題**を噴出させた。なかでも韓国では，軍事独裁政権に代わって民主化が進むなか，国家間の法的な解決の対象から取り残された個人の被害に対する補償を求める動きが広がった。代表的なものが，もと**従軍慰安婦**の戦時性暴力に対する訴訟である。

社会経済　バブル経済は，段階的な金融引締めへの転換と総量規制（金融機関の不動産向け融資残高の規制）とによって1991年，一挙に崩壊した。

⑭バブル経済の崩壊

地価と株価が暴落して**資産デフレ**が生じた結果，投資に失敗した企業の業績が悪化し，融資していた銀行などの金融機関は大量の不良債権をかかえることとなり，金融不安を招いた。他方，業績の悪化した企業は，**年功序列制**を見直し，出向者の転籍によって**終身雇用制**を実質的に放棄するなど，**日本的労使関係**を軸とする**企業社会**（→p.393）のあり方を見直すとともに，新規の雇用を抑え，人件費の抑制をはかった。こうして人々の所得水準が抑制された結果，将来に備えて貯蓄を増やす動きが強まって個人消費は減退した。さらに，消費市場が縮小すると，それにともなって企業の業績が停滞する，という悪循環が生じた。各地のリゾート開発も破綻した。莫大な負債が残り，建設された施設の維持費も加わって，地方自治体の財政は大きく圧迫された。長期にわたる経済低迷の幕開けである。

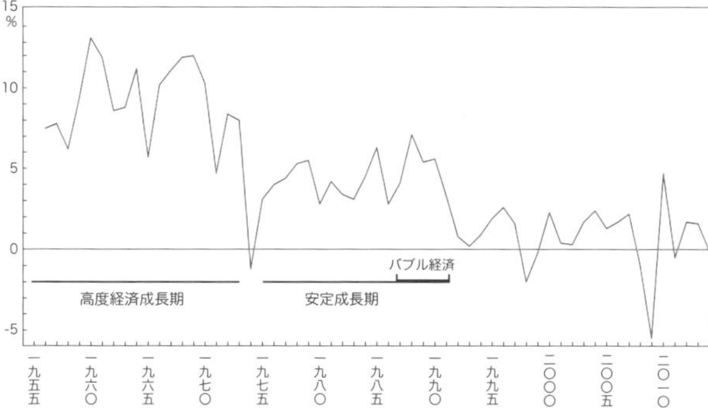

第18章 21世紀のはじまり

＜大まかな時代の推移＞

1990年代

宮沢喜一内閣

バブル経済が崩壊した。

自由民主党が分裂し，衆議院の過半数を失った。

細川護煕内閣

非自民連立内閣が成立し，一九五五年体制が崩壊した。

羽田孜内閣

村山富市内閣

橋本龍太郎内閣

日米安保共同宣言が発表された。

アジア通貨危機が発生し，日本でも大手金融機関が破産した。

小渕恵三内閣

2000年代

森喜朗内閣

小泉純一郎内閣

ニューヨークで同時多発テロ事件が起こった。

郵政事業を民営化する法案が成立した。

第１次安倍晋三内閣

福田康夫内閣

リーマン＝ショックにより世界金融危機が発生した。

麻生太郎内閣

衆議院第１党の地位が自由民主党から民主党へ交代した。

鳩山由紀夫内閣

2010年代

菅直人内閣

東日本大震災が発生し，福島第一原発事故が生じた。

野田佳彦内閣

第２次安倍晋三内閣

自由民主党が政権に復帰した。

46 現代の日本

年代 1992年〜

政治　政治家をめぐる贈収賄事件リクルート事件の発覚により**竹下登内閣**が1989年に総辞職して以降，1991年にいたるまでに自由民主党政権は**宇野宗佑内閣**，**海部俊樹内閣**，**宮沢喜一内閣**とめまぐるしく交代した。さらに1992年には**佐川急便事件**(佐川急便から自民党政治家への献金問題)が発覚し，自民党政権への不信感が高まった。自民党では，**中選挙区制**のもと，政治家個人が派閥にまとまりつつもそれぞれ独自に活動し，利益供与と**利益誘導**とによって企業活動や地域開発を支え，支持基盤を確保してきた。その結果の一つが汚職事件の続発であった。

①一九五五年体制の終焉

政治不信の高まりのなか，1993年，政治改革の是非をめぐって自民党が分裂し，新党さきがけや**新生党**が結成された。直後に行われた衆議院総選挙で自民党は第1党の地位を確保したものの過半数を確保できず，宮沢内閣は総辞職した。代わって**日本新党**の**細川護熙**を首相とし，日本新党・新生党・**日本社会党**・**民社党**・**公明党**・新党さきがけなど8会派を連立与党とする非自民連立内閣**細川護熙内閣**が成立し，自民党は結党以来初めて政権政党の座を失った。**一九五五年体制の終焉**である。

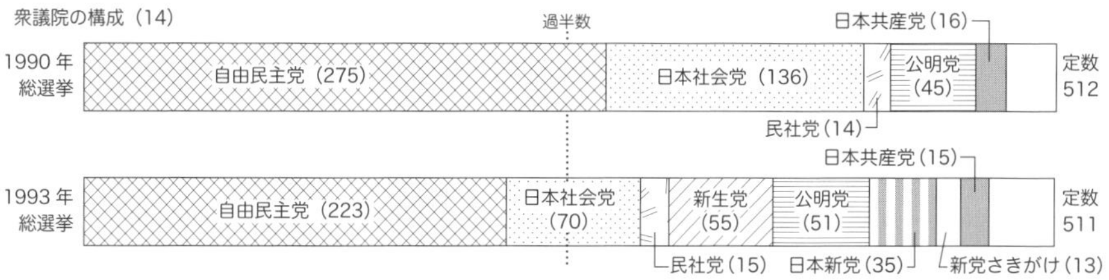

新しく成立した細川内閣は，政治腐敗を取り除き，政権交代が可能な2大政党制の実現をめざして政治改革に着手した。1994年，衆議院に**小選挙区比例代表並立制**を導入する選挙制度改革を実施するとともに，**政治資金規正法**を改正して企業・団体による政治家個人向けの献金を制限し，その代わりに**政党助成法**を定め，政党に対して国が助成を行うことを定めた。政治家個人ではなく政党(理念や政策)を選ぶ選挙制度の実現をめざしたのである。

②保守政治の広がり

1994年，細川首相の資金スキャンダルから細川内閣が総辞職し，新生党の**羽田孜**を首相とし，新生党・日本新党などを連立与党とする**羽田孜内閣**が成立した。しかし，組閣の過程で対立が生じて社会党・新党さきがけが連立与党から離脱したため，羽田内閣は少数与党となり，短命に終わった。

その際，政権復帰をめざした自民党は社会党・新党さきがけと提携した。その結果，1994年6月，**社会党**の**村山富市**を首相とし，社会党・自民党・新党さきがけ

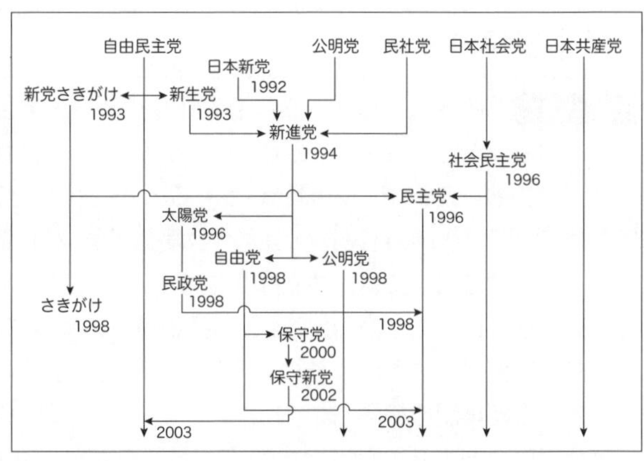

を連立与党とする**村山富市内閣**が成立し，1996年1月には同じ3党の連立による自民党首班の**橋本龍太郎内閣**に代わった。他方，1994年12月，新生党・日本新党・民社党・公明党が合同し，新進党が結成された。やがて1996年9月には社会民主党（日本社会党から党名変更）・新党さきがけの離党者を中心として**民主党**が結成され，新進党が分裂・解党すると，1998年にその一部が民主党に合流した。大政党に有利な小選挙区比例代表並立制での衆議院総選挙をにらみ，自民党に対抗するために諸政党が離合集散したのである。

ところで，村山内閣の成立に際し，社会党は自衛隊合憲・日米安保条約堅持の姿勢へと政策を転換した。この結果，安全保障政策の変更が容易になっただけでなく，社会保障の抑制や**規制緩和**(→p.384)など，国家の介入を抑制して経済・社会を市場原理にゆだねようとする**新自由主義**的な政策が進む政治的環境が整った。

国際関係 **米ソ冷戦の終焉**(→p.416)にともなってアジア・太平洋情勢は変化した。フィリピンでの反米感情の強まりを背景として，アメリカ軍が1992年までにフィリピンから撤兵すると，中国が南シナ海域などを自国領へと取り込む動きをみせた。また，北朝鮮では核開発の疑惑が生じ，アメリカと北朝鮮の間で緊張が生じた。こうしたなかで日米安保体制の再定義が進む。

③日米安保体制の広域化

1996年4月，**橋本龍太郎**首相と**クリントン**米大統領によって**日米安保共同宣言**が発表され，翌97年には**新ガイドライン**が合意された。これらは，日米安保条約の目的をソ連の軍事的脅威への対抗からアジア・太平洋地域の平和と安全に変更し，それに日米共同で対処できる体制へと日米安保条約を再定義しようとするものであった。具体的には，日本の平和と安全に重要な影響を与える**「周辺事態」**に対する日米防衛協力の緊密化をはかり，台湾や朝鮮半島などでの有事に際し，アメリカ軍の後方支援を日本が分担する体制の形成がめざされた。これに基づいて1999年，小渕恵三内閣が周辺事態安全確保法など新ガイドライン関連法を制定した。

このように日米安保体制が「極東」ではなく「アジア・太平洋地域」を対象とする日米同盟へと転化するなか，2000年代に入り，日本は**国際貢献**という名のもとにアメリカの軍事行動への協力を行いはじめた。2001年9月にイスラーム過激派がアメリカ・ニューヨークで同時多発テロ事件(九・一一事件)を起こしたのに対し，アメリカ(ブッシュ（子）大統領)がテロやそれを支援する勢力との戦いと称して**アフガニスタン**に侵攻すると(**アフガニスタン戦争**)，小泉純一郎(こいずみじゅんいちろう)内閣がテロ対策特別措置法を定め，インド洋に海上自衛隊を派遣してアメリカ軍への後方支援を行った。2003年，**イラク**が大量破壊兵器を隠しもっていると言いがかりをつけてアメリカ・イギリスなどがイラクを攻撃した際には（**イラク戦争**），主要な戦闘が終結した後，同じく小泉内閣がイラク復興支援特別措置法を定め，自衛隊をイラクに派遣した。

これらの自衛隊派遣は，派遣地域が地理的な意味での日本の「周辺」でなかったため有効期間の限られた特別措置法によって実施された。ところが2015年，**第２次安倍晋三内閣**はガイドラインを再び改定し，日米防衛協力の対象から地理的制約をなくし，日米安保体制をグローバルな地域を対象とした同盟関係へと転化させた。同年，それに対応して制定されたのが安全保障関連法(平和安全法制)である。

政 治　1996年10月，小選挙区比例代表並立制が導入されて初めての衆議院総選挙が行われ，自由民主党が議席数を増やして勝利した。橋本龍太郎内閣は初め自民党と日本社会党，新党さきがけとの連立内閣であったが，総選挙後の11月からは自民党単独内閣となった。

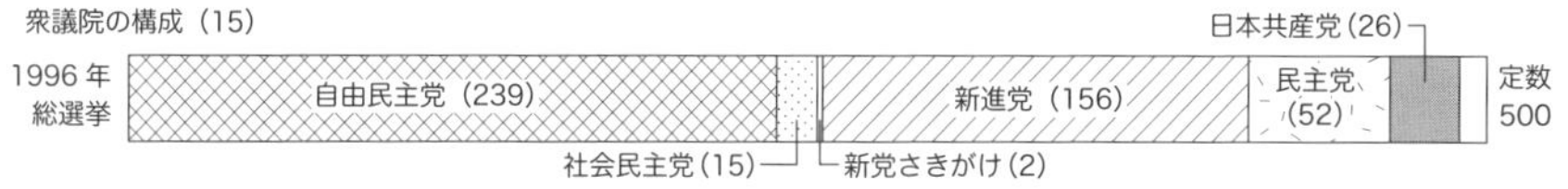

④中央省庁の再編

橋本内閣は，内閣機能の強化と行政のスリム化をねらって省庁再編に着手し，1998年に中央省庁等改革基本法を制定した。これを受けて2001年，**森喜朗(もりよしろう)内閣**のもと，それまでの1府21省庁から1府12省庁へ移行した。たとえば，運輸省と建設省，国土庁などが統合されて国土交通省，文部省と科学技術庁が統合されて文部科学省，厚生省と労働省が統合されて厚生労働省へ再編され，また，大蔵省は財務省へ，通商産業省は経済産業省へと呼称が変更され，環境庁は環境省へ昇格した。のち，2007年に防衛庁が防衛省に昇格した(第１次安倍晋三(あべしんぞう)内閣)。

北海道　国連の国際先住民年(こくさいせんじゅうみんねん)（1993年）をうけ，政府はアイヌを少数民族，先住民族と認めた。

⑤アイヌ新法の制定

アイヌの自立と権利保障のため，橋本龍太郎内閣が1997年，**北海道旧土人保護法(ほっかいどうきゅうどじんほごほう)**(→p.288)は廃止し，**アイヌ文化振興法**を定めた。2019年には第4次安倍晋三内閣がアイヌ施策推進法を制定し，アイヌを先住民族と規定した。

社会経済　日本はバブル経済の崩壊以降，長期にわたりデフレと**経済低迷(不況)**が続いた。一方，アメリカは1990年代以降，金融業界の規制を緩和して自由化を進め，それによって成長したアメリカの多国籍金融機関が世界中に投資を広げた。また，中国が経済成長を遂げた。外国の投資を受け入れ，安い賃金を使って輸出向けの製品を生産して成長し，名目 GDP（国内総生産）では日本を抜くにいたった。

⑥規制緩和の進展と経済の低迷

GATT は，農産物・知的所有権などの貿易ルールを確立するために 1986 年以降，多角的貿易交渉（**ウルグアイ＝ラウンド**）を続け，その結果，1995 年に GATT の諸協定を実施するために**世界貿易機関（WTO）**が設立された。これ以降，規制緩和と経済のグローバル化が進んだ。

⑴食糧管理制度の廃止　米（コメ）の配給制度はすでに 1981 年に名実ともに廃止されていたものの，**食糧管理制度**は継続していた。ところが，ウルグアイ＝ラウンドでの合意に基づいた米（コメ）輸入の恒常化などに対応するため，1995 年，村山富市内閣により**食糧管理法**（→p.355）に代わって食糧法が制定され，政府による食糧管理制度（→p.393）は廃止された。

⑵橋本内閣の新自由主義政策　地価と株価が下がり続ける**資産デフレ**（→p.411）の状態では，不良債権を処理しても金融機関には続々と新たな不良債権が生じ，金融不安が広がった。公的資金を小出しに投入するだけで対応できる状態ではなかった。こうした危機的状況のなか，橋本龍太郎内閣は金融システムをたて直し，金融主導により日本経済を再生することをめざし，**新自由主義**的な改革に着手した。

第一に，金融業界に関わる**規制緩和**（金融ビッグバンともいう）を実施した。具体的には，銀行と証券会社の業務の垣根を取り払う，金融商品の取引きに関する手数料を自由化する，外国為替業務を自由化して一般企業でも外貨を自由に取引きできるようにする，**独占禁止法の持株会社**禁止規定（→p.371）を撤廃するなどの政策を実施した。第二に，財政の健全化をめざした。1997 年，**消費税**率を３％から５％へ引上げる（→p.408）とともに，**赤字国債**発行の削減などを掲げた財政構造改革法を成立させ，社会保障の抑制をはかって医療費の本人負担を増加させるなどした。第三に，金融政策の独立をめざして 1998 年，大蔵省から金融部門を切り離し，金融機関の監督などを行う金融監督庁を新設した。金融監督庁はのち 2000 年に金融制度の企画・立案の権限が付与されて金融庁へ改組された。

ところが，消費税増税により個人消費が減退したうえ，1997 年にタイやマレーシア，韓国などアジア諸国で通貨危機（**アジア通貨危機**）が生じたことと重なり，不況がいっそう深刻化した。同 97 年，**山一証券**（やまいちしょうけん）や政府系の日本長期信用銀行などの大手金融機関が破産し，翌 98 年には第１次石油危機直後の 1974 年以来の**マイナス成長**を記録した。

実質経済成長率の推移

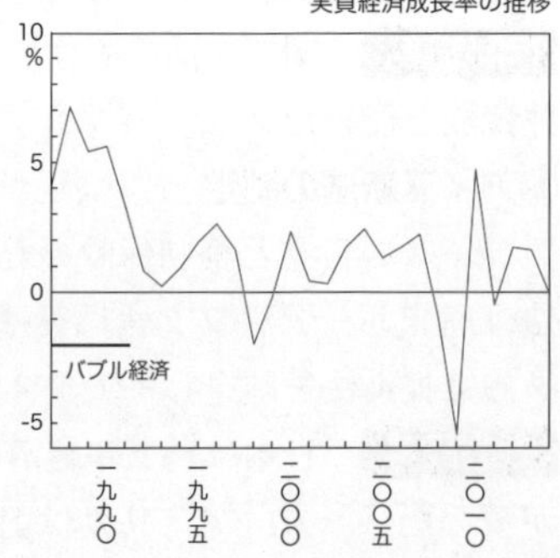

⑶**経済低迷の長期化**　1998年の参議院選挙で自民党が惨敗して参議院の過半数を失ったため，橋本内閣は総辞職した。代わって成立した**小渕恵三内閣**は，初め自民党単独内閣だったが，のち小沢一郎ら**自由党**との提携をテコとして**公明党**と連立をくんで政権の安定を確保したうえで，金融不安の打開をはかった。

経営を悪化させた金融機関に公的資金を投入して破綻を抑えるとともに，ゼロ金利政策をはじめて銀行への資金供給を拡大した。そして，橋本内閣の緊縮政策を改め，赤字国債を発行して公共事業を積極的に実施し，景気回復に努めた。

ところが，銀行は貸しはがしや貸し渋りを行って中小企業に犠牲を強いた。また，1999年に**労働者派遣事業法**が改正されて派遣業種が広がったことをうけ，企業が人件費を抑えるため非正規労働者を増やすなどしたため個人所得が抑えられた。さらに，新自由主義政策のもとで社会保障制度は国や地方自治体の公的な責任から個々人の私的な努力の支援へと性格が変化したこともあって，個人消費は伸び悩んだ。そのためデフレ基調が定着し，経済低迷は2000年代初めまで続く。

⑷**小泉内閣の構造改革**　小渕首相の急病により森喜朗内閣に代わったのち，2001年には**小泉純一郎内閣**が成立した。小泉内閣は「聖域なき構造改革」を掲げ，再び新自由主義的な改革に着手した。金融面では，バブル経済の本格的な清算に向けて不良債権の処理を強力に進めるとともに，郵便貯金などを資金源とする財政投融資(→p.391)が資金の自由な流れをゆがめ，国債発行の増大につながったとして，2005年に**郵政民営化法**を成立させた（2007年に民営化）。雇用面では，2004年に労働者派遣事業法を再改正して製造業でも人材派遣を解禁し，非正規労働者の拡大をはかった。

政　治　2006年，小泉純一郎首相が自由民主党総裁の任期満了にともなって辞職したあと，**第1次安倍晋三内閣**が成立し，構造改革をひき継いだ。しかし，構造改革が格差社会を顕在化させたことなどを背景として，2007年に与党（自民党・公明党）が参議院で過半数を確保できない状態が生じると，**福田康夫内閣**，**麻生太郎内閣**とめまぐるしく内閣が交代した。そして2008年，リーマン＝ショックにともなう**世界金融危機**が波及し，経済低迷へと逆戻り(→p.418)するなか，2009年の衆議院総選挙では**民主党**が圧勝し，自民党から民主党への政権交代が生じた。

⑦**政党間の政権交代**

2009年，民主党の**鳩山由紀夫**を首相とし，民主党・社会民主党・国民新党を連立与党とする**鳩山由紀夫内閣**が成立した。しかし普天間基地（沖縄県）の移転問題やリーマン＝ショックにともなう不況のなかで政権運営が安定せず，その後，**菅直人内閣**，**野田佳彦内閣**へと交代した。野田内閣は2012年，消費税率の段階的な引上げ（5％→8％→10％）を内容とする消費税増税法を成立させ，高齢者だけでなく現役世代も受益できる社会保障のしくみを再構築することをめざそうとしたものの，同年の衆議院総選挙で民主党が大敗を喫した。その結果，再び政権交代が生じ，自民党・公明党を連立与党とする**第２次安倍晋三内閣**が成立した。第２次安倍内閣は2014年に消費税の８％への増税を実施するとともに，翌15年には**公職選挙法を改正**し，選挙権年齢を満20歳以上から満18歳以上へと引下げた。
(→p.367)

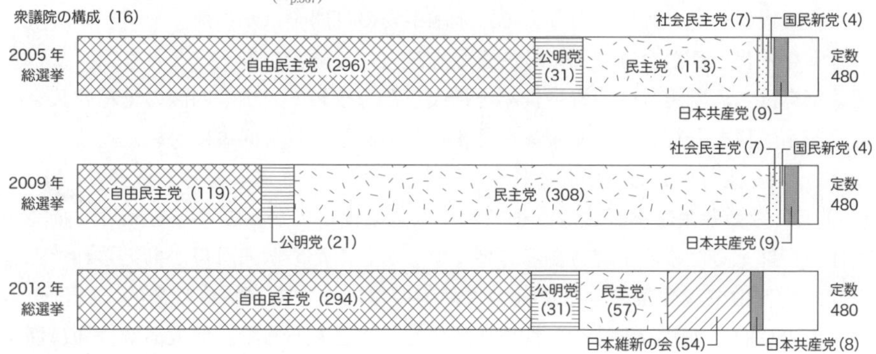

⑧国民の「知る権利」の保障

1999年に小渕恵三内閣が**情報公開法**を定めた。行政機関が保有する公文書(こうぶんしょ)の開示ルールを定めた法律で，政策決定のプロセスの透明性とその検証を確保し，国民が適切な政治判断を下すために不可欠な「**知る権利**」を保障するという目的があった。さらに2009年に麻生内閣が**公文書管理法**を制定し，行政機関での公文書の管理方法を定めた。しかし，実際の運用をめぐってさまざまな問題点が生じている。

社会経済　日本経済の低迷が続く一方，経済のグローバル化が進んでいる。

⑨経済大国からの転落と経済のグローバル化

2001年の同時多発テロ事件以来，アメリカでは金融緩和が進められて景気が拡大し，それを背景として日本経済も2002年から2008年にかけて緩やかな景気回復がみられた。しかし輸出主導であり，個人消費は伸び悩んだため，実感なき景気回復であった。そして，2008年にアメリカの大手金融機関リーマン＝ブラザーズが破綻したこと（リーマン＝ショック）をきっかけとして**世界金融危機**が発生すると，日本経済は再び低迷へと逆戻りした（「失われた20年」とも呼ばれる）。

この間，６大銀行は再編が進んで2000年代半ばには三菱UFJ，みずほ，三井住友の３大メガバンクとなった。その過程で銀行を中心とする**株式持合**(かぶしきもちあい)は解消へ向かい，６大**企業集団**は消滅した。代わって外国資本家による投資が活発となり，その結果，多くの日本企業が外資系企業へと変化し，資本面でのグローバル化が進んだ。
(→p.391)

製造業界では半導体や液晶パネルなどの日本製品が競争力を低下させた。他方，中国などアジア諸国の技術力が向上するなか，多くの企業が製造の主力部門を海外に移転させ，それら海外の生産拠点からの輸入が増加した。その結果，貿易収支が赤字基調に転じるとともに貿易の主要相手国が次第にアメリカから中国へ移った。

一方，学歴・性別を問わず非正規労働者が増えて個人所得は低迷し，社会保障や失業対策が抑制された環境では個人消費は伸びない。2010年代後半には異次元の金融緩和により好景気に戻ったかにみえたが，デフレ基調は長期に及んだ。

もちろん，新たな展開もある。1990年代後半以降，**インターネット**が普及し，2010年代にはスマートフォンが普及した。個人や企業が日常的にインターネットに接続し，そこに蓄積された莫大な情報に容易にアクセスできる環境が整ってきた。

⑩環境問題の深刻化

地球の温暖化や生態系の破壊など，地球レベルで環境問題が深刻化するなか，1993年，**公害対策基本法**(→p.396)を総合的に改め，地球環境の保全をめざした**環境基本法**が定められた。そして，廃棄物・リサイクル問題に対処するため，2000年に循環型社会形成推進基本法が定められた。一方，1997年には地球温暖化防止京都会議が開かれ，地球温暖化対策のため先進諸国の温室効果ガス削減目標が**京都議定書**(きょうとぎていしょ)として定められた。こうしたなかで**原子力**が温室効果の影響が少ないクリーンなエネルギーと宣伝されたものの，2011年に**東日本大震災**が発生した際，**東京電力福島第一原子力発電所事故**が発生して放射能被害が広範囲に広がった。そのため，原子力発電所(原発)の安全神話は崩れ，**持続可能な開発**が求められている。

文 化　経済・社会がグローバル化し，また，社会保障が抑制されて自助努力が求められて格差社会が深刻化するなか，国民統合を強化する動きが進んでいる。

⑪国民統合の強化への動き

1999年，小渕恵三内閣が**国旗・国歌法**を制定して日章旗(にっしょうき)(日の丸)を国旗，「君が代」を国歌と定め，国民統合のシンボルとして明確化させた。また，2006年には第1次安倍晋三内閣のもとで**教育基本法が改正**(→p.371)され，公共の精神を尊ぶこと，国と郷土を愛する態度を養うことが教育の目標として新しく掲げられた。

社会経済　本籍(戸籍の所在地)と現住所が一致するとは限らないため，戸籍を補完するものとして住民票が作成され，世帯ごとに住民基本台帳が編成されている。

⑫住民管理のオンライン化

住民管理のオンライン化と，それによる行政の効率化を進めるため，1999年，小渕恵三内閣が住民基本台帳法を改正し，住民票に記載された本人確認情報をコンピュータ＝ネットワークにより一元的に管理するシステムを導入した。この住民基本台帳ネットワークシステムは2003年から本格的に稼働を開始し，それに対応して同年，小泉純一郎内閣がプライバシー保護のために**個人情報保護法**を定めた。2012年には外国人登録制度(→p.380)が廃止され，外国籍の住民も住民基本台帳制度の対象となり，住民票が作成されることとなった。2013年には第2次安倍晋三内閣がマイナンバー法を定め，2015年から所得や社会保障，納税に関する個人情報を一元的に管理する共通番号(マイナンバー)制度を導入した。

索引

う

き

く

へ

ほ

ま

みなさんへの感謝

本書は筆者ひとりの力によって出来上がったものではない。

まず，さまざまな歴史学者が書かれた研究書との対話があってはじめて書き上げることができた。また，大学入試問題との格闘，授業や受講生からの質問への応答，さらには同僚の講師や高校教員などの方々との意見交換・議論を積むことで，内容の理解にエッジを効かせ，補正をかけることができた。なかでも，友人田中一平氏には原稿を読んでいただき，多くのアドバイスをいただいた。こうした多くの人々のおかげで本書が出来上がっている。

また，書籍という形を取り，皆さんの手元に届くまでには，編集や印刷・製本，配送，販売などの工程があり，そこにはさまざまな勤労者の方々が関わっている。

こうした全ての方々に感謝を申し上げたい。

そして，購入してくれた受験生のみなさん。購入してくれてありがとう。しっかり使い込み，日本史を楽しんで下さい。その向こうに合格が待っています。

読んで深める　日本史実力強化書〈第2版〉

著者	塚原哲也
発行者	山﨑良子
印刷・製本	株式会社日本制作センター
発行所	駿台文庫株式会社

〒101-0062　東京都千代田区神田駿河台1-7-4
小畑ビル内
TEL. 編集 03(5259)3302
販売 03(5259)3301
《第2版①－448pp.》

落丁・乱丁がございましたら，送料小社負担にてお取替えいたします。

ISBN978-4-7961-1834-7　Printed in Japan

駿台文庫 Webサイト
https://www.sundaibunko.jp